瓯海年鉴

OUHAI YEARBOOK

2015

温州市瓯海区地方志编纂委员会
《瓯海年鉴》编辑部 编

中華書局

图书在版编目(CIP)数据

瓯海年鉴. 2015 / 温州市瓯海区地方志编纂委员会
瓯海年鉴编辑部编. -- 北京 : 中华书局, 2015.12
ISBN 978-7-101-11335-8

Ⅰ. ①瓯… Ⅱ. ①温… Ⅲ. ①区（城市）- 温州市 -
2015 - 年鉴 Ⅳ. ①Z525.53

中国版本图书馆CIP数据核字(2015)第264355号

责任编辑：朱 慧

瓯海年鉴2015

温州市瓯海区地方志编纂委员会
瓯海年鉴编辑部 编*
中华书局出版
（北京市丰台区太平桥西里38号 100073）
http: // www. zhbc. com. cn
E-mail: zhbc@zhbc. com. cn
温州市南方立邦印刷实业有限公司制版印刷
*
889 * 1194 1/16 23印张 9插页 523千字
2015年12月第1版 2015年12月第1次印刷
印数：300册 定价：180元

ISBN 978 - 7 - 101 - 11335 - 8

《瓯海年鉴》编辑部

主　编	洪　凯
副主编	徐　朝
编　辑	杨　静　　黄苗苗
英文翻译	杨　静
编　务	杨　静
排　版	蔡珊珊
彩页摄影	郑金寿

撰稿人（以姓氏笔画为序）

马茜茜（区组织部）
仇晓秋（区文明办）
尤鹏程（区统计局）
王小草（区科技局）
王欢聚（区信访局）
王莹莹（区文广新局）
王康伟（区旅游局）
王雪蓓（区人大）
包施施（郭溪街道）
卢影川（区移民办）
叶　曼（区国土分局）
叶欢乐（区铁路建设办）
叶芳佐（区工商联）
叶美云（区中心区建设办）
叶琼瑶（区城市化建设办公室）
伍雪如（娄桥街道）
刘小林（区组织部）
刘旭海（区新的社会阶层人士联谊会）
刘欢素（区侨联）
孙礼智（区科协）
孙雪峰（区政法委）
朱　乐（区政协）
朱伶俐（区纪委）
朱　艳（区文联）
许江琪（区消防分局）
严丽丽（区卫生局）
何文静（区委宣传部）
何　珍（三垟街道）
何　镭（区编办）
吴　华（区城管与行法局）
吴春梅（致公党瓯海区支部）
吴茫茫（区交运局）
吴　皓（区教育局）
应丹青（区民政局）
应丹青（区民政局）
张　弛（区住建局）
张　怡（团区委）
张秋辉（区组织部）
张原斯（区供电分局）
张　艳（区供销合作社联合社）
张　密（区环保局）
张蓓蕾（区机关事务局）
李永茂（区人武部）
李苗丽（区市场监管局）
李　剑（区党外知识分子联谊会）
李　秋（区质监局）
杜铃沥（区台办）
杨伟明（区粮食局）
杨爱琼（区人民检察院）
杨　静（区党史研究室（地方志办））
杨德格（区新居民局）
邱　慧（区农林渔业局）
邵浪音（驻沪办事处）
陈　一（新桥街道）
陈张成（区司法局）
陈松华（区物产总公司）
陈若珍（民革瓯海区总支）
陈封伟（区人力社保局）
陈春平（区金融办）
陈家贤（泽雅镇）

陈雪婷（区商务局）
陈勤良（区土地出让办）
陈豪伟（区人口计生局）
周若培（景山街道）
周家儒（民建瓯海区基层委员会）
周慧茜（区电信分局）
林文杰（农工党瓯海区支部）
林建海（茶山街道）
林贤取（区新闻中心）
林晨羡（区地税分局）
林维俏（区人防办）
林愉乐（区安监局）
郑晓容（区财政局）
郑章宇（区民宗局）
郑婷婷（区规划分局）
金彤彤（区温瑞塘河管委会）
金秀远（民进瓯海区总支）
金昌旭（区森建办）
金晔方（区直机关工委）
金海娜（区体育局）
金谦慧（区畜牧畜医局）
金　慧（中国联通瓯海分公司）
南录苗（区总工会）
柯智勇（区慈善总会）
禹一雷（区委办）
胡飞雄（九三学社瓯海区基层委员会）
胡金必（区法制办）
胡艳丽（区人民法院）
胡晶晶（瞿溪街道）
赵陆恩（梧田街道）
倪宇明（区武警中队）
倪志坚（区档案局）
倪志坚（区档案局）
夏腾腾（区残联）
徐同义（区审计局）
徐成子（区住房公积金管理中心）
徐苏毅（区组织部）
徐稳密（仙岩街道）
诸葛必含（区经合办）
梁　宵（区国税局）
麻相娟（区关工委）
黄庆节（潘桥街道）
黄丽霞（区农高园管委会）
黄　男（丽岙街道）
黄景泉（市交警支队四大队）
黄慧洁（区民政局）
黄璐璐（中国移动瓯海分公司）
曾　东（区委统战部）
鲁露露（区妇联）
虞培思（区发改局）
蔡明博（区经信局）
裴　凯（区水利局）
滕世贵（南白象街道）
潘丽丹（区审管办）
潘苏苏（区委老干部局）
潘朋区（区红十字会）
潘彦良（区公安分局）
潘　展（瓯海经济开发区管委会）
潘海晓（区府办）
戴　刚（民盟瓯海区支部）

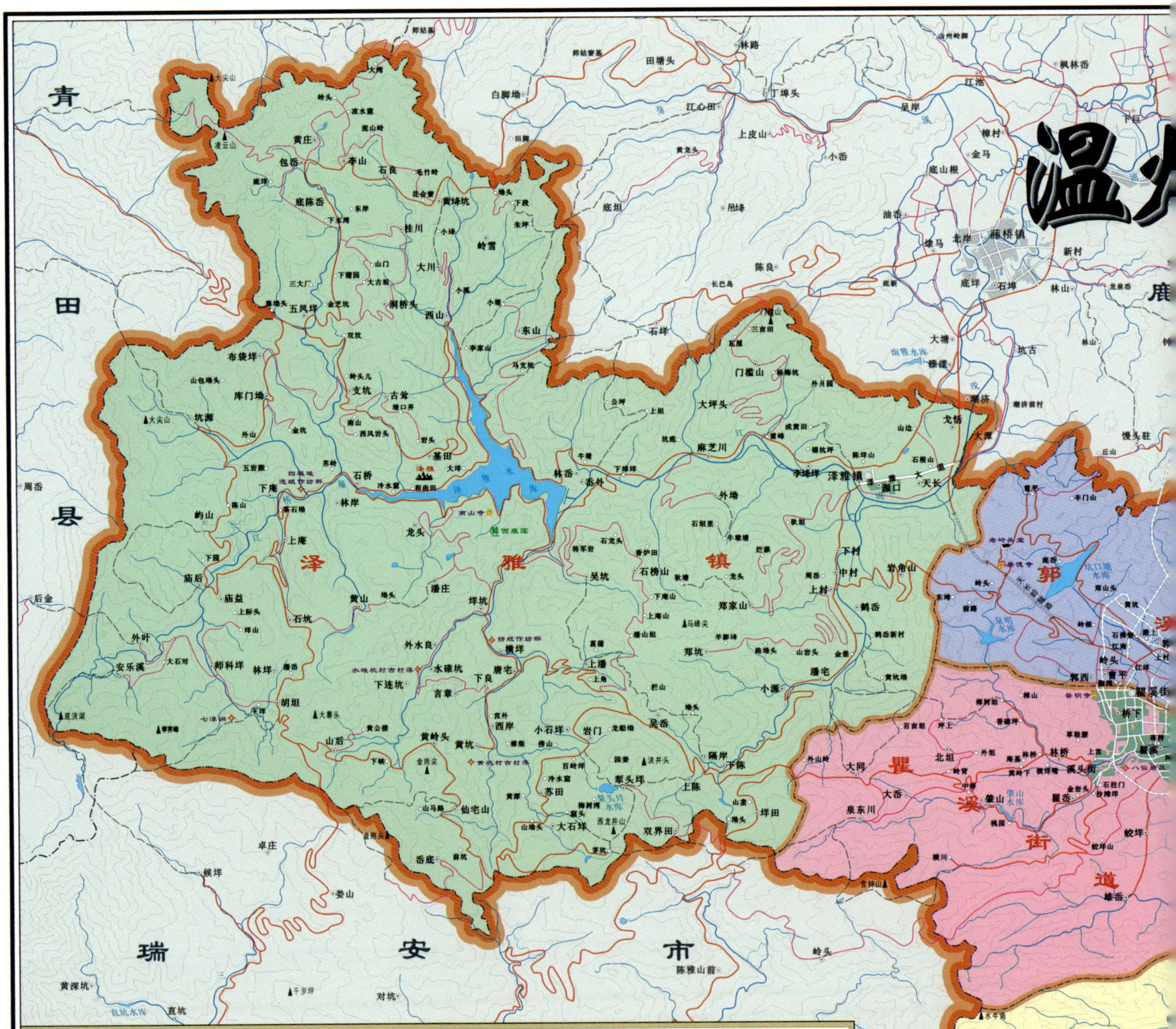

瓯海区城乡社区一览表

序号	街镇名称	社区名称	所含村居
1	景山街道（4个）	景山社区	将军村
2		净水社区	净水村
3		西山社区	
4		繁荣社区	
5	新桥街道（6个）	新桥社区	新桥村
6		金蟾社区	
7		三渎社区	三渎村
8		西湖社区	西湖村
9		山前社区	山前村
10		高翔社区	高翔村
11	娄桥街道（5个）	新城社区	娄桥村、东耕村
12		站前社区	安下村、河庄村、社叶村、上汇村
13		秀屿社区	圩东村、圩南村、圩西村
14		镜湖社区	古岸头村、吕家降村、下斜村
15		南山社区	东风村、前园村、岩头村
16	潘桥街道（4个）	潘东社区	陈庄村、横屿头村、焦下村、泉塘村、东边村
17		潘南社区	桐岭村、下岙村、屏山村、方岙村、陈岙村、田平村
18		潘西社区	丁岙村、学士前村、岷前村、岷中村、岷后村、金堡村、马桥村
19		潘北社区	潘桥村、仙门村、横塘村、河西村、林桥头村、华亭村、潘新居委会
20	梧田街道（15个）	新明瓯社区	林村村
21		梧埏街社区	梧田街村
22		老殿后社区	老殿后村
23		月落垟社区	月落垟村
24		塘东社区	塘东村
25		泽霞社区	
26		塘西社区	塘西村
27		寮东社区	寮东村
28		大堡底社区	大堡底村
29		霞王社区	霞王村
30		南堡社区	南堡村
31		慈湖社区	北村村、南村村
32		蟠凤社区	蟠凤村
33		朝霞工业社区	
34		经济开发区企业社区	
35	南白象街道（6个）	永庆社区	南湖村、横港头村
36		霞坊社区	霞坊村
37		金竹社区	金竹村
38		鹅湖社区	鹅湖村
39		白象社区	白象村
40		上蔡社区	上蔡村
41		山根社区	山根村
42	郭溪街道（7个）	渚浦社区	浦东村、浦西村
43		梅浦社区	梅屿村、浦北村
44		燎原社区	任桥村、凰桥村、曹埭村
45		宋岙社区	三合村、前垟村、河头村、宋岙底村
46		郭溪社区	郭南村、郭溪村

序号	街镇名称	社区名称	所含村居
47		西景社区	郭西村、曹平村、岭头村
48		塘下社区	塘下村、梅园村
49	瞿溪街道（5个）	瞿溪社区	埭头村、瞿溪村
50		八仙岩社区	溪头街、林桥村、瞿岙村
51		幸福社区	河头村、桥下村
52		雄溪社区	雄溪村、雄岙村、蛟垟村、雄河村
53		大川社区	肇山村、大岙村、大同村、北坦村、泉东川村
54	丽岙街道（4个）	丽南社区	河头村、后中村、上坦村、后东村、上胜村、梓河村、路溪村、梓上村、林山村
55		白门社区	姜宅村、曹建村、下章村
56		丽中社区	下呈村、茶堂村、杨宅村、叶宅村、任宅村
57		丽北社区	丽塘村、泊岙村、王宅村、下川村
58	仙岩街道（10个）	岩下社区	岩一村、岩二村
59		仙岩社区	仙南村、仙北村
60		下林社区	下林村、跃进村
61		河口塘社区	河口塘村、罗垟村、秀垟村、盘垟村、派岩村
62		穗丰社区	穗丰村
63		工业园社区	新丰村
64		沈岙社区	沈岙村
65		梓南社区	竹溪村、凤池村、大岭村、花台村、横坑村
66		梓北社区	星光村、李山村
67		荣新社区	渔潭村、自力村、社帆村
68	泽雅镇（9个）	西岸社区	西岸村、黄坑村、下良村、大石垟村、小石垟村、苏田村、岩门村、岙底村、仙宅山村、黄岭头村、唐宅村
69		天源社区	天长村、源口村、李降垟村、麻芝川村、外坳村、大坪头村、门槛山村、郑家山村、源口居委会
70		戈恬社区	戈恬村
71		林岙社区	林岙村、岙外村、东山村、西山村、大川村、岭雪村、石桥村、林岸村、下庵村、龙头村、潘庄村、吴坑村、石榜山村、林岙居委会
72		周岙社区	下村村、中村村、上村村、岩角山村、鹤岙村、潘宅村、郑坑村、小源村
73		陈岙社区	犁头垟村、双界田村、垟田村、吴岙村、隔岸村、上陈村、下陈村
74		垟川社区	垟坑村、横垟村、外水良村、水碓坑村、下连坑村、言章村、上潘村
75		五凤垟社区	五凤垟村、布袋垟村、库门坳村、坑源村、支坑村、古双村、基田村、包岙村、黄庄村、李山村、石良村、底陈岙村、桂川村、桐桥头村、黄降坑村
76		北林垟社区	林垟村、胡坦村、师科垟村、外叶村、安乐溪村、山后村、庙后村、庙益村、屿山村、石坑村、黄山村
77	茶山街道（6个）	茶山社区	茶山村、罗胜村
78		茶二社区	洪殿村、罗丰村、河头村、后村村
79		睦霞社区	睦州垟村、霞岙村、银山村
80		罗北社区	舜岙村、京山村、新民村、罗山村
81		梅泉社区	
82	三垟街道（4个）	宪一社区	吕家岸村、沙河村、丹东村、张严鸿村
83		宪二社区	垟河村、应潭村、园底村、池底村、樟岙村
84		黄屿社区	黄屿村
85		上垟社区	上垟村

瓯海区行政区划基本情况表

景山街道	荣新路51号	面积3.0平方千米
新桥街道	金蟾大道6号	面积8.60平方千米
娄桥街道	振兴街3号	面积23.80平方千米
潘桥街道	荣宁街65号	面积57.40平方千米
梧田街道	温瑞大道	面积22.30平方千米
南白象街道	新象街1号	面积12.70平方千米
郭溪街道	景德路26号	面积42.60平方千米
瞿溪街道	会昌路76号	面积35.30平方千米
丽岙街道	镇中路1号	面积34.70平方千米
仙岩街道	河口塘村	面积37.00平方千米
泽雅镇	泽雅大道	面积145.40平方千米
茶山街道	梅泉路101号	面积30.60平方千米
三垟街道	三垟大道897号	面积13.10平方千米
总计		面积467.00平方千米

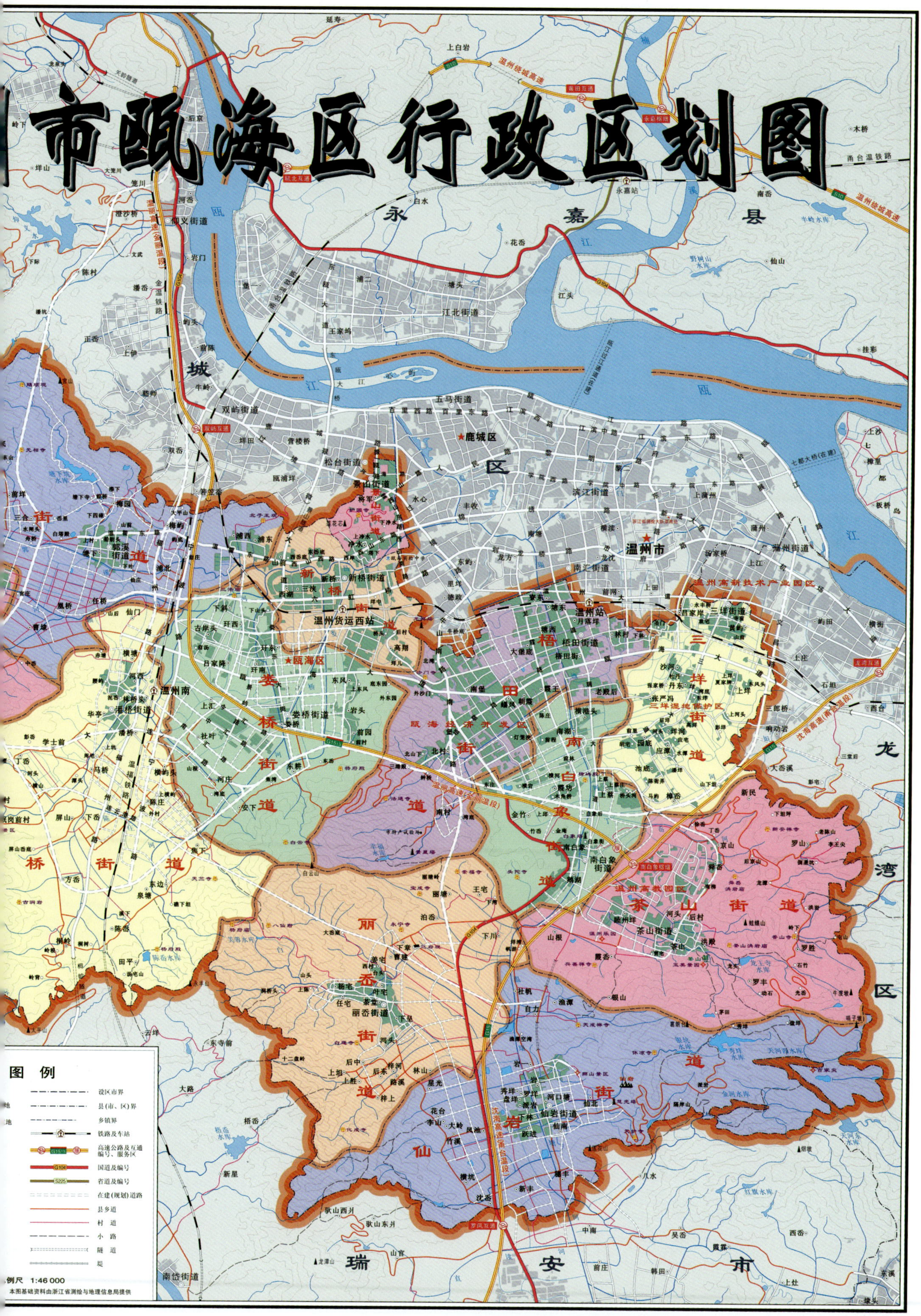
市瓯海区行政区划图
永嘉县
瓯江
鹿城区
温州市
瓯海区
龙湾区
瑞安市
新桥街道
娄桥街道
梧田街道
三垟街道
南白象街道
茶山街道
丽岙街道
仙岩街道
郭溪街道
潘桥街道
景山街道
温州高新技术产业园区
瓯海经济开发区
温州高教园区
三垟湿地保护区
温州货运西站
温州南
温州站
温州绕城高速
甬台温铁路
温州铁路
图例
设区市界
县(市、区)界
乡镇界
铁路及车站
高速公路及互通编号、服务区
国道及编号
省道及编号
在建(规划)道路
县乡道
村道
小路
隧道
堤
比例尺 1:46 000
本图基础资料由浙江省测绘与地理信息局提供

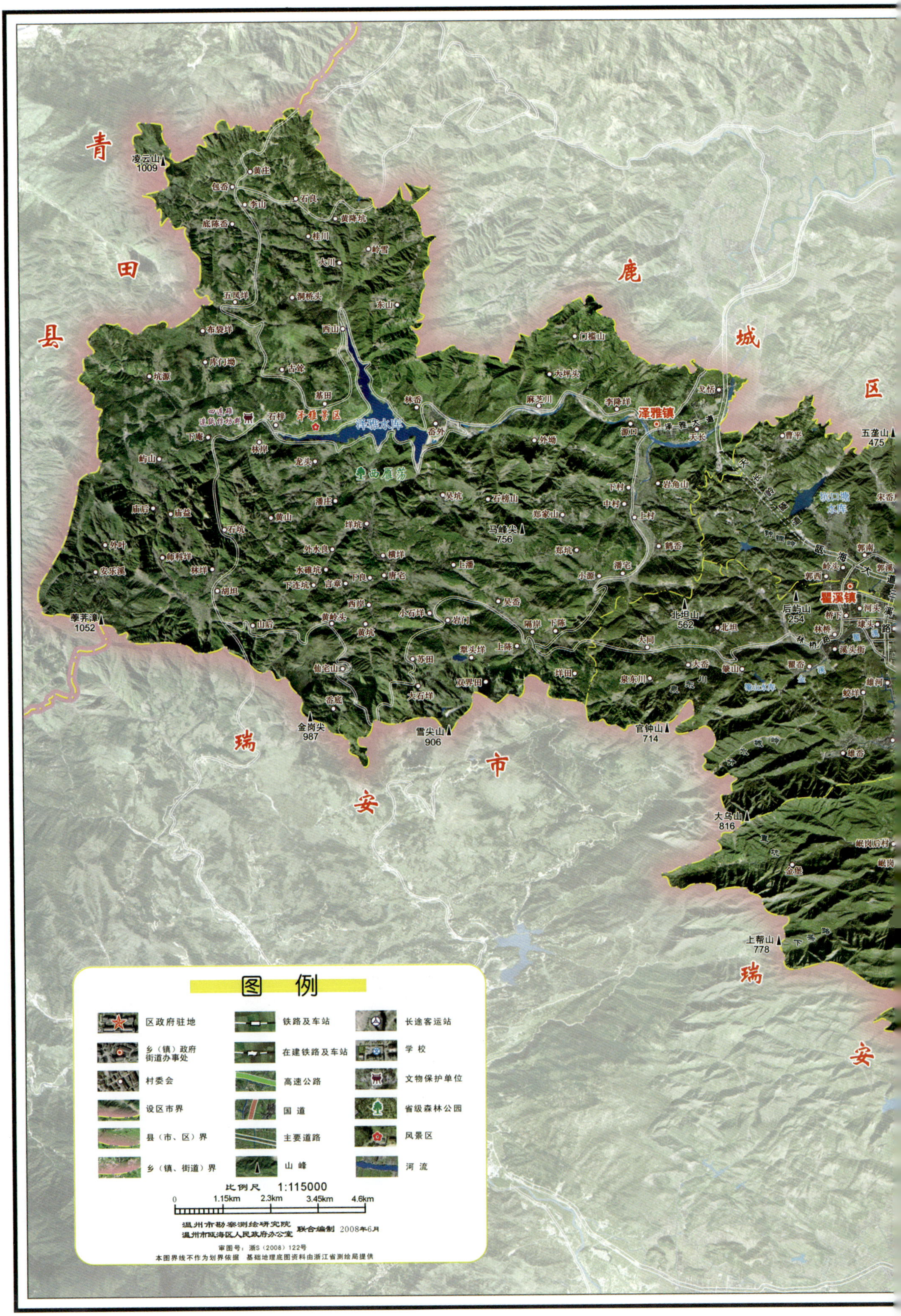

青田县
鹿城区
瑞安市
瑞安
凌云山 1009
黄庄
包岙
李山
石良
底陈岙
黄降坑
桂川
岭雪
大川
五凤垟
东山
布袋垟
西山
庙门坳
古岙
坑源
慕田
泽雅景区
泽雅水库
石桥
林岙
岙外
下庵
林垟
龙头
岭山
西雁荡
潘庄
黄山
石坑
外叶
安乐溪
林垟
胡坦
山后
黄岭头
仙岩山
金岗尖 987
雪尖山 906
大石垟
双界田
苏田
小石垟
岩门
上陈
下陈
隔岸
吴岙
上潘
横垟
唐宅
下良
水碓坑
外水良
垟坑
吴坑
石榜山
郑家山
马鞍尖 756
郑坑
潘宅
小源
北坦山 562
北坦
大同
大岙
泉东川
官钟山 714
垟田
上村
下村
中村
岩角山
鹤岙
外场
麻芝川
大坪头
闫鑑山
李降垟
泽雅镇
源口
戈恬
天长
泽雅大道
曹平
五星山 475
瞿溪镇
后岭山 254
林桥
河头
雄溪
岭头
郭西
桥下
雄岙
蛟垟
大乌山 816
金堡
上帮山 778
拳茅湾 1052
图例
区政府驻地
乡（镇）政府街道办事处
村委会
设区市界
县（市、区）界
乡（镇、街道）界
铁路及车站
在建铁路及车站
高速公路
国道
主要道路
山峰
长途客运站
学校
文物保护单位
省级森林公园
风景区
河流
比例尺 1:115000
0 1.15km 2.3km 3.45km 4.6km
温州市勘察测绘研究院
温州市瓯海区人民政府办公室
联合编制 2008年6月
审图号：浙S（2008）122号
本图界线不作为划界依据 基础地理底图资料由浙江省测绘局提供

瓯海区影像图

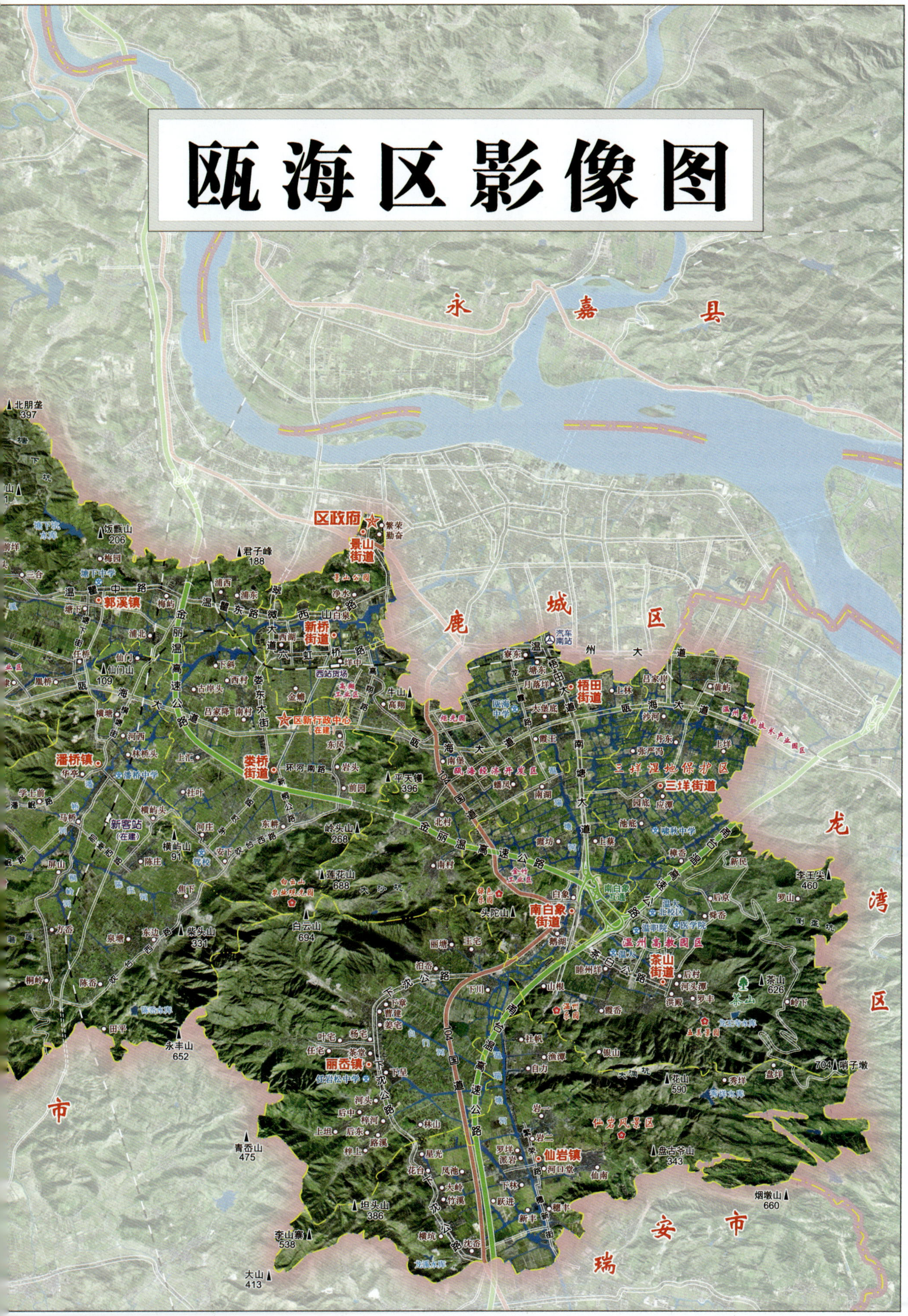

永嘉县
鹿城区
龙湾区
瑞安市
区政府
景山街道
新桥街道
郭溪镇
潘桥镇
娄桥街道
梧田街道
三垟街道
南白象街道
茶山街道
丽岙镇
仙岩镇
三垟湿地保护区
温州高教园区
仙岩风景区
瓯海经济开发区
区新行政中心(在建)
新客站(在建)
北朗垄 397
坑甑山 206
君子峰 188
山门山 109
平天锋 396
岭头山 268
横屿山 91
莲花山 688
白云山 694
紫头山 331
永丰山 652
青岙山 475
坦头山 386
李山寨 538
大山 413
李王尖 460
茶山 626
花山 590
盘古寺山 343
烟墩山 660
704 哨子墩

编辑说明

一、《瓯海年鉴》是中共瓯海区委、瓯海区人民政府主办的综合性地方年鉴，旨在如实记载瓯海区自然、政治、经济、文化、社会等方面情况，为各级党政机关、研究机构和社会各界人士以及中外投资者了解、研究瓯海，提供比较全面、翔实、系统的信息资料，并为瓯海区积累史料。《瓯海年鉴》由瓯海区地方志编纂委员会负责承办。

二、《瓯海年鉴（2015）》以邓小平理论和“三个代表”重要思想为指针，以科学发展观统领经济社会发展全局，坚持解放思想、实事求是、与时俱进、以人为本、特色创新的编纂思想，全面记载2014年瓯海区在自然、政治、经济、文化、社会等各个领域发生的重大事件，重点反映改革开放、经济发展、社会和谐以及精神文明建设等方面出现的新情况、新经验、新成就。

三、《瓯海年鉴（2015）》采用分类编辑法，以卷首、主体、卷尾为主要部分，类目、分目和条目等三个基本层次组成框架结构，以条目为主要载体。卷首设瓯海区便览、目录、特载、特辑、大事记等类目。主体涉及瓯海自然、经济、政治、文化、社会的方方面面，包括党政机关、人民团体、司法、农业、水利、工业、交通、城建、国土资源、环境保护、经济管理、财政、税务、金融、卫生、社会生活、科学技术、教育、文化等。卷尾设名录、重要文件目录、索引。全书共52.3万字，时间以2014年1月1日至12月31日为限，收录范围以瓯海区行政区域为界。由于行政隶属关系，域内温州市高教园区的政务活动未加以记载。

四、《瓯海年鉴（2015）》所载内容由瓯海区各有关部门、单位指定专人负责撰写，经供稿单位审核后由《瓯海年鉴》编辑部定稿刊印。全书注重图、表、文并茂，力求体现时代特点，突出地方特色。

五、《瓯海年鉴（2015）》所引用的数据，以瓯海区统计局和各有关主管部门提供的资料为准。

六、《瓯海年鉴（2015）》编纂工作在中共瓯海区委、瓯海区人民政府的重视下，得到区属各部门和各镇（街道）领导的大力支持、各有关单位撰稿人通力协作，使本书得以顺利出版。借此，深表谢忱！由于任务重、时间紧、人手不足、水平有限，疏漏失误之处在所难免，恳请广大读者批评指正。

七、本书记述农业等方面事项的地方仍用“亩”。

《瓯海年鉴》编辑部

2015年9月

2月10日，瓯海区八届人大三次会议在区人民大会堂召开。

（郑金寿/摄）

2月9日上午，瓯海区政协八届三次会议在区人民大会开幕。

（郑金寿/摄）

4月1日，浙江省省长李强调研森马集团。

（区电子政务中心供稿）

2月8日，浙江省委常委、组织部长胡和平到瓯海调研。

（郑金寿/摄）

5月15日，瓯海区区长彭立华陪同温州市市长陈金彪督查河长制。

（郑金寿/摄）

12月1日，温州市委市政府在瓯海区召开温州市“五水共治”互看互学第五次现场会。

（郑金寿/摄）

8月13日，瓯海区委书记厉秀珍督查“六城联创”工作。

（郑金寿/摄）

3月18日，瓯海区区长彭立华调研广南路。

（区电子政务中心供稿）

7月16日，中央党的群众路线实践教育活动督导组到瓯海区督导。

（郑金寿/摄）

瓯海区便览

人口

全区2014年年末户籍人口：42.58万人，其中非农人口6.17万人

男性人口	21.57万人
女性人口	21.01万人

镇街基本情况

	农林牧渔业总产值（现价）	村民委员会（个）	村民小组个数（个）
景山街道		2	20
梧田街道	1770	13	173
新桥街道	985	5	117
娄桥街道	5477	15	274
南白象街道	1100	7	73
三垟街道	5120	11	190
茶山街道	6714	14	299
郭溪街道	11882	18	354
瞿溪街道	4364	16	184
仙岩街道	3455	24	364
丽岙街道	25010	21	318
潘桥街道	6014	24	389
泽雅镇	14956	81	636

气象

一般气象条件	年平均降水量：1766.5毫米 年平均气温 ：18.9℃ 日照时数：1512.8小时
极端气象记录	极端最高气温：41.7℃（2003年7月15日） 极端最低气温：−4.5℃（1967年1月17日） 历年最小降雨量：1026毫米（1976年） 历年最大降雨量：2590毫米（1973年）

经济

2014全区地区生产总值（按当年价格计算）	412.92亿元
第一产业	5.91亿元
第二产业	231.73亿元
第三产业	175.28亿元
工业总产值	858.58亿元
农业总产值	9.17亿元

教育

在校学生数	76630人	
普通中学学校数	26所	
	其中：在校学生数23976人	女性11054人
	招生数8182人	女性3771人
	毕业生数7172人	女性3672人
	教职员工数2425人	女性1193人
小学学校数	46所	
	其中：在校学生数48913人	女性21656人
	招生数8532人	女性3845人
	毕业生数6436人	女性2975人
	教职员工数2594人	女性1923人
幼儿园数	162所	
	其中：幼儿班数1150个	
	在园幼儿数33249人	女性14760人
	入园幼儿数8958人	女性3988人
	教职工数3595人	女性3350人

农业

乡村个数	
街道、镇个数	13个
村民委员会	251个
农村住户数人口	
农村户数	15.87万户
农村人口	57.25万户
农村从业人员	35.02万户
农村社会基础设施	
自来水受益村数	251个
通汽车村数	251个
垃圾集中处理的村数	248个

要　目

目　录

机　构

中国共产党温州市瓯海区委员会

瓯海区人民代表大会

瓯海区人民政府

中国人民政治协商会议瓯海区委员会

中国共产党瓯海区纪律检查委员会（监察局）

民主党派・工商联・人民团体

司　法

军 事

农业·水利

工　业

商贸业·服务业

民营经济

旅　游

财政·财务·金融

经济行政管理与监督

社会生活

教育

科技

文化

卫 生

体 育

城乡规划与建设·国土资源

环境保护

基础设施建设

镇·街道·经济开发区

名录·目录·索引

CONTENTS

ADMINISTRATIVE ORGANS

OUHAI COMMITTEE OF THE CPC

OUHAI PEOPLE'S CONGRESS

OUHAI PEOPLE'S GOVERNMENT

OUHAI COMMITTEE OF CPPCC

OUHAI COMMISSION OF DISCIPLINE INSPECTION OF THE CPC (SUPERVISION BUREAU)

DEMOCRATIC PARTIES · FEDERATION OF INDUSTRY AND COMMERCE · MASS OGENIZATIONS

JUSTICE

MILITARY AFFAIRS

AGRICULTURE · WATER CONSERVANCY

INDUSTRY

TRADE INDUSTRY · SERVICE INDUSTRY

PRIVATE ECONOMY

TOURISM

FINANCE · TAX ADMINISTRATION · BANKING

ECONOMIC MANAGEMENT AND SUPERVISION

CIVIL LIFE

EDUCATION

SCIENCE AND TECHNOLOGY

CULTURE

PUBLIC HEALTH

SPORTS

URBAN CONSTRUCTION

ENVIONMENTAL PROTECTION

INFRASTRUCTURE CONSTRUCTION

TOWNS · COMMUNITIES · ECO–NOMIC DEVELOPMENT ZONE

DIRECTORY · CATALOGUE · INDEX

特　载

全面深化改革　推动赶超发展

——在区委八届五次全体（扩大）会议上的报告

中共瓯海区委书记　厉秀珍

（2014年1月10日）

这次区委全会的主要任务是，深入贯彻党的十八届三中全会和省委十三届四次全会、市委十一届五次全会精神，回顾总结2013年工作，客观分析当前发展形势，研究部署2014年工作任务，动员全区上下进一步振奋精神，破难攻坚，赶超发展，加快建设生态宜居民富区强的幸福瓯海。同时，审议通过《中共瓯海区委关于认真学习贯彻党的十八届三中全会精神全面深化改革的实施意见》。

下面，我代表区委常委会向全会作报告，请大家审议。

一、充分肯定成绩，坚定赶超发展的信心

2013年，我们以党的十八大精神为指导，认真贯彻落实省、市委决策部署，以加快推进城市化破难攻坚行动为主要抓手，扎实推进经济、社会、政府三大转型，为瓯海新一轮发展打下了坚实基础。

1.经济运行稳中有进。坚持把振兴实体经济作为全局工作的首要任务，出台振兴实体经济“1+6”政策，组织开展“千名干部进千企解千难”行动，建立驻企服务员、金融服务员制度，积极推进“四换三名”工程，切实加强统计工作，经济保持平稳发展态势。预计全年实现生产总值375.41亿元，同比增长8.5%；城镇居民人均可支配收入39094元，同比增长8.4%；农村居民人均纯收入20020元，同比增长9.5%；财政总收入42.11亿元，同比增长14.3%，其中地方财政收入21亿元，同比增长27%；限上固定资产投资230亿元，同比增长26.7%；单位生产总值综合能耗下降5%；化学需氧量、二氧化硫、氨氮、氮氧化物排放量分别削减2.2%、7.1%、3.0%、4.6%。大力度推进“三转一市”，完成个转企2239户、规下转规上114家、限下转限上95家、有限转股份15家。加快推进产业平台建设，小微企业创业园建设启动推进，国家大学科技园、华润万象城、中央商务区、站前商贸区等项目加速实施，森马总部园建成投用，瓯海区眼镜基地被评为国家级外贸转型升级专业型示范基地，经济发展的平台进一步拓展。大力实施招商引资“一号工程”，成功引进站前港龙商业广场、温州大象城、潘桥国际汽车城等项目，到位内资完成量和完成率排名全市第一。

2.城乡建设扎实推进。中心区行政核心区块建成投用、有序运行，公安、检察院、卫生技术业务用房等公建项目基本建成，亿象商业广场、云天楼洲际广场等项目扎实推进，商住区块开发掀起热潮，中心区的核心带动力进一步增强，跻身第二届“浙江省最具发展潜力十大新城”行列。大力推进重点项目建设，南湖城市综合体等项目加快实施，温州肯恩大学一期建成投用，浙江安防职业技术学院成功筹建并开学招生，梦多多小镇、泽雅将军岩乡村游等项目前期有序开展。加快完善西部交通网，六虹桥路延伸段一期、双南线改建工程一期等道路建成通车，新双南线、南湖路、蛟凤路等道路加快推进，广化南路、园区路等道路开工建设，城区框架进一步拉开。西向排洪工程充分发挥防洪减灾“调节阀”作用，经受了“菲特”台风的考验。着力完善城市基础设施，220千伏丽岙输变电工程加快实施，一批排污、水利等项目相继建成，城区承载力进一步增强。

3.城区环境日益改善。正视环境“脏乱差”的现实，不断深化“六城联创”，深入开展城市环境综合整治。大力推进治水工作，开展黑臭河整治和沿河拆违专项督查活动，截污纳管、清淤疏浚、沿河拆违等工作扎实推进，47条黑臭河整治取得阶段性成效。泽雅机械造纸专项整治全面完成，关停企业、作坊共263家。大力推进“三改一拆”，完成“三旧”改造416万平方米，拆违284万平方米，平天镬、秀屿山片区整治加快推进，六虹桥货运市场完成整体搬迁，潘桥国际物流基地初具规模、临时停车场建成投用。大力推进环境综合整治，“两无四边三化”扎实推进，“绿满瓯海”行动深入开展，数字城管实现全覆盖，生态创建和创模工作提质扩面，省级卫生区通过验收，城区形象和生态环境得到进一步提升。

4.民生事业协调发展。实施新一轮校网调整，健全义务教育城乡一体化发展办学机制，民办教育综合改革稳步推进。着力构建新型医疗卫生服务体系，医疗卫生体制改革深入推进，创成省级慢性病综合防控示范区、全市首家国家级示范社区卫生服务中心。健全公共文化设施服务网络，全面完成文化礼堂建设，推出首届“瓯之韵”文化节。加强和改进人口计生工作，退出全省出生人口性别比重点治理单位。荣获全国县（市、区）科技进步考核先进县（市、区）、全国群众体育先进单位荣誉称号。着力提高社会保障水平，社会救助救灾和殡葬改革全面铺开，社会组织建设不断加强，城乡居民社会养老服务体系日趋完善。持之以恒抓好消防安全与安全生产工作，组织开展全区首个“8·5”安全日活动，深化“四色”分类管理，强化安全隐患挂牌整治。减员增效工作取得显著成果，同比减少15.6万人，降幅20.2%。着力构建立体化社会治安防控体系，治安乱点整治扎实开展，“警灯工程”全面推行。深入开展矛盾纠纷排查化解，省、市交办的重点信访积案全部化解，实现全国“两会”、党的十八届三中全会等敏感时期“零进京、零非访”。

5.党的建设不断加强。认真学习贯彻党的十八大、十八届三中全会精神，开展“中国梦”主题宣传教育实践活动，做好党的群众路线教育实践活动前期工作。坚持德才兼备、比绩选优，完善干部选拔任用机制，倾向基层一线选人用人的导向不断强化。开展“勇当先锋、挑战极限”大行动，组建攻坚“狮团”助推中心工作，党内嘉奖、“五全”干部等做法全市推广，一大批充满激情、善谋敢干的年轻干部成为干事创业的中坚力量。做深做细工作预案，加强宣传引导，狠抓正风肃纪，高质量完成村级组织换届工作，选出了好班子，换出了好风气。贯彻落实中央“八项规定”，出台作风建设“1+9”文件和“十个一律”规定，深入开展廉政文化品牌建设，组织开展“万人评议基层站所（服务窗口）”活动。扎实推进民主政治建设，充分发挥人大、政协的职能作用，发展壮大爱国统一战线，加强党管武装和老干部、工青妇等工作，全区上下形成了心齐气顺、团结干事、创新创业的生动局面。

在肯定成绩的同时，我们也要清醒地认识到工作中存在的问题和不足：产业转型升级缓慢，投资结构不合理，一些企业面临融资难、用地难等问题；部分项目推进速度不快，土地、资金等要素制约矛盾突出；公共服务供给相对滞后，消防安全和安全生产压力较大，群众对安置房建设、食品药品安全、空气质量、交通出行等方面问题反映比较强烈；少数干部精神懈怠、作风不正，去年我区发生多起干部职工酒驾违法案件，严重损害了瓯海党员干部的良好形象，造成恶劣的社会影响。这些都需要我们在今后的工作中切实加以克服和解决。希望同志们对区委常委会的工作提出批评和建议，帮助我们把工作做得更好。

二、全面深化改革，再创体制机制新优势

党的十八届三中全会指出，实践发展永无止境，解放思想永无止境，改革开放永无止境。按照党的十八届三中全会、省委十三届四次全会和市委十一届五次全会的部署要求，区委在广泛深入调研的基础上，研究制定了《中共瓯海区委关于认真学习贯彻党的十八届三中全会精神全面深化改革的实施意见》(审议稿)，提交这次全会讨论审议，请大家提出意见和建议，使之更加完善。区委常委会认为，全面深化改革，首先要解放思想。实践证明，没有解放思想，中国共产党就不可能在十年动乱结束不久作出把党和国家工作中心转移到经济建设上来的重大决策部署；没有解放思想，我们党就不可能在实践中不断推进理论创新和实践创新，把改革开放不断推向前进。从某种角度来讲，改革就是一场革命，革思想僵化的命，革审批部门的命，革求稳怕事的命，革"庸懒散慢"的命。企业和群众对哪里有反映，哪里就需要改革；哪里反映大，就先在哪里改革。但不管是革谁的命，只要有利于解放和发展社会生产力、有利于推动经济社会持续健康发展、有利于实现好维护好发展好最广大人民根本利益、有利于巩固党的执政基础和执政地位的改革，都要大胆试、大胆闯，坚决破、坚决改。必须坚持解放思想，勇于实践，勇于创新，在全社会形成鼓励创新、宽容失败、允许试错、免责保护的良好氛围。在推进改革的过程中，重点要把握好三方面关系：

1. *准确把握目标取向与问题导向的关系*。目标是改革的航灯，是改革的落脚点；问题是改革的先导，是改革的出发点。要围绕中央和省、市的目标要求，全面深化改革，不断解放社会生产力，激发社会活力，提升党的执政能力，增强赶超发展动力，推进城区治理体系和治理能力现代化，为建设生态宜居民富区强的幸福瓯海提供坚强保障。到2015年，重要领域和关键环节改革取得实质性突破；到2017年，基本完成实施意见所提出的各项改革任务；到2020年，基本形成系统完备、科学规范、运行有效的制度体系。实现上述改革目标，必须以问题为导向推进改革，善于从社会各界反响中找问题，从人民群众期盼中找问题，从制约发展最突出的问题改起，从各界能达成共识的环节改起，坚持从瓯海的实际出发，确保改革更符合瓯海区情，突出瓯海特色，提升改革综合效应。

2. *准确把握顶层设计与底层创新的关系*。顶层设计，是中央和省级层面的决策，是改革的战略谋划和宏观设计；底层创新，是市县及基层和群众的实践探索，是改革的具体实施和先行先试。顶层设计与底层创新是全面深化改革的"两条腿"，相辅相成，不可偏废。我们既要靠顶层设计来引路，也要靠底层创新来探路。一方面，要坚定不移地做好上级部署的各项改革在瓯海的推进落实工作，确保各项改革在瓯海得到最坚决、最及时、最有力的贯彻。另一方面，要充分尊重人民群众、广大企业和基层干部的首创精神，充分激发底层创新的活力，主动作为，敢于作为，善于作为，以底层创新的成果来赢得上级和社会各界的认可和支持，为完善顶层设计积累更多经验。

3. *准确把握政府与市场的关系*。处理好政府与市场的关系是经济体制改革的核心问题。在现代市场经济条件下，市场"看不见的手"在资源配置中起决定性作用；政府"看得见的手"主要是在维护市场秩序、提供优质公共服务、创造良好发展环境等方面发挥有限有为有效的作用。我们必须科学厘清政府与市场的边界，提升政府治理科学化水平。要研究制定新一轮政府机构改革方案，进一步破除思想观念和利益固化的束缚，大幅度减少政府对资源的直接配置，进一步简政放权，最大限度减少政府对微观事务的管理，把相关的职能交给市场、企业和社会中介组织，让一切劳动、知识、技术、管理、资本的活力竞相迸发，让一切创造社会财富的源泉充分涌流，让发展成果更多更公平惠及全体人民。

三、认清发展形势，提升赶超发展的水平

当前，我区发展形势正发生深刻变化，既面临城市化加快推进的难得机遇，也面临转型发展、赶超发展的严峻挑战。从全球来看，世界经济仍

将延续缓慢复苏态势，产业分工和经济秩序加快调整，但不稳定不确定因素依然存在。从全国来看，我国经济发展稳中有进、稳中向好，但消费需求增长动力偏弱，企业投资意愿不强，出口竞争力下降，保持经济合理增长、推进经济结构战略性调整是当前和今后一个时期的核心任务。从全省来看，省委提出了稳中求进、改中求活、转中求好的新要求，要求深入推进“五水共治”“四换三名”“三转一市”等工作，迫切需要我们以更加有力的举措抓好落实。从全市来看，市委、市政府高举“温州模式”发展旗帜，深入实施“十大举措”，经济呈现出“筑底企稳、缓慢回升、逐步向好”的复苏态势，但实体经济仍然面临金融风险的考验，振兴实体经济任重道远。从瓯海来看，随着西部交通网加快完善，中心区加快建设，南湖城市综合体等项目加快实施，我区与长三角、海西区城市之间的联系日益紧密，正面临经济发展和城市建设的重要机遇，但目前主要经济社会指标总量偏小、增速偏慢，处在全市第二梯队、全省第三梯队，实现前移升位面临许多困难和压力。纵观当前形势，我区正处于爬坡过坎、不进则退、慢则掉队的重要关口。我们必须善于把握大局，在挑战中抓住机遇，化压力为动力，在适应复杂形势中赶超发展，在应对区域竞争中赶超发展，在顺应群众期待中赶超发展，保持目前良好的发展态势，牢牢把握工作主动权。

面对当前形势，我们要对照夏宝龙书记在首届世界浙商大会上提问服务浙商的“四个够不够”和在省委十三届四次全会结束时的讲话中提问全面深化改革的“四个有没有”，进一步反思瓯海自身发展的“四个能不能”：一是瓯海的发展能不能更快一些？二是市容环境能不能更美一些？三是审批流程能不能更简一些？四是安全事故能不能更少一些？同时，我们每个干部都要静下心来想一想：一是想一想我能为瓯海做些什么？二是想一想我的工作是不是已经做到最好了？三是想一想我的服务是不是最优了？四是想一想我有没有做了损害瓯海形象的事？这“四个能不能”“四个想一想”是各级党委、政府和干部的必答题，也是我们在思想认识上首先必须解决的重大问题。我们必须增强机遇意识、问题意识和忧患意识，牢固树立赶超发展的理念，切实解决“不想赶超、不会赶超、不敢赶超”等问题，全力做好改革发展稳定各项工作，开创瓯海经济社会发展的新局面。在推进赶超发展的过程中，我们要做到“五个坚持”：

1.坚持改革创新。改革创新是推动赶超发展的不竭动力。党的十八届三中全会深入研究和部署了全面深化改革各项工作，省委十三届四次全会、市委十一届五次全会也就全面深化改革作出决策部署。我们要重视研究经济、社会、政府转型的体制制约问题，善于借助改革东风，乘势而上，顺势而为，用改革创新的思路推进治水、“三改一拆”、行政审批、作风建设等各项工作，进一步激发市场活力、汇聚创新动力、形成发展合力。

2.坚持转型升级。加快推进转型升级，是我区一项紧迫而长期的任务。长期以来，我区经济发展过多依赖低成本劳动力、过多依赖资源环境消耗、过多依赖传统市场及传统营销的增长方式，形成了“低小散”的产业发展格局。产业“低小散”与环境“脏乱差”交织影响，给消防安全和安全生产、社会管理、生态环境、文明创建带来了巨大压力。我们必须痛下决心，坚定不移地推进转型升级，促进经济增长由粗放型向集约型转变，推动经济持续健康发展。

3.坚持改善民生。随着经济社会的发展和人民生活水平的提高，群众的思想更加活跃、需求更加广泛，他们更加迫切希望生活品质得到更快提升，公平正义得到更好保障，工作生活更加安全、更加安心、更加安宁。人民群众对美好生活的向往，就是我们的奋斗目标。我们要按照“老百姓想什么，我们就干什么”的要求，坚持民生投入优先支持、民生工程优先安排、民生需求优先满足，加强和创新社会管理，健全公共服务体系，切实提升群众幸福指数。

4.坚持转变作风。好的风气是凝聚人心的强大力量，更是一个地方重要的投资和发展环境。我们瓯海的干部历来敢于攻坚、善于破难、甘于奉献，并且代代相传、相互影响，形成了“接力棒、大合唱、将相和”的优良传统。面对新形势、新任务，我们更要自重自省，严于律己，励精图治，奋发有为。既要有夏宝龙书记所倡导的守土有责的志气、舍我其谁的豪气、我不入地狱谁入地狱的勇气、功成不必在我的大气等“四气”，又要有落实党委中心工作冲在前、转变工作作风做在前、总体谋划发展想在前、带好干部队伍抓在前的“四前”意识，确保能谋善断、能干善治、能征善战、能识善任。

5.*坚持党建引领*。推动赶超发展，核心在党建，关键靠干部。我们要坚持围绕中心、服务大局，凝聚各方力量，团结带领广大干部群众推进各项工作，确保干得准、干得好、干得对，抓一件成一件，不断积小胜为大胜。精心设置工作载体，全面推进各领域基层党组织建设，充分激发党组织和党员的内在动力，确保党在思想上、组织上、作风上和制度上始终保持先进性和纯洁性。

四、坚持统筹协调，扎实做好今年各项工作

2014年，是贯彻落实党的十八届三中全会精神、全面深化改革的开局之年，也是落实市委“十大举措”、推进赶超发展的关键之年，做好今年的工作具有十分重要的意义。今年全区工作的总体要求是：认真贯彻落实中央一系列重大决策部署，围绕省委“干好一三五、实现四翻番”和市委“赶超发展、再创辉煌”的决策部署，坚持和发展“温州模式”，以稳中求进为总基调，以振兴实体经济为总抓手，以改革创新为总动力，全面推进经济、政治、社会、文化、生态“五位一体”改革和建设，加强和改进党的建设，加快建设生态宜居民富区强的幸福瓯海，为提前基本实现现代化打下坚实基础。按照这一总体要求，今年全区经济社会发展的主要预期目标为：生产总值增长8%；规上工业总产值增长8%；地方财政收入增长8%；限上固定资产投资增长15%；社会消费品零售总额增长12%；外贸出口增长3%；城镇居民人均可支配收入增长9%；农村居民人均纯收入增长10%。实现上述目标，任务很重，难度很大。全区上下务必要增强改革意识、进取意识和责任意识，振奋精神，抢抓机遇，提速提效，重点抓好以下五方面工作，努力开创瓯海赶超发展新局面。

1.*突出转型升级，着力振兴实体经济*。实体经济是瓯海发展的根基。没有实体经济，一切发展都无从谈起。我们要把振兴实体经济作为当前经济工作的核心，坚持经济存量、增量、质量齐抓，推进政策落实、平台建设、驻企服务等工作，进一步做大经济总量、调优产业结构，加快打造瓯海经济“升级版”。

一是在整合存量上下功夫。我区现有企业1.35万家、个体工商户4.31万户，其中规上工业企业505家、限上服务业企业410家。我们必须直面产业“低小散”的现实，加大对现实生产力的整合力度，进一步做大做强经济存量。深入实施“工业经济冲千亿”三年行动计划，继续大力度推进“三转一市”，突出抓好规下转规上工作，使现实生产力得到有效整合和提升。坚持联动执法、疏堵结合，加强政策指导和市场监管，着力构建公平、和谐、安全的市场秩序，重点抓好三个“无转有”，即无照转有照、无账转有账、无安转有安，不断壮大市场主体的数量和规模。切实加强对统计工作的领导，结合第三次经济普查工作，健全上下联动、条块结合的工作机制，推进政府部门统计向全行业统计转变，夯实统计的基层基础。

二是在扩大增量上出实招。要把小微企业创业园建设作为拓展小微企业发展空间最直接、最紧迫的重大举措，促进未开工项目尽早开工、已开工项目加快推进，同步完善园区基础设施和公共服务体系，着力打造配套设施齐全、产业布局合理的小微企业创业体系。按照“一区多园、综合配套”的发展格局，采取就近整合的方式，推进经济开发区扩容提升，推动单一工业开发向工贸联动开发转变，提升经济开发区能级。加大工业用地二次开发力度，推进镇街工业小区改造提升，鼓励符合条件的企业开展“挖潜节地”，提高工业用地效益。

三是在提升质量上见成效。坚持创新思路、强化引导，一手抓新经济业态培育，一手抓落后产能淘汰，进一步优化产业结构。坚持把网络经济作为赶超发展的“一号新产业”来抓，加快推进电子商务产业园建设，引进一批带动力强、关联度大的网络产业项目，促进电子商务与传统制造业、现代服务业融合发展。坚持把旅游业作为“一号服务业”来抓，推进仙岩、泽雅景区基础配套建设和环境整治，出台倾斜政策，引导社会力量发展休闲观光业和都市农业，规范提升农家乐，做大做强旅游经济。着力推进瓯海总部经济园、温州市文化创意产业园等项目建设，做优做精总部经济、金融保险、文化创意等行业，构筑功能集聚、辐射带动的现代服务业网络。深入开展招商引资工作，大力推进温（瓯）商回归，切实处理好招内和招外、招大和招小、招商和招工、招实和招虚、招商和招人、招商和落地以及情、义、利的关系，提高单体项目的质量和规模，加大工业、教育、卫生等项目的招商力度，着力优化投资结构，增强投资效益。大力推进“四换三名”工程，深入开展“亩产论英雄”专项行动，切实加强出租厂房管理，淘汰一批落后产能，培育一批龙头企业、品牌企业、高新技术企业，提高单位要素产出率。

2.*突出产城融合，着力推进城乡建设*。产业是城市发展的基础，城市是产业发展的载体。我们要准确把握温州大都市主中心的发展定位，坚持产城联动、学城联动，不断强化有效投资的驱动效应，推进新型工业化和新型城市化，努力把瓯海打造成为充满活力、更具实力的新兴城区。

一是加快城市亮点区块建设。大力推进中心区、站前区建设，统筹抓好路网、水网、绿道网建设，加快推进商住区块开发建设，不断汇聚人气、商气，提升中心区的知名度和美誉度。大力推进南湖城市综合体、景新片区、浙南花城等重点区块建设，推进片区错位发展、特色发展，提升城市建设水平和品位。加快推进牛山工程，采取切实有效措施，狠抓工程建设进度，重抓项目包装推介，确保牛山工程早出形象、早见成效、早日惠民。

二是大力推进“美丽乡村”建设。坚持把“美丽乡村”建设作为全面提升新农村建设水平的有力抓手，健全“美丽乡村”建设工作机制，加大人力、物力、财力投入，推进农村人居环境综合整治，加强古村落保护和利用，规划建设乡村旅游精品线，着力打造一批风貌独特、人居优美的“美丽乡村”精品村。

三是打造城市经济平台。依托温州肯恩大学、浙江安防职业技术学院等院校建设，完善院校周边区域规划，强化商业配套、基础设施支撑，大力发展大学城经济，推进学城联动发展。依托动车南站以及瓯海大道、温瑞大道等交通主干道，扎实推进中央商务区、站前商贸区、潘桥国际物流基地等重大产业平台建设，为现代商贸业发展打下坚实基础。依托温州市国家大学科技园建设，健全政产学研共建机制，加快推进招商引资、环境整治、“腾笼换鸟”等工作，带动整个梧白科技城创业创新创意发展。

四是强化配套设施建设。着力完善西部交通网，优先打通广化南路、新双南线隧道，加速推进广化南路、新双南线道路建设，优化整体空间布局，带动城区开发建设。建成福州路二期、南湖路等道路，加快推进瓯海大道西延段、园区路、吹台山隧道及接线工程一期等道路建设，尽快开工龙霞路南延段、天长岭隧道复线等道路。坚持统一规划、综合布局，大力推进城市基础设施建设，统筹抓好供电、排污、园林绿化和管网配套等工作，着力增强城市功能。高度重视公共服务配套设施建设，统筹谋划教育、卫生、文化等功能布局，逐步完善城区综合服务体系。

3.*突出生态优先，着力改善城乡环境*。生态是瓯海的现实资源，更是战略资源。我们要以“六城联创”为载体，以治水为突破口，大力推进城乡环境综合整治，不断优化城区环境，打造城市可持续的竞争力。

一是标本兼顾推进“五水共治”。瓯海因水而生、因水而兴、因水而美。要以重整河山的雄心壮志和壮士断腕的豪迈斗志，坚持治污先行、重点突破，统筹推进治污水、防洪水、排涝水、保供水、抓节水“五水共治”，努力打造“城水相依、河库相连、山水相融、人水和谐”的“美丽塘河、宜居水乡”。坚持综合施策、标本兼治，全面实施“河长制”，巩固提升47条黑臭河道整治成效，完成“十二五”规划下达的减排任务。加大农村基础设施建设力度，一村一策推进农村污水治理，确保两年内实现所有自然村农村生活污水处理设施全覆盖。加快桃源水库建设进度，加强任桥河、三溪片河道等综合治理，开展滨河生态休闲景观建设，建成一批美丽水乡示范流域、示范片区。健全治水考核机制，把水质指标作为硬约束，列入各镇街和相关部门重要的实绩考核内容。按照“全员治水、全员受益”的思路，注重引入市场机制，发动民间力量治水，形成群策群力、齐抓共管的良好格局。

二是坚定不移推进“三改一拆”。注重“拆、建、用”相结合，突出以建促拆、拆后就用，尽量缩短拆与建之间的间隔时间，提高“三改一拆”科学化水平。结合治水治污、安全生产等工作，以无违建创建为载体，深入推进全区面上拆违，严厉打击现行违建，坚决遏制违建反弹现象。坚持因地制宜、以点带面，统筹推进城中村、旧厂区、旧住宅区改造，重点抓好平天镬、秀屿山片区整治，促进城乡面貌有机更新。加大沟通协调和监管督查力度，千方百计加快安置房建设进度，解决老百姓的后顾之忧。充分利用城镇低效用地再开发试点政策，探索完善利益导向机制，按照“谁拆违、谁利用、谁受益”的原则，大胆创新办法，动员社会力量参与拆后土地利用建设，完善产业、居住等空间布局。

三是综合施策提升城市管理水平。健全“两无四边三化”长效工作机制，整合部门、镇街、村居各方资源，着力提升洁化、绿化、美化、序化水平。健全“一把扫帚扫到底”的清扫保洁机制，探索将城中村卫生保洁纳入镇街和市政统一管理，强化门前三包，推进垃圾统一收集处置，着力打造干净、整洁、有序的城区环境。坚持整治和控源并重，全力推进智慧城管工作，突出抓好主次干道、农贸市场等重点部位问题的整改，加强建筑工地监管、大气污染防治等工作，巩固印染、化工等行业整治工作成果。全力做好文明指数测评迎检工作，加强志愿服务机制建设，推进文明交通、文明传播等活动，开展“五最”“五美”评选，着力形成全民参与、共建共享的整治氛围。

4.突出民生为本，着力提升公共服务。改善民生是最大的政治。我们要把富民、惠民、安民作为衡量改革与发展的根本要求，提高公共产品供给能力，不断加强和改善民生。

一是大力发展社会事业。科学规划校网布局，深化民办教育综合改革，创成全国义务教育发展基本均衡区和省教育现代化基本达标区。深化医药卫生体制改革，鼓励社会资本参与公立医院改制重组，健全社区卫生服务体系，提升医疗卫生服务水平。积极发展文化事业，深入实施“文化惠民”工程，加快推进文化礼堂内涵建设，构筑公共文化服务体系。落实计划生育利益导向政策，巩固提升出生人口性别比综合治理成效，创成全国计划生育优质服务先进单位。

二是提升社会保障水平。积极落实就业帮扶优惠政策，完善社区爱心驿站运作方式，健全多层次城乡居民医疗保障体系，着力扩大社会保险覆盖面。全面推进养老体系建设，创新不同层次养老机构的管理方式，加强社区居家养老服务规范化建设，鼓励社会力量投资兴办养老服务机构，逐步实现养老服务全覆盖。建立全社会参与的救助机制，鼓励发展民办慈善事业，健全防灾减灾救灾机制。

三是提高社会治理能力。按照“精兵简政、合并职能、整合资源、强化治理”的要求，推进有限有为有效政府建设，推行政府权力清单制度和负面清单制度，优化政府工作流程，切实提高政府的公共服务能力。健全公益类、互益类社会组织培育发展机制，充分发挥社会组织在社会自治、公共服务、利益协调中的基础作用，提高社会组织承接政府职能转移项目的能力。扎实推进社区规范化建设，加强专职化社工和志愿者队伍建设，提高社区公共服务、志愿服务、社会化服务的质量。

5.突出平安创建，着力维护社会和谐。安全是最基本的公共产品，也是“瓯海梦”最基本的元素。我们要以消防安全与安全生产、新居民服务管理、信访维稳等问题为突破口，深化“平安瓯海”“法治瓯海”创建，最大限度减少不和谐因素，着力构建和谐瓯海。

一是突出抓好消防安全与安全生产工作。当前，我区消防安全与安全生产基础仍然薄弱，形势仍然严峻。大量“低小散”企业与民居、出租房混杂，决定了消防安全与安全生产工作的长期性、复杂性和艰巨性。要按照“一处都不放过、一刻不能放松”的要求，常抓不懈，警钟长鸣，切实抓好安全生产工作。坚持用重典、下重药、出重拳，不惜一切代价坚守安全底线。深化网格化管理与“四色”分类管理，加强“四色”级别升、降级动态管理，健全安全监管责任体系，进一步提高安全生产监管水平。实行行业整治分块监管，加强基层隐患排查整治，采取挂牌督办、联合执法等措施，全力消除安全隐患。深入开展安全生产全员培训，增强从业人员的安全意识和自我防范能力。

二是继续推进减员增效工作。目前，我区户籍人口41万人，外来人口61万人，人口结构倒挂严重。要按照“产业提升转移一批、整顿秩序规范一批、环境整治倒逼一批、要素配置引导一批、社会管理核减一批、安全监管整治一批、打击犯罪挤压一批、优化服务提升一批”的工作思路，坚持减员增效方向不变、力度不减，确保实现全年外来人口再减10万的目标，使我区人口结构与产业层次更加适应，人口总量与城区承载力更加匹配。

三是管好用好“两大舆论场”。继续开展“中国梦”和党的十八届三中全会精神宣传教育活动，牢牢把握正确舆论导向。实施“新瓯海、新起点、新动力”外宣工程，加强与媒体战略协作，提升对外形象宣传水平，不断凝聚赶超发展正能量。开展“让网络空间清朗起来”学习讨论实践活动，健全网络舆论引导机制，完善舆情信息系统，加大依法治网力度，牢牢把握舆论引导主动权。

四是全面深化平安创建。坚持“一手拿经济报表，一手拿平安报表”，深入推进系统创安活动和基层创建活动，不断创新平安宣传形式，切实提升“平安三率”，努力创成省级“平安区”。深化治安乱点排查整治工作，提升“警灯工程”示范项目，完善视频监控系统，构筑立体型、综合性的治安防控体系。着力化解劳资纠纷和企业债务风险，依法打击恶意逃废债行为。加强宗教活动场所和民间信仰场所规范化管理，切实推进非法宗教活动场所的治理工作。完善重大事项社会稳定风险评估机制，善于运用“底线思维”的方法，评估决策处事的风险，制定风险应对策略和预案，规避、预防、控制重大事项实施可能产生的社会稳定风险。创新群众工作方法，健全解决信访突出问题工作机制，大力化解信访积案和历史遗留问题，切实维护社会和谐稳定。

五、加强党的建设，凝聚赶超发展的合力

开展以“为民、务实、清廉”为主要内容的党的群众路线教育实践活动，是党中央为全面提高党的建设科学化水平作出的一项重大战略决策。我们要认真贯彻中央和省、市委的精神，按照“有声势、有特色、有实效”的要求，扎实做好各个环节的工作，从严管理党员干部，从严过好党内生活，集中解决形式主义、官僚主义、享乐主义和奢靡之风。坚持为民搞活动，从群众和企业最关心的问题抓起，从群众和企业最不满意的问题改起，把教育实践活动同做好各项工作紧密结合起来，做到“两不误、两促进、两提高”。坚持开门搞活动，认真听取群众意见建议，组织群众有序参与每个环节，让群众来监督评议。坚持领导带头搞活动，一级带着一级干，一级做给一级看，以党的群众路线教育实践活动为契机，全面加强和改进党的建设，为赶超发展提供坚强保障。

*1.加强思想政治建设，切实提升领导力。*思想政治建设是党的建设的核心和灵魂。要把深入学习贯彻习近平总书记系列重要讲话精神作为一项长期的重大政治任务，准确把握总书记系列重要讲话的新思想、新观点、新论点和新要求，进一步坚定对中国特色社会主义的道路自信、理论自信、制度自信。坚持理论联系实际的学风，善于把学习体会和成果转化为谋划工作的思路、促进工作的举措，转化为推动党的执政能力建设和先

进性建设的能力。坚持群众路线，密切联系群众，问计于民、问需于民、问难于民，提高新形势下做群众工作的能力。发挥党委总揽全局、协调各方的作用，坚持和完善人民代表大会制度，健全社会主义协商民主制度，全面加强党管武装和老干部、工青妇工作，提高科学执政、民主执政、依法执政水平。

2. *加强基层组织建设，切实提升战斗力。* 基层组织是党联系群众的桥梁纽带、服务群众的战斗堡垒。要深入实施“红色细胞工程”，健全党员干部经常性联系基层、服务群众的工作机制，开展以“家庭和美、邻里和睦、党群和顺、社会和谐”为主要内容的村居“四和院”创建，深入推进“四大员进村入企”和争做镇街“五全干部”实践活动，激励党员在基层社会治理中发挥先锋模范作用。精心组织实施“五星争创”活动，统筹推进基层党组织“113”工程、“两新”党组织标准化建设等工作，强化考核结果运用，在全区上下形成创先争优、比学赶超的浓厚氛围。加强村级组织换届之后村干部培训和管理工作，帮助新一届村干部尽快进入角色，确保新一届村级组织运转有序、开局良好。推广社会组织党建同心圆模式，拓展青春党建内涵，提升“微公益”服务品牌，抓实小微企业创业园党建，整体提升“两新”组织党建科学化水平。

3. *加强干部队伍建设，切实提升执行力。* 推动赶超发展，关键要建设一支高素质的干部队伍。要健全督查考绩制度，实行个性化、差别化考核，强化全员考绩、过程管理，以时限倒逼进度，以目标倒逼责任，确保政令畅通、令行禁止。坚持德才兼备、以德为先，形成“从实绩看德才、凭德才用干部”的导向，重实绩分析，看平时表现，听群众口碑，努力做到选贤任能、知人善任、人尽其才。完善领导干部能下能出的配套措施，探索建立调整不适宜担任现职领导干部的工作机制，开展超职数配备和超规格提高职级待遇清理整顿，推进干部管理规范化。打破干部部门化，强化基层一线锻炼，推动干部资源重心下移，全面对接中心工作需求和个人成长需要，推行培训教育、导师结对和摘牌锻炼等实战培养模式，继续提升和完善党内嘉奖制度，增强“狮团”攻坚效果，推动各项工作开展。坚持高端引领、以用为本，大力推进党管人才工作，完善人才政策体系，加大“国千人才、省千人才”引进培养力度，构筑高端人才集聚高地。

4. *加强党风廉政建设，切实提升公信力。* 党风廉政建设事关民心向背，必须抓紧抓实。要严格落实党风廉政建设责任制，扎实推进惩防体系建设，完善各领域办事公开制度，加强对重点岗位、重要环节的廉政风险评估动态监管，优化赶超发展的软环境。实施创新创优工作项目化管理，建立提醒式教育预警新机制，打造一批有特色、有影响的反腐倡廉精品项目。严格执行中央“八项规定”，全面落实“十个一律”有关纪律规定，加强作风建设、廉洁自律的宣传教育和监督管理，加大领导干部连带责任追究力度，着力消除“两局一场”“小鬼难缠”等作风问题。深化政风行风评议活动，坚决遏制损害群众利益的不正之风，以反腐倡廉的实际成效取信于民。

同志们，愿有多高，力就有多大。今天，我们许下宏心大愿，汇聚全部的力量，高飞快跑，共创瓯海美好的明天。让我们紧密地团结在以习近平同志为总书记的党中央周围，在省、市委的正确领导下，以更加昂扬的斗志、更加振奋的精神、更加扎实的作风，全面深化改革，推动赶超发展，不断开创瓯海改革发展新局面，为建设生态宜居民富区强的幸福瓯海而努力奋斗！

真心为民 掌握方法 狠抓落实
确保完成全年各项目标任务

——在区委八届六次全体（扩大）会议上的报告

中共瓯海区委书记　厉秀珍

（2014 年 8 月 1 日）

同志们：

这次区委全会的主要任务是，认真贯彻中央

和省、市委的一系列决策部署，全面落实省委十三届五次全会、市委十一届七次全会精神，总结上半年工作，部署下半年任务，审议通过《中共温州市瓯海区委关于围绕“两美”目标发展时尚产业加快建设生态宜居民富区强幸福瓯海的决定》，动员全区上下真心为民，掌握方法，狠抓落实，确保完成全年各项目标任务，加快推动瓯海赶超发展。同时，通报区委常委会专题民主生活会情况，部署下一阶段党的群众路线教育实践活动任务。下面，我代表区委常委会向全会作报告。

一、肯定成绩，增强赶超发展的信心

今年是第二批党的群众路线教育实践活动开展之年。我们认真贯彻落实中央和省、市委的决策部署，以教育实践活动开展带动中心工作推进，以中心工作成效检验教育实践活动成果，实现了党的思想、作风建设和经济社会发展“两不误、两促进”。

（一）经济运行稳中有进。积极应对复杂多变的宏观形势，强化促农扶工兴贸力度，推进“三转一市”“四换三名”等工作，全力控险保稳促调，基本实现半年红。上半年，全区实现地区生产总值180.78亿元，同比增长8.8%；财政总收入26.69亿元，同比增长21.2%，其中公共财政预算收入14.69亿元，同比增长30.7%；规上工业增加值43.75亿元，同比增长7.5%；限额以上固定资产投资127.29亿元，同比增长45.5%；外贸进出口总额10.89亿美元，同比增长10.4%；限上社会消费品零售总额32.75亿元，同比增长18.3%；城镇居民人均可支配收入21278元，同比增长9.5%；农民人均现金收入13201元，同比增长10.4%。大力推进招商引资、温（瓯）商回归，实际到位内资26.95亿元，完成率64.16%，世界温州人大会签约项目已落地10个。强化产业平台打造，国家大学科技园、华润万象城、站前商贸区、中央商务区等项目加快推进。着力建设小微园，已建成8万平方米，3个示范小微园前期工作正在推进。大力发展网络经济，阿里巴巴温州产业带签约上线，金州电商城、国智电商产业园被评为省电子商务十大产业基地，我区荣获省电商换市创新样本称号。

（二）城区环境日益改善。大力推进“五水共治”，持续开展区四套班子领导联督联查，建立区、镇街、村居三级“河长制”，开展“两会”千人共建美丽水乡等活动，区工商联、慈善总会设立治水公益基金，一批民营企业主动捐资治水，全员治水的氛围日益浓厚。突出抓好治污水，截污纳管、沿河拆违等工作扎实推进，60条黑臭河、垃圾河整治取得阶段性成效。着力推进防洪保安工程，桃源水库进场施工，任桥河拓宽整治、半塘河和沉木桥河整治等工程顺利推进，牛山生态河道治理工程基本完工。继续推进“三改一拆”，开展“无违建”街道、社区（村）创建，依法处置174处涉及宗教和民间信仰场所的违法建筑。大力开展“六城联创”，“美丽乡村”“两无四边三化”持续推进，国家卫生城市创建通过全国爱卫办暗访验收。

（三）改革力度不断加大。成立区委全面深化改革领导小组，坚定不移落实上级部署的各项改革任务，三垟、茶山成建制回归瓯海管理，组建市场监督管理局，社会资本办医办学改革、民政综合改革等工作有序推进。整合服务民生重点职能部门资源，建立区便民投诉热线中心，推出首问负责制等制度，集中受理市民投诉，着力整治“踢皮球”现象。深化审批制度改革，推行政府及其工作部门权力清单制度，建立首席审批官、审批无休日等制度。金融改革不断深化，瓯海农商行正式挂牌运行，全区首家票据服务公司获批授牌，瓯海民间借贷备案登记中心正式建立。启动农房抵押贷款试点，推进森林资产评估、林权流转，激发农村发展活力。

（四）城市建设扎实推进。狠抓重点工程和重点区块建设，中心区道路网和公共配套不断完善，中央绿轴和三垟湿地公园政策处理、牛山工程安置房建设加速推进，站南商贸城一期实现结顶，亿象商业广场基本建成，潘桥国际汽车城正式开业。首批百亿重大工程集中开工，总投资约142.5亿元。坚持学城联动发展，推进温州肯恩大学去筹挂牌，浙江安防职业技术学院开始招生。加快道路交通建设，福州路北段、蛟凤路、景德东路等道路建成通车，吹台山隧道全线贯通，广化南路、南湖路等道路加快推进，龙霞路南延段、新双南线一期等道路开工建设。拆迁安置房建设提速，开工49万平方米，竣工14万平方米，实现交钥匙1222套。220千伏丽岙变主体竣工，垃圾坞、排污管网等一批市政设施相继建成。

（五）社会民生有效改善。社会事业全面发展，中心城区的瓯海外国语学校、森马新教育学校、瓯海教师进修学校等学校前期工作加快推进，市人民医院娄桥新院加快建设，区图书馆新馆实现开馆，第四届残疾人运动会成功举办，通过国家义务教育发展基本均衡区省级评估，创成全国计划生育优质服务先进区。健全多层次城乡居民医疗保障体系，扩大社会保险覆盖面，城乡居民社会养老服务体系进一步完善。切实抓好安全生产，完善安全生产“两化一网”工作，创新探索安全生产“社会化”试点，开展城中村安全综合整治、居住出租房管理、工业厂房出租管理大排查大整治。减员增效持续发力，外来人口较去年底减少4万人、下降6.5%。大力推进“平安瓯海”“法治瓯海”建设，健全立体化社会治安防控体系，社会治安视频监控系统不断完善，“法律服务五进”活动扎实开展，基层创安和系统创安深入推进，一批历史遗留问题和信访积案得到化解，“平安三率”切实提升。3月底，荣获2013年度省级“平安区”称号。上半年，全区平安建设考核得分920.21分，列“三区两市”第一。

（六）教育实践活动取得实效。省市委督导组坚强有力、敬业尽责，创造性地开展工作，为推进我区教育实践活动、开好专题民主生活会发挥了不可替代的作用。区委常委会把搞好教育实践活动作为最大的政治担当，坚持以上率下，作出“七带头、七引领”承诺，深入开展学习教育，开展“拜师交友结亲”等活动，聚焦“四风”查摆问题，知错就改、即知即改，争做改进作风的示范者。区委派出的15个督导组严督实导，能督善导，确保了全区镇街、部门教育实践活动各环节工作高质量推进。开展以“坚定理想信念、增强党性观念、强化党的纪律、敢于克难攻坚”为主题的“加课”专题教育，广泛开展“四思四想”大讨论活动，着力补足精神之“钙”，拧紧理想信念“总开关”。坚持开门搞活动，组建百姓智囊团，开展走亲连心等活动，广泛听取干部群众意见建议。创新建立作风建设问题“马上改”机制，已梳理出区级、镇街和部门“马上改”项目26个、481个，分别整改到位19个、438个。认真撰写对照检查材料，广泛开展谈心交心，深入开展批评与自我批评，开出高质量专题民主生活会，得到中央第七巡回督导组、省市委和省市委督导组的高度评价。

（七）党的建设得到加强。狠抓思想作风建设，深化干部人事制度改革，广泛开展干部培训，推行超职数配备干部和领导干部企业兼职清理整顿。按照打造“好干部、好班子、好队伍”的要求，重品行、看担当，突出实绩、倾向基层，抓好领导班子和干部队伍建设，出台支持引进高层次人才创新创业实施办法。创新党员联系服务群众的平台和机制，开展“五星争创”活动，全面实施“红色细胞工程”。村级组织换届后，及时组织开展村级组织负责人培训，加强马克思主义群众观、宗教观学习教育，基层基础进一步夯实。组织开展“风雅水乡　美丽瓯海”主题宣传、“最美人物”系列评比，不断深化“让网络空间清朗起来——当战士不当绅士”学习讨论实践活动。积极推进“红色细胞、精神家园”文化礼堂建设，组织开展“党的群众路线教育　文化进万家”大型广场主题文化巡回展演，动漫《快乐梦多多》获省“五个一”工程奖，电影《约定》入选省文化精品扶持工程。加强党风廉政建设和反腐败工作，建立基层党委（党组）履行主体责任定期汇报制度，开展基层站所（服务窗口）评议工作和正风肃纪行动，不断完善具有瓯海特色的惩防体系。支持人大依法行使重大事项决定权，建立全口径预决算审查制度，不断完善代表联系群众制度。进一步加强人民政协民主监督工作，实行重点提案党委政府主要领导领衔督办。发展壮大爱国统一战线，全面加强党管武装和老干部、工青妇等工作，全区上下形成了心齐气顺、务实苦干、克难攻坚的生动局面。

上半年取得的成绩，为我们决战三季度、冲刺四季度、实现全年红打下了良好的基础，更增强了我们赶超发展的信心。同时，我们也要清醒地认识到工作中存在的问题和不足：一是实体经济仍然面临控风险、稳增长、促转型的多重压力，产业“低小散”状况仍然非常严重，企业担保链、资金链风险化解任务艰巨；二是一些重点工程进展缓慢、没有实现“时间过半、任务过半”，部分项目土地、资金等要素制约矛盾更加突出，城市基础设施和配套功能依然非常薄弱；三是改善民生的任务繁重，文教卫体等公共服务还不能更好地满足群众需求，群众对历史遗留问题化解、安置房建设、环境质量、食品药品安全、交通治堵等方面问题反映尤为强烈；四是消防安全和安全生产的基层基础薄弱，社情舆情复杂，“三宗”问题突出，影响社会稳定的各类矛盾纠纷、事故隐患仍然大量存在；五是一些基层组织软弱涣散、缺乏活力和执行力，部分党员干部存在理想信念淡化、工作激情减退、服务意识不强、能力水平不高等现象，产生了不敢担当、回避矛盾、庸懒散慢、推诿扯皮、为官不为等问题，个别党员干部还沉湎于酒局、牌局，甚至为政不廉。上述问题，严重损害人民群众的根本利益，严重影响瓯海的发展建设和党委政府的形象。我们要正视这些问题，知耻而后勇，进一步增强紧迫感、责任感和使命感，痛下决心解决好这些问题。

二、真抓实干，全面完成今年各项目标任务

全面完成年初确定的经济社会发展目标，既是区委、区政府对全区人民的庄严承诺，也是全区各级党员干部最大的政治担当。上半年，我们真抓实干，交出了一份沉甸甸的成绩单。做好下半年工作，实现全年各项目标任务，靠的还是真抓实干。

（一）促进经济平稳健康发展。要始终把振兴实体经济摆在全局工作的重中之重，以控风险为当务之急，以稳增长为中心任务，以促转型为主攻方向，进一步强化经济指标责任考核，狠抓各项工作落实，提升瓯海的经济实力。

1.强化投资出口消费“三轮驱动”。今天的投入就是明天的产出。投资在相当长的时间里，仍然是稳增长的关键。上半年，我区限上投资、工业技改投资、工业性投资增速都比较快，分别达到45.5%、187.6%、39.8%，排名全市第1、第2和第3，但我们当前的胜利是暂时的、渺小的、不巩固的，如果因此而沾沾自喜、骄傲自满，那是不清醒的、眼光短浅的，因为我们离真正的、牢固的、坚不可摧的胜利还非常遥远，扩大有效投资的任务依然非常繁重。要充分考虑当前工业经济的严峻形势，充分考虑工业性投资所面临的巨大压力，尤其是要看到我区工业性投资、民间投资占限额以上固定资产投资比重偏低的现实，看到工业性投资新增的空间不大、领域不广和企业家投资意愿不强的现实。要进一步健全投资及项目建设情况通报和督查机制，重点对投资进展缓慢、应开工未开工的重大项目进行严督实查，深挖投资特别是工业性投资潜力，继续保持上半年投资较快增长的良好态势，确保限额以上固定资产投资达到275亿元以上，同比增长25%以上，其中工业性投资达到42亿元以上；民间投资占限额以上固定资产投资达到58.18%以上；生产性服务业投资占服务业投资达到23.35%以上。切实加大招商引资、温(瓯)商回归力度，强化招商项目包装和推介，紧盯签约和落地，确保全年实际到位内资60亿元、利用外资6000万美元。对去年世界温州人大会签约项目中已落地的10个项目，要狠抓资金到位率、项目开工率，对仍处于洽谈的六虹桥商业广场、泽雅鸟巢木屋度假中心等项目，要主动出击，优化服务，狠抓落实，争取项目早日签约落地。要发挥出口的支撑作用，落实开放型经济发展系列扶持政策，实施出口品牌培育工程，支持企业巩固传统市场，开拓东盟、南美、韩国等新兴市场，促进外贸出口持续稳定回升，确保外贸进出口总额同比增长5%以上。要创造良好的消费环境，开展特色商业街创建，推进农产品流通和农村市场体系建设，努力把居民消费能力释放出来，确保限上社会消费品零售总额同比增长12%以上。

2.推进产业转型升级。一是大力推进“三转一市”。上半年这项工作离全年目标任务差距很大。下半年，关键是要加强政策宣传引导，消除企业顾虑，实施分类帮扶，因企施策，精准发力，确保全年新增“个转企”1000户、“小升规”120家、“限下转限上”50家、“规改股”15家、挂牌上市8家。二是继续推进“无转有”。上半年，实现“无照转有照”2121家、完成率101%,“无账转有账”76.35%(市里下达任务为70%)、完成率109%,“无安转有安”1039家、完成率57.7%。下半年，要保持这种攻坚的气势和力度，尤其是面对量大面广的“低小散”企业，要把推进企业“无安转有安”作为抓安全生产的治本之策。三是积极推进“四换三名”。加大“腾笼换鸟”“空间换地”“机器换人”“电商换市”力度，确保全年实施旧工业小区改造4个，开工建设“挖潜节地”项目10万平方米，完成技改投资20亿元，争取菜鸟智能骨干网项目年内落地，推动1500家以上企业入驻阿里巴巴温州产业带，建设电子商务进万村网点300家以上。四是加快建设小微园。小微园仍然面临着土地指标紧缺、产业定位不清、推进力度不大等问题。这项工作不能等靠要，要充分发挥主观能动性，现在就做好一切准备工作，一旦土地批下来，就可以进场施工。要进一步强化责任落实，集中更多的时间和精力抓要素、抓供地，把开工建设温州医药物流总部经济园、郭溪高新技术产业园等6个小微园作为下半年的硬任务，同时加快推进已开工的3个小微园建设。五是着力推进农业现代化。没有农业的现代化就没有瓯海的现代化，没有广大农民变市民就没有瓯海的城市化。要跳出农业抓农业，着力深化农村产权制度改革，发展规模农业、都市农业、休闲农业、智慧农业。六是突出抓好统计工作。健全区统计联席会议制度，运用亩产效益评估结果，加强经济运行分析，杜绝漏报、少报、重报现象，切实提高统计数据的准确性和科学性。

3.深化企业金融风险化解。当前，部分企业生产经营依然非常困难，资金链、担保链风险没有彻底化解，随时都有一触即发、波及连累其他企业的可能，制造业普遍遇到原材料涨价、工资成本上升、利润下降等问题，企业家信心指数不高、投资意愿不强，企业遇到前所未有的困难。十八届三中全会提出要发挥市场在资源配置中的决定性作用，这不能成为我们对企业困难视而不见、袖手旁观、无所作为、不敢担责的借口。十八届三中全会还提出要更好发挥政府作用，就是意味着政府同样要担负起发展经济不可推卸的责任。要全面落实“双十条”升级版，构建政银企“同进共退”机制。深入实施分类处置，强化融资支持、应急转贷、整合重组、破产清算等有效举措，加快化解资金链、担保链风险，打赢维护经济秩序稳定的攻坚战。加强信用体系建设，坚决打击逃废债行为，重塑诚实守信的信用环境。不折不扣落实振兴实体经济系列政策，深化驻企服务员、金融服务员制度，打造良好的政策和服务环境。

（二）加快城市建设。要立足温州大都市区核心区重要组成部分的发展定位，以新型城市化为途径，大力推进项目建设，提升城区能级，增强瓯海的竞争力和美誉度。

1.狠抓重大项目建设。整体来看，上半年重大项目进展良好，其中央企合作项目、省“411”重大项目、市重点工程、区重点工程完成率均超60%，但区十大开工项目、“美丽浙南水乡”项目仅完成年度计划的46.9%、45.6%，没有实现“时间过半、任务过半”。下一步，重点仍然是要抓好这些重大项目。对前段时间督查发现的建设项目资金短缺、前期工作推进较慢等问题，要逐一梳理、分类交办，明确责任、抓好落实；对尚未落地的开工项目，要倒排时间、全力攻坚，确保今年新增项目开工率达90%以上；对续建形象进度滞后的项目，要加大难点、重点问题协调力度，确保100%完成进度目标；对已进场未入库的项目，要狠抓实质性开工，积极协助业主创造一切条件尽快入库。要落实区领导挂钩联系重点项目制度，强化镇街、部门联动，加快推进站前港龙城市商业广场、巨溪国际真皮大世界等项目建设，争取温瑞塘河瓯海段（三溪片）河道综合整治、横港头拆迁安置房等项目开工建设。

2.加快打造亮点区块。要对照市里下达的任务要求，年内全面完成吕家岸、张严冯等村旧房拆除，完成南仙公园一期环线（三垟片）、乡土植物园建设等项目土地政策处理，确保中央绿轴和三垟湿地公园无障碍施工。大力推进中心区、站前区、南湖城市综合体建设，加快推进潘桥国际物流基地等项目建设，抓好路网、水网、绿道网建设，进一步集聚人气和商气。加快推进牛山工程，全力做好招商、融资等工作，紧盯安置房建设速度和质量，确保牛山工程早出形象、早见成效。

3.推进学城联动发展。成立区推进学城联动发展领导小组，并抽调专门人员，具体负责学城联动规划编制、综合协调、项目实施、督促落实等工作。当务之急是要理顺茶山高教园区管理体制，提升温州大学城、温州肯恩大学、浙江安防职业技术学院等院校周边区域规划，强化基础设施、商业配套支撑，着力发展集优质教育、文化创意等业态于一体的环大学城经济。拓宽、充实国家大学科技园建设内涵，统筹推进环境整治、招商引资和招才引智，确保年内完成启动区改建区块立面改造，引进创新创意和总部型企业100家以上。深入实施“瓯越英才计划”，促进人才与产业、项目紧密对接，力争全年引进高层次人才6人以上。

4.加快市政道路建设。要着力破解审批、用地、政策处理等方面突出问题，尽早开工建设天长岭隧道复线、园区路北段等道路，加快推进新双南线、广化南路、瓯海大道西延一期等道路，基本建成南湖路及市政配套工程，确保今年完成投资8.07亿元。

（三）加强城市管理。按照市里的统一部署，今年下半年要围绕“两美”目标，打好“六城联创”攻坚战，确保创成国家卫生城市、国家森林城市、国家环保模范城市，力争创成全国文明城市、国家历史文化名城。另外，我区还要创成省级生态区、省级文化先进区。现在，各项创建活动陆续进入测评迎检阶段，各责任主体、相关单位要严格对照创建标准和测评要求，深入开展自查自纠、整改提高工作，从细处着眼、小处入手，按照精细化、常态化、规范化的要求，集中力量补短板、治硬伤、扫盲区，确保未达标项目尽快实现转化提升，达到各项创建要求，坚决不拖全市后腿。

1.推进“五水共治”。当前，“五水共治”工作存在整体进度不快、工作方式粗放、容易反弹以及13个镇街推进不平衡等问题。今年要完成“五水共治”总投资12.88亿元。下一步，要坚持一河一策、治管齐抓，完成34条黑臭河整治，并巩固提升整治成果。加强城镇污水治理，完成21个片区共26.25平方公里的截污纳管项目建设，实现城镇污水管网全覆盖。加强农村生活污水治理，新建14个村的农村生活污水处理设施，实施扩面改造42个村、长效维护92个村。坚持科学防洪水、排涝水，加强三溪片河道、中心区河道、任桥河等河道综合治理，加快推进桃源水库建设，增强城市防洪和蓄淡能力。加大泽雅库区环境综合整治力度，切实落实饮用水水源保护区整治提升工作。着力推进河道沿岸绿化和景观带建设，确保南白象荷塘月色公园等美丽水乡示范片区年内建成开放。充分发挥财政资金和治水公益基金的引导作用，广泛发动民间力量参与治水。组织开展投资进度滞后治水项目及黑臭河整治专项督查活动，确保各项工作得到有效落实。加强技术指导和财力保障，使落后的项目能尽快突破瓶颈、后来居上。

2.推进“三改一拆”。气可鼓而不可泄，劲可提而不可松。当前，我区“三改一拆”工作存在拆除不彻底、清理不及时、拆后利用慢、成效难巩固等问题。今年这项工作氛围不浓、有所松懈，甚至有些泄气，截至目前全区完成“三改”141万平方米，拆违30万平方米。下一步，要按照方向不变、力度不减的要求，将拆违进行到底。深入开展“无违建”创建，推进城中村安全综合整治、沿河拆违治乱等工作，以零容忍的态度严厉打击现行违建，确保全年完成拆违120万平方米。积极稳妥推进秀屿山和平天镬片区、双南片区、朝霞工业区等重点片区城中村改造，有勇有谋，有目标要求，有措施办法，绝不能干干停停、得过且过。全力抓好5月份省“三改一拆”督查组到我区督查发现问题的整改，做好下步迎检准备工作。

3.抓好环境综合整治。要加强水碓坑村等历史文化村落保护利用与开发，扎实推进“探千年古道、游琦君故里”精品线建设及精品村创建等“美丽乡村”建设工作。大力推进“两无四边三化”，健全城市设施管理体制，优化城乡综合环境。深化文明标化工地创建，确保标化工地创建率达到85%以上。大力推进大气污染防治，突出抓好工业园区及学校、居民区周边污染源整治。以环保法修订为契机，实行最严格的环境保护监管，加大对违法排污行为的打击处罚力度，切实增强执法监管的威慑力。

（四）解决群众反映强烈的突出问题。我们所做的一切工作，都应当把满足群众需求、解决群众反映的问题、让群众满意作为努力方向。要坚持问题导向，践行党的群众路线，着力加强以改善民生为重点的社会建设，确保社会和谐稳定而又充满活力。

1.全力抓好“四风”问题整改。教育实践活动越往后，越要坚持标准、坚持原则，越要做到思想不松懈、标准不降低、力度不减弱。要坚持纠“四风”、树“四气”，高标准推进建章立制，对查摆出来的“四风”问题进行系统梳理、逐项研究，制定整改时间表、路径图，形成用制度管人、管事、管权的良好局面。认真总结专题民主生活会的好经验、好做法，用好用灵批评与自我批评这一锐利武器，进一步探索完善，使之成为领导班子和党员干部解决自身问题、提高自身能力的重要法宝。坚持作风建设问题“马上改”机制，大力推进即知即改工作，特别要把群众呼声高、事关经济社会发展全局的问题列为重点整改对象，确保取得实质性突破。

2.积极回应群众关切的问题。要健全区历史遗留问题化解工作联席会议制度，实施历史遗留问题化解三年行动计划，确保年底前化解20%的历史遗留问题，争取到本届政府任期届满时全部化解。因地制宜、分类处置D级危房，启动周转房项目建设，保障群众居住安全。加快推进安置房建设，确保今年建成20万平方米，实现交钥匙1500套。优化社区建设发展规划，推行行政管理事项在村（社区）的准入制度，确保8月底前完成村（社区）机构牌子多、考核评比多、创建达标多问题整治。大力发展科教文卫体等各项社会事业，争创全国科普示范区、全国义务教育发展基本均衡区。推进社保扩面提质，加强社会福利、慈善、养老、殡改、老龄等工作，完善社会救助体系。

3.切实提升社会治理水平。要大力推进“平安瓯海”“法治瓯海”建设，促进基层治理体系和治理能力现代化，切实维护社会和谐稳定。深化系统创安、基层创安活动，全面开展平安宣传，着力夯实综治基层基础，确保实现省级平安区“两连创”。坚持减员增效方向不变、力度不减，确保全年减少外来人口10万人。深入开展消防“百日攻坚”和出租房综合整治专项行动，确保全年规范出租房6万间。加强安全隐患源头管控和动态监管，提升“四色”分类管理水平，确保生产企业网格监管信息化率达100%。加强社会治安防控体系建设，加大社会治安专项整治力度，严厉打击各类违法犯罪活动。落实重大事项社会稳定风险评估机制，完善社会大调解体系和信访接访制度，及时预防化解社会矛盾。管好用好网络舆论和对外宣传“两大舆论场”，提升领导干部媒介素养，打造网络问政平台，健全舆情信息反馈处置工作机制，提升舆情引导能力。广泛开展社会主义核心价值观主题宣传，加强公民思想道德和精神文明建设，着力提高市民素质。加快形成社区、社会组织、社工“三社联动”工作机制，努力构建多元共治、优势互补、专业服务的基层社会治理新模式。加大“文化礼堂”提质扩面力度，打造一批示范样板，构筑农村精神家园。依法加强宗教事务管理，促进宗教与社会主义社会相适应。全面推进依法治区，更好发挥法治的引领和规范作用。扎实开展普法宣传工作，引导群众自觉维护司法权威。

（五）优化发展环境。要以深化政府职能转变为抓手，加强机关作风效能建设，加快建设有限有为有效的服务型政府，全面改善发展环境。

1.积极营造敢于担当的浓厚氛围。敢于担当是党的光荣传统和优良作风，是共产党人的鲜明品格和政治本色。广大党员干部要牢固树立担当意识，守土有责、守土负责、守土尽责，强化克难攻坚的锐气和一抓到底的韧劲，身先士卒破难题，环环紧扣、层层深入，确保取得实效。对于年初"两会"和区委区政府研究确定的重要事项，要明确完成时限、定期开展督查。凡工作落实不力的，以"落实事故"问责处理，确保政令畅通。

2.进一步优化审批服务。要把"三单一网"建设作为深化政府自身改革的总抓手，理顺政府和市场关系，推动简政放权，争取8月底前正式开展负面清单试点、10月底前公布政府部门权力清单，实现政务服务一站式办理、行政权力全流程监督。创新全流程统筹审批模式，进一步精简审批事项，压缩审批时间。健全双轨审批、缺件受理、缺席默认等机制，强化无偿代办包办，推进市、区、镇街、社区四级审批网络数据互联互通。

3.深入开展拔钉清障行动。要突出抓好政策处理攻坚、项目前期提速、招投标监管，着力解决重大项目、重点工程关键环节存在的问题，扫除项目建设障碍，加快推进项目建设，确保项目建设的质量、安全和廉洁。公检法司要形成合力，全面排查，加大对黑恶势力和村霸地痞的打击力度。特别是对阻挠招商引资项目落地、重点工程推进的黑恶势力和村霸地痞，要组织专门力量，坚决予以打击，切实维护良好的投资建设环境。

（六）强化基层基础。要坚持党要管党、从严治党，以转作风、强基础为重点，切实提升党建工作科学化水平，为完成全年各项目标任务提供坚强保障。

1.加强干部队伍建设。习总书记强调，加强党的建设，必须营造一个良好的从政环境，也就是要有一个好的政治生态。要按照"三严三实"的要求，严格执行党的纪律，防止"四风"反弹。要贯彻落实新修订的《干部任用条例》，出台专项工作考察办法，改进民主推荐制度，从严考核干部、从严选拔干部、从严监督干部。"用一贤人则群贤毕至，见贤思齐就蔚然成风"。要加强乡村两级干部队伍建设，加大从村居考录镇街事业干部工作力度，开展村级后备干部集中推荐工作。注重在基层一线和急难险重岗位培养锻炼干部，让年轻干部和后备干部到镇街一线历练，在干部队伍中形成敢于担当、艰苦奋斗的浓厚氛围。推进超职数配备干部整改，落实调整不适宜担任现职领导干部制度，形成能者上、庸者下的良性机制。

2.提升基层组织建设水平。要全面落实基层党建工作责任制，深入推进软弱涣散党组织整顿，夯实党的基层组织基础。深化"红色细胞工程"，加大基层干部驻村联户、结对帮扶和"走村不漏户、户户见干部"工作力度。结合"五星争创"活动，严格基层组织生活，强化党员和村干部队伍管理，开展党组织关系全面检查，制定不合格党员三议两审处置办法，激发基层党组织和党员活力。按照"分类实施、分批推进"的原则，扎实推进村民中心建设。继续推进两新组织"双强争先"，深入开展小微企业党建和社会组织同心圆党建，促进两新党组织发挥实质作用。

3.深化党风廉政建设和反腐败斗争。要认真执行党风廉政建设责任制，落实党委主体责任和纪委监督责任，强化"一岗双责""一案双查"。加快纪律检查体制改革，推进纪检监察机关"转职能、转方式、转作风"和纪委内设机构调整。加强农村基层党风廉政建设，切实治理农村基层腐败问题。以建设"清廉瓯海"为目标，深入实施新一轮惩防体系建设五年规划，不断完善具有瓯海特色的惩防体系基本框架。加大正风肃纪力度，拓展全社会依法有序参与监督的渠道，坚决反对"两局一场""踢皮球"等现象。坚持以零容忍的态度惩治腐败，切实做到抓早抓小、有腐必惩、有案必查。探索推进巡察工作，及时发现问题、督促整改。

4.讲究工作方法。落实责任，推动工作，既靠良好的精神状态、优良的工作作风，也靠正确的工作方法。一套行之有效的工作方法往往能够大大提升工作执行力，起到事半功倍的效果。要贯彻落实夏宝龙书记7月6日在省委常委扩大会议上的重要讲话精神，切实掌握“工作十法”：一是“十个指头弹钢琴”的统筹兼顾法；二是“伤其十指不如断其一指”的重点突破法；三是“从最坏处准备，向最好处努力”的底线思维法；四是“具体问题具体分析”的因地制宜法；五是“解剖麻雀、以点带面”的典型引路法；六是“一锤一锤钉钉子”的一抓到底法；七是“蹄疾步稳、急而不躁”的循序渐进法；八是“跟着群众跳火坑”的群众工作法；九是“抓具体、具体抓”的亲力亲为法；十是“干着指挥、带头冲锋”的以上率下法。归纳起来就是：坚持重点突破，找准矛盾的主要方面，主攻关键环节，坚持不懈，一鼓作气，一张蓝图绘到底、一任接着一任干，不断积小胜为大胜；坚持底线思维，同时看到有利一面和不利一面，把工作想在前、做在前，尊重规律、讲究章法，把握节奏、走稳步子；坚持因地制宜，根据各地不同的特点，扬长避短、取长补短，运用典型、复制典型，努力形成“一花开后百花香”的可喜局面；坚持以上率下，完善主要领导牵头抓总、分管领导分工负责的责任落实机制，充分调动广大干部的积极性和创造性，使广大干部竭其力、成其事；坚持群众观点，相信和依靠群众，教育和引导群众，以执政为民的情怀、躬身亲为的行动，为群众解决实际问题。

三、关于全会审议文件的说明

今年5月，省委十三届五次全会着眼推动中国梦和美丽中国在浙江的创新实践，就“建设美丽浙江、创造美好生活”作出了决定。市委结合温州实际，在市委十一届七次全会上，讨论通过了《中共温州市委关于围绕“两美”目标推进大都市区建设的实施意见》和《中共温州市委关于发展时尚产业打造时尚之都的决定》。为认真贯彻落实省、市委全会精神，区委结合第八次党代会提出的“建设生态宜居民富区强的幸福瓯海”的战略目标，研究制定了《中共温州市瓯海区委关于围绕“两美”目标发展时尚产业建设生态宜居民富区强幸福瓯海的决定》（以下简称《决定》），提交这次全会讨论审议。现就有关情况向全会作三点说明。

（一）*“两美”建设的重大意义*。党的十八大首次将生态文明建设纳入中国特色社会主义事业“五位一体”总体布局，指明了我国生态文明和美丽中国建设的现实路径。党的十八大以来，习总书记对生态文明和美丽中国做出了系统思考和精辟论述。他提出，“人民对美好生活的向往，就是我们的奋斗目标”“要大力推进生态文明建设，努力建设美丽中国，实现中华民族永续发展”。这些论述和习总书记在浙江工作时提出的“两座山”的重要思想一脉相承，他强调，“我们既要绿水青山，也要金山银山，宁要绿水青山，不要金山银山，而且绿水青山就是金山银山”。习总书记的一系列思想蕴含了尊重自然规律、追求人与自然和谐相处的智慧精华，彰显了心系民生、造福百姓的深厚情怀，是统领全局、事关长远的宏伟目标。我们要以“两美”建设为目标，以加快转变经济发展方式为主线，提高人民生活质量为根本目的，努力把瓯海建设成为人与自然和谐相处、经济与社会协调可持续发展的美丽家园，让人民群众过上美好生活。

（二）*发展时尚产业的总体考虑*。区委把时尚产业作为瓯海的经济特色来定位，主要基于以下三点考虑：一是从历史传承看，当前温州推动轻工产业向时尚产业升级、轻工之城向时尚之都转型，与新世纪初温州作出的建设国际性轻工城的战略部署既一脉相承又与时俱进。瓯海作为温州大都市区核心区重要组成部分，要在区第八次党代会提出的“建设生态宜居民富区强的幸福瓯海”的基础上，进一步丰富其内涵和特质，顺应新形势，抓住新机遇，积极响应市委、市政府的决策部署，努力在发展时尚产业中先人一步、快人一拍。二是从现实条件看，瓯海具有坚实的轻工产业基础、崇尚时尚消费的文化传统，瓯商具有庞大的市场网络和运作时尚品牌的营销能力，这是发展时尚产业的比较优势和潜力所在。三是从未来趋势看，经济与文化、信息的融合发展，互联网的迅猛发展，深刻改变着我们现有的生产方式和生活方式，发展时尚产业将成为经济转型升级的重要动力，符合时代发展要求和前进方向。

（三）发展时尚产业的基本思路。《决定》提出，发展时尚产业主要是抓好七方面工作：一是打造时尚商区，大力发展时尚购物消费。重点打造中心区时尚商圈、站前区时尚商圈、南湖时尚商圈，使其成为引领瓯海时尚产业发展的重要发展极。依托浙南花城、巨溪国际真皮大世界、“家”文化主题集聚区、“汽车”文化主题集聚区、葡萄酒国际贸易集散中心、牛山片特色餐饮广场、娄桥婚庆时尚消费广场等重点项目和区块建设，打造时尚主题板块。稳步推进梧田老街、瞿溪老街等传统商业街区更新提升，打造一批时尚消费街区。二是推动轻工产业时尚化，做大做强时尚产业集群。鼓励服装、鞋革、眼镜、锁具、汽摩配、小机电等行业时尚龙头企业做大做强，形成一批具有较强国内国际竞争力的领军型时尚企业。打造温商回归创业园、鹅湖时尚产业园等产业平台，引导中小型时尚企业集聚集群发展。加强品牌运作、时尚设计、展示展览，促进流行时尚元素与传统轻工业融合。三是发挥山水资源优势，发展时尚休闲旅游。依托秀美的自然风光，发展时尚生态旅游业、时尚运动休闲业、都市休闲农业、时尚养生康体产业。四是打造学习创新之城，发展时尚创意设计。坚持学城联动发展，完善温州肯恩大学、温州大学等院校以及周边区域规划，强化配套支撑，发展大学城经济。积极引进或举办一批优质幼儿园、小学、中学品牌学校，鼓励采用时尚教育理念与方法，开展体验式、探究式、情景式教育教学活动，更好地促进学生个性和创新能力开发。加快建设国家大学科技园，发展设计服务业、信息服务业等创意行业。五是积极培育壮大网络经济，发展时尚电子商务。创新商业模式，提升金州、国智等电子商务集聚区，打造网络经济发展平台。加快推进潘桥国际物流基地建设，支持菜鸟智能骨干网项目建设，发展现代物流产业。健全网店设计、网络推广等电商配套服务体系，进一步完善网络经济产业链。六是整合提升文化资源，打造时尚文化品牌。弘扬具有瓯海特色的地域文化，打造以环大罗山文化、千年纸山文化、塘河文化为主要内容的“两山一水”地域文化品牌。发展现代时尚文化创意产业，鼓励梦多多小镇等时尚文化创意产业发展。七是融入时尚元素，建设时尚城市家园。在“六城联创”“五水共治”“三改一拆”“美丽乡村”建设中融入时尚元素，彰显地域文化特色和城市个性风貌。通过以上七方面的工作，努力把瓯海打造成为时尚购物消费之城、时尚产品制造之城、时尚休闲旅游之城、时尚学习创新之城、时尚电子商务之城、时尚文化体验之城、时尚生态宜居之城。请大家紧密结合我区实际，深入研究贯彻落实《决定》的具体举措，提出意见和建议，并将这些思路融入国民经济和社会发展第十三个五年规划纲要和专项规划，努力把区委的重大决策转化为全区上下的共同意志和自觉行动。

同志们，一分部署，九分落实。抓落实就是检验党性作风，就是检验责任担当，就是检验能力水平。全区上下一定要认真贯彻落实中央和省、市委的系列决策部署，真心为民，掌握方法，狠抓落实，确保完成全年各项目标任务，为建设生态宜居民富区强的幸福瓯海而努力奋斗！

瓯海区人民代表大会常务委员会工作报告

——在区第八届人民代表大会第三次会议上的报告

瓯海区人大常委会主任　张纯一

（2014年2月11日）

各位代表：

我受瓯海区八届人大常委会的委托，向大会报告工作，请予审议，并请列席会议的同志提出意见。

2013年工作回顾

2013年是全面贯彻落实党的十八大精神的开

局之年，也是“十二五”规划承上启下的重要一年。一年来，区人大常委会在中共瓯海区委的领导下，坚持党的领导、人民当家作主和依法治国的有机统一，认真履行宪法和法律赋予的各项职责，较好地完成了区八届人大二次会议确定的各项任务，为推进全区经济社会发展和民主法制建设作出了积极贡献。

一、围绕中心强监督，助推经济社会转型升级

过去的一年，常委会密切关注全区经济运行情况，围绕中心，服务大局，以实体经济发展和城市建设管理等为监督重点，推进瓯海经济社会可持续发展。

加强经济工作监督。为促进我区经济平稳运行，常委会加强对计划、财政预决算的审查监督，听取和审议区政府关于国民经济和社会发展“十二五”规划中期评估、财政预算执行、财政决算及“同级审”情况报告。对区级财政预算执行情况以及教育、科技、水利、卫生等部门预算执行情况开展专题询问，推动财政预算信息公开，不断提升财政管理能力和水平。成立由5名财经工作专家组成的财政预算审查咨询小组参与预决算审查，加大对政府预决算及部门预算细化审查监督力度。

关注实体经济发展。实体经济是经济社会发展的根基。常委会继续跟踪监督实体经济发展，在常委会的推动下，区政府出台了《瓯海区扶持实体经济发展促进产业转型升级若干意见》等系列扶持政策，着力落实政策措施，提高服务水平，改善发展环境。强化对民事案件的跟踪监督，督促区法院进一步加强联动机制建设，切实加大执行力度，促进金融秩序稳定，更好地服务实体经济发展。听取和审议区政府贯彻实施科技进步“一法一条例”情况的报告，提出加大投入、防止挤占科技专项经费、提高资金使用绩效等建议，使科技创新成为瓯海企业转型发展的驱动力。

推进重点工程建设。常委会高度重视重点工程建设，成立调查组深入各大项目施工现场了解工程进度，听取和审议区政府关于落实2012年重点工程建设审议意见和2013年重点工程建设及拆迁安置房建设情况的报告，围绕保障要素、完善机制、加强监管、落实责任等提出具体审议意见和建议。针对拆迁安置房建设滞后状况，组织常委会组成人员开展专题视察。经督促，梧田林村、南堡等拆迁安置房建设进度明显加快。

重视城市精细化管理。为使城市管理与城市建设同步，常委会结合区八届人大二次会议《关于加快城市精细化管理体系建设的议案》，就城市管理机制、要素保障、市政基础设施、管理标准等问题，对全区城市精细化管理体系建设开展调查并提出审议意见。听取和审议区政府关于环境保护和环境整治工作情况报告，提出了规划引导、突出治水、完善机制、加强宣传等审议意见，并跟踪监督绿化、洁化、拆违工作审议意见落实情况。区政府在开展“三改一拆”、“四边三化”、“治水”等专项行动中，进一步加大投入、加强监管、理顺机制、强化宣传，有力推动了城区环境建设。

一年来，常委会还根据区委统一部署，深入开展黑臭河督查、积极参与挂钩联系重点项目、企业、村居等活动，指导村级组织换届选举工作，充分发挥在安全生产、重点项目督查等工作中的作用，并派出农村指导员、攻坚专员赴建设第一线，切实推进区委决策部署的贯彻落实。

二、突出重点求实效，关注人民群众迫切需求

常委会坚持把维护和保障人民群众的根本利益作为人大工作的出发点和落脚点，着力督促解决涉及人民群众切身利益的热点难点问题，促进社会和谐稳定。

调研行政审批制度改革。为破除经济社会发展的体制性障碍，进一步优化发展软环境，常委会对全区深化审批制度改革情况进行调研，针对审批事项清理、窗口授权、层级设置不到位，中介服务机构管理不规范，部分审批人员服务意识和能力不强等问题提出了意见建议。区政府高度重视，积极行动，开展作风教育整顿，加强审批窗口业务培训，切实提升服务水平。在区人大调查组和区效能办的督促下，区审批中心国土窗口对在办理陈焦路工程供地手续过程中，存在的“体外循

环”、未尽一次性告知义务、内部审批流程不规范等问题，及时整改解决，办好审批手续。

*监督安全生产、饮用水水源及食品安全。*结合首个“8·5安全日”活动，开展安全生产“一法一条例”执法检查，针对安全生产工作中存在的宣传力度不大、教育培训滞后、部门协调不够、责任落实不到位等问题，要求区政府及有关部门加强宣教常态化、场地标准化、管理制度化、处罚法制化建设，提高科学管理水平，确保人民生命财产安全。开展饮用水水源保护法律法规执法检查，结合在瓯市人大代表《关于建立泽雅水库水源地治理保护基金的建议》，向市政府提出相关建议。市政府高度重视，专题协调，支持建立长效管理机制，并决定到2015年三年间筹集1.16亿元资金专项用于泽雅库区环境综合治理和水源保护。跟踪监督食品安全“一法两规”执行情况，采取明查暗访、案件追踪、专项督办等形式，督促区政府及其职能部门切实加强食品安全监管，提升区域食品安全水平。

*重视文教卫事业统筹发展。*常委会持续关注全区文教卫事业发展，年初听取区人民政府副区长钱素文及区卫生局关于2013年工作计划的报告后，积极介入、动态跟踪，提出加快规划编制、加大政府投入、引导社会参与、加强服务保障等建议。区政府及卫生部门思想重视，狠抓规划政策引领、着力提升服务水平、鼓励引导民资投入、完善基础设施建设，较好完成了年度工作任务。常委会以满意度票决的方式通过了钱素文副区长及区卫生局年度工作计划落实情况的报告。跟踪监督文化产业发展审议意见落实情况，督促区政府理顺管理体制机制、制定产业规划、出台产业扶持政策、提升产业发展水平，取得了监督实效。

*推进西部山区开发建设。*为加大西部山区开发建设扶持力度，促进农业增效、农民增收、农村繁荣，切实为群众谋福利，常委会听取和审议了区政府关于加快西部山区开发建设情况的报告，并在科学规划、深化扶贫开发、加强基础设施建设、发展休闲旅游业等方面提出了审议意见，交区政府研究落实。

此外，常委会还开展企业劳动合同签订情况、民间信仰场所现状及管理情况调研；积极配合全国人大开展农村产权制度和城乡统筹改革调研，配合省、市人大进行城中村改造、绿化、拆违工作调研等。

三、立足当前促稳定，推进基层民主法制建设

常委会不断强化法治理念，切实加强法律监督，促进“一府两院”依法行政、公正司法，优化法治环境。

*开展禁毒法执法检查。*常委会对我区贯彻实施禁毒法情况开展检查，针对当前禁毒工作存在的思想认识不到位、机制运行效率不高、预防实效不佳、禁毒工作基础差等问题，提出了强化宣传、健全机制、打防结合、加大投入、加强指导等审议意见，促进区政府及有关部门严厉打击毒品违法犯罪，推进社会管理创新，有效预防和惩治毒品违法犯罪行为，保护公民身心健康，维护社会安定秩序。

*监督查办与预防贪污贿赂犯罪工作。*贪污贿赂犯罪危害民生民利，妨碍公平公正。为推进我区惩防体系建设，常委会听取和审议区检察院关于查办与预防贪污贿赂犯罪专项工作的报告，针对区检察院获取案源、侦查方式、防范措施、队伍建设等方面存在的不足提出审议意见，要求检察机关强化职能意识、加强部门联动、坚持科技强警、加强队伍建设，更好地推进反腐倡廉建设。

*开展规范性文件备案审查。*积极探索工作新方法，对区人民政府报送的13件规范性文件进行了备案审查。主动审查了《温州市瓯海区政府投资项目BT融资建设管理暂行办法》并提出修改意见，进一步规范政府投资项目的管理行为。

*重视信访督办工作。*常委会坚持把信访工作作为联系群众，倾听民声的重要渠道，进一步规范信访受理、交办、反馈和督办工作。全年受理涉法涉诉信访件65件，接待群众来访26批50人次，省、市人大督办件13件，阅处率与回复率均达100%，较好地维护了人民群众的合法权益，有效化解了

一些社会矛盾。

*依法行使人事任免权。*常委会坚持党管干部与依法任免相统一，充分发扬民主，严格执行程序，全年依法任免国家机关工作人员82人次，为我区机关正常运转提供组织保障。

同时，常委会还开展法律援助工作调研，关注弱势群体和特殊案件的法律需求，促进社会公平正义；跟踪监督归侨侨眷权益保护法执法检查审议意见落实情况，督促区政府加大宣传力度，强化为侨服务职能；配合省人大做好《浙江省处置违法建筑若干规定（草案）》的立法调研，根据基层实际，提出修改意见。

四、面向基层固基础，发挥人大代表主体作用

常委会始终把代表工作作为一项基础性工作来抓，努力为代表更好的行使职权、履行义务、发挥作用创造条件、提供服务。

*加强培训，提高代表履职水平。*一年来，常委会注重加强培训，从专业的高度出发，邀请专家为代表们作《人民代表大会制度建设与人大审议工作》、《加强法制建设，促进经济转型升级》等专题讲座，提高代表综合素质；从实践的角度出发，举办人大代表论坛，安排履职优秀代表结合自身实际传授经验，为代表们履职提供示范和借鉴；从理论的深度出发，组织省、市人大代表参加市人大常委会组织的代表培训，提高代表履职能力。

*完善制度，激发代表履职热情。*制定《关于开展区人大代表述职活动的实施意见》，全面铺开代表向选民述职活动，全年69名区人大代表和6名市人大代表分别向选民和区人大常委会述职。出台《关于开展“两联两查”活动，密切人大代表与群众联系的实施方案》，有力指导代表密切联系群众、积极履职，推进闭会期间代表小组活动常态化、规范化。“两联两查”活动开展以来，233名代表参加走访活动，与533户困难家庭进行帮扶结对，开展了284次督查活动，收集群众提出的意见建议429条，部分建议得到较好解决。完善常委会领导联系镇街制度，坚持分片联系走访代表，认真听取代表意见建议。根据代表变动情况，及时组织做好代表补选工作。深入开展“双争”活动，激发代表履职积极性和主动性。常委会还通过了《关于依法许可对区人大代表采取限制人身自由措施的办法》，进一步保障和维护代表的合法权益。

*创新方式，搭建代表履职平台。*常委会组织代表参与视察调研、会前视察、旁听法院庭审、检察开放日、警营开放日等活动，坚持邀请代表列席常委会会议，拓宽代表知情知政渠道。召开半年度“一府两院”工作情况通报会，一改以往“边听边审议”的模式，创新方法、明确主题、突出重点，以功能区为单位，组织代表小组开展会前调研，6位代表在会上就城中村改造、审批制度改革、实体经济发展等内容作发言，引起区政府高度重视。紧密结合“保护母亲河溪，查找水污染源，恪尽代表职责”主题活动，率全省之先向在瓯的各级人大代表发出《模范履职、积极治水，努力推进瓯海经济转型升级》倡议书，把8月份确定为代表闭会期间的主题活动月，广泛动员、积极组织在瓯的五级人大代表以代表小组为载体、上下联动参与治水护水，主题活动取得实效。继续完善代表接待室工作，梧田、娄桥等街道分别在企业、社区设立代表接待室，方便接待选民，进一步密切代表与群众的联系。积极抓好“浙江人大代表履职服务平台”建设，及时完成全区382名省、市、区、镇人大代表数据采集注册工作。

*强化督办，促进代表建议办理。*在继续完善常委会领导重点督办、满意度反馈、不满意件重新办理、办理过程和结果网上公开、集中评议、优秀建议评选等基础上，走访承办建议数量较多的单位，通报代表建议办理进度，增强承办单位的责任意识，取得较好的督办效果。去年代表提出的161件建议，均在规定时间内办理完毕。其中代表反馈满意82件，基本满意78件，不满意1件，切实解决了一些人民群众反映强烈的热点难点问题。如梧田代表提出要求减免浙南粮食批发市场拆迁安置建设税费事项，经区政府协调和相关职能部门努力，问题得到了妥善解决；泽雅代表提出改善泽雅公交客运服务的建议，经区政府与市交运

集团协调，泽雅公交站场现已启动建设，公交线路得到优化。

五、与时俱进创亮点，提升人大自身工作水平

常委会适应新形势新任务的要求，全面加强自身建设，不断探索，积极创新，以发展的眼光和改革的精神推动人大工作，努力提高依法履职能力。

注重理论学习。常委会按照推动人民代表大会制度与时俱进的要求，坚持“一月一主题”、“一周一学习”的学习制度，注重结合人大工作实际加强对人民代表大会制度和业务知识的学习，提高人大常委会组成人员和机关工作人员的政治素养、法律意识和业务水平。组织人员参加省市培训班，不断提高人大工作水平。同时，重视老干部工作，虚心向老同志学习请教，注重发挥老干部作用，被市委评为老干部工作先进集体。

强化作风建设。制定《关于进一步加强区人大机关纪律作风建设的若干规定》，不断加强常委会机关纪律作风建设，进一步削减三公经费开支。开展“好干部行为规范”大讨论，集思广益，形成新时期人大“好干部行为规范”。常委会密切联系群众，继续开展主任接待日活动，采取“提前排摸梳理、现场衔接答复、会后跟踪办理”的创新模式，由镇街提前梳理人大代表和群众反映的意见和问题，区人大常委会在接待日组织相关部门到现场面对面交流解决，问题解决率大幅提升。通过监督，协调解决瞿溪街道瞿溪村三产安置超面积罚款及手续办理、瞿溪加油站土地证办理等系列难题，得到群众和代表的好评。

重视镇街人大工作。常委会注重人大干部的素质提升，坚持邀请镇街人大干部列席区人大常委会会议，组织镇街人大干部参加视察、调研、执法检查和外出考察培训等活动。召开两次镇街人大联席会议，围绕“完善人大代表联系群众制度”、“发挥代表在治水中作用”进行深入探讨，交流经验，共同提高。召开全区人大工作例会、主任读书会、工作务虚会等会议，交流探讨人大工作经验和思路，切实发挥镇街人大的基层基础作用。

加强信息宣传。常委会重视加强人大信息宣传工作，不断拓宽宣传领域，推动人大工作的开展。不定期向人大代表印发常委会公报，让代表知情知政。努力增强监督公开的广度和深度，继续会同新闻中心办好《今日瓯海》人大视线专版；充分发挥瓯海人大网站作用，网站的更新速度、访问量及浏览量不断创新高。成立区人大信息宣传中心，加强人大信息宣传队伍建设。加大信息宣传工作力度，积极向省市人大投送高质量信息稿件，信息工作名列全市前茅。注重与媒体的沟通合作，加强对重大活动、重要会议的宣传报道，使社会各界和广大人民群众更加了解、关注和支持人大工作。

回顾过去的一年，区人大常委会各项工作取得新进展，这是区委正确领导、常委会组成人员和全体代表共同努力的结果，是区人民政府、区人民法院、区人民检察院积极配合的结果，也是全区人民和社会各界大力支持的结果。在此，我谨代表区人大常委会表示衷心的感谢！

在肯定成绩的同时，我们还必须清醒的看到，常委会的工作离人民的期望还存在不少差距，主要是：监督工作的力度和实效需要进一步增强；议案建议办理、代表接待室、主任接待日等工作的后续跟踪问效需要进一步加强；人大代表的主体作用需要进一步发挥；常委会组成人员履职水平和人大机关服务质量需要进一步提高。对于这些问题，我们将在今后的工作中不断探索改进。

2014年工作安排

各位代表，今年是全面深化改革的开局之年，又正逢人民代表大会制度建立60周年，同时也是本届人大常委会的届中之年。区人大常委会工作总体要求是：深入学习贯彻落实党的十八大和十八届三中全会精神，在中共瓯海区委的领导下，紧紧依靠全区人大代表，依法行权，主动作为，创新发展，注重民生，务求实效，为建设生态宜居民富区强的幸福瓯海作出积极贡献。

根据这一总体要求，常委会今年主要工作是：

一、坚持党的领导，依法行使重大事项决定权和人事任免权

坚持党对人大工作的领导不动摇，正确处理党的领导和人大依法行使职权的关系，善于通过法定程序，保证党的主张和人民意愿的实现，使人大各项工作与党委中心工作合拍，推进人大工作创新发展。紧紧围绕区委中心工作，抓住经济社会发展中具有全局性、根本性、长远性的重大事项，围绕事关改革发展稳定和人民群众根本利益的重大问题，加强对行使重大事项决定权的探索与实践。认真实施区人大常委会《关于促进全面深化改革的决定》，监督和支持“一府两院”全面深化改革。依法行使人事任免权，通过任前考核、任中审议、任后监督等有效措施，增强地方国家机关人员的大局意识、法律意识和公仆意识。

二、强化工作监督，积极推动经济社会发展

常委会在听取和审议计划、财政预决算、审计报告的同时，建立全口径财政预决算审查制度，加大部门预决算审查力度，将包括土地出让金在内的政府性基金收支预算纳入人大监督范围，探索政府性债务监督，促进公共财政体系建设。听取和审议副区长李康和区环保局年度工作计划及落实情况，重点关注水环境整治工作，跟踪监督环境保护和环境整治工作审议意见落实情况；加强对重点工程建设项目的监督力度，对拆迁安置房建设实行跟踪问效；继续关注实体经济发展情况，聚焦小微企业园建设、网络经济发展等工作；开展农产品质量安全、风景名胜区建设和旅游业发展、社会养老体系建设、招商引资等专项工作调查；跟踪监督西部山区开发建设、查办与预防贪污贿赂犯罪专项工作。

三、加强法律监督，着力推进法治瓯海建设

开展义务教育“一法一条例”执法检查，跟踪监督安全生产、科技进步“一法一条例”、食品安全“一法两规”、饮用水水源保护、禁毒法及省禁毒条例执法检查审议意见落实情况。试行对区人民法院部分法官开展履职评议，进一步加强对法官司法行为的监督。加强涉法涉诉类信访件的督办，切实维护人民群众的合法权益。做好规范性文件备案审查工作，维护法制统一。

四、改进代表工作，充分发挥代表主体作用

有针对性地开展代表培训，提高代表履职能力和水平。组织代表列席常委会会议，参加会前视察、执法检查和专题调研、旁听法院庭审、检察开放日等活动，扩大代表知情知政渠道。进一步深化“两联两查”活动，继续完善代表接待室，试行“网上接待”工作，以点带面，密切人大代表与群众的联系。发挥代表在治水护水工作中的作用，抓好代表向选民述职活动，增强代表履职意识。加强与代表联系，把走访代表作为一项日常性工作，倾听代表呼声，做好代表服务。激励代表积极开展调研，引导代表提出有质量的议案建议，抓好八届人大三次会议议案审议和建议的审查、交办、督办，确保办理工作取得实效。加强与镇街人大工作的联系，注重人大干部的培训，坚持联席会议和例会制度，推动镇街人大工作更好地开展。

五、抓好自身建设，努力提高履职水平

深入学习贯彻落实党的十八大和十八届三中全会精神，把思想和行动统一到中央关于全面深化改革重大决策部署上来。开展纪念人民代表大会制度建立60周年活动，不断增强做好新形势下人大工作的责任感，切实推动人民代表大会制度与时俱进。要以党的群众路线教育实践活动为契机，推进常委会及人大机关的思想建设、组织建设、作风建设和制度建设，增强工作主动性、针对性、实效性和人大机关服务保障能力。更好地发挥人大密切联系群众的优势，深入调查研究，提高常委会会议审议质量。积极做好对内对外宣传和交流工作，充分利用瓯海人大网、《今日瓯海》人大视线等宣传载体，提高人大工作的公开性和透明度。

各位代表，在推动我区经济社会转型发展过程中，我们深感肩负的责任重大。让我们在中共瓯海区委的领导下，依法履职、开拓创新，奋发有为，不断开创人大工作新局面，为瓯海赶超发展、再创辉煌而努力奋斗！

瓯海区人民政府工作报告

——在区第八届人民代表大会第三次会议上的报告

瓯海区人民政府区长　彭立华

（2014年02月10日）

各位代表：

现在，我代表区人民政府向大会报告工作，请予审议，并请政协委员和其他列席人员提出意见。

一、2013年工作回顾

2013年，面对严峻复杂的外部环境和困难挑战，我们在市委、市政府和区委的坚强领导下，在区人大和区政协的监督支持下，牢牢把握稳中求进总基调，紧紧围绕“提升工业化、推进城市化”两大主线，认真落实“十大举措”，全力兴实体、强投资、优环境、惠民生，经济社会保持平稳健康发展。全区实现生产总值378.27亿元，同比增长8.7%；财政总收入42.11亿元，增长14.3%，其中公共财政预算收入21亿元，增长27%；外贸进出口总额21.62亿美元，增长6.7%；社会消费品零售总额150.93亿元，增长14%；城镇居民人均可支配收入39094元，农村居民人均纯收入20019元，分别增长8.4%、9.5%；万元生产总值综合能耗下降5.5%，化学需氧量、二氧化硫、氨氮、氮氧化物排放量分别削减3.2%、7.1%、4.6%、5.1%。

（一）实体经济回升向好。制定出台振兴实体经济“1+X”政策升级版，深入开展“千名干部进千企解千难”行动，全面推行驻企服务员、金融服务员制度，帮助企业落实应急转贷资金27.16亿元、解决难题3057个，减轻企业负担21.9亿元。“工业经济冲千亿”三年行动计划启动实施，完成工业性投资29.36亿元，增长48.6%；实现工业总产值739.21亿元，增长5.3%。小微企业园建设全面启动，慈湖科技创业园一期顺利结顶，温商回归创业园、娄桥轻工产业园开工建设。工业用地二次开发有序推进，朝霞、前花等10个工业小区改造提升加快实施，开工建设“挖潜节地”项目17万平方米。市场主体“三转一市”、电商换市扎实推进，完成“个转企”2239户、“小升规”114家、“限下转限上”95家、企业股份制改造15家，2个电商产业园正式运营。质量强区战略和百佳企业培育计划深入实施，森马总部园建成投用，瓯海眼镜基地被评为国家级外贸转型升级专业型示范基地，建立企业首席质量官制度，新增市长质量奖企业1家、省级以上名牌产品2个、著名商标4枚。科技创新力度不断加大，新增企业院士工作站2家、国家级高新技术企业8家、市级以上企业技术研发中心12家，技改投资增长99.7%，规上工业新产品产值增长60.6%，创成省级科普示范区，被评为全国科技进步考核先进区。国家大学科技园启动区正式开园，国智9号文化创意街区建成运营。建筑业稳健发展，完成施工产值211亿元，增长14%。现代服务业发展势头强劲，港龙商业广场、温州大象城等项目成功落地，华润万象城、潘桥国际物流基地、红星美凯龙家居广场等重点项目加速实施，实现服务业增加值151.86亿元，增长10%。旅游业发展态势良好，旅游总收入增长22.3%。农业生产保持稳定，提前五年完成省下达的粮食功能区建设任务，建成现代农业园区4个，新增市级农业龙头企业3家。招商引资“一号工程”强力推进，成功引进重点项目14个，实际到位内资55亿元，是上年的3.5倍。

（二）环境建设成效明显。深入开展以国家卫生城市创建为重点的“联创百日攻坚大会战”，大力推进“两无四边三化”行动，环保模范城市、园林城市、森林城市创建达到省级测评要求，顺利创成省级卫生区。美丽浙南水乡建设拉开序幕，47条挂牌整治河道基本消除黑臭现象，主塘河梧田至南白象段景观工程、梧田老街改造等项目启动实施，塘河文化公园二期、桃源水库等项目开工建设，中心区河道治理、牛山生态河道整治、任桥河拓宽整治等工程加快推进，泽雅机械造纸整治顺利完成，建成截污纳管工程10个、沿河绿道38.8公里。“三改一拆”强势推进，拆除违法建筑284万平方米，完成城中村、旧厂房、旧住宅区改造416万平方米，六虹桥货运市场完成整体搬迁，平天镬、秀屿山片区整治启动实施。"绿满瓯海"行动深入开展，建成城市公园5个、滨水公园40个、小游园38个。城市精细化管理水平得到加强，数字城管实现全覆盖，率全市之先启动垃圾直运试点，完成农贸市场改造提升和星级创建14家，整治改造小菜场37个。美丽乡村建设扎实推进，9个村庄完成整治，建成泽雅千年纸山、古村遗韵精品线，新增省级生态街道4个、森林城镇2个、森林村庄7个。

（三）城市化全面提速。强化投资驱动，完成限上固定资产投资228.82亿元，增长26.1%。中心区面貌日新月异，公安、检察院业务用房和公共卫生服务中心等公建项目基本建成，道路网进一步完善，云天楼洲际广场、亿象商业广场等项目扎实推进，商住区块掀起开发热潮。"城市道路建设攻坚年"活动深入开展，广化路南延段、园区路南段、瓯海大道西延段和天长岭隧道复线等工程开工建设，吹台山隧道、中央大道、宁波路和福州路二期全线贯通，双南线牛山段、蛟凤路建成通车，金温铁路扩能改造、市域铁路S1线、绕城高速西南线瓯海段等工程加快推进。城市交通治堵成效明显，交通违法行为查处力度加大，6个交通节点完成拓宽改建，公共自行车系统一期建成投用，新建停车泊位4199个。市政基础设施加快完善，110千伏上汇变、黄屿变竣工投用，220千伏丽岙变主体完工，完成农电网改造42个村，改建垃圾中转站21座、公厕130座。土地开发提速专项行动扎实推进，城镇低效用地再开发利用试点工作全面启动，清理"转而未供、供而未用"土地9085亩、垦造耕地1623亩、建成标准农田450亩、开工建设二三产返回地项目2062亩。城乡统筹综合改革深入实施，完成土地确权登记38个村，新增土地规模流转2.2万亩。山区发展扶持政策进一步完善。

（四）人民生活不断改善。大力实施"十大民生工程"，全年财政用于民生支出17.07亿元，同比增长19.8%。教育现代化区创建深入实施，新增省等级幼儿园23所、省级义务教育标准化学校30所、省级普通高中特色示范学校2所，中心区配套学校建设全面启动，南白象一小新校园顺利竣工，温州肯恩大学一期建成投用，浙江安防职业技术学院成功筹建。民办教育综合改革稳步推进，政府、企业、教育品牌机构三方合作模式初步建立。公共卫生服务体系逐步健全，公立医院和社会资本办医改革稳步开展，南白象社区卫生服务中心完成主体工程，丽岙社区卫生服务中心迁建工程开工建设，创成全市首家国家级示范社区卫生服务中心。人口计生工作不断加强，"全省出生人口性别比重点治理单位"成功摘帽，国家级计生优质服务区创建通过验收。公共文化服务能力不断提升，琦君文化园建成开放，新建标准化社区文化服务中心30个、文化礼堂25个、市级以上社科示范基地5个，精心举办首届"瓯之韵"文化节。体育事业蓬勃发展，建成登山健身步道5条、自行车绿道20公里、市级社区健身广场11个，创成省级小康体育村22个。社区养老服务体系进一步完善，建成社区居家养老服务照料中心35个，实现社区全覆盖。社会保险和社会救助提标扩面持续推进，新农合人均筹资标准提至850元，新增各类参保人员58029人。安置房建设全面提速，新开工拆迁安置房69.9万平方米、竣工30.7万平方米，实现交钥匙1746套。征兵任务圆满完成。民族、宗教、外事、侨务、对台、人防、国防、双拥、革命老区、统计、移民、档案、地方志等工作取得新成绩，工青妇、红十字、慈善、老龄、残疾人等事业健康发展。

（五）平安建设扎实推进。深化"打非治违"、"除火患保平安"等专项行动，创新实施"四色"分类管理，各类事故起数、死亡人数、直接经济损失分别下降17.6%、32.9%、97.8%。安全生产规范化管理示范区建设扎实推进，创成规范化、标准化企业283家，规范居住出租房10万间。重点疑难信访积案"三定两包"全面落实，实现全国"两会"、十八届三中全会期间"零进京集体访、零非访"。基层创安和系统创安深入开展，立体化社会治安防控体系加快完善，"警灯工程"全面实施，刑事、"两抢"和入室盗窃案件发案数分别下降11%、52.2%、24.8%。应急管理体系进一步健全，成功防御"菲特”强台风，银行不良贷款化解、风险企业帮扶和劳资纠纷处置等工作全面加强。食品安全十大突出问题整治力度不断加大，群众反映强烈的重点领域食品安全形势稳定趋好。减员增效取得初步成效，全区登记在册流动人口减少15.6万人。

*（六）政府自身建设得到加强。*坚持“先学、先查、先改”，积极开展“四风”问题自查自纠，认真做好党的群众路线教育实践活动准备工作。大力推行“一线工作法”，建立攻坚专员联系重点项目制度，有力推动重点工程破难提速。自觉接受人大法律监督、工作监督和政协民主监督，广泛听取各民主党派、工商联、无党派人士、各人民团体和老干部的意见建议，办理人大议案建议146件、政协提案122件。推行政府重要决策事项跟踪督办制度，政府执行力得到提升。加强法治政府建设，强化行政规范性文件“三统一”管理和行政机关合同审查，推行行政处罚网上全程监督。推进电子政务平台建设，财政资金、住房保障、环境保护、工程招投标等重点领域政府信息公开力度不断加大。理顺条块管理职责，综合执法体制和事业单位分类改革稳步推进。进一步优化行政审批流程，率全省之先建立首席审批官制度，模拟审批、联合审批、整体审批、无偿代办和重点项目贵宾式服务等制度全面推行。严格落实中央“八项规定”，组织开展“万人评议机关中层和基层站所”活动，大力整治庸懒散等不良风气。强化“三公”经费管理，镇街国库集中支付改革试点启动实施，全区行政事业单位公用经费下降5%。加大审计监督和行政监察力度，规范公共资源交易行为，政府廉政建设进一步加强。

各位代表，过去一年取得的成绩来之不易，这是全区上下和衷共济、奋力拼搏的结果。在此，我代表区人民政府，向全区广大干部群众，向给予政府工作大力支持的人大代表、政协委员、离退休老同志、各民主党派、工商联、无党派人士、各人民团体，向驻瓯部队和武警官兵，向所有关心支持瓯海发展的社会各界人士和海内外朋友，表示衷心的感谢和崇高的敬意！

我们也清醒地看到，我区经济社会发展和政府工作还存在不少矛盾和问题：一是经济持续发展面临严峻挑战，产业层次不高、创新能力不强等问题依然突出，部分行业和企业生产经营困难。二是城乡基础设施建设相对滞后，受政策、要素制约等因素影响，个别拆迁安置房、瓯海大道西延段等项目进展不快。三是保障和改善民生力度有待加大，关系群众切身利益的教育、医疗、生态环境、食品安全等方面还存在不少问题，公共服务均等化水平亟待提高。四是影响社会和谐稳定的因素仍然较多，局部金融风波影响尚未消除，风险企业帮扶和银行不良贷款处置任务十分艰巨，安全生产形势不容乐观。五是政府部门和公务人员执行力和自律意识有待加强，一些机关工作人员揽事担责、主动服务意识不强，各类不正之风和违法违纪现象时有发生，“四风”问题仍不同程度存在。对此，我们一定高度重视，采取更加有效措施，认真加以解决。

二、2014年主要工作

根据区委八届五次全会部署，今年政府工作的总体要求是：认真贯彻落实党的十八大和十八届三中全会精神，围绕省委“干好一三五、实现四翻番”和市委“赶超发展、再创辉煌”的决策部署，坚持稳中求进、改中求活、转中求好，全力振兴实体经济、扩大有效投资、深化改革创新、改善民生事业、保持社会和谐，加快建设生态宜居民富区强的幸福瓯海，为提前基本实现现代化打下坚实基础。

2014年全区经济社会发展的主要预期目标为：生产总值增长8%；规上工业总产值增长8%；公共财政预算收入增长8%；限上固定资产投资增长15%；社会消费品零售总额增长12%；城镇居民人均可支配收入增长9%，农村居民人均纯收入增长10%；单位生产总值综合能耗下降和主要污染物排放量削减完成上级下达的年度任务。根据上述目标要求，今年重点抓好以下五个方面工作：

（一）以转型升级为导向，振兴实体经济

培育产业发展平台。推进国家大学科技园建

设，加快启动区产业转型和孵化器入驻企业“更新换代”，引进创新创意和总部型企业50家以上。按照“一区多园、综合配套”的发展格局，实施开发区整合提升和扩容改造，促进工贸融合、产城联动。完善小微企业园规划布局，积极探索建设新模式，加快慈湖科技创业园等3个在建项目建设，开工建设瓯海医药总部经济园、鹅湖时尚产业园、潘桥电子信息产业园、郭溪高新技术产业园和仙岩汽摩配产业园、陶瓷洁具产业园，确保全年供地500亩以上。规范小微企业园项目招商、履约管理和后续评估机制，着力引进一批成长型、科技型企业。完善高等院校周边区域规划，强化商业配套、基础设施支撑，积极发展融优质教育、文化创意、休闲娱乐、养生医疗于一体的环大学城经济，推进学城联动发展。加快南湖城市综合体、站前商贸区、中央商务区等重点区块建设，培育壮大金融服务区、潘桥国际物流基地等专业园区，着力打造区域性综合商贸中心。

加快产业结构调整。深入实施“工业经济冲千亿”三年行动计划，推进传统优势产业改造升级、提质增效，完成工业性投资40亿元。加大“腾笼换鸟”、“空间换地”和“机器换人”力度，实施连片整体改造旧工业小区4个，开工建设“挖潜节地”项目10万平方米，完成技改投资20亿元。提质推进“三转一市”，新增“个转企”900户、“小升规”120家、“限下转限上”50家、企业股份制改造15家，取缔疏导无证无照4000家。深入实施名企名品名家工程，培育一批龙头骨干企业。开展省级建筑强区创建，完善扶持建筑业发展政策。提升现代服务业发展水平，建成站南商贸城、潘桥国际汽车城、红星美凯龙家居广场，加快推进华润万象城、港龙商业广场、君庭大酒店、云天楼洲际广场等项目，开工建设温州大象城、梦多多小镇、浙南花城、中国皮具大世界等项目。加快旅游资源整合、配套完善和项目建设，开工建设将军岩乡村游项目，联动开发泽雅、仙岩风景区与大罗山、三垟湿地，打造环城区休闲“一日游”线路。大力培育网络经济“一号新产业”，实施“网商大军”培训计划，支持金州、国智电商产业园等网络经济集聚区做大做强，推进阿里巴巴温州产业带等线上线下互动平台建设。全面落实强农惠农富农政策，提升农业“两区”建设水平，打造一批以科技示范、休闲观光为特色的现代农业园区和城市农业公园，建成市级特色农业精品园3个。深入实施新一轮山区发展规划，加大产业帮扶和基础设施建设力度，着力推进山区绿色发展、生态富民。

深化助企帮扶行动。全面落实振兴实体经济政策措施，完善驻企服务员、金融服务员制度，强化分类指导、重点帮扶，着力帮助企业解决一批发展难题。加大金融支持力度，引导金融机构扩大信贷投放，着力缓解中小企业融资难问题。抓好风险企业帮扶和银行不良贷款“控新化旧”，重点防范和化解企业资金链、担保链断裂风险，推动社会诚信回归。充分发挥行业协会服务企业发展的独特作用，加强企业交流合作和信息资源共享。鼓励企业强强联合、兼并重组，提高企业规模效应和抗风险能力。重视企业用工问题，促进企业劳动力供需衔接。

（二）以招商引资为重点，扩大有效投资

加大招商选资力度。实施温商回归“领头雁”工程，主动对接世界500强、央企和行业领军企业，着力引进一批科技含量高、市场前景好、投资强度大的优质项目。创新招商机制，实行招商项目库动态管理，精心包装推介一批产业链项目，提高招商项目针对性和成功率。加强内外温商互动平台建设，积极开展异地温商回乡投资考察和合作签约活动，促进资金、商机、人才回归。确保全年实际到位内资60亿元、利用外资6000万美元。

加快交通路网建设。持续开展“城市道路建设攻坚年”活动，推进新双南线、广化路南延段、瓯海大道西延段、104国道双南线南段、吹台山隧道及接线工程一期、天长岭隧道复线等项目建设，开工建设龙霞路南段，建成福州路二期、南湖路改建等工程，配合抓好金温铁路扩能改造、市域铁路S1线和绕城高速西南线等省市重点项目建设。深化交通治堵专项行动，加快道路微循环系统建设，完善公共交通体系，持续推进30条次干道和支路建设，启动一批背街小巷改造项目，新建停车泊位4000个、公共自行车服务网点30个，开发利用地下空间20万平方米。

完善公共配套设施。围绕“靓丽山水智城”建设，加强主塘河两岸、牛山环山带等重点片区规划设计和精品塑造，彰显城市山水人文特色。推进中心区开发提速，完善“四馆两中心”和教育、医疗、商务、道路网等配套设施，建成投用公安、检察院业务用房和公共卫生服务中心，督促亿象商业广场上半年开业营运，加快集聚中心区商气和人气。加强环卫基础设施建设，新建改建一批垃圾中转站和公厕。重视城市污水收集处理设施建设，加强各片区管网体系衔接，加大“最后一米”纳管力度，确保建成区截污纳管实现全覆盖，配合抓好南片污水处理厂建设。持续推进电网攻坚，开工建设南湖变、蟠凤变扩建等输变电工程，全力做好泊岙变、东岙变、马桥变、叶蕉变前期工作。

强化资源要素保障。抓好城镇低效用地再开发利用试点工作，启动实施改造项目5000亩以上。强化土地供给能力，争取省市重点项目单列指标和统筹指标，因地制宜开展低丘缓坡开发利用。推进土地开发提速，严格处置闲置土地，加大“转而未供、供而未用”土地清理力度，完成耕地垦造500亩，建成高标准基本农田2500亩，开工建设村级二三产返回地项目1000亩。充分利用革命老区相关优惠政策，积极争取中央预算内投资项目。实施“瓯越英才计划”，着力解决人才住房保障、子女就学等问题，加大“国千”、“省千”人才引进力度，重点引进一批领军型创业创新人才和团队。完善政银企协作机制，做大做强国有投融资平台，统筹做好经营性土地出让工作，保障项目建设资金需求。

（三）以改革开放为动力，再创发展优势

深化重点领域改革。认真落实全面深化改革的各项具体措施，坚持和发展“温州模式”，积极开展各类改革创新试点。深入推进金融综合改革，创新发展地方金融组织，建立面向中小企业和“三农”的多层次金融服务体系。支持企业扩大直接融资，积极引导和帮助企业上市。推进教育综合改革，强化教育督导，深入实施教师校长交流制度，加快现代职业教育体系建设，创办森马新教育实验学校等一批优质特色民办学校。推进医药卫生体制改革，依托温州医科大学附一医、市人民医院等优质医疗资源推进区级公立医院转型升级，鼓励和引进社会资本举办医疗机构。完善文化发展体制，大力发展新兴文化业态，支持各种形式小微文化企业发展，提升瓯海文化软实力。深化农村产权制度改革，健全农村资产流转体系，稳妥开展农民住房财产权抵押、担保、转让和村股份经济合作社公司制改革试点工作，推进涉农产权有序流转交易。

加快行政管理体制改革。研究制定新一轮政府机构改革方案，严格控编控人控机构，加大机构和职责整合力度，推进卫生、人口和计生机构改革，调整食品药品安全监管体制，进一步理顺区、功能区、镇街和社区的管理体制，最大限度解决职责交叉、体制不顺的矛盾。加快事业单位分类改革，建立健全事业单位法人治理结构。深化行政审批制度改革，探索建立部门权力清单制度，加快实现“四集中、四到位”。健全市场准入、项目建设、竣工投用联合审批机制，完善全流程服务，推行社建审批一体化。推进公共财政体制改革，完善预算绩效管理制度，合理划分事权、财权和支出责任，健全财力与事权相匹配的财政体制。

大力推动科技创新。加快构建区域创新体系，分解落实“八倍增、两提高”目标任务，确保各项创新指标增速超过全省平均水平。以国家大学科技园等平台为载体，积极与市域外大院名校或科研机构开展合作交流，共建创新中心。引导企业提高自主创新能力、加大科技投入，鼓励企业加强技术、制度、管理创新，新增国家级高新技术企业6家和市级以上科技型企业20家、企业技术研发中心11家。大力实施知识产权战略，深化政产学研合作，建立科技投资基金，促进科技成果转化。

继续扩大对外开放。完善外贸扶持政策，大力发展外贸集聚平台，培育海关A类企业20家以上，进出口总额增长3%。健全境外投资企业信息库，鼓励优势企业“走出去”发展，积极参与21世纪海上丝绸之路建设，大力开拓东盟、非洲、南美等新兴国际市场。扩大具有自主知识产权、自主品牌、高附加值的产品出口，提升出口产品竞争力。实施积极主动的进口战略，努力申报国家、省级进口平台。创新对台合作平台和机制，主动对接长三角、海西经济区建设，加强与港澳台地区经贸合作交流。认真做好对口帮扶援助工作，推进援建项目建设。

（四）以“五水共治”为突破口，推进环境建设

打好治水攻坚战。推进黑臭河道整治，严格落实“河长制”，加强河道两岸污染源监管，完善河道保洁制度，确保每个镇街至少有一条可游泳的河道。健全防洪保安体系，完成牛山生态河道、丽岙白门河等河道整治工程，实施三溪片河道综合整治，加快桃源水库、任桥河拓宽整治、中心区河道治理等项目建设。加强泽雅水库等水源地保护，保障饮用水安全。推进主塘河沿河景观工程建设，加快梧田老街改造，建成南湖荷塘月色公园、谢灵运公园。积极打造水乡文化品牌，新建一批文化主题博物馆，创建市级美丽水乡特色镇街4个、特色村5个。

深化环境综合整治。坚持整体推进与重点突破并举、突击整治与长效管理并重，加大“六城联创”攻坚力度，努力提升城市美誉度和竞争力。持续开展“两无四边三化”专项行动，推进牛山、凤凰山、石根山等公园配套提升，加快公园绿地、绿道连点成面和彩化改造，高标准建设一批防护绿地、街头小游园和立体绿化项目，新增城市绿地147公顷。全力支持温州生态园建设，高品位打造城市绿肺。加强城市精细化管理，保持创卫攻坚态势，加大主次干道、公园广场、农贸市场、小菜场等重点部位和“五小”行业卫生整治力度，抓好铁路温州南站和南白象高速互通周边环境改造提升，强化建筑废土源头管控、消纳处置和非法倾倒整治。健全市容环境管理长效机制，推进垃圾分类收集处置和直运扩面，完善城市管理快速反应机制。深化生态创建，新增市级以上生态街道3个、生态村19个，创成省级生态区。加强大气污染综合防治，加快推进高污染燃料禁燃区创建和工业园区集中供热，抓好餐厨油烟、秸秆焚烧、建筑工地及道路扬尘污染治理，逐步改善空气质量。

加快美丽乡村建设。深入实施“千村整治、百村示范”工程，扎实推进农村基础设施建设，加大农村污水治理力度，新增全面治理村9个、扩面改造村25个。健全农村环境长效管理机制，加强农村面源污染整治，继续推进殡葬改革和“青山白化”治理。推进水碓坑等6个历史文化古村落保护与开发，完成15个“百村千处”保护点建设，新建3条美丽乡村精品线，打造一批城镇都市型、田园宜居型、生态文化型村庄，努力建设让人们留恋不舍、记得住乡愁的美丽新家园。

推进城市有机更新。坚持“拆、建、用”结合，加强拆后土地综合利用，提高“三改一拆”工作科学化水平。分类分批开展无违建创建，健全拆违管控机制，确保新违建零增长。深入实施城中村改造三年行动计划，加快推进西山路沿线、平天镬和秀屿山等重点片区改造，配合抓好城市中央绿轴建设，完成城中村改造6800户。严格把握城中村改造政策，深化项目前期研究，注重资地平衡和人才技术支撑，推行先建后拆、拆建同步、代建与开发捆绑等多元改造模式。加快牛山工程建设，统筹推进安置房、广场、路网、景观等项目建设和商务区块开发。加强旧住宅小区和城中村环境综合整治，推进梧田龙霞住宅区、新桥组团等旧住宅区改造提升，着力打造环境整治示范点。

（五）以改善民生为根本，保持社会和谐

加快社会事业发展。深化群众性精神文明创建活动，加强理想信念教育和公民道德建设，不断提高城乡居民文明素质。实施文化强区战略，健全三级公共文化服务体系，免费开放区图书馆、区文化馆、区博物馆，整合提升镇街文化服务中心功能，加强农村文化礼堂建设，创建市级以上文化示范社区3个，实现社区文化服务中心全覆盖。推进教育优质均衡发展，创建省等级幼儿园10所、省义务教育标准化学校10所，创成全国义务教育发展基本均衡区。开工建设瓯海外国语学校、仙岩穗丰小学等项目，鼓励发展一批特色学校，配合抓好温州肯恩大学、浙江安防职业技术学院建设。加强校园安全和周边环境整治。健全城乡医疗卫生服务体系，建成南白象社区卫生服务中心，配合抓好市人民医院娄桥新院等项目建设，加强重大疫病防控、妇幼保健和职业病防治，加大非法行医打击力度，创成省级卫生强区。实施“单独两孩”政策，巩固提升出生人口性别比治理成效，促进人口长期均衡发展。开展省体育现代化试点区和运动休闲基地创建，利用“拆后土地”新建一批健身文化广场。认真做好第三次全国经济普查工作。充分发挥工会、共青团、妇联等群团组织作用，进一步加强人民武装、国防动员、民兵预备役和人防工作，加快发展民族、宗教、外事、侨务、移民、档案等事业。

健全社会保障体系。加大困难群众和特殊群体的就业帮扶力度，新增城镇就业人员8000人，帮助就业困难人员实现再就业500人。实施城乡居民大病医疗保险制度，企业退休人员纳入社区社会化管理比例达80%以上。加快构建社会救助新格局，落实城乡最低生活保障标准自然增长机制，鼓励发展爱心驿站，推进医疗救助提标扩面。继续实施夕阳红养老工程，谋划一批多功能护理型养老中心，加快瞿溪归国华侨侨眷老人公寓等项目建设。大力开展安置提速行动，建成拆迁安置房20万平方米，实现交钥匙1500套。健全住房保障制度，新增公共租赁住房保障对象400户，继续扩大住房公积金覆盖面。加快发展慈善、红十字和残疾人事业，切实保障妇女、儿童合法权益。

强化安全生产综合整治。健全安全生产责任体系，创新精细化网格监管模式，实行重大安全生产事故风险“一票否决”。强化“十项严管”措施，大力推进道路交通、消防、建筑施工、特种设备、危险化学品等重点领域和隐患集中区域挂牌整治，铁腕打击安全生产违法行为。深化安全生产规范化管理示范区建设，加强安全隐患源头管控和动态监管，提升“四色”分类管理水平，生产企业网格监管信息化率达100%。深入开展“清剿火患”和出租房综合整治专项行动，规范居住出租房6万间。加强食品药品监管，健全黑名单制度，全力保障人民群众饮食用药安全。

加强社会治理能力建设。健全立体化治安防控体系，严厉打击严重刑事犯罪行为。深入开展反侵财、“打黑除恶”等专项行动，加大对阻碍工程推进的村霸地霸等黑恶势力打击力度，全面净化投资和建设环境。强化劳资纠纷和企业债务风险化解，依法打击恶意逃废债务行为。坚持和发展“枫桥经验”，完善信访制度，推进信访公开，及时就地解决群众合理诉求。深入实施减员增效，提升新居民服务管理水平。加强宗教事务管理，依法开展非法宗教活动场所整治，促进宗教活动规范化。坚持正确舆论导向，健全政府发言人制度，管好用好网络舆论和对外宣传“两大舆论场”。完善社区社会化服务机制，培育发展公益类、互益类社会组织，提高社会组织承接政府转移项目的能力。全面落实突发公共事件应急联动机制和社会稳定风险评估机制，提高应对各种突发事件和抗风险能力。扎实做好防汛防台抗旱、森林消防、政策性农业保险和动植物防疫工作。

全面实施“十大民生工程”。坚持把为民办实事项目作为硬指标、硬任务，进一步健全长效机制、强化责任落实和资金保障，全力推进居住改善、交通畅通、生态治水、环境保护、教卫提升、文体休闲、就业创业、食品安全、社保救助、平安创建等“十大民生工程”，着力解决一批事关群众切身利益和经济社会发展的突出问题。

三、加强政府自身建设

以开展党的群众路线教育实践活动为契机，纠“四风”、树“四气”，加快转变政府职能，开展政府自我革命，着力打造为民、务实、清廉、高效的服务型政府。

（一）*强化依法行政和科学行政*。深化法治政府建设，健全公众参与、专家论证和集体研究相结合的行政决策机制，扎实推进依法决策、民主决策、科学决策。建立健全公开征求意见、风险评估、合法性审查等制度，进一步完善行政规范性文件制定程序。落实行政执法责任制和行政机关负责人出庭应诉制度，努力降低行政案件败诉率。自觉接受人大及其常委会的法律监督和政协的民主监督，主动接受人民群众社会监督和新闻媒体舆论监督，不断提高人大议案建议和政协提案办理质量。加大政府信息公开力度，推进“阳光工程”建设，提高政府工作透明度。

（二）强化作风改进和效能提升。牢固树立正确的政绩观，大力弘扬主动揽事、敢于担责的工作作风，以“功成不必在我”的境界，多做打基础、利长远、惠民生的工作。大力整治会风、文风，进一步精简会议和文件，用更多的时间调查研究、推动工作。健全政府重要决策事项跟踪督办制度，实行一月一督查、一季一通报，严格落实行政问责制和事故责任追究制，确保政令畅通。深化绩效管理，完善个性化、差别化考评机制，激发各镇街、部门的主观能动性。加强行政效能监察，大力整治庸懒散等不良风气，坚决杜绝“小鬼难缠”等现象，严肃查处推诿扯皮、行政不作为等行为，切实纠正损害群众利益的不正之风。

（三）强化从严治政和廉洁从政。严格执行中央“八项规定”，全面落实党风廉政建设责任制，完善惩治和预防腐败体系，着力营造风清气正的政务环境。严格行政监察和审计监督，全面推进镇街财政国库集中支付制度改革，着力优化国有资产、政府资源、公共利益市场化配置，进一步规范建设资金安排使用、工程招投标和土地使用权出让等行为。厉行勤俭节约，反对铺张浪费，严格控制“三公”等一般性财政支出，从严控制预算追加，切实把有限的资金更多地用在改善民生上。

各位代表，全面深化改革、加快赶超发展的号角已经吹响，我们责任重大、信心满怀。让我们紧密团结在以习近平同志为总书记的党中央周围，在中共瓯海区委的坚强领导下，团结和依靠全区人民，以更加昂扬的斗志迎接挑战，以更加务实的作风勤勉干事，凝百家智慧、树千倍信心、尽万分努力，为建设生态宜居民富区强的幸福瓯海而努力奋斗！

第八届温州市瓯海区委员会常务委员会工作报告

——在区政协八届三次会议上的报告

瓯海区政协主席　吴宏儒

（2014年2月9日）

各位委员、同志们：

我代表政协第八届温州市瓯海区委员会常务委员会，向大会作工作报告，请各位委员审议，并请会议列席人员提出意见。

2013年工作回顾

过去的一年，在中共瓯海区委的正确领导和省、市政协的悉心指导下，在区政府及社会各界的大力支持与配合下，区政协常委会紧紧围绕中心，服务大局，充分发挥政协组织的优势和全体委员的积极性、创造性，认真履行政治协商、民主监督、参政议政职能，为建设生态宜居民富区强的幸福瓯海贡献力量。一年来，共召开主席会议11次、常委会议5次，开展专题调研、视察活动32次，举办委员主题议政活动56次，提交专项建议60多条，撰写调研报告和理论文章28篇，为促进党委政府中心工作发挥了积极作用。

一、紧扣中心，不断增强科学发展的向心力

献计瓯海转型升级。坚持面对面协商交流，在政协全会期间邀请区领导参加界别组讨论，与委员共商瓯海未来发展大计。积极开展各类调研视察活动，为瓯海经济社会发展提供了智力支持。常委会重点调研，提出的“明确城市定位、优化城市规划布局、实行农民‘三就近’、促进城乡一体化”等方面意见建议，助推了瓯海的城市化建设；积极响应省、市委以治水为突破口的号召，对黑臭河整治与皮革行业发展现状进行了专题调研，并形成《黑臭河整治工作情况视察报告》、《瓯海区真皮制革行业的调研报告》，为区委、区政府改善生态环境、促进传统产业转型升级提供了参考依

据；就金融综合体制改革、基层老年人组织等开展调研，为科学应对危机促进瓯海发展提供了良策。同时，区政协还组织委员围绕文化创意产业、电子商务产业的发展及主导产业培育等事关瓯海发展全局的课题进行民主协商、调查研究、视察讨论，为瓯海科学发展献言献策。

*建言城乡统筹发展。*组织17位委员在八届二次全体会议上就城乡环境建设、公共配套设施、城市文化特色等议题先后发言，受到了区委区政府领导充分肯定。常委会主动对接区委区政府重点工作，就“四边三化”、平安创建以及2013年度部分重点项目调整情况等开展议政协商，委员们提出的意见建议被区委区政府积极采纳。各专委会、界别组、联络组还分别围绕我区公立医院综合改革、公共交通规划、都市休闲农业、美丽乡村建设、城中村改造、“三改一拆”等方面内容开展活动，形成了大量有价值的调研文章。如《关于优先解决我区公共交通建设问题的调研报告》为区政府及有关部门治理交通堵塞、改善我区公共交通现状提供了第一手材料，《瓯海区公立医院综合改革情况调研报告》为合理配置医疗资源，促进我区公立医院更好发展提供了参考。

*助力瓯商回归兴业。*充分发挥政协联系广泛的优势，积极搭建区域合作、瓯商回归的平台，为推动我区赶超发展出谋划策。组织人员走访在外瓯商、异地商会，鼓励他们回乡投资、对接项目，促成了泽雅现代观光农业开发项目和金瑞乡村旅游项目落户瓯海，为意大利生物CP诊断机生产项目、智利侨领来瓯投资民办教育牵线搭桥。利用对外联谊交流的机会，向来自法国、香港、台湾等地的侨胞和客商推介我区重点招商引资项目，加深他们对瓯海的了解，提升他们来瓯投资的热情。区政协还组织常委就全区招商引资计划实施情况与区政府协商，提出了要求处理好本地企业与招商引资企业关系的10点意见建议，得到了区委区政府的高度重视。

*协助推进重点项目。*区政协班子主动融入全区经济社会发展大局，与党政领导一道奋战在一线，同挑发展担子，共担发展重责。一年来，先后就双南线道路建设、南湖综合体建设、景山城中村改造、泽雅机械造纸整治、黑臭河治理与沿河拆违、华润万象城、创建全国卫生城市等中心工作，帮助解决困难，督查进展情况，促进了重点项目、重点工作的顺利进行。

二、积极探索，不断增强政协工作的创造力

*创新提案督办方式，提高提案办理实效。*把督办作为推动提案落实的重要手段，率全市之先召开了提案办理工作听证评议会，增强了提案办理的透明度，进一步促进承办单位认真落实提案办理工作，提高了提案人对提案办理的满意度。结合提案督办工作，组织由区政协领导、政协委员和承办单位负责人参加的提案专题协商会、重点提案现场督办会等，对未及时办理的提案进行反馈，由区政府发文，督促承办单位及时办理。1号提案《关于打造“生态瓯海”的几点建议》由区长亲自领衔督办，多次主持召开提案办理面商会，出台政策，落实资金，加快了我区生态文明建设的步伐。一年来，共立案139件，提案答复率达到100%，满意率达97.8%。

*创新民主监督方式，促进服务效能提升。*实行民主监督“三部曲”，在监督活动开展前邀请新闻媒体和市民监督团联合开展明查暗访，找准监督重点；在民主监督过程中突出“知情、沟通、反馈”三大环节，并将民主监督建议书、整改意见装订成册发放给被监督单位，确保所提建议不流于形式，整改措施落实到位；在监督后开展追踪问效，巩固民主监督成果。2013年，区政协常委会在对区住建局开展专题民主监督的同时，还挑选了百名参政议政能力强的委员组成10个民主监督小组，派驻到区发改局、民政局等10个单位担任民主监督员，通过历时半年的监督，对被监督单位提出的52条意见建议均得到了较好落实，提升了被监督单位的工作效率。

*创新委员活动方式，践行为民履职宗旨。*充分发挥政协委员来自不同领域、不同行业的优势，开办“委员讲坛”，邀请委员登台演讲，传授有关

专业知识，分享履职的心得体会。开展“委员工作室”品牌创建，深入挖掘服务内涵，通过释疑解惑、上情下达、联合协商等方式，建立“委员收集—政协梳理--政府交办--专委督办--部门反馈”的服务流程，变“名义委员”为“民意委员”，及时帮助群众解决热点难点问题，促进委员履职领域向纵深扩展。组织开展“双百挂钩”、“进村入企”、“三千帮扶”等活动，协助村居、企业理清发展思路，实现村居、企业和部门的无缝对接，树立了政协委员良好的社会形象。

三、发挥优势，不断增强合作共事的亲和力

团结各方，增进共识。坚持政协领导走访制度，共走访民主党派、工商联、港澳台侨胞（属）100多人次。各专委会、界别组和镇街联络组利用走访慰问、集中座谈、组织考察等形式，加强与各民主党派及无党派人士的联系，努力把参加政协的各党派团体和各界人士的思想和行动统一到中央、省、市、区委的重大决策部署上来。通过牵头建设琦君文化公园，协助做好“瓯海区第三届琦君文化节暨两岸经贸文化交流活动”及华裔青少年“中国寻根之旅”夏令营，举办纪念弘一大师圆寂70周年研讨会等活动，加强了与港澳台侨界人士、民族宗教界人士的交流沟通，加深了彼此间的感情。

交流联谊，增添内力。加强内外联谊，参加全国十三城区政协理论研讨会，先后就助推瓯海区域文化建设和提高提案成效作主题发言，探讨新形势下政协工作的新思路、新理念、新做法。先后接待台州路桥区、金华金东区、贵州荔波县等省内外兄弟县（市、区）政协来瓯考察，宣传和推介了瓯海。成立文史资料研究会，出版了《瓯海文史资料》（第16期）、《南戏乡亲董每戡》等史料，举办了摄影书画展，并与瑞安、景宁等地政协进行文化交流，提升了政协文化。组织开展“兰亭奖”中小学生书法大赛，选送20名选手参加市选拔赛，并编印了获奖书法作品集。积极开展政协之友社活动，支持政协书画院、摄影分院、诗词楹联分院开展工作。

体察民情，增强和声。以专委会、界别组、联络组为依托，深化为民服务活动。在“进村入企”活动中，积极联系市、区两级水利局，争取泽雅西岸村小流域治理立项，目前工程接近尾声，资金到位300万元，受到了当地百姓的一致好评。关注社会弱势群体，开展扶贫救灾、捐资助学及下乡义诊等活动，据不完全统计，全年共筹集资金280多万元。畅通反映社情民意信息渠道，围绕全国及省、市、区重大工作部署、项目建设、民生工程、安全生产等方面内容，共计收集信息115篇，择优编辑上报83篇，被采用27篇，促进了系列民生问题的解决。其中《推进我省避暑旅游　充分挖掘高温经济》、《地下管网安全隐患严重应加强管理》、《建议修改我省高考监考“学科教师监考回避”的规定》等多篇信息先后获省、市领导批示。

四、夯实基础，不断增强服务大局的凝聚力

着力强化专委会职能作用。重视政协专委会建设，增设委员培训服务中心，加强了与政协委员的联系，更好地为委员履职做好服务工作。探索各专委会之间的联合组团履职方式，进一步完善专委会与政府部门的对口联系制度，形成优势互补、信息互通、成果共享的工作机制，有力促进民主监督、调查研究、提案征集等方面工作的开展。如黑臭河治理联合组团督查，邀请区政府分管领导，区水利局、环保局、塘河办等部门领导进行现场协商，有效促进了政协意见建议的转化。深化“促和谐、惠民生”信访积案化解法律援助工作，注重发挥专委会成员的专业特长与对口联系部门的协作互动，现8起信访积案已成功化解了6起。

着力强化界别整体作用。注重界别意识的培养，把发挥界别作用的群体功能同发挥委员个体作用相结合，积极反映所联系群众的意愿和要求。根据不同主题，组织界别委员参加调研视察、提案工作、反映社情民意等活动，引导委员把自己的聪明才智运用到各专题调研视察中，从整体上提高了界别参政议政的水平。各界别组分别开展美丽乡村、生态旅游、开心农场、庙宇文化、教育均衡发展等议政活动13次，开展送科技、送文化、送健康、送温暖活动15次，加强了与界别群众的沟通联系，为维护稳定、构建和谐建言献策。

*着力强化联络组基础作用。*组建政协各镇街（开发区）联络组，充分发挥联络组身在基层、贴近群众的优势，积极创造条件、搭建平台，密切联络组和基层委员的联系。邀请委员参与镇街各类活动及有关会议，使基层委员全过程参与中心工作，全时段知晓工作推进，充分调动了他们履职的主动性。各联络组还组织辖区内委员开展了以肯恩大学建设、创卫迎检、减员增效、安全生产、生态环境治理为内容的调研视察活动30余次，就设置公共自行车点、整治乱倒泥浆现象等问题提交议政建言31篇，扩大了人民政协在基层民众中的影响力和凝聚力。

五、强化管理，不断增强履行职能的内动力

*抓学习促提高。*常委会始终坚持把加强学习摆在重要位置，大力倡导“在工作中学习，在学习中提高”的终身学习理念，以中心组理论学习会、主席（党组）会议、常委会议、专委会议等形式认真学习贯彻落实中共十八大、十八届三中全会、全省政协工作会议精神，进一步夯实了做好新时期政协工作的思想基础。组织部分政协委员及政协工作者参加上级组织的各类学习培训，邀请有关专家就十八大报告、人民政协理论、城市化建设及有关经济理论等内容作专题讲座8次，进一步提高了理论水平，拓宽了视野。

*抓宣传树形象。*做好政协网站的改版和《瓯海政协》杂志的编辑工作，充实社情民意信息员队伍，调动信息员积极性，开展多元化宣传。鼓励委员、信息员关注社会焦点，为基层群众呼吁呐喊。一年来，先后有《咬定治水不放松——瓯海政协督战黑臭河道整治和沿河拆违》《瓯海政协民主监督打出“组合拳”——明察暗访“结盟”市民监督团》等10余篇信息在《联谊报》上发表。根据近年来我区委员履职经验编写而成的《创新服务平台助推委员真情履职》一文，被《浙江省政协工作创新案例》收录。

*抓管理促落实。*以“五型”机关团队创建为载体，贯彻落实中央“八项规定”、党员干部廉洁自律“十个一律”规定以及区委“1+9”文件规定和要求，增强改进作风、联系群众的自觉性，以良好的作风取信于民。修订完善工作制度，制定《绩效考核办法》，将责任逐项分解落实到人，政协机关工作效率和服务质量均有了新的提高。制定出台《瓯海区政协关于委员履职和管理的若干意见》，细化委员管理的相关规定和考核指标，发放委员手册，实时记录履职情况，进一步增强委员履职意识，提升参政议政水平。

各位委员、同志们，过去一年区政协工作取得的成绩，是中共瓯海区委正确领导、区政府大力支持的结果，是全区广大政协委员、政协各参加单位团结进取、通力合作的结果，是社会各界人士和人民群众关心协助的结果。在此，我代表区政协八届常委会，向所有关心支持政协工作的各位领导、同志们、朋友们，表示崇高的敬意和衷心的感谢！

在肯定成绩的同时，我们也清醒的看到工作中还存在着一些差距和不足：一是政协履行职能的制度化、规范化、程序化建设力度有待加强；二是调研成果转化机制有待探索；三是民主协商运行机制有待完善。所有这些不足，都需要我们在今后的工作中认真研究，切实加以改进。

2014年主要工作

2014年区政协工作总体思路：全面贯彻落实中共十八大、十八届三中全会、全省政协工作会议和省、市、区委全会精神，深入开展党的群众路线教育实践活动，紧紧围绕区委区政府的中心工作，倾力服务大局、真情服务群众，增进团结、扩大民主，充分发挥人民政协作为协商民主的重要渠道作用，提升政协工作科学化水平，为推动新一轮全面改革、建设生态宜居民富区强的幸福瓯海作出新的贡献。

一、加强学习，为认真履职夯实基础

深入学习贯彻十八大、十八届三中全会和全省政协工作会议精神。把深入学习贯彻会议精神作为当前和今后一个时期的首要政治任务，深刻领会精神实质，深刻把握会议关于人民政协事业的新论述，推进人民政协实践创新、制度创新、理论创新，切实发挥好人民政协协商、监督、咨政、民意、统战和群众工作的六大功能。广大政协委员、各党派团体和各族各界人士要切实增强政协工作的紧迫感和责任感，自觉把中央会议精神、省、市委的全会精神与政协履职的生动实践紧密结合起来，与瓯海的发展目标紧密结合起来，做到与区委区政府同心同向、同力同行、同频同振。

扎实开展党的群众路线教育实践活动。把扎实开展党的群众路线教育实践活动作为政协工作的主线来贯穿，牢固树立民本意识，积极谋划改进政协履职的方式方法。要自觉成为党的群众路线教育的实践者，深入接触群众，切实了解情况，集中群众才智，为区委区政府民主决策出好主意、当好参谋。开展“主席基层走访日”和“体民情、听民意、办实事”主题实践活动，政协机关、各专委会、界别组、联络组要重心下移，创新联系群众工作的方式，切实把区委、区政府的关怀送到群众中去。

全力助推我区各项改革不断深入。把全力促进我区改革作为当前头等大事，坚持把履职着力点放在对推动我区深化改革的思考上，把政协的各项工作与区委、区政府的中心工作紧密联系起来。紧紧围绕我区各项改革中的重要领域和关键环节，深入开展推进农村产权制度改革、民营经济创新发展等调查研究，做到决策前咨询，实施中监督，落实后评估。广大政协委员要以“围绕改革谋划工作，服务发展履行职能”为内容，发挥好凝聚共识、汇聚力量的作用，为我区全面深化改革咨政献策。

二、围绕中心，为实现赶超发展议政建言

提高协商民主实效性。要把协商民主作为社会主义民主的重要形式，发挥好协商民主的主渠道作用。主动与区两办沟通对接，明确协商议题，制定协商计划，转化协商成果，提高协商实效。将当前区委区政府一些重要决策、重大项目、重点工作如振兴实体经济、提升行政效能、基层社会治理、生态文明建设、“五水共治”、“三改一拆”等工作作为协商的主要内容，推动瓯海重点工作的部署和落实。全面开展对口协商、界别协商和提案协商，推进协商民主广泛多层制度化发展。各专委会至少开展一次对口协商，各界别组可单独组织界别协商或联系各专委、联络组进行联动协商，尝试专题类提案集中协商办理，用科学发展的眼光和思路提出对策建议。尝试开展项目不可行性的研究协商和部分重点项目事后负面评估，发挥好政协的智库作用。

增强民主监督针对性。要把政协民主监督作为完善制约权力运行的重要环节，贯彻落实《省委关于加强人民政协民主监督的意见》，进一步强化保障，为政协开展民主监督工作创造有利条件。创新民主监督形式，探索开展会议协商监督、专项集体监督、联合联动监督。今年，区政协将由主席、副主席担任民主监督小组组长，着重就部门权力清单、机关作风效能、十大民生工程、公共设施建后利用等内容，分别对区教育局、区规划分局等10家单位开展监督，增强政府及其相关部门主动接受监督的意识。加强明查暗访力度，邀请社会力量、新闻媒体参与监督，定期不定期的开展“回头看”活动，特别是要加大对往年民主监督对象的监督力度，增强民主监督的连续性。

突出参政议政前瞻性。要把参政议政作为健全决策咨询制度的重要手段，强化智库建设，发挥智库决策评估、研究协作、信息共享等作用。鼓励和引导委员选择适合自身特点的课题开展活动，以专委会或界别名义提交集体研究成果，为党政提供决策参考。倡导不同界别委员围绕共同关心的问题开展监督性的调研视察、跟踪督办、协商座谈等，增强履职的整体效果和聚合效应。为策应省、市、区委关于治水的总体要求，今年常委会把建设美丽塘河、宜居水乡作为重点调研课题，同时为推进“三个一”(即“一号工程”——招商引资、“一号新产业”——网络经济、“一号服务业”——旅游业)积极建言，对产城联动、学城联动、“三转一市”、“四换三名”等重点工作以及美丽乡村、社会保障、食品安全、山区医疗服务等民生工程的实施积极献策，真正做到参政参到点子上，议政议在关键处。

三、聚焦民生，为提高瓯海人民幸福指数主

动献策

以和谐稳定为目标，暖民心聚合力。要牢牢把握团结民主两大主题，充分发挥爱国统一战线的组织优势，积极促进各党派团体和各界人士的大团结大联合。开展走访港澳台同胞、海外侨胞、各民主党派和无党派人士、民族宗教界人士等活动，深入宣传党的方针政策，巩固和发展民族团结、宗教和睦、社会和谐的良好局面。加强与瓯籍在外人员的交流交往，鼓励他们回乡创业，为家乡的建设献计出力。加强与外来创业者、建设者的联系，与他们交朋友，帮他们解难题，把他们的智慧和力量汇集到建设幸福瓯海的实践中来。

以提案工作为抓手，访民情集民智。要把提案作为表达和反映人民群众意见建议、愿望诉求的重要载体，进一步完善征集政协提案线索机制，推动提案与反映社情民意的有效衔接，引导委员以关注发展为重点，以改善民生为目标，广辟信息来源，提交表达群众诉求、维护群众利益的提案。完善提案办理机制，实行重点提案党委政府主要领导领衔督办，健全提案听证协商制度，进一步提高提案办理的效率和质量。建立B类提案跟踪督办长效机制，联合市民监督团等民间力量加强跟踪督办，切实推动提案的落实，进一步巩固提案工作的群众基础和社会基础。

以社情民意为载体，问民计化民忧。要始终坚持民本理念，把服务民生作为一切工作的出发点和落脚点，倾注全力、倾情奉献，充分发挥“晴雨表”和“传声筒”的作用。要积极创新信息采集载体，通过开设网站民情信箱，鼓励委员开通微信微博，建立社情民意与调研视察、“进村入企”等履职活动相结合的制度，进一步拓宽信息渠道，密切与群众的联系，及时掌握人民群众的愿望、意见和需求。要着重加强信息的编报和成果转化工作，及时传达关乎民生、关乎发展的意见建议，切实把党政所需、群众所盼的问题反映好、解决好、落实好。

四、勇于创新，为提高政协工作科学化水平不懈努力

探索履职方式，不断提高委员履职质量。要把委员主体作用的发挥放在重要位置，定期举办“委员讲坛”，发挥政协委员智力密集、人才荟萃的优势，增强委员履职的积极性。进一步规范和完善联络组工作制度，制定《政协各镇街（开发区）联络组工作规则》，明确工作职责，确保联络组高效有序运行。探索建立社区委员工作室，加强基层委员与群众的密切联系。探索建立界别联动机制，通过界别之间相互邀请参加调研视察、共同组织活动等多种途径，使界别作用发挥得更充分，履行职能更富成效。不断完善专委会对口联系制度，发挥专委会专业优势与独特作用，引导开展特色鲜明、效果明显的履职活动。

挖掘文化资源，不断发挥文史和宣传作用。积极做好文史征辑工作，整理和挖掘我区具有地方特色的文史资料和人文资源，丰富文化底蕴，认真做好《瓯海政协》和《瓯海文史资料专辑》的编辑出版工作。充分发挥新闻媒体、门户网站、政协杂志的对外宣传作用，加强外界对政协的认识和了解。推进政协门户网站建设，做到选题准、立意新、分析深、采编精，提高网站信息深度和质量。举办纪念区政协成立30周年征文和摄影采风、书画展等活动，进一步提升宣传层次，扩大社会影响。

转变工作作风，不断加强政协自身建设。严格执行中央“八项规定”，全面落实“十个一律”有关纪律规定，加强作风建设。要加强对政协委员的理论培训、业务培训和法制教育，完善委员考核评价办法，尝试委员述职机制，创新委员激励和约束机制，探索优化委员结构的科学方法和途径，不断增强政协队伍的生机与活力。推进“五型”机关建设，进一步规范工作流程，形成紧密配合、和谐和睦、五型共铸的良好工作氛围，努力促进政协工作在服务改革、推进发展中再创佳绩。

各位委员、同志们，瓯海正处在新一轮的发展机遇中，政协必将拥有更加广阔的履职空间，让我们在中共瓯海区委的坚强领导下，解放思想、与时俱进、和衷共济、锐意进取，为谱写瓯海政协事业新篇章，为加快建设生态宜居民富区强的幸福瓯海作出新的更大的贡献！

特　辑

2014年瓯海区国民经济和社会发展统计公报

2014年，面对复杂严峻的外部环境、宏观经济下行的巨大压力和转型升级的内在要求，瓯海区上下在区委、区政府的正确领导下，在区人大、区政协的监督和支持下，认真贯彻落实中央、省、市的一系列重大决策部署，围绕建设"生态宜居、民富区强的幸福瓯海"战略目标，深入实施"十大举措"，全力打好赶超发展"组合拳"，全区经济运行呈现出稳步回升的积极态势，社会各项事业全面推进，人民生活持续改善。

一、综合经济

2014年，瓯海区实现地区生产总值（GDP）412.98亿元，按可比价计算（下同），增长8.6%。其中，第一产业增加值5.91亿元，增长2.9%；第二产业增加值236.98亿元，增长8.2%；第三产业增加值170.09亿元，增长9.3%。按户籍人口计算，人均地区生产总值达到96571元，增长7.6%。三次产业比重由上年的1.4:58.4:40.2调整为1.4:57.4:41.2，产业结构进一步优化。全区实现工业增加值189.57亿元，增长8.9%；完成限额以上固定资产投资302.02亿元，增长14.5%；实现全社会消费品零售总额176.44亿元，增长16.9%；外贸进出口总额23.27亿美元，增长4.4%；财政总收入47.03亿元，增长11.7%，其中地方财政收入24.24亿元，增长15.4%；城镇常住居民人均可支配收入42058元，增长9.2%；农村常住居民人均可支配收入23708元，增长10.2%；城乡居民收入比由上年的1.95缩小到1.77，城乡收入差距进一步缩小。

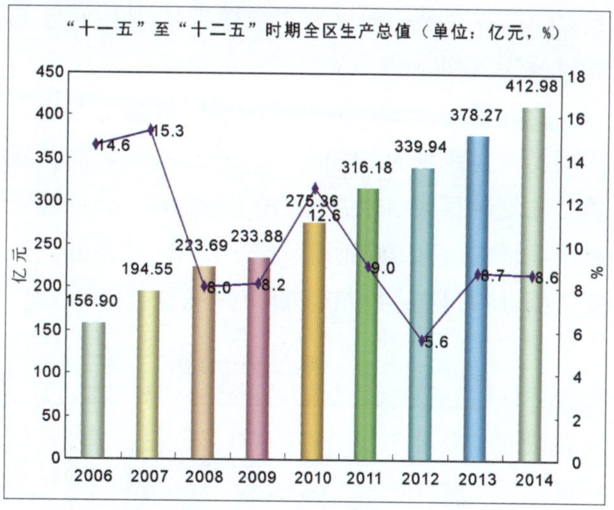

二、农业

2014年，瓯海区实现农林牧渔业总产值8.68亿元，按可比价计算（下同），增长2.9%。其中：种植业产值6.53亿元，增长3.7%；林业产值0.13亿元，增长8.4%；牧业产值1.78亿元，增长0.7%；渔业产值0.13亿元，下降11.6%；农林牧渔服务业产值0.11亿元，与上年持平。

2014年，瓯海区农作物播种面积10113公顷，比上年增长4.0%。其中，粮食作物播种面积3361公顷，下降5.5%，粮食总产量23092吨，增长5.4%；蔬菜播种面积6129公顷，产量135359吨，分别增长8.7%和20.3%；水果总产量25729吨，增长16.6%；花卉园艺销售收入11366万元，下降2.6%。完成造林面积491公顷，封山育林面积821公顷。生猪存栏2.54万头，出栏4.11万头；家禽存栏

74.11万羽，出栏205.80万羽；肉类产量6575吨，禽蛋产量799吨，牛奶产量124吨；淡水产品产量1242吨。

三、工业和建筑业

2014年，瓯海区工业经济呈现“企稳向好，稳中提质”的态势。实现工业增加值189.57亿元，增长8.9%；其中，规模以上工业增加值103.69亿元，增长7.7%。

生产和效益双双企稳回升。全区491家规模以上工业企业实现总产值445.90亿元，增长8.7%。其中，服装、鞋革、金属制品、电气机械和仪器仪表等5大支柱产业实现工业产值333.83亿元，增长10.0%。全区规模以上工业企业实现利润总额22.42亿元，增长22.4%。

产业转型升级稳步推进。全区规上工业企业实现新产品产值82.49亿元，增长83.4%；高新技术产业增加值18.22亿元，增长12.9%；战略性新兴产业增加值10.00亿元，增长9.2%；装备制造业增加值28.47亿元，增长8.3%。

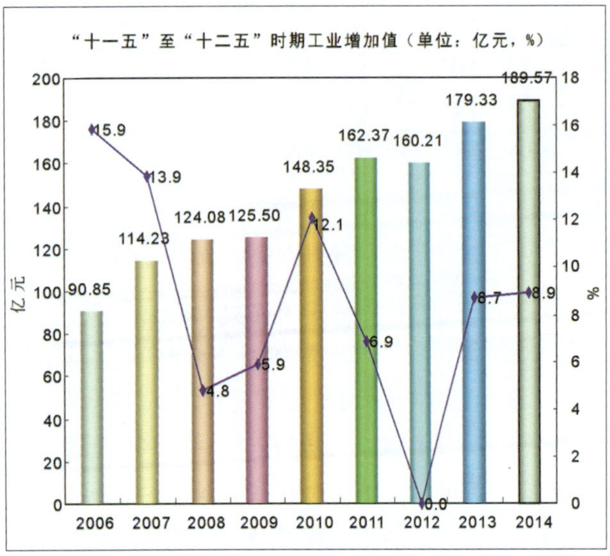

2014年，瓯海区资质等级三级以上的建筑企业完成建筑业总产值181.96亿元，下降3.8%。在建工程累计施工面积2921.20万平方米，下降5.3%；房屋竣工面积586.01万平方米，下降18.0%；建筑业竣工价值113.23亿元，下降16.0%，工程合格率100.0%。全年创“瓯江杯”3项，“建筑杯”1项，创省级标化示范工地2个，市级标化示范工地14个，区级标化示范工地30个。

四、固定资产投资

2014年，瓯海区固定资产投资继续保持较快增长态势。完成限上固定资产投资302.02亿元，增长14.5%。投资结构不断优化，完成工业性投资42.07亿元，增长43.3%，其中工业技术改造投资33.83亿元，增长76.1%，占工业性投资比重为80.4%；服务业投资258.15亿元，增长11.2%，其中生产性服务业投资71.22亿元，增长33.2%。民间投资表现活跃，完成民间投资190.40亿元，增长23.1%，占限上投资比重63.0%。

五、国内、国际贸易

2014年，瓯海区消费市场稳定发展。实现全社会消费品零售总额176.44亿元，增长16.9%；其中，限额以上社会消费品零售总额73.30亿元，增长19.9%。分行业来看，批发业实现零售额13.99亿元，增长11.2%；零售业实现零售额140.62亿元，增长18.3%；住宿业实现零售额2.71亿元，增长11.3%；餐饮业实现零售额19.12亿元，增长12.0%。全区47个商品交易市场实现交易额183亿元，其中成交额超亿元专业市场13家。

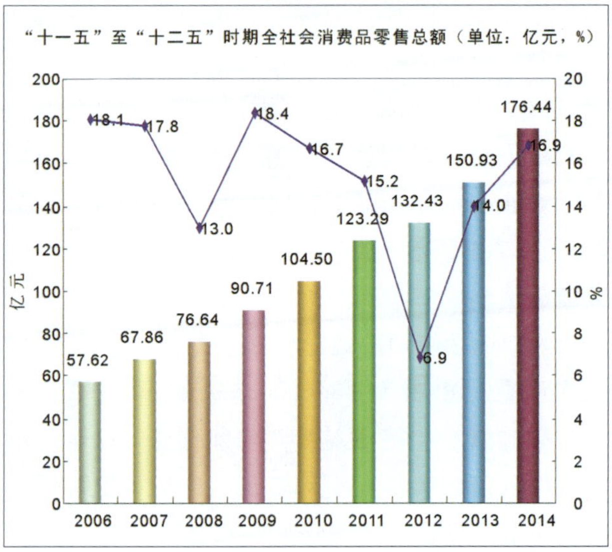

2014年，瓯海区外贸出口平稳增长。实现外贸进出口总额23.27亿美元，增长4.4%，其中进口总额1.77亿美元，下降8.3%，出口总额21.50亿美元，增长5.6%。从主要出口商品来看，鞋革、服装出口额分别是7.57、2.70亿美元，分别下降1.9%

和0.9%；眼镜、电器电机出口额分别是2.89、2.54亿美元，分别增长6.6%和0.7%。

“十一五”至“十二五”时期出口总额（单位：亿美元，%）

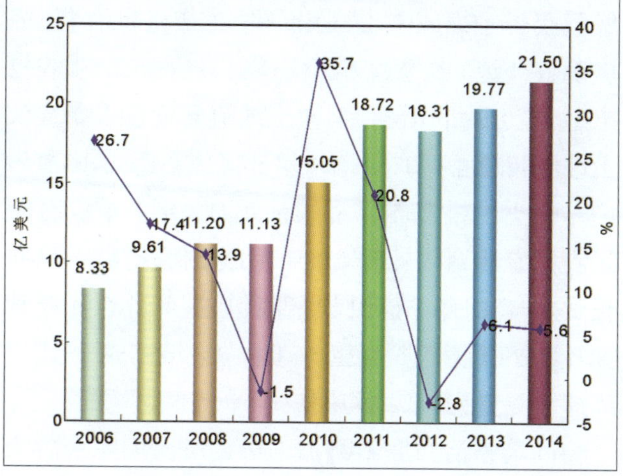

六、电力和旅游

2014年，瓯海区用电量达到36.98亿千瓦时，增长3.0%。其中工业用电23.19亿千瓦时，增长2.6%，占全社会用电量的62.7%，比重比上年下降0.2个百分点；城乡居民生活用电6.70亿千瓦时，下降2.0%。

2014年，瓯海区实现旅游总收入58.89亿元，增长29.3%。共接待国内游客624.72万人次，增长21.6%，实现国内旅游总收入56.22亿元，增长28.7%；全年接待国际游客11.38万人次，增长77.5%，实现海外创汇4308.61万美元，增长25.6%。

七、财政和金融

2014年，瓯海区财政收入平稳增长。财政总收入47.03亿元，增长11.7%，其中地方公共财政预算收入24.24亿元，增长15.4%；地方税收收入23.13亿元，增长16.3%。地方财政总支出26.85亿元，增长11.8%，其中教育、文化体育与传媒、社会保障和就业、医疗卫生、节能环保、城乡社区事务、农林水事务、交通运输、住房保障等九大类民生支出总计17.62亿元，增长20.8%，占地方公共财政预算支出比重达到65.6%。

2014年末，全区共有22家银行业、132个营业网点、3家小额贷款公司。金融机构各项存款余额838.48亿元（本外币），增长26.1%，其中个人存款530.73亿元，增长15.3%；贷款余额631.09亿元（本外币），增长30.4%。

“十一五”至“十二五”时期财政总收入（单位：亿元，%）

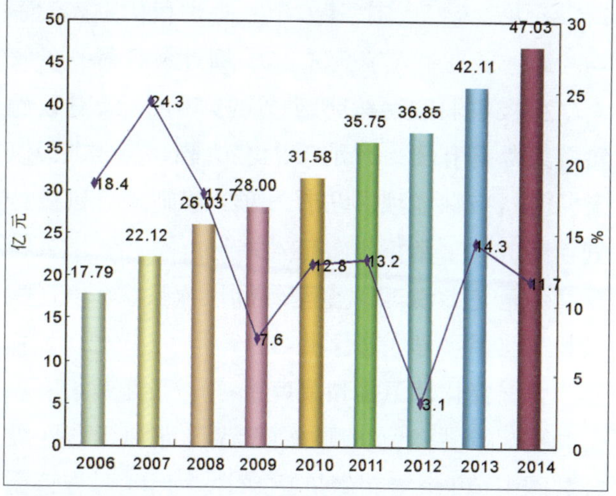

“十一五”至“十二五”时期地方公共财政预算收入（单位：亿元，%）

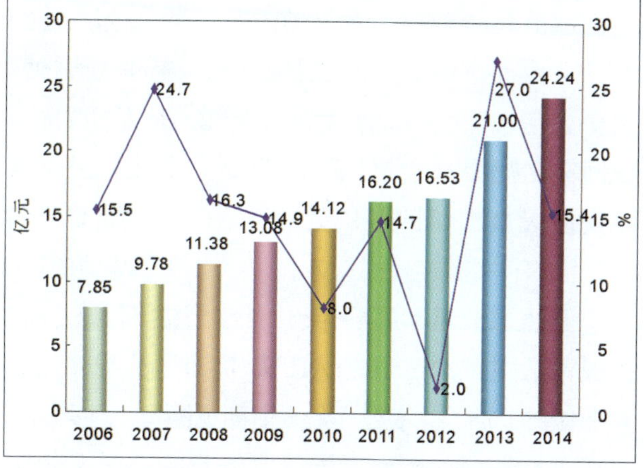

“十一五”至“十二五”时期金融存贷款余额（单位：亿元，%）

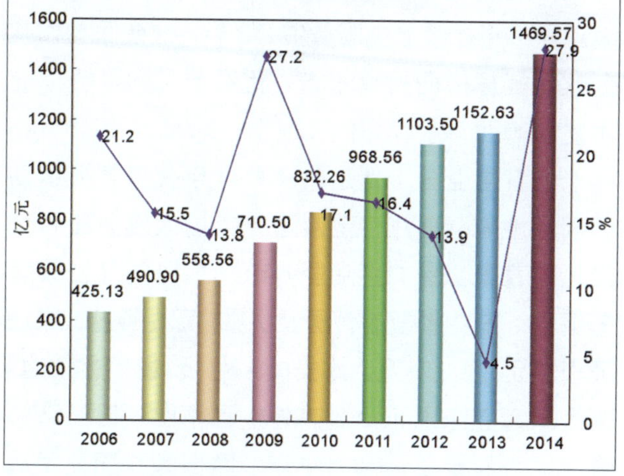

八、教育和科技

教育事业全面发展。2014年，瓯海区有各类幼儿园162所，小学46所，初中19所，普高7所，职高2所，特殊教育学校1所，电大分校1所。在园幼儿33249人，中小学在校生76630人。学前教育3—5周岁幼儿人口入园率97.6%；小学和初中入学率均为100%；高中入学率97.3%；高考录取率85.8%。

科技事业取得新突破。2014年，区级财政性科技经费支出4932万元，增长20.4%。获准市级以上各类科技计划项目立项21项，实施区级科技计划项目37项；新增高新技术企业11家；新增各级专利示范企业26家。全年专利授权量达3465件，增长39.4%。

九、文化、卫生和体育

文化事业蓬勃发展。2014年，瓯海区有区级公共图书馆1个、文化馆1个、博物馆1个、镇街综合文化站13个、社区文化服务中心75个、省级文化示范社区（村）5个、市级文化示范社区（村）36个、农家书屋191个、各级文物保护单位63处、历史文化村（街区）3个、专题纪念馆和展示馆12个、民间文化社团31个、业余文艺队伍242支。公布第四批区级文物保护点17处，温州市第六批非遗名录5个、第七批非遗名录7个、非遗传承基地2个。

卫生事业不断发展。2014年，全区有医院（包括民营医院）10家、卫生院10家，实有床位数869张，执业医师1228人，护士757人；创成国家卫生城市、省级卫生强区，创建全国群众满意的社区卫生服务机构1个、省级示范社区卫生服务中心2个、二级乙等水平社区卫生服务中心3个。社会保险和社会救助提标扩面持续推进，新农合人均筹资标准达到1200元。

体育事业再上新台阶。2014年获得省级运动休闲基地称号，并率全市之先提出创建浙江省现代化体育试点区，打造全省首个全民健身公共服务平台。设立区级体育产业引导资金100万，成功吸引民资2000多万，建成3个“拆装式”游泳池、两个塘河游泳点、泽雅户外运动拓展项目；举办瓯海区首届全民运动嘉年华、瓯海区首届社团运动会、瓯海区首届老年人运动周、瓯海区中小学生（幼儿）体育节，承办2014年中国瓯海“捷安特杯”自行车赛等大型赛事。

十、城乡建设和环境保护

城乡统筹取得新进展。截至2014年末，全区村级集体资产股份制改革基本完成，村土地承包经营权“确权登记、入册上图”工作稳步推进，完成确权登记117个村，确权登记率达51.5%；农村土地流转不断加快，新增土地流转面积5176亩，土地流转总面积61695亩，累计流转率达73.0%；“三位一体”农村合作经济体系大力发展，成立瓯海区农民专业合作社联合会，完成17家市级示范社“三位一体”体系建设，新组建农民专业合作社资金互助5家；推进“三改一拆”，全年完成“三旧”改造815万平方米，拆违124万平方米。

环境整治力度不断加大。大气污染综合防治大力推进，全年全区环境空气质量指数（AQI）优良天数289天，优良率达到83.5%；噪声污染逐步减少，交通噪声平均值为68.0分贝，区域噪声平均值为54.4分贝；全区主干河道水质持续改善，高锰酸指数稳定在Ⅲ类水标准，氨氮和总磷分别下降18.5%和27.9%，集中式饮用水源地水质达标率为100.0%。节能减排工作进展顺利，与上年相比，2014年预计全区万元GDP综合能耗下降5.5%左右，化学需氧量削减1.7%，氨氮削减2.5%，二氧化硫削减3.0%、氮氧化物削减4.8%。

十一、人口和社会保障

据公安部门统计，2014年末全区户籍总人口42.95万人。其中，非农人口6.16万人，占总人口的14.3%。男性人口21.76万人，占总人口的50.7%；女性人口21.19万人，占总人口的49.3%。18岁以下人口7.52万人，占总人口的17.5%；18-35岁人口10.93万人，占比25.5%；35-60岁人口17.05万人，占比39.7%；60岁以上人口7.45万人，占比17.3%。出生人口5047人，死亡人口2295人，自然增长率为6.4‰。据计生部门统计，2014年全区计划生育率为91.13%。

五大险种覆盖面进一步扩宽。2014年末，全区参加基本养老保险18.51万人，基本医疗保险9.61万人，工伤保险23.75万人，生育保险8.06万人，失业保险7.46万人；参加城乡居民养老保险

11.55万人，城乡居民医疗保险34.48万人。

城乡居民保障逐步完善。2014年，全区6148名城乡居民纳入最低生活保障，3936人次享受医疗救助，农村“五保”户和城镇“三无”人员集中供养率100%。共有社区居家养老服务照料中心78家，养老床位数3170张。

备注：1.该公报数据均为初步统计数据。

2014年瓯海区经济运行分析

2014年，面对复杂严峻的外部环境、宏观经济下行的巨大压力和转型升级的内在要求，全区上下认真贯彻落实中央、省、市的一系列重大决策部署，围绕建设“生态宜居、民富区强的幸福瓯海”战略目标，深入实施“十大举措”，全力打好赶超发展“组合拳”，实体经济提质增效，投资结构逐步优化，贸易、服务和农业等行业发展稳健，金融和财政等领域增长快速，全区经济运行呈现出稳步回升的积极态势；但宏观经济依然处于灰谷时期，转型升级步伐缓慢，企业生产经营成本上升，投资实业意愿不强等实际问题依然存在，这将成为瓯海区今后赶超发展的主要障碍，需及时加以关注和解决。

一、2014年瓯海经济发展的“新常态”特征

（一）产业结构继续优化，三产比重持续上升

近年来，瓯海区经济发展态势良好，产业结构逐渐优化，分三次产业看，第一产业和第二产业所占比重逐渐下降，第三产业占比稳步提升。

2014年，瓯海区实现地区生产总值（GDP）412.98亿元，其中第一产业5.91亿元，第二产业236.98亿元，第三产业17.09亿元，三次产业比例为1.4:57.4:41.2，其中第三产业对GDP贡献率42.8%（按不变价计算，下同），拉动GDP增长3.7个百分点。

表1　瓯海区历年三次产业比重情况（%）

	第一产业	第二产业	第三产业
2010年	1.9	63.4	34.7
2011年	1.8	61.9	36.3
2012年	1.7	58.9	39.4
2013年	1.4	58.4	40.1
2014年	1.4	57.4	41.2

（二）GDP引擎结构优化，消费与出口拉动作用增强

2011年以后，瓯海区以强化投入为推进发展的主抓手，固定资产投资高速增长。2011、2012、2013年限上固定资产投资分别比上年增长85.5%、32.7、26.1%，成为经济发展的重要推动力。2014年区本级完成限额以上固定资产投资302.02亿元，同比增长14.5%，完成率100.03%，为全市唯一一个完成限上投资任务的地区。

从消费情况看，2012年，全区全社会消费品零售总额同比增长6.9%，落后于全市平均水平2.1个百分点；2013年，同比增长14.0%，高出全市平均水平1.9个百分点；2014年，全区实现全社会消费品零售总额176.44亿元，同比增长16.9%，增幅进一步提高，消费拉动作用进一步增强。

从出口情况看，随着国际市场的不断开拓以及欧盟、中东市场的复苏，出口形势逐渐好转。2012年出口总额（美元计价）同比下降2.6%，2013年同比增长6.1%，2014年同比增长7.2%，增幅稳步提升，外贸经济逐步回暖。

（三）工业经济提质增效，转型升级步伐加快

受制于“低、小、散”的产业结构，温州过去一直走劳动力密集、资源消耗、环境污染的粗放型发展方式，对土地、资源、劳动力等要素依赖较大，而瓯海区主要行业如金属制品、电镀、造纸、印染等行业生产过程中消耗能源多、排放污染多，发展以牺牲环境为代价；主要出口商品如鞋服、眼镜、笔、打火机则过于依赖廉价劳动力的成本优势。随着“三改一拆”、“五水共治”等工作的铺开以及用工难、劳动力成本提升带来的压力，原有发展优势渐失。

在市场倒逼机制的影响下，全区企业加大新产品研发投入，加快由劳动密集型企业向技术密集型企业转变。推进“腾笼换鸟”行动淘汰落后产能，

为新兴业态的发展提供更多空间。一是新产品研发投入加大。2014年，全区实现新产品产值82.49亿元，同比增长83.4%，比去年同期提高22.8个百分点。二是转型升级稳步推进。2014年，全区实现高新技术产业增加值18.22亿元，同比增长12.9%；战略性新兴产业增加值10.00亿元，同比增长9.2%；装备制造业增加值28.47亿元，同比增长8.3%。三是劳动生产率不断提高。2014年，全区全员劳动生产率达到11.09万元/人，同比增长7.8%，比上年同期提高3.93万元/人。

（四）投资结构优化，民间投资表现活跃

2014年，瓯海区在保证投资任务完成的前提下，继续优化投资结构。一是工业技术改造投资快速增长。2014年，区本级完成工业性投资42.07亿元，同比增长43.3%，其中工业技术改造投资33.83亿元，同比增长76.1%，增速高出全市20个百分点，增速位列全市第三，在三区两市位列第二，技改投资增速高于工业投资整体增速32.8个百分点且占工业性投资比重高达为80.4%，比重较去年同期上升15.7个百分点。二是生产性服物业投资力度加大。2014年，服务业投资258.15亿元，同比增长11.2%，其中生产性服务业投资71.22亿元，同比增长33.2%。三是民间投资表现活跃。2014年，完成民间投资190.40亿元，比上年增长22.8%，占限上投资比重63.0%；完成项目投资170.95亿元，比上年增长24.5%，占限上投资比重56.6%。

（五）经济增速保持平稳，效益得到持续改善

随着全面深化改革的进程不断加速，助推赶超发展的步伐不断加快，瓯海区经济继续保持平稳增长态势，效益得到持续改善，其中财政收支调配进一步优化、企业效益进一步改善、民生收入进一步提高，改革红利进一步释放。

全年经济效益呈现以下几个特征：一是财政收入较快增长，财政支出更倾斜于公共民生。2014年，全区财政总收入47.03亿元，同比增长11.7%。其中，地方公共财政预算收入24.24亿元，同比增长15.4%。2014年，全区地方财政支出26.85亿元，同比增长11.8%；其中，超六成财政费用用于民生支出，教育、文化体育与传媒、社会保障和就业、医疗卫生、节能环保、城乡社区事务、农林水事务、交通运输、住房保障等九大类民生支出总计17.62亿元，同比增长20.7%，占地方公共财政预算支出比重达到65.6%。二是企业利润有所增加，效益逐步好转。2014年，全区规上工业企业实现利润总额22.42亿元，同比增长22.4%；其中，实现营业利润22.28亿元，同比增长26.5%。全年，营业利润占主营业务收入的比重为5.8%，比去年同期提高1.0个百分点。三是居民收入稳步提高，两户差距逐步缩小。2014年，全区城镇常住居民人均可支配收入42058元，同比增长9.2%，高GDP增速0.6个百分点；农村常住居民人均可支配收入23708元，同比增长10.2%，高GDP增速1.6个百分点；城乡居民收入比由去年的1.95缩小到1.77，城乡收入差距进一步缩小。

二、新常态下瓯海经济发展的潜在风险

（一）房地产市场风险

虽然政府已经多次颁布“微刺激”政策：松绑房地产金融政策、大面积取消限购、放宽住房公积金提取限制等，但目前瓯海房地产市场风险依然偏高：一是商品房销售面积与销售额双双下滑。2014年瓯海区累计完成商品房销售面积55.55万平米，同比下降15.67%，商品房销售额95.66万元，同比下降29.23%。从销售类型看，住宅销售面积40.48万平方米，同比下降35.64%；商业营业房面积10.16万平方米，同比上升280.5%。住宅销售额72.35万元，同比下降42.15%；商业营业用房销售额20.71万元，同比上升107.31%。二是商品房去库存压力大。2014年全区商品房待售面积达17.14万平方米，同比增长148.25%。其中，住宅待售面积为12.81万平方米，同比增长422.86%；商业营业用房待售面积2.04万平方米，同比增长38.72%。全区商品房待售量和增速均高于上年，库存去化压力大。

（二）金融风险

2013年下半年以后市场利率屡次攀高，加大企业融资成本，加上2014年瓯海区银行业大量计

提坏账，加大金融体系的系统性风险，具体表现在：一是金融系统自身风险偏高。2014年末全区银行存贷比高达75.3%，比上年提高2.5个百分点，超过75.0%的监管要求线。银行不良贷款率为3.5%，虽比六月末下降1.1个百分点，但是从各大银行来看，国有4大银行除农业银行以外，其余三大银行不良贷款率都超过5%；其他股份制商业银行如广发银行等也都超过5%。受此影响，部分银行大幅提高资产减值损失，虽然在一定程度上降低不良贷款率，但由于冲抵相当的利润，导致银行业的增加值增速大幅跳水。12月末银行经营利润为9.61亿元，比上个月下降1.39亿元，比上年同期下降5.8亿元，同比下降37.6%。总体来说，受存贷比和不良贷款双重因素制约，金融风险偏高。二是中小企业融资难。2014年央行先后两次定向降准，虽然一部分中小企业融资难的问题有所缓解，但整体上仍然没有得到很大改善。受不良贷款率较高影响，全区各大银行发放贷款普遍存在偏见，而区内小额贷款公司也由于自己经营原因，放贷趋于谨慎，造成小微企业融资困难，不少企业难以正常运行，个别企业还出现停产、倒闭现象。三是“两链”问题仍需关注。自金改以来，民间借贷服务中心在发挥推动“熟人借贷”向“市场借贷”转变的过程中发挥重要作用，但目前的借贷规模还不是很大，影响相对有限。熟人借贷和相互担保依然普遍存在，该年以后各地又发生多起企业“资金链断裂”或“老板跑路”事件，对经济和市场信心带来负面影响，企业资金链、担保链问题仍是下一步工作关注的重点。

（三）企业经营风险

2014年，全区规上工业企业中共有42家规上工业企业出现亏损，接近规上工业企业个数的十分之一，个别企业还出现停产、倒闭现象，企业经营风险显现：一是劳动力成本上升迅速。规上工业企业人均应付职工薪酬40031元，比上年同期增长12.6%，劳动力成本的快速增长使得部分企业竞争优势不再。二是企业资金流转紧张。规上工业企业“两项资金”(即应收账款和产成品存货）占流动资产的比重高达40.6%，同比提升3.1个百分点，“两项资金”占比过高降低企业流动资产周转速度，全年工业产销率仅为90.1%。相对于工业，建筑业和房地产业面临的风险更大。建筑和房地产业历来需要大资本运营，但在房地产市场调控之后，企业流动资产减少，负载率高企，加上房地产市场前景黯淡，房开企业面临的资金压力持续加大，中小建筑企业普遍存在资金周转困难，建筑业企业总体负债超过70%的高风险位，整体局势不容乐观。

三、新常态下加快瓯海经济发展的对策措施

（一）以转型升级为导向，提振实体经济。一是培育产业发展平台。加快开发区、大学科技园、小微创业园、站前商贸区、金融服务区、总部经济园等功能园区的整合提升和扩容改造，完善园区规划布局，规范园区项目招商、履约管理和后续评估管理机制，着力打造区域综合性的工、贸中心。二是构筑现代产业体系。以“五水共治”为抓手，倒逼传统产业改造升级，全面推进“四换三名”，鼓励企业实施“机器换人”和“腾笼换鸟”，引导小微企业从“低小散”向“专精特新优”发展。积极推进“五一〇”产业培育提升工程，重点发展金融、现代物流、科技服务、文化创意、总部经济和旅游业，全面提升现代服务业发展水平。三是深化助企帮扶行动。持续开展助企强工专项行动，建立科级干部联系企业制度。建立企业信息共享平台，加强工业经济运行分析监测和产值效益核算，推进工业服务管理精细化。加强风险企业分类评估和分析研判，实行“一企一策、一圈一策”，切实防范和化解重点担保圈和风险企业资金链问题。鼓励引导行业龙头企业和中小企业联合、兼并和重组，提高企业规模效益和抗风险能力；重视企业用工问题，促进企业劳动力供需衔接。

（二）以挖掘内需为目标，培育消费市场。一是培育新兴消费热点。结合瓯海区新城建设的有利时机，科学规划现代商贸业布局，提升全区商贸业辐射力，围绕温州南站有利商机，发展“动车经济”，加快推进站前商贸圈及周边区域建设。发展瓯海区品牌电商，同时发展潘桥物流基地等与电

商密切相关的物流、快递、软件设计等服务行业，二是促进旅游休闲消费。不断丰富旅游产品，加强旅游推介，挖掘旅游消费潜力，加快完善文化、健身、旅游等设施，推动和促进文化消费、旅游消费、休闲娱乐等方面的消费，为全区商贸经济发展注入新活力。

（三）*以招商引资为重点，扩大有效投资*。一是深化招商项目。落实镇街招商主体责任，完善招商引资服务、重点项目跟踪服务等机制，加快实现意向变落地、落地变开工、开工变投产。健全分片包干定期联系商会制度，充分发挥商会、联谊会和行业协会纽带作用，加强内外温商互动，促进人才回乡、项目回归、资金回流。二是加快推进投资转型。全力推进产业投资向以工业、服务业及现代农业为主体的实体经济领域转变；推进政府投资向以公共性社会投资为载体的新型城市化建设转变；促进土地、资金等要素资源配置向实体经济和社会民生领域流动。三是优化投融资和审批环节。探索投融资市场化运作模式，吸引民间资本参与到重点工程项目建设中来；同时深化行政审批制度改革，开放审批绿色通道，整合部门审批事项，提高办理服务效率，确保重大项目建设顺利进行。

（四）*以改革创新为驱动，激活发展动力*。一是推进金融综合改革。探索互联网金融体系建设，创新发展地方金融组织，推广农房抵押贷款、农村小额人身保险等惠农金融产品，鼓励和支持小额贷款公司增资扩股、金融招商，提升金融服务水平，改善和优化民间融资市场资源配置，降低融资成本。二是推进科技创新。深化学城联动、产城融合发展的战略研究，积极推进企业、高校和科研院所紧密结合，鼓励有实力的龙头骨干企业组建联合研发中心、院士专家工作室、产学研战略联盟，加大企业创新产品推广应用和市场拓展扶持力度，推动科技成果产业化。完善大学科技园功能，着力打造“创新创意创业”集聚区。深入实施知识产权战略，稳步提升专利申请量和授权量。三是加大对外开放宽度和深度。鼓励优势企业“走出去”发展，积极开拓南美、非洲、南亚等新兴国际市场，抢抓国家“一带一路”战略机遇，积极参与港澳台地区经贸合作交流，主动对接温州韩国产业园，开展“山海协作”、产业合作和对口帮扶工作，扩大具有自主知识产权、自主品牌、高附加值的产品出口，提升出口产品竞争力。

2014年瓯海区城镇居民收支简析

2014年，瓯海区继续加大对实体经济的扶持力度，一系列支持创业就业政策不断推进和落实，全区城镇常住居民人均可支配收入继续保持稳步增长的态势。城镇常住居民人均可支配收入42058元，比上年增加3545元，同比增长9.2%；城镇常住居民人均生活消费支出27491元，比上年增加1473元，同比增长5.7%。

一、人均可支配收入情况

2014年，全区城镇居民人均可支配收入42058元，同比增长9.2%。从四大类别看，主要有以下特点：

1.*工资性收入较快增长*。2014年全区人均工资性收入25000元，较上年增加2232元，增速9.8%，占总收入的59.4%，所占比例较上年有所上升，依然是城镇居民增收的主要途径。工资性收入增长较快的主要原因：一是市场经济下的劳动供需关系由单一的用人单位选人转向企业与人才的双向选择，倒逼企业提高工资水平；二是一系列就业创业工程的落实为居民增收提供有利条件，居民就业率进一步提高。

2.*经营性净收入平稳增长*。2014年，全区人均经营净收入6888元，较上年增加381元，增速5.9%。经营净收入的稳步提升得益于以下几个因素：一是房地产泡沫影响逐渐消弥；二是温商回归投资项目的不断落地生根；三是软硬环境的不断改善及实体经济企业复苏发展。

3.*财产性净收入平稳增长*。2014年，全区人均财产净收入6371元，较上年增加346元，增速5.7%。影响财产净收入增长的因素：一是房屋、店面等资产出租价格不断攀升，这也是拉动财产净收入增长最主要因素；二是居民理财意识的不断加强；3.市场上各类高收益率理财产品迅猛增长。

4.转移性净收入快速增长。2014年，全区人均转移净收入3799元，较上年增加584元，增速18.2%。影响转移性净收入增长的因素：一是随着医疗保障体系的不断完善，居民看病住院报销比例显著提高；二是随着经济生活质量的改善，空巢父母的赡养收入增长明显；三是各类低保、救济政策覆盖面的扩大和金额的提高。

二、人均消费支出情况

2014年，全区城镇居民人均消费支出27491元，同比增长5.7%。从八大类别看，主要有以下特点：

1.食品烟酒类和交通通信类支出小幅增长。全年食品烟酒和交通通信支出分别为9094元和2829元，同比分别增长1.1%和2.4%。

2.生活用品及服务类和医疗保健类支出平稳增长。全年生活用品及服务和医疗保健支出分别为1296元和1097元，同比分别增长9.0%和7.2%。

3.居住类和教育文化娱乐类支出较快增长。全年居住和教育文化娱乐支出为7363元和3149元，同比分别增长12.5%和13.5%。

4.衣着类和其他用品和服务类有不同程度的下降。全年衣着和其他用品和服务支出分别为2027元和636元，分别同比降低0.9%和7.3%。

三、意见与建议

1.完善各项企事业单位用人制度，坚决查处拖欠薪酬、不按规定办理缴纳养老保险和医疗保险等违法违规行为。

2.加大人才尤其是紧缺型人才培育力度，规范社会培训机构，鼓励开办旨在提素质、提能力的培训机构。

3.加大大学生自主创业扶持力度，创新创业模式，转变过去单一的盲目创业方式，降低创业风险，如推出项目选人模式即由相关部门推出一批创业项目，选用有自主创业意识、能力相符的人才参与项目建设。

2014年瓯海区农村居民收支简析

2014年，瓯海区贯彻落实一系列政策措施，进一步完善各类农业保险政策，打通政策渠道，加大惠民力度，全区农村居民生活水平显著提高。农村常住居民人均可支配收入23708元，比上年增加2193元，同比增长10.2%；农村常住居民人均生活消费支出16764元，比上年增加1122元，同比增长7.2%。

一、人均可支配收入情况

2014年，全区农村居民人均可支配收入23708元，同比增长10.2%。从四大类别看，主要有以下特点：

1.工资性收入较快增长。随着城乡一体化建设进程的推进，农民改变旧有观念意识，越来越多的农民离开家乡土地外出务工，工资类收入继续呈现较快增长的态势。2014年，全区人均工资性收入16066元，较上年增加1534元，增速10.6%，占总收入的67.8%。

2.经营性净收入平稳增长。2014年，全区人均经营净收入3393元，较上年增加271元，增速8.7%。近年来瓯海区鼓励农民工和农民大学生回乡创业，农村二、三产业得到长足发展，经营类收入占总收入比例持续提高。

3.财产性净收入小幅增长。2014年，全区人均财产净收入2259元，较上年增加103元，增速4.8%。农村土地、房屋、店面等资产的租金收入是农村财产类收入的主要构成。

4.转移性净收入快速增长。得益于各类社会保障政策和措施的不断深入和完善以及外出农民工工资性收入的逐年提高，瓯海区农村全年转移性收入快速增长。2014年，全区人均转移净收入1990元，较上年增加285元，增速16.7%。

二、人均消费支出情况

2014年，瓯海区农村居民人均消费支出16764

元，同比增长7.2%。从八大类别看，主要有以下特点：

1.食品烟酒类和其他用品和服务类支出小幅增长。全年食品烟酒和其他用品和服务支出分别为9094元和2829元，同比分别增长2.1%和3.4%。

2.居住类和医疗保健类支出平稳增长。全年居住和医疗保健支出分别为4613元和809元，同比分别增长9.5%和7.2%。

3.衣着类、生活用品及服务类、交通通信类和教育文化娱乐类支出较快增长。四类支出分别为991元、477元、2543元和1177元，分别同比增长11.1%、12.8%、12.2%和10.4%。由此可见，农民的消费理念发生转变，不再局限于温饱消费，更加注重提升生活质量方面的消费。

三、意见与建议

1.抓培训。社会在不断地变革中发展，如何因地制宜地培养与农村发展相适应的新型技术型农民至关重要。应建立常态化的培训机制，既要给农民带来科学的种植、养殖方法与技术，提高一产农民的产品质量与产量，又要给农民带来靠得住、吃得香的理念与技能，提高二、三产农民的能力与素质。

2.抓创业。抓住大学生这个群体，为农村发展注入动力与活力。既要抓好与大学生的情感交流，使大学生有回乡创业的激情，又要抓好创业环境建设，提供有利的政策支持，搭建好创业平台。

3.抓信息。信息意味着机遇，意味着经济效益，应积极拓宽农村信息获取渠道和发布平台的建设。既要利用好互联网、微信等新的舞台，建设综合性的农村产品展示平台使产品走出去，又要掌握好各行业最新动态，避免“一窝蜂”式盲目经营，使产品能卖得好。

2014年瓯海区固定资产投资运行情况简析

2014年，瓯海区经济下行压力明显增大，高速增长转向中高速增长，结构、方式和体制变化不断推进，投资增长下滑趋势呈现。新常态下困难与机遇并存，全区项目实施力度不断加强，施工项目积极推进，投资结构优化突显成效。

一、瓯海区固定资产投资总体情况

2014年，瓯海区固定资产投资额完成302.02亿元（包含三垟、茶山街道，下同），同比增长14.5%。

分结构看，民间投资190.40亿元，同比增长23.1%，工业投资42.07亿元，同比增长43.3%，工业技改投资33.8亿元，同比增长76.1%，服务业投资258.15亿元，同比增长11.2%，房地产开发投资131.07亿元，同比增长3.7%，基础设施投资65.35亿元，同比增长2.4%。

分产业看，第一产业投资0.79亿元，同比增长-62.3%；第二产业投资43.08亿元，同比增长46%；第三产业投资258.15亿元，同比增长11%。第二产业中，制造业投资31.57亿元，同比增长32.8%；电力、热力、燃气及水的生产和供应业投资10.50亿元，同比增长87.7%；

分登记注册类型看，内资企业投资亿元306.55亿元，同比增长15.8%；港澳台商投资0.11亿元，同比下降52.2%；外商投资亿元1.28，同比增长20.3%。

从施工和新开工项目情况看，施工项目计划总投资1536.34亿元，同比增长16.5%；新开工项

固定资产投资累计同比增长速度

单位：%

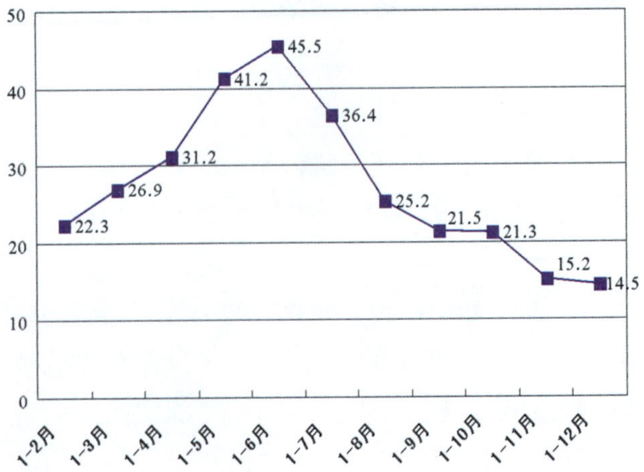

目计划总投资195.83亿元。

二、投资运行的主要亮点

1、工业投资稳步增长，制造业区域传统优势行业继续集聚。全年瓯海区完成工业投资额42.07亿元，完成年初计划数100.2%，完成率在全市排名第五。同比增长43.3%，较上个月上升8.9个百分点，增速高出全市平均水平19.3个百分点，均列全市和三区两市第四。工业投资占全部限上固定资产投资的13.9%，占比增幅较去年同期上升2.8个百分点。制造业投资31.57亿元，同比增长32.8%。区域传统行业继续占据全区制造业投资半壁江山。其中，本年累计投资额较大的纺织服装和服饰业、仪器仪表制造业、皮革、毛皮、羽毛（绒）及其制品业，投资额分别为2.95亿元、2.64亿元、1.75亿元，占比分别达9.3%、8.3%、5.5%。

2、民间投资强劲，是经济平稳增长的“强心剂”。全年非国有投资191.65亿元，同比增长22.9%，其中，民间投资190.40亿元，同比增长23.19%，占全年累计完成投资63.04%，占比高出国有投资25.2个百分点，超过国有投资。瓯海区民间投资占全部限上投资比重，一直高于全市平均水平，四个季度占比波动与全市走势相近，第四季度高出全市民间占比0.44个百分点。

2014年瓯海区民间固定资产每月增加值

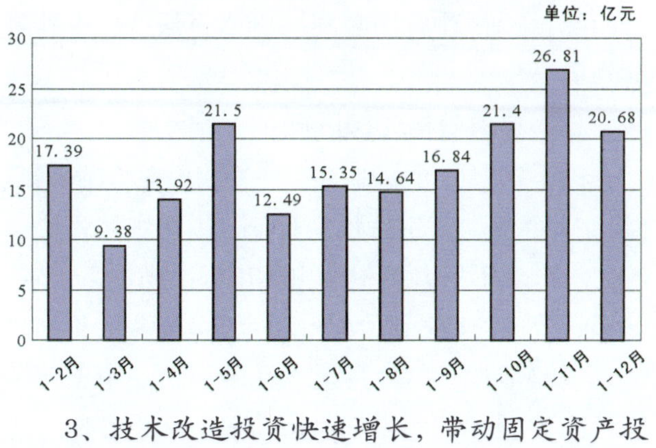

3、技术改造投资快速增长，带动固定资产投资结构优化。全年工业技改投资完成33.83亿元，同比增长76.1%，高出全市20个百分点，增速位列全市第三，在三区两市位列第二。工业技术改造投资占工业投资比重较去年同期上升15.7个百分点。技改投资增速虽高于工业投资整体增速32.8个百分点，但增速逐步放缓。

三、下一步对策与建议

1、常保优势，创增长点，集中精力稳抓工业。抓好规模以上企业及增长较快的产业，在金属制品业、通用设备制造业、汽车制造业等战略新兴产业上形成新的增长点，遵循大企业抓点、小企业抓面的思路，统筹发展各类企业。工业经济爬坡过坎之际，更应砥砺前行，发挥区域传统产业集聚效应，优化投资结构，实现产业转型升级。

2、稳定增长、加大投资，继续保持温商回归好势头。加大项目的前期工作力度，在开工、施工的关键环节加强督促。加大新增项目、技术改造、基础设施等各领域的投资力度，激发民间投资、外资利用，促进温商回归的发展态势。

3、促进技改，改善措施，发挥投资乘数效应。技术改造是企业改造提升，淘汰落后产能，实现内涵式发展的投资活动。抓技术改造益于工业质量、环境保护提升，支持企业技术改造投资，能带动社会投资，对区域经济扩内需、调结构具有“四两拨千斤”的作用。

2014年瓯海区市场价格动态与分析

2014年，瓯海区重要商品货源充足，据各个价格监测点数据显示，全区重要商品价格变动如下：粮食价格基本稳定、食用油价格整体趋弱；猪肉价格先抑后扬，活禽震荡下行、鸡蛋价格小幅上涨；水产品价格涨跌互现；蔬菜价格呈M字形变化；国际原油价格下行，液化气下跌；建材价格整体下跌，农资价格平稳。

一、粮食价格基本稳定

一季度粮食消费需求不旺，全区粮食整体供需平稳，价格基本平稳。5月，温州部分工厂提早进入淡季，加之梅雨期间，天气持续湿热，不利于粮食的储藏，粮食价格继续保持稳中偏弱的趋势。三季度正值一年中最热的季节，且雨水充沛、空气湿

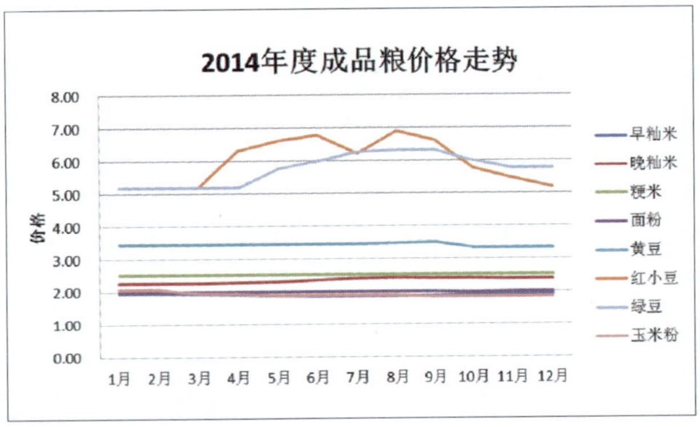

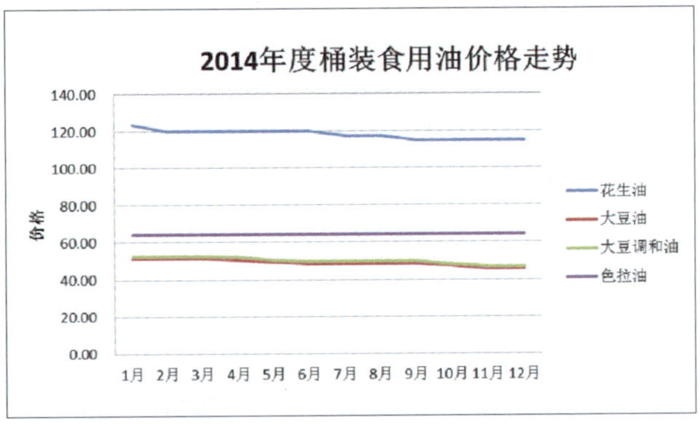

润粮食保存难度依旧较大，需求方面又偏淡，粮食价格稳中偏弱态势。10月、11月天气逐渐转凉，粮食市场消费需求有所增多，但是伴随着新粮陆续上市，市场价格走势趋向平稳。12月末全区成品粮供应充足，早籼米1.93元/500克，晚籼米2.37元/500克，粳米2.53元/500克，环比分别下跌0.30%、0.72%、0.00%，同比分别上涨-1.18%、4.30%、0.00%。

从农业部获悉，该年粮食生产实现创纪录的“十一连增”，总产达到12142亿斤，比上年增加103.2亿斤。增产稳定该年整体的粮食供应局面，保障了市场的充足供应。与此同时，由于国内对农产品需求旺盛，以及全球农产品价格低迷，价格倒挂现象不断加剧，全年农产品贸易逆差额度或创历史新高。预计后市粮食价格将保持平稳为主。

二、食用油价格整体趋弱

年初市场对南美大豆丰产预期不断加大，加之国内棕榈油、豆油、菜籽油三大油脂库存巨大、需求疲软使得油脂处于熊市格局。春节之后食用油进入消费淡季，食用油厂家、商家为减少库存积压，降价销售。5、6月开始进入夏季，随着高温天气的到来，季节性消费淡季逐渐显现。7月以后进口大豆价格持续下跌，进口量不断增加，食用油的成本价格也开始下跌，引发连锁反应，市场价格下行。整个三季度在高温和原料价格下行的双重作用下，食用油价格持续下降。11月全区市场上食用油品种丰富、供应充足、购销稳定，价格相对平稳。按照往年的惯例进入12月本来食用油价格会有所上升，但是由于原料价格的持续下跌，年底食用油价格还是继续保持弱势。

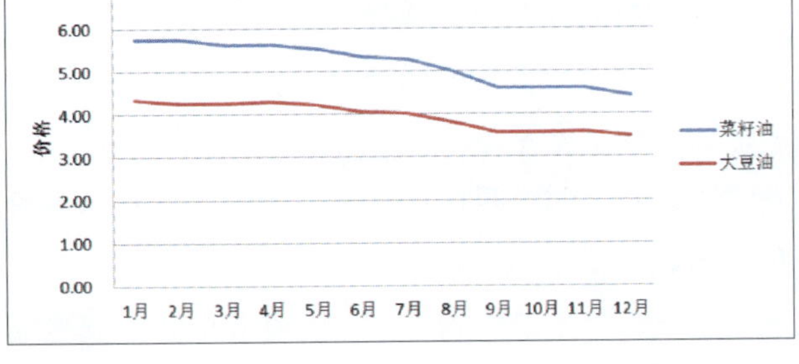

12月，全区散装油方面：菜籽油4.43元/500克，大豆油3.48元/500克，环比分别下跌3.75%、3.20%，较三季度末分别下跌3.75%、2.42%，同比分别下跌23.00%、20.92%。桶装油方面：金龙鱼花生油114.90元/桶，金龙鱼大豆油45.90元/桶，金龙鱼大豆调和油46.90元/桶，色拉油64.50元/桶，环比持平，同比分别下跌9.85%、10.70%、11.01%、0.00%。由于大豆价格下跌，进口量大幅增加，由此产生连锁反应，导致花生油、玉米油等品种也开始降价。预计后期食用油价格将保持稳中有降的趋势。

三、猪肉价格先抑后扬

由于2011年至2012年，养猪业产能急剧扩张，且2013年各地对生猪疫病控制，因此生猪存栏量较大，2014年上半年整个生猪市场出现供大于求。该年春节过后，生猪价格一路走低，猪肉的价格也随之一路下行。7、8月虽然受国家启动中央储备冻猪肉收储计划和市场供求紧张关系的影响，生猪出栏价格呈现回升迹象，但盛夏时节，猪肉消费处于淡季，生猪价格回升动力不足。9月气候入秋，天气转凉，各大中专院校开学，猪肉消费增加，猪肉价格稳中有升。10月、11月消费虽已逐步进入猪肉传统消费旺季，但终端市场需求尚未出现明显回

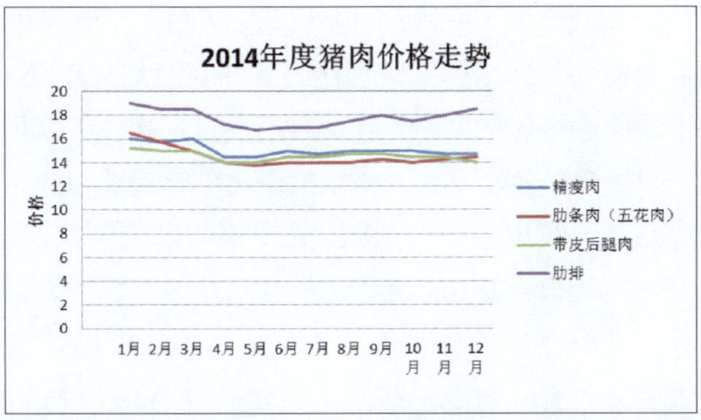

暖，猪肉价格小幅下行。12月随着天气渐冷市民大量采购猪肉制作腊肉，猪肉需求仍在增长，特别是适合制作腊肉的五花肉、肋排需求大幅增加，猪肉消费旺季逐步开启，加之秋冬又是生猪育肥的好时节，养殖户普遍信心十足，猪肉价格稳步上行。

据监测数据显示：12月底全区精瘦肉价格14.75元/500克，肋条肉14.50元/500克，带皮后腿肉14.00元/500克，肋排18.50元/500克，环比分别上涨0.00%、1.75%、-3.45%、2.78%，同比分别下跌7.81%、10.77%、9.68%、2.63%。由于该年玉米、豆粕价格的整体下降致使猪饲料价格下滑，养殖利润有所回升，猪肉整体价格比去年低，利润空间较为充足，且货源充裕，预计后期猪肉价格将保持相对稳定。

四、禽肉价格震荡下行、鸡蛋价格小幅上涨

年初，国内禽流感疫情卷土重来，受疫情影响，温州市政府的要求从2月8日零时起，鹿城区、龙湾区、瓯海区、温州经开区、温州生态园暂时停止活禽交易。随后市政府出台相关方案，明确冷鲜禽肉的生产企业，用冷鲜禽肉暂时替代活禽。根据省政府办公厅发布的《关于进一步加强人感染H7N9禽流感防控工作的通知》精神，该年7月1日起温州市主城区将永久性关闭活禽交易市场。由于市民对冷鲜禽肉的消费需要一个接受的过程，3月到11月全区的冷鲜白条鸡肉价格一直在震荡中寻找平衡点。且该年鸡饲料价格稳中有降，养鸡生产成本下跌，存栏量不断增加，导致供过于求，活鸡价格下降，故此全区白条鸡价格处于震荡下行的状态。截止12月底白条鸡价格15元/500克，环比下跌26.83%、同比下跌9.09%。

由于餐饮行业不景气，加之1、2月受到H7N9禽流感消息的影响，在批发、零售环节，鸡蛋市场需求减少。3、4月气温适度，蛋鸡产蛋量增加，市场供给增多，但是市场消费继续保持弱势。6月端午期间，受节日效应的影响，鸡蛋需求旺季，鸡蛋价格出现一波较大的节日行情。由于补栏量低持续影响蛋鸡的存栏量，加之7、8月盛夏期间，气温升高，母鸡产蛋量减少，市场供给减少，鸡蛋价格上涨。中秋节前，鸡蛋集中供应给糕点生产商，消费市场供应量相对减少，市场价格上涨。9月北方开始进入深秋，气温降低，蛋鸡产蛋量增加且鸡蛋相对容易保存，市场供给逐步增加，鸡蛋价格相对平稳。10月至11月是鸡蛋传统消费淡季，需求量环比会大幅下降，鸡蛋现货价格平稳。11月2日，江苏发现一例禽流感病例，鸡蛋价格下跌。全年饲料价格稳步下行，饲养成本降低，鸡蛋价格也随之下行，截止12月底全区鸡蛋价格6.43元/500克，环比持平，同比上涨7.08%。

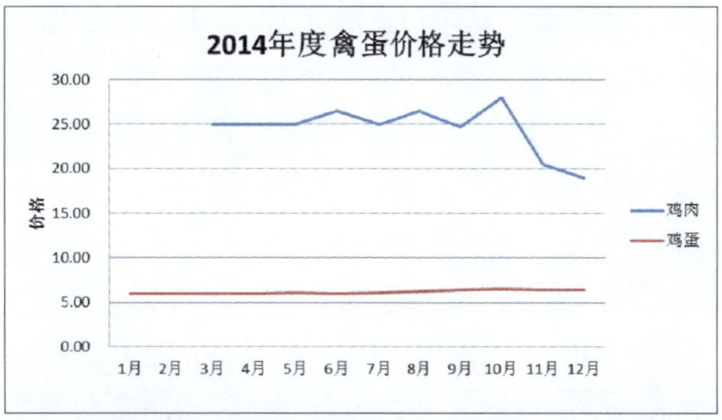

目前蛋鸡养殖利润尚好，但是随着气温的降低，预计后期禽蛋价格将会回落。

五、蔬菜价格呈M字形变化

年初尽管浙江省遭遇降雪天气，但是没有影响蔬菜的运输，加之本地蔬菜供应充足，瓯海区蔬菜价格保持相对平稳的态势。2月天气较好，本地蔬菜供应充足，随着春节到来，消费需求增加，蔬菜价格整体有所上涨。3、4月气温回升，雨水充沛叶菜长势旺盛，供应增加，时令蔬菜价格下跌。5月天气转热，光照充足且降水充分，时令蔬菜大幅增加，价格下跌。6、7月梅雨期间，连续阴雨，不利于蔬菜生长，且持续大雨，会对菜农收割蔬菜以

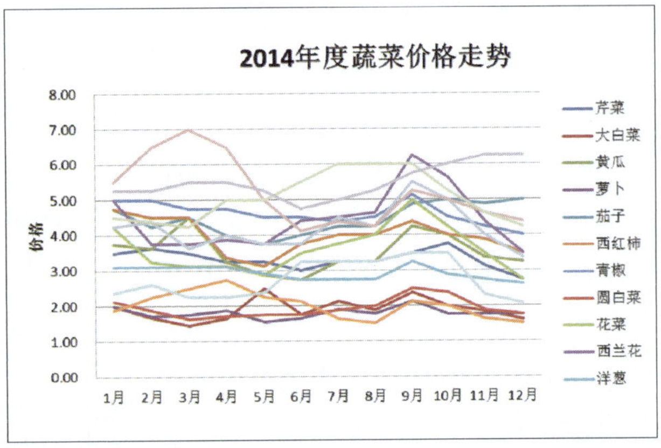

及运输带来影响，蔬菜供给减少，价格上涨。8月天气晴好，降水充沛，蔬菜长势良好，产量上升，上市供应量增加，批零价格回落。9月雨水频繁以及部分品种的蔬菜都进入换茬季，本地及周边地区蔬菜产量降低，市场供给关系失衡，另外阴雨天也导致蔬菜的运输和储存难度增加，推高蔬菜生产成本，蔬菜价格上涨。10月、11月各地气候条件有利于蔬菜生产，上市量充足，菜价普遍回落。12月随着气候渐入深冬，冷空气频率增多和强度增大，气温降低，蔬菜产量随之下降，蔬菜价格整体稳中有升。

12月，全区监测的在销售37种蔬菜价格走势是：环比6个品种上涨、4个品种持平、27个品种下跌。

六、国际原油价格下行，液化气下跌

年初由于美国经济向好推高美元汇率、利比亚原油产量将恢复、美国库欣地区原油库存增加等利空消息打压原油期货市场，国际原油价格下行，国内成品油价格两次下调。2月天气、地缘政治、天然气价格急升等因素推动油价上行，2月27日国家发改委本年第一次上调成品油价格。3月随着市场对乌克兰局势的担忧逐渐减弱，国际油价不断震荡下行。4、5月利比亚、乌克兰局势动荡，带动原油供应的紧张，欧美原油期货反弹。7、8两个月以来，国际原油价格维持震荡下行趋势，带动成品油连续出现下调预期。由于需求前景不乐观，OPEC国家难以有效减产以及美元升值，本应是原油消费旺季的四季度，油价并没有出现市场普遍预期的反弹，而是一路向下。北京时间12月25日凌晨消息，纽约原油期货价格周三收盘下跌2.2%，报每桶55.84美元。根据成品油定价机制“十个工作日一调”原则，12月26日24时国内油价再次下调，国内油价调价史上连跌纪录将再次被打破，出现调价“十一连跌”纪录。预计后期原油价格可能继续震荡下行。

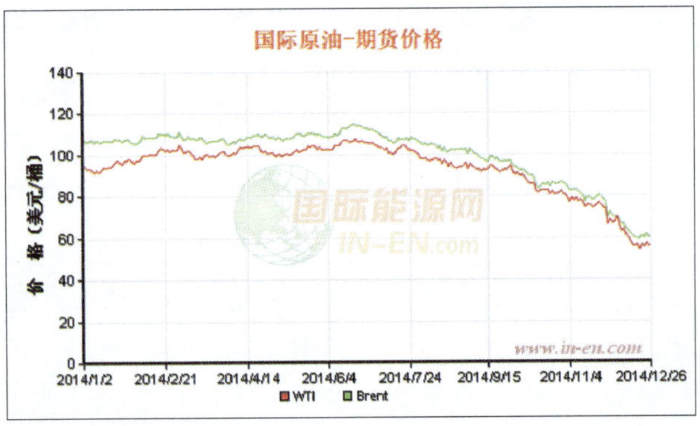

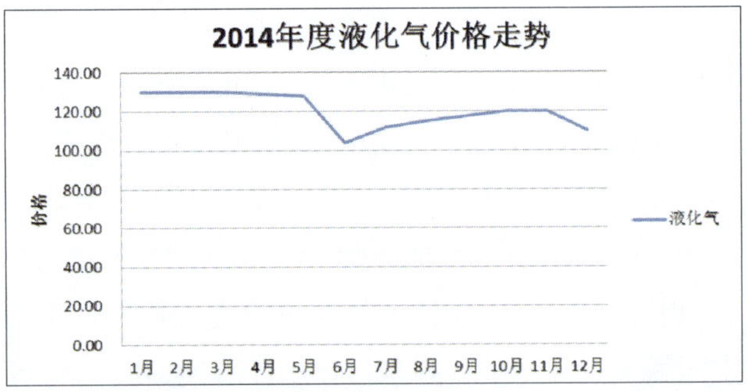

年初国际原油价格高位震荡，加上液化气货源不足、供应紧张，石油液化气零售价保持高位运行。6月由于天气转热，石油液化气零售价小幅下行。7、8月燃气市场进入需求淡季，部分炼厂开始实行装置检修计划，市场供给减少，市场价格上涨。9月受供应量下降和进口气成本上升等因素影响，液化气价格仍在高位运行。11月受国际原油市场价格下跌影响，石油液化气批发、零售价格双双下降。12月底全区液化气价格稳定在105元/罐，环比下跌15元/罐，跌幅12.50%，同比下跌19.23%。随着天气开始转凉，液化气价格呈现季节性上升趋势，预计后期的液化气价格可能会保持稳中有涨。

七、建材价格整体下跌

年初天气寒冷，水泥销售开始进入传统淡季，水泥市场需求减少，价格变化相对温和。2月底开始各地工地陆续开工，步入小旺季，需求增加，价

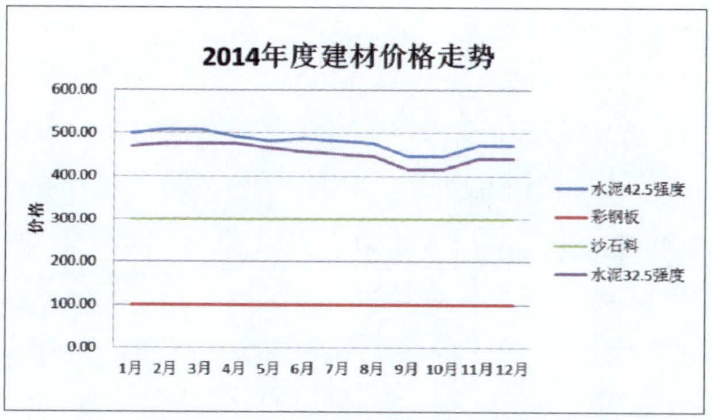

格开始小幅回升。4、5月随着雨季来临，市场需求减缓，加之地区产销失调，国内水泥企业产能过剩局面依旧未改变，价格保持稳中偏弱的趋势。6月中下旬，受淡季因素影响，水泥市场需求表现依旧疲软。7、8月随着各地进入淡季停窑检修实施期，水泥价格逐步企稳。9月是下半年旺季的开始，月初水泥价格出现企稳回升的势头。9月、10月中下旬受下游需求不振、新增产能释放和持续降雨影响，价格有一定程度回落，但整体仍然处于平稳态势。11月随着铁路投资和保障房建设的加码，水泥需求仍有保障，价格稳中有升。12月随着北方入冬需求减缓，下游需求将会明显下降，市场进入传统淡季，水泥价格稳中有降。截止12月20日全区普通硅酸盐水泥42.5强度472.00元/吨，普通硅酸盐水泥32.5强度442.00元/吨，环比持平，同比分别上涨0.53%、0.68%。预计后期水泥价格可能稳中有升。

年初由于冬季建筑工地停工面扩大，线材终端需求还未展开，市场成交少，线材价格下行。3、4月虽然市场需求增加，但是在高库存的影响下，全国线材市价持续跌势。5、6月在整体产能过剩的背景下，线材价格难有上涨的动力，加之原材料价格部分下跌，海运市场价格也全线走低，线材价

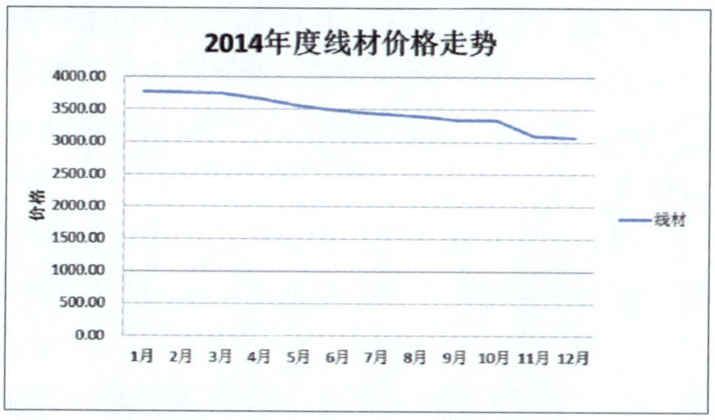

格下行。7、8月受高温天气影响，终端需求状况并不十分理想，在短期内需求、成交两弱格局持续的情况下，第三季度线材价格保持弱势。9、10月在宏观经济下行、下游需求下滑以及煤炭铁矿石等原材料价格下降，短期线材价格可能继续保持弱势。12月北方入冬市场需求减少，线材价格小幅下跌。在宏观经济下行、下游需求下滑以及煤炭铁矿石等原材料价格下降的背景下，国内铁矿石进口量快速增加，库存持续高位，未来国际铁矿石价格下行压力较大，预计后期线材价格将保持弱势。

八、农资价格平稳

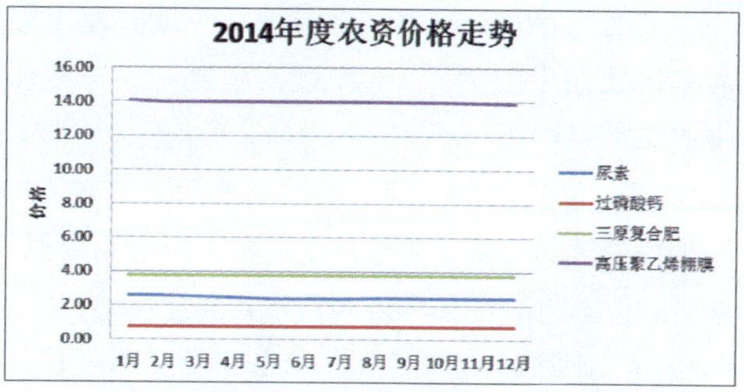

1、2月份一些厂家进行例行的年底停产检修，另外受天然气等供应不足的影响，企业时开时停，农资供给相对减少。但是冬种结束，春耕未开始，化肥等农资需求不旺，农资价格平稳。3、4月正值春耕时，化肥等农资需求增加，但是市场供给充足农资价格基本稳定。其中尿素价格在4、5月受全球经济颓势、国内化肥产能过剩的影响出现下跌。加之煤炭价格持续低位徘徊，以及农户用肥结构变化，导致尿素用肥量下降，价格呈现弱势。二、三季度全区农资需求平稳。市场需求平稳，供给稳定，预计农资价格还将继续保持稳定。11月随着晚稻收割逐渐收尾，冬种陆续开始，全区农资市场供需平衡，价格稳定。12月种子方面耐寒叶菜是农户冬种的首选，近期耐寒叶菜种子购销两旺，价格平稳。

12月底价格走势如下：尿素价格每公斤2.45元/公斤，过磷酸钙售价为0.73元/公斤，三原复合肥售价为3.75元/公斤，高压聚乙烯棚膜13.90元/公斤，环比持平，同比分别下跌5.77%、0.68%、0.00%、1.42%。市场需求平稳，供给稳定，预计农资价格还将继续保持稳定。

大事记

一月

1日，温州市双南线（瓯海段）一期改建工程通车仪式在牛山举行，瓯海区四套班子领导参加仪式。

1日，瓯海区2014元旦全民健身活动在市民广场举行。区四套班子领导及全区机关企事业单位、社会团体、志愿者代表共2000多人参加活动。

2日，瓯海区委副书记、区长彭立华率区有关单位主要负责人到梧田街道督查创卫迎检工作。

3日，瓯海区委书记厉秀珍率领区党政代表团赴永嘉县开展山海协作活动，捐赠180万元用于支持该县建设和扶贫帮困，并参观当地美丽乡村建设。

6日，瓯海区召开党建工作季度现场会、镇街党（工）委书记党建工作述职测评会暨新一届村级组织负责人集体就职仪式。

7日，全国政协常委、中国人民解放军总后勤部原副政委刘晓榕中将一行到森马集团检查调研。

10日，中共瓯海区委八届五次全体（扩大）会议召开。会议审议通过区委工作报告和《中共瓯海区委关于认真学习贯彻党的十八届三中全会精神全面深化改革的实施意见》。区委书记厉秀珍代表区委常委会作《全面深化改革推动赶超发展》的工作报告，区委副书记、区长彭立华主持会议。

16日，温州华美达广场酒店在瓯海区仙岩街道仙北村开工。

16日，首届感动瓯海十大人物颁奖典礼在新瓯海电影院举行。“最美警官”张斌、“骑士发明家”赵永镐、“消防卫士”金剑伟、“诚信经营者”解松权、“爱心媳妇”黄小敏、“环保使者”宋玲华、“文化守护者”张金成、“幸福管家”邱素萍、“维权大姐”马明月、“民间藏书家”林长春被评为“首届感动瓯海十大人物”。瓯海区领导黄波、黄文献、林宝新、王素贞、钱素文、留红光出席晚会并为感动人物颁奖。

17日，温州市副市长胡纲高率相关部门负责人到瓯海区督查安全生产工作。

18日，高铁温州站至丽岙连接线公路工程控制性工程（吹台山隧道工程）全线提前贯通。

20日，温州市委常委、常务副市长陈作荣，副市长任玉明率市委市政府春节慰问团，到瓯海区泽雅镇慰问老党员和困难群众。

21日，瓯海区创建省级休闲运动基地评审工作在区行政中心召开，瓯海区成为浙江省第三个申创省级运动休闲基地的地区。

21日，瓯海区公安分局被浙江省公安厅授予2013年度“全省优秀公安局”荣誉称号。

21日，为期十天的温州市第六届迎春花展在瓯海区丽岙街道拉开帷幕。

22日，瓯海区人民政府和浙商银行股份有限公司温州分行签订战略合作协议。浙商银行温州分行承诺在未来三年内提供60亿元的信用额度用以促进瓯海区建设。

25日，中共瓯海区娄桥街道第一届代表会议第一次会议召开。这是娄桥街道自2003年撤镇改街后，首次召开党代会。

26日，阿里巴巴（中国）网络技术有限公司等单位在温州香格里拉大酒店举行新闻发布会，正式宣告阿里巴巴·温州产业带落地。瓯海区政府与阿里巴巴签订协议，双方共建阿里巴巴·温州产业带，搭建本地化电子商务平台。

27日，2014年春节来临之际，瓯海区委书记厉秀珍，区委副书记、区长彭立华等四套班子领导率有关部门分赴各地慰问离退休老干部及困难群众。

28日，瓯海区林权服务中心将全区首本流转山林权证授于梧田街道北村村的温州市宏湖梅花鹿养殖场。

1月，瓯海区"温州修文食品有限公司"、"浙江山农特产有限公司"、"浙江神良种业有限公司"荣获温州市"百龙工程"农业龙头企业称号。截止1月，瓯海区级以上农业龙头企业49家，其中市级以上28家（国家级1家、省级4家）。

1月，瓯海区泽雅镇黄山村清源果树种植专业合作社生产基地发现一棵榧树（栽培品种名"香榧"，营养价值极高，为中国原产的世界稀有经济树种），当地百姓俗称"鼻涕糊"（谐音）。该树地径45厘米、胸径18厘米，树高8米，生长茂盛，雌树，年年结果，是瓯海目前被发现的唯一一棵原生榧树，树龄估计约百年左右。

1月，"中国县域网络形象排行榜（2013）"和"县（区、市）级政府网络履职绩效排行榜"在北京揭晓。瓯海区荣登县域网络形象排行榜区百强。

1月，瓯海区眼镜基地获批"国家外贸转型升级专业型示范基地"，全国眼镜行业仅瓯海区唯一获此殊荣。

1月，温州市首个电子政务云计算平台在瓯海正式运行。

1月，温州市首条专业自行车骑行绿道在瓯海建成并正式向市民开放。瓯海自行车骑行绿道共分两段，分别位于郭溪街道和梧田街道，全长约20公里。

二月

7日，瓯海区2014年"慈善一日捐"启动。截至当日上午11点，现场募集资金309053元。

8日，浙江省委常委、组织部长胡和平到瓯海区丽岙街道杨宅村，调研"红色细胞工程"建设情况。

8日至9日，浙江省人大常委会副主任、省总工会主席、省委督导组组长厉志海到瓯海区南白象街道，督查调研第二批群众路线教育实践活动开展情况。

9日，瓯海区政协八届三次会议在区人民大会堂开幕。大会主席团常务主席吴宏儒、留红光、黄松柳、沈岩明、胡林兴、姜化钧、李芍出席会议。区领导厉秀珍、张纯一、彭立华、金叶斌、黄波、黄文献、黄显标、林宝新、周一富、黄慧、陈先微、叶军、陈平华等应邀出席开幕式。区委书记厉秀珍代表区委作重要讲话，区政协主席吴宏儒向大会作区政协八届常委会工作报告，区政协副主席黄松柳向大会作区政协八届常委会提案工作报告。

9日，瓯海区举行千人共建"美丽塘河宜居水乡"暨"治水公益基金"捐赠启动仪式。出席"两会"的人大代表和政协委员带头捐款，为"治水公益基金"筹集首笔资金。

9日，瓯海区郭溪街道景德东路通车暨景德东路延续段开工典礼举行。

9日，温州大象城国际商贸中心开工奠基典礼在潘桥街道举行。

10日，瓯海区八届人大三次会议在区人民大会堂召开。会议应出席代表256人，实到240人。区人大常委会主任张纯一宣布大会开幕，区委副书记、区长彭立华代表区人民政府向大会作工作报告。

12日，瓯海区召开全区三级干部大会。孔向东等首批12名"550瓯越英才"受到表彰，每人获得10万元至50万元的专项奖励，并被授予"瓯海区特聘专家"称号。森马服饰股份有限公司等8家单位获2013年度税收上台阶奖励企业，其中森马服饰和瓯海农村合作银行2013年上缴税收分别首超8.5亿元和2.5亿元，被授予做大做强突出贡献单位称号；温州市冠盛汽车零部件集团股份有限公司等4家单位被授予百佳企业荣誉称号，周平凡等45人获优秀企业家称号。

13日，瓯海区泽雅镇周岙村开展一年一度的挑灯活动。国家非遗保护专家委员会副主任刘魁立、文化部非遗司副司长屈盛瑞受邀参观灯会。

15日，瓯海区在瞿溪街道八仙岩社区举办浙江省第二届全民体育节暨瓯海区首届全民运动嘉年华“喜迎新春·共建社区 ”山地自行车大赛。

15日，瓯海区海内外统战服务功能区建设启动。海内外统战服务功能区建设获得浙江省统战实践成果创新奖。

17日，浙江省委副书记王辉忠率工作组到瓯海区丽岙街道花卉农村资金互助会专题调研“三位一体”农村合作经济工作。

20日，瓯海区娄桥街道被命名为第九批市级生态街道。

20日，温州市瓯海区温瑞塘河环境与文化促进会（简称区塘河文化促进会）成立暨第一次会员大会在区行政中心2号楼召开。

22日，瓯海区梧白功能区举行教育路、蛟凤路通车仪式。

25日，浙江省两新工委副书记、省民政厅副厅长梁星心一行到瓯海区新桥街道金蟾社区和潘桥街道潘北社区调研“三社联动”工作。

25日，瓯海区瞿溪街道C2-3地块在温州市公共资源交易中心公开挂牌出让并成功出让，浙江巨溪皮革建设有限公司以7311万元成功竞得该地块。

25日，瓯海区首次公开项目环评文件评审，标志着瓯海环评文件公众评审员制度正式开始实施。

25日，浙江省重点道路建设工程新双南线一期工程举行开工仪式。新双南线工程北起瓯海大道，南至下沈线一路，用地面积23000平方米，道路总长5516.076米，规划红线宽50米，项目总投资估算170914.54万元。该工程分二期建设，一期工程开工吹台山2号遂道及700米道路工程。

26日，由浙江省粮食局等8家单位派员组成的省2013年度粮食安全责任制考核检查组到瓯海区实地检查考核粮食安全责任制执行情况及工作措施。

28日，为从源头上防控禽流感，瓯海区拆除温州市活禽批发交易市场主建筑以及相应简易棚屋，市场永久性关闭。

2月，瓯海区通过浙江省知识产权局审核，获得“浙江省知识产权示范创建区”荣誉称号。

2月，瓯海区在区“两会”召开之际为工商企业界人大代表、政协委员、区百佳企业办理服务“贵宾卡”。根据投资金额、到位资金等情况，投资贵宾卡分为钻石、白金和黄金三种级别，可以享受不同服务。

三月

1日，以传承民俗文化为主题的瓯海区瞿溪“二月初一”会市如期开锣。“二月初一会市”已有两百年历史，被列为第二批浙江省非物质文化遗产名录。

2日，瓯海区委、区政府召开全区扩大有效投资工作会议。

3日，瓯海区《关于进一步完善全区政策性农业农房保险工作的通知》经区长办公会议审议通过，率全省之先将露地蔬菜纳入政策性农业保险。

3日至4日，中国民办教育研究院浙江分院执行院长、中民协法务部副部长田光成一行到瓯海调研民办教育综合改革试点工作。

4日，温州市常务副市长陈作荣到瓯海区梧田街道梧埏街村开展“基层走亲连心解忧”调研活动。

4日，财讯传媒集团（SEEC）首席战略官、当代中国最杰出的互联网思想家，“数字论坛”的头号哲学家段永朝先生到瓯海区调研电子商务园区建设。

4日，浙江省高院副院长高杰一行到瓯海区人民法院调研行政审判工作。

5日，温州副市长胡纲高率市政府副秘书长丁福良及市经信委、市水乡办、市环保局负责人一行到梧田街道调研督查月落垟河治理工作。

6日，浙江省第二届全民运动节·瓯海区首届“女子运动健身节”暨“三八”国际妇女节庆祝大会在区体育中心开幕。

7日，温州市委常委、常务副市长陈作荣率市水利局、市水乡办、温州海事局等单位负责人到市西向排洪工程瓯海段督查“河长制”联系河道和美丽浙南水乡建设挂钩联系项目。

7日，浙江省委常委、公安厅长刘力伟到瓯海区公安分局娄桥派出所考察工作。

12日，温州市华清物业服务有限公司在瓯海区行政审批中心工商窗口顺利拿到企业法人营业执照，成为全区首家注册资本认缴制公司。

12日，瓯海区四套班子领导和郭溪街道干部群众200多人到郭溪街道西景社区岭头山上开展义务植树活动。

12日，ZSFL“特步杯”浙江省第五届中小学生校园足球联赛（初中组晋级赛）在温州育英国际实验学校开赛。

18日，浙江省国土资源厅厅长陈铁雄一行到瓯指导温州市国家大学科技园低效用地再开发工作。

18日，温州市人大常委会副主任王小同率市人大民宗侨外工委和市水利局负责人调研瓯海区任桥河拓宽整治工程。

20日，瓯海区教育局、区语委办在瓯海区实验小学教育集团前汇校区举办2014年中小学生“汉字听写大赛”。这是瓯海区首次举办中小学生汉字听写大赛，全区中小学36支队伍参加选手324名。

22日，温州市委副书记、市长陈金彪率队督查瓯海区塘河综合整治工作。

22日，瓯海区2014年春季人才交流会暨新兴人才交流会在大学科技园9号创意街区会展中心广场举行。

23日，国家文物局、省文物局专家莅临瓯海区考察泽雅纸山古村落保护工作，指导国家历史文化名城创建工作中古村落的传承与发展。

25日，瓯海区第六次妇女代表大会在区人民大会堂开幕。全区各地、各条战线260多名妇女代表参加会议。

26日，瓯海区2014年第一批百亿重大工程集中开工暨巨溪国际真皮大世界开工仪式在瞿溪街道巨溪国际真皮大世界工地举行。

26日，瓯海区组织举办“魅力女性、巾帼之星”和“青年干部、争当先锋”四思四想演讲比赛，区人大常委会副主任林金祥及有关单位领导受邀担任评委。

26日，浙江省委派驻瓯海区督导组组长、省工商联副巡视员黄强带队到瓯海，了解瓯海区贯彻落实中央和省、市会议精神及开展党的群众路线教育实践活动情况。

26日，国家文物局文物保护与考古司文物保护处处长詹德华、浙江省文物局副局长吴志强等专家莅临瓯海区考察泽雅纸山古村落保护工作。

27日，瓯海区政协八届十三次常委会议召开。

27日，瓯海区召开2014年度人口和计划生育工作会议。

28日，瓯海区召开党的群众路线教育实践活动“千人党课”暨区委中心组理论学习会，对抓好学习教育环节进行再部署、再落实、再推进。瓯海区委书记厉秀珍作《践行党的群众路线真心实意服务群众》主题报告，区领导张纯一、吴宏儒、黄波、黄文献参加会议。

28日，浙江省宁波市委常委、公安局长刘凯带领宁波市公安局主要业务支队领导到瓯海区公安分局娄桥派出所指导工作。

四月

1日，浙江省委副书记、省长李强到森马集团调研工作。

1日，浙江省副省长黄旭明率省党政代表团一行到温州市国家大学科技园国智9号创意街区视察。

3日，温州市联合树葬仪式暨温州市生态树葬示范墓园授牌仪式在瓯海区潘桥街道状元峰生态墓地举行。该生态墓地作为温州市首个生态树葬示范墓园，将为全市居民提供免费树葬。

4日，瓯海区食品药品监管体制改革会议在行政中心1号楼召开。会议下发《关于改革完善瓯海区食品药品监管体制的实施意见》及瓯海区市场监管局领导班子的人事任命文件，并举行区市场监督管理局、质量技术监督局授牌、授印仪式。

8日，温州市人民政府授予瓯海区工商分局"2013年度创建国家卫生城市工作先进单位"荣誉。

9日，瓯海区委副书记、区长彭立华率区国土资源分局、区规划分局等部门负责人到仙岩街道调研下林村陶瓷洁具产业园建设情况。

11日，瓯海区参龙文化研究会成立，来自全区各地的47名参龙师傅成为首批会员。研究会设在郭溪街道任桥村老虎山公园燎原纪念馆内，主要以研究参龙文化、开展参龙活动为主。

11日，瓯海区第一季度党建工作现场会在郭溪街道塘下社区举办。

16日，由区委宣传部、团区委、区委人才办、区青联、区新闻中心联合开展的第四届"瓯海区十大杰出青年"评选活动举行评审会。瓯海公安分局景山派出所警长王少华、区司法局法律援助中心主任卢意如、丽岙第三小学校长杜丽君、国家拳击队运动员张建艇、区新闻中心工会主席周吉敏、浙江竟成环保科技有限公司董事长胡如意、瓯海中学音乐教师徐杰、浙江森马服饰股份有限公司常务副总裁兼巴拉巴拉事业部总经理徐波、丽岙海外青年联合会会长童洪建、温州一中建设有限公司董事长兼总经理潘一中获评第四届"瓯海区十大杰出青年"。

17日，瓯海区郭溪街道梅屿排洪大河二期工程、仙门湖段整治工程单位工程通过验收。

17日，瓯海区"强党性·筑同心·共建美丽水乡"统一战线服务社会活动在瞿溪街道屿儿山文化公园举行。

23日，温州市市直属各单位负责人、机关党委专职副书记等200余人分三批到瓯海区新桥街道三浃社区参观爱心驿站运行情况。该次活动是温州市市直机关党的群众路线教育暨"红色细胞工程"建设现场推进会议程之一。

23日至24日，全国义务教育发展基本均衡区省级督导组到瓯海对义务教育发展基本均衡区创建工作进行现场督导评估，并予以通过。

29日，瓯海区政协主席吴宏儒率区政协"五水共治"专项民主监督组、区人武部、区财政局、区水利局、区水乡办、区国土资源分局等相关单位负责人到区任桥河拓宽整治工程现场开展"五水共治"专项民主监督暨"河长制"联系河道督查活动。

29日，瓯海区在区人民大会堂举行纪念"五四"运动95周年暨"瓯海区十大杰出青年"事迹报告会。

30日，瓯海区打响"三改一拆"百日攻坚战。厉秀珍、彭立华、张纯一、吴宏儒等区四套班子主要领导率队到各镇街督查"三改一拆"工作。

4月，瓯海区推出"两长两员制"河道管理新模式，即"河长"挂帅，警长"保驾"，"技术员"指导，"监督员"督查。全区216条河道均配备"两长两员"，实行结对监督管理。

五月

6日，福建省建瓯市市长陈宗荣一行10余人到瓯海电镀园区进行参观考察。

8日，2014年首届中国采购经理人峰会（中国温州网络经济高峰论坛）暨1688百亿采购中国行（温州）在瓯海区潘桥街道温州大象城开幕。

8日，菜鸟网络科技有限公司华南地区总监沈世聪一行到瓯洽谈菜鸟网络智能物流项目。

9日，瓯海区金州产业园成立政企联合党委，这在全国尚属首创。

9日，上海美国商会副总裁Scott D.Williams一行到瓯海区洽谈合作事宜。

9日，瓯海区减灾委和区应急委联合在梧田远教广场举行"防灾减灾日"大型广场宣传主题活动。

10日，三垟街道、茶山街道成建制重新划归瓯海区管理。

10日，瓯海区郭溪街道在浦北村仙庄自然村举行在外郭商"五水共治"公益金捐资仪式。山东东方豹紧固件有限公司负责人张仲雷先生个人出资20万元，这是浙江省实施“五水共治”以后单笔捐资最多的个体工商户。

11日，瓯海区宗教场所权证办理试点工作启动。

14日，瓯海区四套班子领导张纯一、叶军、王晓康、潘小林及浙江省“三改一拆”督查组相关人员到南白象街道专项督查“三改一拆”百日攻坚工作。

15日，瓯海区委副书记黄波率区四套班子领导及相关部门负责人慰问利宝特殊学校、小银河特殊教育培训学校，分别向两所学校赠送26万元和20万元助残慰问金。

15日，瓯海区第一批社区（村居）群众性环保自治组织正式成立。此前，瓯海区社区（村居）群众性环保自治组织试点单位已分别在景山街道繁荣社区和娄桥街道锦湖社区古岸头村成立。

16日，瓯海区委书记厉秀珍率区委办、区府办、区教育实践办、区经信局、区财政局等单位主要负责人到仙岩街道蹲点调研。

17日，宁夏银川市永宁县委书记钱克孝率党政考察团一行到瓯海区考察招商引资工作。

18日，在温州市鹿城区仰义二小举行的2014年温州市第四届青少年校园足球联赛女子甲组决赛中，瓯海区实验小学女足3:1击败鹿城区仰义二小，以全胜战绩获得冠军。

27日，中央党史研究室原副主任、著名党史专家石仲泉一行到郭溪街道燎原社史纪念馆考察调研。

29日，瓯海区委书记厉秀珍率区委办、区府办、区城管与执法局、区水利局、区卫生局等部门负责人到新桥、郭溪、瞿溪、潘桥等街道督查民间划龙舟活动管理工作。

30日，温州市委常委、宣传部长胡剑谨等一行到瓯海区潘桥街道开展“六一”慰问，并走访潘桥一小和潘桥一幼。

31日，温州潘桥国际汽车城汽配市场正式开盘。汽车城占地580亩，总投资超过13亿元，将成为浙南闽北集汽车配件、汽车4S店等“一站式”服务的汽车市场综合体。

六月

5日，浙江省人大常委会副主任姒健敏率队赴瓯海区西向排洪工程梅屿大河和任桥河拓宽整治工程现场开展“五水共治”工作调研。

6日，浙江省科技厅副厅长王宏理到瓯海区开展“五帮一化”服务企业工作。

10日，公安部第一研究所党委副书记赵琪一行到郭瞿工贸新区考察招商项目。

11日，瓯海区举行趸售电站委托代管签字协议仪式。瓯海区委书记厉秀珍，区委副书记、区长彭立华，区委常委、副区长周一富，市供电公司总经理吴哲参加仪式。

12日，瓯海区委书记厉秀珍率区委办、区府办、区教育实践办、区编委办、区教育局、区财政局、区人力社保局、区城管与执法局、区卫生局、区城建办、区征收办等部门负责人到三垟街道蹲点调研。

14日，瓯海·台湾周——第四届琦君文化节暨同游塘河·共建家园活动在温州潘桥动车南站隆重举行。来自台湾高雄市弥陀区以及温州市各县市区的13支游泳协会代表队300多人参加活动。

15日，瓯海区的温商回归重大招商引资项目——温州红星美凯龙全球家居生活广场举行开业仪式。

17日，温州市副市长郑朝阳到瓯海区泽雅镇水碓坑村、唐宅村，对国家历史文化名城创建工作进行考察。

18日，瓯海区委书记厉秀珍率队到铁路温州南站调研反恐快速反应联动机制及站前综合治理情况。

18日，浙江省政府党组副书记、省政府顾问王建满到瓯海区郭溪街道调研任桥河拓宽工程建设情况。

19日，“清廉瓯海”微信公众平台正式开通。

23日，浙江省中医院党委书记曹毅率队对瓯海区计划生育宣传技术指导站党支部申报全省卫生计生系统第三批基层党组织建设示范点创建工作进行评估验收。

23日，中国国际广播电台到瓯海区茶山街道泉川艺社采访茶山撞歌非物质文化遗产传承人王学钊，百鸟灯传承人王大普，竹丝灯传承人金耘，木偶传承人陈星金。

24日，浙江爱居装饰股份有限公司成功挂牌浙江股权交易中心成长板，成为瓯海区首家在浙江股权交易中心成长板挂牌、2014年温州市第二家挂牌企业。

24日，瓯海区委副书记、区长彭立华率区府办、区编委办、区经信局、区财政局、区环保局、区安监局、区国土资源分局、区城建办、区征收办等部门负责人到三垟街道开展调研。

25日，瓯海区委书记厉秀珍做客温州网《温网议事厅》栏目，以"百里塘河，美丽瓯海"为主题，在线与网友们就瓯海"两河"整治、泽雅水库的保护、动车南站的出租车乱象整治、瓯海新城15分钟交通圈的打造等话题进行交流。

26日，瓯海职业中专集团学校举行瓯海区第一个青少年法治文化创作基地的授牌仪式。

26日，共青团浙江省委副书记苗伟伦一行到梧田街道梧埏街社区调研指导"双网互动"团建工作。

27日，温州市副市长王祖焕率市交通治堵办等部门负责人到梧田街道督查交通治堵工作。

28日，瓯海区第四届残疾人运动会在瓯海体育中心开幕。该届运动会共有14支代表队149名运动员参赛。

30日，瓯海区召开纪念建党93周年暨党的群众路线教育实践活动专题报告会。区委书记厉秀珍以"奋斗"为主题作专题报告。会议表彰一批先进党组织、优秀共产党员和十佳村居干部及党内嘉奖获得者。

30日，瓯海区成立浙江省首个党建"公积金"，主要通过上级党费返还、本级财政投入、群团赞助和企业自愿预存等形式，累积公共资金，用于资助两新组织开展党建工作。该"公积金"由区委组织部、开发区管委会、开发区群团组织及各企业携手建立，首批募集启动金78.4万元。

30日，浙江省知识产权局发布《关于确定首批省专利保险试点县（市、区）的通知》，确定瓯海区等6个县（市、区）为全省首批专利保险试点区。

七月

1日，瓯海区图书馆新馆正式开放，旧馆于6月7日闭馆。新馆位于区行政中心3号楼，建筑面积8900平方米，共有5层，现有藏书21万余册，是温州市首个实现自助办证的县区级图书馆。

2日，浙江省安监局局长华宜奎到瓯海景山街道调研指导"两化一网"工作。

3日，浙江省工商局党委书记、局长裘东耀一行到瓯海调研指导半年度工作情况活动。

4日，瓯海区委常委、常务副区长林宝新带领区考绩办、区审管办、区生态办等部门负责人到三垟街道，对历史遗留问题、考绩、审批、四边三化等方面工作开展调研。

4日，国家卫计委正式授予瓯海区"全国计划生育优质服务先进单位"荣誉称号。

4日，"7·11"世界人口日来临之际，瓯海区人口计生局联合区委宣传部、区新闻中心在全区开展十佳"最美计生人"和"优秀计生人"评选活动，并于7月4日晚在景山街道召开瓯海区7·11世界人口日文艺演出暨十佳"最美计生人"颁奖仪式。

7日，瓯海区人口计生局联合丽岙街道在温州肯恩大学开展"送医下乡"免费义诊和计生游园乐活动。

7日，由国务院侨办和温州市侨办主办，瓯海区侨办和瓯海区第一高级中学（任岩松中学）承办的2014年海外华裔青少年"中国寻根之旅"夏令营——"相约温州营"瓯海分营正式开营。共有来自法国、意大利等6个国家的126名营员参加。

7日，瓯海区国智文化创意产业园举行揭牌仪式，并荣获"温州市重点文化产业园区"称号。

9日，中央电视台第七套农广天地栏目组到瓯海区潘桥街道，记录拍摄彩石镶嵌制作工艺，采访彩石镶嵌传承人谢炳华。

9日，浙江省水利厅副厅长杨炯到瓯海区主持温州市西向排洪工程瓯海段通水阶段验收工作。10日，顺利通过通水阶段验收。

9日，浙江省委常委、组织部长胡和平率队到瓯海调研，查看金州集团非公企业党建工作及教育实践活动开展情况，并参观老乡镇作风展示馆。

11日，浙江省文化厅副厅长黄健全一行莅临温州市国家大学科技园孵化器参观指导。

14日，瓯海农商银行完成历时一年的股份制改革工作。

15日，浙江省信访局副局长李新强、网上信访办主任柴洪力一行到瓯海区调研信访工作。

15日，瓯海区便民投诉热线中心正式挂牌成立。

17日，浙江省首家村级企业安全协会在瓯海区郭南村(8·5粉尘爆炸事故发生地)成立。

17日和18日，瓯海区委常委会召开专题民主生活会，查摆并梳理常委班子和个人在遵守党的政治纪律和“四风”方面突出问题。中央第七巡回督导组副组长许云昭，浙江省委派温州督导组组长、省人大常委会副主任、省总工会主席厉志海全程参加指导专题民主生活会并讲话。

22日，浙江省委常委、宣传部长葛慧君一行到瓯海区调研文化产业。

23日，浙江省人大常委会副主任、省总工会主席、省委督导组组长厉志海一行，赴瓯海区景山街道方泰建设集团、瞿溪街道力源鞋业调研教育实践活动开展情况。

29日，瓯海区被浙江省水利厅评为河道保洁长效管理考核先进单位。2014年，瓯海区列入保洁河道369条，全长333.909公里，面积10.2602平方公里。

30日，瓯海区第一支环境突发事故应急队伍在南白象街道金竹工业区正式挂牌成立，主要负责应对全区突发环境应急事件应急处理，19名应急队员由区环保局和温州美拉五金有限公司志愿者组成。

7月，温州市房屋登记中心瓯海分中心延伸商品房初始登记“三证联办”至二手房业务。资料齐全者，可一次性完成商品房交易登记涉及的房屋所有权证、契证、国有土地使用证办理，总用时由原先的30个工作日缩减至3个工作日。

八月

1日，瓯海区成立首家镇街内部审计室——景山街道内部审计办公室。

2日，西班牙Baucells集团一行到瓯海区进行投资合作洽谈。

2日，首届温州市“百佳诚信企业”名单揭晓，瓯海区推荐上报的浙江森马服饰股份有限公司、温州冠盛汽车零部件集团股份有限公司等15家企业入选。

6日，浙江省消防总队总队长冷俐到瓯海区景山街道调研指导消防工作。

7日，浙江省外侨办副主任陈安率省外侨办侨政处到瓯海区调研工作。

8日，瓯海区首个侨联政协委员工作室在瞿溪街道侨联办成立。

11日，瓯海区潘桥街道开出第一张出租房税单，出租房税收工作从宣传排查阶段进入到税收征管阶段。

13日，瓯海区委书记厉秀珍率区委办、区城管与执法局、区交通局、区卫生局、区环保局等单位负责人到梧田街道督查城市转型发展和“六城联创”行动。

14日至15日，由浙江省教育评估院张江琳书记带领的国家中职示范校省级评估验收组对瓯海区职业中专集团学校进行国家中职示范校省级评估验收。

20日，浙江省副省长毛光烈到瓯海区森马总部园考察调研。

21日，瓯海区茶山街道茶山村成为瓯海区首个“浙江书法村”。

22日，温州市委书记陈一新一行到三垟街道督查吕家岸村拆征工作情况。

22日，温州市委书记陈一新率队督查城市中央绿轴建设。

22日，瓯海区召开全区城中村环境综合整治试点工作现场会暨全国文明城市创建、城市精细工作推进会。

22日，温州市基层海外领事保护工作推进会在瓯海召开。温州市副市长郑朝阳，浙江省外侨办领事处处长施华忠，温州市外办主任邱华萍，瓯海区委常委、统战部部长叶军，温州市外办党组成员陈进出席会议并为全市30家基层海外领事保护联络处授牌。

22日，全国农村改革试验区中期评估组到瓯海区丽岙调研侨乡花卉专业合作社资金互助会。

25日，公安部二十三局主任黄洪到瓯海区公安分局娄桥派出所调研指导情报信息工作。

25日，温州副市长王祖焕率队到郭溪街道督查西向生态填埋场工程建设。

26日，瓯海区召开人口计生专题约谈会。瓯海区领导对上半年人口和计划生育重点工作动态排名总分列全区末3位的镇街进行约谈，深刻剖析问题，部署整改落实。

26日，温州市政协主席包哲东率60余名市政协委员到瓯海区泽雅镇下庵村和横垟村视察农村污水治理工作。

28日，瓯海区商务局、瓯海区工商联联合阿里巴巴全球速卖通共同举办全球速卖通温州卖家见面会。600余位跨境电商卖家、轻工产品生产商、电商创业者参加活动。

29日，浙江省人大代表温州中心组第一小组一行视察金州电商城和国智电商产业园。

8月，瓯海区第一批刷卡排污项目企业端通过验收。温州市瓯海伟明垃圾发电有限公司、浙江力源皮业有限公司等4家省控以上企业和温州市精诚皮革有限公司等三家市控企业端的刷卡排污管理系统顺利通过验收。

九月

2日，浙江省林业厅副厅长俞坚率省林业厅“走百个市场进千家花企访万户苗农”调研走访活动指导组到瓯海调研花卉产业。

3日，日本温州同乡会会长陈今胜专题到瓯海洽谈污水及排水处理技术合作。

4日，中共瓯海区委全面深化改革领导小组召开第一次全体会议。会议审议区委全面深化改革领导小组专项小组成员名单及领导小组、专项小组、领导小组办公室的工作规则。

5日，瓯海区被浙江省民政厅确定为全省“三社联动”示范观察点。

10日，瓯海区召开2014年教师节庆祝表彰大会暨教育现代化区创建工作推进会。

11日，民政部社会福利和慈善事业促进司副司长王素英到瓯海调研养老服务工作。

11日，浙江省委政研室副主任朱卫江、省经合办合作交流处处长陈国良一行到瓯督查调研浙商回归项目。

12日，瓯海区委常委、副区长周一富率有关部门负责人到三垟街道，就工业经济发展、安全生产、城中村安全综合整治和减员增效等方面工作开展调研，并到三垟街道沙滩头基督教堂走访慰问宗教界人士代表。

16日，瓯海区“瓯之韵”合唱团参加2014年浙江省群众合唱大赛总决赛获全省金奖。

16日，浙江省人大常委会副主任、省总工会主席、省委督导组组长厉志海第七次到联系点瓯海区检查指导党的群众路线教育实践活动。

17日，浙江省公安厅刑侦总队副总队长徐春法一行到瓯海区公安分局调研指导刑侦工作。

18日，温州市公安局瓯海分局综合业务用房工程竣工。该工程于2011年12月29日开工，位于瓯海城市中心区（娄桥街道）A-12地块内，用地面积19580平方米，建筑面积30700平方米，其中地下室面积为8990平方米。

18日，全国人大代表浙江中心组第三小组到瓯海区调研职业教育发展情况，实地视察瓯海职业中专集团学校、温州科技职业学院并参观森马集团。

19日，温州大象城国际商贸中心1-3层正式开盘。共推出1996个铺位，主要用于鞋服批发，现场以摇号选铺方式确定买家。大象城位于温州火车南站以东，项目总建筑面积约26万平方米，为温商回归项目。

21日，温州市第七人民医院新院区一期工程在瓯海区潘桥街道学士前村破土动工。

22日，由丁爱龄团长率领的台北市温州同乡会参访团一行36人到瓯参访。

23日，瓯海首条社区巴士线路在瞿溪街道开通。12月15日，瓯海区潘桥、泽雅2条社区巴士线路相继开通，全区社区巴士试点工作全面铺开。

23日，瓯海区科技大市场在温州市国家大学科技园正式开市，成为企业“永不落幕”的科技成果交易平台。

23日，瓯海区小品《等》参加由浙江省文化厅主办的浙江省第二十五届戏剧小品邀请赛并荣获创作金奖、表演银奖和最佳女演员三个奖项。

23日，瓯海区档案局（馆）举行档案资料集中捐赠仪式。原中国音乐家协会会员林虹先生家属、温州地理文化研究者林城银先生家属，摄影家郑金寿先生向区档案馆捐赠珍贵手稿、照片档案共计15万余件。

24日，浙江省“三改一拆”“五水共治”督查组在省卫生厅副厅长叶真带领下，到瓯海经济开发区视察华大铝美河滨公园。25日，督察组察看仙河亲水休闲公园及梅屿控制闸、任桥河拓宽整治工程。

24日，银泰商业集团与温州大西洋购物中心建设有限公司在瓯海正式签订合作协议，就共同打造“大西洋银泰城”达成共识，将打造温州最大的“商业航母”——“大西洋银泰城”。

25日，瓯海区政协八届十五次常委会议召开。

25日，浙江省委政法委副书记、省平安办主任朱贤良一行到瓯海参观企业社区并对社区社会治理创新工作开展调研工作。

26日，浙江省委派驻瓯海区督导组组长黄强一行到三垟街道开展党的群众路线教育实践活动专项督导。

26日，由浙江省政务服务网公布，瓯海区成为全省首个在省政务服务网完整公布县级行政权力单位。

28日，瓯海区举行浙江省第27个老人节庆祝大会。

28日，浙江省经合办副主任夏炳荣一行到瓯海区瞿溪街道河头村调研村园挂钩合作项目。

29日，温州市国家大学科技园举办首届温州青年时尚创意节。

9月，瓯海区郭溪社区卫生服务中心被国家卫计委评为全国群众满意的社区卫生服务机构。

十月

8日，瓯海区被征地农民社会保障结转城乡职工社会保险工作启动。

11日，森马集团打造的动画片《梦多多小镇》获浙江省第十二届精神文明建设“五个一工程”奖。

11日，男声组合《中国再出发》参加浙江省第十三届音乐新作演唱演奏大赛并荣获表演金奖。

12日，江西省九江市商管办考察团一行到瓯海参观考察阿里巴巴温州产业带。

14日，温州弘一书画研究院在瓯海区茶山街道宝严寺弘一大师纪念堂举行成立仪式。

15日，在“2014浙江·台湾合作周”瓯海分会场期间，邀请台湾中小企业总会理事长林慧瑛参访团一行38人到瓯考察交流。台湾中小企业总会与温州市国家大学科技园签订合作协议，由温州市国家大学科技园和台湾中小企业总会共同建设海峡两岸中小企业合作示范园。

15日，浙江省委统战部副部长、省工商联党组书记李剑飞到瓯海开展走访调研活动。

16日，瓯海区首届“尝新节”在泽雅镇唐宅村举办。“尝新节”是农耕文化的缩影，庆贺五谷丰登，期望年年有余的农耕习俗。

16日，瓯海区大东集团被国家新闻出版广电总局评为国家印刷示范企业。

16日，位于瓯海区南白象街道鹅湖村104国道旁的温州市第六人民医院举行落成暨开诊典礼。

16日，由瓯海区团区委、区商务局、区人社局主办、金州电商城承办的瓯海区青年电商精英千人培训计划（首期）举行开幕式，金州电商职业培训学院揭牌成立。首批200名学员在金州电商城正式开学，学习课程内容包含电商系统培训和电子商务师资格证考前培训。

19日，“美丽塘河·宜居水乡”青春建功行动——瓯海区青少年“甲鱼治水”公益活动放流仪式在三垟湿地五福源公园举行。

22日，浙江省副省长朱从玖一行到瓯海农商银行调研农村金融服务工作。

25日，浙江省首家“商业+公益”的“造血型”爱心驿站——欧斯华爱心驿站在瓯海区瞿溪街道开业。该爱心驿站由温商徐志才出资创办，市民可前往购物消费，困难群众凭爱心卡可自行前往领取所需物品。

28日，梧田老街文化创意街区有机更新项目正式启动。

28日，瓯海区首家农民专业合作联社成立，这是《浙江省农民专业合作社联合社登记管理暂行办法》施行以后，瓯海区成立的首家农民专业合作社联合社。

28日，温州市政协主席包哲东率队到瓯海区潘桥街道调研城镇低效用地再开发。

29日，温州市瓯海社区学院与温州市心理服务志愿者协会联合举行老年人心理关爱服务站启动仪式。该服务站是温州市首个老年人心理关爱服务站。

30日，瓯海区委书记厉秀珍率区委组织部、区委宣传部、区编委办、区发改局、区财政局、区人力社保局等部门负责人到区文广新局调研和指导文化有关工作。

30日，瓯海区委书记厉秀珍，温州市公安局党委委员、政治部主任冯蒋龙欢迎区公安分局全国公安系统爱民模范集体代表陈昌同志载誉归来。瓯海公安分局娄桥派出所被授予“全国公安系统爱民模范集体”称号，这是全省唯一一家获此荣誉的基层派出所。娄桥所所长陈昌进京受到习近平、李克强、刘云山、孟建柱、栗战书、杨晶、郭声琨等中央领导接见并合影留念。

10月，瓯海区出台《在小微企业园推行“负面清单”外工业投资项目不再审批改革试点工作方案》，确定22类审批事项列入工业投资项目“负面清单”，并制订相关合同、事项承诺书、工作流程图及管理办法。11月，选取位于郭溪高新技术产业园的浙江恒丰泰减速机制造有限公司新建厂房作为全区首个试点项目。

十一月

3日至7日，浙江省公安厅党委副书记、常务副厅长洪巨平到瓯海区公安分局娄桥派出所开展“下基层当一周民警”活动。

4日，瓯海区召开“海峡两岸中小企业合作示范园”创建工作推进会。

4日，温州市委副书记马晓晖率队到瓯海区梧田街道督查全国文明城市创建工作。

5日，瓯海区彩石镶嵌研究会成立大会在娄桥街道举行。会议选举产生研究会会长、副会长、理事，40余位彩石镶嵌艺人及社会各界热心人士共同讨论彩石镶嵌传承发展方向。

5日，浙江省政府副秘书长、省食安办主任、省食品药品监管局局长朱志泉一行到瓯海调研指导工作。

8日，中国科学院院士戴金星夫妇一行20余人回乡参观丽岙街道新建文化礼堂。

8日，瓯海区四套班子主要领导率队分赴上海、郑州、苏州、重庆等地开展“百人百项百亿”大招商活动。活动历时一个月，途经16个城市，成功签约森马上海协和双语学校、森马华盖医药创业投资、南湖国际新城配套学校项目等38个项目，达成协议投资251.4亿元。

9日，森马集团董事长邱光和、瓯海区副区长金衍光分别代表华盖基金和瓯海区人民政府成功签约，成为浙江省首支国家级政府引导基金。

11日，瓯海区承办温州首届时尚文博会工艺美术展区。

11日，温州市委书记陈一新到瓯海区三垟街道视察张严冯、樟岙村的拆除现场。

11日，瓯海区特色非遗项目彩石镶嵌、石雕、彩泥塑等7项非遗项目近百件工艺作品参展温州时尚文化创意产业博览会。

12日，浙江省交通运输厅副厅长李良福、省公路管理局总工程师朱汉华一行5人到104国道瓯海段调研桥头跳车病害深层注浆加固快速处治技术应用情况。

13日，浙江省省卫生计生委巡视员、省“三改一拆”、“五水共治”督查组第27组组长叶真率队到瓯海区开展“三改一拆”、“五水共治”督查工作。

13日，浙江省工商联副主席李任治率考评组”瓯海考评2014年度工商联工作，调研2015年工作思路和浙商回归工作，并专题考评瓯海区申报浙江省“五好”县级工商联建设情况。

14日，第六届中国（温州）特色农业博览会在温州国际会展中心开幕。瓯海区人民政府作为协办单位，组织浙江大好大有限公司等农业龙头企业、农民专业合作社25家参与，其中特装企业8家、标装企业17家。

15日，瓯海区2014年下半年事业单位公开招聘工作人员笔试在瓯海中学顺利完成。该次招聘有13家区属事业单位15个招聘岗位，面向社会公开招聘17人。经网上报名、资格审查、缴费确认，383人参加笔试。

20日，在王金娒烈士诞辰120周年之际，瓯海区民政局和三垟街道筹资40万元，对黄屿村王金娒烈士纪念碑进行修复。

20日，浙江省卫计委副主任徐润龙率队到瓯海区调研流动人口计划生育服务管理工作。

20日，浙江省委宣传部党教处副处长包兴旺率省农村文化礼堂建设工作调研组到仙岩街道河口塘、丽岙街道下章调研文化礼堂建设工作。

21日，由瓯海区委宣传部联合区水利局、环保局、温瑞塘河管委会、瞿溪街道开展温瑞塘河寻源活动，经过半年时间寻访论证，最终确认瞿溪街道桃源溪为温瑞塘河主源头。

21日，瓯海区档案局（馆）登记备份中心通过浙江省档案局验收，被授予浙江省规范化登记备份中心称号。

22日，鼓词《五水共治唱新曲》获得浙江省文化厅主办的“文化的集市、百姓的节日”2014年浙江省农村文化礼堂成果展示活动金奖。

23日，由瓯海区委宣传部、温州大学人文学院主办，瓯海区温瑞塘河保护管理委员会、瓯海区温瑞塘河环境与文化促进会承办的《塘河》杂志首发暨温州塘河文化高峰论坛活动在温州大学育英图书馆举行。《塘河》为半年刊，是一本原汁原味的塘河特色的文化刊物。

24日，瓯海区郭溪街道景德路18-20号瓯海鸿华皮鞋厂于16:30发生火灾，瓯海公安消防局出动2个中队和2个专职队共8辆车赶赴火灾现场救援，大火于17:40时扑灭。火灾当场造成一死两伤。两名伤者送往医院抢救，因伤势严重，不幸死亡。

25日，浙江省消防总队副总队长吕照明，防火部部长周志忠，副部长徐景一行到瓯海区郭溪街道指导“11·24”亡人火灾事故调查工作。

27日，瓯海区审管办召开“负面清单”外不再审批试点项目签约会。浙江恒丰泰减速机制造有限公司作为全区首个“负面清单”改革试点企业，与区相关审批部门签订合同及承诺书，获准进入“零审批”状态，其新建厂房通过联合技术评审后，即可进场施工。

27日，瓯海科技大市场科技成果推介会（浙大专场）在温州市国家大学科技园举行。浙江大学温州技术转移中心，瓯海区各相关部门、街镇，瓯海区科技型企业等单位80余名代表参会，并与浙江大学达成广泛合作意向。

27日至12月1日，瓯海·台湾周——第四届琦君文化节暨两岸戏曲艺术交流活动举行，来自台南市乡城歌仔戏剧团和阿里山鄒族歌手参加活动。

28日，瓯海区档案馆通过浙江省档案局考核验收，成功晋升为浙江省省二级国家综合档案馆。

30日，2014中国 瓯海“捷安特杯”自行车赛在瓯海区泽雅镇举行。全国各地60支参赛队伍齐聚泽雅展开角逐。

11月，位于瓯海区三溪工业园的欧尚文化创意园项目启动建设，由温州欧尚文化投资有限公司和回归温商共同发起筹建，整体项目规划2万多平方米，总投资约1.2亿元。

11月，瓯海区编委办按照“职责法定、问题导向、公开透明”三个原则和“法定职责必须为”的要求，组织41家区属部门梳理出主要职责540条，具体工作事项2246条，职责边界事项105项，建立事中事后监管制度290项，公共服务198项。12月30日，完成责任清单编制和公布工作。

11月，由温州市（区）人大代表、部分热心市民和新闻记者组成的“市民监督团”每月去寻找“最脏河道”，并由公众票选确定“最脏河道”；给每条河道配备“河长”“警长”“技术员”和“监督员”，充当移动的河道监管“全球眼”。瓯海区多管齐下创建无违建河道，截至11月底，创成无违建河道528条，提前超额完成年度110%任务。

11月，瓯海区率全市之先，启动2014年排污权租赁试点工作，瓯海区污染物排放总量控制制度创新步伐又迈开一大步。该次租赁试点对象为全区电镀、制革、印染、化工等行业企业，租赁范围包括化学需氧量、氨氮、二氧化硫和氮氧化物四项主要污染物指标。

十二月

1日，温州市“五水共治”暨美丽乡村建设现场会第二站在瓯海区仙岩街道穗丰村召开。温州市委书记陈一新、市长陈金彪，市委常委、市委秘书长仇扬均，副市长任玉明以及市属有关部门负责人、各县市区主要负责人等100余人参观仙岩街道“五水共治、美丽乡村”建设现场。

4日，“瓯海发布”政务微博平台正式开通上线。

4日，瓯海区财政出资设立100万元基金，率浙江省之先出台对退役士兵自主创业贷款实行财政贴息政策。

10日，浙江省副省长毛光烈率队到瓯海区梧田街道蟠凤村检查出租房“旅业式”改造工作。

10日，国家督导检查组李生彬一行四人到瓯海进行全国义务教育发展基本均衡区国家级评估。

11日，瓯海区第七次归侨侨眷代表大会胜利召开。会议回顾总结工作，部署工作任务，选举产生瓯海区侨联第七届委员会，翁蔡恩当选主席。

12日，电影《最美的承诺》、《瓯柑之味》在瓯海签约开拍。

12日，浙江中立集团作为瓯海区第三个博士后科研工作试点站举行进站博士后开题报告会。

17日，浙江省信访局副局长王宏一行到瓯海区调研考核信访重点工作进展情况。

17日，浙江省侨联党组书记岑国荣、温州市侨联副主席应凤娟一行到瓯海调研基层侨联工作。

19日，《瓯柑之恋》剧组到三垟湿地取景。《瓯柑之恋》作为电影故事片《四大名瓯》系列之一，由瓯海区委宣传部、温州天运纵横文化传播有限公司联合摄制。

21日，共青团瓯海区第十一次代表大会开幕，来自全区各行业、条战线的199名团员代表肩负着全区4万团员青年的重托，共商青春大计。

23日，浙江省文化厅副厅长柳河到瓯海区考察公共文化建设情况。

23日，瓯海区承办文化部公共文化司主办的群星奖巡回演出。

23日，浙江省级生态区技术核查组先后到瓯海区新桥、郭溪、丽岙、仙岩街道、泽雅镇等地检查创建工作。

24日，浙江省级文化先进区创建验收评估会召开，浙江省文化厅副厅长柳河为组长的省级文化先进县评估验收组对瓯海区文化创建开展点评。评估验收组指出，瓯海区文化创建各项指标达到省级文化先进县的标准和要求，顺利通过验收。

24日，温州医药物流总部经济园开工建设。温州医药物流总部经济园工程位于瓯海区潘桥街道陈庄村，属该年省“411”重大项目建设计划，总用地面积80680.4平方米，国药控股温州分公司、浙江海派医药、温州延生堂、温州张和堂、温州新光医药等5家国有或民营企业分别竞得区块土地。该次开工建设项目为仓储二到五号工程，施工总工期300天。

25日，温州市档案系统2014年度档案工作考核结果揭晓，瓯海区档案局获得A类四区两市第1档，标志着瓯海区档案工作整体水平成功迈入温州市先进行列。

26日，瓯海区3个市级示范小微园集中开工仪式在郭溪街道高新技术产业园举行。

27日，由温州市委农办（市农业局）、瓯海区人民政府主办，瓯海区委农办（区农林渔业局）、区风景旅游管理局、泽雅镇人民政府、三垟街道办事处、浙江森马生态农业发展有限公司联合承办的首届温州瓯柑文化旅游节在温州市工人文化宫开幕。2014年瓯海区瓯柑面积15647亩，产量20754吨。

29日，瓯海联亿公司法人代表顺利从瓯海鸿泰小额贷款公司获得一笔65万元无抵押纯担保流动资金贷款，期限1个月，利率14.4%。这是温州小贷公司尝试借助第三方征信机构进行信用调查后发放的首笔贷款，也是温州中新力合征信服务股份有限公司于12月8日获得人民银行杭州中心支行企业征信业务资格备案后开展的首单业务，标志着全市首家民营征信服务公司正式开始对外营业，并参与温州市社会信用体系建设。

30日，浙江省文化厅发文，对温州市瓯海区文化先进创建工作意见，明确瓯海区文化创建各项指标达到省级文化先进县的标准和要求，顺利通过验收。

30日，温州市瓯海区人民检察院办案用房及专业技术用房工程完成竣工验收。该项目位于温州市瓯海城市中心区娄东大街与洲洋路口，2011年12月1日开工建设，用地面积13852平方米，建筑面积21000平方米（其中地下室7000平方米），建筑地上16层，地下室1层，建筑高度63.1米。

30日，温州市首台“村晚”在瓯海区仙岩街道仙南北村开演。该次“村晚”以“共创文明城市，共建和谐家园”为主题，节目均由村民自编自导，有广场舞、唱歌、独舞、魔术、诗歌朗诵等，活动吸引2000余名村民群众参与。

31日，瓯海区区政协八届十六次常委会议召开。

12月，瓯海区博物馆共征集各类文物104件（组），其中包括瓯窑瓷器、温州锡器、银器、刺绣、婚俗等文物，晚清、民国著名书画家马公寓、曾衍东、王震等书画。

12月，浙江省文化厅发布《浙江省基础公共文化服务评估指标数据（2013年度）》，瓯海总得分54.42，总排名41，较2012年跃升45名，跨入全省中游。

12月，温州市文化工作考评会上，在2014年度全市文化体育事业发展考核中，温州市文广新局对全市文化中心建设、有线电视工作、文化活动开展情况、送文化下乡、文化遗产保护等进行考核，瓯海区文广新局合计分数排名第一。

12月，瓯海区塘河管委会被温州市委、市政府评为2014年度温州市“五水共治”建设美丽浙南水乡工作“先进集体”。同年，瓯海区人民政府获得省水利厅颁发的2014年度河道保洁工作三等奖，被省委、省政府授予2014年度“五水共治”优秀区称号，捧得“大禹奖”。

12月，第四批国家级非物质文化遗产名录正式对外公布，泽雅屏纸制作技艺入选扩展项目名录。这是瓯海区首项“非遗”入选“国遗”。

12月，中国信息化研究与促进网通报2014年中国优秀政务平台推荐及综合影响力评估结果，全区作为区县级获“2014年度中国政务网站领先奖”，位居第8位，为温州市唯一获奖的区县。

自然地理和建置沿革

地理环境

【地理位置】 瓯海区位于浙江省东南部，温州市中部，总面积467平方千米。地理坐标为东经120°19'47"～120°45'06"、北纬27°51'06"～28°06'08"。东邻龙湾区，南接瑞安市，西界丽水市青田县，北连鹿城区，边界线总长218.94公里。地形狭长，自东南向西北延伸，地理构成大致是“六山一水三分田”。从地理空间看，大体上可将瓯海区分为仙丽片、梧田片、三溪片和泽雅片四大片区。后三大片区通过东西向的瓯海大道相连，梧田片通过104国道联通仙丽片区，其用地狭长，沿南北方向延伸。其北与温州市鹿城区相连，东接温州市龙湾区，向南可达瑞安。

【地形地貌】 瓯海区地势西南高东北低。西部是低山丘陵区，平均海拔600米～800米，其中与瑞安、青田交界的葶荠嶂主峰海拔1052.1米，为辖区最高峰。计有凌云、奇云、瞿溪、岷岗、吹台、大罗六大山群，其中凌云、奇云山群属洞宫山脉南支。河流有戍浦江（上游）、三溪河、温瑞塘河三大水系，均自南至北汇入瓯江。群山环抱之中是水网平原。

瓯海区山脉属洞宫山脉南支，洞宫山脉自西南向东北延伸，在西段形成低山地貌，主要以凌云山、崎云山、金刚尖、龙井山、前山、分水城尖、五峰尖、算盘尖为代表，平均海拔均在700米以上。中段以白云山、景山为主，与温瑞平原组成平原、丘陵地貌，海拔在3米至500米之间。东段以大罗山脉西侧和温瑞平原为主形成低山、平原地貌，海拔在3米至600米之间。全区地势以东西两头高，中间低为主要特征。

根据全区地形地貌，可以区分为两个不同的类型区：一是低山丘陵区。该区主要位于瓯海区西部。主要分布泽雅、瞿溪、郭溪、潘桥、娄桥、丽岙、仙岩、茶山等镇（街道）。该区重峦叠嶂、山势高峻陡峭，相对高差大，其中北林垟的葶荠嶂主峰海拔1052.1米，为瓯海区最高峰。区内森林资源丰富，森林覆盖率最高达70%以上，是瓯海区的主要林区，拥有泽雅、仙岩两个省级风景区，西雁荡、茶山两个省级森林公园，著名的温州第二大生活用水储备水库——泽雅水库就坐落在该区。二是平原丘陵区。该区包括瞿溪、郭溪、潘桥、新桥、景山、丽岙、仙岩、娄桥、新桥、梧田、三垟、南白象等镇（街道）。该区为著名的温瑞塘河灌区主要部分，为瓯海区的经济发达区，新区规划中的行政中心就坐落在该区娄桥街道。区内104国道、瓯海大道、金丽温高速、甬台温高速、金温铁路及在建的甬温铁路、温福铁路等纵横贯穿该区平原。

凌云山　以山峰高耸入云得名。位于泽雅镇西北部。主峰临近青田县界，海拔1009.3米，设有航标。西部延伸入青田县境。东西走向，长约3千米，南北宽约2千米。岩石构成以花岗岩为主。矿藏有腊石矿，表土属红黄壤，植被属次生林。其脉有古耸山、崎风脑、下冯山、夏家山、尖头脑等山。

古耸山　别名古耸寨。位于泽雅镇五凤垟办

事处东南部。山形似塔，海拔732米。因孤峰耸立，故名“孤耸”，后依谐音演变为今名。其上有寨城残址，相传建于明代。山体多花岗岩，表土属红黄壤。植有松杉等林木，坡地种植番薯。

门槛山　位于泽雅镇北部。西南至东北走向。山脊岩石隆起似门槛，故名。海拔682米。花岗岩、白泥矿蕴藏量丰富。山多松、杉、毛竹。山麓有耕地，种植水稻、番薯。

奇云山　位于瓯海、瑞安、青田三县（市）交界处，西南沿瑞安、青田界向东北伸入瓯海区泽雅镇，是瓯江支流和飞云江支流的分水岭。主峰在瑞安市境内，海拔1164.8米。以常有云雾缭绕蔚为奇观得名。其脉（瓯海区境内）有底浃湖山、荸荠嶂、大寨头、三个尖、金岗尖、仙宅山、方园山、大平山、潘庄尖、雪尖山、西龙井山、峡井头、山后墩、马峰尖、烂蕻山等。其中荸荠嶂系本区境内最高峰。山体岩层以火山岩、沉积岩为主，山表覆盖大片黄壤土。植被主要是次生林。南麓有北林垟林场，种植马尾松、杉、柏、栎、毛竹、油桐、油茶、黑荆树以及柑橘、杨梅、李、杏、葡萄等。低坡辟有梯田、种植稻、麦、番薯、油菜、花生和药材等。

荸荠嶂　位于泽雅镇北林垟办事处境内，西南和瑞安市、青田县接壤，系奇云山一支。以形似荸荠得名。海拔1052.1米，是区境内最高的山峰。植被为次生林。坡地辟有番薯园。1977年建有荸荠嶂林场，1984年并入北林垟林场。

大寨头　位于泽雅镇北林垟办事处东南部。东至山后村，南达瑞安市，西北为林垟、胡坦两村。海拔843.2米。山上植有松杉等林木。1982年前温州电视转播台曾设在山巅。中部有山道和尚岭。

金岗尖　位于泽雅镇西岸办事处西南隅，为奇云山支脉之一。东起岙底，北达仙宅山，西南至瑞安后龙。海拔987.8米。山尖光秃，阳光照射，金光闪烁，故名。花岗岩蕴藏量丰富。坡谷产有毛竹、松木，山麓大部已开垦为园地，种植番薯、茶树等。

西龙井山　别名龙泉山。位于泽雅镇与瑞安市交界处。海拔864.3米。以山上龙母娘娘庙中有一泉井得名。因与潘桥镇境内的龙井山重名，1986年定为今名。清光绪《永嘉县志》载：“龙泉山在城西七十里。”山体多花岗岩。植有松木，山坳谷地种植番薯及茶树。

峡井头　位于泽雅镇西南部。西北走向。南起双界田，北迄金岙，东至上陈，西邻犁头垟。海拔720.6米，土质肥沃，植被茂密，松、杉葱郁。低处种植番薯、茶树。

瞿溪山　位于瞿溪镇。山以溪得名。其脉有北坦山、百亩坦、南山、狮子山（又名岙底山）、龙头尖、后屿山、炮台山、肇山等。附近尚有雄溪诸山。岗峦起伏，山山相连。其中以南山为最高，海拔714.6米。清光绪《永嘉县志·叙山》载：“瞿溪山，在城西南五十里。上有龙潭，瞿溪所出。”该山风景秀丽，古迹众多，自古以来为骚人墨客所向往。南朝宋山水诗人、永嘉郡太守谢灵运曾游此山，写有《过瞿溪山饭僧》诗。狮子山麓的龙潭，每逢雨后，飞流直泻，如龙嘘气，颇为壮观。明何白《大水后登瞿溪龙潭》诗有“白昼微嘘一缕云，下方忽散千林雨”句。八仙岩已修葺一新，普明寺（即后屿寺）尚存遗迹。有茶叶、杨梅、柑橘、竹笋、山药等特产。

雄溪山　位于瞿溪镇南部。南与岷岗山连接，为锯板坦、犁头尖、蛟垟山、分水城尖诸山的总称。以溪得名。清乾隆《永嘉县志》：“雄溪山，在城西南四十三里，雄溪所出。”

分水城尖　位于瞿溪镇西南部，为飞云江和三溪河的分水岭。山尖北侧筑有城墙一段，有城门可通行人，山以城得名。海拔592.3米。山地土质肥沃，柴草茂盛，并种有茶、番薯。

郭溪山　位于郭溪镇。以郭溪得名，系天长岭以东凤凰山、乌岩尖、北朋垄诸山之总称，西有天长岭、钟铜岭、北有四古庵岭。明弘治《温州府志》载：“郭溪山，一名罗溪山，南联瞿溪。”清光绪《永嘉县志》载：“郭溪山，在城西南三十里，郭溪所出。”

梅屿山　别名大平山。位于郭溪镇东部与温

州市鹿城区双屿镇交界处。植有松木、毛竹，大部山地辟番薯园。南麓有温州梅屿火力发电厂。清光绪《永嘉县志·叙山》载："梅屿山，在城西二十里，汉梅福隐此，故名。西去有漈岭，通夏仙。"夏仙，即今温州市鹿城区双屿镇一带。

岷岗山　位于潘桥镇西部。西南自瓯海区、瑞安市界向东北至三溪平原地带，由龙井山、算盘尖、十二盘山、水牛角山、大乌山顶、五峰尖、鲤维站山、华亭山等组成。山势由西南向东北渐次下降，群峦起伏，溪涧纵横，深壑幽谷，风景优美，为温州市旅游地之一。明嘉靖《温州府志》载："岷岗山，去城西三十五里，宋戴溪读书于此。"山地低处湿润，土质肥沃，植被茂密，适于经济林生长，是潘桥镇毛竹、茶叶、柑橘、杨梅、茉莉花的主要产区，并植有松、杉等林木。山坡开辟梯田，种植番薯、水稻等作物。山间流水均汇于潘桥河。

龙井山　位于潘桥镇西部与瑞安林溪乡交界处。海拔891米。

五峰尖　位于瞿溪、潘桥两镇间，西连大乌山顶，东接潘桥柴头山。远看五峰耸立，故名。也叫五峰山。海拔557.8米。坡谷植有松、杉、毛竹、茶树等。清光绪《永嘉县志·叙山》载："五峰山，在城西南三十五里，俗称西幺山。有西华洞，右弼真人吹箫地。"

双个尖　位于潘桥镇西部，东北接尖儿头，东南连官山尖，南至瑞安桐溪乡界。以有两峰得名。东峰海拔715.1米，西峰海拔705.4米。有松、竹、柴，并种植番薯、柑橘、茶树等。

吹台山　位于瓯海区中部，纵跨瑞安市和瓯海区，呈南北走向。瓯海区部分，由莲花、白云、岭头、平天镬、柴头、东坑、圆眼坦诸山组成。南与瑞安境内白云山相连，向东北逐渐降低，迤东有头陀山，向北形成蚀余一支，称牛山。清光绪《永嘉县志·叙山》载："吹台山，在城南二十里，高处平正如台，相传王子晋吹笙之所。下有饮鹤泉。广袤二十余里。南属瑞安，北属永嘉。山状如楼台。岩上镌'不可思议功德'六大字。下有飞泉、石池，生椅梧及箫笙之竹。梁邱迟为太守，尝采琴材寄吴兴柳恽。"邱迟寄柳恽诗云："边山此佳树，摇影出云垂。清心有素体，直干无曲枝。凡耳非所别，君子特见知。不辞去根本，造膝仰光仪。"唐张又新诗云："吹台山上彩烟凝，日落云收叠翠屏。应谓焦桐堪采斫，不知谁是柳吴兴。"明何白亦有《饮湖上望吹台山》诗。

莲花山　位于慈湖、娄桥两地交界处，南接白云山，北连岭头山。以峰顶巨石形似莲花得名。海拔687.8米。山表石多土少，有松树、杂木、柴草。作物有番薯、柑橘、茶叶、茉莉等。古迹除吹笙台、饮鹤泉外，还有无量梵音寺、伴云道观。峰巅设有温州电视发射台。

白云山　位于娄桥街道南端与瑞安白门交界处。以峰峦白云缭绕得名。海拔694.3米。山多岩石，矿藏有铅、锌等。植被有幼松，柴草。辟有山园，种植番薯、花生等农作物。山上有相传建于晋代的白云寺。

慈湖山　位于梧田街道慈湖南部，以古慈湖得名。山势向南延伸，海拔210.3米。植被有松树、杂木、柴草。坡地种有番薯、茶、茉莉、桃、梨、柑橘，以及葱、蒜、南瓜等。西部有丽塘岭，通丽塘村。北麓有清代经学大师孙诒让墓。

头陀山　别名寨城山。位于南白象街道西南部，北至金竹村，西接慈湖山，系吹台山东部一支。山锐而顶圆，下瞰诸山，如老僧踞坐说法，故名头陀山。山中一峰名寨城尖，古时筑有城墙，设四门，今寨址尚存，故又名寨城山。海拔225.2米。坡地种植柑橘、茶树、番薯等。104国道线傍山而过。南麓有密印寺及温州地震台、温州警校、温州市结核病防治院。

狮子头　位于潘桥南部与瑞安桐溪交界处，东北连红岩山，西南接太平山。以山峰形似狮子头得名。海拔222.7米。植被有松木、柴草，种有少量番薯。

牛山　位于梧田街道北部与新桥街道交界处，是吹台山北端——蚀余山。以形似卧牛得名。海拔205.4米。周围环绕温瑞塘河支流，东麓傍104

国道线温州过境路段。

大罗山　位于瓯海区东南部。南入瑞安境，北止龙湾区，系一跨县山。海拔706.9米。山势连绵，岗峦起伏。西面为水网平原，东南为滨海平原。襟江控海，与东北面的黄石山及瓯江北岸的磐石山成掎角之势，地理位置重要。清光绪《永嘉县志·叙山》载："大罗山，在城东南四十里，东北枕海，广袤四十里。跨德政、膺符、华盖三地及瑞安崇泰乡。"又谓："有泉大旱不涸，故名泉山。"山中花岗岩蕴藏量丰富，石质优良，有各种经济林，特产有茶叶、杨梅、柑橘等。农产品有番薯、稻、麦、油菜子等。山中有五美园、天柱寺、李王尖、香山寺等名胜古迹。

茶山　位于茶山街道东部，为大罗山支脉西坡。东起洪岩山，南至仙岩镇，西迄南柳，北达丁岙。海拔626.4米。以产茶得名。清光绪《永嘉县志·叙山》载："茶山，在城东南二十五里，大罗山之支，一名五美园山，有五美园岭。"土壤主要为黄土。五谷坡地及山麓大多垦为园地，种植茶树、柑橘、桃、杨梅、茶花、桂花等。丁岙杨梅品质优良，为全区之冠。山上有后京山、龙潭、洪岩和岭下等自然村。山区景色宜人，名胜古迹颇多，有实际寺、洪岩殿、顾公洞等。

黄屿山　别外黄虎山。位于三垟街道北部水网平原上。为一蚀余山丘。以表土色黄得名。坡地植有蜜柑、茉莉等。清乾隆《温州府志》和光绪《永嘉县志》都载有"黄屿山"之名。山两头高，中间低，有凉亭两座。

温瑞平原（瓯海片）瓯江南岸和飞云江北岸之间几块平原的总称。其中西面由瞿溪、雄溪、郭溪三条溪冲积而成的平原，称三溪平原；从梧田街道沿温瑞塘河至帆游桥这片平原，称梧田平原；瓯海仙岩片，称仙岩平原。

戍浦江　位于瓯海区西北部，为全区三大水系之一。以下游段旧称上戍浦得名。清光绪《永嘉县志》"瓯江"条记"入江有十三浦"，上戍浦为其中之一。源出青田、瑞安交界的奇云山主峰北麓，入瓯海区泽雅镇称为龙溪，东流至源口与梅溪汇合，转向东北流经南雅、雅漾，至藤桥镇垟岸又汇葵溪，在外垟浦口注入瓯江，全长42千米。流域面积246.5平方千米，其中山区217平方千米，平原29.5平方千米。自外垟浦口上溯至雅漾为感潮河段，长19千米，江面宽40米～70米，水深1.2米～3米，江底宽8米～40米。藤桥以下河段可通行25吨级机动船。全流域水力资源颇为丰富。上戍平原及泽雅区沿溪两岸的农田基本上赖以灌溉，唯台风季节，时有不同程度水患。

龙溪　别名泽雅溪、大源溪。位于泽雅镇中部，系戍浦江主源。溪流蜿蜒曲折形似游龙，故名。清光绪《永嘉县志·叙水》载有龙溪之名。源出奇云山主峰北麓，汇北林垟、五凤垟境内诸水，入泽雅镇后，自西至东经下庵、石桥、林岙、麻芝川等村，沿途纳桂川、西岸溪等支流，至雷峰自然村出境，在源口与梅溪合流。全长12千米，可灌溉农田，有淡水鱼繁殖。

桂川　别名季坑，位于泽雅镇境内。据当地老农口述，清咸丰三年（1853），青田季土湾遭洪灾，季姓村民逃荒到此定居，遂名溪为季坑，后依方言谐音变为桂坑，雅"坑"为"川"。源出凌云山主峰东侧，向南流经石良、桂川等村，至泽雅镇，与源于筲箕岭的小溪流汇合，再经半坑下、李家山、油竹山至泽下注入龙溪。长约6.5千米。水流湍急，沿溪建有桂坑、黄庄、四公山、包岙等小型水库和2座水电站。

西岸溪　位于西岸办事处中部。因水小流细，俗称洗脚溪。源出西龙井、仙宅、金岗尖诸山，汇方园山、太平山和犁头垟、小石垟诸山之水，自南向北流经西岸、宫外、唐宅、横垟等地，于泽雅镇注入龙溪，长74千米。

梅溪　别名周岙溪、小源溪。位于周岙东部。相传古以两岸之梅树得名。清光绪《永嘉县志·叙水》载："梅溪，在泰清乡二十三都，水出天长岭。"主源发自境内南部诸山，经下陈向东北流至小源，折而向东，在潘宅村汇合来自大川外山岭的一支小流，往北经鹤岙、周岙，至源口与龙溪汇合。全长8千米，自潘宅以下长约4千米，最宽处15米。

可灌溉农田1000多亩，有淡水鱼繁殖。

三溪河　位于瓯海区西南部三溪片境内，为本区西南山区诸水之总汇，全区三大水系之一。以上承瞿溪、雄溪、郭溪三水得名。古时称上河，其流域素称“上河乡”。上溯瞿溪之源，先后纳雄溪、郭溪、潘桥河、娄桥河之水东流，新桥街道接旸岙河通温瑞塘河。长12.3千米。其中任桥以下河段为干流，河床宽缓，河网密布，颇饶灌溉和交通之利。其流域包括瞿溪、郭溪、潘桥、娄桥、新桥等镇、街道，并辟有多条航线，是瞿溪镇和老竹、桐岭等地通往温州市区的主要河道。水产资源丰富，除有虾、蟹、鱼类自然繁殖外，有花鲢、白鲢、鳊鱼、鲤鱼、草鱼、鲫鱼、非洲鲫鱼等淡水养殖。

瞿溪　位于瞿溪镇中部。主源泉东川发自大川西部与瑞安交界的大峁坪东麓，向东流经凰桥、任桥入仙门河。自肇山山麓至任桥，长约6.5千米。水源充沛，饶农田灌溉、水力发电和淡水养殖之利。建有建东水电站和桃园水电站。瞿溪镇境内沿河有金岩头桥、石柱门桥、塘坎桥、铁竹桥、下殿桥等。

雄溪　位于瞿溪镇南部。发源于瓯海、瑞安交界的分水城尖，汇犁头尖、五峰尖诸山之水，经岙底、雄溪等村，折向东北，经曹埭、任桥入仙门河。自雄岙至任桥，长7.5千米。明嘉靖《温州府志》卷二载有雄溪名。有淡水鱼繁殖。

郭溪　位于郭溪镇西部。源于天长岭及附近诸山，沿途汇合小股溪泉，向东南穿越郭西、郭南、郭溪等村后，向平原延伸，至宋岙三合、塘下等村，长约4千米，宽5米～10米。再向东南延伸，河床增宽，分支众多，形成水网。其主干至浦北村分为两支：一支向南，注入仙门河；另一支折向东北，河床宽而曲折，俗称十八弯，在浦西村南注入三溪河。沿岸农田灌溉便利，为粮食高产稳产区域；又宜于发展水产养殖业；航运亦较方便。新中国成立后在上游坑口塘建水库1座，蓄水量320万立方米；在黄坑凿有瓯江翻水站引水渠道隧洞1处。

潘桥河　三溪河主要支流之一。以地得名。发源于桐岭及潘桥镇西南岷岗诸山，于马桥合流，经潘桥、林桥头、河西等村，出镇境，过娄桥街道古岸头，与仙门河汇合。长约7.5千米，最宽处100米，最窄处20米，水深2米～3米。沿途支流交错，水网密布。有青、草、鲢、鳊、鲤、鲫等淡水鱼，水面多水浮莲。河上建有马桥、潘桥、利农桥、河西桥等。

仙门河　位于潘桥镇北部边缘。以绕经仙门山得名。清光绪《永嘉县志·叙水》载：“前湖即仙门湖，距城十里。”上承瞿溪、雄溪之水，为三溪河主干之一段。长2.5千米，最宽处约100米，水深1.5米～3米。水产资源丰富，航运便利，客货船过往频繁。每年端午节，多在此举行龙舟竞赛。由于河面宽阔，水源充沛，水质较为纯净，将被引用作温州市区自来水水源。

娄桥河　位于娄桥街道中部。西南承焦下新河，自安下经礁湾，过娄桥，汇清水坑，向东北于东风村出境，注入新桥河。长约6.5千米，宽25米。河通行客轮和其他机动船，并养殖淡水鱼，灌溉两岸农田440多公顷。

温瑞塘河　曾名永瑞塘河。主要水源来自三溪河，流经温州市区后，又纳吹台山、大罗山诸溪流。北起小南门，南至瑞安东门外，全长35千米。其流域总面积14.4平方千米，最高蓄水量3920万立方米，灌溉面积20280公顷，素有“下河乡”之称。属瓯海区段，北起梧田街道的南丽田街，向南经寮前、塘东、月落垟、大堡底、老殿后、南湖、霞坊、上蔡、白象、仙岩、丽岙等地，入瑞安境，长9.5千米，是区境中部水网平原诸水的总汇，全区三大水系之一。河面宽阔，支流众多，水网密布，航运便利。温（州）瑞（安）、温（州）梅（头）、温（州）茶（山）、温（州）茅（竹岭）等主要航线过境，各种机动船和人力船络绎不绝。有花鲤、鲫鱼、草鱼等淡水鱼及水浮莲、乌鲤藤、菱角等水生植物。塘河古名南塘，光绪《永嘉县志·水利》载：“南塘，在大南门外，直通瑞安东门。旧称八十里荷花，即此塘也。宋淳熙十四年郡守沈枢修。”宋陈傅良（1137-1203）《温州重修南塘记》曾叙未修前之状况：“州城外南达瑞安，有石塘百里所，不知起何时。

而岁积坏，倾者为嵌，陷者为汇，遇时潦，咫尺不得进，往往溺死。自闽山至于吴会，去来者病之。”北宋杨蟠、南宋翁卷等诗人均有关于南塘的诗篇。

沙门河　别名桐屿直河，位于慈湖北部。以地得名。东南流向自沙门至南堡折向东北，经桐屿村，入梧田注入温瑞塘河。长4.5千米，宽5米～40米，灌溉农田134公顷，有淡水鱼。新中国成立后，沙门坳附近开一人工河与娄桥河支流贯通。

北庄河　位于慈湖东部。据旧志有关记载判断，今之北庄河古属慈湖。源头分南北两支：北支汇平天镬山、岭头山、莲花山之水，经北村折向东南与南支流；南支由慈湖山流入南村境内，向北流北庄桥西，汇合北支，向东北注入温瑞塘河，长3.5千米，宽35米～50米。支流众多，灌溉面积达200多公顷，有淡水鱼，终年通航小型机动船。

山下坦河　位于三垟街道南部。以村得名。西连南白象街道境内的温瑞塘河支流和茶山境内的丁岙河，自马屿村向东流经樟岙、山下坦村，出境通龙湾区的大岙溪。长约3千米，宽60米～130米，水深2米～3米。是三垟街道沟通南白象街道、茶山街道及龙湾区状元街道的水上通道。

丁岙河　位于茶山街道北部。以村得名。上承小坑儿、下坦坪诸村山泉，向西流经丁岙、徐岙村，至卖鸭桥与舜岙河合流后入南白象街道，注入温瑞塘河。长3.5千米，宽30米～40米。有淡水鱼，灌溉农田约100公顷。

茶山河　位于茶山街道中西部。以地得名。上承茶山溪泉，成河于河头潭地段，向西北流经南白象街道注入温瑞塘河，长2.6千米，宽30米～40米。

三垟湿地　位于瓯海区梧田、三垟片，民间称“南西垟”。该地比邻温州市城市中心区，东南部有大罗山环绕，面积13.6平方千米，水网密布，河道纵横，间有161个形态各异的泥洲，当地人称“水墩墩”，该片湿地自古盛产瓯柑、黄菱和淡水鱼虾，又是各种候鸟、留鸟栖息觅食绝佳之处。现人们将“三垟湿地”称为温州市的“绿肺”。

气候特征

【一般气候特点】 瓯海区地处欧亚大陆东南沿海的浙江省南部，属中亚热带海洋季风气候区。影响该地区气候的主要因素包括较强的太阳辐射、海洋水体的调节，加上冬季冷空气因西北群山阻挡而减轻侵袭强度，夏季暖湿气流活动因地形抬升而多云雨，形成瓯海气候温暖、雨量充沛、光照丰富、四季分明的气候特点。四季中，夏季较长，冬季稍短，春秋均匀。夏季从5月下旬开始，到9月下旬或10月上旬结束，长达4个半月，占全年日数1/3以上。冬季始于12月上旬，止于3月上、中旬，约2.5–3个月。春秋各长80天左右。春季日平均气温稳定，通过10℃的平均回暖初日在3月18日，平均终日在12月2日。自10月开始，平均气温在15–19℃之间，到12月23日才开始进入冬季，比杭州推迟一个月，瓯海风和日暖的春秋佳季比杭州延长了40–50天。平均无霜期280天，平均初霜日在12月5日，平均终霜日在2月22日。平均雪期一个月，平均初雪日在1月18日，平均终雪在2月24日，降雪日平均每年4天，最多的年份达14天，个别年份没有降雪现象。年平均降水量1766.5毫米，年际间差异特别显著，1973年最多达到2590毫米；1976年最少只有1026毫米。全年降水量分布不均匀，8月份最多，平均降水量为253.7毫米，冬季12月至2月降水量仅占全年全部降水量的10%左右。年平均雨日161.8天。春夏之交（5、6月）进入梅雨期，出现阴雨天多、气温高、雨势强、湿度大的梅雨天气，正常年份为期约1个月，雨量400毫米–600毫米，约占全年雨量的1/3；夏秋季节（8–10月）的台风期，降雨十分集中，多暴雨，水位猛涨。年均日照时数1570小时，其中以7月日照时间最多，月平均日照193.9小时；2月最少，月平均日照时数为91.8小时。年平均蒸发量为782.4毫米。年平均相对湿度为78%。主要灾害性天气有暴雨、干旱、台风、洪涝、雷电和大风等。

【2014年主要气候特点】 2014年，气候对各行各业总的来说属于一般年景。1月到2月初基本无雨，天气温暖多晴，对蔬菜等农作物生长总体上较为有利。2月上旬后期到3月多阴雨天气，山区有雨夹雪或雪出现，蔬菜病害有所增加，积雪使局部毛竹、树木折断，部分蔬菜出现冻害。4月上旬和中旬多晴朗天气，有利于抑制蔬菜病害的发生，也使早稻秧苗、小麦等长势较好。4月下旬多阴雨大棚内湿度增高，蔬菜枯萎病、灰霉病、菌核病等发生增多，个别大棚黄瓜霜霉病发病重。5月本月上旬多晴朗天气，日照充足，早稻移栽后条件适宜，返青快；中旬和下旬持续多阴雨，湿度高，使局部蔬菜产生落果、烂果及病害。6月上旬和中旬前期，该地持续多云天气，期间杨梅正处成熟期，杨梅采摘销售条件较好。6月中旬后期早稻开始抽穗，扬花受到一定的影响。7月以多云到晴为主，早稻灌浆成熟条件好；7月21–22日因10号台风“麦德姆”影响，各地抢收早稻，加快早稻的收割进程，少数未收的早稻出现部分倒伏。8月多雷阵雨天气，降水主要集中在上旬后期至月末，连续阴雨天气期间气温偏低，日照偏少，抑制晚稻的分蘖，病害增多。对番薯、玉米、大豆等作物的生长发育也造成不利影响。9月上中旬，多阴雨，且多强降水，对一些正处于抽穗扬花的晚稻产生不利影响，导致其不能正常授粉，增加空了秕率。但多雨天气有利于柑桔等水果的膨大，满足蔬菜等其他农作物的生长需水。9月中旬末下旬初，受冷空气和1416号台风“凤凰”外围共同影响，该区出现较大的降水过程，但对晚稻总体影响较小。9月下旬后期开始的持续晴朗少雨天气有利于单季晚稻的收割晾晒，也有利于双季晚稻灌浆积累干物质。10月平均气温略偏高，月平均降水量和降水日数明显偏少且分布不均，月日照时数明显偏多，昼夜差大，对各类作物生长和成熟有利。月内大多为典型秋高气爽的天气，无明显农业气象灾害影响，气象条件有利于作物生长发育，秋收冬种条件适宜。11月上旬和下旬出现明显过程性降水，中旬部分地区出现弱降水，其余天气以多云为主。前半月的阴雨天气对一些适收双季晚稻的收晒造成一定的延迟；过程性的降水也改善土壤水分条件，有利于各地油菜、小麦等的顺利播种，出苗。

【基本气象要素】 2014年，瓯海的年平均气温总体上为略偏高，瓯海稳定通过10℃的初日为2014年3月12日，较历年平均值偏早8天；稳定通过10℃终日为2014年12月1日，较历年平均值偏早5天；稳定通过22℃终日在2014年10月5日，较历年平均值偏迟7天；稳定通过20℃的终日在2014年10月30日，较历年平均值偏迟16天，2014年的春季终霜日是2014年2月20日，较历年平均值偏早12天；2014年的冬季初霜日是的12月13日，较历年平均值偏迟5天。全年降水量较平均值偏多。各时期中偏多较多的是5～6月和8～9月，期间降水的显著偏多使全区多地出现积涝，对农业、人民生活产生影响。

【气温】 2014年，瓯海的年平均气温19.0℃，较历年平均值偏高0.1℃。从月季变化上看，温州市区今年最低月平均气温出现在2月。2月到到7月月平均气温保持稳定较快地升高，7月到8月月平均气温略有下降，8月到12月保持稳定较快地降低。从各月份的距平上看，5月、12月偏低最多，2、6、8月略偏低，其他月份均偏高，其中以11月偏高最为明显。

【降水】 2014年，瓯海区降水量2059.6毫米，较历年同期平均值偏多293.1毫米。从各月变化上看，从各月份的距平上看，瓯海区该年各月降水量与历年同期平均值相比5、9月显著偏多，2、6、8月明显偏多外，3、11月基本接近历年同期平均值，1、4、10月显著偏少，7、12月明显偏少。

【日照】 2014年，瓯海区总日照时数为1512.8小时，较历年同期平均值偏少。月季变化上看，温州市区全年中1月、3月、10月明显偏多；5月、8月、9月、11月明显偏少；其他月份基本接近历年同期平均值。全年各月的变化波动较大，5月由于连阴雨，月日照时数达全年最低。

【冷空气】 2014年1月21日，受北方冷空气影响，瓯海区各地开始降温，日平均气温在22日达到最低。该次冷空气过程为干冷过程，夜间辐射降温剧烈，低温特征体现为强度强范围广。22日、23日两天凌晨的最低气温都大范围低于0℃。由于极端低温低，部分地方出现严重冰冻，一些露天水管被冻裂，村民取水造成不便，一些露天的白菜、萝卜、芥菜被冻烂，部分大棚内的草莓、茄子、蕃茄等也受冻。由于为干冷过程，对交通路面基本没有影响。2月7日气温开始下降，在11日达到本次过程的最低值。该次过程降温持续时间较长，最低气温较低。9日凌晨出现较大范围的0℃以下低温。在降温的同时，8日夜里西部和北部山区开始出现雨夹雪或雪，9日下午平原地区出现雨夹雪，山区有小到中雪，特别是西部山区有中到大雪，9-13日维持了一段低温阴雨天气，连续5天日平均气温维持在5℃以下，9-11日一些道路出现结冰。农业上，虽然该次过程先是阴雨，基础气温低，大棚设施在白天也能够储存热量不足，夜间极端低温低，一些山区的大棚蔬菜出现一定的冻害。

【强对流天气】 2014年3月19日，北方一股较强冷空气东移南下，夜里开始影响瓯海区，带来一次明显的降水、降温和大风天气过程，日平均气温的过程降温幅度达7～9度，最低气温出现在22日早晨。19日傍晚到夜里出现首次大范围雷雨天气过程，部分乡镇出现冰雹。

受低层切变线和冷空气的影响多阵性降水，3月28日夜里到29日早晨瓯海区再次出现较大范围雷雨大风天气过程。两次强对流天气中出现降雹、雷电天气。降雹时间较短，未对农林渔等行业未造成明显损失。

【连阴雨】 2014年4月中旬末期到下旬中期，瓯海区先后受弱冷空气影响，东南气流、低层低涡切变线的共同影响，4月19-27日出现连阴雨天气，局地出现大雾天气，局地出现短时强降水。19-27日累计降水56.5毫米。该次阴雨过程从连阴雨日数上看持续日数多，但期间每次降水过程的降水时间不是很长，降水间歇多。多阴雨使蔬菜大棚内湿度增高，病害有所增加，个别大棚黄瓜霜霉病发病重，株病率达100%，叶病率达82%。连阴雨期间虽多雨日，但降水多间歇，降水真正持续时间不是很长，该次连阴雨过程对农作物未造成明显的不利影响。

受高空槽、低层切变及暖湿气流的综合影响，从5月9日起，全区开始出现连阴雨天气，9日至31日有19天雨日，仅3天没下雨；全年该期间降水量为81年以来历史同期第3高值；该期间日照时数为81年以来历史同期最小值。

连阴雨期间降水多，湿度高，日照少，温度偏低。连续降水造成成熟期枇杷落果、烂果、裂果多，损失较大。连续阴雨使油菜收割困难，无法正常晾晒，出现倒伏、霉烂、发芽，降低了产量、质量；持续较长时间的气温较低导致早稻发育有些滞后，发育期有所推迟，分蘖较少，苗数不足，估计会给产量造成一定影响。连续的降水使许多路段的路面破坏严重，影响交通。

【梅雨期】 2014年，较为集中的梅雨降水期在6月中旬后期进入，在7月7日出梅。6月下半月连续出现12天雨日（仅26日无降水），其中22-24日受西南急流和低层切变线影响，全区普降大到暴雨，部分地区出现大暴雨。该三天的降水量分别为55.1毫米、125毫米和75.1毫米，达到暴雨和大暴雨的量级。

连阴雨期间多降水，高湿度，寡日照，温度总体偏低且波动较大。连续的降水造成成熟期杨梅落果、烂果多，损失较大；使一些排水不畅的田块出现积水，这些田块的西瓜根系霉烂，藤蔓枯萎，减产较大。6月中旬后期，早稻开始抽穗，持续较长时间的高湿度、寡日照导致一些早稻颖花脱落，对结实率有一定的不利影响。连续的降水使得一些路段的路面破坏较为严重，影响交通；西部山区局部地方出现山体滑坡等地质灾害；连续降水导致部分地区农田被淹。连续降水也使得一些室外施工暂停。

【1410号台风“麦德姆”】 2014年，第10号热带风暴“麦德姆”于7月18日02时在菲律宾马尼拉东偏南的西北太平洋洋面上生成，生成后以每小时15～20公里的速度向偏西方向移动，强度逐渐加强，19日凌晨加强为强热带风暴级，随后逐渐转向西北方向移动向台湾东南洋面靠近，强度继续加强，19日晚上加强为台风级，以后保持台风级强度大约1天半左右的时间。22日下午在台湾东南近海海面加强为强台风，23日凌晨0时15分前后在台湾台东县长滨乡沿海登陆，登陆时中心气压955百帕，近中心附近最大风力有14级（42米/秒）。以后横穿台湾岛，于23日05时从台湾省彰化县移入台湾海峡，并减弱为台风。7月23日15时30分前后，在福建省福清市高山镇沿海登陆，登陆时减弱为强热带风暴级，登陆时中心气压980百帕，近中心最大风力30米/秒（11级），登陆福建后先向偏西方向移动，后向西北方向移动，强度快速减弱，于24日08时减弱为低压，08时30分前后进入江西省境内。

“麦德姆”台风过程表现出的特点：第一，台风的云系与西南季风结合，降雨强度大。7月22日0时到23日12时，台湾大部已出现大到暴雨，部分地区出现大暴雨到特大暴雨，台湾东部局部地区降雨量达500毫米以上，花莲慈恩的降雨量达598毫米。第二，台风的强度减弱慢。“麦德姆”在登陆福建后将深入内陆，强度缓慢减弱，陆上维持时间较长，较为少见。第三，台风登陆北上，与冷空气结合，影响范围广。

受1410号热带气旋“麦德姆”影响，全区出现较为明显的降水和大风过程。据统计，7月22日20时-7月24日20时全区平均面雨量18.5毫米。台风“麦德姆”给全区农业、水利、交通、电力等基础设施造成一定损失。

【1416“凤凰”台风】 2014年第16号台风“凤凰”于9月18日02时在菲律宾以东洋面上生成，生成后向西北偏西方向移动，强度逐渐加强，19日14时加强为强热带风暴级，21日上午10时在台湾恒春登陆，之后入海并沿台湾省海岸线向北移动逐渐进入浙江省海域，并于22日19时35分在宁波象山县鹤浦镇登陆，登陆时中心气压985hPa，中心风速28m/s，登陆后继续向北移动，在杭州湾减弱为热带风暴。受“凤凰”台风影响，全区出现大到暴雨，局部大暴雨。受“凤凰”台风影响，局部地区出现塌方、内涝等灾害，但无人员伤亡。

建置沿革

【概况】 瓯海辖域古为瓯地，春秋战国属越地，秦统一六国后为闽中郡地，汉惠帝三年驺摇受封为东海王建东瓯国属东瓯国，东瓯国消亡后属会稽郡回浦县。东汉时先后属临海郡之章安县、永宁县。东晋太宁元年析临海立永嘉郡属永嘉郡永宁县。隋开皇九年，平陈后废郡，改永宁县为永嘉县，遂属永嘉县，此后历1300余年直至民国辖域均为永嘉县一部分。民国三十八年八月，析置省直辖温州市，属温州市。1950年5月复归永嘉县，1958年8月重划属温州市区，1981年12月经国务院批准建立瓯海县，以原温州市的梧埏、永强、三溪、藤桥、西岸5个区为行政区域。1992年3月撤县设区，成为温州市三城区之一。2001年7月，温州市行政区划调整，将永强片4个镇划归龙湾区，藤桥片5个乡镇以及梧埏镇火车站以北四个村划归鹿城区，瑞安市仙岩镇、丽岙镇划归瓯海区，确定区人民政府迁驻娄桥街道。2003年撤销西岸、五凤垟、北林垟等三乡并入泽雅镇，撤销梧田镇、新桥镇、娄桥镇、南白象镇、茶山镇建制和三垟乡建制分别设立街道办事处。2011年3月撤销潘桥镇、郭溪镇、瞿溪镇、丽岙镇、仙岩镇5个镇建制，设立5个街道办事处，现辖12个街道1个镇。

机　构

区级机构

【中共温州市瓯海区委员会】

书　记　厉秀珍

副书记　彭立华　金叶斌（兼，-2014.08）
黄　波（女）

常　委　黄文献　黄显标　林宝新
周一富　黄　慧（女）　陈先微
叶　军　陈平华

【瓯海区人民法院】

院　长　陈　晔（-提议2014.12）
周　虹（2014.12提议-）

副院长　叶洪和（-2014.12）　张笃昆
叶建平　葛永忠
黄文胜（2014.12-）

党组书记　陈　晔

党组副书记　叶洪和（-2014.11）

党组成员　张笃昆　葛永忠　黄文胜
蔡雄强　张晓凌
张维银（-2014.11）　徐东海

纪检组长　蔡雄强

政治处主任　黄文胜（-2014.11）
张晓凌（2014.11-）

审委会专职委员　陈圣国
张晓凌（-2014.11）
王军武（2014.11-）

梧田人民法庭庭长　陈相隆（2014.01-）

三溪法庭庭长　刘　然（女，2014.01-）

【瓯海区人民检察院】

检察长　赵卫华

副检察长　夏志兴　丁熙华　陈光华
张立群

党组书记　赵卫华

党组副书记　夏志兴

党组成员　陈光华　沈统浩　丁熙华
张立群　余红微（女）　夏旖静（女）
黄晓丽（女，2014.01-）

纪检组长　沈统浩

政治处主任　余红微（女）

检委会专职委员　杜东才　张宪平

反贪局局长　张立群

反渎职侵权局局长　刘文光

梧田检察室主任　夏旖静（女）

监所检察科科长兼驻所检察室主任　杨献勇

【中共瓯海区纪律检查委员会】

瓯海区纪律检查委员会

书　记　黄显标

副书记　薛东晓　徐龙升（2014.05-）

常　委　祝照宇　陈　宏　孙小丹（女）
瞿　建

办公室（监察综合室）主任
郑　翔（-2014.11）

信访室（申诉复查室）主任
孙令兴（2014.11-）

宣传教育室主任　吴金伍

党风政风监督室（区政府纠正行业不正之风办公室）主任　金镇山（2014.11-）

纪委案件审理室主任　王　克（2014.11-）

纪委第一纪检监察室主任

周友发（2014.11-）

纪委第二纪检监察室主任

麻建胜（2014.11-）

纪委第三纪检监察室主任

项海光（2014.11-）

作风与效能办主任

薛东晓（兼，2014.09-）

作风与效能办主任常务副主任

祝照宇

作风与效能办主任副主任

项海光

信访室（区政府监察举报中心）主任

王　克（-2014.05）

孙令兴（2014.05-2014.11）

执法监察室（纠正部门和行业不正之风室）主任

麻建胜（-2014.11）

党风廉政室主任　金镇山（-2014.11）

干部管理室主任　贾丽妮（女，-2014.11）

纪委案件审理室（申诉复查室）主任

林　坚（-2014.05）

王　克（2014.05-2014.11）

纪委效能监察室主任

项海光（-2014.11）

纪委纪检监察室主任

周友发（2014.01-2014.11）

【区委工作部门、直属单位、部门归口机构】

瓯海区委办公室

主　任　胡明德

副主任　李友谊　翁定波　王世昌（兼）

叶　展　林苏文（兼）

林彩娣（女，兼）　肖云武（兼）

王玮康　金海敏（兼）　陈建中（兼）

办公会议成员　卢　铸　邱忠瑜

叶美娟（女）

王海芸（女，2014.05-）

瓯海区委政研室

主　任　李友谊（兼）

副主任　邱忠瑜

瓯海区保密局

局　长　卢　铸

瓯海区委机要局（温州市瓯海区密码管理局）

局　长　翁定波

副局长　叶美娟（女）

瓯海区接待办

主　任　林苏文

瓯海区考绩委员会办公室

主　任　叶　展（2014.01-）

副主任　王世昌　叶美娟（女）

瓯海区档案局（瓯海区档案馆）

局　长（馆长）　陈建中

副局长（副馆长）　潘庆安

党组书记　陈建中

党组成员　潘庆安

瓯海区委、区人民政府信访局

局　长　金海敏

副局长　蔡美雄（女）　任洪武　王炳辉（兼）

周胜恩

党组书记　金海敏

党组副书记　蔡美雄（女）

党组成员　任洪武　周胜恩　周胜春

陈景晖（2014.05-）

纪检组长　任洪武

瓯海区委组织部

部　长　黄　慧（女）

常务副部长　叶向敏

副部长　梅秀成（-2014.11）　黄碎涛（兼）

卢忠雷（兼）　金建东（-2014.11）
金朝辉　张建明（兼）
苏海鸥（女，2014.11-）
部务会议成员　何　毅（-2014.05）　黄定恕
项凝露（2014.01-）
陈　弦（2014.11-）
苏海鸥（女，-2014.11）
区委组织员管理办公室
主　任　苏海鸥（女，-2014.11）
瓯海区委人才工作领导小组办公室
主　任　何　毅（-2014.05）
陈　弦（2014.11-）

瓯海区委非公有制经济组织和社会组织工作委员会（简称区委两新工委）

书　记　金朝辉
副书记　刘速建（兼）　韩志勇（兼）
金勇芬（兼）　黄定恕
项凝露（2014.01-）
纪工委书记　黄定恕

瓯海区委老干部局

局　长　张建明
副局长　姜　凯　陈超俊
局务会议成员　张丽娟（2014.11-）

瓯海区关心下一代工作委员会办公室

主　任　张建明
副主任　杨向荣

瓯海区委党史研究室（区地方志编纂委员会办公室）

主　任　金建东（兼，-2014.11）
副主任　徐　朝　李　展（2014.11-）

瓯海区委宣传部

部　长　黄文献
常务副部长　陈建敏
副部长　彭福云（兼）　黄松光（兼）
陈　策（兼）　雷子明（挂职）
林　丹（女）
部务会议成员　林海军　林朝峰（2014.01-）
瓯海区互联网信息办公室主任　林海军

瓯海区精神文明建设指导委员会办公室

主　任　陈　策
副主任　叶文滔　郁月明
陈启飞（兼，-2014.09）　汤夕平

瓯海区社会科学界联合会

主　席　陈启飞
副主席　黄海凡

瓯海区新闻中心

主　任　黄松光
副主任　周乐光　吴　远
方欣慰（女，挂职，-2014.02）
肖新华（女，挂职，2014.05-2014.11）
党组书记　黄松光
党组成员　李　展（－2014.11）　周乐光
吴　远　项震江（2014.11-）
纪检组长　李　展（-2014.11）

瓯海区委统一战线工作部

部　长　叶　军
常务副部长　张崇德
副部长　叶冠栋（-2014.11）
卢剑富（-2014.11）　董国华
王小平（女，2014.01-）
黄智阆（2014.11-）
部务会议成员　周雄雄（2014.05-）
沈忠武（2014.05-）

瓯海区台湾工作办公室（瓯海区人民政府台湾事务工作办公室）

主　任　王小平（女，2014.01-）

瓯海区台胞台属联谊会
副会长　贾丽妮（女，2014.11提议-）

瓯海区委政法委员会
书　记　黄　波（女）
副书记　林宝新（兼）　陈先微（兼）
王汉旺（常务）　刘春林（挂职）
张　强　陈正南（挂职）
林淼江（2014.01-）
张崇华（2014.01-）
专职委员　项建顺（2014.01-）
委务会成员　庄志兴（-2014.09）
陈　可（2014.01-2014.11）
周忠武（2014.11-）
政治处（办公室）主任　庄志兴（-2014.09）
周忠武（2014.11-）

瓯海区社会治安综合治理委员会办公室
主　任　张　强
副主任　何善杰

瓯海区委610办公室
主　任　林淼江（2014.01-）
副主任　项建顺

瓯海区委维护稳定工作领导小组办公室
主　任　张崇华
副主任　陈　可（-2014.11）

瓯海区直属机关工作委员会
书　记　梅秀成（-2014.11）
潘云毅（2014.11-）
副书记　姜桂安　周秀文（女）
委　员　谢忠孝　鲁仁二
纪工委书记　谢忠孝

瓯海区委农业和农村工作委员会
书　记　黄　波（女，兼）
副书记　姜文龙（兼）
办公室主任　姜文龙（兼）
常务副主任　林建勇
副主任　卢恩波

瓯海区委、瓯海区人民政府农村工作办公室（瓯海区农林渔业局，瓯海区扶贫老区工作办公室）
区委农办
主　任　姜文龙
副主任　陈小秋　金文贤（-2014.07）
张　兴　徐福明
胡式华（2014.11-）
瓯海区农林渔业局
局　长　姜文龙
副局长　陈小秋　金文贤（-2014.07）
张　兴　徐福明　吴春昆
胡式华（2014.12-）
总农艺师　项光川
党组书记　姜文龙
党组副书记　陈小秋　金文贤（-2014.07）
吴春昆　胡式华（2014.11-）
党组成员　张　兴　徐福明　林建勇
林久益（-2014.11）　卢恩波
项光川　黄祥俊
纪检组长　林久益（-2014.11）
区扶贫办
主　任　金文贤（-2014.07）
瓯海区畜牧兽医局
局　长　徐福明

瓯海区机构编制委员会办公室
主　任　卢忠雷
副主任　王小平（女，-2014.01）
朱建跃（女）　陈建春（2014.05-）

【温州市瓯海区人大常委会】
主　任　张纯一
副主任　王素贞（女）　林金祥　王晓康（女）

王国华　周霞光　麻贤生
党组书记　张纯一
党组副书记　王素贞（女）
党组成员　林金祥　王国华　周霞光
麻贤生　林建炜

【瓯海区人大常委会内设机构】

常委（专职）

林建炜　林钦法（-2014.04）
刘岳松　刘应军
黄智阛（-2014.12）　王道地
黄林新　叶汉新（2014.02-）
周向勇（2014.02-）
杨平武（2014.11提议-）
梅秀成（2014.11提议-）
王珏玮（2014.11提议-）

办公室

主　任　林建炜
副主任　季建益（-2014.12）

城建工作委员会

主　任　刘应军
副主任　周　武

科教文卫体工作委员会

主　任　叶汉新
副主任　戴文华（女）

财经工作委员会

主　任　刘岳松
副主任　汪晓春

法制工作委员会

主　任　王道地
副主任　陈　可（2014.12-）

代表工作委员会

主　任　黄智阛（-2014.12）
王珏玮（2014.12-）

民宗侨外工委

主　任　周向勇

农村和资源保护工作委员会

主　任　杨平武

【温州市瓯海区人民政府】

区　长　彭立华
副区长　林宝新（常务副区长）　周一富
李　康　金衍光　钱素文（女）
潘小林　陈正南（挂职）
林　敏（挂职，2014.08-）
区长助理　钟　敏（女，挂职，2014.08-）
党组书记　彭立华
党组副书记　林宝新
党组成员　周一富　金衍光　钱素文（女）
潘小林　陈正南（挂职）　姜剑鑫
陈朝明　林　敏（挂职，2014.07-）
钟　敏（女，挂职，2014.07-）

【区政府工作部门、直属部门和办事机构】

瓯海区人民政府办公室

主　任　陈朝明
副主任　叶青松（兼，-2014.10）
邱忠夫（兼，-提议2014.12）
项欣华（兼，-2014.10）
林淼江（-2014.01）
徐敏武（-2014.10）　季海波
姜　慧　诸　江　朱晶晶
江秀珍（兼，-提议2014.12）
朱学进（-2014.06）　金集淼
周卢琴（女，2014.06-）
王林宗（2014.06-）

卢旭峰（2014.12–）
党组书记　陈朝明
党组成员　叶青松（–2014.09）
林淼江（–2014.01）
徐敏武（–2014.09）
季海波（–2014.11）　姜　慧
朱学进（–2014.05）　诸　江
周卢琴（女）　朱晶晶　胡松勤
王　伟（–2014.05）　金集淼
王林宗（2014.05–）
管军辉（2014.05–）
周海霞（女，2014.09–）
卢旭峰（2014.11–）
纪检组长　周卢琴（女）

瓯海区法制办公室
主　任　叶青松（–2014.12）
副主任　卢旭峰（2014.12–）

瓯海区人民防空办公室（民防局）
副主任（副局长）　王林宗（2014.10–）

瓯海区城乡建设咨询委员会办公室
常务副主任　管军辉
副主任　王　伟（兼，–2014.06）

瓯海区规划编研中心
主　任　王　伟（–2014.06）

瓯海区电子政务中心
主　任　胡松勤

瓯海区人民政府驻杭州办事处
主　任　肖云武
副主任　余蓓蕾（女，兼）

瓯海区人民政府驻上海工作处
主　任　林彩娣（女）

瓯海区人民政府金融工作办公室
主　任　张启成（2014.01–）
副主任　陈海东　林　茂
尹振军（挂职，–2014.03）
张少华（挂职，2014.05–）
党组书记　张启成
党组成员　陈海东　林　茂　周呈帆
戴伟忠（2014.01–）
纪检组长　周呈帆

瓯海区发展和改革局（瓯海区物价局）
局　长　王珏玮（–2014.12）
周金平（2014.12–）
副局长　石德恩（–2014.12）　潘永明
郑奇灏
总工程师　王林宗（–2014.06）
党组书记　王珏玮（–2014.11）
周金平（2014.11–）
党组副书记　吴海敏　张雄俊
党组成员　石德恩（–2014.11）　潘永明
郑奇灏　陈义贤（–2014.09）
黄跃亮　王林宗（–2014.05）
李　鹏　王晓招（女）
郑　翔（2014.11–）
纪检组长　黄跃亮

瓯海区服务业发展局
局　长　张雄俊
副局长　郑　翔（2014.12–）

瓯海区重点工程建设领导小组办公室
主　任　吴海敏
副主任　陈义贤（–2014.10）

瓯海区政府投资项目前期办公室
主　任　李　鹏

瓯海区经济和信息化局

局　长　叶衍国(–2014.12)
　　　　金建东(2014.12–)
副局长　林国道(–2014.12)
　　　　吴玲莲(女)　林荣华
　　　　王爵通(2014.12–)
总工程师　叶宝国
党组书记　叶衍国(–2014.11)
　　　　金建东(2014.11–)
党组副书记　林荣华　吴玲莲(女，2014.11–)
党组成员　林国道(–2014.11)　吴玲莲(女)
　　　　秦　毅(2014.05–)
　　　　王爵通(2014.11–)
纪检组长　吴玲莲(女，–2014.05)
　　　　秦　毅(2014.05–)

瓯海区教育局

局　长　林和国
副局长　沈岩明(–2014.10)　林建国
　　　　林成益　易　然(挂职，2014.08–)
人武部部长　林　东
党委书记　林和国
党委副书记　林明畴　章方辉
党委委员　林建国　林成益　李玉宇
　　　　林友谊　徐余聪(女)　林　东
纪委书记　徐余聪(女)
瓯海区人民政府教育督导室
副主任　林友谊
浙江省瓯海中学
校　长　金志正
瓯海区教师发展中心(瓯海区教师进修学校)
主　任(校长)　李玉宇
瓯海区职业中专集团学校
校　长　单克胜
浙江广播电视大学瓯海分校
校　长　林剑东

瓯海区科技局

局　长　郑国华
副局长　陈　诚　陈建晓
党组书记　郑国华
党组副书记　陈　诚
党组成员　陈建晓　陈　弦(–2014.11)
　　　　叶慧敏(2014.11–)
纪检组长　陈　弦(–2014.11)
　　　　叶慧敏(2014.11–)

瓯海区民族宗教事务局

局　长　卢剑富(–2014.12)
　　　　黄智阗(2014.12–)
副局长　林文杰　冯文明

瓯海区监察局

局　长　薛东晓(2014.04–)
副局长　瞿　建　郑晓亮　陈伟节(女)
　　　　陈　宏(兼)

瓯海区民政局

局　长　王友杰(–2014.12)
　　　　王琲珽(2014.12–)
副局长　林丽珍(女)　刘速建　单云胜
　　　　吴旭明
党组书记　王友杰(–2014.11)
　　　　王琲珽(2014.11–)
党组副书记　林丽珍(女)
党组成员　刘速建　朱清勇　王小明
　　　　单云胜　李昌磊　吴旭明
　　　　周桂林(2014.11–)
纪检组长　李昌磊

瓯海区老龄工作委员会办公室

主　任　朱清勇
副主任　王小明

瓯海区社会工作委员会

书　记　　黄　波（女，兼）
副书记　　王友杰（兼，–2014.11）
　　　　　王玼斑（兼，2014.11–）
办公室主任　王友杰（兼，–2014.11）
　　　　　　王玼斑（兼，2014.11–）
办公室常务副主任　刘速建
办公室副主任　赵晓双（女）
　　　　　　　吴海萍（女，挂职，–2014.02）

瓯海区司法局

局　长　　金菊飞（女）
副局长　　李智祥　陈高翔　吴会明
　　　　　胡鑫成
党组书记　金菊飞（女）
党组成员　李智祥　陈高翔　吴会明
　　　　　胡鑫成　梁　斌
纪检组长　胡鑫成
政治处主任　梁　斌

瓯海区财政局

局　长　　吴　强（–2014.10）
　　　　　李中方（2014.10–）
副局长　　黄筱萍（女，–2014.04）　叶国蒙
　　　　　欧胜武（2014.12–）
总会计师　欧胜武（–2014.12）
　　　　　洪　凯（2014.12–）
党组书记　吴　强（–2014.09）
　　　　　李中方（2014.09–）
党组副书记　项瞻文　周旭隆
党组成员　黄筱萍（女，–2014.03）　叶国蒙
　　　　　陈金凡　欧胜武　徐　教
　　　　　杨海慧　吴建峰（–2014.11）
　　　　　洪　凯
纪检组长　陈金凡
瓯海区国有资产管理办公室
主　任　　项瞻文
副主任　　徐　教　杨海慧
瓯海区项目融资领导小组办公室
常务副主任　周旭隆
瓯海区预算执行局
局　长　吴建峰（–2014.12）
瓯海区预算编制局
局　长　　吴丽佳（女，2014.01–）
瓯海区财政监督局
局　长　　徐前荣（2014.01–）
瓯海区税收社会化征管服务中心
主　任　　洪　凯

瓯海区人事劳动局（瓯海区人力资源和社会保障局党组）

局　长　　黄碎涛
副局长　　林显忠（–2014.01）　周佩玲（女）
　　　　　姜林海　朱晓东
　　　　　陈崇福（2014.12–）
党组书记　黄碎涛
党组副书记　朱晓东
党组成员　林显忠（–2014.01）　周佩玲（女）
　　　　　姜林海　陈崇福
　　　　　何胜聪（2014.05–）
纪检组长　朱晓东
瓯海区社会保险管理中心
主　任　　陈崇福

瓯海区住房和城乡建设局

局　长　　蔡足胜
副局长　　胡荣寿　朱迎乐　朱　奎
总工程师　朱　奎
党组书记　蔡足胜
党组副书记　胡荣寿　潘云毅（兼，–2014.11）
　　　　　　刘晓千（2014.11–）
党组成员　朱迎乐　朱　奎
　　　　　李　鹤（2014.05–）
　　　　　林冬梅（2014.05–）
纪检组长　李　鹤（2014.05–）

瓯海区房产管理处（区房管局）

主任（局长）　潘云毅（-2014.12）
　　　　　　　刘晓千（2014.12-）

副主任（副局长）　高　剑　王　进

瓯海区城市管理与行政执法局

局　长　林彩萍（女）

副局长　陈　阐　郑裕军（兼）　廖文寿
　　　　林忠荣　张则喜

党组书记　林彩萍（女）

党组副书记　陈　阐

党组成员　杨素琴（女，-2014.09）　廖文寿
　　　　　林忠荣　张则喜　潘朝宁
　　　　　陈长川（2014.11-）

纪检组长　杨素琴（女，-2014.09）

瓯海区城管与执法大队

常务副大队长　郑裕军

副大队长　张色立　黄安迪

瓯海区城市园林绿化领导小组办公室

主　任　林彩萍（女）

副主任　陈长川　吴龙怀

瓯海区交通运输局

局　长　金剑欣

副局长　余　琦　项敬杰　林荣平

党组书记　金剑欣

党组副书记　余　琦　项敬杰

党组成员　林荣平　姜　晔

纪检组长　姜　晔

瓯海区公路管理段

段　长　项敬杰

瓯海区公路路政管理大队

大队长　项敬杰

瓯海区水利局

局　长　王高博（2014.01-）

副局长　周　伦（-2014.12）　任世旁
　　　　李志刚　林周成

总工程师　陈　彪

党组书记　王高博（2014.01-）

党组副书记　周　伦（-2014.11）

党组成员　任世旁　李志刚　林周成

纪检组长　任世旁

瓯海区防汛防旱指挥部办公室

主　任　戴　敏

瓯海区商务局

局　长　许建宇

副局长　白锡权　黄松海（兼）　陈广秋
　　　　叶蔚明　毕小明（挂职，2014.10-）

党组书记　许建宇

党组副书记　胡展望

党组成员　白锡权　黄松海　林金明
　　　　　陈广秋　叶蔚明　许学军
　　　　　姜方泽

纪检组长　林金明

瓯海区粮食局

局　长　胡展望

副局长　黄松海

瓯海区网络经济局

局　长　许建宇（2014.10-）

副局长　姜方泽（2014.10-）

中国国际贸易促进会委员会浙江省温州市瓯海区委员会

副会长　姜方泽（2014.10-）

瓯海区文化广电新闻出版局

局　长　姜小英（女）

副局长　胡文生　徐千春　姜　军
　　　　胡晓慧（挂职，-2014.08）

党组书记　姜小英（女）

党组成员　胡文生　徐千春　林步春
　　　　　姜　军　麻显春（女，2014.09-）

纪检组长　麻显春（女，2014.09-）

瓯海区卫生局

局　长　　陈胜利
副局长　　庄哲铭　陈　佩(女)
党委书记　陈胜利
党委副书记　林明山
党委委员　朱为柳　庄哲铭　陈　佩(女)
　　　　　黄建裕　林冬燕
纪委书记　朱为柳
瓯海区卫生监督所
所　长　　黄建裕
瓯海区疾病预防控制中心
主　任　　郑剑勇

瓯海区人口和计划生育局

局　长　　何晓武(-2014.04)
副局长　　叶忠达　周永牛　姜春兰(女)
党组书记　何晓武(-2014.03)
党组副书记　叶忠达　陈云波
党组成员　周永牛　林　莉(女)　周胜勇
纪检组长　林　莉(女)
瓯海区出生人口性别比综合治理联席会议办公室
主　任　　何晓武(-2014.04)
常务副主任　叶忠达

瓯海区审计局

局　长　　凌胜康
副局长　　邱世早　孙云香(女，-2014.04)
　　　　　金建红(女)　张汉忠(2014.12-)
总审计师　张汉忠(-2014.12)
　　　　　吴建峰(2014.12-)
党组书记　凌胜康
党组成员　邱世早　孙云香(女，-2014.03)
　　　　　金建红(女)　张汉忠
　　　　　马海飞(2014.05-)
　　　　　吴建峰(2014.11-)
纪检组长　邱世早
瓯海区经济责任审计工作联席会议办公室
主　任　　马海飞

瓯海区统计局

局　长　　王益忠
副局长　　陈胸怀　王灿霞(女)
总统计师　王灿霞(女，-2014.10)
　　　　　沈建锋(2014.10-)
党组书记　王益忠
党组成员　王灿霞(女)　陈胸怀
　　　　　沈建锋(2014.09-)
瓯海区统计局社会综合统计办公室
主　任　　陈秀红

瓯海区环境保护局

局　长　　凌晓敏
副局长　　马小波　王爵通(-2014.12)
　　　　　李　昆　周　伦(2014.12-)
总工程师　黄相飞
党组书记　凌晓敏
党组副书记　马小波　周　伦(2014.11-)
党组成员　陈育昆　王爵通(-2014.11)
　　　　　李　昆　黄相飞　吴宏晔(女)
纪检组长　吴宏晔(女)
瓯海生态区建设工作领导小组办公室
常务副主任　马小波

瓯海区侨务办公室

主　任　　董国华
副主任　　胡式华(-2014.10)
　　　　　周克敢(-2014.10)　郑将乐(女)

瓯海区安全生产监督管理局

局　长　　沈显武(-2014.10)
　　　　　叶青松(2014.10-)
副局长　　陈智刚(-2014.06)　王建新
　　　　　郭地清　余元昌
党组书记　沈显武(-2014.09)
　　　　　叶青松(2014.09-)
党组副书记　陈智刚(-2014.05)
党组成员　王建新　郭地清　谢钦亮子

王月华（女） 王达武（-2014.11）
余元昌
纪检组长 谢钦亮
瓯海区安全生产委员会办公室
常务副主任 林淼江（-2014.01）

瓯海区市场监督管理局

2014年3月，根据区委常委会研究决定，整合区食品药品监督管理局、区食安办、区工商分局的职责，划入区质监部门的食品安全监管职责，组建区市场监督管理局（保留区工商行政管理局、区食品药品监督管理局牌子），为区政府工作部门，同时增挂区食品安全委员会办公室牌子。成立温州市瓯海区市场监督管理局党委、纪委，撤销区食品药品监督管理局党组、纪检组，原任的区食品药品监督管理局党组书记、党组副书记、党组成员、纪检组长职务自行免去。

局 长 林少云（2014.04-）
副局长 王国昕（2014.04-）
韩志勇（2014.04-）
潘凛溥（2014.04-）
刘建群（2014.04-）
胡飞雄（2014.04-）
王大丰（2014.04-）
凌晓东（2014.04-）
陈温媛（女，2014.04-）
总工程师 陈温媛（女，2014.04-）
党委书记 王国昕（2014.03-）
党委副书记 林少云（2014.03-）
韩志勇（2014.03-）
潘凛溥（2014.03-）
党委委员 刘建群（2014.03-）
王大丰（2014.03-）
凌晓东（2014.03-）
陈温媛（女，2014.03-）
纪委书记 韩志勇（2014.03-）
瓯海区食品安全委员会办公室
主 任 林少云（-2014.04）
王国昕（2014.04-）
常务副主任 徐敏武（-2014.10）
副主任 潘凛溥 胡飞雄 陈温媛（女）
陈 佩（女，兼） 项光川（兼）
陈广秋（兼） 黄胜华（兼）
凌晓东（兼）
瓯海区食品药品监督管理局
局 长 林少云（-2014.04）
副局长 潘凛溥（-2014.04）
胡飞雄（-2014.04）
陈温媛（女，-2014.04）
党组书记 林少云（-2014.03）
党组副书记 潘凛溥（-2014.03）
党组成员 陈温媛（女，-2014.03）
纪检组长 潘凛溥（-2014.03）

瓯海区质量技术监督局

2014年3月，根据区委常委会研究决定，温州市质量技术监督局瓯海分局由垂直管理调整为地方政府分级管理，更名为区质量技术监督局，为区政府工作部门。成立温州市瓯海区质量技术监督局党组、纪检组。

局 长 董学江（2014.04-）
副局长 黄节棋（2014.04-）
黄胜华（2014.04-）
季祝仁（2014.10-）
党组书记 董学江（2014.03-）
党组副书记 季祝仁（2014.09-）
党组成员 黄节棋（2014.03-）
黄胜华（2014.03-）
陈 贵（2014.03-）
纪检组长 陈 贵（2014.03-）

瓯海区人民政府房屋土地征收管理办公室（区征地拆迁管理办公室）

区征收办主任 陈 敏
区征收办副主任 徐小霞（女） 周岩庆
区征收办党组书记 陈 敏

区征收办党组成员　徐小霞（女）　周岩庆

瓯海区行政审批管理办公室

主　任　项欣华（-2014.10）
　　　　徐敏武（2014.10-）
副主任　冯菊莲（女）　陈晓慧　王佳杰
　　　　黄建珍（2014.12-）
党组书记　项欣华（-2014.09）
　　　　徐敏武（2014.09-）
党组成员　冯菊莲（女）　陈晓慧
　　　　童丽敏（女）　王佳杰
　　　　温圣彦（2014.05-）
　　　　黄建珍（2014.11-）
纪检组长　童丽敏（女）

瓯海区区级机关事务管理局

局　长　周寿珍
副局长　金宗义　季淑忠（-2014.10）
　　　　林　海（2014.10-）
党组书记　周寿珍
党组成员　金宗义　张文清
　　　　季淑忠（-2014.09）　林　海
纪检组长　张文清

瓯海区体育事业发展局

局　长　孙　平
副局长　翁卫星　计进武
党组书记　孙　平
党组成员　翁卫星　计进武　支彬阜

瓯海区风景旅游管理局

局　长　许克达
副局长　程立剑　陈小业　潘王平
　　　　彭措旺姆（女，挂职，2014.08-）
党组书记　许克达
党组成员　程立剑　陈小业　潘王平
　　　　冯　伟（女）
纪检组长　冯　伟（女）

瓯海区移民安置办公室

主　任　林建平
副主任　张崇尧　孙文斌
党组书记　林建平
党组副书记　张崇尧
党组成员　王　玲（女）　孙文斌
　　　　何向跃（2014.05-）

瓯海区新居民服务管理局

局　长　江秀珍
副局长　林成益（兼）　叶忠达（兼）
　　　　姜林海（兼）　林胜国　毕　胜
　　　　金云生（2014.10－）
党组书记　江秀珍
党组副书记　林胜国（2014.09-）
党组成员　林胜国　毕　胜　谷素贞（女）
　　　　潘洲波　金云生（2014.09-）
　　　　诸永权（2014.09-）
纪检组长　谷素贞（女）

瓯海区供销合作社联合社

主　任　王献珍
副主任　张宋良　王小敏（女）
党组书记　王献珍
党组副书记　叶慧飞
党组成员　张宋良　王小敏（女）
瓯海区农村合作经济组织联合会
主　任　王献珍（兼）
副主任　叶慧飞　张宋良（兼）

浙江省瓯海经济开发区管理委员会

主　任　季华文
副主任　朱志胜　陈星隆　周伟东
　　　　李新坚　季祝仁（-2014.10）
党委书记　黄建春（-2014.09）

党委副书记　季华文　李崇滔
季祝仁（-2014.09）
党委委员　朱志胜　陈星隆　周伟东
管　川（-2014.09）　姜益民
王颖颖（女）　李新坚
吴建奇（2014.09-）
纪委书记　王颖颖（女）
人武部长　管　川（-2014.09）
总工会主席　吴建奇

温州市农业高新技术示范区瓯海管委会

主　任　陶琼伟（-2014.01）
诸　江（2014.06-）
副主任　陈黎明（2014.01-）

瓯海区温瑞塘河保护管理委员会

主　任　邱忠夫
副主任　白国强　王晓东（-2014.10）
周　跃（2014.10-）
总工程师　戴　刚
党组书记　邱忠夫
党组副书记　白国强
党组成员　王晓东（-2014.09）
蔡海龙（-2014.11）　周深灿
叶和昌　周　跃（2014.09-）
胡筱武（2014.11-）
纪检组长　蔡海龙（-2014.11）
胡筱武（2014.11-）

瓯海中心区建设领导小组办公室（区城市中心区建设开发指挥部）

主　任　张成臣
常务副主任　王晓敏
副主任　王晓敏　潘晓俊
黄锡宗（-2014.01）　吴晓东
周文波
总工程师　李　凯（2014.06-）
党组书记　张成臣
党组副书记　陈　敏　王晓敏
党组成员　潘晓俊　黄锡宗（-2014.01）
黄显凡　吴晓东　周文波
李　凯（2014.05-）
吴道敏（2014.05-）
纪检组长　潘晓俊

瓯海区铁路配套建设管理委员会办公室（区铁路建设指挥部）

主　任　周卢泽
副主任　戴立民　周爱敏　李绒宇
胡学勋　刘建锋　朱朝君
周纪曼　周长东　李仁爱
林　众
总工程师　朱朝君（兼）
党组书记　周卢泽
党组副书记　戴立民　周爱敏
党组成员　周长东　李绒宇　胡学勋
朱朝君　周纪曼　刘建锋
潘　建　李仁爱　林　众
纪检组长　潘　建

温州市瓯海区人民政府国内经济合作办公室（区现代商贸业开发建设办公室）

经合办
主　任　李中方（-2014.10）
项欣华（2014.10-）
副主任　林友凯　陈广秋（兼，-2014.10）
谢　东（兼，-2014.10）
潘永明（兼，-2014.10）　章吉荣
应瞻宇（-2014.06）
何剑敏（2014.06-）
党组书记　李中方（-2014.09）
项欣华（2014.09-）
党组副书记　林友凯（2014.05-）
党组成员　林友凯　应瞻宇（-2014.05）

黄胜珍（女）　章吉荣
张　垒（2014.01–）
何剑敏（2014.05–）
陈　洁（2014.05–）
纪检组长　黄胜珍（女）

瓯海区招商局

局　长　李中方（–2014.10）
项欣华（2014.10–）
副局长　林友凯　章吉荣
应瞻宇（–2014.06）
何剑敏（2014.06–）

温州市瓯海区委"瓯商"联合工作委员会

书　记　李中方（兼，–2014.09）
项欣华（兼，2014.09–）
副书记　应瞻宇（专职，–2014.05）
何剑敏（2014.05–）
第三工委书记　余蓓蕾（女）

瓯海区城市建设办公室（土地整理中心）

主　任　陈云建
副主任　赵　康　王成勇　戴东鹏
总工程师　吴建平
党组书记　陈云建
党组副书记　王成勇
党组成员　赵康子　黄俊丽（女）　吴建平
戴东鹏
纪检组长　黄俊丽（女）

瓯海区土地整理中心

主　任　陈云建（兼）

瓯海区森林公园建设办公室

常务副主任　陈小秋
副主任　何剑敏（–2014.06）
鲁建利（–2014.06）　黄祥俊
张建敏（2014.06–）
党组书记　陈小秋
党组副书记　鲁建利（–2014.06）
党组成员　何剑敏（–2014.05）　黄祥俊
周锦伦　张建敏（2014.05–）

瓯海区牛山片区整治工程建设办公室

主　任　吴寿训
副主任　冯志平　朱建胜
孙令兴（兼，–2014.06）　戴建锡
叶治祥　周建强
总工程师　朱建胜
党组书记　吴寿训
党组副书记　冯志平　项秉义
党组成员　李志前　戴建锡　叶治祥
周建强
纪检组长　李志前

瓯海区综合卫生填埋场建设办公室

常务副主任　何占宇（兼，–2014.12）

瓯海区国有土地使用权出让联席会议办公室（土地储备中心）

主　任　刘晓千
副主任　林建光
党组书记　刘晓千
党组成员　吴建华　麻建敏
瓯海区土地储备中心
主　任　刘晓千（兼）
副主任　吴建华

瓯海区城市转型发展破难攻坚大行动领导小组办公室

主　任　潘小林（兼）
副主任　张景锋
党组书记　王世昌
党组成员　张景锋

瓯海区广化路和双南线道路建设办公室

主　任　金声众（–2014.10）
　　　　潘小林（兼，2014.12–）
副主任　王晓东　高　敏
总工程师　沈　晔
党组书记　金声众（–2014.09）
　　　　王晓东（2014.11–）
党组成员　王晓东（–2014.11）　王汉祥
　　　　高　敏
纪检组长　王汉祥

瓯海区城镇低效用地再开发试点工作领导小组办公室

常务副主任　王文胜
副主任　潘建春（2014.06–）

【政协温州市瓯海区委员会】

主　席　吴宏儒
副主席　留红光　黄松柳（女）　沈岩明
　　　　胡林兴　姜化钧　李　芍（女）
秘书长　董定珍
党组书记　吴宏儒
党组成员　留红光　黄松柳（女）　胡林兴
　　　　姜化钧　董定珍

【政协瓯海区委员会内设机构】

常委（专职）

管青云（－2014.12）
黄松华（－2014.12）　林伯伟
林道克（－2014.12）
董海燕（女，－2014.12）　仰耀虹
薛永川　陈晓霞（女）
金仕策（2014.02－）
麻菊叶（女，2014.02－）　叶冠栋
叶衍国（2014.11提议－）

办公室

主　任　陈晓霞（女）

提案委员会

主　任　管青云（–2014.12）
　　　　仰耀虹（2014.12–）
副主任　黄红霞（女）

科技经济委员会

主　任　林道克（–2014.12）
　　　　陈智刚（2014.12–）
副主任　陈智刚（2014.07–2014.12）

教文卫体委员会

主　任　麻菊叶（女，2014.01–）
副主任　黄小敏

港澳台侨委员会

主　任　徐海曼（女）
副主任　黄红霞（女，–2014.07）

文史资料委员会

主　任　谢微东（2014.12–）
副主任　谢微东（–2014.12）

社会法制委员会

主　任　林伯伟

委员工作委员会

主　任　金仕策

【瓯海区人民团体·社团组织】

瓯海区总工会

主　席　林金伦（–2014.12）
　　　　王友杰（2014.12–）
副主席　王小莉（女）　张建辉（2014.12–）
党组书记　林金伦（–2014.11）

　　　　王友杰（2014.11-）
党组副书记　王小莉（女）
党组成员　张建辉

共青团温州市瓯海区委员会
书　记　李　渊
副书记　金中伟（-2014.05）　董　舒
　　　　陈奇翼（挂职-2014.11）
　　　　林　密（2014.05-）
党组成员　金中伟（-2014.05）　董　舒
　　　　陈奇翼（挂职，-2014.11）
　　　　林　密（2014.05-）

瓯海区妇女联合会
主　席　季爱平（女）
副主席　郑文慈（女）　林艳艳（女）
党组书记　季爱平（女）
党组副书记　林艳艳（女）
党组成员　郑文慈（女）
　　　　段雪蕾（女，2014.01-）

瓯海区科学技术协会
主　席　金　坚
副主席　叶爱英（女）
党组书记　金　坚
党组成员　黄显勇

瓯海区残疾人联合会
理事长　金祥斌
副理事长　徐晓华　叶和昌
党组书记　金祥斌
党组成员　徐晓华　叶和昌　吴章豹
　　　　戴伟忠（-2014.01）
　　　　吴海萍（女，2014.03-）

瓯海区工商业联合会（总商会）
常务副主席　叶冠栋（-提议2014.11）
副主席　金永芬　郑温生（-提议2014.09）
　　　　谢　东
党组书记　叶冠栋（-2014.11）
党组副书记　谢　东
党组成员　金永芬　郑温生（-2014.09）

瓯海区文学艺术界联合会
主　席　彭福云
副主席　季淑忠（2014.09提名-）

瓯海区归国华侨联合会
主　席　胡式华（-2014.12）
　　　　翁蔡恩（2014.12-）
副主席　周克敢

温州市瓯海区红十字会
会　长　钱素文（女，兼）
常务副会长　江海龙
党组书记　季海波
党组成员　麻显春（女，-2014.09）

【市派驻瓯海机构】
温州市瓯海公安分局
区委常委、局党委书记、局长　陈先微
党委副书记、政委　周剑波
党委副书记、常务副局长　郑伟雄
党委委员、副局长
　　　　江秀珍　毛定荣　林朝晖
党委委员、纪委书记　谷小林
党委委员、副局长　赵　憬
党委委员、政治处主任　蔡国华
党委委员、副局长
　　　　郑裕军　陈作雁（2013.11～）
　　　　朱彬彬（2013.11～，市局下派）
党委委员、副政委　潘晓旭
党委委员　王炳辉

市交警支队四大队

大队长　陈秀忠（-2014.10）
　　　　陆朝焕（2014.10-）
副教导员　董建文（-2014.10）
　　　　朱思用（2014.10-）
副大队长　韩加驰　杨芳敏

温州市瓯海区国家税务局

局　长　陈晓纳（-2014.4）
　　　　吴成华（2014.04-）
副局长　邵　钢　余康杰　张宪珍
　　　　孙　科
纪检组组长　程　毅
党组书记　陈晓纳
党组成员　邵　钢　余康杰　张宪珍
　　　　孙　科　程　毅

温州市地方税务局瓯海税务分局

局　长　王小冬
副局长　沈　节　伊民杰　吴建国
　　　　黄芒芒　李建敏
党总支书记　王小冬

温州市规划局瓯海分局

局　长　黄立威
副局长　陈良友　王振山　廖若杰
党总支书记　黄立威
副书记　陈良友

温州电业局瓯海供电分局

局　长　刘日彪
副局长　胡晓钢　王　亮　张　阳
党总支书记　刘日彪

【驻瓯军事机构】

中国人民解放军温州市瓯海区人民武装部

部　长　徐立军（-2014.3）
　　　　朱千吉（2014.3-）
副部长　陈杰
政　委　陈平华
党委第一书记　厉秀珍
党委书记　陈平华
党委副书记　徐立军（-2014.3）
　　　　朱千吉（2014.3-）
党委委员　陈　杰　李永茂　李玉钦

【民主党派·无党派人士】

中国国民党革命委员会温州市瓯海区总支委员会

主　委　沈岩明
副主委　刘旭海　黄敏祖　潘　风

中国民主同盟温州市瓯海区支部委员会

主　委　叶正茂
副主委　戴　刚　姜志远

中国民主建国会温州市瓯海区总支委员会

主　委　周家儒
副主委　孙　强　水寿松　范建娜

中国民主促进会温州市瓯海区支部委员会

主　委　蒋孟有
副主委　潘伯俊　江海龙

中国农工民主党温州市瓯海区支部委员会

主　委　厉汉华

中国致公党温州市瓯海区支部委员会

主　委　王贤俊

九三学社温州市瓯海区基层委员会

主　委　胡飞雄
副主委　蒋　敏　张　静　朱敬忠

瓯海区党外知识分子联谊会

会　长　　王晓康

副会长　　叶建平　叶爱英　徐海曼

　　　　　季建益　郑嗣武　王晓明

瓯海区新的社会阶层人士联谊会

会　长　　刘旭海

副会长　　叶盛富　方　良　王川海

　　　　　苏文栋　周爱松　徐春妹

　　　　　贾晓静　鲁丽华　邵丽娟

功能区

【瓯海景新都市商贸区管委会】

说明：人员配备未到位

【瓯海中心区管委会】

党委书记　张成臣

党委副书记　林照光

　　吴雪梅（兼，女，-2014.09）

　　徐海严（-2014.09）

　　吴寿训（兼）

　　丁建勇（2014.01-2014.09）

　　王晓敏

党委委员　卢旭峰（-2014.11）　戴洪龙

　　丁建勇（-2014.01）

　　周金琳（-2014.09）

　　张　昶（-2014.09）

　　陶琼伟（2014.01-2014.09）

　　林明光（-2014.11）　林成东

　　陈海伦　朱学进（2014.05-2014.09）

管委会主任　林照光

管委会副主任　吴雪梅（兼，女，-2014.01）

　　卢旭峰（-2014.11）

　　戴洪龙（正科长级）

　　丁建勇（兼，-2014.05）

　　周金琳（兼，-2014.09）

　　张　昶（兼，-2014.09）

　　陶琼伟（兼，2014.01-2014.09）

　　林明光（正科长级，-2014.11）

　　林成东（正科长级）

　　陈海伦（正科长级）

　　朱学进（兼，2014.05-2014.09）

总工程师　林成东

综合办公室主任　张　恺

经济发展局局长　龚丽中

规划与招商引资局局长　吴晓东（兼）

【瓯海梧白科技城管委会】

党委书记　黄建春

党委副书记　贾潘明　王珧珽（-2014.09）

　　金声众（-2014.09）

党委委员　周伟东　周才静（-2014.09）

　　沈　晔　王晓东

　　林荣华（-2014.09）

　　黄锡宗（2014.01-）

管委会副主任　周伟东（正科长级）

　　周才静（正科长级，-2014.09）

　　王晓东（正科长级）

　　林荣华（正科长级，-2014.09）

　　朱志胜（2014.05-）

总工程师　沈　晔

经济发展局局长　潘妙迁

招商引资局局长　章　强

【瓯海郭瞿工贸新区管委会】

党委书记　陈人念

党委副书记　王高博（-2014.09）

党委委员　钟沛康（畲族，-2014.09）

　　丁建忠（兼，-2014.09）

　　何占宇（-2014.11）　王金权

　　陈　敏　赵建新

管委会主任　王高博（-2014.09）

管委会副主任　钟沛康（兼，畲族，-2014.09）
丁建忠（兼，-2014.09）
何占宇（正科长级，-2014.11）
王金权（正科长级）
陈　敏（正科长级）
管委会委员　潘　风
总工程师　赵建新
综合办公室主任　胡成衡（兼，-2014.05）
城市规划建设局局长　伍晓华
经济发展局局长　周　豪
招商引资局局长　陈　伟

【瓯海仙丽侨乡文化区管委会】
党委书记　翁结群（-2014.03）
周金平（2014.05-2014.11）
党委副书记　周金平（-2014.05）　周　海
党委委员　金守信（-2014.09）
林益正（-2014.09）　项秉义
翁蔡恩（-2014.11）　徐建潮
张光满　鲁汝庆
管委会主任　周金平（-2014.11）
管委会副主任　金守信（兼，-2014.09）
林益正（兼，-2014.09）
项秉义（正科长级）
翁蔡恩（正科长级，-2014.11）
徐建潮（正科长级）　鲁汝庆
管委会委员　陈利芬（女）
总工程师　项秉义
综合办公室主任　夏成华
招商引资局局长　陈利芬（女）
经济发展局局长　王益华（兼）

【瓯海泽雅城郊休闲旅游区管委会】
党委书记　陈继林
党委副书记　林显斌
陈建春（正科长级，-2014.05）
党委委员　蔡向波　金旭初
陈　宏（2014.05-）
管委会主任　林显斌
管委会副主任　蔡向波（正科长级）
陈　宏（正科长级，2014.05-）
管委会委员　李云岳
总工程师　金旭初
经济发展局局长　李云岳
规划建设局局长　陈冬成

镇、街道机构

【瓯海区景山街道】
党工委书记　丁建勇（2014.01-）
党工委副书记　丁建勇（-2014.01）
朱学进（2014.05-）　周文辉
应　欢（女，2014.05-）
党工委委员　林建敏　胡晓明（-2014.05）
诸儒林　朱晶晶（-2014.01）
郑雪波　吴　益
郑小茹（女，2014.05-）　张海敏
纪工委书记　郑雪波
人大工委主任　金仁宁
人大工委副主任　管加毅　刘微微（女）
办事处主任　丁建勇（-2014.05）
朱学进（2014.05-）
办事处副主任　胡晓明（2014.05-）　诸儒林
朱晶晶（-2014.01）　王定良
陈　策
两新工委书记　丁建勇（兼，2014.06-）
两新工委副书记　郑雪波（兼，-2014.06）
吴　益（兼，2014.06-）
胡晓明（兼，2014.06-）
人武部长　胡晓明（-2014.05）
郑小茹（女，2014.05-）

【瓯海区新桥街道】

党工委书记　吴雪梅（女）
党工委副书记　吴寿训（兼，-2014.09）
陶琼伟（2014.01-）　冯志平
吴昌明
党工委委员　张建敏（-2014.05）　陶臣建
诸葛展远　黄良德
王　伟（2014.05-）　郑今雷
戴建锡　陈永平（-2014.07）
王　钦（2014.07-）
纪工委书记　郑今雷
人大工委主任　黄国荣
人大工委副主任　贾恩瑞　郑　洁（女）
办事处主任　吴雪梅（女，-2014.01）
陶琼伟（2014.01-）
办事处副主任　吴寿训（兼，-2014.09）
张建敏（-2014.05）　陶臣建
鲍胜国　王　伟（2014.05-）
黄星月（女）
两新工委书记　吴雪梅（兼，女）
两新工委副书记　黄良德（兼）
朱忠亮（兼，2014.06-）
人武部长　诸葛展远

【瓯海区娄桥街道】

党工委书记　林照光
党工委副书记　周金琳　陈海伦
陈　昌（兼）
党工委委员　林国生　秦　毅（-2014.05）
张吟宇（2014.05-）
左飞黄（女）　陈剑春
纪工委书记　陈剑春
人大工委主任　郑万顺
人大工委副主任　包罗波　周国华
办事处主任　周金琳
办事处副主任　姜瑞凡　秦　毅（-2014.05）
张吟宇（2014.05-）
陈寒艳（女）　徐寿冬
两新工委书记　林照光（兼）
两新工委副书记　左飞黄（兼，女）
姜瑞凡（兼，2014.12-）
人武部长　林国生

【瓯海区潘桥街道】

党工委书记　徐海严
党工委副书记　张　昶　陶琼伟（-2014.01）
徐　隆　何善晓（2014.09-）
党工委委员　何善晓（-2014.09）　陈克义
张吟宇（-2014.05）　许陈亮
陈帮良　贾恩明（2014.05-）
林秀东
纪工委书记　陈帮良
人大工委主任　徐海严（-2014.11）
林国道（2014.11-）
人大工委副主任　黄志祥
办事处主任　张　昶
办事处副主任　何善晓（-2014.09）　陈克义
徐建芳　柯晓策（女）
蔡海龙（2014.11-）
两新工委书记　徐海严（兼）
两新工委副书记　张吟宇（兼，-2014.05）
陈帮良（兼，2014.06-）
陈森若（兼，2014.06-）
人武部长　贾恩明（2014.05-）

【瓯海区梧田街道】

党工委书记　黄建春（兼）
党工委副书记　金声众　林建敏
谢成敏（-2014.01）　张理敏
何　毅（2014.05-）
姜益民（兼）
党工委委员　黄文燕（女）　管　川　王建和
王利建　黄　策
纪工委书记　黄文燕（女）
人大工委主任　林建敏（2014.01-）
人大工委副主任　朱炳岳（-2014.11）

林建敏（-2014.01）
许来扣（2014.01-）
朱温沪（女，2014.11-）
办事处主任 金声众
办事处副主任 王建和 王利建 马志远
孙令兴（-2014.05）
姜益民（兼）
陈建义（2014.11-）
两新工委书记 黄建春（兼）
两新工委副书记 温胜义（兼）
黄 策（兼，2014.06-）
人武部长 管 川

【瓯海区南白象街道】
党工委书记 王琲珽
党工委副书记 周才静 王仁隆
应瞻宇（2014.05-）
党工委委员 肖剑雄 徐林家（女） 林海勇
林晓丹（-2014.07）
潘建新（2014.07-）
纪工委书记 林海勇
人大工委主任 谢成敏（2014.01-）
人大工委副主任 陈木区
许来扣（-2014.01）
黄锡宗（2014.01-）
办事处主任 周才静
办事处副主任 谢大义 刘 炜 王 瓒
张 议（2014.05-）
两新工委书记 王琲珽（兼）
两新工委副书记 徐林家（兼，女）
季克辉（兼，-2014.05）
王 瓒（兼，2014.12-）
人武部长 肖剑雄

【瓯海区郭溪街道】
党工委书记 陈人念（兼，-2014.09）
沈显武（2014.09-）
党工委副书记 丁建忠 陈 敏 周秀通
林国锋
党工委委员 周 叶 黄荣芳 林兴龙
应 欢（女，-2014.05） 陈 坚
胡成衡（2014.05-） 张作玉
纪工委书记 黄荣芳
人大工委主任 戴国松
人大工委副主任 邵和光 胡拓夫
办事处主任 丁建忠
办事处副主任 林兴龙 陈建义（-2014.11）
林覆宽 陈 坚
王达武（2014.11-）
两新工委书记 陈人念（兼，-2014.09）
沈显武（兼，2014.09-）
两新工委副书记 陈 敏（兼，-2014.06）
胡成衡（兼）
虞夏婵（兼，女，2014.05-）
人武部长 周 叶

【瓯海区瞿溪街道】
党工委书记 王高博（兼，-2014.09）
钟沛康（畲族，2014.09-）
党工委副书记 钟沛康（畲族，-2014.09）
李 乐 何占宇（2014.11-）
胡之豪（2014.11-）
党工委委员 黄建珍（-2014.11） 彭朝晖
胡之豪（-2014.11） 王彩燕（女）
王绍起 陈普查 姜 宋
纪工委书记 王彩燕（女）
人大工委主任 卓国林
人大工委副主任 朱云义 沈平凡
办事处主任 钟沛康（畲族，-2014.11）
何占宇（2014.11-）
办事处副主任 彭朝晖 胡之豪（-2014.11）
张永飞 伍晓华（2014.01-）
两新工委书记 王高博（兼，-2014.09）
钟沛康（兼，畲族，2014.09-）
两新工委副书记 李 乐（兼，-2014.06）
王绍起（兼，2014.06-）

徐卫东（兼，2014.06-）
人武部长　陈普查

【瓯海区丽岙街道】

党工委书记　翁结群（兼，-2014.03）
林益正（2014.09-）
党工委副书记　林益正（-2014.09）
林明光（2014.11-）
翁蔡恩（-2014.11）
姜玉琴（女）
党工委委员　王培秋（女）　卢　旭　陈王李
褚纯略　张时曼
纪工委书记　褚纯略
人大工委主任　张崇华（2014.11-）
人大工委副主任　胡　旭（女）　宋松华
办事处主任　林益正（-2014.11）
林明光（2014.11-）
办事处副主任　王培秋（女）　徐　凯
王益华　金　武
两新工委书记　翁结群（兼，-2014.03）
林益正（兼，2014.09-）
两新工委副书记　褚纯略（兼，-2014.06）
陈王李（兼，2014.06-）
徐　凯（兼，2014.06-）
人武部长　卢　旭

【瓯海区仙岩街道】

党工委书记　周金平（兼，-2014.11）
金守信（2014.11-）
党工委副书记　金守信（-2014.11）
徐建潮　王聪伟
党工委委员　梅　杰（-2014.05）　邵连敏（女）
谢　策　施世兴　赵晓双（女）
丁小峰　张　斌
纪工委书记　施世兴
人大工委主任　张碧武
人大工委副主任　李晓光　刘曙芳（女）
办事处主任　金守信
办事处副主任　邵连敏（女）　林　杰
李爱存　梅　杰（2014.06-）
两新工委书记　周金平（兼，-2014.11）
金守信（2014.11-）
两新工委副书记　林　杰（兼）
施世兴（兼，2014.06-）
人武部长　丁小峰

【瓯海区泽雅镇】

党委书记　陈继林（兼）
党委副书记　林显斌　蔡向波（-2014.05）
李　晓（女）　金中伟（2014.05-）
党委委员　李云岳　李　鹤（-2014.05）
邱乾建　夏建群（女）　陈建平
叶文才　叶祥信
纪委书记　陈建平
人大主席　林松海
人大副主席　周德强　孙康崇
镇　长　林显斌
副镇长　李　鹤（-2014.05）　黄建东
季克辉（2014.05-）
邱乾建（2014.05-）　陈炎冀
两新工委书记　陈继林（兼）
两新工委副书记　李　晓（兼，女）
夏建群（兼，女）
人武部长　叶文才

【瓯海区茶山街道】

根据《市委办公室、市政府办公室关于调整温州生态园管理体制的意见》（温委办发〔2014〕68号）的精神，瓯海区与温州生态园管委会解除三垟街道、茶山街道的委托关系，成建制回归瓯海区管理。三垟街道、茶山街道领导干部，实行分类双重管理。2014年5月10日前完成温州生态园管理体制调整工作，按照新的管理体制运行。

党工委书记　朱汝东（-2014.09）
张益品（2014.09-）
党工委副书记　张益品（-2014.09）

卢寿光（2014.09—）
周　跃（—2014.09）
张崇华（—2014.11）
党工委委员　金春分　陈　榜　林晓锋
贾晓青（女，—2014.09）
姜振林（2014.09—）　金鑫海
纪工委书记　林晓锋
人大工委主任　卢寿光（—2014.09）
季建益（2014.11—）
人大工委副主任　姜振林（—2014.09）
潘国华（—2014.09）
陈建勇（2014.09—）
办事处主任　张益品（—2014.09）
卢寿光（2014.09—）
办事处副主任　范建娜（女）　金春分
林建东
贾晓青（女，2014.09—）
两新工委书记　张益品（兼，2014.12—）
两新工委副书记　姜振林（兼，2014.12—）
金春分（兼，2014.12—）
人武部长　陈　榜

【瓯海区三垟街道】

根据《市委办公室、市政府办公室关于调整温州生态园管理体制的意见》（温委办发〔2014〕68号）的精神，瓯海区与温州生态园管委会解除三垟街道、茶山街道的委托关系，成建制回归瓯海区管理。三垟街道、茶山街道领导干部，实行分类双重管理。2014年5月10日前完成温州生态园管理体制调整工作，按照新的管理体制运行。

党工委书记　陈爱敏
党工委副书记　王　芬（女）　杨选泽
金云生（—2014.09）
党工委委员　陈成国　李金国　林晓燕（女）
陈　峰（—2014.09）
余　秀（2014.09—）　陈　凌
纪工委书记　李金国
人大工委主任　项丽萍（女，—2014.09）
人大工委副主任　周忠海（—2014.09）
胡志方（2014.09—）
办事处主任　王　芬（女）
办事处副主任　陈成国　周凯化（—2014.09）
苏海和　叶淑东（女）
杜恩拉（2014.09—）
两新工委书记　陈爱敏（兼，2014.12—）
两新工委副书记　林晓燕（兼，女，2014.12—）
陈成国（兼，2014.12—）
人武部长　陈　峰（—2014.09）
余　秀（2014.09—）

说明：该次组织史收录2014年1月至2014年12月全区各级领导干部的名录。所收录的领导人名录，以组织机构的级别为准，不涉及干部个人的级别待遇；组织机构的排列顺序同样不涉及单位的级别待遇。收录的领导人范围为区管的在职领导干部。凡少数民族、女性、兼职、挂职均在任职时间的括号内加注。

如有错漏，请及时与区委组织部干部一科、二科核对。

中国共产党温州市瓯海区委员会

综　述

2014年，瓯海区贯彻落实中央和省、市委的决策部署，深入实施“十大举措”，沉着应对各种风险压力，着力破解各类矛盾问题，全区形成赶超发展的良好态势。全年实现生产总值412.98亿元，增长8.6%；规上工业增加值103.69亿元，增长7.7%；服务业增加值170.09亿元，增长9.3%；第一产业增加值5.91亿元，增长2.9%；公共财政预算收入24.24亿元，增长15.4%；外贸进出口总额23.27亿美元，增长4.4%；限上社会消费品零售总额73.3亿元，增长19.9%；城镇居民人均可支配收入42058元，增长9.2%；农村居民人均可支配收入23708元，增长10.2%；预计万元生产总值综合能耗下降5.5%，化学需氧量、氨氮、二氧化硫、氮氧化物排放量分别削减1.7%、2.5%、3%、4.8%。

经济运行企稳向好。加快推进产业平台建设，红星美凯龙家居广场开业，大西洋银泰城进入二次装修，亿象商业广场、站南服饰批发广场基本建成，华润万象城、云天楼洲际广场结顶，站前港龙商业广场、巨溪国际真皮大世界等项目扎实推进，郭溪高新技术产业园等3个市级示范小微企业园开工建设。招商引资和温（瓯）商回归成效明显，省外回归引进项目到位资金60.1亿元，11个世界温州人大会签约项目落地建设。“四换三名”“三转一市”“无转有”扎实推进，组织实施“挖潜节地”项目170个、“机器换人”项目39个，完成“个转企”1841户、“小升规”116家，实现无照转有照4062家、无账转有账完成率122%。创新驱动作用不断增强，引进国家和省“千人计划”人才5名、院士工作站1家，瓯海科技大市场开市，华盖医药基金落户。网络经济加快发展，率全市之先创成省电子商务示范区，金州电商城、国智电商产业园入选省电子商务十大产业基地，潘桥陈庄村、仙岩沈岙村入选中国“淘宝村”。休闲旅游业和都市农业加快发展，会昌河旅游发展规划、泽雅西山景区详规完成编制，仙岩华美达广场、崎云度假村开工建设，一批现代农业园区建成。风险企业帮扶和银行不良贷款处置力度加大，分类帮扶风险企业184家，落实应急转贷资金23亿元，新增企业贷款48亿元，处置银行不良贷款35亿元，银行不良贷款率和不良贷款总额实现双降。

城区功能日益增强。推动有效投资持续增长，完成限上固定资产投资302.02亿元，增长14.5%，完成率100.03%，成为全市唯一完成市下达目标任务的县（市、区）。重大项目加快推进，央企合作项目、省“411”项目和省、市重点工程投资完成率均排名全市前列，首批百亿重大工程集体开工、总投资142.5亿元。市级在瓯项目保障有力，城市中央绿轴实现无障碍施工，温州肯恩大学成功去筹，浙江安防职业技术学院加快建设，绕城高速西南线、市域铁路S1线进场施工。重点片区开发建设提速，中心区、站前区、南湖城市综合体等片区商住项目、道路网建设进度加快；牛山片区环山景观带初具形象，牛山滨水公园一期建成开园，牛山路、高风路主干道建成通车，安置房加快建设。狠抓基础设施建设，中央大道、园区路南段、国鼎路南段等道路建成通车，瓯海大道西延、新双南线、吹台山隧道及接线等道路加快推进，龙霞路南延、104国道拓宽整治梧田段等道路开工建设，完成温州动车南、高速南两大进城口整治一期工程，交通治堵工作考核排名全市第一；220千伏丽岙变主体竣工，21个片区截污纳管工程建成投用。拆迁安置房建设扎实推进，实现投资27亿元、完成率150%，新开工71.5万平方米，竣工23.7万平方米，交钥匙2150套。土地清理和开发力度加大，完成“转而未供”土地清理5760亩、完成率125%，完成“供而未用”土地清理3017亩、排名全市第三，启动实施首批低效用地再开发项目5600亩、排名全市第一。

城区面貌日益改善。打好“五水共治”攻坚战，完成投资23.1亿元，市级“五水共治”重点项目进度排名全市第一，48条黑臭河道基本消除黑臭，“河长制”实现全覆盖，三溪片河道综合治理工程开工建设，主塘河沿河景观、桃源水库、任桥河拓宽整治等工程加快推进，荷塘月色公园、谢灵运公园基本建成，获得省“五水共治”工作优秀县(市、区)“大禹鼎”。打好“三改一拆”攻坚战，完成城中村、旧厂房、旧住宅区改造815万平方米，拆除违建124万平方米，一批涉及宗教和民间信仰场所的违建得到依法处置。打好“六城联创”攻坚战，“两无四边三化”持续推进，新增城市绿地166公顷，蟠凤村等18个城中村环境综合整治取得初步成效，通过省级生态区创建技术核查，接受全国文明城市创建总评，完成国家森林城市、国家卫生城市创建任务。

发展活力不断增强。成立区委全面深化改革领导小组，推进“六大领域40项改革项目”，实现全面深化改革的良好开局。落实上级部署的改革任务，组建区市场监管局，三垟、茶山成建制回归瓯海管理。深化政府自身改革，实施公共服务窗口办事无休日制度，率全省之先试点推进政府职能向社会组织转移、完整公布县(市、区)级部门权力清单，率全市之先构建防治“踢皮球”新模式。深化金融综合改革，组建5家农村资金互助会，率全省之先成立首家民营征信服务机构，全区首家票据服务公司获批授牌。深化农村综合改革，农村承包地确权登记积极推进，开展农房抵押贷款试点，创成省级农村集体“三资”管理规范化县。深化社会领域改革，社会资本办医办学改革和民政综合改革加快推进。

社会建设切实加强。全面发展社会事业，温州森马学校、瓯海教师进修学校前期工作加快推进，仙岩穗丰小学、瓯海外国语学校、市七医、和平国际医院开工建设，市人民医院娄桥新院结顶，市六医建成开诊，区图书馆新馆对外开放，创成全国义务教育发展基本均衡区、全国计划生育优质服务先进区、省级卫生强区、省级文化先进区、省运动休闲基地。小品《等》获省第二十五届戏剧小品邀请赛创作金奖，动漫《快乐梦多多》获省“五个一”工程奖，“瓯之韵”合唱团获省、市群众合唱大赛金奖，泽雅屏纸制作技艺列入国家级非物质文化遗产代表性项目名录。社会保障覆盖面不断扩大，创新爱心驿站运行模式，养老服务不断提升，社会救助救灾体系逐步健全，荣获省水库移民工作优秀县(市、区)。平安瓯海建设扎实推进，基层社会治理创新启动试点，社会稳定风险评估全面推开，基层创安和系统创安有序开展，“平安三率”进一步提升，一批历史遗留问题和信访积案得到化解，社会治安防控体系不断健全，物联网治安管控、视频监控建设和应用走在全市前列，创成省级无邪教区，平安建设成绩连续两年列“三区两市”第一。安全生产管理切实加强，安全生产“两化一网”建设推进，十五大重点领域安全生产整治等专项行动扎实开展，各类事故起数下降8.3%。减员增效持续推进，外来人口实际减少10.6万人、下降17%。

党的建设全面加强。开展党的群众路线教育实践活动，形成“加课学习、加改材料、加深谈话、加强批评、加速整改”等特色做法，得到中央第七巡回督导组和省、市委督导组肯定。学习习总书记系列重要讲话精神，广泛开展“四思四想”大讨论活动，开好专题民主生活会和组织生活会，广大党员干部经受一场深刻的思想教育和精神洗礼。率先建立作风建设问题“马上改”机制，推进即知即改和整改落实，区、镇街（部门）816个“马上改”项目、5976个“四风”问题和民生问题得到整改。开展“正风肃纪”专项行动，检查单位842家次，处理责任人员112名。贯彻从严治党新要求，建立基层党建“两级联述联评联考”制度，开展“三联三促”“五星争创”“五型”机关创建活动，全力打造好干部、好班子、好队伍。加强基层阵地建设，推进“红色细胞工程”，建成一批村民中心、文化礼堂，实现社区文化服务中心全覆盖，完成村（社区）“三多”事项清理整改，推进小微企业党建有效覆盖，创新建立政企联合党委和党建公积金。管好用好“两大舆论场”，开展“时尚之城 两美瓯海”主题宣传、“最美人物”系列评比，开通区网络综合问政平台。开展“同心同行 共建和谐”活动，试点推进宗教场所权证办理，协调解决宗教领域的一些困难和问题。全力打造“清廉瓯海”，执行党风廉政建设责任制，率全省之先推行问责案件审理制度，全市首个多媒体互动廉政教育基地建成开放。加强民主政治建设，全力支持人大、政协履行职责，发展壮大爱国统一战线，加强党管武装和老干部、工青妇等工作。

主要会议

【中共温州市瓯海区委八届五次全体（扩大）会议】 于1月10日上午8:30在新瓯海电影院召开。会议主要内容是贯彻落实党的十八届三中全会、省委十三届四次全会和市委十一届五次全会精神，回顾总结2013年工作，分析当前形势，研究部署2014年任务。审议通过《区委关于认真学习贯彻党的十八届三中全会精神全面深化改革的实施意见》（审议稿）。区委委员、候补委员，区纪委委员，区人大常委会主任、副主任，区政府副区长、区长助理，区政协主席、副主席，区人大退居二线的副县职以上党员领导同志、区人民检察院原检察长，区人民法院院长、人民检察院检察长，区人武部部长，各功能区、各镇街班子成员，区属各单位党员主要负责人，区政协秘书长，区人大、政协党员专职常委，各委（办）党员主要负责人，副县职以上党员离退休老干部，各民主党派主要负责人，部分区第八次党代会代表参加会议。

【中共温州市瓯海区委八届六次全体（扩大）会议】 于8月1日上午8:30在新瓯海电影院召开。会议主要内容是贯彻落实中央、省委和市委的重大决策，总结上半年工作，部署下半年任务，加大克难攻坚和狠抓落实的力度，确保完成全年目标，加快推进瓯海赶超发展。审议通过《中共温州市瓯海区委关于围绕“两美”目标发展时尚产业 加快建设生态宜居民富区强的幸福瓯海的决定》（审议稿）。区委委员、候补委员，区纪委委员，省、市督导组成员，区人大常委会副主任，区政府副区长、区长助理，区政协副主席，区人大退居二线的副县职以上领导、区检察院原检察长，区人武部部长、区法院院长、区检察院检察长、区公安分局政委，各功能区党委书记、主任，各街道党工委书记、办事处主任，泽雅镇党委书记、镇长，区属各单位主要负责人，区政协秘书长，人大、政协专职常委，各委（办）主要负责人，副县职以上党员离退休老同志，各镇街、区属有关单位部分班子成员，部分区第八次党代会代表参加会议。

办公室工作

【秘书工作】 2014年，瓯海区委办公室严格落实即办制，限时办结文件5000多件，印发每月工作要点12期、每周安排48期，协调重要会议活动100余次，确保文件流转、活动安排、事项办理“零延误”。编制《规范化建设手册》，进一步规范办文、办会、办事程序，深入实施重要活动预演制、文稿“三核三校”审核制、会议活动预通知制等系列制度，确保会议活动、文件审核、衔接协调“零差错”。结合教育实践活动，整改“文风会海”问题，牵头制定《关于进一步精简会议和改进作风的通知》《关于进一步精简和规范文件简报的通知》等系列文件，对文件、会议、接待等工作作出严格规定，全年发文225份，同比下降11.42%；召开会议60场，同比下降21.5%，套并会议13个，占比21.67%；公务接待费用同比下降52%，确保文件总数、会议场次、接待经费“零增长”。

【综合政研工作】 2014年，瓯海区委办公室完成教育实践活动系列材料，区委全会报告、区经济工作情况汇报等重要文稿。荣获温州市发展研究奖、温州市党政系统优秀调研成果二等奖等7个奖项。全年累计完成综合文稿340余篇，总文字量约160万字。全年征集关于振兴实体经济、推进“五水共治”、加强区域治理能力建设等12个方面90个重点调研课题。完成政策动态专报5期，在《浙江经济》《决策科学》等省市级刊物发表署名调研文章9篇。

【信息工作】 2014年，瓯海区委办公室刊发“普刊”“专刊”“专报”等各类刊物218期，完成年度任务的218%。中办录用5篇，其中2篇获中央领导批示，省办录用71篇，6、7月省委办向中办报送的20多篇社会基层反映“转报”中，瓯海占19篇。

【法治工作】 2014年，瓯海区委办公室结合教育实践活动，突出抓好法治项目建设，指定责任单位着重从优化法治服务、加强法律援助、提升司法便民等方面来确定法治建设项目，全区16个单位上报的项目被列为区法治示范项目，并全部完成既定任务目标。规范性文件报备，加强文件前置审核，提高文件制定质量，按照有件必备、有备必审、有错必纠的要求，上备规范性文件22个，并通过备案。

【考绩工作】 2014年，瓯海区督考系统全年建设任务基本完成，年初计划完成的“四边三化”、“创卫”、“各类月报表”、“重点工程项目子系统”等子项目开发基本投入使用。每月定期汇总经济、生态、平安报表、全市重点指标工作得分排名月等报表。加大对区主要领导批示件办理反馈情况的督查力度，每半月汇总梳理一次，及时向区主要领导反馈，并对区主要领导给区其他四套班子领导的批示件建立办理情况定期汇总反馈机制。全年办理督办通知书290期、转办件896件、抄告单95期，发重要事项抄告单81期。全年开展专题督查12次，并发专题督查通报12期。研究出台《关于全面推行区委区政府重要决定事项“落实事故”责任督考制度的实施意见》，对区委、区政府专题会议纪要明确事项落实不到位的列为“落实事故”进行督办，在催办预警后仍然落实不到位的，启动问责调查机制，严肃追究责任单位和单位领导的责任，并将处理结果与年终考绩相挂钩。

【机要保密工作】 2014年，瓯海区保密局创新实行涉密视频会议室使用预报制，召开涉密视频会议56场。加强密码设备、涉密人员和密件的管理及宣传教育，修订完善《机房管理制度》和《控制室设备使用规定》，保障日常工作有序运转，全年共收电1127份，未发生错送、漏送和压误电报的事件，在省委机要系统先进评选中获记二等功。以自查和抽查相结合的方式，对全区各单位开展网络清查和保密检查，发现存在泄密隐患11个，整改11个。在重点涉密23家单位举行《保密须知》、失泄密案例警示等图片展，开展保密教育宣传，增强广大干部群众，特别是各级领导干部和涉密人员保密意识。

组织工作

【党的群众路线教育实践活动】

2014年，瓯海区将党的群众路线教育实践活动作为组织工作的首要任务来抓，以“纠四风、树四气、强细胞、惠民生”为内容，坚持规定动作做到位、自选动作有特色。2月25日，召开党的群众路线教育实践活动部署会议，对全区活动进行动员部署。下发《之江新语》《论群众路线——重要论述摘编》等9本必读书目，开展“四思四想”大讨论活动，全区各级党组织开展主题大讨论766场。组织开展“坚定理想信念、增强党性观念、强化党的纪律、密切党群关系”专题集中学习活动。紧盯“四风”问题，率全市之先建立作风建设“马上改”机制。建立区、镇街、基层党组织三级落实机制，区委常委班子领衔问题整改，专题研究，落实牵头单位和协办单位，镇街部门层面明确问题分管领导责任科室，各基层党组织坚持每季度梳理一个“马上改”项目并抓好整改落实。开展“点赞先锋微故事”活动，收集280个先锋微故事，61650人次参与网络点赞，举行情景剧式报告会。7月17日-18日，召开区委常委会专题民主生活会，中央第七巡回督导组、省委派温州督导组等派人全程参加指导。全区1465个基层党支部全部召开专题组织生活会，参加党员21626名，下斜村党支部组织生活会成为全省样板。按照“常规性问题加大力度解决、遗留问题集中攻坚解决、新发现问题及时跟进解决”的要求抓好整改，严格落实中央部署的“7+4”专项整治任务、省委部署的“六项集中行动”，推进“八项专项整治”。推动各项工作制度化和规范化，区委常委专题研究下发《关于开展“学清立改停”专项行动的实施方案》，完成2008年-2013年的规范性文件的清理工作，废止制度324项，区级27件，新建制度385项，区级31项。10月18日，召开全区党的群众路线教育实践活动总结大会。

【干部工作】 2014年，瓯海区对照《党政领导干部选拔任用工作条例》要求抓好贯彻执行。制定《条例》学习计划，列出举办专题学习讲座、组织《条例》知识测试等17项工作，分层次、分阶段开展学习。开展学习贯彻中层干部任用、日常监督管理制度执行和专项整治工作落实情况等工作检查。坚决落实上级组织部门部署的重点工作，先后开展超职数清理、领导干部企业兼职清理、裸官清理、吃空饷整治等专项整治行动。区委干部选拔任用工作情况接受中组部（中央巡视组）的延伸检查，并根据反馈意见做好整改落实。制定《2014年党的建设制度改革重点工作安排》，对干部工作流程规范化建设、干部能上能下、干部日常管理监督信息收集与共享机制、党员发展教育管理等10项制度进行重点攻坚，明确时间表、路径图和责任人。制定出台《后备干部培养选拔“五大计划”》《温州市瓯海区调整不适宜担任现职领导干部工作办法（试行）》等文件，《完善从严管理干部队伍制度体系的具体制度和措施研究》作为重点课题上报中组部。推行“学干一体、实战历练”的“狮团攻坚”模式，大规模培养实干型“六敢”干部，共下派攻坚专员四个批次25人次。以干部数据库改造提升为契机，构建“平时了解记录、专项考察印证、年度考核认定”的评价体系，新增干部个人数字台账、部门单位核定及实配职数统计、重要事项提醒等功能模块，通过日常表现信息的即时录入，形成详实有序的信息集合，为干部选任提供重要参考。进一步健全和完善干部选拔任用纪实档案，采取一人一档的形式，已对370名干部选任过程进行详细记录。

【基层组织建设工作】 2014年，瓯海区委组织部坚持按季度召开党建工作现场会。推进“两级联述联评联考”制度，完善组织工作考核体系。分批次对25个软弱涣散党组织进行整改，进一步加强走访指导，组织开展专项督查活动，对后进村支部红色细胞工程、“马上改”、“走村不漏户、户户见干部”活动情况进行检查。出台《不合格党员“三议两审”处置办法》，处理不合格党员34名。充分发挥在职党员进社区作用，牵头开展基层党组织和党员结对帮扶活动，做好省里部署的清凉季、关爱季活动和具有本地特色的夏送清凉等服务群众等活动。强化村民中心建设政策保障，争取资金和土地等相关配套政策支持，实行“下有保底、上不封顶”的补助原则，全年建成村民中心27个。加大村居干部激励力度，开展十佳村居干部、最美基层干部评选，举办优秀村社书记风采展示，组织开展社区专职负责人期满考核，继续做好从优秀村居干部中择优考录事业编制人员工作。继续深化智能党建工作，开展身份证签到系统试点，全面推广民情E通。开展党代表集中服务月活动，打造服务群众特色品牌，分别上报3件市级和办结26件区级提议询问。

【红色细胞工程(村居四和院)】 2014年，瓯海区委组织部红色细胞工程主要是以村居党员为主体，以党员干部为骨干，以入党积极分子为补充，实行每个党员直接联系服务若干户群众，每个干部直接联系若干名党员，实现服务党员和群众的全覆盖。瓯海区委落实市委提出的“红色细胞工程”活动，1月，在全区启动包括丽岙杨宅村、瞿溪桥下村等11个村居，523名农村党员参与的“红色细胞工程”试点工作，并选择在丽岙、南白象街道召开基层党建工作现场推进会，专题对“红色细胞工程”进行再部署、再落实；4月，在郭溪街道塘下社区召开以社区社会组织开展红色细胞工程为主题的现场会，并制定红色细胞工程三年规划方案。在具体实施中，瓯海结合实际提出口语化、形象化的“家庭和美、邻里和睦、党群融和、社会和谐”的村居“四和院”目标，打造包括党群干群双联系、联系服务双菜单、党组织双百保障、区街村居双向互动、党员群众双测评反馈等“五双”工作机制，努力在基层治理体系的微观创新上迈出步伐。截至目前，全区依托6857名“红细胞”党员，建立各具特点的4655个村居“四和院”，涌现挖掘一批最美“红色细胞”。

【两新党建工作】 2014年，瓯海区委组织部做实小微企业党建，不断探索小微企业党建集群化模式，5月9日，成立金州政企联合党委。创新社会组织党建工作，构筑党组织服务党员、党员服务社会组织、社会组织服务群众的“同心圆”党建模式，推行“定制服务”机制。社会组织党建工作在全省社会组织党建工作推进会上作典型发言。5月28日，全市两新党建工作现场会调研郭溪街道塘下社区“同心圆”党建工作，该项工作在全市推广。6月30日，在瓯海经济开发区试点成立全省首个两新党建公积金，探索解决两新组织党建工作经费保障问题。党建公积金主要通过两新组织自愿预存、党费返还、财政支持以及两新组织赞助、党员捐助等途径筹集，采取“党组织申领、放大返还、统筹使用”的方式用于开展党建工作。首批26家企业参与预存，募集党建公积金达78.4万元，该做法被《浙江日报》(内部参考)、《非公企业党建》等12家省市媒体刊物报道。

【人才工作】 2014年，瓯海区委组织部瞄准创业人才支持政策，出台《关于支持引进高层次人才创新创业的实施办法（试行）》，对来瓯创业创新的高层次人才项目，最高给予800万元创业启动资金、每年100万元贷款贴息和2000平方米办公场所支持。加大引才奖励力度，给予引荐人（机构）和用人单位最高30万元奖励，新增人才创业启动资金和住房保障资金共计1000万元。启动大学科技园检测园和“千人计划

表2　2014年瓯海区中共党员基本情况

项目	人数	党员年龄结构	人数	入党时间情况	人数	学历情况	人数	岗位性质	人数
党员总数		35岁及以下	6856	1937.07.07-1945.09.02	3	研究生	125	党政机关工作人员	3149
上年度党员数		36岁-45岁	5108	1945.09.3-1949.09	116	大学本科	5103	事业单位管理人员、专业技术人员	1932
本年增加	1541	46岁-55岁	3678	1949.10-1966.04	1414	大学专科	4132	公有制企业人员	537
正式党员		56岁-60岁	1501	1966.05-1976.10	1058	中专	1210	非公有制单位人员	3132
预备党员	761	60岁以上	4941	1976.11-1978.12	283	高中、中技	3748	农牧渔民	10303
女性	6272			1979.01-2002.10	9088	初中及以下	7766	离退休人员	2443
少数民族	86			2002.11-以后	10122			其他人员	588
新发展党员	422								

专家创业园”两个“园中园”建设，引进首家高端研究院所“浙南水科学研究院”。2月12日，全区召开三级干部大会，首批12名“550瓯越英才”受到区委、区政府表彰，每人获专项奖励10万元至50万元，并被授予“瓯海区特聘专家”称号。整合全区招才引智工作资源，成立招才引智“攻坚团队”，设政策综合、人才联络、项目服务三个小组开展专项攻坚行动，排摸对接海外高层次人才30多人，其中申报国千5人、省千10人、市580海外精英计划10人、市海外工程师7人，海外智力项目4个，全区共引进培养“国千”2人，“省千”7人，千人计划总数跃居全市第二。

【自身建设】 2014年，瓯海区委组织部组织实施教育实践活动。召开80后青年组工团队“红色传统教育”专题座谈会，组织参观区革命教育基地燎原社等。建立“案例体检”改作风机制，制定《组工干部一日行为规范》，创新开展“业务知识一站到底”活动，通过微信手机考试平台“以考促学”，先后开展选拔任用条例、基层组织工作、干部档案等主题知识竞赛3期。开展以“七个一”为服务内容的部机关红色细胞工程，采用“部领导+科室+组工干部”组团式挂钩联系全区13个街镇和开发区。组织工作考绩名列“三区两市”第一，全市第一。

宣传工作

【“四思四想”大讨论活动】 2014年，瓯海区委宣传部围绕“四个能不能”、“四个想一想”，以“全面深化改革，推动赶超发展”为主题，以系列主题讨论会、网上大讨论、征文比赛、演讲比赛等多种形式，开展“四思四想”大讨论活动。全区举办各类讨论会209场，其中区级层面专题讨论12场；收到有价值的调研报告、理论文章90多篇，全区79家单位参与“四思四想”网上大讨论活动，发主帖3296条。

最美瓯海人颁奖。 （区委宣传部供稿）

【“最美系列”评选】 2014年，瓯海区委组织部采取区、镇街、村居三级联动，在全区各条领域、各战线上开展最美计生人、最美新瓯海人、最美护河卫士、最美婆媳、最美城市美容师、最美护士和最美医护工作者等10项评选“最美人物”系列评比，树立一批身边的草根“最美人物”。李康银、潘胜忠2人入选2014年“感动温州十大人物”，瓯海获“感动温州十大人物”评选组织奖。组建区道德模范、身边好人事迹讲师团，在全区14个城市社区和经济开发区企业社区开展巡讲活动15场。探索建立“瓯海好人”关怀帮扶机制，给予好人精神关爱和物质帮扶。

【“十大部门联动”活动】 2014年，瓯海区委宣传部联合生态办、平安办、安委办、水乡办、信访局等多家单位开展“五水共治”、生态文化宣传月、平安瓯海建设等十多个系列30多场次的主题宣传活动，进一步深化“大宣传”的工作格局。“风雅水乡·美丽瓯海”主题宣传活动通过举办“文艺汇演系列”、“行走塘河系列”、“塘河风情展示系列”等三大系列15场子活动，深入宣传瓯海“五水共治”成果。其中“寻源母亲河”活动引起较大的社会反响、人民网、温州日报等17家媒体刊发系列报道文章。

【网上舆论阵地】 2014年，瓯海区委宣传部开发使用“中国瓯海”手机客户端抢占网络移动终端阵地，借助新华社党政客户端的技术力量和传播优势实施广泛推广。12月4日，集网络问政、微博集群、微信集圈、移动APP四位于一体的瓯海区综合问政网络平台——瓯海区综合问政平台(http://bty.ouhai.gov.cn/)正式开通，“瓯海发布”政务微博同步上线。“瓯海发布”政务微博是由各镇街、区属单位组成的73家官方微博矩阵群，主要有日常信息发布、网民互动交流、重大突发事件信息发布等三大功能，与问政平台形成对接互补。邀请温州网媒传播研究学者、各网媒知名栏目负责人、温州网络名人和瓯海网民代表，召开瓯海区首届网络人士联谊会；在青少年中开展“让网络空间清朗起来”倡议活动，打造天蓝水净网络清朗的美丽瓯海；推动红色网军建设，梳理组建核心网评员40余人，分层分类开展网络舆情应对、网络管理创新培训活动42场。举办瓯海区党政一把手网访活动6场，内容涉及交通、教育、旅游等各方面。

【文化产业发展】 2014年，瓯海区实施《瓯海区关于加快扶持文化产业发展的若干政策》，制定出台瓯海区文化产业发展专项资金管理实施办法，为文化产业发展提供长期政策支持。国智9号街区入选市级重点文化园区；梦多多产业园、温州市工艺美术创意园列入市重点文化产业项目；市文博会瓯海分会场展工作获得一等奖。

【文艺精品创作】 2014年，瓯海区文艺创作荣获省级奖项9个，市级奖项17个，其中动漫《快乐梦多多》获浙江省政府最高奖“五个一工程奖”，并在央视播出；“瓯之韵”合唱团在省、市群众合唱大赛中获金奖；小品《等》荣获省戏剧小品邀请赛创作金奖、表演银奖和最佳女演员奖。男声组唱《中国再出发》荣获省音乐新作演唱演奏大赛表演金奖，等等。电影《最美的承诺》、《瓯柑之恋》拍摄成功杀青，预计2015年公开上映。编辑出版瓯海文化丛书第5辑，策划拍摄《执·情》、《逆光》、《温州人的母亲河》等微电影。其中《逆光》成功入围“全省禁毒公益微电影大赛”。

【文化礼堂建设】 2014年，瓯海区新增文化礼堂33家，完成率235%。近两年，全区建成文化礼堂58家，投入资金4500多万元，已建成的文化礼堂举办各类活动1700余场次，被授予温州市文化礼堂建设先进县（市、区）称号。12家文化礼堂建设领导小组成员单位联合开展送服务进文化礼堂活动，“流动少年宫”进文化礼堂、“乡村记忆工程”、“社区词场”、“乡村排舞大赛”等主题活动。全年组织发动市民艺术团和文化社团在各文化礼堂巡回演出202场次。

【宣传文化人才队伍建设】 2014年，瓯海区新成立瓯海参龙文化研究会，彩石镶嵌研究会、区新明瓯越剧艺社、区新桥越剧艺社、区中老年艺术团等5个民间文化社团，全区登记在册的民间文化社团达30个。国智文化创意产业园创新团队入选市文化教育重点创新团队（县市区唯一入选）；黄冠军、胡光铁入选温州市第九批宣传文化系统“四个一批”人才。成立瓯海区市民艺术团，组建瓯海区文艺志愿者服务队伍，志愿者1100余人。

统战工作

【统战服务社会】 2014年，瓯海区委统战部组织开展“强党性·筑同心·共建美丽水乡”统一战线服务社会活动。聚力治水捐资活动启动仪式收到捐款343.5万元。无党派代表人士联合新联会、知联会捐助治水289.29万元。区民主党派、区工商联牵头设立区治水公益基金，引导非公经济人士开展“联企结村、合力治水”，发动各会员企业及协会商会捐助治水基金近7000万元。区宗教界人士开展“五水共治·五教同行”活动，捐资173万元。区侨联和基层侨联捐赠82万元，区侨界青联会捐资30万元，5月22日，温州

6月14日，瓯海·台湾周——第四届琦君文化节暨同游塘河·共建家园活动启动仪式。（区委统战部供稿）

市海外侨胞助推“五水共治”活动现场会在丽岙街道杨宅村召开，市慈善总会侨爱分会向杨宅村“五水共治”项目捐赠10万元。牵头整治建设丽岙街道白门渎“同心园”滨水休闲公园。多次接待法华工商联合会、苏州温州商会等到瓯参观考察企业文化、招商项目、人才引进洽谈，统战资源助力“两大回归”进一步取得成效。指导建立美国、法国、德国等3个海外人才联络站。

【多党合作】 2014年，瓯海区出台《关于进一步加强多党合作制度化、规范化、程序化建设的实施意见》。建立党外人士3个学习实践基地。指导13个镇（街）、经济开发区建立党政领导与重点党外代表人士联谊交友制度及党外代表人士信息库，并在新桥街道金蟾社区开展基层协商民主示范点创建工作。支持各民主党派、无党派人士深入调查研究，形成调研报告11篇，开展实事督查和专项视察25次。协助区无党派人士联谊会进行更名换届。

【民族宗教工作】 2014年，瓯海区委统战部落实推进民族“三进”工作，落实与平阳县青街畲族乡王神洞畲族村和泰顺县筱村镇北坑村结对帮扶资金。建立区四套班子领导一对一联系宗教界代表人士制度，引导宗教界同心同行共建和谐，指导开展和谐寺观教堂创建和星级场所评选。开展宗教场所权证办理试点工作，制定《瓯海区完善宗教活动场所权证试点工作方案》，建立宗教活动场所产权办理试点工作联席会议制度。完成梧田街道塘西村陈圣观权证办理。

【海内外统战工作】 2014年，瓯海区委统战部开展瓯海·台湾周，指导举办第四届琦君文化节“同游塘河·共建家园”活动游泳友谊赛，邀请台南市乡城歌仔戏剧团参加两岸戏曲艺术交流活动。促成台湾中小企业总会与温州市国家大学科技园创建海峡两岸中小企业合作示范园。推出办前“预审”提质、审中“引导”提速、材料“瘦身”提效等“三举措”，推进华侨身份恢复提质提速。设立丽岙、仙岩等5个领事保护联络处，加强海外华侨领事权益保护。

机构编制管理

【编委会议】 于2014年8月4日在瓯海行政管理中心1号楼918会议室召开。区长彭立华主持会议。区委副书记黄波，常务副区长林宝新，区委办主任胡明德，区府办主任陈朝明，区编委办主任卢忠雷，区财政局长吴强、区人力社保局长黄碎涛等编委会成员出席，区委常委、组织部长黄慧因公缺席。区编委办副主任陈建春、朱建跃列席会议。会议传达学习全省编委办主任会议精神，并审议研究有关部门机构编制请示事项及建议。

于2014年12月29日在瓯海行政管理中心1号楼918会议室召开。区长彭立华主持会议，区委副书记黄波，区委办主任胡明德，区府办主任陈朝明，区编委办主任卢忠雷，区财政局长李中方等编委会成员出席，常务副区长林宝新，区委常委、组织部长黄慧，区人力社保局长黄碎涛，因公缺席。区委组织部黄定恕、区人力社保局周佩玲，及区编委办全体工作人员列席。会议研究通过《瓯海区人民政府职能转变和机构改革方案》、《瓯海区行政编制控编减编方案》和《瓯海区事业编制控编减编方案》，并研究审议有关部门机构编制请示事项及建议。

【推行权力清单制度】 2014年，瓯海区编委办对全区46家部门单位开展职权梳理，其中36家区级部门的权力清单面向社会公开公布。该36家区级单位清理职权7963项，经清理审核，减少4914项，保留3049项（含已下放和拟下放镇街实施的权力事项93项，拟转移社会组织的权力事项31项）。9月26日在省政务服务网公布，成为全省首个在省政务服务网完整公布县级行政权力单位。

【推行责任清单制度】 2014年11月，瓯海区编委办按照“职责法定、问题导向、公开透明”三个原则和“法定职责必须为”的要求，41家区属部门梳理出主要职责540条，具体工作事项2246条，职责边界事项105项，建立事中事后监管制度290项，公共服务198项。并于12月30日全面完成责任清单编制和公布工作。

【深化政府机构改革】 2014年，瓯海区编委办深入开展新一轮政府机构改革，稳妥推进大部制改革。拟订总体改革方案。提出区政府职能转变和机构改革方案报市委、市政府审批。按照精简、统一、效能的原则整合监管职能和机构，出台《温州市瓯海区人民政府关于改革完善区食品药品监管体制的实施意见》，组建市场监督管理局和质监局及相关执法机构。开展部门、卫计基层站所走访调研，拟定《温州市瓯海区卫生和计划生育局“三定”方案》提交区委常委会审议。完成职业安全卫生监管、纪委机构、网络经济发展、森林公安、生猪屠宰职能划转等体制改革和重点部门机构调整。

【承接生态园管理体制调整】 2014年，瓯海区编委办提出温州生态园管理体制调整的建议意见，根据市委、市政府《关于调整温州生态园管理体制的意见》（温委办发〔2014〕68号）精神，温州生态园不再实行“区街一体”的管理体制，瓯海区与温州生态园管委会解除三垟街道、茶山街道的委托关系，成建制回归瓯海区管理，完成三垟街道、茶山街道的“三定”。

【严控机构编制总量】 2014年，瓯海区编委办推进行政编制“瘦身”，提出《瓯海区行政编制控编减编方案》，并经区编委会和区委常委会审议通过。行政编制总量按5%左右比例精简40名；严控事业机构编制增长，截止12月底，全区新设事业单位5家，撤销、整合减少事业机构16家；动态调整全区用编需求，收回事业编制157名，核出156名，实现事业编制稳中有减。对参公事业编制实行专项管理，增加参公编制由省里专项下达。动态盘活编制资源，提出《瓯海区事业编制控编减编方案》，相关单位事业编制按5%比例精简123名，并落实到具体单位，精简的编制上收省级管理，统筹调配使用。

【机构编制核查】 2014年9月1日，瓯海区编委办印发《温州市瓯海区深化机构编制核查完善机构编制实名制管理工作实施方案》，严把填报、审核二道门，在全区范围内开展机关事业单位机构编制核查，配合、迎接中央组织部专项巡视检查。

【加强党政机关网站监管】 2014年10月，瓯海区编委办根据《关于做好党政机关网站开发审核、资格复核和网站标识管理工作的通知》（中央编办〔2014〕69号）和省市有关文件精神，开展业务培训，并对全区党政机关网站开办情况进行摸底、梳理。截止12月底，全区应挂标的党政机关网站14家，完成挂标14家，完成率100%。

机关党建工作

【概况】 2014年，瓯海区直机关党工委下辖机关党委4个、机关党总支24个、直属机关党支部44

5月14日，瓯海区三位选手在“心系群众·助推赶超”演讲比赛现场。（区直机关党工委供稿）

个，党员2186名。

【党的群众路线教育实践活动】 2014年，瓯海区直机关党工委在实践活动期间全体党员集中学习34次，合计16天，其中连续学习2天，专题党课5次，党员参学率100%。开展专题讨论。组织开展“三思三观”集中讨论；结合观看《焦裕禄》等影片，深刻讨论剖析自身问题；在加课环节组织开展“坚定理想信念、敢于担当克难”主题教育学习讨论等，进一步树立正确的世界观、人生观、价值观。机关工委领导班子分组带队多次走访全区72家区直属机关单位，和58家三联三促联系社区。并走访景山社区的47名党员。(景山社区党员55名，其中8名是流动党员。)在听取意见环节共谈心谈话285人，召开座谈会4个，征求干部群众意见建议34条，其中反映“四风”问题17条、工作层面问题17条。汇总整理成“即知即改”项目8条。

【党员干部管理、教育】 2014年，瓯海区直机关党工委严格把关党员队伍管理出入口，严格落实计划报批、自查预审、季度报告、指导督查等制度。在区直机关开展调研文章评比、心得体会刊登、主题大讨论、观看优秀影片等学习活动。以集中培训、工作交流、专题调研、学习考察等多种方式，全面提高党务干部的理论素养和业务能力。8月，牵头组织人员参加市委宣传部等组织的“心系群众助推赶超”演讲比赛，获全市第二名。4月，7月分别组织四思四想调研论文和机关党建调研论文评比，收到调研文章94篇，机关党建论文65篇，并出版优秀论文集2本。收到各类党建信息约400余条。

【机关文化体系建设】 2014年，瓯海区直机关党工委开展元旦千人跑，机关趣味运动会，机关羽毛球赛，机关妇女干部“温馨五月，美丽女性年华美”时装秀、重阳登山等活动。

老干部工作

【概况】 截至2014年末，瓯海区有离休干部63人，其中女性2人，男性61人。全区单独建立离退休干部党支部28个。

【老干部政治待遇】 2014年，瓯海区委老干部局召开重大会议15次，其中区委书记厉秀珍，区委副书记、区长彭立华向老同志通报工作情况5次，举办以学习十八届四中全会精神为主题的政治理论学习3次。坚持“送学”制度，为132位老干部征订报刊杂志407份。坚持每月阅文日活动，将参观考察与座谈讨论相结合，开展“走、看、促”主题活动，组织离退休干部4批次112人次分别到郭溪、温瑞塘河等地参观考察“五水共治”工程进展情况，组织离退休干部4批次173人次参观温州非物质文化遗产、丽岙红色细胞工程、潘桥重点工程项目、永嘉美丽乡村。

【老干部生活待遇】 2014年，瓯海区委老干部局建立联系离休干部工作制度，实行“一对十”服务形式，每月至少联系离休干部2次。对全区23个部门(街道)以及下属有关企事业单位落实离休干部生活待遇进行调研，纠正个别单位离休干部增发一个月生活补助、交通费发放不到位等16个问题。全年走访慰问老同志507人次，耐心听取老同志200余个诉求，为行动不便老干部免费赠送助行器材10件，帮助解决问题88个。其中慰问全区已故离休干部配偶24人，对8位无固定收入遗属的医疗及生活补助情况进行详实了解并落实到位。组织离休干部参加健康体检，建立完善健康档案，为生活不能自理的离休干部进行上门义诊。围绕建国65周年开展走访慰问老干部、老党员以及遗孀80余人，送去慰问品12件，慰问金18600元。举办老干部逢十祝寿活动，组织对9位80、90岁生日和5对钻石婚的老同志上门走访慰问。

【两项建设】 2014年，瓯海区委老干部局组织离退休党支部书记培训班1次、座谈会2次，为28个离退休党支部征订中组部《离退休干部党支部学习参考》。建立教育实践活动联系点，局班子成员分三组联系28个离退休干部党支部，每位局班子成员联系结对一个街道2个社区和3名以上老干部或1个基层关工委2个社区和3名以上五老人员。做好省、市、区级先进推荐工作，区人大机关第二党支部获省级先进集体；区发改局第二党支部、丽岙街道离退休干部党支部获市级先进集体，退休干部戴明亮、邱锡波获市级先进个人；郭溪街道离退休干部党支部书记陈玉花获区优秀党务工作者，区政协机关第二党支部退休干部宋玲华获区优秀共产党员。

【离退休干部服务管理】 2014年，瓯海区委老干部局巩固和完善特殊困难离休干部帮扶长效机制、走访慰问离退休干部遗属机制、分组联系制度和信访接待制度，联合区委组织部下发《瓯海区镇街离退休干部工作基本规范》和《瓯海区直单位离退休干部工作基本规范》，对各镇街和有关部门做好老干部工作提出具体要求。坚持五必访制度，开展“重大节日、生病住院、家庭困难、病故”等走访慰问活动。组织开展“四季送温暖”活动，即“春送健康，夏送清凉，秋送文化，冬送温暖”。组织召开全区社区离退休干部四就近工作座谈会。截至12月低，提供涉老政策咨询300多人次。

【组织主题活动】 2014年，瓯海区老年大学举办“我们与共和国一起成长”——庆祝建国65周年暨晚晴合唱团十周年专场音乐会、“校园文化艺术周”活动等5场大型活动。组织参加“绽放夕阳情·共筑中国梦”老干部诗书画影联展，10位老同志的影、书、画作品入选，4位老同志的书画作品参加浙江老年报举办的浙江省首届中老年书画大赛，王永乐写意画“花鸟”获优胜奖。30位老同志参加温州市广场舞比赛获优胜奖。6位老同志参加浙江省第二届全民体育节暨温州市第七届老干部乒乓球比赛获女子个人第六名。

【两个阵地建设】 2014年，瓯海区老年大学获得区级“十佳涉老组织”。通过老年大学和老干部协会组织，建立老干部电子信息库和银色人才库。成立老干部志愿服务队，建立慈善微基金，截至2014年底募得资金47510元。先后四次组织老干部开展慈善捐助活动，为30名受助学生捐助31900元助学金和励志书籍《你在为谁读书》。老年大学五老护苗志愿队向郭溪阳光民工子弟学校和区看守所特殊学校捐赠2000多册书刊，3000余元学习用品与30份生活用品。组织50位老同志到繁荣社区开展送戏下乡活动。

【老干部队伍自身建设】 2014

10月15日晚，瓯海区老干部晚晴合唱团专场音乐会——“我们与共和国一起成长”在区新电影院举行。

（区委老干部局供稿）

年，瓯海区委老干部局成功创建区级文明单位，老干部医务室获区级“巾帼文明岗”。编印《全区老干部工作专兼职人员》通讯手册，建立全区81家单位140人的工作网络交流群。组织开展专题学习老干部政策知识3次，应急急救知识培训2次。印发《瓯海区委老干部局（关工办）制度汇编》，制定信息调研工作制度、工作汇报制度等12项制度。开展重点课题调研工作，组织全体干部职工深度调研老干部工作转型发展等12个调研课题。加强作风建设，组织开展“正风肃纪”专项行动，坚持每月专项检查2次。

信访工作

【概况】 2014年，瓯海区信访总量291批次963人（同比分别下降52.3%和70.2%），其中来信164件（同比下降25.7%），来访127批963人（同比分别下降67.3%和70.2）。到各级上访中，去京上访3批5人同比分别下降60%和50%；赴省上访22批222人，同比分别下降35.3%和上升48.9%；到市35批270人，同比分别下降77.1%和82.8%；来区上访67批466人，同比分别下降65.6%和69.2%。

【信访法制化建设】 2014年，瓯海区信访局严格实行诉访分离，信访部门不再受理、交办涉法涉诉信访事项，并将工作重心落在引导群众通过司法途径解决问题和劝导群众文明理性信访上来。建立瓯海区处置“房闹”事件联席会议制度，引导业主通过司法程序解决问题，“房闹”事件逐渐得到平息。建立完善企业帮扶制度，对泰恒、信泰、腾旭等企业债权纠纷上访事项，由区四套班子领导牵头组成工作组提前派驻，落实帮扶助困措施，有效处置大规模集体访事件，全年劝访“房闹”和企业债权纠纷上访千余人。对非访问题实施综合治理，联合综治、公安、信访等职能部门依法处理非正常上访行为，对进京非访信访事项实行专案经营，加强对非访行为的打击力度。

【“依法信访”主题宣传月活动】 2014年5月，瓯海区信访局集中开展“依法信访”主题宣传月活动，开展以九项措施为主要内容的“六进”（“进机关、进单位、进学校、进村居（社区）、进企业”）活动。邀请“两代表一委员”、律师、村干部、社区党委书记等座谈，听取意见和建议。在梧田远教广场举办“依法信访”大型户外主题宣传活动，咨询群众200多人，印制发放“依法信访”宣传单3000多份，宣传纪念品500多份，滚动播放宣传标语15条。举办《信访条例》知识竞赛活动，收到答卷386份。区新闻中心对《信访条例》、中央最新信访工作制度、信访办理流程等进行宣传报道。

【“阳光信访”】 2014年，瓯海区信访局实行网上受理信访制度，推行“阳光信访”，公开办理情况和结果，主动接受群众监督，实行信访事项办理“可查询、可跟踪、可督办、可评价”。全年受理群众网上信访76件，办结率100%。7月开通浙江政务网信访受理平台。

【信访规范化建设】 2014年，瓯海区信访局实行信访规范化建设，实施“办信十步工作法”、“接访四步工作法”等，从收到来信、面对来访的第一个环节开始，就统一工作标准、程序和要求，按照受理、告知、交办、处理、反馈等程序处理群众信访事项。来信来访办理各环节全部实行网上运作，及时录入专网系统，实现“可查询、可追踪”。围绕按期处理率、差错率、被通报率、满意率等“四个率”主要指标考核，实行每月通报制度，通过电话、函告形式催办、督办、限时办理50余次，有效提升全区信访业务规范化水平。

【重点敏感时期维稳工作】 2014年，瓯海区信访局在各级“两会”、十八届四中全会、APEC会议等重点敏感时期，抽调信访、公安以及信访工作任务较重的镇街等骨干力量组成工作组，全年派出工作组5批59人，协调做好会议期间信访人员的巡查、接访、劝返、接回等工作。省“两会”期间，安排19个工作组进驻娄桥秀屿山、平天镬公园建设现场，开展“一对一”甚至“多对一”结对化解，实现“零进京”。坚持开门接访，会议期间每天安排1名区领导接访，接待群众上访15批104人次，处置集体访5批97人。严格落实信访信息“零报告”制度，实行24小时专人值班，领导干部在岗带班。

【重点信访积案化解】 2014年初，瓯海区信访局对影响当前社会稳定的突出矛盾和未化解积案进行全面排查，梳理出包括上级交办积案在内的23件重点积案，提交区委常委会议讨论研究。制定出台《关于开展重点信访积案区领导包案化解活动的通知》(瓯委办发〔2014〕111号)。全年，区主要领导针对具体化解工作先后作出批示14次，包案区领导先后9次牵头召开案件化解专题协调会，推进移民产权证办理、拆迁、定销户等集体访事件及重点疑难信访问题的解决。化解省领导联系交办的重点积案5件，区级交办23件中18件。

【领导接访下访活动】 2014年，瓯海区坚持和完善领导干部定期接访，区委书记厉秀珍、区长彭立华批阅群众来信4件，接访群众14批54人。其他区四套班子领导接访下访约访群众84批171人，当场解决问题20个，交办批办问题52个。镇街班子成员全年接待群众来访586批2562人次，当场解决问题195个，受理交办问题212个。市群众路线教育实践活动督导组驻瓯期间，收到群众信访问题35个，解决25个。截至11月，收到中央巡视组交办的重要信访件6批71件，办结51件，在办21件。收到省委巡视组交办重要信访件3批36件，及时召开交办会，并在第一时间转交给相关责任单位办理。

史志工作

【区志编修工作】 2014年5月，瓯海区党史研究室（地方志办）召开《瓯海区志》编纂工作推进会和业务培训会。截至12月，完成初稿的有：区民政局承编的“政区”；区水利局、国土分局承编的“自然环境”；区国土分局承编的“土地”；区经信局承编的“工业”；区住建局承编的“建筑与房地产”；区体育局承编的“体育”；区供销社、统计局、财政局、工商分局、食药监局等单位基本完成所承编的章、节，区人武部、公安分局、水利局、教育局、卫生局、民政局、科技局及南白象、仙岩、梧田等街道，独立编纂本部门、街道志。人大办、区府办、政协办、区委组织部、宣传部、发改局、农办（农林渔业局）、商务局、文广新局、人口计生局等单位正在进行初稿编纂和修改工作。据不完全统计，全区各部门、街道在区志编纂中完成初稿约300万字。

【年鉴工作】 2014年6月，瓯海区党史研究室（地方志办）出版发行《瓯海年鉴2012》，该书由中华书局出版，精装16开，印数800册。全鉴由卷首、百科、卷尾三部分组成，按类目、分目、条目三个层次框架编排。全书合计35个类目、225个分目、917个条目，63.40万字，客观、系统地记载2012年瓯海区政治、经济、文化和社会发展的基本情况。12月，出版发行《瓯海年鉴(2014)》。由中华书局出版，合计类目32个、分目243个、条目974个，63.40万字。往年瓯海年鉴是记述当年的事物状况和发展状况，从该年起，改为记述上年度的事物状况和发展状况，因而空缺《瓯海年鉴2013》。）

【党史资料征编】 2014年，瓯海区党史研究室（地方志办）收集、整理瓯海1987年—1992年形成的县委文件、领导讲话和上级指示等党的重要文献资料511件，40余万字。完成2013年党史大事记的审核定稿工作，收录大事记1.3万字，定期做好2014年党史大事记征集、收录。出版发行《瓯海革命史画册》，该画册约2万余字，印数1500本。编辑发行《瓯海史志》2014年第一、二期。

【革命遗址保护利用工作】 2014年，瓯海区委党史研究室（地方志办）争取到市委党史研究室对市级爱国主义教育基地——景德寺消防饮水工程项目的15万元资金支持，截止12月，项目已完工。5月，陪同中央党史研究室原副主任、著名党史专家石仲泉一行，调研走访郭溪街道燎原社史纪念馆和任桥村。做好2011年-2013年度党史胜迹保护专项资金项目绩效评价工作，主要是仙岩中共浙南一大会址及纪念馆维修工程项目的执行情况上报，并开展社会公众或服务对象满意度调查。

【史志宣教工作】 2014年，瓯海区党史研究室（地方志办）开展“红色文化”专题活动，先后开展党史专题讲座、地方志业务培训、“红色文化”进社区、《地方志工作条例》、党史知识竞赛等宣教活动。对原地方志网站进行改版，设计全新的瓯海史志网站，拟于2015年初正式上线。瓯海区党史教育馆作为群众路线教育活动重要的宣教阵地，接待参观者10000多人次。全年上报信息10余条，被中央党史研究室官网录用4条，省委党史研究室官网录用1条，《温州史志工作简讯》录用5条。

精神文明建设工作

【全国文明城市创建】 2014年，瓯海区精神文明建设指导委员会办公室（以下简称瓯海区文明办）通过构建各负其责、合力攻坚的创建格局，助力温州市荣膺“全国文明城市”荣誉称号。先后多次召开创建工作推进会、协调会，签订创建责任书，制定《职能任务分解表》，细化迎检方案。成立创建迎检指挥部，14家创建重点单位每日参与视频会议会商解决重难点问题。定期开展联合督查，累计督查测评点333个，发放督办单167份，督办整改问题821个。组织开展突出问题集中整治大行动，全年清理垃圾5591处、清除小广告125000平方米，规范占道经营9116处，治理流动摊贩8928起，取缔及规范小餐饮店1028家，补办健康证2489个，查处机动车违章停放38892起，取缔校园周边非法办学点80家。在《今日瓯海》开设“文明城市创建进行时”创建专栏，设置“遵德守礼”等宣传牌22971个，文明创建主题巡回宣传1788小时，分发“文明餐桌”提示牌57534个，制作围墙公益广告3500多米。组织开展“文明花开，美丽瓯海”主题墙绘、“文明创建一战到底”知识竞答等各类主题活动360场次，发放创建模拟调查问卷48749份，发动企业主、社区居民、工青妇等社会组织以及各类志愿者42261人。

【文明素质提升工程】 2014年，瓯海区文明办深入开展“文明出行”、“文明旅游”、“文明餐桌”和“节俭养德”四大主题活动，促进市民养成文明行为。出台《“瓯海好人”关怀帮扶工作实施意见》和《瓯海区道德模范创业贷款工程实施意见》，健全道德模范和身边好人关爱帮扶机制。开展“我推荐、我评议身边好人”活动，全年入围“中国好人”1人、入选“浙江好人”1人、入选“温州好人”9人。开展核心价值观主题宣传教育实践活动，分发《社会主义核心价值观图册》17000册。围绕诚信体系建设，召开诚信制度化建设工作协调会，通过诚信宣传语征集评选、“点赞诚信”主题活动等形式深化诚信建设。在全区组织开展道德讲堂活动827次、道德模范和身边好人先进事迹巡讲巡展活动15场。完善文化礼堂“7+8”礼仪体系，组织开展七岁开蒙礼、敬老礼等七大礼仪活动50余场。

【群众性精神文明创建】 2014年，瓯海区文明办不断深化文明村镇、文明街道、文明单位、文明服务示范点、幸福社区和美丽街区等群众性精神文明创建活动。召开幸福社区创建推进会，开展“十星文明户”评选、“我们的节日”、“社区邻居节”、“学雷锋志愿服务月”等活动。开展“两无三化”和“五最脏五最美”活动，

8月14日，区文明办在瓯海区文化礼堂建设工作推进会上呈现的启蒙礼、敬老礼等文化礼仪活动。
（区文明办供稿）

表 3　荣获温州市创建全国文明城市工作先进名单

荣誉类别	先进名单
创建全国文明城市工作突出贡献奖	瓯海区
创建全国文明城市工作先进集体	瓯海区委宣传部、瓯海区新闻中心、瓯海区文明办、瓯海区教育局、瓯海区市场监管局、瓯海区文广新局、市交警支队四大队、瓯海区景山街道、瓯海区新桥街道、瓯海区梧田街道
创建全国文明城市工作先进个人	支圣理（区委办）、季海波（区府办）、林友谊、付学献（区教育局）、张色立（区城管与执法局）、徐干春（区文广新局）、刘冬燕（区卫生局）、张建宁（区公安分局）、李震宇（市交警支队四大队）、赵定忠（区经济开发区管委会）、林密（团区委）、陈坚义（娄桥街道）、许陈亮（潘桥街道）、林海勇（南白象街道）、王绍起（瞿溪街道）、沈显武（郭溪街道）、陈王李（丽岙街道）、谢策（仙岩街道）、阮良光（茶山街道）、陈晓媚（景山街道繁荣社区）、陈小欧（新桥街道金蟾社区）、徐永珍（茶山街道梅泉社区）

表 4　瓯海区 2014 年基层文明创建成果

类别	单位
国家级文明单位	森马服饰股份有限公司
省级文明单位	温州市公安局交通警察支队四大队二中队、温州市瓯海区图书馆、浙江金温铁道开发有限公司温州西站
区级文明单位	温州市瓯海区国家税务局、瓯海区新桥中心幼儿园、瓯海区新桥吉的堡艳洁幼儿园、温州市瓯海区人民政府国内经济合作办公室、温州市瓯海区人民政府金融工作办公室、中共温州市瓯海区委老干部局、温州市瓯海区公路管理局、瓯海区仙岩霞霖小学、温州玮丰鞋业有限公司、温州市瓯海区郭溪阳光学校、瓯海农商银行三垟支行
省级文明村	丽岙街道杨宅村、仙岩街道岩一村
区级文明村	潘桥街道潘桥村、潘桥街道�中村、南白象街道金竹村、丽岙街道后东村、仙岩街道下林村、泽雅镇大川村、泽雅镇黄庄村、泽雅镇黄山村、泽雅镇李山村、泽雅镇石榜山村
省级文明社区	温州市瓯海区新桥街道金蟾社区
五星级幸福社区	景山街道西山社区，新桥街道山前社区
四星级幸福社区	新桥街道三浃社区、瞿溪街道幸福社区、丽岙街道白门社区、丽岙街道丽岙社区
区级文明服务示范点	中国农业银行股份有限公司温州娄桥支行、瓯海农商银行梓岙支行沈岙分理处

创建“美丽街区”2个。全年新创国家级文明单位1个，省级文明单位3家、文明村2个、文明社区1个，五星级幸福社区2个、四星级幸福社区4个，区级文明单位11家、文明村10个、文明服务示范点2个。

【未成年人思想道德教育】 2014年，瓯海区文明办深化“春泥计划”和学校少年宫两大阵地建设，完善学校、家庭、社会“三结合”网络。组织开展春泥计划“缤纷假日”、“关爱留守儿童夏令营”等系列活动，将春泥计划“1+X”模式打造为瓯海区服务未成年人成长的品牌项目。加强学校少年宫建设，深化学校少年宫课题研究，建立大学生定点定期支教机制。组织开展“社会主义核心价值观引领我成长”、“讲讲友善、孝敬、诚信故事”主题征文大赛，评选出优秀征文200多篇。开展优秀童谣征集传唱活动，收录128首优秀童谣，编辑成《瓯海童谣》印发给全区未成年人进行传唱。实施青少年心理健康关爱工程，联合区关工委、区教育局共同建立瓯海区青少年心理健康关爱中心，聘请国家注册二级、三级心理咨询师13位，开通预约咨询热线，开展一对一心理诊疗149人次，进学校、进社区、进企业开展青少年心理健康教育公益讲座21场。深入开展黑网吧、校园周边游戏机室整治工作。

档案工作

【概况】 2014年，瓯海区档案局（馆）开展档案工作“能力建设年”活动。创建省二级国家综合档案馆和省级规范化档案登记备份中心，温州市档案系统2014年度考核第一名，编研成果《中国燎原社》荣获“浙江省百项档案编研精品”。指导区国税局顺利通过档案目标管理省二级认定。

【档案依法接收】 2014年，瓯海区各部门单位2004年以前重要文书档案和婚姻、学籍、户量精简等大量民生档案按期保质保量地接收进馆。区档案馆现有馆藏档案81个全宗，17641卷又57335件。

【档案社会征集】 2014年，瓯海区档案局（馆）举行档案资料集中捐赠仪式，原中国音乐家协会会员林虹、原温州地理文化研究者林城银先生家属和中国新闻摄影学会会员郑金寿先生等分别将各自珍贵档案资料无偿捐赠给区档案馆。区档案馆增设林虹音乐红学档案、林城银地理文化档案、郑金寿新闻图片档案等三个档案专馆对外挂牌。截至12月底，区档案馆馆藏资料12547册，照片档案15多万张，印章476枚，实物档案556件，音像档案22盘（盒）。

【档案备份】 2014年，瓯海区档案局（馆）贯彻落实《浙江省档案登记备份管理办法》的有关要求，全年完成扫描区属部门67家单位20余万页，形成数据464GB，2013年度法定进馆单位重要档案数字化达100%，馆藏婚姻档案20余万页已全部完成扫描。6月，同江苏省扬州市邗江区档案馆完成2013年以前重要档案数据的交换互备，瓯海区档案馆备份数据达2.89TB。

【档案文化建设】 2014年，瓯海区档案局（馆）建成爱国主义教育基地。通过展示历史照片和馆藏档案资源，连续3年举办巡回展和大型图片展览。11月，区档案馆被区委、区政府命名为区级爱国主义教育基地。编研出版《2013瓯海大事记》、《瓯海区档案馆馆藏书目》、《温州市瓯海区档案馆指南》、《中国燎原社》等作品，其中《中国燎原社》一书入选浙江省“百项档案编研精品”。

【档案文化阵地】 2014年，瓯海区档案局（馆）联合区委宣传部开展《档案法》颁布实施周年庆宣传月活动。先后举办“瓯海历史名人档案图片”巡回展和“老照片——镜头里的历史变迁”大型图片展。主动参与农村文化礼堂建设，在全区各农村文化礼堂开展档案图片巡回展。与瓯海职业中专集团学校结为共育共建中职文秘专业合作基地。

【档案公共服务】 2014年，瓯海区档案局（馆）开展“比实干、比服务”主题实践活动，学习朱志伟、陈志莲等档案系统先进人物、先进事迹。对登记备份系统和馆室一体化系统进行信息系统安全等级测评，获得市公安局信息系统安全等级备案证明，登记备份系统获得三级认证，馆室一体化系统获得二级认证。4月，分期分批举办档案业务知识培训班，各镇街、区属部门档案专（兼）职干部109人参加培训。9月，举办数字档案室业务知识专题培训班。全年接待查档利用者1279人次，提供档案查阅2535卷（件）、复印6752页，为群众出具职工退休、养老保险、精减下放及结婚证明等。

瓯海区人民代表大会

综　述

2014年，瓯海区人大常委会在区委的坚强领导下，全面贯彻落实党的十八大、十八届三中、四中全会和习近平总书记系列重要讲话精神，深入开展党的群众路线教育实践活动，紧紧围绕全区发展大局，依靠全体人大代表，履行重大事项决定权、监督权和人事任免权。全年召开常委会会议8次、主任会议21次，听取和审议专项工作报告20项，开展8部法律法规实施情况执法检查，作出事关经济社会发展等方面的决议、决定3个，提出审议意见7件，顺利完成区八届人大三次会议确定的各项目标任务。

区人民代表大会及其常务委员会会议

【区八届人大常委会第十八次会议】 于2014年1月22日举行。会议通过《温州市瓯海区人民代表大会常务委员会关于促进全面深化改革的决定》。会议审议瓯海区公安分局关于报请许可对温州市瓯海区人大代表周良兴采取取保候审强制措施的报告，经表决，决定予以许可。会议任命林建敏为区人大常委会梧田街道工作委员会主任，许来扣为区人大常委会梧田街道工作委员会副主任，谢成敏为区人大常委会南白象街道工作委员会主任，黄锡宗为区人大常委会南白象街道工作委员会副主任；决定任命王高博为区水利局局长；任命陈相隆为区人民法院梧田人民法庭庭长，刘然为区人民法院三溪人民法庭庭长。免去许来扣的区人大常委会南白象街道工作委员会副主任职务；决定免去张启成的区监察局局长职务；免去薛三豹的区人民法院审判员职务。

【区第八届人民代表大会第三次会议】 于2014年2月10日至2月12日在区行政中心举行。会议通过关于政府工作报告的决议、关于区2013年国民经济和社会发展计划执行情况与2014年国民经济和社会发展计划的决议、关于区2013年财政预算执行情况与2014年财政预算的决议、关于区人民代表大会常务委员会工作报告的决议、关于区人民法院工作报告的决议、关于区人民检察院工作报告的决议、关于深入实施“五水共治”全面推进美丽水乡建设的决议。大会补选叶汉新、李渊、林金伦、季爱平、周向勇为瓯海区第八届人民代表大会常务委员会委员。会议期间，收到代表提出的议案、建议178件。

【区八届人大常委会第十九次会议】 于2014年3月4日举行。会议结合城建工委主任刘应军所作的关于加快完善工程拆迁安置房建设议案的调查报告，审议区八届人大三次会议议案，并委托主任会议形成审议意见，交区人民政府研究处理。会议听取和审议区人民政府副区长李康和区环保局局长凌晓敏所作的关于2014年工作计划情况的报告。会议审议通过区人大常委会2014年监督工作计划和工作要点。会议审议通过《温州市瓯海区人大常委会关于深入开展“两联两查”活动进一步密切人大代表与群众联系的实施意见》、《温州市瓯海区人民代表大会代表约见国家机关负责人暂行办法》。会议听取和审议市公安局关于提请许可对区人大代表尤建国采取强制措施的函，经表决，予以许可。会议任命林建敏为区人大常委会代表工作委员会委员，林孟晓、陶建义为区人大常委会法制工作委员会委员，胡旭、沈洁、张益强同志为区人大常委会民宗侨外工作委员会委员；任命蒋玲玉为区人民法院审判委员会委员，陈丹丹为区人民法院立案庭庭长，林现瑶为区人民法院民事审判第一庭庭长，任宁为区人民法院民事审判第一庭副庭长，章豪为区人民法院民事审判第三庭庭长，陈伟克为区人民法院金融审判庭副庭长，虞小丹为区人民法院少年审判庭副庭长，李瑞加为区人民法院行政庭副庭长，郑冠为区人民法院三溪人民法庭副庭长。会议免去吴春昆的区人大常委会代表工作委员会委员职务，杜中会、沈忠武、吴爱菊的区人大常委会民宗侨外工作委员会委员职务；免去陈相隆的区人民法院民事审判第一庭庭长职务，刘然的区人民法院民事审判第三庭庭长职务，林现瑶的区人民法院立案庭庭长职务，陈丹丹的区人民法院民事审判第一庭副庭长职务，蒋玲玉的区人民法院民事审判第三庭副庭长职务，章豪的区人民法院三溪人民法庭副庭长职务，陈伟克的区人民法院三溪人民法庭副庭长职务。

【区八届人大常委会第二十次会议】 于2014年4月29日举行。会议听取副区长钱素文所作的关于贯彻实施义务教育“一法一条例”情况的报告、副区长金衍光所作的关于风景名胜区和旅游业发展情况的报告，结合区人大常委会副主任王晓康所作的关于检查区人民政府贯彻实施义务教育“一法一条例”情况的报告、区人大常委会城建工委主任刘应军所作的关于风景名胜区和旅游业发展情况的调查报告进行审议，并委托主任会议分别形成审议意见，交区人民政府研究处理。会议表决通过副区长李康所作的关于环境保护和环境整治工作审议意见落实情况的报告、关于《浙江省饮用水水源保护条例》执法检查审议意见落实情况的报告和区人民检察院检察长赵卫华所作的关于查办与预防贪污贿赂犯罪专项工作审议意见落实情况的报告。会议决定任命薛东晓为区监察局局长，林少云为区市场监督管理局局长，董学江为区质量技术监督局局长；决定免去何晓武的区人口和计划生育局局长职务，林少云的区食品药品监督管理局局长职务。会议作出关于接受林钦法、倪明连辞去温州市瓯海区第八届人民代表大会常务委员会委员职务请求的决定。会议邀请全国人大代表邱光和传达十二届全国人大二次会议精神。

【区八届人大常委会第二十一次会议】 于2014年6月25日举行。会议听取区财政局局长吴强所作的关于2013年度地方财政决算的报告、区审计局局长凌胜康所作的关于2013年度本级预算执行和其他财政收支情况的审计工作报告，结合区人大常委会财经工委主任刘岳松所作的关于2013年区本级财政决算和“同级审”情况的调查报告进行审议，表决通过关于批准瓯海区2013年度地方财政决算的决议，并委托主任会议形成审议意见，交区人民政府研究处理。会议听取副区长林宝新所作的关于2013年重点工程及拆迁安置房建设审议意见落实情况和2014年重点工程及拆迁安置房建设情况的工作报告，结合区人大常委会城建工委主任刘应军所作的调查报告进行审议，并对2013年重点工程及拆迁安置房审议意见落实情况的报告进行满意度票决，以满意9票，基本满意14票，不满意1票的票决结果通过。会议委托主任会议形成关于2014年重点工程及拆迁安置房建设情况报告的审议意见，交区人民政府研究处理。会议表决通过副区长李康所作的关于加快西部山区开发建设审议意见落实情况的报告。会议通过《温州市瓯海区人大常委会关于进一步改进工作作风增强监督实效的意见》、《温州市瓯海区人民代表大会常务委员会专题询问暂行办法》。会议任命王贤俊为区人民陪审员，陈平、王成海、詹腾腾、金乐挺、李翔为区人民检察院检察员；会议免去郑贤高、林忠生、郑海华的区人民检察院检察员职务。会议接受尤建国、周良兴辞去区八届人大代表职务。会议听取和审议市公安局关于提请许可对区八届人大代表倪海清采取行政拘留强制措施的函，经表决，决定予以许可。

【区八届人大常委会第二十二次会议】 于2014年8月6日举行。会议听取区人大常委会法工委主任王道地作关于区公安分局要求许可对区八届人大代表倪海清处行政拘留处罚请示的说明、温州市公安局经侦支队副支队长朱卫国作关于提请许可对区人大代表徐云旭采取刑事强制措施的函及案情说明，经表决，决定予以许可。

【区八届人大常委会第二十三次会议】 于2014年8月28–29日举行。会议听取区发改局局长王珏玮所作的关于2014年1–6月份国民经济和社会发展计划执行情况的报告和区财政局局长吴强所作的关于2014年1–6月份财政预算执行情况的报告，并结合区人大常委会财经工委主任刘岳松所作的2014年1–6月计划、财政预算执行情况的调查报告进行审议。会议听取副区长李康所作的关于水环境整治工作情况的报告，并结合区人大常委会城建工委主任刘应军所作的调查报告进行审议。会议还对全区水环境整治工作情况进行专题询问。会议通过《温州市瓯海区人民代表大会常务委员会关于保障和促进时尚产业发展的决定》。会议表决通过补选金红宣为瓯海区出席温州市第十二届人民代表大会代表。会议决定任命林敏为温州市瓯海区人民政府副区长。会议任命黄良聪为区人民法院审判委员会委员；免去张维银的区人民法院审判委员会委员职务。会议任命陈光海等30人为区人民陪审员。会议听取区人民法院俞君阳、陈婷婷、虞小丹、郑冠、李瑞加等5位被评议法官的履职报告，并结合区人大常委会法工委主任王道地所作的关于区人民法院部分法官履职情况的调查报告进行审议。会议对5位被评议法官的履职情况进行满意度测评。经测评，郑冠、俞君阳、虞小丹为满意，李瑞加、陈婷婷为基本满意。

【区八届人大常委会第二十四次会议】 于2014年10月30–31日举行。会议听取副区长金衍光所作的关于招商引资工作情况的报告，并结合区人大常委会民宗侨外工委主任周向勇所作的调查报告进行审议。会议表决通过副区长周一富所作的关于安全生产"一法一条例"执法检查审议意见落实情况的报告、常务副区长林宝新所作的关于《中华人民共和国禁毒法》执法检查审议意见落实情况的报告。会议听取副区长陈正南所作的关于科技进步"一法一条例"执法检查审议意见落实情况的报告，并结合区人大常委会调查组的调查报告进行审议，会议对区人民政府关于科技进步"一法一条例"执法检查审议意见落实情况的报告进行满意度票决，并以满意18票，基本满意6票，不满意0票的票决结果通过。会议表决通过区府办主任陈朝明受区人民政府委托所作的关于区八届人大三次会议代表议案审议意见落实与建议办理情况的报告。会议表决通过关于同意瓯海区国民经济和社会发展第十二个五年规划纲要重点建设项目调整的决定。会议表决通过王高博、王琲斑、卢寿光、朱汝东、吴强、陈人念辞去区第八届人民代表大会代表职务的报告；表决通过关于选举（补选）区第八届人民代表大会代表的决定，关于选举（补选）区八届人大代表的公告（第一号），关于建立景山等选区区人大代表选举领导小组的决定，《温州市瓯海区第八届人民代表大会代表选举（补选）办法》和《温州市瓯海区提名推荐、协商确定选举（补选）区第八届人民代表大会代表候选人办法》。会议决定任命李中方为区财政局局长，叶青松为区安全生产监督管理局局长；任命陈建勇为区人大常委会茶山街道工作委员会副主任，胡志方为区人大常委会三垟街道工作委员会副主任；决定免去吴强的区财政局局长职务，沈显武的区安全生产监督管理局局长职务；免去叶青松的区人大常委会法制工作委员会委员职务，卢寿光的区人大常委会茶山街道工作委员会主任职务，潘国华、姜振林的区人大常委会茶山街道工作委员会副主任职务，项丽萍的区人大常委会三垟街道工作委员会主任职务，周忠海的区人大常委会三垟街道工作委员会副主任职务。会议听取市十二届人大代表方美芬、陈国龙、林郁聪、徐建飞、蒋孟有、程加利、管洪光的述职报告，并对履职情况进行测评。

【区八届人大常委会第二十五次会议】 于2014年12月24日举行。会议听取和审议副区长李康及区环保局局长凌晓敏所作的关于2014年工作计划落实情况的报告，对两个报告进行满意度票决，分别以满意17票、基本满意5票、不满意1票和满意15票、基本满意8票、不满意0票的票决结果通过两个报告。会议决定于2015年2月5-7日在区行政管理中心举行温州市瓯海区第八届人民代表大会第四次会议。会议审查并通过2015年国民经济和社会发展计划（草案）和2015年财政预算（草案）。会议作出关于表彰区八届人大三次会议优秀议案建议的决定和关于表彰2014年度“双争”活动先进单位和个人的决定。会议任命王珏玮为区人大常委会代表工作委员会主任，陈可为区人大常委会法制工作委员会副主任，林国道为区人大常委会潘桥街道工作委员会主任，朱温沪为区人大常委会梧田街道工作委员会副主任，张崇华为区人大常委会丽岙街道工作委员会主任，季建益为区人大常委会茶山街道工作委员会主任；免去季建益的区人大常委会办公室副主任职务，黄智阗的区人大常委会代表工作委员会主任职务，徐海严的区人大常委会潘桥街道工作委员会主任职务，朱炳岳的区人大常委会梧田街道工作委员会副主任职务；决定任命周金平为区发展和改革局局长，金建东为区经济和信息化局局长，黄智阗为区民族宗教事务局局长，王琲斑为区民政局局长；决定免去王珏玮的区发展和改革局局长职务，叶衍国的区经济和信息化局局长职务，卢剑富的区民族宗教事务局局长职务，王友杰的区民政局局长职务；任命黄文胜为区人民法院副院长、审判委员会委员，徐东海为区人民法院审判委员会委员，潘小华为区人民法院刑事审判庭庭长、审判委员会委员，陈法亮为区人民法院少年审判庭庭长，陆红为区人民法院审判监督庭庭长，陈伟克为区人民法院执行庭副庭长，陈淑雅、陈温丹、黄海健、王群英、王晓明、郑拓为区人民法院审判员；免去叶洪和的区人民法院副院长、审判委员会委员职务，王军武的区人民法院审判监督庭庭长职务，陆红的区人民法院刑事审判庭庭长职务，潘小华的区人民法院执行庭庭长职务，陈法亮的区人民法院刑事审判庭副庭长职务，陈伟克的区人民法院金融审判庭副庭长职务。会议作出关于接受林金伦、黄智阗辞去温州市瓯海区第八届人民代表大会常务委员会委员职务请求的决定；表决通过林金伦、黄智阗辞去区第八届人民代表大会代表职务的报告。

工作监督

【概况】 2014年，温州市瓯海区人民代表大会常务委员会（以下简称瓯海区人大常委会）听取和审议2014年上半年国民经济和社会发展计划、财政预算执行情况，审议2013年财政决算及“同级审”情况报告，审查批准2013年财政决算。听取审计局督促整改情况报告，对审计发现的问题加强跟踪监督，切实提高财政资金使用绩效。组织对区住建局、环保局、城管与执法局、农林渔业局、公安分局等5个部门2014年预算执行情况专项审查，并对区住建局、城管与执法局、卫生局2015年部门预算草案进行首次听证，促进预算编制的公开、科学。专题听取财政预算细化报告，将包括土地出让金在内的政府性基金收支预算纳入监督范围，推行政府全口径预算，强化政府债务风险监控，加大预算公开力度。通过《关于同意瓯海区国民经济和社会发展第十二个五年规划纲要重点建设项目调整的决定》，使重点建设项目安排更加符合瓯海实际。

作出《关于保障和促进时尚产业发展的决定》，把时尚产业发展作为瓯海的经济特色和优势来定位，优化区域产业布局。结合审议区八届人大三次会议《关于加快完善工程拆迁安置房建设的议案》，听取和审议区政府关于2013年重点工程及拆迁安置房建设审议意见落实情况和2014年重点工程及拆迁安置房建设情况的报告。结合检查区八届人大三次会议《关于深入实施“五水共治”全面推进美丽水乡建设的决议》执行情况，对该区的污染源监管、排水管网建设、河道整治工程等水环境整治相关工作进行较为全面的调查，听取和审议区政府关于水环境整治工作情况报告，并专题询问分管副区长及相关职能部门，提出审议意见交区政府研究处理。继续关注食品安全，着重就食品安全监管体制改革、基层工作网络建设和案件查办等工作进行跟踪监督，开展食品安全专项工作调查。听取副区长李康和区环保局年度工作计划报告，并在年末组织开展计划落实情况的调查，以满意度票决的方式通过两项报告，有效推进农村综合改革、城乡生态环境改善和民政民生事业发展，促进城乡统筹发展。开展农产品质量安全、风景名胜区建设和旅游业发展、社会养老体系建设、招商引资等专项工作调查；聚焦小微企业园建设、网络经济发展等工作；跟踪监督西部山区开发建设工作。

法律监督

【概况】 2014年，瓯海区人大常委会开展义务教育“一法一条例”执法检查，跟踪监督安全生产、科技进步“一法一条例”、食品安全“一法两规”、饮用水水源保护、禁毒法及省禁毒条例执法检查审议意见落实情况。先对区人民法院部分法官履职情况进行评议，进一步加强对法官司法行为的监督。采取走访了解、座谈交流、抽查案卷、旁听庭审、民主测评等方式，全面了解被评议对象履职情况。结合履职评议工作小组调查报告和5位法官自查报告，对被评议对象进行履职情况满意度测评。开展查办与预防贪污贿赂犯罪专项工作审议意见落实情况的调查，强化司法监督工作，切实增强公职人员依法履职、廉洁自律的自觉性。

规范性文件备案审查

【概况】 2014年，瓯海区人大常委会完善规范性文件备案审查的接收、登记、分送、审查和存档的流程管理。全年审查区政府报备的规范性文件35件。根据省人大统一部署，组织开展关于“查找不适应全面深化改革要求的法律法规条文”主题活动，就现行一些法律法规提出修改意见。

信访工作

【概况】 2014年，瓯海区人大常委会重视群众来信来访工作，受理信访69件，接待群众来访53批次、98人次，信访件转办和回复率均达100%，有效维护群众切身利益。

人事任免

【概况】 2014年瓯海区人大常委会坚持党管干部与依法任免相统一，充分发扬民主，严格执行程

5月22日，区人大常委会副主任周霞光率调研组一行到区城管与执法局调研代表建议办理工作。

（区电子政务中心供稿）

序，全年依法任免国家机关工作人员100人次，任命人民陪审员31名，为区机关正常运转提供组织保障。

代表工作

【概况】 2014年，瓯海区人大常委会邀请专家就人民代表大会制度理论、《预算法》相关知识等内容开展专题培训；举办人大代表论坛，邀请履职优秀的省、市、区人大代表围绕“如何依法履行代表职务，充分发挥代表主体作用”这一主题向全体区人大代表介绍履职经验；首次安排13名履职优秀的区人大代表参加全国地方人大代表和干部培训班，切实增强代表履职意识和能力。深入开展“双争”活动，激发代表履职积极性和主动性。继续开展代表述职评议工作，全年96名区人大代表向选民述职，并接受满意度测评。首次对7名在瓯的市十二届人大代表进行述职评议，进一步增强代表履职为民的使命感。常委会严格把关，依法许可司法机关对个别区八届人大代表采取限制人身自由强制措施。组织代表参与检查调研，开展会前视察，安排代表列席常委会会议，参加“一府两院”工作通报会、法院庭审旁听、“检察开放日”、“消防开放日”、“交警体验日”等活动。出台《关于深入开展“两联两查”活动进一步密切人大代表与群众联系的实施意见》、《温州市瓯海区人民代表大会代表约见国家机关负责人暂行办法》等。根据省人大要求，将代表接待室统一更名为代表联络站，全区23个代表联络站每月固定时间接待选民。依托代表联络站，开展“主任接待日”活动，听取代表和群众反映的问题，并筛选其中24件群众集中反映的问题交区政府协调解决。代表提出的177件建议，均在规定时间内办理完毕。经代表评议，满意件72件，基本满意件103件，不满意件2件。

瓯海区人民政府

综　述

瓯海区是温州现代化大都市主城区之一，设有郭瞿工贸新区、瓯海中心区、梧白科技城、仙丽侨乡文化区、泽雅城郊休闲旅游区、温州生态园等6个城市功能区，下辖12个街道、1个镇、1个省级开发区；251个行政村、85个社区，总面积467平方千米。2014年末户籍人口42.95万人。

2014年，全区实现生产总值412.98亿元，同比增长8.6%；规上工业增加值103.69亿元，增长7.7%；服务业增加值170.09亿元，增长9.3%；第一产业增加值5.91亿元，增长2.9%；公共财政预算收入24.24亿元，增长15.4%；外贸进出口总额23.27亿美元，增长4.4%；限上社会消费品零售总额73.3亿元，增长19.9%；城镇常住居民人均可支配收入42058元，农村常住居民人均可支配收入23708元，分别增长9.2%、10.2%。万元生产总值综合能耗下降5.5%，化学需氧量、氨氮、二氧化硫、氮氧化物排放量分别削减1.7%、2.5%、3%、4.8%。

实施“五一〇”产业培育提升工程，大力发展时尚产业，统筹推进“稳增长、调结构”，三次产业比重调整为1.4:57.4:41.2。工业强区战略扎实推进，郭溪高新技术产业园等3个市级示范小微园开工建设，新建标准厂房105.2万平方米，实现规上工业总产值445.9亿元，增长8.7%；完成工业性投资42.07亿元，增长43.3%。“四换三名”力度加大，淘汰落后产能企业10家，开工建设“挖潜节地”项目10.8万平方米，工业出租厂房管理进一步规范，新增省名牌产品1个、著名商标7个。科技创新不断加强，瓯海科技大市场建成开市，引进院士工作站1家、国家和省“千人计划”人才5名，实施重点“机器换人”技改项目39项，新增高新技术企业11家、省级企业研究院1家、市级以上企业技术研发中心14家，全市首个国家级政府引导基金落户瓯海，东经控股被列为国家级“两化”融合管理体系贯标试点企业。网络经济发展迅速，阿里巴巴温州产业带正式上线，金州电商城和国智电商产业园入选省电子商务十大产业基地，潘桥陈庄村、仙岩沈岙村入选中国“淘宝村”。“三转一市”扎实推进，完成“个转企”1841户、“小升规”116家、“限下转限上”82家、企业股份制改造22家，在区域资本市场挂牌企业7家。重大服务业项目加快建设，红星美凯龙家居广场建成开业，亿象商业广场、站南服饰批发广场基本建成，华润万象城、云天楼洲际广场顺利结顶，港龙商业广场、大象城国际商贸中心、梦多多小镇等项目有序推进。“时尚休闲旅游建设三年行动计划”启动实施，实现旅游总收入58.89亿元，增长29.3%。现代都市农业加快发展，新增农业龙头企业7家、家庭农场26家、市级现代农业园区2个，组建农村资金互助会5家，创成省级农村集体“三资”管理规范化县（区）。招商引资态势良好，引进重点项目9个，省外回归引进项目到位资金60.1亿元。企业“两链”处置和“三险”化解力度加大，分类帮扶风险企业184家，落实应急转贷资金23亿元，减轻企业负担20.53亿元，组建全省首家民间征信服务机构。

突出重大项目引领，健全“四

个一”项目推进机制，完成限上固定资产投资302.02亿元，增长14.5%；完成区重点工程投资69.17亿元，增长50.3%；央企合作项目、省“411”重大项目、省市重点工程投资完成率均居全市前列。中心区功能不断完善，公安、检察院业务用房和公共卫生大楼建成投用，城市规划展示馆实现结顶，瓯海农商行大楼、中心区拆迁商务广场等项目进展顺利。城市交通路网建设全面推进，福州路二期、中央大道、景德东路、瞿任路、国鼎路南段、牛山路等道路建成通车，中心区南单元道路网基本建成，市域铁路S1线、绕城高速西南线、瓯海大道西延、广化南路、新双南线、南湖路改建等工程扎实推进，龙霞路南延段、104国道拓宽等项目开工建设。交通治堵工程深入实施，呈祥路等3条断头路开工建设，启动社区巴士试点，新建停车泊位5383个，新增公共自行车服务网点50个。市政基础设施加快完善，翠微大道等4条道路完成整治维修，新桥山前垃圾中转站建成投用，“最后一米”纳管、污水主干管互通联网工程加快实施，21个片区截污纳管工程基本建成，110千伏南湖变、蟠凤变开工建设，垦售电站实行委托代管。土地清理和开发力度加大，清理“转而未供、供而未用”土地8777亩，垦造耕地986亩，建成高标准基本农田2592亩，开工建设二三产返回地1013亩。城镇低效用地再开发扎实推进，低效土地利用专项规划完成编制，首批5600亩低效地再开发项目启动实施。

深入开展“六城联创”，完成国家卫生城市、文明城市、森林城市创建任务。创卫长效管理和城市精细化管理机制逐步健全，蟠凤等18个城中村环境综合整治取得初步成效。“三改一拆”持续推进，完成城中村、旧厂房、旧住宅区改造815万平方米，拆除违法建筑124万平方米，创成无违建街道1个、无违建村14个。重点区块有机更新力度加大，牛山片区环山景观带初具形象，梧田老街改造启动实施，城市中央绿轴、三垟湿地公园等亮点区块政策处理扎实推进。“四边三化”“两无三化”深入开展，完成温州高速南、动车南两大进城口整治一期工程，改造提升农贸市场和小菜场37个，新增城区绿地166公顷，建成城市公园3个、滨水公园12个、小游园23个。“五水共治”扎实推进，“河长制”实现全覆盖，垃圾河全面完成整治，48条黑臭河基本消除黑臭现象，郭溪片区中小河流治理基本完成，周岙溪一期、牛山生态河道、白门河完成治理，主塘河沿河景观、桃源水库、任桥河拓宽等工程加快推进，温瑞平原西片排涝工程开工建设，泽雅库区畜牧业整治基本完成，获得省“五水共治”工作优秀区“大禹鼎”。生态建设成效明显，省级生态区创建通过技术核查，泽雅创成国家级生态镇，新增市级以上生态街道5个、生态村24个，低碳城区试点工作、大气污染综合防治行动计划启动实施，重污染高耗能行业提前完成“十二五”整治任务。美丽乡村建设扎实推进，建成3条精品线，新增农村生活污水全面治理村9个、扩面改造村27个。

全面落实“十大民生工程”，全年财政用于民生支出19.9亿元，增长16.6%。教育现代化水平不断提升，丽岙校网调整顺利完成，瓯海外国语学校、仙岩穗丰小学等项目开工建设，新增省等级幼儿园17所、省义务教育标准化学校12所，创成全国义务教育发展基本均衡区、省级社区教育示范区。公共文化服务体系逐步健全，区图书馆新馆对外开放，社区文化服务中心实现全覆盖，泽雅屏纸制作技艺入选国家非遗名录，塘河民办博物馆群启动实施，农村应急广播体系建设全面推进，创成省级文化先进区。公共卫生服务能力持续提升，市六医一期、南白象社区卫生服务中心建成投用，市人民医院娄桥新院实现结顶，市七医、温州和平国际医院开工建设，郭溪社区卫生服务中心被评为国家级群众满意社区卫生服务机构，创成省级卫生强区。人口计生工作不断加强，创成全国计生优质服务先进区。体育事业蓬勃发展，成功举办全国“捷安特杯”自行车赛、第四届全区残疾人运动会，创成省级运动休闲基地。社保提标扩面力度加大，城乡居民医疗保险人均筹资标准提高至1200元，新增各类参保人员5.83万人、城镇就业人员1.27万人。社会救助体系逐步完善，普惠型儿童福利、新居民临时救助等制度启动实施，新建村级居家养老服务照料中心21个，被评为省级水库移民工作优秀区。住房保障体系逐步健全，新增公共租赁住房保障对象495户，新开工拆迁安置房71.5万平方米、建成23.7万平方米、交钥匙2150套。完成第三次全国经济普查。平安建设不断加强，历史遗留问题化解等专项行动深入开展，化解区级历史遗留问题14个、重点信访积案16个，刑事、两抢和入室盗窃案件发案数分别下降13.9%、50.6%、16.3%。安全生产“两化一网”建设启动实施，“安监通”信息平台全面推行，十五大重点领域、城中村、民房等安全专项整治扎实推进，各类事故起数下降8.3%，创成规范化、标准化企业398家，规范管理居住出租房6万间。食品安全监管力度加大，查处各类食品安全违法违规行为4935起。基层依法治理深入开展，金嶼社区创成全国民主法治示范社区。“减员增效”持续推进，外来人口实际减少10.6万人。国防动员和后备力量建设不断加强，征兵任务圆满完成，民族、宗教、外事、侨务、对台、人防、双拥、革命老区、统计、老龄、档案、地方志等工作取得新成绩，工青妇、红十字、慈善、残疾人等事业健康发展。

区政府常务会议

【区政府第七次常务会议】 于2014年1月8日下午在区新行政中心1号楼9楼西首会议室召开。区长彭立华主持。常务副区长林宝新，副区长周一富、李康、金衍光、钱素文、潘小林、陈正南，区长助理姜剑鑫，区府办主任陈朝明等出席会议。会议审议并原则通过《瓯海区2014年政府工作报告（讨论稿）》、《瓯海区2013年国民经济和社会发展计划执行情况与2014年计划草案的报告（讨论稿）》，《瓯海区房屋征收事务代理机构管理暂行办法》，《关于进一步推进水库移民创业致富的实施意见》，《瓯海区小型水利工程运行管理办法（试行）的通知。会议研究“个转企”工作政策落实问题。会议听取关于白门社区保障房安居工程一期招标事宜的汇报。林建炜、董定珍、叶青松、季海波、徐敏武、周卢琴、朱学进、诸江、胡松勤、朱晶晶、王珏玮、吴强、王益忠、陈敏、林建平、陈宏、韩志勇、林荣华、吴建平、余康杰、董文威列席会议。

【区政府第八次常务会议】 于2014年3月28日下午在区新行政中心1号楼9楼西首会议室召开。区长彭立华主持。常务副区长林宝新，副区长周一富、李康、金衍光、钱素文、潘小林、陈正南，区人武部部长朱千吉，区府办主任陈朝明等出席会议，区人大常委会副主任王素贞、区政协副主席留红光应邀出席会议，区府办副主任和有关单位负责人列席会议。会议审议并原则通过《关于促进台商投资与支持台资企业发展的若干意见》、《关于改革完善区食品药品监管体制的实施意见》、《2014年度行政规范性文件制定计划》。叶青松、项欣华、季海波、徐敏武、姜慧、诸江、胡松勤、朱晶晶、金集淼、王珏玮、吴强、王国昕、李中方、刘晓千、林少云、卢忠雷、董学江、陈宏、陈海东、王伟力、廖若杰、陈诚、王小平、许学军、王立新、马晓文列席会议。

【区政府第九次常务会议】 于2014年9月26日下午在区行政中心1号楼9楼西首会议室召开。区长彭立华主持。常务副区长林宝新，副区长李康、金衍光、潘小林、陈正南，区人武部部长朱千吉，区长助理钟敏，区府办主任陈朝明等出席会议，区人大常委会副主任王国华、区政协副主席姜化钧应邀出席会议。会议审议并原则通过《瓯海区部门行政权力清单保留权力事项》、《瓯海区部门行政权力清单审核转报事项》和《瓯海区部门行政权力清单调整分类事项》，《关于在市级小微企业创业园推行“负面清单”外工业投资项目不再审批改革试点工作方案》，《关于进一步促进瓯海建筑业健康发展的补充意见》，《温州市瓯海区实施〈浙江省人口与计划生育条例〉办法》。会议学习了《中华人民共和国环境保护法》（2014年修订版）。会议审议并原则通过《瓯海区企业住所（经营场所）、生产经营场所登记管理办法》、《瓯海区扶持时尚休闲旅游业发展若干政策》和《温州市瓯海区民宿管理办法（试行）》。叶青松、季海波、徐敏武、诸江、胡松勤、朱晶晶、金集淼、王珏玮、薛东晓、李中方、卢忠雷、蔡足胜、王高博、张启成、姜文龙、金菊飞、凌胜康、郑国华、王友杰、黄立威、王益忠、黄碎涛、凌晓敏、许克达、陈胜利、陈建中、陈敏、林建平、孙平、林淼江、余琦、江秀珍、林玉和、韩志勇、吴成华、卢剑富、董国华、丁熙华、徐教、林荣华、陈建春、胡文生、叶忠达、冯菊莲、王伟力、王小平、林忠荣、温圣彦、王大丰、姜方泽、王佳杰、张晓凌、白炳光、何斌列席会议。

【区政府第十次常务会议】 于2014年10月16日上午在区行政中心1号楼9楼西首会议室召开。受区长彭立华委托，常务副区长林宝新主持会议。副区长周一富、金衍光、陈正南，区人武部副部长陈杰，区长助理钟敏，区府办主任陈朝明等出席会议，区人大常委会副主任麻贤生、区政协副主席黄松柳应邀出席会议。会议审议并原则通过《关于调整瓯海区国民经济和社会发展第十二个五年规划纲要重点建设项目的报告》。会议审议并原则通过《关于进一步规范瓯海区矿业开发秩序的实施意见》。会议学习《中华人民共和国安全生产法》(2014年修订版）。叶青松、管军辉、周卢琴、诸江、胡松勤、朱晶晶、金集淼、王林宗、王珏玮、李中方、薛东晓、姜文龙、王高博、凌晓敏、姜剑鑫、林朝晖、王伟力、王建新、张黎艳列席会议。

区长办公会议

【第1次区长办公会议】 在2013年12月31日上午在区新行政中心1号楼9楼西首会议室召开。区长彭立华主持。常务副区长林宝新，副区长周一富、李康、金衍光、钱素文、潘小林、陈正南，区长助理姜剑鑫，区府办主任陈朝明等出席会议。会议原则同意《政府工作报告》(讨论稿)，《瓯海区2014年国民经济和社会发展主要预期目标安排及说明》，《2014年瓯海区“十大民生工程”项目预安排》，《关于鼓励温商回归振兴实体经济的优惠政策》，《整治二大水系 打造瓯海“美丽塘河、宜居水乡”总体实施方案》、《2014年度瓯海区“美丽塘河、宜居水乡”工作任务分解表》和《2014年度瓯海区“美丽塘河、宜居水乡”建设计划任务表》，《瓯海区小型水利工程运行管理办法（试行)》，阿里巴巴·温州电子商务合作项目合作协议》，《关于进一步加强镇街专职消防队工作的意见》。会议明确瓯海区路灯节能改造工作有关事宜。会议原则同意区安全生产监督管理局、区城市管理与行政执法局、区人口和计划生育管理局、区新居民服务管理局下放部分行政执法职权的《行政执法委托协议》。会议明确瓯昌饭店经营承包有关事宜。会议就泽雅水库库区畜禽养殖业整治有关事宜提了相关要求。会议明确任桥河道整治安置房工程合作建设、调整和解除BT协议的建设项目清算有关问题。会议明确南白象街道农房改造安置工程四号地块项目招标有关事宜。会议还研究人事监察有关事宜。叶青松、项欣华、季海波、林淼江、徐敏武、姜慧、周卢琴、朱学进、诸江、胡松勤、朱晶晶、金集淼、王珏玮、吴强、黄碎涛、林和国、蔡足胜、林彩萍、何晓武、沈显武、许建宇、凌胜康、王益忠、凌晓敏、陈云建、姜小英、王世昌、邱忠夫、卢忠雷、徐教、徐福明、刘日彪、陈晓纳、林玉和、周才静、丁建忠、金守信、林显斌、林荣华、胡荣寿、何毅、林友凯、林胜国、周伦、林周成、王友杰、陈诚、廖文寿、叶国蒙、潘永明、瞿建、陈佩、董文威列席会议。副区长李忠盛因公缺席会议。

【第2次区长办公会议】 于2014年1月22日上午在区新行政中心1号楼9楼西首会议室召开。常务副区长林宝新，副区长周一富、李康、金衍光、潘小林、陈正南，区府办主任陈朝明等出席会议。关于瞿溪点经济适用房建设有关事宜。会议明确瞿溪点经济适用房建设的解约索赔协议书问题和剩余工程量施工招投标问题。会议同意梧田工业园区道路工程设计、监理、环评、水保、水利分析和通航安全评估等11个服务项目由梧白科技城管委会单独签订合同并支付相关费用。会议明确区行政中心核心区块工程工期及奖罚有关问题。会议同意对原中心区农房改造一、二期工程设计修改造成造价进行调整。会议同意瓯海中心路的三座跨河桥梁以60万元直接委托省交通设计研究院设计。会议明确，站南商贸城上汇变电所至俊奇置业电缆工程通过区招投标平台进行公开招投标。会议同意授予华联机械集团有限公司和温州市环球汽车衬垫有限公司2013年度区政府质量奖。叶青松、项欣华、徐敏武、姜慧、周卢琴、朱学进、诸江、胡松勤、朱晶晶、金集淼、王珏玮、吴强、蔡足胜、周卢泽、张成臣、沈晔、陈宏、胡晓钢、章吉荣、黄节棋、林成东、潘松林列席会议。副区长钱素文，区长助理姜剑鑫因公缺席会议。

【第3次区长办公会议】 于2014年3月3日下午在区新行政中心1号楼9楼西首会议室召开，区长彭立华主持。常务副区长林宝新，副区长周一富、李康、金衍光、钱素文、潘小林，区府办主任陈朝明等出席会议。会议原则同意《关于建立健全长效管理机制深化卫生城区创建活动的实施意见》,《关于深化“千百工程”扎实推进瓯海区农村生活污水治理的实施意见》,《关于瓯海区涉林地农业设施项目管理的若干意见》,《关于进一步完善全区政策性农业农房保险工作的通知》,《瓯海区2014年“四边三化”工作考核办法》,《关于全面推进城市精细化管理的实施意见》,《2014年瓯海区无违建创建实施意见》。会议同意关于《泽雅镇总体规划(2011-2030)》(修改)编制单位和设计费有关事宜。会议同意2013年度重点工程建设奖励资金有关事宜。会议同意西山东路裕达大楼1幢202室等6套房屋产权变更登记有关事宜。会议明确六虹桥路延伸段应急道路工程原委托温州城建设计院设计费有关事宜。会议同意动车南站景观亮化照明工程有关事宜。会议同意瓯昌饭店经营承包有关事宜。会议同意拍卖三溪供销社股权有关事宜。会议审议并通过《瓯海区十五大重点领域安全生产专项整治行动方案》、《瓯海区2014年加强社会综合管理促进“减员增效”工作实施方案》、《关于给市交警支队四大队记集体三等功的决定》。叶青松、项欣华、季海波、徐敏武、姜慧、诸江、胡松勤、朱晶晶、王伟、金集淼、王珏玮、吴强、姜文龙、林彩萍、蔡足胜、陈胜利、王国昕、王世昌、金剑欣、王高博、卢剑富、吴海敏、周卢泽、陈云建、陈策、邱忠夫、凌晓敏、王献珍、林益正、张昶、丁建勇、林显斌、马小波、郑奇灏、陈宏、徐教、廖文寿、陈温媛、廖若杰、韩志勇、韩加驰、王友杰、林友凯、朱朝君、张汉忠、冯劲松、郑源仁列席会议。副区长陈正南因公缺席会议。

【第4次区长办公会议】 于2014年3月28日下午在区新行政中心1号楼9楼西首会议室召开，区长彭立华主持。常务副区长林宝新，副区长周一富、李康、金衍光、钱素文、潘小林、陈正南，区府办主任陈朝明等出席会议。会议原则同意《瓯海区2014年度安全生产和消防安全目标管理责任制考核办法》和《瓯海区镇街（开发区）安全生产网格化管理考评奖惩指导意见》,《瓯海区2014年度工业强区建设与工业经济转型升级工作实施方案》和《瓯海区2014年度工业强区建设与工业经济转型升级工作考核办法》,《瓯海区2014年地质灾害勘探设计及治理计划》。会议同意温州铁路南站站前F-17b地块地下空间利用有关事宜。会议同意并明确104国道路面预防性养护工程和农村公路大中修工程邀请招标有关事宜。会议同意落实瓯海公共自行车二期工程建设经费有关事宜。会议明确桥梁、道路整治设计招投标有关事宜。会议审议并通过《温州市瓯海区房屋征收安置补偿权益质押登记与管理办法补充规定》。叶青松、项欣华、季海波、徐敏武、姜慧、朱学进、诸江、胡松勤、朱晶晶、金集淼、王珏玮、吴强、叶衍国、林彩萍、沈显武、金剑欣、江秀珍、林玉和、林少云、王世昌、林显斌、陈宏、章吉荣、廖若杰、王伟力、王灿霞、朱奎、张汉忠、蔡理凡列席会议。

【第5次区长办公议】 于2014年4月16日下午在区新行政中心1

号楼9楼西首会议室召开，区长彭立华主持。常务副区长林宝新，副区长周一富、李康、金衍光、钱素文、潘小林、陈正南，区府办主任陈朝明等出席会议。会议原则同意《瓯海区服务业发展引导资金管理办法（修订）》，《2014年度瓯海区全社会固定资产投资考核办法》，《关于成立区政府党组党的群众路线教育实践活动领导小组的通知》和《深入开展党的群众路线教育实践活动实施方案》，《温州市瓯海区八届人大三次会议代表重点建议目录》、《2014年瓯海区政协八届三次会议重点提案目录》以及《2014年瓯海区政协八届三次会议重要提案目录》。会议要求区城管与执法局按照考核办法的形式对《瓯海区无违法建筑社区（行政村）创建暂缓处置实施意见》进行修改，具体可参考其它县（市、区）的做法，并要与市城管与执法局加强沟通，争取得到确认。会议明确环屿公铁立交桥应急抢修有关事宜。会议明确景山街道城中村改造二期周转房建设邀请招投标有关事宜。会议同意选取温州市民康拆迁事务有限公司等13家综合评审较好的代理机构组成瓯海区2013–2014年度房屋拆迁（置换）事务代理机构名录库，各实施单位可根据名录库经过比选自行确定代理公司，收费标准按照区长办公会议纪要〔2013〕7号文件执行。会议同意瓯海江南墙地砖厂搬迁有关事宜。会议同意潘桥国际物流基地交通大物流扶持引导资金使用有关事宜。会议同意森马原工业园整体"退二进三"改建梦多多小镇项目土地收益金收取有关事宜。会议审议并通过《温州市瓯海区战略性新兴产业培育发展2014年行动计划》。叶青松、项欣华、季海波、徐敏武、管军辉、周卢琴、朱学进、诸江、胡松勤、朱晶晶、金集淼、王珏玮、吴强、薛东晓、姜文龙、叶衍国、许克达、许建宇、李中方、蔡足胜、林彩萍、金剑欣、陈敏、陈云建、丁建勇、林益正、丁建忠、林丽珍、温雄俊、王林宗、翁卫星、伊民杰、王振山、廖文寿、胡晓慧、张汉忠、杨芳敏、李秀洪、程宗海、余健列席会议。

【第6次区长办公会议】 于2014年5月7日下午在区新行政中心1号楼9楼西首会议室召开，区长彭立华主持。常务副区长林宝新，副区长李康、金衍光、钱素文、潘小林、陈正南，区府办主任陈朝明等出席会议。会议原则同意《温瑞塘河（瓯海大道–南白象段）沿河民办博物馆建设方案》，《温州市瓯海区国有土地上工业用房征收补偿实施细则》，《温州市马加斯石材有限公司工业用地、商业配套用地协议收回及工业用地地上建筑物、附属物补偿协议书》。会议明确办理"山水名都"山前村三产安置房产权证有关事宜。会议明确《温州大西洋购物中心二期回收协议书》相关事宜。会议同意景山新桥片区H–46地块出让起始价有关事宜。会议明确《温州市瓯海大厦等办公用房及西岑公寓部分车库公开出让结果情况及后续拍卖方案》相关事宜。会议审议并通过《关于修改瓯海区个人出租房屋税收委托代征管理办法（试行）的决定》。徐敏武、姜慧、朱学进、胡松勤、金集淼、王珏玮、吴强、薛东晓、林彩萍、凌胜康、姜小英、项欣华、陈敏、刘晓千、项瞻文、王小冬、张成臣、周才静、王友杰、戴刚、廖若杰、林荣华、戴洪龙、王伟力、王进、陶琼伟、吴建平列席会议。副区长周一富因公缺席会议。

【第7次区长办公会议】 于2014年6月4日下午在区新行政中心1号楼9楼西首会议室召开，区长彭立华主持。常务副区长林宝新，副区长周一富、金衍光、钱素文、潘小林、陈正南，区府办主任陈朝明等出席会议。会议原则同意《2014年瓯海区义务教育阶段学校招生工作实施办法》，《关于支持引进高层次人才创新创业的实施办法》，《关于调整规范村居主要干部基本报酬的方案》，《瓯海区推进政府向社会组织转移职能工作试点方案》，《关于贯彻温政办〔2013〕201号文件精神若干意见（试行）》，《瓯海区趸售电站代管协议》。会议明确区档案馆展厅布展装修工程及布展设备购置经费有关事宜。会议明确温州市高速南进城口综合整治绿化项目和区行政中心及主要道路彩化提升项目有关事宜。会议同意拍卖合众农资公司股权有关事宜。会议同意会昌河旅游规划编制有关事宜。叶青松、项欣华、季海波、徐敏武、管军辉、姜慧、周卢琴、诸江、胡松勤、朱晶晶、金集淼、王林宗、吴强、薛东晓、金建东、金朝辉、林和国、黄碎涛、郑国华、林彩萍、李中方、陈敏、许建宇、董学江、刘晓千、许克达、刘日彪、卢忠雷、陈建中、叶冠栋、王献珍、周才静、林显斌、林明光、胡荣寿、潘永明、林成益、陈伟节、林国道、王友杰、王伟力、廖若杰、张汉忠、赵康、陈长川、毕胜、王颖颖、陈寒艳列席会议。副区长李康因公缺席会议。

【第8次区长会议】 于2014年6月26日下午在区新行政中心1号楼9楼西首会议室召开，区长彭立华主持。常务副区长林宝新，副区长李康、金衍光、钱素文、潘小林、陈正南，区府办主任陈朝明等出席会议。会议同意整合区城管与执法局、区环保局等5个部门的群众投诉平台，建立区集中受理接线室。会议原则同意《关于开展农房抵押贷款试点工作的实施意见》，《关于调整瓯海区安全生产标准化创建活动奖励的通知》。会议同意高速南进城口整治项目中市政部分施工与监理直接发包有关事宜。会议同意梧田街道北村安全生产整治疏导小区配套工程招投标有关事宜。会议同意解决环卫工人社保问题有关事宜。会议同意牛山片区瓯海大道南侧及秀屿路与双南线交叉口临时绿化工程有关事宜。会议同意瓯海总部经济园主体工程结算有关事宜。会议原则同意《关于切实做好“十三五”规划编制工作的通知》和《关于公开征集“十三五”规划前期研究课题、专项规划编制目录和重大建设项目的通知》，《关于进一步规范请示件办理的通知》。会议明确温州站南商贸城电子商务大厦（F18b地块）人防地下室有关事宜。会议明确温州核心片区瓯海中心单元D-06a地块人防地下室易地建设有关事宜。叶青松、项欣华、季海波、徐敏武、姜慧、周卢琴、诸江、胡松勤、金集淼、王珏玮、吴强、姜文龙、卢忠雷、黄碎涛、沈显武、蔡足胜、凌晓敏、凌胜康、许克达、周寿珍、陈云建、吴寿训、金声众、林荣华、陈伟节、潘永明、陈温媛、廖文寿、凌晓东、陈晓、林茂、陈长川、张晓凌、郑元昌、赵阳列席会议。副区长周一富因公缺席会议。

【第9次区长办公会议】 于2014年7月25日上午在区新行政中心1号楼9楼西首会议室召开，区长彭立华主持。常务副区长林宝新，副区长周一富、李康、金衍光、钱素文、陈正南、林敏，区府办主任陈朝明等出席会议。会议原则同意《瓯海区消防行政执法委托试点方案》，“五水共治”小型工程审批和招投标管理意见》，《瓯海区农村生活污水治理工作实施细则》，《梧田老街有机更新改造项目一期商业营运开发框架协议》，《瓯海区银行业金融机构支持地方经济发展业绩考评奖励办法》。会议明确瓯海总部经济园部分企业房屋面积调整有关事宜。会议明确西山东路96号的房产进行土地分割有关事宜。会议同意给予岩头村新农村建设补助经费有关事宜。会议同意金瓯变至中心单元A-04地块电气接线工程费用有关事宜。会议学习传达全市统计工作会议精神。叶青松、项欣华、季海波、徐敏武、管军辉、姜慧、诸江、胡松勤、朱晶晶、金集淼、王林宗、王珏玮、吴强、薛东晓、叶衍国、沈显武、蔡足胜、凌晓敏、凌胜康、王高博、张启成、李中方、陈敏、刘晓千、邱忠夫、徐教、金朝辉、黄立威、刘日彪、沈明弟、金声众、王晓敏、林周成、王成勇、戴刚、陈洁、陈晓、项光川、王灿霞、胡林宗、林茂列席会议。副区长潘小林、区长助理钟敏因公缺席会议。

【第10次区长办公会议】 于2014年8月6日下午在区新行政中心1号楼9楼西首会议室召开，区长彭立华主持。常务副区长林宝新，副区长周一富、李康、金衍光、钱素文、潘小林、陈正南、林敏，区长助理钟敏，区府办主任陈朝明等出席会议。会议原则同意《2014年瓯海区有序用电实施方案》，《社区巴士试点方案》，《推进城镇低效用地再开发试点工作的实施细则》，《区政府第五次全体会议报告》。会议明确政府投资项目初步设计（概算）委托咨询评估审查有关事宜。会议明确应急水毁工程修复经费有关事宜，建设项目工程未批先建处置有关事宜度。叶青松、项欣华、季海波、诸江、胡松勤、朱晶晶、金集淼、王林宗、王珏玮、吴强、薛东晓、叶衍国、蔡足胜、凌胜康、金剑欣、刘晓千、黄立威、刘日彪、张昶、钟沛康、林显斌、林国道、王文胜、李旭洪、金光海列席会议。

【第11次区长办公会议】 于2014年8月29日上午在区新行政中心1号楼9楼西首会议室召开，区长彭立华主持。常务副区长林宝新，副区长周一富、李康、金衍光、钱素文、潘小林、陈正南、林敏，区长助理钟敏，区府办主任陈朝明等出席会议。会议明确关于推进“三社联动”、创新基层社会治理的实施意见》。会议原则同意《2013年冬季转业士官安置方案》，《瓯海区国民经济与社会发展第十二个五年规划纲要重点建设项目调整方案》，《瓯海区企业住所（经营场所）、生产经营场所登记管理暂行办法》，《关于首批实施环境综合整治城中村相关补助政策的通知》，《关于进一步完善基层医疗卫生机构绩效工资的意见》，同意《关于大力发展时尚休闲旅游业的意见》、《瓯海区扶持时尚休闲旅游业发展若干政策》和《温州市瓯海区民宿管理办法（试行）》，《行政执法案件“裁执分离”实施意见》。会议原则同意天长岭大桥病害处置方案。会议明确华鸿中央城幼儿园代建有关事宜。会议同意组建温州家和物业管理有限公司有关事宜。会议同意南白象街道白象村和鹅湖村房屋征收政策适用有关事宜。叶青松、项欣华、季海波、周卢琴、诸江、胡松勤、朱晶晶、金集淼、王林宗、王珏玮、吴强、薛东晓、林和国、凌胜康、沈显武、卢忠雷、黄碎涛、林彩萍、金朝辉、金剑欣、许克达、韩志勇、林玉和、刘晓千、陈敏、项瞻文、王文胜、周才静、林显斌、戴洪龙、王友杰、林明山、王伟力、刘速建、赵康、高剑、黄良聪、林峰列席会议。

【第12次区长办公会议】 于2014年9月11日下午在区新行政中心1号楼9楼西首会议室召开，区长彭立华主持。副区长周一富、金衍光、潘小林、陈正南、林敏，区长助理钟敏，区府办主任陈朝明等出席会议。会议明确2013年度瓯海区服务业发展引导资金和战略性新兴产业引导资金奖励方案的有关事宜。会议原则同意《关于推进开发区提升发展的意见》，《关于为辖区居民提供“基本墓穴”服务的通知》，《瓯海区残疾人庇护产品专产专营和政府优先采购实施方案》。会议明确动车南站进城口整治项目绿化部分直接委托施工等有关事宜。会议明确温州大西洋购物中心验收有关事宜。会议同意创卫精品道路（西山东路、翠微大道）路面大修有关事宜。会议同意104国道（瓯海段）拓宽工程一期通信管道迁建和电力线路临时迁改有关事宜。会议同意东垟路市政道路工程附属配套用房实行邀请招投标项目在区公共资源交易平台实行邀请招标的方式确定施工单位。会议原则同意《瓯海大道西延工程（郭溪段）工业用房征收与补偿实施细则》。会议明确到期视频监控点继续运行维护服务采购有关事宜。叶青松、项欣华、季海波、徐敏武、姜慧、周卢琴、诸江、胡松勤、朱晶晶、金集淼、王林宗、王珏玮、吴强、薛东晓、黄碎涛、王友杰、蔡足胜、凌胜康、王益忠、王高博、黄立威、许建宇、季华文、陈敏、周卢泽、王芬、丁建忠、王晓东、林荣华、张雄俊、黄跃亮、廖文寿、吴海萍、胡晓钢、李建敏、陈佩、施建晋、陈晓、陈长川、戴东鹏、潘晓旭、陈达、朱文元、郑霞、孙曼列席会议。区长彭立华，副区长李康、钱素文因公缺席会议。

【第13次区长办公会议】 于2014年10月16日上午在区行政中心1号楼9楼西首会议室召开，受区长彭立华委托，常务副区长林宝新主持。副区长周一富、金衍光、陈正南，区长助理钟敏，区府办主任陈朝明等出席会议。会议同意“十三五”规划前期重大课题直接委托有关事宜。会议原则同意《瓯海区工业用地项目投资合同》（范本）的具体条款。会议同意铁路瓯海段潘桥陈庄安置房工程人工动态调整有关事宜。会议同意瓯海总部经济园有关事宜。会议同意2014年外贸自营出口龙头企业奖励有关事宜。叶青松、管军辉、周卢琴、诸江、胡松勤、朱晶晶、金集淼、王林宗、王珏玮、李中方、薛东晓、林彩萍、许建宇、姜剑鑫、刘晓千、周卢泽、胡荣寿、林荣华、潘永明、周纪曼、张汉忠、王振山、王伟力、王佳杰、吴龙怀、陈洁、郑霞、叶素华列席会议。区长彭立华，副区长李康、钱素文、潘小林、林敏因公缺席会议。

【第14次区长办公会议】 于2014年11月5日下午在区行政中心1号楼9楼西首会议室召开，区长彭立华主持。常务副区长林宝新，副区长周一富、金衍光、钱素文、陈正南，区长助理钟敏，区府办主任陈朝明等出席会议。会议明确剩余安置房管理处置有关事宜。会议原则同意《关于加强食品安全基层责任网络建设的实施意见》，《瓯海区“无违建区”创建实施工作方案》，《关于扶持规模工业企业发展若干政策意见》，《关于城乡社区布局调整的通知》，《瓯海区退役士兵自主创业贷款财政贴息实施办法（试行）》，《瓯海区农民学校组建工作方案》，《2015年瓯海区国民经济和社会发展计划主要指标初步安排》。会议明确温州市瓯飞开发建设投资集团有限公司（以下简称瓯飞集团）潘桥焦下工业区H-39、H40地块建设临时建筑有关事宜。会议明确温州市瓯海城市建设开发有限公司章程修改有关事宜。会议同意瓯海大道西延综合管线迁改有关事宜。会议明确区三电办账务清查及处理建议有关事宜。会议同意建设瓯海区农村应急广播体系有关事宜。会议同意瓯运物流项目设计费补偿有关事宜。季海波、周卢琴、诸江、朱晶晶、金集淼、王林宗、周海霞、王珏玮、李中方、薛东晓、姜文龙、黄碎涛、蔡足胜、叶衍国、林彩萍、王友杰、姜小英、凌胜康、金朝辉、姜剑鑫、王世昌、王益忠、陈杰、周卢泽、陈云建、陈敏、刘晓千、周才静、金守信、徐教、潘凛溥、林成益、陈阐、林朝晖、刘速建、吴旭明、廖若杰、孙科、李建敏、郑元昌、王建和、马士辉、李跃、陈舒頔、胡金必列席会议。副区长李康、潘小林、林敏因公缺席会议。

【第15次区长办公会议】 于2014年12月12日下午在区行政中心1号楼9楼西首会议室召开，区长彭立华主持。常务副区长林宝新，副区长周一富、李康、金衍光、钱素文，区府办主任陈朝明等出席会议。会议明确动车南进城口整治项目有关事宜。会议同意征地补偿农户矿渣费有关事宜，《瓯海区消防安全（单位）主体责任追究暂行办法》，《2015年瓯海区区级政府投资项目预安排表》和《2015年瓯海区重点建设项目投资计划预安排表》，《关于进一步加强镇街国土资源所建设的工作方案》。会议明确瞿溪街道红桥路建设农贸市场有关事宜，新桥街道三浃村、西湖村三产安置房有关事宜。会议同意在区级财政设立行政罚没款账户有关事宜。会议明确娄桥村三产安置房二期指标费及征地成本收取标准有关事宜。会议明确农用船舶管理有关事宜。会议同意核准设立温州黄益畜禽专业合作社等5家农村资金互助会。会议同意瓯海恒隆小额贷款股份有限公司发行优先股有关事宜。会议明确区行政管理中心电梯、空调系统等维保有关事宜。会议明确浙江森马服饰股份有限公司总部企业财政奖励有关事宜。会议明确温州市政府治理体系和治理能力现代化改革试点申报有关事宜。会议审议并通过《瓯海区农村集体经济组织资金资产资源管理办法（试行）》和《瓯海区加强学校校园及周边环境安全管理实施办法》。季海波、卢旭峰、管军辉、姜慧、周卢琴、胡松勤、朱晶晶、金集淼、王林宗、周金平、李中方、薛东晓、金建东、黄碎涛、姜文龙、卢忠雷、蔡足胜、凌胜康、金剑欣、姜剑鑫、王益忠、周寿珍、江秀珍、林玉和、徐敏武、周卢泽、吴海敏、陈小秋、郑裕军、朱学进、陶琼伟、周金琳、张昶、何占宇、王晓敏、韩志勇、季祝仁、廖若杰、戴东鹏、陈长川、林茂、潘建春、刘建群、黄安迪、李国强、邢锋丽列席会议。副区长潘小林、陈正南、林敏，区长助理钟敏因公缺席会议。

议案建设和提案办理

【人大代表议案建议办理】 2014年，瓯海区政府及各承办单位办理区人大代表建议161件。截止7月底，161件代表建议均已办理，答复率100%。据统计，代表们所提问题已得到解决和基本解决的“a”类49件；正在解决或已列入计划解决的“b”类87件；因目前条件不具备或其他原因只能以后研究解决的“c”类17件；留作参考或不可行的“d”类1件。从反馈的情况看，代表对上年的建议办理满意的68件；基本满意的90件，不满意的3件。

【政协提案办理】 2014年，瓯海区政府及承办单位办理区政协委员提案119件。截至7月底，119件政协提案均已办理，答复率100%。据统计，提案中所提问题已得到解决和基本解决的“a”类56件；正在解决或已列入计划解决的“b”类61件；因目前条件不具备或其他原因只能以后研究解决的“c”类2件。

区政府办公室工作

【办文、办事、办会】 2014年，瓯海区人民政府办公室（简称瓯海区府办）执行《党政机关公文处理工作条例》，全面落实即办制要求，严格履行收文登记、传阅、交办及发文审核、签发、印刷等公文（电子公文）处理程序。全年收文4202件，其中国务院及办公厅文件20件，省政府及办公厅文件787件，市政府及办公室文件2137件，镇（街道）和部门单位呈送区政府的请示1258件，均按规定程序分送领导审签、办理。起草、制发文件1626件，其中以区政府名义发文482件，以区政府办公室名义发文998件，各类会议纪要146件。做好各类会议的会务工作，全年召开区政府全体会议2次，区政府常务会议4次，区长办公会议15次。

【政务信息】 2014年，瓯海区府办编发本级各类信息刊物159期，紧急信息报送率100%；上报省政府办公厅、市府办信息837条，被省政府办公厅、市府办采用185条，省领导批示3条、市领导批示10条、区领导批示6条。

【自身建设】 2014年，瓯海区府办围绕“服务更优、责任更明、效率更高、能力更强、作风更硬”的创建目标，开展党的群众路线教育实践活动，推进“五星党组织”、“五型机关”创建等活动。推进服务型机关建设，精简会议文件，与上年同期相比会议同比减少15.5%、文件同比减少46.2%；完成对区政府专题会议纪要和区长办公会议纪要明确时间结点的64件事项进行督办，完成对市、区政府重要决策事项督办142件，完成市领导主要领导批示落实情况17件；实行阳光政务工程，主动公开政府信息7558条；深入开展职权清理，全省之先公布权力清单；区人防行政审批窗口全年办结人防许可110项，群众满意率100%。推进“和谐型”机关建设，强化内部规范化管理，全力推历史遗留问题化解，全面推进社会管理创新，建立行政处罚网上全程监督系统和应急联动平台。推进学习型机关建设，组织干部理论学习会24次，中心组理论学习会12次，电化教育12次，安排区府办主任上《干在实处 走在前列》等3次党课；9位同志荣获区直机关“四思四想”调研文章奖项，办公室被评为组织奖；完成《集体土地上房屋征收程序探讨》等13篇高质量调研文章。推进“责任型”机关建设，依照《区府办全员绩效考核办法》、《区府办工作人员日常管理考核加减法项目及分值》等制度，全年开展机关工作作风自查自纠20次。推进廉洁型机关建设，印发《区府办2014年党风廉政建设工作要点》，落实重大事项报告、述职述廉、民主评议、诫勉谈话、一把手“四个不直接分管”、“三礼”上交登记等制度；完善《区府办财务管理制度》，截止2014年11月底，公务接待费支出为零，上年同期1.2178万，压缩100%，对照《规范外出考察活动实施办法》，全年全区外出参观考察29批次（不包括会议\学习培训），计192人次，涉及金额495460元。

【区长专线工作】 2014年，瓯海区长专线办受理各类问政16174件，其中区长专线受理群众投诉建议3955件，区长信箱受理1248件，市网络问政平台受理71件，民情E通受理46件，7月15日成立的区便民投诉热线中心受理10854件，所有问政按期反馈率100%。

应急工作

【概况】 2014年，瓯海区完善基层预案管理体系，形成包括1个区级总体预案、40个区级专项预案、多个区部门预案以及镇街（开发区）配套的四级预案管理体系。开展基层应急管理“五个一”示范建设，创建基层应急管理“五个一”市级示范点3个，评审产生区级基层应急管理“五个一”示范点33个。推动村居应急管理“五个一”工作向学校、企业推广延伸，学校“五个一”建设达90%以上、规上企业60%左右。加大预案演练力度，区级层面组织预案演练23次，镇街及企业共组织预案演练和应急逃生演练近1万场次。全区各单位组织开展各类安全生产、应急知识宣传680次，累计发放宣传资料90来万份。下拨26.8万元为全区1987名基层一线应急人员投保人身意外伤害保险，提高应对突发公共事件的能力。

【自然灾害】 2014年，瓯海区汛情较为平稳，但受“麦德姆”、“凤凰”等台风及多次强暴雨恶劣天气影响，全区普降大暴雨，受灾人口1.1万，直接经济损失611万元，幸无人员伤亡，同比分别下降95.7%、95.3%、100%。因降雨引发的山体塌方、滑坡等地质灾害6起，同比下降76%，无人员伤亡。山区公路坍塌30余处、冲毁桥梁2座，经济损失500余万元。全区无重大农业有害生物灾害、重特大森林火灾和人员伤亡事故发生。总体上看，全年自然灾害比较平稳，与上年相比，台风影响次数及强度明显下降，森林消防安全明显好转。

【事故灾害】 截止至2014年11月底，除火灾事故外，瓯海区发生各类事故122起、死亡41人，分别同比下降17.01%、6.82%，直接经济损失170.85万元，其中道路交通事故发生119起，死亡37人。全年发生道路拖拉机安全生产事故3起，直接经济损失0.15万元，分别同比下降25%、28.5%；死亡3人，同比上升33.3%。未发生3-9人特大拖拉机道路交通事故和一次死亡10人以上的责任事故；未发生其他农业机械死亡事故。全年各类事故起数死亡人数持续下降。

【公共卫生事件】 2014年，瓯海区未发生突发公共卫生事件。落实人感染H7N9禽流感疫情、埃博拉疫情应对准备，协助调查H7N9禽流感密切接触者1人，消杀活禽交易市场2000多平方米，活禽交易市场监测采样15份，阳性6份，采集职业暴露人群血清35份、外环境样本30份，未发现H7N9禽流感阳性样品。协助调查入境人员埃博拉疫情监测5人，未发现阳性病例。肠道门诊监测发现霍乱病例1例（瑞安籍），移交瑞安市卫生局处理。建成温州市急救中心瞿溪急救站、丽岙急救站。全区预防接种人次35万多针次，有效预防传染病预防发生。食品安全风险监测采样620份，合格455份，合格率73.3%。总体上看，全区食品、药品安全形势较为平稳，全年无重大食品药品安全事件发生。

【社会安全事件】 2014年，瓯海区发生因劳资纠纷或欠薪引起的10人以上劳资纠纷群体事件102件，同比下降20.9%。旅游环境高度和谐稳定，实现安全“零事故”、治安“无案件”和游客“无重大投诉”。发生山林纠纷事件1起，与上一年度持平。总体上看，企业主欠薪等劳资纠纷引发的群体性事件依然较多，社会安全形势仍然较为严峻。

电子政务

【电子政务网络平台建设】 2014年，瓯海区电子政务网络覆盖率100%，覆盖全区所有部门、镇、街道、社区，形成各单位、镇街道、社区三级联网。瓯海区电子政务网接入单位215个，裸光纤160条，接入终端5000余台。区电子政务云计算平台作为全市首个区县级云平台，自2013年建成以后发挥积极作用，有力整合全区的网络硬件资源，现拥有CPU运算资源188核共计416.6GHz，内存701.34GB，存储容量24.91TB，完成各电子政务核心应用及各部门托管业务的虚拟化，已配置虚拟机85台，运行着200多个应用。

【OA办公系统应用】 截止2014年底，系统注册用户5262人，办公助手日均在线数突破1900人；电子公文交换平台涵盖区、镇部门、社区站所三级，交换单位244个，启用电子印章599枚，累计传输电子公文约9万份，其中2014年总发布电子公文2.65万份。开发基于平板电脑的手写批示系统，协助领导实现远程随时随地签批文件。依托手写批示终端，启用电子会议材料系统，逐步取消各类会议印发材料。开发网上会议室管理系统，对区行政管理中心12个公用会议室实行网上预订，减轻管理工作量。

【门户网站建设】 2014年，瓯海区13个镇街和65个部门单位第一时间向政府门户报送信息，每天转摘市级四大纸质媒体的便民服务信息到30个分类栏目。全年依托“中国瓯海”门户网站发布各类政务动态信息14674条。9月开通温州市首个综合问政平台，提供在线问政、网络访谈、意见征集、网络调查、舆情分析、权威发布等具体功能，对接市长专线、温州问政、民情e通等市级问政平台，实现网站、移动客户端、微信等多形式的同步问政，温州日报、温州都市报、温州晚报、今日瓯海、温州网都予以专题报道。“中国瓯海”门户网站日点击率48万次，荣获2014年全国区（县）级政府网站领先奖，为温州市唯一获得此奖的单位。

【政府信息公开】 截至2014年12月，瓯海区累计公开政府信息54389条，受理依申请公开120件。政府信息公开工作启动6年以来，获得三次温州市政府信息公开先进单位荣誉称号。其中2014年，全区64个政府信息公开责任单位通过信息公开平台公开信息9249条，其中重点领域信息公开工作涉及18个部门公开信息984条，另外通过“瓯海审批网”公示行政审批办理结果45029件，通过“瓯海公共资源交易网”公开政府采购信息170件。依托区工程建设领域项目信息公开专栏，主动公开各类招投标信息816条。

【政务服务网建设】 2014年9月，瓯海区完成权力清单公开，是温州市在全省政务服务网完成权力清单公示的首个县（市、区），全区36家区级单位梳理出部门职权7963项。经清理审核，取消、整合、调整，减少4914项职权事项，保留3049项，精简比例61.7%，涉及部门41个，录入信息1132条；并率先在温州完成行政处罚、征收、确认、强制等其他8类行政权力事项信息梳理工作。录入各类便民服务信息1483条，涵盖婚育收养、教育培训等15个服务专题。

国民经济和社会发展

【概况】 2014年，瓯海区实现生产总值412.98亿元，增长8.6%，高于年度计划0.6个百分点；规上工业总产值445.9亿元，增长8.7%，高于年度计划0.7个百分点；限上固定资产投资308.04亿元（包括温州生态园），增长15.8%，高于年度计划0.8个百分点；公共财政预算收入24.24亿元，增长15.4%，高于年度计划7.4个百分点；社会消费品零售总额176.44亿元，增长16.9%，高于年度计划4.9个百分点；外贸出口总额21.5亿美元，增长5.6%，高于年度计划2.6个百分点；城镇常住居民人均可支配收入42058元，增长9.2%，高于年度计划0.2个百分点；农村常住居民人均可支配收入23708元，增长10.2%，高于年度计划0.2个百分点。

【产业结构加快调整】 2014年，瓯海区三次产业比重由上年的1.4:58.4:40.2调整为1.4:57.4:41.2。完成第三产业增加值170.09亿元，增长9.3%，高于年度计划0.3个百分点；高新技术产业增加值增长12.9%，高于规上工业增加值5.2个百分点。完成新产品产值82.49亿元，增长83.4%；新增高新技术企业11家、市级以上企业技术研发中心14家；全市首只国家级政府引导基金——华盖医药基金落户瓯海区。完成“个转企”1841家、“小升规”116家、

"限下转限上"82家、"企转股"22家，新增区域资本市场挂牌企业7家。消费拉动效应明显，完成限上消费品零售总额73.3亿元，增长19.9%；完成旅游总收入58.89亿元，增长29.3%。完成网络零售额65亿元，增长115%。新建市级现代农业园区2个，新增家庭农场26家。温州时尚智造小镇入围全省首批"特色小镇"初选名单。

【有效投资】 2014年，瓯海区完成限上固定资产投资302.02亿元(全市新考核口径)，增长14.5%，完成率排名全市第一。投资结构逐步优化，完成工业性投资42.07亿元，增长43.3%，其中工业技改投资33.83亿元，增长76.1%；完成生产性服务业投资71.22亿元，增长33.2%；完成民间投资190.4亿元，占限上固定资产投资的63.04%。建成小微企业园标准厂房14.3万平方米、挖潜节地项目6.1万平方米。商贸业项目加快实施，红星美凯龙家居广场建成开业，亿象商业广场、站南服饰批发广场基本建成，华润万象城、云天楼洲际广场顺利结顶，港龙城市商业广场、巨溪国际真皮大世界等项目建设加快推进。省外回归引进项目到位资金60.1亿元，11个世界温州人大会签约项目落地建设。区城投公司企业债券发行上报国家发改委审批。

【重大项目推进】 2014年，省、市、区级重点建设项目均提前超额完成年度目标任务，市重点建设项目完成率列全市第一。全区40个重点建设项目完成投资69.17亿元，占年度投资计划的159.7%。其中，温州新火车站配套道路二期、南湖城市综合体道路网一期、站前区公共服务中心、潘桥国际物流基地一期、瓯海移动城市信息化建设项目、园区路(瓯海大道-金丽温高速)等项目建成投用或基本建成；肯恩大学配套安置一期、牛山片整治工程、中心区农改房工程、站前商贸区(一期)、南湖城市综合体等35项超额完成年度投资计划；中心区拆迁安置商务楼工程、郭溪高新技术产业园、输变电工程等12个项目开工建设。全区93个投资额在5000万元以上的区级重大政府投资项目完成投资66.29亿元，完成年度投资计划的130.8%。新增省重点建设项目2个、省重大产业项目1个。

【生态环境】 2014年，瓯海区推进"五水共治""三改一拆"，完成"五水共治"投资23.1亿元，完成城中村、旧厂房、旧住宅区改造815万平方米，拆除违法建筑124万平方米。生态区建设成效明显，新增城区绿地166公顷，完成造林绿化面积7369.5亩、森林抚育29511亩，重污染高耗能行业提前完成"十二五"整治任务，省级生态区创建通过技术核查，泽雅创成国家级生态镇。节能减排深入推进，单位生产总值综合能耗下降5.5%；经初步核算，化学需氧量、氨氮、二氧化硫和氮氧化物排放量分别削减1.69%、2.47%、3.03%和4.81%。大气污染防治行动计划启动实施，淘汰高污染燃料禁燃区燃煤锅炉34台，光伏发电项目建成投运1个、完成备案1个，通过清洁生产审核企业66家，推广使用散装水泥112.88万吨。

【改革开放不断深化】 2014年，瓯海区推进金融综合改革，农村商业银行挂牌营业，首家票据服务公司获批授牌，民间征信服务平台正式上线，新增农村资金互助会5家，民间借贷备案登记累计10.35亿元。农村综合改革统筹推进，开展农房抵押贷款试点，推进农村承包地确权登记和林权流转，创成省级农村集体"三资"管理规范化县。社会资本办学办医力度不断加大，温州森马学校前期工作顺利推进，温州和平国际医院开工建设。及时公布部门权力清单，落实首席审批官制度，实行房地产"多证联办"，推行审批无休日服务。社会信用体系建设稳步推进，共有15家企业入选首届温州市"百佳诚信企业"。完成外贸进出口总额23.27亿美元；合同利用外资1726万美元，实际利用外资1708万美元；海西对台合作取得新突破，引进台资项目1个，合同利用台资793万美元。

【民生事业】 2014年，社会事业协调发展，瓯海外国语学校、仙岩穗丰小学迁扩建、梧田三小迁扩建、区三医病房大楼、丽岙中心卫生院迁建等项目正在加快推进，市六医建成开诊，区图书馆新馆正式开放。新增城镇就业12675人，城镇登记失业率1.55%；新增各类保险58268人。参加政策性农村住房保险80402户，政策性农业保险569户。建成21家村级居家养老服务照料中心。探索医养融合养老新模式，全市首家医养融合养老中心对外营业，新增养老床位765张。拆迁安置房开工71.5万平方米、竣工23.71万平方米，实现交钥匙2150套。减员增效持续发力，外来人口较上年底减少10.6万人、下降17.3%。

国内经济合作

【国内招商引资】 2014年，瓯海区招商引资和温（瓯）商回归再创佳绩，成功引进重点项目9个，省外回归引进项目到位资金60.1亿元。

【优化招商环境】 2014年，瓯海区建立实施招商引资服务员制度，全区68个区属部门各安排1名中层干部作为招商项目服务员，负责对挂钩联系的招商项目实行全程代办、跟踪服务；实行贵宾卡制度，贵宾卡分为钻石、白金和黄金3种，手持贵宾卡的投资客商可享受在行政审批中心贵宾专区办理业务、区领导负责联系、手续全程代办等贵宾式服务；对招商项目实行模拟审批、“一事一议”和招商引资联席会议等制度；召开2014年度瓯海区招商引资工作培训会，就项目立项审批、统计、考核等作系统的业务培训；在春节、端午节、中秋节、重阳节等重大节日期间走访慰问温商及其家属。

【国内区域合作】 2014年，瓯海区经合办（招商局）引导本地优秀企业参与“渝恰会”、“西洽会”、“青洽会”、“民交会”和“西博会”等全国重大经贸展会。11月开始，瓯海区四套班子主要领导分别率队赴上海、北京、安徽等地开展“百人百项百亿”大招商活动。全年活动签约项目38个，达成投资协议254.1亿元。

【在外温商回归工作】 2014年，瓯海区经合办（招商局）先后多次接洽上海、安徽、内蒙等地温州商会到瓯海投资考察，实地查看项目、座谈交流，洽谈合作项目；加强与瓯海驻异地商会的联系，逐步梳理形成全国200多个城市的瓯海籍会长和会员名单；实施温商回归“领头雁”工程，发挥温商“领头雁”号召力，引导省内外企业来温投资，全年引进项目到位资金22.9亿元。

【山海协作项目】 2014年，瓯海区经合办（招商局）落实相关扶持政策，完成瓯海区对口支援重庆市涪陵区新妙镇25万元、四川阿坝县300万元对口支援款的拨付工作；开展2014年山海协作互访工作，签订山海协作协议书，多方筹措帮扶资金180多万元。

法制建设

【规范性文件制定管理】 2014年，瓯海区政府强化行政规范性文件管理，落实行政规范性文件“三统一”（统一登记、统一编号、统一公布）制度，区政府、区府办发布的36件行政规范性文件全部进行统一编号，并通过瓯海门户网站的“规范性文件”专栏向社会公布，同时报市政府和区人大常委会备案。加强合法性审查，全年审核行政规范性文件46件，出具合法性审查意见书42份。开展党内规范性文件审核，审核文件26件。开展行政规范性文件实施效果评估，对《瓯海区租用场地经营企业职工工资支付保证金暂行办法》等3个文件进行效果评估。2月举办全区行政规范性文件管理工作专题培训班，各镇街、各部门办公室负责人、法制工作机构负责人等110人参加。

【行政机关合同管理】 2014年，瓯海区被省法制办列为全省17个行政机关合同管理示范联系点之一。加强行政机关合同签订前的合法性审查工作，全年审查各类合同、协议68份，涉及标的额190多亿元；出具合同审查意见书、反馈意见书66份。依托OA办公系统，建立合同管理文书传送机制。9月举办全区行政机关合同管理工作培训班，对67个单位的130名法制工作人员进行培训。

【行政复议和应诉】 2014年，瓯海区政府收到行政复议申请14件，依法受理13件，1件由于申请人不是当事人，经与申请人沟通后将材料退回。全年办结行政复议案件17件（含上年结转5件），另有1件未到期。在已办结案件中，调解结案4件，经和解后申请人撤回2件，申请人直接撤回3件，维持6件，驳回复议申请1件，撤销1件。办理案件过程中，组织听证会5件。办理以区政府为被告的行政诉讼一审案件3件，均为土地登记案件，至12月底已结案2件，其中撤诉1件、驳回起诉1件，未结1件；另办理2013年留案1件，一审驳回诉讼请求。区政府收到司法建议书3份（省高院1份、市中院2份），均在规定时间内予以反馈。

【社会矛盾纠纷调处机制】 2014年，瓯海区政府加强社会矛盾纠纷化解机制建设，8月成立瓯海区行政争议协调委员会，并制定工作规则；9月出台《瓯海区非诉行政执行案件“裁执分离”工作实施意见》。开展行政调解工作，区人力社保局、区公安分局、区市场监管局等部门受理行政调解案件8347件，调解7913件，成功率94.8%；据各镇街不完全统计，受理行政调解案件812件，成功调解679件，成功率83.6%。

【行政执法监督】 2014年，瓯海区开展修订完善行政裁量权工作，区环保局、区市场监管局等7个部门梳理行政许可、行政处罚裁量依据，修订完善裁量标准。部署开展行政指导工作，推动主要执法部门建立行政指导制度。开展行政执法案卷评查，由14个重点执法部门的法制工作负责人或业务骨干组成案卷评查组，共评查行政许可案卷108件、行政处罚（含行政强制）案卷90件，形成案卷评查意见198份，向被评查单位发出评查结果函26份，督促整改。

【行政执法培训和证件管理】

2014年，瓯海区政府加强行政执法队伍建设，举办镇街道行政执法人员专业法律知识培训班，参加182人。组织行政执法人员参加省、市举办的法律知识培训，其中参加更新知识培训考试75人，综合法律知识培训考试88人。对全区行政执法人员资格和证件进行全面清理，保留合格证件682个，梳理出属于无执法主体资格、到期未换证、混岗等情形的证件387个。对证件到期、单位调动或岗位变动的行政执法人员，及时组织换领行政执法证，换证73个。组织符合条件的人员申领行政执法证，申领新证61个。

【政府法律顾问制度建设】 2014年，瓯海区政府进一步完善政府法律顾问制度，制定《瓯海区人民政府法律顾问工作考核细则》。评选出10位优秀政府法律顾问并予以表彰奖励，解聘律师1位，新聘任律师2位，政府法律顾问团成员由21人增至22人。全年政府法律顾问提供服务累计达275天。法律顾问走访单位61次，参与处置重大突发事件、疑难复杂事件20件，审核和修改合同84件，解答法律咨询136件，代理仲裁、诉讼案件15件，代拟出具法律文书30份。区法制办组织召开专题讨论会6次，法律顾问参加17人次。

行政审批管理

【概况】 2014年，瓯海区立足简政放权，推进审批制度改革创新，由瓯海区行政审批管理办公室（以下简称瓯海区审管办）牵头协调，进一步推进房管、地税、国土等部门入驻区行政审批服务中心，实现含分中心部门入驻率100%，不含分中心部门入驻率97.2%。区行政审批服务中心办理各类事项82893件，其中即办件25749件，承诺件57144件，提前办结55827件。各镇街行政服务中心办理各类事项156300件，社区便民服务中心办理各类事项284399件。群众整体办事满意度99.84%。

【审批“权力清单”】 2014年4月，瓯海区启动部门职权清理工作，其中行政许可、非行政许可、行政确认、年检、备案、审核转报及其他审批权等7类事项由瓯海区审管办审核把关。瓯海区审管办对照省、市权力清单相关内容，对全区行政审批类事项进行全面清理，对保留的事项按照“六统一”要求，编制事项规范表，制定权力运行流程图。全区原有审批事项577项，经过“三报三审三回”清理后，减少到460项，其中行政许可229项、非行政许可56项、行政确认35项、年检9项、备案63项、其它审批权23项、审核转报45项。

【工业投资项目审批“负面清单”管理】 2014年10月，瓯海区下发《在小微企业园推行“负面清单”外工业投资项目不再审批改革试点工作方案》，确定在郭溪高新技术产业园和医药物流总部经济园进行工业投资项目审批“负面清单”管理试点。瓯海区审管办确定22类审批事项列入区级工业投资项目“负面清单”，并制订相关合同、事项承诺书、工作流程图及相应的管理办法。11月27日，位于郭溪高新技术产业园的浙江恒丰泰减速机制造有限公司作为首个“负面清单”改革试点单位，与相关审批部门签订合同及承诺书；12月26日，该项目进场开工建设。

【房地产“多证联办”】 2014年，瓯海区争取土地转让登记、契税证办理等相关事权下放，组织房管、土地交易和地税等窗口进驻区行政审批服务中心，于6月18日正式实行商品房初始登记“三证联办”，7月1日扩大到二手商品房转让登记。区行政审批服务中心专设房地产“多证联办”窗口，严格按照“一门受理、内部流转、同步审批、统一发证”的服务模式，实现商品房初始登记即收即办，二手房转让登记3个工作日办结，截至年底，办理初始登记222件，二手转让登记606件。

【审批办事“无休日”制度】 2014年4月，瓯海区审管办确定11家单位（共46项服务事项）第一批实施“办事无休日”制度，根据群众需要分类开展无休日工作制、无午休工作制、弹性工作制及预约服务工作制等服务，受理办件10962件，其中中心窗口受理57件，分中心受理10905件，咨询80件。

【审批服务优化】 2014年，瓯海区审管办进一步优化“联审联办”“模拟审批”“无偿代办”等服务机制，组织联合踏勘83次、联合会审107次、联合会商28次、联合竣工验收68次，涉及项目451个，办理市场准入“多证联办”1538件，实行全程模拟审批项目17个、阶段性模拟审批项目87个，完成区级代办项目71个，镇街代办项目8023个，社区代办项目27729个。进一步深化多级联动网上审批服务，推进基层站所入驻各镇街便民服务中心，推进审批数据并网联网和网上流程再造，办理联动事项1923件。开展审批智慧大厅建设，开通电话预约登记服务，开发“瓯海审批”微信公众平台，中心实现“IWENZHOU”无线网络全覆盖，进一步方便群众办事。

【审批服务监管】 2014年，瓯海区审管办完善修订窗口考绩制度，加大正风肃纪监督检查，实行首次办件预登记、否决事项“双告知”、审批案卷内审等制度，并通过明察暗访、办件回访、电子评价及第三方满意度调查等方式对窗口服务态度、服务质量进行实时评价监管，全面加强审批办件管理。完善网上电子监察，瓯海区审批系统率全市之先与省、市电子监察实现无缝对接，实现省市区审批过程“一网通”监管。加强中介服务管理，在中介大厅设置中介信息互动查询机，建立中介服务互动视频洽谈室，实现中介服务管理市、区信息、考评、服务“三互动”。

【公共资源交易】 2014年，瓯海区公共资源交易分中心进一步完善平台建设，加大国有资产、政府资源、公共利益等市场化配置步伐。全年该中心累计完成各类交易项目1315宗，总交易金额（不包括土地交易）115.76亿元，位列温州11个县市区首位，节约资金10.3亿元，节约率8.17%。其中，工程建设项目213宗，交易金额114.08亿元，节约资金9.94亿元，节约率8.01%；政府采购项目1088宗，实际采购金额1.52亿元，节约资金0.52亿元，节约率25.49%；综合类交易项目24宗，交易金额1603万元。

机关事务管理

【公共机构节能】 2014年，瓯海区区级机关事务管理局继续以深入贯彻《公共机构节能条例》为主线，建立和完善公共机构节能管理体系，成为温州市第一批节约型公共机构示范单位；瓯海区区级机关事务管理局联合瓯海区经信局、瓯海区财政局在全区开展区级节能示范单位的创建，5家区级节能示范单位通过验收；投入专项经费，提高节能效率，对市民广场花木灌溉进行节水改造，减轻运行成本；联合瓯海区作风效能办、瓯海区发改局、瓯海区经信局等单位开展用能作风整治，抽查检查单位76家。

【规范房产管理】 2014年，瓯海区区级机关事务管理局根据国务院《浙江省党政机关停止新建楼堂馆所和清理办公用房实施办法》和《瓯海区行政事业单位办公用房管理暂行办法》文件要求，牵头调研制定瓯海区党政机关办公用房清理整改方案草案，成立领导小组，组织召开全区党政机关办公用房清理整改动员会议。审查区属82个部门、单位上报的办公用房清理整改方案。严格按照党政机关办公用房标准，做好区属部门办公用房调剂工作。瓯海区机关事务管理调配17处办公场所，保障各申请部门的办公需求，并协调配合区图书馆、青少年活动中心、妇女儿童活动中心、档案馆等搬迁入驻工作。

侨务与港澳工作

【概况】 瓯海是浙江乃至全国知名侨乡，具有华侨历史悠久、人数众多、知名侨领汇聚等特点。据2014年侨情调查数据显示，全区海外华侨华人、港澳同胞11.9757万人（占全区总户籍人口近1/3），旅居世界68个国家和地区，其中欧洲占90%以上，尤以意大利、法国为主要侨居国。主要从事制造业（包括服装、鞋帽、皮革、机械）、批发和零售、住宿和餐饮等传统行业，该三大类行业比重高达90%以上。归侨侨眷多集中于丽岙、仙岩、茶山3个街道，占全区总数77%。以瓯籍华侨参与或担任主要负责人的海外侨团超过50个，重点侨领达300余人。

【侨胞服务瓯海建设】 2014年，瓯海区外事侨务办公室（以下简称瓯海区外侨办）组织接待各类投资考察9批325人次，新促成仙岩华侨公寓、南湖北外附中等涉侨投资项目9个，合同金额25.5亿元。1月-11月，鼓励侨界踊跃捐资2170万元（其中五水共治1540余万）。开展百侨助百村活动，结对项目12个，落实帮扶资金1812万元。其中，潘妙飞捐资100万成立琦君文学奖基金会。瞿溪华侨杨伟忠在泽雅石榜山村创建生态农场，解决该村很多就业岗位。借助侨情调查成果，为区委组织部人才办提供121名海内外博士和234名海内外硕士高层次人才信息。继法国巴黎、美国洛杉矶之后，在慕尼黑再设第三处瓯海海外人才联络站。区两会期间，侨界组围绕系统治水提交《响应五水共治号召 建立塘河发展基金》等专题提案3篇。区外侨办牵线治水专家胡如意（其团队治理河道长达17.2公里）、陈今胜（日本温州同乡会会长带污水处理技术）“献技”治水。引导政协侨联委员、瓯海侨界青年联谊会、各基层侨联“献力”治水，如丽岙花卉企业家为打造生态农庄，出资100万元治水；仙岩穗丰华侨、侨眷主动为治水让路，拆除违章建筑2万多平米，并自筹资金建设大型河滨公园和刘基御史楼。

【维护侨益】 2014年，瓯海区外侨办落实专人负责信访工作，共受理涉侨信访件62件，内容涉及征地、拆迁、户口恢复、坟墓保护、房屋纠纷、经济纠纷等，实现全部信访内容调查完毕并给予合理解决。侨办审批窗口全年为来自全世界15个国家的137名华侨子女办理“三侨生”身份认定，同比2013年增加37件。受理回国定居证2502件，连续推出多项举措（如基层侨务工作站“预审”提质、审中“引导”提速、材料“瘦身”提效，并独创弹性工作制、预约登记制和“审批官”制度）使华侨回国定居审批时长从规定的35个工作日，到最快可缩至15个工作日。启用民间力量助力海外民生工程建设，先后在丽岙、仙岩、瞿溪、茶山等侨乡设立领事保护联络处，并通过“五个一”（即落实一个办公场所、组建一批海内外联络员、建立一张应急流程图、编制一张内外互动网、开展一场面对面培训）为全市基层海外领保工作提供样板。联络处成立之后随即配合侨务、外事部门协调处置意大利普拉托火灾、枪杀及瞿溪人在哈务工意外死亡等多起涉外突发事件，有效维护广大侨胞的合法权益，相关做法经验被市外办采用上报省外办转报外交部。

【文化交流】 2014年，瓯海区“暑期华裔青少年寻根之旅”共有126名营员。新开辟河口塘小学举办“暑期侨界留守儿童快乐营”活动，联合温大师资资源，为辖区68名留守儿童开展暑期课堂。丽岙侨史馆、瓯海一高（任岩松中学）、河口塘小学三处被正式命名为瓯海区统一战线教育实践基地，其中，丽岙侨史馆全年接待中央、省市区有关参观访问团20余批1000多人次。加强中华文化传播和开展文化交流，瓯海实验小学与葡萄牙里斯本喜洋洋中文学校、瓯海中学与美国巴尔博亚城市学校分别缔结为姐妹学校。区外侨办网罗侨界重点人士组建“瓯海侨之桥”、“瓯海区侨界青年联谊会”两大微信群，为侨务政策传达、宣传报道和海外风险预警编制“信息秒杀”、“内外互联”互动网。丽岙杨宅侨胞借助微信，为19岁白血病少年从海内外筹集到爱心款超百万元。区侨务部门全年编辑发布侨务简讯及稿件200余篇。

【侨界自身建设】 2014年，瓯海区13个镇街基本实现侨联组织（小组）全覆盖，并建成八仙岩、山根等社区侨联10个，村（居）侨联分会42个，全区251个行政村配齐侨务工作联络员。12月11日，区侨联召开第七次归侨侨眷代表大会，完成侨联换届工作，侨眷翁蔡恩当选新一届区侨联主席。12月26日，区侨界青年联谊会二届三次会议召开。在全省外侨办系统组织开展的“寻找侨界‘最美’系列”推荐活动中，丽岙街道获得浙江省“最美侨乡”荣誉称号，黄品松入选浙江省“最美侨务人”，蔡玉弟入选浙江省“最美归侨侨眷”。区外侨办开展“走亲连心 服务社会”系列活动，强化机关作风建设。据统计，全年走访侨界重点侨领、侨属、困难归侨、困难侨眷、离退休人员及侨联干部167人，合计发放慰问金129200元，慰问品311份。

涉台事务

【瓯台交流】 2014年，瓯海区台湾事务办公室（以下简称瓯海区台办）结合塘河治水、特色品牌、本土节庆三项内容，举办瓯海·台湾周——第四届琦君文化节活动。6月14日，邀请高雄市弥陀区交流团17人到瓯参加第四届琦君文化节暨同游塘河·共建家园活动启动仪式，来自温州市各地游泳协会及高雄市弥陀区游泳爱好者13支代表队300多人，在动车南站站前段的阳桐河流域举行游泳友谊赛。潘桥街道潘北社区和高雄市弥陀区弥陀社区在启动仪式上签订友好合作协议。11月27日至12月1日，邀请台南乡城歌仔戏剧团和阿里山邹族歌手，举办第四届琦君文化节文艺晚会，在温州瓯剧艺术研究院召开两岸戏曲艺术学术研讨会，举办第四届琦君文学奖颁奖仪式。12月，副区长陈正南赴台参加2014两岸企业家峰会，并作关于合作示范园建设的发言。组建赴台交流团组1个，走访与瓯海结对的社区（里）、社团组织；瓯海自行车协会2位会员于11月赴台交流，进行环岛骑行。

【经贸合作】 2014年，瓯海区台办实施招商引资“一号工程”，加强对台合作，加大台资引进力度，制订《瓯海区落实温州市扩大对台开放战略2014-2016年行动计划工作方案》，出台《关于进一步促进台商投资与支持台资企业发展的若干意见》。精选100个招商引资项目建立对台招商项目库，对台招商引资签约3个项目，落地项目1个。区政府于6月19日同台湾传宝光电股份有限公司在百名台商会长看温州暨温台产业合作对接会上签订七宝山宗教文化旅游项目的框架协议，项目计划总投资33亿元。位于大学科技园内的温州和平国际医院落地开工，总投资5.6亿元。10月15日，台湾中小企业总会到瓯海参访，并和温州市国家大学科技园签订合作协议，共同建设海峡两岸中小企业合作示范园。

【涉台宣传】 2014年5月，瓯海区台办启动以“我与亲人”为主题的第四届琦君文学奖征文比赛活动，收到两岸文章1344篇，其中温州市收到征文1236篇，高雄市、台南市、嘉义县收到征文108篇。在瓯海·台湾周——第四届琦君文化节暨同游塘河·共建家园活动期间，向台湾嘉宾和相关人员分发宣传资料300份，瓯海区情光盘20份，并制作活动内容光盘20份。向台北温州会刊投稿3篇。制作完成《在水一方》瓯海对台工作纪实画册。全年编辑涉台知识短信发送给区四套班子领导、区属部门主要领导、区人大代表、区政协委员、各镇（街道）负责人及村两委成员等，编发短信24000多条。

【涉台服务】 2014年，瓯海区台办响应市台办“台商台胞台属服务月”活动，宣传瓯海出台的鼓励和扶持台资企业发展的优惠政策，帮助台企用足用好政策和政府公共服务资源。开展台资企业经营情况抽样调查活动，走访台商台企，调查其在瓯投资收益、盈亏情况，解决台商台企生产运营中遇到的困难问题，并形成调研报告。5月至9月，开展台胞台属二三代情况专项调查，丰富对台资源。全年走访慰问台商、台胞、台属80余人次。12月23日市政府印发专题会议纪要，对台商陈达锋及庆丰房开同业主之间的产权纠纷遗留问题进行落实，由此国台办挂牌十来年的台商投诉案件摘牌。帮助在温台商子女许竣皓、刘昱辰等联系解决就学问题；帮助台属吴剑川联系台北温州同学会寻找1949年前赴台的爷爷吴松岳；协调黄美英祖坟生态整改投诉案；帮助解决台属陈德银赴台领取伯伯遗物等。

6月19日，在第四届琦君文化节“同游塘河共建家园”启动仪式上，瓯海潘北社区和高雄弥陀社区签订友好合作协议。（区台办供稿）

【接待联谊】 2014年，瓯海区台办牵线搭桥，在“二月初一”瞿溪会市上举办“士林嘉年华美食节”，拥有200年历史的瞿溪会市与享有102年美誉的士林夜市喜结善缘、共襄盛举。台湾参与36人，会市期间累计接待瓯海及温州市区民众、顾客大约10万人次，会市期间总销售额突破人民币100万元。百名台商会长看温州活动期间，邀请河裕企业股份有限公司的刘陈裕、谢福隆两位台湾客商参观中梁国宾1号、华润万象城、大象城等项目；邀请瓯籍台胞叶忠、南非籍台胞邹永祥等人坐游艇参观沿河景观和建设情况；接待高雄市两岸友好经贸交流协会理事长郑明珠、五互集团总裁陈秋白一行，参观3个社区养老项目。

驻外办事处

【区政府驻上海工作处】 2014年，瓯海区人民政府驻沪工作处提供大小对接服务300余人次。安排2位瓯商随同上海温州商会组织的回乡考察团回温州考察投资项目。召开近30位在沪温商（瓯商）参加的瓯海项目推介座谈会。配合市委、市政府派出的驻沪招商组在沪召开瓯海上海商会考察座谈会。协同瓯海上海商会开展“走进企业”考察活动，组织商会副会长以上人员走进江苏昆山凯迪汽车电器有限公司、上海立峰汽车传动件有限公司等企业学习、考察。指导、帮助瓯海上海商会建立党支部。加强与上海政府及有关部门联络，走访浦东新区政府合作交流办2次，走访普陀区政府合作交流办1次，参加浦东新区政府组织的活动2次。加强与兄弟驻沪工作处和商会的沟通，走访永嘉、瑞安、龙湾等驻沪工作处和上海温州商会、永嘉、瑞安、乐清、龙湾、平阳、苍南等在沪商会，参加兄弟商会组织的各类活动达10多次、举办或参加各种活动8次、参加上海政府和上级驻沪机构会议2次、走访瓯海在沪企业50余家。做好上海信息的编制工作，每月一期的“上海信息”为区委、区政府了解上海提供参考。

国有土地使用

【国有土地出让工作】 2014年，瓯海区国有土地出让办加强与区招商局、区土地资源分局、区规划分局和各业主单位的联系沟通，做好工作信息的交流与对接。全年出让工业用地14宗，出让面积156.21亩，占总出让面积的27.43%。出让商服类用地5宗，出让面积356.48亩，占总出让面积的62.59%。出让地块20宗，与上一年持平，出让面积569.57亩，出让金12.0938亿元。

【土地储备工作】 2014年，瓯海区土地储备中心配合区政局、区城投公司开展土地储备融资工作，利用已储备的地块挖掘融资项目，提高土地效益。对已收储土地采取委托管理，即与地块所属街道签订储备土地委托管理协议，使街道加强收储地块的日常管护力度，提高收储土地的管理效率。梳理汇总2012年以后的收储土地情况，并上报浙江省国土资源厅，接受其监督管理。全年梳理筛选可供收储土地5宗，收储面积137亩，储备土地抵押融资14宗，取得融资额14.285亿元。

中国人民政治协商会议瓯海区委员会

综　述

中国人民政治协商会议温州市瓯海区委员会（以下简称瓯海区政协）建立于1984年6月，时称中国人民政治协商会议瓯海县委员会。1992年3月瓯海撤县设区后，始冠区名，已历八届。区政协有中共、工会、共青团（青联）、妇联、农业、工商（经济）、教育（体育）、科技（科协）、医药卫生、侨联、台联、民族宗教、新闻文艺、无党派人士、特邀人士等15个界别活动组。2010年，区政协立足瓯海侨乡实际，聘请知名华侨担任海外特邀委员，列席区政协全体会议。2013年，区政协设立镇街、经济开发区政协工作联络组，加强政协委员队伍建设，延伸政协基层工作触角。区政协机关现设科级办事机构8个。分别为区政协办公室、提案委员会、科技经济委员、社会法制委员会、教文卫体委、港澳台侨委员会、文史资料委员会、委员工作委员会。区政协全体会议、常务委员会议和主席会议是履行政治协商、民主监督和参政议政职能的主要形式。

区政协会议及常委会会议

【区政协八届十一次常委会】 于2014年1月13日在区行政中心1号楼207会议室举行。会议审议通过区政协八届三次会议程、日程、常委会工作报告和提案工作报告及报告人等有关事项，确定区政协八届三次会议于2014年2月9日至11日召开。会议对《政府工作报告》（征求意见稿）等进行协商讨论，提出意见建议。

【区政协八届三次全会】 于2014年2月9日至11日在区行政中心2号楼人民大会堂举行。会议审议通过区政协主席吴宏儒代表政协第八届温州市瓯海区委员会常务委员会所作的工作报告和区政协副主席黄松柳代表政协第八届温州市瓯海区委员会常务委员会所作的提案工作情况的报告，增选金仕策、林艳艳、麻菊叶等5人为八届区政协常委，并对2013年度政协工作先进界别活动组、先进个人、优秀提案及大会发言优秀奖等进行表彰。

【区政协八届十二次常委会】 于2014年2月10日在将军大酒店后十楼会议室举行。会议审议通过区政协八届三次会议大会决议（草案）、选举办法（草案）、补选八届区政协常委候选人名单、监票人名单和提名总监票人、副总监票人名单。

【区政协八届十三次常委会】 于2014年3月27日在区行政中心2号楼1号会议室举行。副区长李康应邀列席会议。会议听取区政府关于“五水共治”工作的情况通报，听取并审议通过《2014年度区政协专题协商计划》、《2014年度各项工作计划安排》、《区政协常委会重点调研课题“美丽塘河　宜居水乡”的实施方案》、《政协各镇街（开发区）联络组工作规则》以及《各专委会组成人员的调整方案》。

【区政协八届十四次常委会】 于2014年7月10日在区行政中心2号楼1号会议室举行。区委副书记、区长彭立华应邀出席会议。会议听取区政府关于瓯海区2014年上半年经济运行情况的通报及区公安分局关于瓯海区治安立体防控工作的通报，审议通过区政协领导联系常委、常委联系委员的制度以及有关人事事项。

【区政协八届十五次常委会】 于2014年9月25日在区行政中心2号楼1号会议室举行。副区长潘小林应邀列席会议。会议听取区政府关于瓯海区安置房建设情况的通报，审议通过区政协常委会《关于打造“美丽塘河”，建设“宜居水乡”的调研报告》和区政协科经委《关于把大罗山打造成国家5A级旅游景区的调研报告》。

【区政协八届十六次常委会】 于2014年12月31日在区行政中心2号楼201号会议室举行。会议听取区府办关于提案办理情况的通报，区交通局、区水利局关于政协民主监督整改落实情况的汇报，区卫生局、区商务局、区塘河办关于提案承办落实情况的汇报以及区政协委员工作委关于民主监督十大部门情况的通报，审议通过区政协常委会工作报告和提案工作报告、《瓯海区政协委员履职考核暂行办法》、区政协八届四次会议有关事项及其他人事事项。会议对区政府工作报告及其他报告进行讨论，提出修改意见，并对区卫生局、区商务局、区塘河办提案办理工作进行民主评议。

区政协日常工作

【提案和信息工作】 2014年，瓯海区政协收到提案148件，经审查立案131件，在各承办单位的配合支持下，131件提案按期办结，办结率100%，办理满意率99.1%。在立案的提案中，各民主党派、工商联、无党派人士联谊会、人民团体、各界别提出的集体提案21件，个人提案110件。经分类，城市建设方面的提案61件，占46.56%；经济建设方面的提案24件，占18.32%；科技教育、医疗卫生、文化体育方面的提案21件，占16.03%；民主法制方面的提案13件，占9.92%；社会保障方面的提案11件，占8.40%；政协统战方面的提案1件，占0.76%。截至2014年12月，所有立案的提案，在7月底答复全部完成，其中A类64件，B类67件。

区政协围绕全国及省、市、区重大工作部署、项目建设、民生工程、安全生产等方面内容，共向省、市政协及有关党政领导报送社情民意信息、议政建言专报73篇，被采用29篇，在省市级报刊杂志上发表信息报道11篇，有效促进重大民生政策的贯彻落实和各项矛盾的化解，维护社会和谐稳定。其中《进一步规范对政协委员采取限制人身自由措施的通报工作　切实维护政协委员合法权益》《职业技术类院校“教育缩水”影响技能人才就业值得关注》被全国政协采纳，《促进新兴“众筹”融资平台健康发展》等4篇被省政协采纳，《关于加强城市西向排洪工程工作的几点建议》《关于电视问政的有关建议》得到市领导批示，报送的内参《建议设立“五水共治”基金使用监督机制》，得到省委书记夏宝龙重要批示。

【调研视察和文史工作】 2014年，瓯海区政协常委会围绕区委中心工作，把“五水共治”作为重点课题，深入开展调查研究，提交《打造“美丽塘河”，建设“宜居水乡”》专题调研报告。各专委会相继开展全区旅游资源开发、基层老年人组织健康发展、文化基础设施建设等内容的调研，其中《深度挖掘大罗山旅游资源》的调研报告得到领导批示，并被市政协确定为为2015年重点调研课题，《促进我区基层老年人组织健康发展的调研》获区委调研文章评比一等奖和温州发展研究成果三等奖。围绕社会发展中的热点难点问题，组织各专委会、界别活动组及镇街联络组开展一系列调研视察活动，并形成书面意见提交区委区政府。如社法委与市政协开展联动调研，形成《瓯海加快基层治理现代化的联动调研报告》，科经委就全区“退二进三”情况，提交《关于娄桥街道二产置换三产商务综合楼项目基本情况和相关问题的调研建议》，瞿溪联络组以“滩头2·24”出租房火灾为鉴，提出的《出租房消防安全管理亟需强化房东主体责任》等，为党政部门破解工作难题提供参考依据。做好文史资料征集工作，整理和挖掘全区具有地方特色的文史资料和人文资源，出版《南戏乡亲董每勘》《瓯海政协年鉴（2012–2013）》及《瓯海政协30周年文史资料》专辑等，刊发《瓯海政协》杂志4期。

【民主监督工作】 2014年，瓯海区政协民主监督工作重点突出。区委专门出台《关于进一步加强人民政协民主监督工作的实施意见》，为政协开展民主监督创造有利条件。一是创新民主监督方式。实行统一动员、分别监督，召开民主监督小组成员和被监督单位中层以上干部集中动员会，区长彭立华亲自到场做重要讲话，强化被监督单位主动接受监督的意识。充实“十大部门”民主监督小组力量，由主席、副主席担任民主监督小组组长，各专委会主任为联络人，着重就部门权力清单、机关作风效能、创卫迎检、危房改造、电商发展等内容开展监督。完善“事前动员、事中通报、事后监督”的监督流程。及时就民主监督情况向常委会作专题通报，推介典型，指出问题，帮助被监督单位改进工作。对监督整改情况开展“回头看”活动，进一步加强民主监督派驻小组的监督效果。二是深化民主监督职能。选派委员参与社区建设活动、“双联系点”大走访活动等，先后推荐10批次委员参与创卫、纪检监察、公正司法、市场监督管理、文明城市创建、社会满意度等各类监督评议活动。全年，政协委员开展走访300多人次，参与民主评议130人次、民主测评200多人次。三是开展“五水共治”专项监督。响应省、市政协号召，开展“政协上下联动、百名委员同行、助推五水共治”专项集体民主监督活动，确定执法力度、治污控源、公益基金募集、河道沿岸景观建设等四个方面作为监督重点，组织120名政协委员担任治水监督员，组建4个民主监督小组分20支监督小分队，对全区13个镇街106条河流的整治情况进行民主监督，整个过程发现问题87个，提出意见65条，被党政部门采纳59条，完成整改68处。

【联络联谊】 2014年，瓯海区政协充分发挥爱国统一战线的组织优势，促进各民主党派、无党派人士、港澳台同胞、海外侨胞和社会各界人士的大团结大联合。加强与在外委员的电话、微信联系，走访在温的瓯海籍侨领、港澳台侨界知名人士、政协委员。组织参加“瓯海·台湾周——第四届琦君文化节”系列活动，慰问“寻根之旅夏令营”的全体师生，进一步深化两岸交流，加深“侨二代”“台二代”对祖国的感情。开展民族宗教界人士走访活动，按照区委的要求，区政协领导班子分别联系1–2位宗教界人士，耐心细致地与他们谈形势、讲政策、论发展，宣传“三改一拆”政策内容，消除宗教界人士对拆除违章宗教建筑的误解。加强内外联谊，参加全国十三城区政协理论研讨会，并与永嘉、青岛、攀枝花等地政协进行工作交流。开展政协之友社活动，支持政协书画院、摄影分院、诗词楹联分院开展工作。

中国共产党瓯海区纪律检查委员会（监察局）

综 述

2014年，中共温州市瓯海区纪委（监察局）按照中央、省、市纪委全会的部署，围绕区委、区政府工作大局，聚焦主业，履行主责，进一步“转职能、转方式、转作风”，全区党风廉政建设和反腐败工作取得新进展、新成效，为全面建设生态宜居民富区强的幸福瓯海提供纪律保证。

重要会议与活动

【区纪委八届四次全体（扩大）会议】 于2014年2月26日召开，瓯海区委书记厉秀珍作重要讲话，瓯海区委常委、纪委书记黄显标代表区纪委常委会作工作报告。会议通报2013年度全区反腐倡廉建设情况，表彰2013年度推进惩防体系和落实党风廉政建设责任制工作先进单位，研究部署2014年工作任务。

【瓯海区万人评机关中层和基层站所（服务窗口）活动】 2014年6月起，瓯海区开展2014年度瓯海区万人评机关中层和基层站所（服务窗口）活动，促进基层站所转变工作作风，提高办事效率。按照网络投票、日常考评和述职复评得分排名，经区委常委会议研究同意，在197个参评对象中评出排名前十五位“满意单位”、排名后十位“不满意单位”和复评排名后三位“不满意单位”。

【构建防治“踢皮球”模式】 2014年6月6日，瓯海启动为期4个月的治理“踢皮球”专项行动，通过整合投诉热线，完成“权力清单”清理，开发设计效能投诉网络办理系统，严格落实实名通报批评制度，建立“一案双查”机制等措施，在全市率先构建防治“踢皮球”新模式，并作为全市“群众最满意整改候选项目”之一，被中央、省、市多家新闻媒体跟踪报道，并获市委常委、纪委书记宋志恒批示肯定。

【“清廉瓯海”——区纪委（监察局）官方微信公众平台正式开通】 2014年6月19日，“清廉瓯海”微信公众平台正式开通。该微信平台采取图文并茂的方式，重点播报党风廉政建设和反腐败工作信息，第一时间发布瓯海执纪监督工作动态，推介各地各部门反腐倡廉工作经验做法等。该网站兼具实时受理投诉、提供站内便民查询帮助、参与廉政时评话题讨论等功能。微信用户可通过文字、图片等形式，留下意见、建议。

【镇街党（工）委履行党风廉政建设主体责任情况汇报会】 从2014年6月25日开始，瓯海区纪委听取各镇街党（工）委履行党风廉政建设主体责任情况汇报，进一步落实党风廉政建设责任制，强化各级党委抓党风廉政建设的主体责任。区委常委、纪委书记黄显标参加汇报会。汇报会重点围绕党委主要负责人履行“第一责任人”情况、领导班子成员履行“一岗双责”情况及廉洁从政状况、贯彻中央八项规定精神推进作风建设情况，以及加强重点领域和关键环节监管、解决群众反映强烈的热点难点问题情况等内容展开。汇报会采取逐个点评的方式，现场向各镇街党（工）委主要负责人反馈意见和建议，要求各镇街进一步强调主体责任，持之以恒抓好作风建设，进一步重视农村基层党风廉政建设，有力推进纪（工）委“转职能、转方式、转作风”工作。

【“十大效能示范岗”和“勤廉标兵”创建评选活动】 2014年7月起，瓯海区启动“十大效能示范岗”和“勤廉标兵”创建评选活动。“十大效能示范岗”的创建范围为区行政审批中心各窗口、区审批中心各分心；“勤廉标兵”的评选范围为全区各镇街及区属各单位的党员、干部。经过综合评定，区审批服务中心发改窗口等十个服务窗口、陈志莲等十位同志分别入选十大“效能示范岗”和十大“勤廉标兵”。陈志莲获得市级十大“勤廉标兵”称号。

【“创品牌、树形象、出成效”“四个一”创建活动】 从2014年8月起，瓯海区纪委监察局在全区纪检监察系统开展以“创品牌、树形象、出成效”为主题，以“一镇（街）一品牌”、“一块一样板”、“一室一创新”、“一人一课题”为主要内容的“四个一”创建活动，探索党风廉政建设和反腐败工作的创新举措。娄桥等4个街道成功创建基层党风廉政建设项目品牌，四大板块八个部门打造党风廉政建设的“样板工程”，委局十大科室分别组织实施一项在全市处于首创或领先的创新举措，30位符合条件的委局干部上报调研课题。

【瓯海区廉政教育基地揭牌开放】 2014年8月21日下午，瓯海区廉政教育基地举行揭牌仪式，正式对外开放。瓯海区廉政基地位于区行政中心二号楼5楼，建设风格上立足于瓯海“两山一水”的人文特色以及党风廉政建设和反腐败工作的特点，布局上分序厅、教育篇、惩治篇、正气篇等四大板块，总面积近500平方米。该基地采用情景式、体验式、互动式、点播式等声、光、电的高新科技手段。

【问责案件审理制度出台】 2014年9月，瓯海区纪委监察局出台《问责案件审理工作办法》，将问责案件纳入审理程序，创新建立问责案件审理制度，规范对问责案件的审理，进一步增强问责的规范性、严肃性、公正性，填补全省问责案件审理工作空白。

党风廉政建设

【党风廉政建设责任制】 2014年，瓯海区纪委（监察局）创新党风廉政建设责任制考核机制，直接对党委（党组）主体责任考核权重80%；将全区89家考核单位划分为“农村基层、经济服务、建设服务、公共服务、综合服务”五大板块，实行差异化考核，促使责任制考核更具针对性和科学性。建立主体责任专题汇报制度和惩防体系牵头单位定期汇报制度，助推党委（党组）履行主体责任。完成纪委监察局内设机构调整，撤销党风廉政建设室、执法（纠风）室和效能监察室，设立党风政风监督室（区纠风办），增设纪检监察室3个。将区纪委监察局参与的议事协调机构从220个精简到15个，集中精力落实监督责任。

【预防腐败】 2014年，瓯海区纪委（监察局）严格执行领导干部述职述廉述德、经济责任审计、报告个人有关事项等规定，完善领导干部廉洁从政信息平台建设，从严监督管理干部。深化“阳光工程”建设，加大“温州纠风在线”平台监管力度，继续开展“万人评议机关中层和基层站所”活动，严格落实行政败诉案件责任追究工作，纠正损害群众利益的不正之风。加强瓯海廉政网、“瓯海清风”微博、“清廉瓯海”微信平台等平台建设，建成投用全市首个多媒体互动廉政教育基地，接待参观50余批次、2100多人，反腐倡廉“三网一基地”宣教格局初步形成。开展谈心提醒教育500多人次，防止小错酿成大过。开展“反对‘四风’”廉政教育活动，举办“清廉瓯海 文化进万家”廉政文艺下乡巡演，传递清廉正能量。

【农村基层党风廉政建设】 2014年，瓯海区纪委（监察局）实施“一镇（街）一品牌”、“一块一样板”创建活动，对党风廉政建设的品牌项目、样板工程实施项目化谋划、目标化管理、品牌化经营，创建品牌项目4个和样板工程7个。重新修订《瓯海区农村集体经济组织资金、资产、资源管理办法》，进一步规范农村集体“三资”监管，创成省级农村集体‘三资’管理规范化县（区）。完善村级（社区）便民服务和“三务”公开信息平台建设，建立村级印章规范化管理制度，做好换届后村（居）监委会规范化建设及教育培训工作。

执纪与问责

【执纪监察】 2014年，瓯海区纪委（监察局）抽调一批纪检干部参与党的群众路线教育实践活动的督导工作，确保教育实践活动取得实效。做好“美丽浙南水乡”建设、“温商回归”、“三改一拆”、安全生产等区委、区政府中心工作的监督检查。率先建立“五水共治”监督检查机制，出台责任追究办法，督促治水目标得到落实。构建防治“踢皮球”新模式，“群众办事难、工作推进难”现象得到有效缓解，该创新举措被中央、省、市多家媒体跟踪报道。督促开展“权力清单”清理，对11家单位46个审批服务事项落实办事无休日制度开展监督检查，推进政务服务提速提效。

【作风与效能建设】 2014年，瓯海区纪委（监察局）执行中央八项规定和省、市关于作风建设的系列规定，对“两局一场”等“十大”典型问题开展正风肃纪专项检查498次，检查单位996家，问责142人次。严格控制“三公”经费支出，搭建“党政机关厉行节约网络监管平台”，全年“三公”经费支出同比下降30.2%。建立会风会纪督查机制，对24家单位51名违反会风会纪人员进行谈话提醒。

【案件查办】 2014年，瓯海区纪委（监察局）受理初信初访224件，立案78件，结案73件，党政纪处分73人，移送司法机关6人，挽回经济损失500余万元，其中大要案5件。创新信访化解“531”工作机制，加大历史遗留信访件和重信重访积案的化解力度，完成8件中央巡视组交办的信访件。严格执行案件线索管理有关规定，打造纪检监察信息线索查询平台，录入各类信息9万余条。完成办案点修缮提升工程，建立办案人员资源库和监控队伍资源库，探索建立纪检监察机关办案风险评估预警机制，强化案件查办的安全保障。

干部队伍建设

【概况】 2014年，瓯海区纪委（监察局）开展党的群众路线教育实践活动和“树新形象、做好榜样”主题教育活动，做好“书香机关”创建、业务大讲堂、纪检业务测试、演讲比赛等活动，开展以“创品牌、树形象、出成效”为主题的“四个一”创建活动，推行“一室一创新”、“一人一课题”，建立纪检监察组织督办工作制度，强化纪检监察组织的执行力和创新力。建立纪检监察干部日常行为评价机制，创新推出《落实监督责任的问责办法》，对个别不适合在纪检监察岗位工作的干部进行调离，对个别因履行监督责任不力的纪检干部进行严肃处理。推进镇街、区属部门专职纪检干部配备工作，探索开展镇（街）纪检组织“四化”工程建设，提升基层纪检队伍战斗力。

民主党派·工商联·人民团体

民革瓯海区总支

【民革参政议政】 2014年，中国国民党革命委员会温州市瓯海区总支部委员会（以下简称民革瓯海区总支）坚持开展"一人一案"活动。在区政协八届三次会议上，提交团体和个人提案14件，其中《关于我区拆违后土地再利用的建议》、《加强我区食品安全工作的建议》等2件提案列为重点提案，《关于加快社区建设的建议》被区政协评为优秀提案。方美芬、刘旭海、何春野、沈岩明等在市"两会"上，提交人大建议1份，政协提案8件，大会发言1份。沈岩明撰写的《关于加快温州市民办教育综合改革的建议》，被市政协评为优秀提案。民革瓯海区总支承担区重点调研课题3个，分别对全区学前教育发展、农村污水治理、居家养老服务体系等开展专题调研，其中《瓯海区学前教育发展情况的调研报告》荣获区2014年度优秀调研成果二等奖。党员潘风反映的社情民意《市区西向排洪工程运行仍存三方面问题亟待加强》受到市长陈金彪的批示。

表5

2014年瓯海区民主党派情况

民主党派组织	成员总数
民革瓯海区总支	46
民盟瓯海区支部	36
民建瓯海区基层委员会	42
民进瓯海区总支	36
农工党瓯海区支部	23
致公党瓯海区支部	14
九三学社瓯海区基层委员会	52

【民革社会活动】 2014年，民革瓯海区总支开展"送教下乡"、"科技下乡"、"扶贫助学"等特色活动，参加各类义工慈善活动。为关爱黄埔抗战老兵的"牵手工程"捐款1.6万元、"五水共治"捐款10万元。李娅佩长期资助文成多名贫困生求学，陈若珍资助永嘉山区贫困生一名。吴珊瑚通过区慈善总会向周乐鹏捐赠1万元作为白血病救治的专用资金。

【民革所获荣誉】 2014年，民革瓯海总支成员朱爱雪荣获省中学生作文征文比赛优秀园丁奖；黄冠军荣获瓯海区第六届文学艺术奖金奖，其担任指挥的"瓯之韵"合唱团荣获浙江省"我和我的祖国"合唱比赛金奖、瓯海晚晴合唱团获温州市"我和我的祖国"合唱比赛银奖；朱艳俊被评为2013年区重大项目建设先进个人；陈若珍被评为区计生工作先进个人；叶凯撰写的《重塑教师教育梦，提升学习软环境》被评为2014年温州市中小学教师优秀教育论文一等奖等。

【民革自身建设】 2014年，民革瓯海区总支下设支部3个，党员46名，其中教育界16人，企业界9人，政府机关20人，医务界1人；市人大代表1人、区人大代表4人，市政协委员3人、区政协委员14人（其中副主席1人、常委3人）。全年开展集中学习8次。搭建"党员讲坛"和QQ群、微信群等线上线下学习平台，克服工学矛盾，充分利用"微视频"、"微讲台"，实现学习资源的即时交流、讨论和共享。选送陈若珍、叶凯、金红等参加区委统战部组织的党外人士理论培训班。选送陈寒艳、周慧静参加民革省委会2014年基层骨干培训班学习。

民盟瓯海区支部

【民盟参政议政】 2014年，中国民主同盟温州市瓯海区支部委员会（以下简称民盟瓯海区支部）组织盟员参政议政，在两会期间提交提案5个，其中盟员戴刚提交的《关于加强我区精细化保洁的建议》和盟员方海友提交的《关于我区“破冰经济、振兴实体”的建议》被列为重点提案。盟员中的政协委员先后参加政协主席的主题调研活动，并对调研报告提出相关的意见和建议，同时参加区政协对区住建局的民主监督活动。组织盟员对瓯海区的“五水共治”情况进行调研。

【民盟服务社会】 2014年，民盟瓯海区支部继承民盟的优良传统，进一步推进社会服务工作，做好“统一战线服务社会活动”活动，支部盟员捐助“治水基金”2万余元，在全区开展的“治水基金”的各项捐助活动中，支部盟员累计捐赠达4万多元。与瓯海区塘河管委会合作开展保护温州人民的“母亲河”温瑞塘河有奖知识竞猜活动。围绕瓯海区“义工”团体的建设开展的调研，并提出《在瓯海区民主党派组建义工团体的建议》。瓯海区民主党派组建自己的志愿者服务队伍，支部盟员报名参加11人。

【民盟自身建设】 截至2014年12月，民盟瓯海区支部有盟员36人（教育界25人，医学界3人，企业界5人，政府机关2人，司法界1人），其中新盟员3名。7月，结合盟市委“学盟章、读盟史”主题活动，邀请民盟市委会副主委曹强就“温州盟史”进行专题讲座。赵金兰在参加盟市委组织的“学盟章、读盟史”征文活动中提交的《弘扬民盟精神、求真务实促和谐》获得民盟市委会全市征文比赛二等奖。11月，组织盟员学习《十八届四中全会报告全文》，并就中央提出的依法治国的理念进行探讨。全年向民盟温州市委会发送宣传稿件3篇；向瓯海区委统战部发送宣传稿件1篇。

民建瓯海区基层委员会

【民建参政议政】 2014年，中国民主建国会温州市瓯海区基层委员会（以下简称民建瓯海区基层委员会）会员42名，设有支部2个。在区政协八届三次会议上提交集体提案1件，个人提案13件。集体提案《加强企业管理，切实搞好安全生产的建议》被评为优秀提案。主委周家儒提出《脚踏实地，积极建设生态型城市的建议》、《加大力度，切实扶持小微企业发展的建议》、《多管齐下，切实发展实体经济的建议》，副主委孙强撰写《要在梧田街道站南路道路两边设置泊车位以解决“停车难民生问题”的建议》，徐建胜提出《建设美丽浙南水乡、打造绿道骑行出游的建议》、《响应“五水共治”号召，建立塘河发展基金的建议》，林玲云提出《关于创卫工作的小小建议》，张定龙提出《尽快建设贯通茶山环山南路，加快大罗山旅游景区道路交通的建议》。基层委员专门对“如何加大力度，扶持小微企业的发展”问题开展调研。调研组深入企业，深入有关部门调查了解，找问题，找原因，集思广益，提出可操作性意见建议，形成《加大力度，扶持小微企业发展的调研报告》。

【民建社会服务】 2014年，民建瓯海区基层委员会参加市委统战部、民建市委会倡导的“思源·圆梦”计划。4月，结对温州医科大学23名家庭经济困难学生，捐助3000元/人。在全区统一战线“强党性、筑同心，共建美丽水乡”社会服务大行动中，捐资4万元。捐资“五水共治”活动，周家儒捐献55万元，张兴俊、张国盛各捐献5万元。在区政协八届三次会议期间，周家儒、孙强、水寿松、徐建胜、林玲云、张国盛、张定龙、祝国栋、项楚强等9位市区政协委员各捐资2000元。全年在社会服务活动中捐资达77.7万元。在“五水共治”社会服务活动中，基层委员会委员林玲云安排其所在单位——瓯海区房管局在瞿溪屿儿山公园活动现场摆设白蚁防治咨询台。

【民建会议活动】 2014年，民建瓯海区基层委员会与浙江大学民建支部，温州大学民建支部，民建温州市第五总支开展联谊。3月，在温州医科大学茶山校区同心楼联合开展2014年爱心结对活动。9月，在泽雅镇参观泽雅风光及“五水共治”情况，并开展学习讨论和交流座谈。11月，在温州华斯特环保设备有限公司联合开展学习党的十八届四中全会精神。与区其他民主党派共同开展《发挥民建在党的群众路线教育实践活动中特殊作用》调研。主委周家儒专门在《温州民建》上发表《如何开展“坚持和发展中国特色社会主义”学习实践活动的几点看法》一文。

【民建宣传工作】 2014年,《瓯海民建》简报每2月一期，逢双月刊发，全年刊发6期。重要活动情况上报上级民建组织，在《温州民建》刊登7篇；在《浙江民建网》刊登6篇。主委周家儒撰写的《聚精会神，认真学习十八届四中全会精神》，会员周春波撰写的《学习十八届四中全会精神心得体会》，于12月10日在浙江民建网全文刊出。

民进瓯海区总支

【民进参政议政】 2014年，中国民主促进会温州市瓯海区支部委员会（以下简称民进瓯海区总支）召开参政议政专题会议4次。在区政协八届三次会议上，提交提案14件。其中，集体提案7件，会员个人提案7件。集体提案《关于建设瓯海美丽水乡的建议》获得区政协1号提案。完成《依法治国的重要举措，完善公民监督违法违纪举报奖励机制》课题的前期调研分析。《新诉法实施后社区矫正工作压力盼配套措施》被省委会《浙江民进信息》采用。

【民进社会服务】 2014年4月，民进瓯海区总支慰问泰顺2所小学贫困学生，参加统一战线服务社会活动。5月赴泽雅中学开展扶贫慰问，送上慰问金10000元；联合温州医学院到泽雅镇言章村开展义诊送药活动，为留守老人送上价值2000多元的医用物品。11月到泽雅镇言章村、下连坑村为山区空巢老人、贫困户送上慰问金10000元，联合瓯海区司法局出资20000元为永嘉农村修建水泥路。12月到泽雅中学开展第二次结对扶贫。全年总支会员各类慈善资助近70万元。

【民进自身建设】 2014年，民进瓯海区总支会员36人。其中，市人大代表1名，区政协常委2名，区人大代表2名，区政协委员10名。主委蒋孟有，副主委江海龙、潘伯俊。严格会员制度，建立健全支部工作制度和委员、会员考核制度。5月，二支部联合附二医赴泽雅山区开展义诊活动；9月，一支部赴福建考察取经。11月，总支邀请临海民进到瓯海，加强组织建设。该年，民进瓯海区总支荣获“民进全国组织建设先进基层组织”称号。

农工党瓯海区支部

【农工党参政议政】 2014年，中国农工民主党温州市瓯海区支部委员会（以下简称农工党瓯海区支部）通过视察活动议政建言。11月26日，党员陈海琴参加区委统战部组织党外人士开展休闲旅游文化推进工作视察活动，提出建议。7月，党员李雪芬作为区委统战部《统战资源社会化公益服务活动的路径探索》课题组成员，就“民主党派在党的群众路线教育实践活动中的作用”向区委统战部提交调研报告。以党员诸加送为负责人的调研课题《关于打造浙南花城、建设美丽瓯海的调研报告》列入区重点调研课题，现该课题报告已结题上报。3月18日，参加区委统战部召开党派工作例会，就加强党外人士工作发表意见和建议。

【农工党服务社会】 2014年4月17日，农工党瓯海区支部参加中共瓯海区委统战部在瞿溪街道屿儿山公园举行的瓯海区统一战线社会服务大行动。农工党瓯海区支部组织党员厉汉华、周笑珍、蒋德媚、陈海琴、金玉平、王成勇等6位党员为社区百姓开展免费测血型活动。3月底，党员包林、王成勇和王德立被中共区委教育实践办吸收为瓯海区百姓智囊团成员，并开展相关活动。组织10名党员参加瓯海区统一战线志愿者队伍，并做好相应志愿服务。全年“五水共治”，“温暖列车”捐助困难群众和学生，慈善总会捐赠，助教助学等主题捐赠活动，共捐助10多万元。

【农工党自身建设】 2014年，农工党瓯海区支部党员23人，其中，中高级职称有14人，大专以上学历有23人。经市委会批准，省委会审核，支部吸收新党员4名。党员中，有市政协委员1名，区政协委员4名。支部委员会由5位委员组成。4月29日，在瞿溪街道泉东川村召开全体党员会议，部署开展坚持和发展中国特色社会主义学习实践活动，并对2013年度先进集体和先进个人进行表彰。8月在文成南田、12月在郭溪曹平分别举行专题活动。农工党瓯海区支部荣获中国农工民主党温州市委会2013年——2014年度全市优秀支部称号。

致公党瓯海区支部

【致公党参政议政】 2014年，中国致公党温州市瓯海区支部委员会（以下简称致公党瓯海区支部）在省、市、区两会期间提交建议和提案16件。在浙江省两会期间，主委王贤俊提交《关于规范我省各类创、孵、科技园的建议》等4个建议。在温州市两会期间，主委王贤俊提交《关于尽快建设瓯江过江大桥连接温瑞大道道路的建议》等4个建议；党员卢意如提交《关于加大司法救助力度的建议》等3个建议；党员吴春梅在区政协会议期间提交《关于将潘桥老街打造成古街水乡风貌的建议》和《关于加强民间桥梁管理和保护的建议》。在社情民意、调查研究方面，主委王贤俊撰写的《关于进一步防范和打击非法集资的建议》、《年关将近谨防民间资本跑路》等社情民意被省政协和市政协录用。卢意如撰写的《以法治思维处置群体性事件的建议》等9篇社情民意，被省政协、省委会采用。党员吴春梅撰写了《关于用重拳打造大罗山风景区旅游宝地的调研报告》、《关于发挥党派优势，打造“美丽浙南水乡”的调研报告》。

【致公党社会服务】 2014年1月，致公党瓯海区支部参加在温州丁字桥巷小学双岙校区举办送温暖基金成立仪式暨送温暖活动，捐款10万元。3月，捐资“美丽塘河治水公益基金”1.9万元。4月，参加在瓯海区瞿溪街道屿儿山文化公园举行的“强党性 筑同心 共建美丽水乡”统一战线服务社会活动。12月，主委王贤俊连续第三年到瓯海中学与15名贫困学生结对，资助3万元。同月，支部到市社会福利院开展“助残”活动。

【致公党所获荣誉】 2014年，致公党瓯海区支部荣获温州市委会授予的市级先进集体荣誉称号。主委王贤俊荣获致公党全国优秀党员，全国优秀科技工作者，入围国家中组部“万人计划”答辩，浙江五四青年奖章等荣誉，并当选为瓯海区青企协会长及瓯海区青联副主席。党员沈洁、童洪建当选为中国侨联青年委员会委员。党员卢意如荣获浙江省司法行政系统“百名优秀人物”、瓯海区统一战线先进典型人物、致公党省委参政议政优秀奖。党员吴春梅获得瓯海区政协工作先进个人。在2014年瓯海区第四届十大杰出青年评选中，支部卢意如、童洪建、徐杰等三名党员荣获十大杰出青年。

【致公党自身建设】 2014年，致公党瓯海区支部发展新党员3人，共有党员14名。其中有省人大代表2名，市人大代表2名，区政协常委2名，区政协委员3名，拥有高级职称7名，代表、委员比例高达60%。开展坚持和发展中国特色社会主义学习实践活动。

九三学社瓯海区基层委员会

【九三学社参政议政】 2014年，九三学社瓯海区基层委员会负责人参加各种协商会、座谈会、通报会11次。社员担任现届市人大代表1人，区政协委员8人（常委2人），区人大代表2人。他们在“两会”期间提交市人大建议2件，区政协大会发言1件、团体提案

6件、个人提案5件，区人大建议5件。其中团体提案《加强引导强化措施重振特色农产品产业雄风》被列为区政协重点提案，与另一个团体提案《瓯海区泽雅镇美丽乡村建设建议》一同被评为2014年度区政协优秀提案。主委胡飞雄牵头落实区委重点调研课题，组织社员对泽雅水库下游水环境治理进行专题调查研究，由陈彪领衔执笔提交《关于泽雅水库下游水环境治理的调研报告》。

【九三学社主要会议】 2014年5月21日，九三学社瓯海区基层委员会组织召开九三学社瓯海区基层委员会2014年度工作会议，对开展坚持和发展中国特色社会主义学习实践活动进行动员部署。会议表彰了2012-2013年度基层委参政议政先进个人和社务工作积极分子。10月31日，举行中共十八届三中全会专题学习会。

【九三学社自身建设】 2014年年末，九三学社瓯海区基层委员会有社员52人，其中具有高级职称31人（正高3人），占59.6%；具有中级职称20人，占38.5%；在职社员41人，占78.8%，退休社员11人，占21.2%。社员担任事业单位副处级领导1人、政府职能部门副科以上实职2人。基层委主委胡飞雄，副主委蒋敏、张静、朱敬忠。下设医卫、科技、综合3个支社。3月25日，社市委常委、基层委主委胡飞雄参加九三学社中央组织建设调研座谈会，汇报瓯海九三组织建设情况。6月12日至13日，胡飞雄等5位社员参加区委统战部举办的全区统战干部暨党外人士理论培训班学习。7月20日上午，胡飞雄等11位社员参加九三学社中央常务副主席邵鸿专题报告会。8月12日至15日，胡飞雄参加社市委赴嘉兴杭州学习交流活动，列席九三学社浙江省第三十一次思想政治工作会议。11月8日，胡飞雄、吴才火等社员参加社市委主办、市委党校蒋儒标教授主讲的中共十八届四中全会精神学习辅导报告会。

【九三学社所获荣誉】 2014年，九三学社瓯海区基层委员会社员单淮峰荣获省政府“浙江省特级教师”，朱春来荣获“瓯海区2014年度统一战线先进典型人物——建言献策之星”，陈彪荣获区委区政府“2014年度‘五水共治’工作先进个人”，朱敬忠荣获区委区政府“2014年度瓯海区有效投资暨重点建设工作先进个人”，张静荣获2014年度温州设计集团“模范员工”奖，许舒曼荣获“2014年度温州市农业‘两区’建设工作先进个人”，胡飞雄被社市委授予“2014年度信息工作先进个人”荣誉称号。基层委被社市委授予“2013-2014年度先进集体”，被社省委授予“2012-2013年度全省社会服务工作先进集体”等荣誉称号。

【九三学社社会服务】 2014年4月17日，九三学社瓯海区基层委员会组织21位社员参加“强党性筑同心共建美丽水乡——瓯海区统一战线社会服务大行动”，承揽专家义诊和卫生、农林等科普知识宣传任务，还走村入户为年迈行动不便的群众送医上门，接受专家门诊的病人100多号。10月26日，胡飞雄、朱敬忠、袁真等社员参加温州市民主党派坚持和发展中国特色社会主义学习实践广场社会服务活动。

5月28日，基层委联合社市委妇委会在泽雅第一小学开展“科技服务月关爱孩子健康科普讲座暨扶贫结对活动”。6月1日，主委胡飞雄动员区药师志愿者协会部分志愿者一起参加社市委等单位主办的“关注早产儿，呵护新生命”——“水晶宝宝”公益救助行动，捐款6150元。捐资19900元助力“五水共治”工作。

【九三学社组织活动】 2014年10月17日，九三学社瓯海区基层委员会结合“五水共治”工作，动员部分社员参观浙江省九三学社“牢记历史不负使命”巡回书画摄影展暨温州市九三学社助推“五水共治”摄影作品展，基层委社员吴才火的作品《夕照校园》荣获三等奖，胡飞雄的《南塘印象》、《山间小瀑》、《江南水乡》三幅作品全部荣获入围奖。10月18日，主委胡飞雄代表社市委青工委与民建市委青工委联合在永嘉开展学习交流会。10月31日下午，组织社员去永嘉暨家寨过组织生活会。

瓯海区党外知识分子联谊会

【知联会参政议政】 2014年，瓯海区党外知识分子联谊会（以下简称瓯海区知联会）组织会员开展电商产业发展调研，实地考察金州电商园、国智电商园等。组织会员赴泽雅、乐清等地古村落开展考察调研活动。会中有各级人大代表和政协委员23人，在市、区“两会”期间，提交多份建议意见和提案议案。多位会员参与区人大、政协组织的有关监督活动。参与区委组织的党风廉政通报会、征求意见会、座谈会。个人和会员企业捐“五水共治”活动2200多万元。部分会员参与河长制调研。

【知联会服务社会】 2014年，瓯海区知联会继续实施“书香计划”，向娄桥街道新阳小学捐赠价值2万多元的图书和书画，促成区图书馆为该校学生发放免押金图书证400个。区图书馆与学校订立免费为该校学生放3D电影等约定。牵线联系团区委和区青企协，帮助学校建设塑胶操场。参加区委统战部在瞿溪街道举办的“三下乡”暨“五水共治”捐资活动，并现场解答群众有关法律和科技方面的咨询。

【知联会自身建设】 2014年3月28日，瓯海区知联会举行二届一次会员大会。会议通过知联会更名决议和章程修订案，总结第一届联谊会工作，研究部署今后的工作任务；选举产生第二届知联会领导班子，王晓康连任知联会会长，叶建平为常务副会长，徐海曼、叶爱英、季建益、王晓明、郑嗣武为副会长。全年吸收新会员29名。吸纳各镇街知联会分会会长加入知联会，实现知联会会员镇街全覆盖。换届之后，区知联会共有会员76人。修订完善会长分工制度、会员大会、理事会及会长会议等相关会议制度、活动制度、学习培训制度等。开展多次联谊、交友活动。专题走访会员企业潘桥物流信息中心。在全区党外知识分子人士中开展坚持和发展中国特色社会主义学习实践活动。

瓯海区新的社会阶层人士联谊会

【新联会主要会议】 2014年11月15日，瓯海区新的社会阶层人士联谊会（以下简称瓯海区新联会）专题组织学习中共十八届四中全会精神。11月26日，召开第三次会长办公会议，在2013年的工作基础上，就新联会自身建设、参政议政、社会服务等工作进行细化分工，拟定工作要点。参加市、区委统战部举行的“统战论坛”学习会等专题讲座。

【新联会参政议政】 2014年，瓯海区新联会会员中有区政协委员15名，区人大代表10名，市政协委员1名，鹿城区政协委员1名。人大代表政协委员占会员人数的54%。在召开二届二次理事会的同时召开参政议政专题会议，专门做出布置，要求做到“一人一案”。特邀请原市政协提案委主任王国华作专题讲座。选派会员参加相关培训。全年提交提案10余件，如邵丽娟提交的《支持电商集聚区建设 助力电商产业园发展》、杜丽琴提交的《关于瓯海区中小企业国际市场开拓资金申报合理化的建议》、《关于要求瓯海区小微企业创业园降低入园标准的建议》等。

【新联会服务社会】 2014年1月20日，瓯海区新联会“同心”文化教育服务队携同区书法家协会、泽雅周岙社区共同组织为村民赠写春联活动，送出春联300多对。4月25日，参加瓯海区五水共治现场捐款活动，捐款4万多元。6月15日，组织会员茶山咏梅画梅活动。8月中旬，开展走访会员企业活动，先后走访徐春妹的温州法华房地产开发公司、王大普的瓯海区泉川艺社、鲁丽华的温州华美环境工程有限公司等。10月24日，瓯海、永嘉、洞头县委统战部分管副部长率三地新联会代表在永嘉举行联谊交流活动。11月21日，为响应温州市党外知识分子“乡村读书计划”，为苍南钱库括山学校捐赠价值10万元的爱心书屋活动。11月26日，参加区委统战部组织的党外代表人士献计旅游发展活动。

【新联会所获荣誉】 2014年5月，瓯海区新联会“同心”志愿者服务队喜获“2013年度瓯海区志愿服务工作先进集体”荣誉称号。会员单位温州市瓯海区郭溪塘下幼儿园获区首届全民健身运动排舞一等奖，区年检优秀单位，多篇论文获市、区一等奖、二等奖、三等奖，区级课题获区三等奖，园长获市民办学校优秀校长。邵丽娟荣获温州市十大“五一巾帼奖章”称号，王大普荣获“2013年度基层公共文化服务先进个人”称号并被任命为瓯海区人民陪审员，陈文俊荣获“浙江省优秀公益律师”称号，周建勇被评上“温州市民间优秀人才”，潘小霜荣获“温州市三八旗手”称号，鲁丽华的企业温州华美环境工程有限公司获工商企业AAA级信用企业，其本人被评为2013年度优秀企业家，潘晓东的西雁人家酒店被评为“瓯海区第十届消费者信得过单位”等。

瓯海区工商业联合会

【企业家教育培训】 2014年，瓯海区工商联重视企业家素质的培养，搭建各类平台为企业家服务。与区经信局联合举办商业模式创新专题论坛和心态胜于能力专题讲座；与区商务局联合举办电商培训班；特邀人民解放军著名细胞免疫学专家李延鹏教授举办《企业家健康管理与风险防范》公益讲座。组织40多名执委以上企业及新生代企业家赴北大参加瓯海区企业经营管理人员高级研修班，组织15位企业家参加北京“盛景网联”的《低成本创新》高级研修班培训学习。

【政企沟通平台搭建】 2014年，瓯海区工商联多次组织开展政企交流、税企交流、银企合作交流活动，包括搭建协会商会与区委区政府领导的交流调研活动；搭建企业家与区属部门领导交流沟通平台；搭建协会商会的会员大会、理事会等平台与区属部门及基层站所开展交流沟通活动，在这些平台的各项活动中邀请区领导和部门负责人参加，直接听取企业的建议和反映的困难，有效地解决企业的实际困难。

【工商联参政议政】 2014年，瓯海区工商联组织区工商经济界政协委员和区人大代表做好两会会前调研，撰写议案、提案或建议。在区“两会”上提交政协提案建议26件，内容涉及城市转型发展与产业升级、科技创新、现代服务业、温商回归、融资、环境保护等。联合区政协科经委组织部分工商经济界别政协委员共20人开展视察活动，参观仙岩陶瓷洁具产业园，并在仙岩街道会议室召开区小微创业园建设工作协商会，督促全区小微创业园建设进程。

【工商联宣教工作】 2014年，瓯海区工商联实现瓯海工商联微信、瓯海工商联网站、瓯海商界杂志3个平台同时推进、全媒体联动。重点突出全区抓实业强提升赶超发展的良好态势和正面典型。加大《温州日报》、《浙江日报》、《浙江工商》杂志、《中华工商时报》等主流媒体对瓯海工商联工作的宣传报道力度。

【工商联“五水共治”】 2014年，瓯海区工商联向全区非公企业发出建立“瓯海区治水公益基金”的倡议书，牵头发动企业成立全省首个治水公益基金——“瓯海区治水公益基金”。区治水公益基金认捐到企业及个人捐款6664万元，其中区工商联会员企业和协会商会共计认捐近4000万元。助推瓯海区获得浙江省“五水共治”工作优秀县（市、区）“大禹鼎”荣誉奖。推出开展“会企联村、合力治水”活动，全区22个经济类行业协会商会、基层商会与22个村居建立治水结对帮扶关系，协会商会和会员企业出资捐资，到位资金186.5万元。

【工商联光彩事业】 2014年，瓯海区工商联执委以上企业直接向区慈善总会捐款捐物累计4258万元。继续深化“我要圆大学梦”慈善结对助学活动，引导各协会商会和会员企业参与慈善结对助学活动。区工商联会员企业结对资助贫困家庭大学生92名，捐助46万元，慈善助学成为区工商联企业家爱心品牌。援助结对村泽雅镇屿山村开办“爱心食堂”，区总商会上海分会为“爱心食堂”捐赠2万元，解决山区留守老人、空巢老人生活困难。

【协会商会规范化建设】 2014年，瓯海区工商联开展浙江省“五好”工商联创建活动。创建仙岩街道商会、泽雅镇商会为市级基层商会示范点。丽岙、郭溪、梧田等3个街道商会和鞋革、汽摩配、建设、包装印刷等行业协会商会创建为区级规范化基层示范单位。帮助建立全国首家村镇银行行业协会瓯海村镇银行协会、瓯海区网络经济促进会；指导帮助服装、汽摩配、紧固件3个行业协会和潘桥、新桥、泽雅、景山4个镇街基层商会进行换届。

【法律服务平台搭建】 2014年，瓯海区工商联在区司法局的支持下，共建区工商联、仙岩街道商会和服装协会商会等人民调解组织23个，率全省之先实现基层商会人民调解委员会组织全覆盖。12个镇街商会均成立人民调解委员会组织。建立法院陪审员制度，经区人大常务会批复，7名协会会长、秘书长被聘为人民陪审员。为各行业协会商会配备无偿法律顾问，12个行业协会商会分别聘请7家律师事务所的12名律师担任常年法律顾问。并组织各行业协会商会、基层商会调解员参加在绍兴市委党校举行的全区基层司法干部培训班，参加在温州市委党校举办的全区人民调解工作培训班。加强人民调解员业务知识培训学习。

【工商联两新党建工作】 2014年，瓯海区工商联建立县级工商联社会组织联合党委，通过创建党建工作示范点，推动全区基层商会和行业协会商会党组织建设。全年区工商联社会组织党总支升格为区工商联社会组织联合党委，党委下辖拓展型党支部10个，其中行业协会商会党支部8个、社会组织联合党支部1个、异地商会党支部1个。

瓯海区总工会

【概况】 2014年，瓯海区各级工会组织在区委、市总工会的正确领导下，坚持围绕中心服务发展、服务企业、服务职工，推进大竞赛、深教育、广维权、真关爱、实组建“五大工程”，推进“三型工会”建设。区工会女职工委员会获得“省工会先进女职工组织”称号，区总工会信息工作获得市一等奖。

【“五水共治建新功”主题竞赛】 2014年，瓯海区总工会联合区重点办、区治水办等单位，在区级及以上重点工程建设项目开展“六比六赛”立功竞赛活动，19个重点工程单位、3万余名职工参赛。向全区职工发起“携手五水共治 共享碧水蓝天”倡议，发放倡议书1万余份。从塘河沿线企业职工中吸收队员，成立经济开发区总工会、郭溪工会、中环检测等三支“五水共治”职工志愿服务队。与区疾病预防中心联合开展“送服务到工地”活动，将职工入会、免费体检、高温慰问等服务送进塘河沿线企业及“五水共治”重点工程工地现场。

【技术创新竞赛】 2014年，瓯海区总工会开展职工技能素质教育和岗位练兵活动，技能培训职工2890人次。搭建职工创新平台，成立瓯海区首批工会女职工学习培训基地。新建市级职工高技能人才创新工作室2个、职工技术服务队2支。

【安全生产、五型班组创建活动】 2014年，瓯海区总工会组织全区1932家企事业单位、19205个班组、199207名职工参加“安康杯”竞赛。动员广大职工参与安全生产合理化建议活动，提出安全生产合理化建议37条。新桥街道总工会组织企业职工到消防中队学习受训，提高职工消防安全意识。

【职工思想教育】 2014年，瓯海区总工会坚持用习近平总书记系列重要讲话精神激励鼓舞广大职工，深入开展“争当好职工，奉献中国梦”主题教育活动。开展2010至2013年度区级劳模、模范集体评选、全国工人先锋号评选推荐、“最美职工”职业道德标兵评选和“我心中的劳模”微感言征集等活动，引导激励广大职工学习劳模先进、争当文明职工。

【职工素质提升成效】 2014年，瓯海区总工会继续开展职工流动图书馆图书漂流活动，惠及企业20余家，职工4500余名。举办10场流动“职工讲堂”，1500余名职工参加。新建市级职工书屋4家、市级职工文化乐园示范单位2家和省级农民工文化家园1家。

【职工文化生活】 2014年，瓯海区总工会组织开展“劳动美”职工摄影展作品征集、职工趣味运动会、职工消防运动会、演讲、征文比赛等文体活动，提升工会组织活力。区总工会举办“庆五一 致劳动者”职工电影专场，派送电影票1万张；举办“欢乐职工 唱响瓯海”职工文艺秀歌手大赛，景山街道总工会举办烘焙课堂、环卫天使集体生日会。

【工资集体协商机制】 2014年，瓯海区总工会推动工资集体协商提质增效。全区签订工资协商1195份，建制率98.8%，23万职工从中受益。健全劳动关系预警长效机制，1167家企业成立劳动争议调解组织，调解人员3456名，全年参与劳动争议和工伤仲裁8起，全区未发生重大职工群体性事件。

【联合维权机制】 2014年，瓯海区总工会推进区职工服务中心法律援助工作。全年接待信访、法律援助、法律咨询等来访者56批141人。其中劳资纠纷15次，追回欠薪21.45万元；工伤事故12人次，涉及赔偿款32.3万元。法律咨询26人，法律援助2件。联合“八位一体”成员单位，深入开展普法宣教教育。开展庆“五一”大型法律法规咨询和国家宪法日宣传系列活动，发放维权手册等资料2万余份。

【企业民主管理】 2014年，瓯海区总工会已建会国有企业厂务公开和职代会建制率100%，已建会非公企业职工代表大会和厂务公开建制率分别达92%和91%。

【工会网上就业介绍平台“职来职网”开通】 2014年4月，瓯海区总工会在瓯海工会网上开辟“职来职网”专栏，由专人实时发布企业招工需求信息和求职者信息，实现政策解疑对接、招聘供需对接、培训需求与培训机构对接。全年网站录入企业349家、提供工种1181种、提供岗位3128个，网站访问量6992人次。组织18场微型招聘会，提供免费就业服务10921人次，组织参加职业技能培训7110人次，成功介绍就业4336人，接待就业创业等咨询550人，组织参加创业培训427人。开发区总工会承办首届企业用工招聘会。

【一站式优化职工服务】 2014年，瓯海区总工会全面梳理、复核特困职工和困难职工家庭实名制档案，唱好帮扶“四季歌”，开展“三帮五送”，为247名困难职工发放慰问金50多万元；夏季慰问高温作业一线职工2.5万名。为50名困难职工子女发放助学金6.04万元。

【职工互助保障工作】 2014年，瓯海区总工会加快区职工医疗保障机构建设，并实施“一把手”工程。开展职工互助保障计划专项调研，对全区13个镇街（开发区）进行职工互助保障计划问卷调查。全年参保10417人。

【基层工会组建“七同时”工程】

2014年5月至6月，瓯海区总工会开展工会集中组建月活动。在工会组建“五同时”基础上，将厂务公开民主管理、企业职代会的建制工作纳入基层工会组建之初，探索形成一套工会组织体制、运行机制和人文关怀等方面切实可行的办法和措施。截至12月，全区331家基层工会实现“七同时”，涵盖单位543家，涵盖会员3万多。探索民营工业园工会组建工作，挂牌成立全省首个民营工业园企业工会联合会—金州产业园企业工会联合会。

【基层工会示范单位创建】 2014年，瓯海区总工会围绕“职工文化、民主管理、五型班组、安全生产、和谐企业”等五个方面，设置规范化建设指标，分别评选出五大类示范单位，指导全区基层工会开展示范单位创建。综合验收评审30家上报的基层工会示范单位，培养并表彰景山繁荣社区基层工会联合会、冠盛汽车零部件集团工会委员会等11家基层工会示范单位，给予每家创建经费奖励8000元。

【干部队伍建设】 2014年，瓯海区各级工会按照“分级培训，学以致用”的原则，开展工会教育培训。各级工会举办工会干部培训班23期，培训2700人。加强工会干部作风建设，开展党的群众路线教育实践活动，践行“三严三实”，组织机关干部开展“到服务中心当一天义工”活动。

共青团瓯海区委员会

【青少年思想引领项目】 2014年，共青团瓯海区委员会（以下简称瓯海团区委）以“我的中国梦，瓯海梦”为主题，开展青少年中国特色社会主义理论教育，传播社会主义核心价值观。举办“瓯海青年话改革”、“四思四想”各界团员青年思想大讨论、瓯海区美德少年评选、“红领巾相约中国梦·核心价值观记心中”、瓯海区纪念“五四”运动95周年暨第四届“瓯海区十大杰出青年”事迹报告会、社区好青年和十大最美志愿者评选，培育青年创业楷模、农村青年创业典范等先进青年的典型，在青少年的思想教育中树立正面典范。

【新媒体提升项目】 2014年，瓯海团区委完善新媒体平台建设，打造集思想引导、活动运作、即时交流、工作承接等功能于一体的“瓯海共青团”微信公众平台，全年连续7次排名温州政务媒体前20名，荣登全国政务微社区第九名。设计制作推出团代表、区青联、青企协手机通讯录APP，融合在线即时、信息发布、活动召集、在线报名等功能。借助新媒体平台，开展动车温州南站幸福志愿站志愿服务系列活动、创卫行动、文明城市创建、大学生见习岗位征集、为白血病患病青少年募捐、青少年“甲鱼治水”公益活动等多种载体的线上线下活动，其中青少年“甲鱼治水”公益活动在微信社区收到30多万次访问量。

【青少年先进文化培育项目】 2014年，瓯海团区委完善瓯海青少年微舞台运行机制，全年开展涉及志愿服务、文化服务、社区帮扶等主题活动20余场，组织开展青少年社团文化节、“团聚爱”瓯海各界青年七夕联谊交友活动等系列活动。通过传统宣传渠道、新兴媒体阵地和青年组织活动，推广温州青年动漫形象代言人“瓯悦”。与温州大学教师教育学院合作，首次引进“讲给孩子们听的故事”儿童剧公益巡演活动。

【青年网商创业项目】 2014年，瓯海团区委推出系列符合青年创业特点、瓯海地域特色和电商发展形势的青年电商创业服务。加强与区内大学科技园孵化器、金州电商产业园、国智电商产业园等产业平台合作，设立青年电子商务创业实践基地、创业孵化基地，优化青年电商创业的成长平台、展示平台和交易平台。举办11期瓯海青年“微创业”系列培训、“金州创星杯”大学生电商实战特训夏令营、青年电商精英“千人计划”、“电子商务进万村”专题培训、“企业微电商，品牌赢未来”培训宣讲、2014年农村青年劳动力电子商务素质培训等活动。联合创业家传媒、区商务局，举办2014克莱斯勒杯第四届黑马大赛青年创业主题赛温州站选拔赛，促进青年创业企业成长。

【青春助力五水共治项目】 2014年，瓯海团区委以“美丽塘河 宜居水乡”青春建功行动为统揽，通过开展水环境监督、河岸绿化、环境美化、环保宣传、参与整治等具体方式参与治水。成立志愿者水环境污染抓拍小分队，检举揭发污染水环境行为，开展水环境监测和水污染抓拍曝光等行动。在全区选取11条河段，以“一河一团干、一河一社团”的对接负责模式，建立完善治水护水环保志愿服务队伍，开展各类治水环保志愿服务项目和河段水环境监护。开展共青团植绿护绿、“甲鱼治水”、亲子“爱水课堂”、“小手拉大手‘五水共治’齐动手”活动等公众参与项目，发挥各级团组织和广大团员青年的作用。

【志愿服务提升项目】 2014年，

瓯海团区委以助力五水共治、创卫、幸福志愿站、创建文明城市等项目为载体，形成志愿服务特色组织体系，推出志愿服务公益宣传片。深化幸福志愿站服务品牌打造，动车温州南站幸福志愿站已开展公益摄影、药师关护、爱心义卖、民俗传播、“微心愿”认领等特色服务，全年派遣志愿者1000余人次，服务群众近2万人次，开展三期幸福志愿者站志愿者交流会。文明城市创建期间，联合区直机关工委，发动67个机关团支部、青工委与幸福志愿站结对，实现幸福志愿站的常态化运行。举办“争当创卫小先锋”夏令营，组织助力文明城市创建志愿服务月活动，推出“文明礼让你很棒”大拇指行动、手绘文明墙体等系列活动，共同营造良好的创建迎评环境。推出区“让网络空间清朗起来”倡导行动暨全区青少年“植绿护水 共建美丽浙南水乡”主题活动，创新开展生态环境和网络环境的双网“护绿”行动，成立清朗网络卫士志愿者服务队。

【青少年关爱项目】 2014年，瓯海团区委举办区关爱留守儿童夏令营、“新居民子女暑期学堂”等大型关爱行动。以区青少年活动中心预投用为契机，连续举办2期公益素质夏令营。联手青企协、丽岙海外青联，为民工子弟学校修建梦想操场。维护青少年权益，常态化开展“12355”青少年服务热线工作，印发《关于建立瓯海区未成年人社会观护组织的意见》和《瓯海区合适成年人指派项目实施意见》，全面推进未成年人社会观护中心建设，完善合适成年人指派的整体工作流程，实体化运营区未成年人社会中心，中心首批合适成年人30多人，已派遣合适成年人100余人次。围绕重点青少年群体服务管理和维权需求，开展心理辅导、合适成年人指派、观护基地帮扶等服务。在瓯海经济开发区企业社区推进团中央试点的青少年综合服务平台建设。

【团青组织建设项目】 2014年，瓯海团区委加强基层团组织建设，对3个镇街团工委班子进行调整，调整区级和各镇街总辅。顺利衔接整合三垟、茶山街道从温州生态园重新划归瓯海管辖后共青团工作的正常开展。完成全区11个镇街的226个村级团组织的换届选举工作，及时开展村级团组织负责人专题培训。完善青联青企协建设，召开区青年企业家协会第三次会员大会暨区青年联合会三届三次全委会，调整区青联各界别组。召开丽岙海外青年联合会第二届委员会第四次会议，开展“泽雅慈善行”、白门河“五水共治”活动。召开瓯海区青年联合会杭州工作委员会成立大会暨一届一次委员全体大会，设立驻欧洲事务办公室，汇聚在杭党政机关、政法、教育、金融、经济等各界瓯海籍青年代表。区青联获2014年度温州市青年联合会先进集体荣誉称号，区青年企业家协会获评省级先进集体。

瓯海区妇女联合会

【概况】 2014年，瓯海区有镇街妇女联合会组织13个，社区妇联43个，区级以上机关事业单位妇委会85个，两新组织中妇女组织759个，各级巾帼文明岗125个、团体会员3个，以女性为主体的社会组织173个，巾帼志愿者队伍103支。

【女性素质提升工程】 2014年，瓯海区妇联依托女界讲坛、母亲学堂等品牌载体，开展女性素质提升工程，全年举办“六学”活动223场，培训2.6万多人次，提升全区妇女的综合素质。举办廉政教育进家庭暨村干部“廉内助”学习培训活动，增强妇女廉政文化修养；举办基层妇女干部培训班，来自各机关单位和村居社区的400多名女干部参加学习；在浙大举办女干部读书会，90余位女干部参加学习。评选表彰三八红旗手、三八红旗集体以及先进妇联组织、优秀妇联干部等60名先进代表；6名妇女获得市级“最美婆婆”“最美女儿”等荣誉称号；编辑出版《瓯海女界——春华秋实》五年历程特刊；组织“区首届女子运动健身节”和“温馨五月 美丽女性年华美”活动，展现全区妇女秀外惠中的巾帼风采和自强不息的拼搏精神。

【文明和谐家庭建设工程】 2014年，瓯海区妇联以“家四季”品牌为创建载体，创建评选学习型家庭、绿色家庭等百户特色文明家庭，晒出最美家庭照片83张，6户家庭获得市级“最美家庭”称号；评选表彰瓯海区第二届“慈善爱心好婆婆”“慈善孝心好媳妇”各10名，镇街级“好婆婆”“好媳妇”近百名。深化“百万父母进家长学校——家庭教育提升行动”，开展家庭教育宣传实践活动65场，惠及2万余人次；联合区教育局开展家庭教育优秀案例征集活动，征集优秀案例93篇；新创建“共享蓝天”俱乐部及图书室3个，市级示范性家长学校2所，4位优秀家长荣获温州市百名优秀家长、双十佳优秀家长等荣誉称号。

【巾帼建功和双学双比活动】 2014年，瓯海区妇联组织35支巾帼志愿者队伍持续开展“巾帼护河 共建美丽浙南水乡”主题系列活动，全年组织创卫、创模活动55场，参与5800多人次；组织“五水共治”送学下基层活动，开展各级主题讲座27场，发放治水环保宣传品1.6万余份。深化巾帼文明岗创建和岗村结对活动，全年全区共有20个岗位分别申报国家、省、市、区级巾帼文明岗，其中区国税局办税服务厅获评国家级巾帼文明岗；评选表彰区巾帼建功和双学双比活动先进个人和标兵10名，先进集体6个；命名区级“妇”字号农业龙头企业4家。加大对妇女创新创业小额贷款的支持力度，全年共有372位妇女贷款，累计贷款1584万元；在专项经费中拨出2.7万元补助3位妇女提供创业贷款贴息；创建女大学生创业指导实践及孵化基地2个，召开女大学生及女性专场招聘会1场。

【妇女权益保障】 2014年，瓯海区妇联组织区巾帼司法顾问团、各巾帼志愿者队伍开展“三大”主题广场普法志愿服务 活动58场，惠及妇女2万余人；开展瓯海区首届百户“平安家庭创建模范户”和十佳示范户评选活动。强化“12338”妇女维权热线作用，组织律师志愿者坚持每月十日、二十日的接待日活动，全年接访案件51起，均予以落实处理；协助基层派出所规范家暴投诉受理制度、落实家庭暴力告诫制度，全年发出家庭暴力告诫书5份。

【妇女、儿童发展规划实施】 2014年，瓯海区妇联与区法制办协调对接出台《关于建立瓯海区政策文件性别平等咨询评估机制的指导意见》文件。继续组织农村妇女“两癌”免费检查服务，已为3.36万妇女提供免费妇科疾病检查，为1.26万妇女提供“两癌”免费检查，并以《妇女健康“杀手”宫颈癌和乳腺癌的筛查研究》为题成功申报省级课题。全年举办党的路线方针政策、男女平等、先进性别文化、中国梦宣讲等国策“六进”活动专题教育23场，参与5200余人；组织区妇女问题研究会开展妇女工作调研，并面向全区发起“瓯海区妇女儿童发展调研报告”征文活动，广泛征集促进妇女儿童事业发展的意见，了解妇女群众的所需所求所盼，评出优秀论文10篇。

【巾帼扶贫助困】 2014年，瓯海区妇联与教育局、慈善总会联合组织“庆六一·慈善关爱书柜”进校园活动，为全区“阳光”和“华阳”两所民工子弟学校建立图书室，送去10万元的慈善关爱书柜和图书；举办“快乐六一 双百儿童牵手阳光行”大型公益爱心活动，募集爱心款14万余元，促成110户爱心家庭和100户特殊困境儿童家庭帮扶结对，其中20对家庭确立长期爱心结对；牵头组织区四套班子领导带队在“六一”期间到各地学校走访慰问，送去慰问金13余万元；以政府购买服务的形式与瓯海区心理与社工服务中心签订《瓯海区留守儿童心理健康教育与辅导》项目，首期为丽岙一小的留守儿童送去为期4个月的心理健康系列服务项目；通过“暖冬关爱老妇干”“慈善关爱微基金”等多种形式慰问妇女176名，慰问金额14.55万元。联合区民政局举办重阳节“百名老人携手 幸福夕阳行”系列公益活动，包括老人才艺比拼、爱心体检、生活心理关爱扶助、夕阳情缘交友等6大活动，倡导敬老爱老的传统美德。

【妇联基层组织建设】 2014年，

瓯海区妇联顺利召开区第六届妇女代表大会，完成新一届执委、常委换届工作，进一步优化妇联系统班子建设；完成全区251个村居的妇代会换届，其中妇代会主任100%进入村两委，保障妇女参政议政权益；通过单建、联建等方式建立"两新"组织妇联组织759个，示范化创建12个。以党的群众路线教育实践活动为抓手，开展"下基层走亲连心""五星争创"等活动，收集汇总意见建议11条，一一进行整改落实；完善区女干部读书会、党员学习等6项制度。加快区妇女儿童活动中心的建设步伐，已进入二次装修和物资采购阶段。

瓯海区文学艺术界联合会

【助力"五水共治"】 2014年，瓯海区文学艺术界联合会（以下简称瓯海区文联）动员区文艺家参与"五水共治"，开展文艺创作和宣传活动。成立瓯海区诗词学会塘河文学分会，出版会员作品集，组织"瓯之韵·百水赋"征文、"五水共治建设美丽塘河宜居水乡"摄影大赛等，周吉敏《塘河赋》获市"百水赋"征文三等奖。

【文艺服务基层活动】 2014年，瓯海区文联全面推进文艺服务基层活动。一是建立瓯海区"市民艺术团"，组织市民艺术团送文化进社区，全年开展市民艺术团走进文化礼堂巡演活动3000余场。二是组织各协会社团开展"文艺四进"等文化服务基层活动，定期开展戏剧、流行音乐等进社区，书画进学校、进机关等活动，新建"温州鼓词·社区词场"景山社区词场。三是开展"文化社团"进驻文化礼堂活动，带动文化礼堂活动正常化、持续化。

【地域文化挖掘】 2014年，瓯海区文联继续以本土资源为依托，进一步弘扬地域文化。一是编辑出版《瓯海文化丛书》（第五辑），包括《屿山记忆》、《双仙斗》、《高机与吴三春》、《黄三袅与林定郎》、《水生风集——温州塘河历代诗词》、《放开眼界——行旅楹联大观》等9本。出版《缘起塘河——瓯海诗词楹联学会塘河文学分会会员作品选》。二是成立瓯海区参龙文化研究会，开展会员培训，举办瓯海区大型龙舟节参龙表演，评选表彰瓯海十大参龙手。三是开拍电影《瓯柑之味》、《最美的承诺》，筹拍纪录片《琦君在故乡》。四是协助泽雅镇周岙正月十三挑灯节项目，成功申报"省民间文化艺术之乡"。五是编辑发行文学季刊《瓯海》五期，其中《坡度诗刊》四期。

【文联自身建设】 2014年，瓯海区文联在出精品、推名家上加大工作力度。一是开展瓯海区第六届"瓯海文学艺术奖"评奖工作，评选出综合奖金瓯奖、银瓯奖、铜瓯奖各一名，分项奖文学、美术、书法、摄影、音乐、舞蹈、诗词、曲艺、民间文艺等26名，以表彰和鼓励区文艺作品及文艺人才。二是加强文艺交流，成功举办瓯海书画展、镜心"夕阳红"书画展、瓯海区端午诗会、温州

表6　2014年瓯海区文学艺术协会情况

序号	协会	会长	秘书长	会员数
1	作家协会	翁德汉	潘胜波	49
2	书法家协会	林朝恩	叶小文	89
3	美术家协会	黄德靖	潘新新	54
4	音乐家协会	苏　琼	黄冠军	37
5	舞蹈家协会	谢乐燕	宋钱甜	34
6	摄影家协会	叶剑平	朱　盛	179
7	诗词楹联学会	史从忠	林光荣	50
8	民间文艺家协会	潘丁盛	朱建波	56
9	曲艺家协会	郑德平	林益存	71
10	收藏家协会	林宗萍	朱　敏	25
11	坡度诗社	严文华	卓铁锋	11
12	流行音乐协会	谢公积	杨昌坤	70

表7　2014年瓯海区文学文艺工作者作品（部分）

序号	艺术门类	作品名称	作者	备注
1	文学	《屿山记忆》	朱建波	《瓯海文化丛书》(第五辑)，上海印书馆出版
2	文学	《双仙斗》	缪秀霞	《瓯海文化丛书》(第五辑)，上海印书馆出版
3	文学	《高机与吴三春》	周万兴	《瓯海文化丛书》(第五辑)，上海印书馆出版
4	文学	《黄三臬与林定郎》	罗松光	《瓯海文化丛书》(第五辑)，上海印书馆出版
5	文学	《水生风集——温州塘河历代诗词》	姜善真（编）	《瓯海文化丛书》(第五辑)，上海印书馆出版
6	文学	《放开眼界——行旅楹联大观》	徐志文（编）	《瓯海文化丛书》(第五辑)，上海印书馆出版
7	文学	《缘起塘河——瓯海诗词楹联学会塘河文学分会会员作品选》	区文联	区文学季刊《瓯海》2014年专辑
8	文学	《坡度诗刊》	坡度诗社	区文学季刊《瓯海》专辑，出版2014年第一二期合刊、2014年第三期
9	书法	《行书天籁诗禅》	卢忠强	获温州市第二届市民文化节暨首届市民美术、书法、摄影大赛铜奖
10	美术	《十月的海》	张增添	入展浙江省第十三届美术作品展览
11	美术	《紫菜丰收》	张增添	获浙江海岛绘画写生大展优秀作品奖
12	美术	《奇峰千仞图》	黄德靖	入展“最前线2014浙江省百名知名画家富阳采风写生作品展”
13	美术	《松壑浮云疾》	黄德靖	入展最前线浙江省基层美术家瑞安写生作品展
14	美术	《风土乡情之美》	王温洪	获“中国梦　情之乡土”中国农民画、剪纸艺术大赛优秀奖
15	美术	《欢天喜地把戏看》	王温洪	获“我们的中国梦——大黄河·风情陕州”全国剪纸艺术大赛铜奖
16	美术	《劳动致富》	王温洪	获渭南市首届全国剪纸精品邀请展优秀奖
17	美术	《四合院系列之老戏台》	王温洪	获第五届“教场坪能源杯中国戏曲剪纸大赛银奖
18	诗歌	《卓铁锋诗一首》等	坡度诗社卓铁锋泥人、贾小愚、星落河等	发表于第4期《诗歌月刊》
19	音乐	《娄山关》《怒吼吧黄河》	瓯之韵合唱团	获浙江省“我和我的祖国”群众合唱比赛金奖
20	音乐	《黄河渔娘》	金　红	获“共享一片蓝天”温州市第五届新温州人歌手大赛银奖
21	音乐	《天路》	黄冠军	出演浙江省纪念建国65周年合唱音乐会
22	音乐	《最美在温州》、《国家》	黄冠军、金　红	出演温州市第二届市民文化节开幕式、温州市道德模范人物颁奖晚会等
23	音乐	《我的深情为你守候》《昭君出塞》	郑　誉	获温州市青年歌唱家大赛民族组铜奖

续表

序号	艺术门类	作品名称	作者	备注
25	音乐	《梁祝新歌》《春天的芭蕾》	柯尚婵	获温州市青年歌唱家大赛民族组优秀奖
26	音乐	《赶牲灵》《黄河渔娘》	吴瑶泉	获温州市青年歌唱家大赛民族组优秀奖
27	舞蹈	《味香忆儿时》	瓯海区文化馆	获2014浙江省舞蹈（舞台、广场）大赛创作银奖、表演银奖
28	舞蹈	《好久不见》	瓯海区文化馆	获温州市第七届排舞大赛青年组银奖
29	舞蹈	《今晚来跳舞》	瓯海区娄桥街道办事处	获温州市第七届排舞大赛青年组银
30	舞蹈	《再唱山歌给党听》	瓯海区中老年艺术团	获温州市第十一届城市社区舞蹈比赛成人组金奖
31	舞蹈	《浅析示范教学在舞蹈训练中的合理应用》	宋钱甜	发表于大众文艺2014第20期
32	摄影	《三垟湿地（航拍）》	程汉标	获五水共治建设美丽塘河宜居水乡摄影大赛金奖
33	摄影	《盛世赛龙舟》	胡崇文	获2014温州市第二届市民文化节暨首届市民美术、书法、摄影大赛铜奖
34	摄影	《水上飞虹》	管青云	获五水共治建设美丽塘河宜居水乡摄影大赛铜奖
37	摄影	《共同的家园》	郭　峰	获五水共治建设美丽塘河宜居水乡摄影大赛优秀奖
38	摄影	《早晨的运输船》	陈光亮	获五水共治建设美丽塘河宜居水乡摄影大赛优秀奖
39	摄影	《瓯昌河畔组照》	王建成	获五水共治建设美丽塘河宜居水乡摄影大赛银奖
40	摄影	《渡船老人组照》	林宇痕	获五水共治建设美丽塘河宜居水乡摄影大赛优秀奖
41	摄影	《泽雅湖之晨》	潘胜波	瓯海风光旅游摄影大赛二等奖
42	摄影	《千年绿道》	潘胜波	获“百里画廊，养生临安”省级旅游摄影大赛优秀奖
43	电影	《瓯柑之味》		开拍
44	电影	《最美的承诺》		开拍

第二届金秋诗歌节、《我们与共和国一起成长——瓯海晚晴合唱团专场音乐会》、民间文艺社团走亲等大型文艺交流活动。

瓯海区文联着力于完善基层基础建设，以更好发挥职能，促进文化繁荣。一是召开瓯海区文联2014年度工作会议，研究部署年度工作，与各协会社团共商文化发展之计。二是指导完成瓯海区诗词楹联学会、区曲艺家协会、区民俗文化研究社等协会社团成功换届；成立瓯海区诗词学会塘河文学分会、瓯海区仙岩梅雨潭文艺社；瓯海书协在泽雅一小建立书法教育实践基地，泉川艺社在茶山二小、茶山一小、梧田二中成立爱心联谊基地等，各协会社团建设不断完善。

司　法

社会治安综合治理

【平安创建工作】 2014年，瓯海区委政法委推进基层创安和系统创安，强化平安宣传力度，加大阵地建设，在各镇街建成平安宣传主题的大型户外广告牌和平安宣传“一条街”，在全区200多处LED、LCD上滚动播放平安宣传内容，营造平安建设的氛围。将平安综治工作考核纳入镇街和区属部门考绩，按评审条件内容划分责任单位，对考评中被扣分值占本单位基本分10%以上的，实施一票否决；落实月报月评、动态跟踪、明查暗访等制度，提升平安建设的整体水平。根据市平安创建测评，该区成绩在“三区两市”排第一名，实现2014年度省级平安区目标。

【社会维稳工作】 2014年，瓯海区委政法委强化源头维稳，完成社会稳定风险评估项目58个；强化矛盾纠纷排查化解，排查出2122起，调处2120起，调处率98.46%，化解市级督办2件；依法打击非访行为，落实信访积案化解机制，化解省级交办信访案5件。

【基层社会治理】 2014年，瓯海区委政法委结合城乡社区实际，探索基层社会治理创新体系，以社区为重心、社会组织为切入点，培育郭溪塘下社区、新桥三浃社区和开发区企业社区3个试点，于10月9日召开工作推进会，在全区面上予以推广。推行“网格化管理、组团式服务”，建立基层综治信息系统定期分析研判通报制度，开展全区村、社区群防群治队伍星级评定工作，夯实综治基层基础。探索见义勇为长效帮扶机制建设，走访全区43名见义勇为对象，建立一人一档，实施精细化管理；为困难对象提供生活补助、办理养老保险和司法救助等帮扶措施，解决见义勇为对象生活实际困难；工作成效受到《浙江法制报》头版头条连续报道和《温州政法》刊登。

公　安

【概况】 2014年，瓯海区刑事发案同比下降13.85%，两抢（含治安类）发案同比下降50.61%，入户盗窃（含治安类）发案同比下降16.29%，盗窃“三车”类案件发案同比下降12.16%，通讯诈骗类案件发案同比下降26.36%；移诉数同比上升4.8%，侵财类案件移诉数同比上升11.72%；被区委、区政府评为考绩优秀单位。整体打击成效全市第一，荣获“平安温州”建设先进集体。

【护航发展】 2014年，温州市公安局瓯海分局（以下简称瓯海公安分局）全力护航“三改一拆”“五水共治”等政府中心工作和重点工程建设，有效落实“河道警长制”“警务进项目”机制，不断完善风险评估前置机制和执法保障模式，为社会经济发展提供强力保障。全年协助改造旧住宅区10259户172.53万平方米、旧厂区556个223.32万平方米、城中村22756户354万平方米，协助拆除违法建筑124.27万平方米，提供执法保障91次，投入警力1958人次，提供风险评估34次，化解矛盾纠纷482起，打击处理各类阻碍工程建设的恶势力团伙4个，刑拘9人，行政拘留10人，全区40个重点工程全部顺利开工建设，期间未发生严重危害社会稳定的暴力阻碍行政执法案件及群体性事件。

【金融领域违法犯罪防范处置】 2014年，瓯海公安分局强化重大群体性事件隐患专案经营和重大不稳定因素“一事一案”工作机制，开展“打击恶意逃废债”、“治赖”追逃、“猎狐”等专项行动。全年各类经济犯罪立案76起，告破71起，刑拘对象66人，取保候审53人，移诉93人；“治赖追逃”归案年前逃犯15名，当年逃犯23名，“治赖追逃”成效列全市第一。

【公安信访】 2014年，瓯海公安分局组织部署信访“清仓”、“抓打强促”等专项行动，落实局领导定期接访、集中下访、信访风险评估及“五包四到位一明确”等工作制度，削减信访源头及案件存量。全年来信来访363起，受理并办结初信、初访22件，同比下降35%，化解率100%，化解积案8起。

【重大案件侦破】 2013年，瓯海公安分局践行“命案必破”理念，命案发11起破11起，破案率100%，破命案积案2起；开展“除恶治乱”“治爆缉枪”等专项工作，完善危险物品管理机制，全年排摸各类涉黑恶线索32条，打掉黑恶团伙22个，刑拘126人；查破涉爆涉枪案件11起，收缴枪支51支，查破涉危行政案件46起，收缴爆炸物品、剧毒化学品等各类危化品2067公斤。

【打击侵财犯罪】 2014年，瓯海公安分局以“两抢、入户盗窃、三车”类案件为打击重点，构建“全警抓数量、专业抓质量”的打击格局，全年破获侵财案件1763起，刑拘1019名，移诉972人，侵财打击成效列全市第一，被评为全市打击侵财犯罪专项行动“优胜公安局”。

【打击食药环安全犯罪】 2014年，瓯海公安分局查破食品类刑事案件28起，刑拘53人，取保候审46人，移诉53人；查破环境类刑事案件39起，刑拘57人，取保候审54人，移诉71人；被评为全市公安机关打击“食药环”专项工作先进集体。

【追逃工作】 2014年，瓯海公安分局全面加强重点人员动态管控，落实预警逃犯“1+2”工作机制，综合运用情报信息、网络侦察、合成作战、警灯工程、基础管控、有奖举报等多种方式，全面提高在逃人员抓捕率。全年抓获外省逃犯161名，本市年前逃犯99名，该局年前逃犯188名；抓获挂牌命案逃犯2名，挂牌侵财逃犯15名，追逃成效列全市一类地区第一。

【查禁黄赌毒】 2014年，瓯海公安分局组织部署“打黄赌、铲源头”、“百城禁毒会战”等专项行动，构建黄赌毒打击“队所联动”、“交叉用警”和“暗访督导”工作格局。全年刑拘黄赌对象398名，其中涉赌刑拘296人，涉黄刑拘102人；破获涉毒类刑事案件176起，缴获各类毒品37.20152公斤，涉毒刑拘217人，查处吸毒人员

区公安分局开展社会治安管控工作。（区公安分局供稿）

654人次，强制隔离戒毒185名，参加美沙酮治疗人数92人、维持率为75%。

【侦破3.16特大贩卖毒品案件】 2014年3月16日，瓯海公安分局成功侦破一起特大贩卖毒品案，缴获冰毒1022.92克、氯胺酮23351.66克、大麻类毒品47.46克，约25公斤，系温州公安历史上缴获毒品数量最多的个案。

【物联网治安管控】 2014年，瓯海公安分局组织开展“以卡管人”、“以卡管房”和“以卡管车”为主要内容的物联网治安管控工作，通过发放e居卡、安装智能门禁系统和电动车登记备案等方式，破解流动人口、出租房、电动车等管理难题，被评为全市物联网治安管控工作先进集体。

【视频监控建设与应用】 2014年，瓯海公安分局新建视频监控1200个，改建339个，利用视频突破、带破案件774起，视频破案在刑侦管辖刑事案件破案占比达37.57%，视频监控应用成效全市第一，视频监控建设和应用先进经验在公安部工作简报刊发推广。

【“警灯工程”】 2014年，瓯海公安分局在全区新建治安联防岗亭100个，并完善60个治安岗亭日常维护和值守人员防刺服、钢叉等执勤装备配备。通过“警灯工作”岗亭值守刑拘54人，治安拘留72人，强制戒毒6人，查获赃车219辆。

【社区警务】 2014年，瓯海公安分局进一步优化社区警力配置和考评机制，全力开展社区视频建设、封闭小区创建和流动人口“三实有”管理，推进基础工作信息化建设。全区建成封闭式小区50个，半封闭式小区43个，建成各类巡逻队127支，巡逻队员1315人；创建品牌社区2个，2名社区民警的工作分别荣获全市优秀群众工作法比武一、二等奖；2名社区民警被评为全市“优秀社区民警”，1个社区警务室被评为全市“品牌警务室”。

【网上阵地管控】 2014年，瓯海公安分局不断强化网上信息掌控，落实24小时不间断网络巡查监测机制，充分依托“网络舆情分析和控制平台”，及时搜集、处置本地涉稳涉警类网络舆情和有害（违法）信息，确保全区网络虚拟社会总体平稳。全年发现处置各类涉稳涉警类网络舆情190起，删除本地有害（违法）信息338条。

【旅业式出租房管理】 2014年，瓯海公安分局根据省厅常务副厅长洪巨平在娄桥调研时提出的“房企合作，以房选人”思路，由区委、区政府成立工作专班，按照“九大”规范标准对出租房进行升级改造，创新推出“旅业式”出租房管理模式，按照“专人管理、出入登记、消防合格、硬件达标”四大标准开展管理，并在景山所、娄桥所先期开展试点工作。全年规范升级出租房6.38万间，完成目标任务数111.6%，安装出租房门禁系统2693间，其中20人以上群租房门禁系统安装全覆盖，出租房内发案同比下降11.49%。景山所“旅业式出租房”门禁建设成为全市样板。

【消防安全监管】 2014年，瓯海公安分局组织部署“清剿火患”、“零点”、“蛟龙”等专项行动，全年检查各类单位、场所14809家，发现隐患1640处，整改隐患734处，核发《责令改正通知书》462份，办理处罚案件202起，责令“三停”51家，强制执行6家，临时查封9家，拘留7人，罚款金额313.7万元。

【瓯海公安新综合业务用房落成】 2014年，瓯海公安分局新综合业务用房落成竣工。9月15日，新综合业务用房正式乔迁，除特警、预审和监管三个部门外，其余局属部门全部搬至新综合业务用房办公。

【派出所“三室合一”建设】 2014年，瓯海公安分局以市局“三室合一”星级评定为抓手，落实派出所“三室合一”专人专职专管制度和24小时坐堂指挥调度制度，健全派出所“三室合一”情报搜集、信息研判、视频追踪、指挥调度、工作督导等工作机制，派出所实战能力得到提升。

全年通过“三室合一”支撑实战打击791人，占派出所的总打击数37.01%，破获各类刑事案件1027起，占派出所刑事总破案数36.15%；7个派出所被评为全市三星级“三室合一”示范单位。

【刑事科学技术】 2014年，瓯海公安分局以保质提量为工作理念，全面加强刑事技术工作，为侦查实战发挥打击支撑作用。全年勘查现场4247起，技术比中案件626起，归案263人。串并案件56串，其中破获26串，被评为全国一级示范刑事科学技术室。

【合成作战】 2014年，瓯海公安分局进一步明确合成实战部门的人员组成、职责分工，打破部门、警种间的信息壁垒，并开发线索流转平台，开展协同打击，实行“实体化运作、一站式办公”。全年通过合成作战刑拘对象455名，其中逃犯82人，高财人员18人，利用“伪基站”犯罪对象30人。

【警调衔接】 2014年，瓯海公安分局进一步深化“警调衔接”工作，整合社区村居、企业、行业协（商）会等力量，将警力从非警务纠纷类工作中剥离出来，达到提升警务工作效率的目的。全年全区新建驻所警调室2个，14个派出所均建有驻所警调室，移交纠纷案件2357件，调解成功2352件，调解率99.8%，同比上年增长53.8%；新建社会调解室103个，受案779件，成功778件。

【看守所“五化建设”工作】 2014年，瓯海公安分局根据上级部署组织开展以“勤务模式科学化、执法行为规范化、管理工作精细化、监管手段信息化、设施保障标准化”为主题的看守所“五化建设”工作，进一步深化智能化监管实战平台为主体的信息化体系建设，大幅提升安全监管能力；依托“海鸥育新”学校和“海鸥”艺术团为工作载体，开展教育感化和深挖犯罪工作，提高监室的掌控度和服务实战能力。8月20日，全市看守所“五化建设”现场会在瓯海召开。9月20日，公安部监管局局长赵春光到瓯海看守所视察，并颁发“全国看守所五化建设示范单位”奖牌。

【110快速反应】 2014年，瓯海公安分局以指挥中心为枢纽，依托警情信息研判，通过可视化平台和瓯海警用地理地图，点对点指挥路面巡警、派出所和周边警灯岗亭警力，形成可视指挥、多警联动、整体作战的快速反应工作机制，做到指挥及时，调警迅速，处置快捷，在重大案件和“两抢”等警情处置中发挥作用。全年利用110快速反应机制抓获两抢对象49名，抓现行成效全市第一。

【执法工作】 2014年，瓯海公安分局围绕“又好又多”执法办案理念，以深化执法规范化建设为载体，以深抓执法主体的合法履职、安全履职和公信履职为重心，进一步强化执法各环节要素的规范管理，全面提升执法公信力和满意度。全年批捕率93.49%；移诉率98.64%，退查率3.76%；移诉准确率100%，连续第五年被评为全省执法质量优胜单位。

【乱点整治】 2014年，瓯海公安分局加强警务室建设和专职民警配备，健全社区治保会、调解组织，联动相关行政管理部门，开展乱点综合治理。全年在三个市级治安乱点新建治安联防岗亭13个，建成群防群治队伍22人，其中专职21人，各辖区派出所建成专业巡防队伍57人；接入派出所视频监控系统线上常运转的公共视频探头185个，社会视频监控标注数202个，刑事发案同比下降20%，黄赌警情下降10%，三个市级治安乱点全部通过市局验收，其中新桥西湖、开发区北村乱点整治成效全市第一。

【队伍建设】 2014年，瓯海公安分局以“提振民警精气神、提高队伍纯洁度、提升人民满意度”为目标，以党的群众路线教育实践活动和“为何从警、如何做警、为谁用警”大讨论活动为载体，提升队伍的凝聚力、向心力和战斗力。全年共有荣立二等功集体1个、个人1名；荣立三等功集体2个、个人62名；受到嘉奖集体7个、个人289名。

【党的群众路线教育实践活动】 2014年3月3日，瓯海公安分局开始启动党的群众路线教育实践活动。活动期间，共向区委督导组上报立查立改项目19个，已落实整改19个，整改率达100%；收集各类意见300条共计47个问题，落实整改46项，整改率达97.87%；组织开展"学清立改停"专项行动，对2008年至2013年出台的规范性文件进行清理，废止制度2项，新建制度15项，拟建制度1项。

【为民服务】 2014年，瓯海公安分局深化服务主题，突出抓好"窗口建设"、"三表合一"、行政审批改革、严密境外人员管理等各项业务工作，推出送证上门、身份证快递等一系列便民利民服务措施，提升为民服务水平。梧田派出所、娄桥派出所和分局行政审批窗口被评为全区万人评议满意单位，出入境管理大队被评为全区十佳效能示范岗，分局"五民工程"创建被区纪委确定为全区公共服务板块创建样板工程，娄桥派出所被评为"全国公安系统爱民模范集体"。

【执法执纪保安全专题教育活动】 2014年10月，瓯海公安分局组织部署执法执纪保安全专题教育活动，确保公安执法安全和队伍自身安全。期间，排摸重点人员46名，上报市局12名，排查梳理各单位问题280条，全部整改到位；11月23日，组织部署执法执纪保安全专题教育回头看活动，排查帮扶21名重点人员，完善出台制度10个，整改问题11项。

【警营文化建设】 2014年，瓯海公安分局继续做优做强已有的7个警营文化培育点，扩大示范点建设，重点打造娄桥派出所"满意文化"、瞿溪派出所"育廉文化"、特警"善战"文化，基层警营文化建设覆盖率100%，特巡警大队、瞿溪派出所被确定为全市警营文化培育示范点。

【岗位练兵比武】 2014年，瓯海公安分局坚持以比促训，以训促练，警种岗位业务能力得到全面提升。在全市警种岗位业务能力竞赛中荣获总成绩团体第二，警务保障、户政、流管三个单位在各自系统比武中均荣获单项团体第二；特巡警大队在全市特警系统比武中荣获团体第三。在全市新警大比武团体总成绩列一类地区第一，法律知识、群众工作、警体技能、比武信息上报四个单项第一，个人总成绩包揽全市前三名。

【从优待警】 2014年，瓯海公安分局开展从优待警工作，全年慰问民警300人；晋升主任科员9名，副主任科员44名；解决功模民警子女入学13人；落实无房青年民警住房补贴11人。

检　察

【概况】 2014年，瓯海区人民检察院先后荣获全国检察宣传先进单位、瓯海区考绩先进单位；1个科室被评为全市检察系统先进集体；梧田检察室被评为全市基层检察室"一室一品"创建先进单位；公诉科被评为2013-2014年度全区政法系统先进集体。1人被评为全市政法系统先进个人；1人被评为区十大勤廉标兵；2人被评为全区政法系统先进个人；10人荣获区二级嘉奖；3人荣记三等功一次；各有1人被评为区"610"工作先进个人、区档案工作先进个人、区安全生产先进个人、区优秀党员等。

【打击刑事犯罪】 2014年，瓯海区人民检察院受理审查批捕各类刑事案件1399件1999人，批准或决定逮捕1211件1718人。受理审查起诉1844件2616人，提起公诉1593件2259人。突出打击严重影响人民群众安全感的犯罪，共批捕杀人、放火、爆炸、强奸、聚众斗殴、寻衅滋事等严重暴力和严重扰乱社会秩序犯罪案件173件284人，起诉151件233人。批捕"两抢一盗"等多发性侵财案件545件711人，起诉621件814人。严厉打击危害食品药品和卫生医疗安全的侵害民生犯罪，批捕生产、销售有毒有害食品、不符合安全标准的商品等犯罪案件24件24人，起诉11件27人。批捕非法行医、销售假药案9件9人，起诉21件22人。先后出台关于开展深化服务保障"五水共治"、促进瓯海"美丽塘河宜居水乡"专项行动的工作方案。全年批捕非法排放污水、废水，造成土地和水资源严重污染的环境污染案18件

24人，起诉24件42人。进一步加大对金融犯罪活动的打击力度，批捕非法吸收公众存款、集资诈骗、信用卡诈骗等案件7件8人，起诉16件20人，涉案金额共计3.48亿元。依法整顿和规范市场经济秩序，批捕妨碍公司企业管理秩序、侵犯知识产权以及合同诈骗、非法经营等严重破坏市场经济秩序犯罪案件22件37人，起诉62件102人。全面推行不捕不诉释法说理制度和案件办理风险评估预警机制，推行刑事申诉控告案件公开审查、公开答复制度，推行领导挂牌接访、群众点名约访等便民利民举措，全年妥善处理群众来信、来访184起。贯彻宽严相济的刑事司法政策，对犯罪情节轻微的112名犯罪嫌疑人不予批准逮捕，对25人作相对不起诉，对3名未成年犯罪嫌疑人作附条件不起诉。开展检调对接和司法救助工作，受理检调对接案件17件，成功调解12件，救助刑事被害人8件8人。

【查办职务犯罪】 2014年，瓯海区人民检察院立案查处贪污贿赂犯罪案件10件14人，涉案金额10万元以上12人，其中50万元以上1人，100万元以上3人，副科级以上现职领导干部4人，大案比重92.9%。根据人大代表的反映，严肃查处温州市公安消防局瓯海分局原政委谌某、鹿城分局政委魏某等消防系统受贿大要案。查处在"三改一拆"工程中收受巨额贿赂的温州梧田新农村投资建设有限公司常务副经理林某、副经理谷某受贿大案。查处区保安公司副总经理郎某受贿一案，被评为2014年度全市检察机关六大反贪精品案件之一。依法立案查处造成国家巨大损失的原市人防办工作人员王某滥用职权案等渎职犯罪案件3件4人。立案人数同比上升100%。根据浙江省人民检察院"千场预防职务犯罪宣讲进乡村"活动部署，在全区开展预防宣传活动10场。针对120急救中心和消防系统贿赂窝串案的剖析材料被省、市检察院转发。特别推出预防约谈制度。开展重点建设工程监督预防，参与工程招投标活动监督30余次。全年接待行贿犯罪档案查询834件。

【开展诉讼监督】 2014年，瓯海区人民检察院监督纠正侦查机关应当立案而不立案3件4人、不应当立案而立案5件5人，督促追诉久拖不决案件1件1人。对提请批捕、移送审查起诉的案件纠正漏捕3件3人、追诉漏犯11人、追加罪名起诉7人。其中，被追加贩卖毒品罪起诉的被告人彭某，被判处死刑缓期执行。查处辩护律师在侦查期间会见犯罪嫌疑人违规提供通讯工具的事件1件。对一审刑事判决提出抗诉5件，现已改判1件，发回重审1件，市检察院支持抗诉、市中级人民法院正在审理2件。按审判监督程序提请市检察院抗诉1件，建议区人民法院再审3件，法院以裁定形式改判1件。区检察院提请市检察院抗诉成功的陈某不服法院生效刑事裁判申诉案，被省检察院评为2012－2014年度全省十大优秀刑事申诉案件之一。强化保障人权的法治理念。全年对侦查活动发出纠正违法通知书14件次。对侦查机关移送审查批捕、审查起诉的案件严把证据关、适用法律关，对不构成犯罪的犯罪嫌疑人不捕13人、作绝对不起诉6人，对证据不足的不捕113人、作存疑不起诉8人。开展羁押必要性审查工作，提出变更刑事强制措施建议9件次。全面落实未成年犯罪嫌疑人年龄先行调查制度、羁押审查制度、合适成年人制度以及犯罪记录封存等特殊制度，有效维护未成年犯罪嫌疑人的合法权益。全年办理未成年人犯罪审查批捕案件69件121人、审查起诉案件104件153人，帮助申请法律援助137人，到场合适成年人100余人次，建立帮扶基地2个，落实观护帮教6人，封存犯罪记录158人。全年办理审判监督案件1件，提请抗诉案件1件，前期提请抗诉的案件获改判3件。配合市委政法委专项执法监督，对民事执行案件开展专项执法检查，发出检察建议10份。继续加大对虚假诉讼案件的查处力度，对4起涉嫌犯罪的线索依法移送公安机关处理。强化对行政执法活动的监督，全年办理行政执法监督案件8件。梧田检察室与当地工商、环保部门建立执法监督工作例会、重大行政处罚案件报备等机制，全年接受报送重大行政处罚案件23起，发出检察建议8件。

【检察队伍建设】 2014年，瓯海区人民检察院进一步加强职业素质建设。组织开展党的群众路线教育实践活动，通过实地走访、开门纳谏等方式征求意见建议50条，梳理、查摆、整改“四风”方面的问题20个。重视理论研究，院领导带头调研，7个课题被省、市院及区法学会立项，公开发表理论文章15篇，在各级优秀论文评比中获奖18篇次，1个重点课题获得省级奖励。重视教育培训，全院干警参加各类业务技能训练180人次。注重实战训练，实行职务犯罪案件开庭审理每庭必听等制度，提高反贪、反渎干警的办案能力和业务水平。大兴岗位练兵，开展以观摩庭评议、优秀审查报告评比等为核心的竞赛活动，推进公诉人队伍建设。在全市优秀公诉人比赛中，1名干警获得十佳公诉人称号，1名干警以总分第一的成绩获得公诉新秀称号。在全市青年女检察官、女律师辩论赛中，获得团体优胜奖。严格规范检察权的行使，清理、修订各类业务流程、规章制度35件。会见当事人、辩护人全部在指定办案区域，全程视频监控，杜绝私自会见。全面落实案件集中管理和全国检察机关统一业务应用系统，实现执法流程网上管理、执法活动网上监督。不断深化检务公开，率先试行终结性检察决定公开制度。开通“瓯检案管”、“瓯检未检”等微信公众号，运用网络平台开展律师会见预约、案件信息在线查询等便民服务。加强检察宣传工作，在各级媒体公开发表检察新闻宣传稿件110篇次。第五次举办“检察开放日”活动，并在景山、潘桥、梧田等五个街道开展流动检察巡回蹲点活动。

审　判

【概况】 2014年，瓯海区人民法院新收各类案件10010件，审结9973件，同比分别下降4.04%、2.84%，解决标的额60.98亿元，一线办案法官年人均办案244件，超过全省平均数57件，是全国平均数的3.1倍，同期结案率99.64%。全年18个集体、46名同志获得省市区级以上荣誉和表彰。

【刑事审判】 2014年，瓯海区人民法院依法严厉打击严重暴力犯罪、危害食品药品安全犯罪、环境污染犯罪、多发性侵财犯罪及非法吸收公众存款、“恶意欠薪”等涉众型经济犯罪，审结刑事案件1619件，判处罪犯2261人，其中判处三年以上有期徒刑214人。坚持扩大刑事案件指定辩护范围，为103名被告人指定辩护人，三年以上辩护率上升至68.69%，最大程度地保障被告人的诉讼权利。探索鉴定人出庭作证、精神病人强制医疗、非法证据排除等新程序的适用，推进量刑规范化建设，建立健全预防冤假错案工作机制。

【民商事审判】 2014年，瓯海区人民法院审结民商事案件4965件，调解撤诉率51.11%。与区住建局召开预防、化解商品房买卖纠纷联席会议，专题研讨当前商品房买卖纠纷的应对措施和预防化解办法，全年受理涉及11个房企、11个楼盘的622件商品房买卖合同纠纷案件，进一步规范房地产行业。坚持和发展“枫桥经验”，进一步健全诉讼与非诉讼相结合的多元纠纷解决机制，诉前化解各类纠纷1042件，同时委托人民调解组织调解成功491件。

【行政审判】 2014年，瓯海区人民法院审结行政诉讼案件88件，同比上升54.4%。推进和规范行政非诉申请执行案件“裁执分离”工作，审查行政非诉申请执行案件648件，同比上升43.68%，裁定准予执行的599件，其中分别受理环保部门、计生部门申请强制执行案件196件、108件，分别裁定准予执行184件、99件，依法支持环保、计生部门处罚违法排污、违法生育等行为。妥善化解48件涉“三改一拆”行政诉讼案件，无一起对抗失控的恶性事件发生。

【执行工作】 2014年，瓯海区人民法院加强征信、查控、惩戒、监督和保障五个执行系统建设，完善执行协助网络布局，组织开展涉民生案件千里行专项执行、金融债权专项执行和程序终结案件“回头看”活动，执结案件2652件，执行到位标的额3.24亿元。加大对拒不履行行为的制裁，实施司法拘留23人次，限制出境74人次，下达限制高消费令103人次，媒体曝光276人，将1015名“老赖”纳入最高人民法院失信被执行人名单，加强社会信用体系建设。

【司法保障】 2014年，瓯海区人民法院继续做好企业市场化破产工作，创新适用“竞争摇号”方式确定破产管理人，审理中城集团、泰恒光学等25家企业破产案件，司法确认申报债权总额近67亿元，可兑现职工工资和补偿金244万元，已审结16件破产案件。畅通金融债权清收和银行不良资产核销处置通道，审结金融纠纷案件1577件，解决争议标的额40.73亿元；审结申请实现担保物权案件56件，实现金融债权4.44亿元；执结银行为申请人的金融债权案件471件，执结标的额1.86亿元。

【司法服务】 2014年，瓯海区人民法院进一步完善“一站式、综合性”诉讼服务中心建设，在诉讼服务中心设立温州日报公告费用缴费点，实行网银结算退费，开通“12368”司法服务热线，开展午间法庭、夜间法庭和巡回法庭，不断拓展诉讼服务的时间和空间。全面实现档案数字化管理，新增当事人自助查阅电子档案服务窗口，为当事人、律师查阅卷宗提供便利。加大司法救助力度，对556名经济困难当事人缓、减、免收诉讼费106.14万元，为17名符合救助条件的申请人发放救助金27万元。

【司法公开】 2014年，瓯海区人民法院完善司法网拍工作机制，在淘宝网上线拍品134件，成交124件，成交率92.54%，总成交额3.14亿元，平均溢价率41.05%，为当事人节省佣金741.77万元，与3家银行达成协议，通过“助拍贷”银行按揭业务为3位买受人办理贷款2399万元，破解不动产司法拍卖一次性付款难题。充分利用信息技术手段全力推进审判流程公开、裁判文书公开、执行信息公开三大平台建设。加大裁判文书上网公开力度，除依法不公开外，全部上网公开裁判文书4598份。在新闻媒体上发表稿件458篇，在官方微博、微信平台发布重大案件信息、法院资讯，举行8期公众开放日，不断满足群众的关注需求。

【队伍建设】 2014年，瓯海区人民法院强化党风廉政建设主体责任和监督责任，建立四级法院联网的违法违纪举报网站，全面构建廉政风险防控机制。注重落实管理制度，制定审判质效考核目标方案，将个人办案质效与学习培训、评先评优和晋级晋职挂钩，建立以鼓励办案为主要导向的干警业绩评价体系。加强司法能力建设，实施青年导师制，深入抓好业务培训，加强审判实务调研和成果转化，全年250余人次参加各类业务培训，完成73篇论文、13个课题等调研成果，其中在《法律适用》等核心期刊发表论文17篇，2个案例入选《中国法院2014年度案例》。

司法行政

【普法依法治理工作】 2014年，瓯海区司法局在春节前后开展“喜迎新春　与法同行”专项法制宣传活动，并结合元宵佳节开展竞猜法制灯谜等活动。活动期间，各镇街、社区开展宣传活动20多场次。在农历二月初一瞿溪商贸会市期间，组织开展“商贸会市与法同行”法制宣传活动。3月，开展“五水共治　与法同行”专项法制宣传活动，成立服务“五水共治”工作领导小组，印制发放“五水共治”相关法律法规宣传折页10000份、宣传挂图150份。在全区51台多媒体普法终端机上滚动播放《五水共治·法治同行》专题宣传片。深入开展“三改一拆”专项法制宣传活动，共计印制宣传三折页18000份，组织“送法下乡”活动5次。新建法治文化阵地6个，分别是瞿溪街道屿儿山法治文化公园、茶山街道法治一条街、新桥街道新桥社区文化法治长廊、景山街道净水社区法治文化长廊、仙岩街道法治文化公园、泽雅镇石根山法治文化公园，巩固“法治文化区域”创建成果。5月，在丽岙“侨联之家”举行普法联络点的授牌仪式，并赠送法律图书100册，建设独具瓯海特色的“法律进侨联”法制宣传阵地，搭建好“法律之桥”服务归侨侨眷。与区委宣传部、区信访局等部门联合下发《开展“依法信访”主题宣传月活动实施方案》，并联合多部门在瓯海区梧田街道文化广场开展“依法信访”主题宣传活动。7月，结合“文化进万家—瓯海区党的群众路线教育”广场主题活动，在全区范围内连续开展4场以“普法你我他，文化进万家”为主题的图片、书画展览及广场主题文艺晚会活动。在瓯海职业中专集团学校举行“青少年法治文化创作基地”授牌仪式，并在该校设置一台LED普法终端机。组织开展庆祝《宪法》颁布暨人民代表大会制度建立60周年图片展。从11月下旬开始，开展为期一个月的“12·4”国家宪法日暨全国法制宣传日系列宣传活动。与温州市电视信息栏目签订广告协议书，从12月起在温视都市生活频道播出“国家宪法日”相关宣传内容。与广告公司签订合同，在出租车顶灯LED信息屏上植入瓯海法制宣传版块。

【司法所建设】 2014年，瓯海区司法局按照司法部提出的司法所建设“组织机构正规化、干部队伍专业化、业务工作效能化、所务管理制度化、基础设施标准化”的要求，对全区各司法所开展软硬件方面的规范化建设，完成对梧田司法所和景山司法所独立办公场地的场所改造，搬迁至新办公场所开展工作。9月，进一步强化星级司法所创建工作，新创建仙岩司法所、潘桥司法所两家三星级规范化司法所和景山司法所一家四星级规范化司法所全部顺利通过省厅考核组的考核，茶山司法所、梧田司法所、瞿溪司法所以及新桥司法所通过省厅对三星级司法所的验收工作。截至年底，全区四星级司法所1家，三星级司法所9家。

【人民调解工作】 2014年，瓯海区司法局对个别行业性人民调解员的工作岗位进行适当调整充实，研究出台行业性调解组织专职调解员管理实施办法，并与全区37名行业性专职人民调解员签定劳动合同，解决调解员的社保等实际问题。发挥“两代表一委员”在政府与群众之间的嫁接桥梁作用，推动化解一批重大疑难纠纷。8月，先后在区工商联和22个行业性协会、商会成立人民调解委员会，提升人民调解服务行业性协会、商会以及企业的能力。9月，整合辖区内的人民调解工作资源，发文成立瓯海区人民调解中心，将作用发挥不明显、纠纷数量少、成效不突出的行业性专业人民调解组织统一纳入区级人民调解中心。联合区教育局成立区学生伤害纠纷人民调解委员会，构建区司法局、区教育局“协作联动式”调解机制。组织开展矛盾纠纷“大排查大调解”专项活动，以实际行动促和谐保稳定。截至12月31日，全区调解5160件，调解成功5155件，调解成功率99.9%，其中镇街、社区、村居调解组织调处611件，行业性调解组织调处4544件。调解协议涉及金额共计24207.7万元，涉及非

3月12日，区司法局在瞿溪商贸会市期间开展“商贸会市·与法同行”为主题的法制宣传活动。（区司法局供稿）

正常死亡案件132件。按照调解矛盾纠纷的难易程度，在每季度末对人民调解员给予不同档次的奖励，切实解决人民调解员误工费及报酬低与繁重的工作任务不相适应的现实问题。截至12月底，共计发放“以奖代补”工作补贴20余万元。

【归正人员安置帮教工作】 2014年，瓯海区司法局在春节期间开展两类特殊人员排查走访，对在排查走访过程中了解掌握的两类特殊人员的实际困难与问题，给予帮扶支助，为64名两类特殊人员共计发放救助金55200元。5月，组织公检法等相关部门的工作人员前往金华监狱、乔司监狱等监狱对瓯海籍服刑人员开展延伸帮教送温暖活动。截至12月31日，全区帮教期内刑释人员692人，安置率98%，帮教率99%，其中农村籍651人，全年无重新犯罪。

【社区矫正工作】 2014年，瓯海区司法局深入推进社区矫正监管指挥中心建设，建立一个区级视频会议系统作为市局视频会议系统的分会场，并在各司法所建立视频监控系统，提升社区矫正工作监管和应急水平。在两会期间，指导各司法所加强走访排查，及时做好信息上报，筑牢社区矫正安保防线。进一步加强社区矫正人员专用定位手机配备，运用GPS定位技术对社区矫正人员进行实时监管，手机配备总数达349台，配备率达93.8%。3月，与浙江森马生态农业发展有限公司协商在森马“万客丰”瓯柑文化园建立区级社区矫正劳动基地。在瞿溪、郭溪、梧田等街道建立镇街级社区矫正劳动基地，便于就近开展公益劳动。从4月1日开始，在全区各司法所正式启用温州市社区矫正及归正人员工作管理系统，全面实现社区矫正执法网上上报和网上审批。继续发挥政府购买心理矫治服务作用，4月组织全区全体社区矫正人员参加心理讲座，开展心理测试评估，帮助社区矫正人员及时调节情绪，保持心理健康。7月底分二批对69名重点人员进行心理访谈，10月底又筛选出15名社区矫正人员进行团队辅导，11月底对9名社区矫正人员重点进行个案咨询。开展社区矫正“三查”专项行动，推进社区矫正7类执法案件大评查、10项执法行动大检查、9种执行情况大排查。截至12月底，全区在册社区矫正人员372名，其中缓刑313名，假释51名，暂予监外执行8名。该年解除社区矫正222人，重新犯罪2人，重新犯罪率为0.34%。夯实队伍建设基础，成立社区矫正监管大队，进一步强化社区矫正工作管理规范化，充实社区矫正协理员队伍，实现社区矫正协理员与社区矫正人员1:20的配备标准。

【法律援助工作】 2014年，瓯海区司法局进一步创新法律援助工作机制，出台瓯海区法律援助专家团制度、瓯海区法律援助案件办理指导师制度，选任10名资深律师担任法律援助律师专家团成员、已登记办案指导师17名。实行律师法律援助志愿者值班制，建立一支由26名法律援助律师组成的志愿者队伍。开展法律援助案件质量标准化管理，将法律援助各个环节进行责任落实和规范。深化法律援助案件质量百分制考核，对法律援助案件进行全程跟踪，并不定期组织开展听庭活动。全年对刑事、民事案件组织听庭33件，其中邀请人大代表参加听庭6件。5月，与财政局联合出台《关于印发<瓯海区法律援助经费使用管理办法>的通知》。全年全区法律援助经费80万，较上年增长100%。9月，在区劳动争议仲裁委设立法律援助工作站。全年受理讨薪、工伤等劳动争议案件221件。进一步降低法律援助服务门槛，进一步放宽经济困难审核标准，将受援对象范围扩展至低收入人群，即本人及其家庭成员人均月收入2000元以内的人群；扩大免审查案件范围，简化经济困难认定方式。完善刑事法律援助工作衔接机制，做好量刑在3年以上的商请类刑事法律援助。截至12月底，全区受理、指派法律援助案件865件，其中民事援助案件323件，同比增长22%；刑事援助案件542件，同比增长31%。

【法律服务】 2014年，瓯海区司法局指导17名政府法律顾问为全区64个部门、镇街（开发区）提供法律服务。组织召开律师顾问团服务平天镬与秀屿山公园拆迁工程动员大会，选定18名律师组成攻坚团队，开展驻点服务。对农村（社区）法律顾问分配方案进行适当调配，指导辖区内31位律师、17位基层法律服务工作者与全区251个行政村、75个社区签订法律顾问合同，实现农村（社区）法律顾问覆盖率100%。修订工作业绩考核办法，实行平时抽查和年终检查相结合，提升农村（社区）法律顾问工作效率。截至12月底，全区农村（社区）法律顾问举办讲座20场，帮助修订、完善村规民约、合同、协议等117件，处理其他涉法事务24件。搭建"法律服务进商会"平台，联合区工商联下发《关于开展"法律服务进协会商会"活动的通知》。5月底，通过发放《瓯海区协会商会法律服务情况调查表》、电话问询、现场座谈等形式，完成对全区各协会商会的走访调研，全面了解行业协会商会和基层商会对法律服务的需求。截至12月底，全区有12家协会商会已建立法律顾问制度，并配备律师无偿担任协会商会法律顾问。组织开展"企业法律问题"义务咨询会，对全区115家企业开展"法律体检"活动，发放"法律服务咨询函"，出具《法律风险评估报告》，提出预防和化解企业法律风险的专业意见。与区经信局联合下发《关于在规模以上企业建立法律顾问制度的通知》。截至12月，全区189家企业已聘请法律顾问，其中规模以上企业141家，规上企业法律顾问覆盖率35.3%。

【民间调解】 2014年，瓯海区各级人民调解组织受理纠纷5160件，调解5155件，调解成功率99.9%。其中，"诉调衔接"受理纠纷480件，调解成功480件；"警调衔接"受理纠纷2290件，调解成功2290件；"交调衔接"受理纠纷1763件，调解成功1763件；"检调对接"受理纠纷16件，调解成功11件；各镇街、村居、社区人民调解委员会成功调处纠纷611件。

表8 2014年瓯海区民间调解概况

类型	受理纠纷	调解成功	成功率
诉调衔接	480	480	100%
警调衔接	2290	2290	100%
交调衔接	1763	1763	100%
检调对接	16	11	68.7%
各镇街、村居、社区人民调解委员会	611	611	100%

道路交通管理

【概况】 2014年，温州市公安局交通警察支队四大队（以下简称温州市交警支队四大队）被评为2014年度全市公安交警综合考评优胜大队、2014年度市区路面执勤勤务"三严"考核先进单位，2014年瓯海区尊师重教先进单位、瓯海区2014年度考绩先进单位、瓯海区前十六批区级文明单位。

【交通秩序管理与考核】 2014年，温州市交警支队四大队整合社会监控资源，建立和完善信息研判、警力部署与实战指挥一体化机制，实行警力控位、警车控位、重点路段控位、重点车辆控位的"四控合一"警务模式。依照"12723"模式落实网格化管理属地责任，加强警务区内固定岗与巡逻岗警力之间、各中队之间的协调联动，强化点、线、面的整体管控。采取动态管控与定点执勤结合，实地巡逻与视频巡查互补的方式，全面提升快速反应处置能力。开展"纠违治危"、"禁酒驾"、"四小车"等专项集中整治行动，严查各类严重交通违法行为。全年查处各类交通违法行为522064起，其中醉酒100起、酒后1548起，查扣"四小车"11258辆，拘留394人，取缔雨棚3871把。抓获各类逃犯69人。

【"黄标车"淘汰】 2014年，温州市交警支队四大队梳理辖区"黄标车"数据，将排摸出的"黄标车"按已报废类、被盗抢未报案类、擅自拆解类、车辆转让信息未变更类、无法联系类、愿意报废但未报废类、不愿意报废类等不同情况类型分类，实施类别化对待管理。全年淘汰“黄标车”2111辆，淘汰率104.66%。

【交通事故预防与处理】 2014年，温州市交警支队四大队围绕“控大”目标和“双下降10%”要求，对辖区所有道路尤其是2处市级和30处区级事故黑点进行排查整治，建立统一的隐患路段排查档案库，并根据隐患严重程度分级制订治理计划，抄报当地政府及相关部门落实治理。全年接到事故报警62709起，其中按一般程序处理的事故140起，重大46起死亡46人，受伤134人，直接经济损失17.65万元。与2013年同期相比事故次数、死亡人数、伤人数、直接经济损失分别为-10.26%、-2.13%、-0.74%、-1.51%。

【“五位一体”工作机制】 2014年，温州市交警支队四大队在“四位一体”的基础上进行再完善、再提炼，并创新推出“人民调解、行政调解、司法调解、司法审判、综合服务”相结合的交调衔接“五位一体”工作机制。全年调解案件1567起，其中重大案件46起，一般案件56起，简易处理案件1347，终结案件118起。交通法庭立案98起，开庭127起，司法确认11起。通过人民调解的案件73.7%，法院受理的案件仅4.6%。8月14日，全市第十次人民调解工作会议，专门将大队交调衔接“五位一体”工作法作为司法调解先进经验进行全市推广。

【执法规范化建设】 2014年，温州市交警支队四大队制定《“五星”优质服务窗口评估实施细则（试行）》、《“五星”优质服务窗口工作规范（试行）》和《窗口挂黄旗促整改制度实施细则（试行）》，对窗口便民设施、警务公开、服务规范、窗口监督、窗口纪律等做出明确规范，建立定期对窗口容貌、服务设施、警容风纪、办事效率和群众满意度等五大方面进行系统考核。健全内部管理制度，推行“即办制”，窗口服务“六必须”等措施，着力减化办事手续、改进办事流程、压缩办事时限，全面落实办事公开、首问负责、一次性告知等制度。实行“窗口无休日”。

【阳光警营文化建设】 2014年，温州市交警支队四大队申报市局警营文化示范点。举办“三警”讨论、恳谈会、警营开放日等活动。建立长效机制定期开展周末拓展、警民联谊、自行车健身骑行、登山等活动。并在民警每人自发捐款500元建立爱心基金的基础上，扶贫结对岩门村，建立爱心蔬菜基地。自主创办画刊《交警掠影》，定期展示大队警务动态、警营文化、警员风采，晾晒警务，自觉接受群众监督和指导。在第一季度支队法制考核排名全市第一，在支队4次执法抽考中，取得3次排名直属单位第一。

【交通安全宣传】 2014年，温州市交警支队四大队开展“122”主题交通宣传日、“牵手平安行”等各项主题宣教活动。组织拍摄的温州公安交警系统首部微电影《执·情》，展示交警执法风采。与温医大附一医沟通协调，共同设计一条24小时向就诊社会车辆开放的“无障碍通道”的院内外交通管理机制，并正式对外试运行。在辖区西山南路锦绣路口首创“斑马线智能护栏”。《平安时报交通周刊》征订1800份。全年刊发各类对外宣传报道折算2587篇，刊发重点稿87篇，省办合作栏目107篇，都市红绿灯59篇，发布微博2648条；对内大队级刊发各类动态239篇。

军　事

人民武装

【人武部思想政治工作】 2014年，瓯海区人武部组织“牢记强军目标、献身强军实践”深化国防和军队改革主题教育活动。开展读经典学哲学、“5·5学习节”、“9·9读书日”系列活动，研读《之江新语》、《干在实处、走在前列》等内容，组织参加省军区“红船大讲堂”。坚持每周五理论学习、每人每周撰写一篇心得体会、每周组织一次学习体会交流和每季度组织一次读书笔记检查评比活动。单位先后被省军区评为先进团党委、先进团单位、抢险救灾先进单位。

【人武部党的群众路线教育实践活动】 2014年，瓯海区人武部围绕“照镜子、正衣冠、洗洗澡、治治病”的12字总要求，坚持把教育实践活动作为重大政治任务。先后采取书面征求、座谈了解、问卷调查等方式，征求区属有关单位、驻瓯部队、各镇街和基层武装部以及不同层次人员的意见建议76条次，梳理出意见建议26条，并进行整改。①公务接待费和行政性消耗明显下降，年初以来，行政消耗性开支、接待费用同比下降21%和59%。②完成住房清退工作，军分区认定违规占房户20户，全部清退。③完成退伍军人报考事业单位报名登记工作（4个事业编制名额），退伍兵自主创业的100万免息创业基金落实到位。④做好财经“两项整治”工作。经自查统计，人武部“两项整治”发现5类15个问题，退回违规发放的各类补助。

【民兵组织整顿】 2014年，瓯海区人武部完成三类队伍41支分队2768名民兵的整组任务。拉动应急分队14支757人；支援分队25支1196人。实现后备力量由数量规模型向质量效能型转变。

【基层武装部规范化建设】 2014年，瓯海区人武部根据分区党委扩大会议的部署和要求，推进基层武装部规范化建设，于1月21日，在娄桥街道召开基层武装部规范化建设试点现场会，对基层战备库室进行整治规范，明确标准规定，截至12月底，全区基层武装部规范化建设全部达标。

【征兵工作】 2014年，瓯海区完成兵员征集任务173名（含5名女兵）。单位连续三年被省政府、省军区评为“征兵工作先进单位”。

【全省民兵预备役部队抗洪抢险骨干集训】 2014年5月9日至5月14日，瓯海区人武部围绕冲锋舟操作理论知识学习、防台抗台相关常识辅导、水上操作与使用、水上抢险与救生行动等课目技能和指挥训练等课目，组织来自全省军区11个军分区（警备区）、1个预备役师共81人参加的民兵预备役防台抗洪抢险骨干集训。于5月11日，在瓯海郭溪街道任桥河水域举行集训实兵演练。

【功能区民兵组织探索性建设】

2014年，瓯海区下辖6个功能区、13个镇街，瓯海经济技术开发区，其他功能区5个：分别是中心区管委会（景山、新桥、娄桥、潘桥街道）、梧白科技城管委会（梧田、南白象街道、三垟、茶山街道）、郭瞿工贸新区管委会（郭溪、瞿溪街道）、仙丽侨乡文化区管委会（丽岙、仙岩街道）、泽雅城郊休闲旅游区管委会（泽雅镇）。针对存在的"组织建设职责不明、民兵队伍任务不清、民兵队伍人员不稳、各项保障渠道不畅、遂行任务指挥不顺"等问题，根据分区要求，探索性调整功能区民兵组织建设，完成探索性工作，基本实现布局合理、结构优化、专业对口、人装配套、指挥顺畅的总体目标。

【办公楼搬迁】 2014年1月，瓯海区召开武装工作专题会议，同意瓯海区人武部办公楼调整至原区公安分局大楼，并根据武装工作的需求对新办公楼进行设置修缮，满足人武部规范化建设要求，符合上级军事机关办公楼建设的相关规定。瓯海区人武部办公楼原坐落在鹿城区解放街招贤巷26号，始建于1890年，建筑面积约1600平方米，属市公租房。

人民防空

【人防宣传教育】 2014年，瓯海区人民防空办公室（以下简称瓯海区人防办）先后在3月1日、5月12日和9月18日三个节点开展人防宣传活动，开展广场咨询活动、展出宣传展板、印发科普读物等系列活动。截至12月，发放人防宣传资料1000多份。选定在瓯海实验中学开展多媒体人防教育基地建设，完成图纸设计。联合温州大学城市学院国际贸易分院举行紧急逃生疏散演练活动。联合区应急办开展"防灾减灾日"大型广场宣传，推动全民人防民防知识和避灾自救技能的普及和推广。

【人防审批工作】 2014年，瓯海区人防办严把人防许可手续审批关。截至12月，办结人防许可项（其中人防工程许可32项，易地建设审批123项），收取人防易地建设费755万元。新增结建人防地下室建筑面积155913平方米，人防工程竣工验收19个。

【人防工程监督管理】 2014年，瓯海区人防办完成人防工程标识标牌安装和更新，新竣工项目100%使用统一标准标识标牌，已建工程50%以上完成更新，并完成人防战备资产资源普查信息管理系统的录入。

【人防警报系统建设】 2014年，瓯海区新增警报1台，完成警报安装、县级警报联控和升级改造、"省民防指挥信息系统"向县级人防指挥所延伸等工作。根据省、市要求，5.12和9.18当日在全区统一组织防空警报试鸣，试鸣成功率100%。

消　防

【消防管理】 2014年，温州市公安消防局瓯海分局（以下简称瓯海区公安消防分局）不间断开展"火灾防控体系建设"、"合用场所消防安全整治"、"劳动密集型企业整治"、"百日攻坚"、"城中村整治"及今冬明春火灾防控等多个专项行动。并在春节、端午、中秋及国庆、圣诞、元旦等重点节假日组织开展夜查、交叉检查，"零点"行动等，确保辖区消防安全。全年全区出动24114人次，检查单位12047家，发现隐患1739处，督促整改隐患1612处。大队出动5691人，办理审核验收项目369个，检查单位2844家，发《责令改正通知书》467份，处罚单位（个人）203起，处罚金额达206.31万元，责令三停52家，临时查封9家。

【消防队伍管理建设】 2014年，瓯海区公安消防分局开展"争创人民满意消防队伍"活动。期间，2名同志荣立二等功，1名同志荣立三等功，7月，牛山中队蒲闻焘同志被公安部政治部评为优秀共产党员，并被授予2014年度瓯海区"最美消防人"荣誉称号。开展"密切官兵关系，建设和谐警营"、"学习践行强军目标，做新一代革命军人"等专题教育活动，开展"三严三实"学习教育活动。

【业务能力建设】 2014年，瓯海区公安消防分局扑救"2·24"瞿溪滩头路民房火灾、"3·29"鹿城区德政村横塘巷民防火灾，"5·30"化工市场化学品仓库火灾等一系列火灾事故及"12·1"牛山北路的温州化工市场爆炸事故等。在2014年支队开展的“全市消防部队实战化练兵比武竞赛”中，分局取得团体总分第二名。

【火灾扑救和社会救援】 2014年，瓯海区公安消防分局接警出动1652次，出动消防车2928辆次，出动警力17521人次，抢救财产2248.5万元，抢救被困人员129人，疏散被困人员57人。其中火灾扑救1174次。

【基建装备建设】 2014年，瓯海区财政局拨款正常业务经费936万元，较上年增长32%。区政府先后专门召开关于牛山消防站建设协调会6次，仙岩消防站建设协调会2次。在财政统筹安排下，牛山消防站预计总投资10217万元，现已投入6860万余元，仙岩消防站1287.8万元，现已投入759万余元。牛山消防站主体完成结顶，其他两幢建筑则完成一层地梁建设，仙岩消防站基本完成土建建设任务。

武　警

【概况】 2014年，瓯海区武警中队成立以中队长、指导员为组长，各级骨干为组员的军事训练领导小组。实行课目分工教学、训前集体备课、阶段军事会操的方式有利推进全年军事工作。全年开展勤务、队列、基础体能、攀登速降技术、单兵（分队）战术、应急班室内突出战术、擒敌术格斗技法、手枪（步枪）应用射击、防爆器材使用和防爆队形武力突击等专业课目训练，提高官兵应对各种复杂情况下的处置能力。全年出动200余人次完成各类执勤处突、抢险救灾和地方各类大型活动等任务。

农业·水利

综　述

2014年，瓯海区农林牧渔生产总体呈现出较好的发展态势，农林牧渔业总产值8.91亿元，同比增长2.85%，其中农业总产值6.79亿元，同比增长3.7%；畜牧业产值1.78亿元，同比增长0.72%；林业产值1122万元，同比增长8.41%；渔业产值1201万元，同比下降11.63%，农林牧渔服务业产值1055万元，同比下降1.22%。第一产业增加值5.8亿元，同比增长2.85%。

农业种植业

【种植业生产】 2014年年初，瓯海区印发《关于切实抓好2014年度瓯海区粮食生产工作的通知》，明确全年粮食生产政策措施和任务分解，做好早稻粮食生产政策宣传，落实各项惠农补助。推进省级优秀旱粮基地项目泽雅屿山旱粮基地建设。做好种子、化肥、农药、农机具等农用物资的组织供应工作。开展种子市场专项检查和种业信息调查收集工作，确保生产供种安全。

全区全年粮食播种面积5.22万亩，生产总量达2.22万吨，其中早稻1724亩、603.4吨；连作晚稻1580亩、693.75吨；单季稻32545亩、16243吨；旱粮1.6万亩，5228吨。全区水果种植面积3.38万亩，产量2.7万吨，其中柑橘面积1.59万亩，杨梅面积1.57万亩，新增水果面积523亩。茶叶种植面积2093亩，产量20.3吨。

【休闲观光农业发展】 2014年，根据《关于加快推进都市农业发展若干意见》的具体要求，瓯海区2014年进一步优化资源配置，招商选资到位资金1.22亿元。仙岩蔬菜精品园和郭溪郭岑中药材精品园建设完工并通过验收。西岸瑞金农业、浙江惟为农业、华蒙金堡生态农业观光园、“竹海”文化体验中心等一批都市农业项目已落地建设。该年，瓯海区完成建设大棚640亩、喷滴灌设施1430亩、建蓄水池2631立方米、购置农机化设备75台套、道路建设60990米、生产管理用房建筑面积7380平方米、土地整理与地力提升1750亩、修沟渠18350米、培训农民2660人次。现代农业园区建设累计投入资金13367万元，2014年投入资金1100万元。全区累计建成省级现代农业园区2个，市级现代农业园区9个。

【粮食生产功能区建设】 2014年，结合浙江省水稻产业提升项目工程实施，瓯海潘桥街道粮食生产功能区2014年修建机耕路2975.7米，修建渠道9606米，新建泵站1座，涉及潘桥街道共15个村，其中机耕路、渠道建设已完成。开展粮食生产功能区管理维护，落实粮食生产功能区水稻生态补贴资金使用管理，确保粮食生产功能区耕地质量。

农村经济管理

【农村产权制度改革】 2014年，瓯海区农林渔业局按照“三权到人（户）、权跟人（户）走”的原则，开展“三改三破”破难攻坚行动，加快推进农村“土地承包经营权、农村集体资产股权、农户宅基地用益物权“三权”确权赋权工作。

村级集体资产股份制改革基本完成，全区完成股改244个村，完成率97.21%；完成清产核资村251个，完成率100%；组建土地合作社227个，完成率100%。村股份经济合作社证明书申领工作基本完成，后续的营业执照、组织代码证、开户许可证变更等全面跟进。农村土地承包经营权“确权登记、入册上图”工作稳步推进，完成确权登记117个村，年度任务完成率128.8%。农村土地流转不断加快，新增土地流转5176亩，土地流转总面积61695亩，累计流转率73%，超额完成市级任务。

【农村产权交易】 2014年，瓯海区建立13个镇街农村产权交易服务站，把农村承包地流转、村经营性资产交易和农村集体林权流转作为主要登记和交易标的，与市级平台联动开展土地流转信息、合同、业务咨询等服务。全年完成农村产权交易鉴证53宗，其中土地承包经营权流转35宗，农村经营性资产交易鉴证18宗。开展农房抵押贷款试点工作，出台《关于开展农房抵押贷款试点工作实施意见》，受理15笔，涉及金额400多万元，完成1笔，贷款金额100万元。

【农村集体三资管理】 2014年，瓯海区加大农村集体“三资”监管工作力度，建立区级领导小组、镇街农村集体“三资”管理服务中心、村务监督委员会三级工作机构制度，起草《瓯海区农村集体资金资产资源管理办法（试行）》，进一步完善制度建设。截至年底全区村级清产核资工作基本完成，清产核资基础数据录入及动态变更稳步跟进，区级农村集体“三资”网络监管平台建设完成，审计监督进一步加强，成功创建省级农村集体“三资”规范化县（市、区）。

【农村合作经济】 2014年，瓯海区出台《关于加快推进“三位一体”农村合作体系建设的实施意见》、《农民专业合作社信用等级评定办法（试行）》等政策文件，开展农民专业合作社信用评定，出台全市首个《农民专业合作社信用等级评定办法》，创新评信用信方法，134家合作社获得联合信用等级评定，用信贷款余额达4314万元。成立农民专业合作社联合会，加强农民专业合作社区域联合；完成市级示范社“三位一体”体系建设17家；探索农村合作金融模式，新组建农民专业合作社资金互助会5家，农民专业合作社信用部3家。

农业服务业

【产业化经营】 2014年，瓯海区制定《瓯海区示范性家庭农场规范化认定管理办法》，以加快培育家庭农场。全年新增家庭农场24家，共有家庭农场35家。在推动土地流转和完善配套政策基础上，鼓励和引导从事务工经商的农民和兼业小农户将承包土地的经营权流转给种养大户、家庭农场、专业合作社、农业企业，健全“企业+农民专业合作社+农户”和“农民专业合作社+基地”的发展模式。全区共有农民专业合作社207个，农业龙头企业51个，带动本地农户数1.4万户，生产基地面积14.5万亩，外建农产品基地面积12.3万亩。

【三农科技服务】 2014年，瓯海区农林渔业局结合群众路线教育实践活动，制定“农业科技支撑强化行动”实施计划；组织开展春耕备耕“五送”服务月农业科技下乡活动，助推春耕备耕；与温州科技职业学院三农服务中心建立农业院地战略合作关系，加强院地合作；成立温州科技学院农业流动医院瓯海工作站，组织12位农业科技专家与12家农业经营主体进行一对一的对接；落实院地合作新品种新技术示范基地建设，推广水稻轻简栽培等农业新技术，推广“中嘉早17”等优良品种，提高农业科技含量；举行林业科技周活动，组织申报科技项目，开展林业科技培训宣传，全面推进科技兴林。

【农业面源污染治理】 2014年，瓯海区重视“美丽塘河、宜居水乡”建设工作，专门成立农业水环境治理工作领导小组，制订出台农业水环境治理工作实施方案，开展测土配方施肥、病虫害统防统治、沼液综合利用等措施，推进农业面源污染治理。年底统计测土配方施肥已应用面积5.1万亩，推广商品有机肥600吨，化肥减量49吨，病虫害统防统治5000亩，完成沼液利用量8000吨。推进稻鱼轮作共生减排工程累计投入资金91万元，完成500亩稻鱼轮作任务。

【农村扶贫开发】 2014年，瓯海区出台《关于组织申报2014年度区级财政扶贫资金备选扶持项目的通知》，下达财政扶贫资金500万元，确保精准扶贫效果最优化。推进挂钩结对帮扶，共有500多人次干部职工深入开展结对帮扶活动，落实帮扶资金352.82万元，落实帮扶项目74个。继续实施低收入农户创业贴息政策，全年累计低收入贷款贴息农户58户，发放金额244万元。稳步推进农村劳动力素质培训工作，完成培训865名，完成率达192.2%。探索扶贫资金互助会，成立西岸社区扶贫资金互助会。截至第三季度，全区农民人均纯收入18874元，同比增长10.4%；城乡居民收入比为1.68，城乡差距不断减小。

【行政审批】 2014年，瓯海区进一步强化“两集中，两到位”行政审批制度改革。针对农药经营、植物检疫、动物防疫、种子生产经营等需要查验的行政审批项目，主动邀请专家提前介入、上门服务。根据拖拉机检验工作的特殊性，邀请保险公司、拖拉机维修人员到场，开展检验、维修、保险、签证“一站式”服务。全年累计上门服务20余次，群众满意率100%。对42项行政许可进行全面授权，实现审批事项集中度100%，既受理又办事比率达100%的“双百”目标。即办件审批事项从2件，提高到16件，方便群众。据统计，全区全年受理各类行政许可项1117件，办结1117件，提前办结率100%，群众满意率100%，实现无差错、无超时、无违纪的目标。

农业安全生产监管

【农机安全】 2014年，瓯海区签订各类农机责任书651份，签订率100%，印发各类宣传资料3200份，组织驾驶员学习1215人次。深化“平安农机”创建活动。全区创建省级平安农机示范街道1个，创建（复评）示范村8个，示范户35户。制定2014年平安农机示范镇创建实施方案，投入创建专项经费13万元，抽集精干力量加强业务指导，截止2014年年底，示范街道、示范村、示范户创建任务已完成。

严格开展拖拉机及危机人身财产安全农业机械免费实地检验工作和拖拉机报废更新工作，检验农业机械制动、转向、灯光、操纵等机构的安全性和灵敏性。截止11月底，检验拖拉机308台、联合收割机12台，免费实地检验其他农业机械158台，实施现场解体办理报废更新拖拉机47台，办理各类牌证审批业务959件。

开展隐患排查治理和农机安全专项整治：开展以拖拉机载人、无牌无证、酒后驾驶、脱检脱审及涉牌涉证等违法行为重点的“大排查大整治”、“打非治违”、“外省籍拖拉机整治”等农机安全专项整治行动；发挥农机交通警务联络室的作用，结合春节、五一、清明、国庆等节假日及春耕备耕、双夏、秋收冬种等农忙时节，组织开展农机道路安全巡检查，对农机事故频发、安全隐患突出、安全生产形势严峻的地段，实施重点检查，强化路面安全监控，遏制重特大农机事故的发生。据统计，全年组织隐患排查和安全检查25次，出动人员120人次，检查拖拉机153台次，纠正拖拉机违法19台次，排查隐患19个，整改19个，登记外籍拖拉机141台，建立外籍拖拉机驾驶人信息临时档案143个。

【农产品质量安全】 2014年，瓯海区以规范种子、农药、肥料等农业投入品市场秩序和保障农产品质量安全为重点，深入查处农资领域各类违法行为，主要开展农作物种子专项执法、春季集中专项执法、农资打假专项执法、护梅专项执法、卫生杀虫剂专项执法、生长调节剂与叶面肥专项执法、秋季集中专项执法等“绿剑”系列专项执法行动，并参与区食安办牵头组织的相关职能部门和各镇街每月1次的联合执法活动。据统计，出动执法人员710

余人次，检查各类农资农产品生产经营单位170户，查处各类违法行为14起，区农林渔业局立案8起（农药6起，肥料2起，），移交区公安分局8起（豆苗4起，笋干1起，土豆、毛芋1起，咸菜1起，肉牛1起）。局立案的行政处罚案件6起已处理，2起正在处理中，共计罚没款金额为21292元。

农产品监测和检验方面，全年瓯海排查100余家农业生产企业、专业合作社以及各农业种养殖经营单位，签订责任书80份，承诺书41份，对8家违规单位进行约谈，对17家杨梅种植单位和个人进行风险隐患集体约谈。截止10月底，定量抽检农产品249余批次，包括例行监测和专项执法抽检（省考核200批次），农药残留快速定性抽检7856余批次（省考核2000批次）、不合格151批次，合格率达98.08%，两项指标都超额完成省厅下达的年度任务。目前建立动态监测点15个（快速检测），分布在各镇街及农民专业合作社，担负着全区定性检测的任务，且在这15个动态监测点都配备二维码追溯系统，都具备市场准入的标准。

林　业

【概况】 2014年，瓯海区完成造林绿化面积7369.5亩，完成省下达的年度总任务141.7%。其中：山地营造林6109.5亩，平原绿化1260亩，任务完成率及完成时间均名列全市第一。完成森林抚育29511亩，完成省下达全年任务的147.6%。

【森林城市创建】 自2010年，以城市、城镇、村庄绿化和“四边”区域绿化为抓手，“创森”绿化造林十大工程成效显著。累计完成绿化造林面积23921亩，建成绿道320公里，建成省级森林城镇8个、省级森林村庄24个、市级森林村庄86个，全区森林覆盖率51.83%、建成区绿化覆盖率40%。全年全区完成造林绿化面积7369.5亩，完成森林抚育29511亩。9月25日，温州创建国家森林城市工作取得成功，“六城联创”创下第一城，提前一年实现整体验收目标。

【林权制度改革】 2014年，瓯海区完成30.6万亩集体林地的确权发证工作，发证登记率73.5%。外业勘界进展顺利，完成8693宗集体林地进行勘界工作，勘界总面积31万亩，占全区集体林面积的73%，实现地籍数据与空间数据的数字化管理。《瓯海区林改历史遗留问题成因剖析及对策探究》调研课题研究顺利开展，全年排查山林纠纷19件，已调解17件。不断完善林权服务中心管理，分别在丽岙、仙岩、泽雅、郭溪等9个镇街建立林权监管平台系统，初步实现林权社会化服务。

【林业产业发展】 2014年，瓯海进一步推进市级农业主导产业综合开发：申报协春千亩现代花卉示范园区改扩建项目，拟规划实施改建、扩建花卉种植面积1059亩，其中项目核心示范区528亩，项目拟总投资1380万元，其中申请市财政补助550万元、区财政补助260万元。

组织温州好西好农业科技开发有限公司、温州市乐佳科技有限公司、浙江森马生态农业发展有限公司3家具有代表性的企业参加第七届中国义乌国际森林产品博览会，参展产品类别涉及木竹日用品、森林食品等。参展期间，3家企业参展产品现场销售额和订单达30多万元，其中1个产品荣获金奖产品荣誉称号。完成2个林业保障性苗圃建设共60亩。

【科技兴林】 2014年，瓯海区继续加快科技兴林的建设步伐。落实由区林学会、区林权服务中心、瓯海林特综合有限公司和温州市博达生态养殖专业合作社联合申请的瓯海林下生态立体种养区科技项目1项，首批下批科研经费3万元；申报由开源红豆杉专业合作社承担的南方红豆杉大苗扩繁技术推广应用市农推基项目1项，首批下达经费2万元；申报由温州市金岗尖农业开发专业合作社和市清源果树种植专业合作社分别承担的毛竹覆盖技术示范基地和名特新干果-香榧的引种和速生丰产栽培示范市级四新项目2项；申报由温州市博达生态养殖专业合作社承担的瓯海林下经济示范项目1项。组织局科教科、特产站、区林学会、区林权服务中心、区林政科等专家下乡下基地2次，解决科技推广项目的难点和热点问题。

组织和参与省市林技推广专家和农民代表、企业代表等参加香榧产业和铁皮石斛产业发展推进会2次，市级责任林技技术更新培训1次，省级林业统计和林业站本次调查等培训各1次，培训人数20人次，分发杨梅、石斛、油茶、毛竹笋竹两用、食品安全、森林消防等科技书籍500册，科技图表、宣传彩页、展板等各类科普资料5000份，农林业科技新产品、农药等500份，下达林业科技推广项目和基地补助经费10万元。在瞿溪屿儿山公园召开农业下乡即林业科技周活动，活动人员100人，组织群众参与科普宣传活动500人次，宣传横幅10条。

【森林防火】 2014年，瓯海区人民政府森林消防指挥部对2014年森林消防行动方案进行及早部署。下达2014年森林防火隔离带建设任务，2013年全区25.8公里的森林防火隔离带顺利通过有关专家验收，并给予补助。组织区专职森林消防队召开扑救森林火灾座谈会。对各镇街、风景区的森林防火物资储备工作开展检查，对检查中发现的问题给予现场指正并要求限期整改完毕。清明期间，在全区114个森林进出路口设立临时森林消防检查点，对进入森林的车辆和人员进行森林消防安全检查；加强对全区391名痴、呆、傻等重点人员的监护；加大森林火灾案件的查处力度，以案释法；全区218名护林人员全部进山到岗到位；全区10支半专业森林消防队靠前布防；严格执行防火期内24小时值班和领导带班制度。对瓯海区首台森林防火监测站开展常规日常性维护。加强森林消防宣传，印制各类宣传资料8万余份，编发短信1万余条。全年全区发生森林火灾、火情5次，没有重特大森林火灾和人员伤亡事故发生。

渔　业

【概况】 2014年，瓯海区淡水渔业保持良好的发展态势。全区渔业养殖面积27270亩，投放草鱼等淡水鱼苗280万尾，水产品总产量492吨，渔业经济总产值6136万元，其中渔业经济产出值1361万元；水产加工态势良好，2014年涉渔工业（水产加工、材料生产等）720万元，涉渔流通和服务业5280万元。

【项目组织】 2014年，瓯海区稻鱼轮作养殖取得进展，全区完成500多亩，投入150多万元（其中：基础设施85.2万元；土地租金22.6万元；投放鱼苗（种）42.2万元）。瓯海区3个渔业项目：温州崎源生物科技有限公司（集约化开发养殖基地），温州市忠美农业综合开发有限公司（虹鳟鱼新品种的引进开发基地建设），温州市珊瑚礁渔业有限公司（海水小丑鱼室内循环水工业化养殖）通过市验收。

【特色养殖】 2014年，瓯海区鲵驯养发展迅速，温州市崎源生物科技有限公司利用泽雅山区地理优势，发展大鲵驯养，自筹资金480万元，建立坑源大鲵（娃娃鱼）养殖基地，是瓯海区第一家有国家有关部门正式批准合法经营大鲵、拥有大鲵研究繁育和经营利用资质的企业，现企业拥有土地面积80来亩，建筑面积近4亩的大鲵（娃娃鱼）养殖基地，其中大鲵繁育池2500平方米，幼鲵培育池2290平方米，养殖规模大鲵400余尾、小娃娃鱼650余尾。

温州永高食品有限公司投资200多万元对水产品加工生产流水线设备进行改造，通过加工生产流水线技术改造提高企业的生产能力，扩大产品销售渠道。

【服务提升】 2014年，瓯海区农林渔业局开展“水产养殖规范用药科普下乡”活动。全年受理“电、毒、炸”等违法投诉件10件，处理10起，处置率100%，开展塘河网箱反弹专项整治，组织温州市生态园管委会、梧田街道、南白象街道、丽岙街道、仙岩街道等单位开展塘河网箱大整治活动，出动执法人员100多人次，清理各类网箱205盏。

畜牧业

【概况】 截至2014年年末，瓯海区生猪存栏2.2万头，出栏4.1万头；家禽存栏75.6万羽，出栏163.6万羽；肉类总产量5134吨，蛋产量2020吨；牛存栏1473头，牛奶类产量189吨。

【动物防疫】 2014年，瓯海区继续采用“镇、村联动，防疫员具体落实”的防疫措施，全年组织1600余人，对全区的13个镇街开展重大动物疫病防控工作。免疫猪口蹄疫23.39万头，猪蓝耳病7.68万头，牛、羊口蹄疫1.76万头，猪瘟12.6万头，禽流感218.09万羽（其中鸡185.1万羽，鸭28.5万羽，鹅900万羽，鸽4.4万羽）。畜禽规模场高致病性禽流感、牲畜口蹄疫（猪、牛、羊）、高致病性猪兰耳病、猪瘟等四类重大动物疫病全部做到应免尽免，免疫率100%，散养畜禽常年均达到98%以上。对辖区内的所有养殖场（户）、农贸市场等地进行H7N9禽流感的突击监测，采集养鸡户4户，血样及咽肛拭子各120份，市禽蛋市场和农贸市场经营户家禽血液样品及咽肛拭子各180份，市场环境样品（粪便、家禽饮用水）40份。完成市局下达的“专项流行病学调查任务”，共采集2户养猪户、4头病死猪的脏器（脾脏、淋巴结、肺脏、肾脏），作为高热为特征病死猪的组织病料并送样。狂犬病专项防控免疫工作期间，按照《瓯海区犬类狂犬病集中免疫方案》，在全区的13个街道免疫犬只8118头，发放免疫补贴和资金85180元。全区奶牛“两病”（结核病、布氏杆菌病）检测未检出阳性奶牛。

对规模养殖场、散养户、农贸市场等场点进行采样监测，全年完成猪O型口蹄疫监测510头份，猪瘟420头份，高致病性猪蓝耳病336头份，禽流感（R6）955头份，禽流感（R4）580头份，鸡新城疫450头份，H7N9非免疫抗体300头份，牛羊O型口蹄疫100头份，牛羊亚洲I型口蹄疫各100头份，奶牛A型口蹄疫58头份。采血养猪户2户、40份血样，养鸡户4户、120份血样及其咽肛拭子，奶牛养户1户20份血样，山羊养户1户20份血样。

【畜牧管理】 2014年，瓯海区把畜牧业污染治理作为全区畜牧兽医工作的首要任务来抓，成立农业水环境治理工作领导小组，出台《瓯海区推进农业水环境治理实施方案方案》。并与各相关单位和各镇街衔接，在充分调查和论证的基础上，出台《温州市瓯海区畜禽养殖禁养区、限养区与生态畜牧业发展规划》（温瓯政发〔2014〕34号）。出台《关于加快推进畜禽排泄物资源化利用和提升生态养殖的实施意见》。2014年全区完成关停、搬迁禁养区养殖场（户）86户，涉及存量生猪0.7万头。完成年存栏50—100头生猪养殖户治理（拆除）28户；完成年出栏100—1000头生猪养殖户治理（拆除）72户；完成标准化提升年出栏1000头以上生猪养殖场2家，标准化改造水禽旱养场1家。完成生态消纳地1.8万亩、新增沼液利用量0.8万吨。

【动物卫生检疫执法】 2014年，瓯海区动物卫生监督分所接到货主（畜主）检疫申报1161起，受理现场检疫1150批次，其中动物出省13批次，动物产品出省647批次，动物省内437批次，动物产品省内54批次，做到申报受理的检疫率100%。严格按照先申报后检疫的工作程序，规范产地检疫流程，实施到场到户检疫。产地检疫生猪103批次2534头，禽330批次373825羽，犬8批次8头，牛皮换证641批次9026吨，动物产品换证60批次241.26吨。加强对2个市场的检疫监管力度，对无检疫证的坚决不允许进入市场，对无原产地动物检疫合格证明的动物产品不办理换证手续；通过对8个动物产品储藏单位及1个产品加工企业的流通监管，建立流通监管系统及调入产品台账制度。监督检查牛皮市场入库牛皮347批次81.6985万张共计16338吨，出具备案单271份；审核通过11个企业备案点申报的调入备案2035份，核查备案动物及动物产品1845批次，核查动物产品20529.2吨，肉牛3036头。

瓯海区加强对辖区内的动物及动物产品生产、加工、储藏单位的巡查监督工作。出动351人次，对辖区内297场次的养殖场及动物产品储藏、调运单位进行日常巡查，抽样采集30批次的畜产品进行检测，采集69个场次的

522份牲畜尿液样品进行"瘦肉精"检测，未发现不合格样品。

按照《食品安全百日严打行动》及市、区《农产品质量安全专项整治方案》工作部署要求，动物卫生监督检查出动749人次，检查动物（产品）养殖（经营）场所564场次，立案查处动物卫生监督案件14起，已结案13起，罚没款4.92万元，查处涉嫌犯罪的案件3起，已移送公安机关处。

【畜禽屠宰监管】 2014年5月，根据温瓯编〔2014〕7号文件要求，瓯海区生猪定点屠宰所正式划转至区委农办（区农林渔业局），为瓯海区畜牧兽医局所属的正股级承担行政职能类事业单位。全年发放《生猪屠宰管理条例》等宣传资料1800多份。瓯海区制定重大案件的集体讨论制度，建立并出台《行政处罚案件审理委员会工作办法》。按照省市精神，建立畜禽屠宰管理联席会议制度，组建由区农林渔业局、区公安分局、区市场监督管理局、区城市管理与行政执法局四部门参与的区畜禽屠宰联合稽查队，制订《瓯海区畜禽屠宰联合执法专项行动实施方案》。全年查处私屠滥宰和其它不法行为案件7起，没收未经检疫检验、病害的生猪产品2218.8公斤，对没收的生猪产品全部予以无害化化制处理。捣毁2个屠宰病死猪窝点，查处取缔1个私设生猪屠宰场，移送司法机关追究刑事责任9人。处置举报投诉28件。杜绝不合格肉食品流入市场。

水　利

【概况】 2014年，瓯海区水利局围绕建设"美丽塘河、宜居水乡"这一目标，坚持防汛与抗旱两手抓、水资源开发利用与节约保护并重、水利建设与管理并举的工作理念，各项工作取得一定成效。2014年度获省水利厅考核优秀，全市"五水共治"工作先进集体，该局牵头负责的"五水共治"工作获得浙江省2014年度"五水共治"工作优秀区。

【"五水共治"工作】 2014年，瓯海区实施五水共治建设项目50个，年度计划总投资16.57亿元，完成"五水共治"建设投资23.1亿元，占年度计划的139.41%。成立五水共治建设美丽浙南水乡领导小组，出台《关于推进"五水共治"打造瓯海"美丽塘河、宜居水乡"的实施意见》方案，拟定《2014年"美丽塘河、宜居水乡"工作任务分解表与建设任务计划表》。全面落实"河长制"，出台《瓯海区河长制实施方案》，建立区镇村三级河长制，每条河道配备"两长两员"（河长、警长和监督员、技术员）。市级河道7条，区级河道30条，以及其他镇街级河道，均在河岸显要位置设立河长公示牌，标明河长职责、整治目标和监督电话等内容，接受公众监督。牛山生态河道治理工程基本建成，周岙溪小流域治理一期工程完成主体工程施工，温瑞塘河潘桥片、郭溪片、仙岩片等中小河流治理工程稳步推进，周岙溪治理二期工程及龙溪治理工程前期设计工作有序推进。开展严督实导，全年组织开展工作督查20余次，发布相关督查情况通报10余个，发出督办单14个。

【防汛抗旱与气象工作】 2014年，瓯海区水利局落实以行政首长负责制为核心的防汛抗旱责任制，完成防汛责任书签订，及早完成工程修复工作，稳固防洪排涝设施基础。完成2013年"菲特"台风造成的水毁水利工程修复29处，累计投入500余万元，其中防洪堤防12处，计2.4公里。完善各类应急预案的修编工作，做好区、镇、村三级预案的修改完善和各在建水利工程的安全度汛预案的修编审查工作。开展防汛安全检查，共查出防汛安全隐患29处。强化防汛物资储备和人员保障，落实防汛仓库500余平方米，并落实铅丝、防渗土工布、无纺布等各类物资储备，为全区1181名防汛应急人员投保人身意外险。

【水利工程建设】 2014年，瓯海区水利项目固定资产投资完成53686万元，占年度计划的146.6%。投入资金32686.77万元，完成生态河道治理15.37千米。投入资金3360万元，治理小流域河道溪流2.5千米。推进水库保安工程建设，开展新建桃源水库建设，完成陈岙水库除险加固，开展塘下坑和坑口塘两座水库的改造提升工作。开展全国第五批中央财政小型农田水利重点县（高标准农田）建设，完成2013年度建设项目，完成投资3520万元，被省级年度绩效考核为良好县；组织开展2014年度建设项目，并开展2015年度建设项目前期审批工作。开展农村供水工程建设，完成泽雅水厂、坑口塘水厂、泽雅镇小源村示范水厂建设。

【水行政管理】 2014年，瓯海区水利局组织巡查活动600余人次，查处各类水事违法案件11件，现场处理8件，立案查处涉水案件3件，罚款3万元，拆除各类涉河违章建筑589处，拆除涉河违建面积19.6万平方米，清除河道障碍物2万余立方，完成528条无违建河道创建，超额完成年度任务，全年没有发生行政上诉案件。抓好水行政审批工作，截至12月，共审批开发建设项目水土保持方案42件，涉河涉堤建设项目审批（占用水域）25件，取水许可审批2件，收取行政许可项目的规费6.26万元。开展节前和汛前全区水利安全生产大检查，对发现的问题即刻责令整改，整改率达100%。

【水资源管理和保护】 2014年，瓯海区水利局落实严格的水资源管理制度。严格取水许可，加强取水计划管理。完成瓯海区水功能区、水环境功能区划分修编方案编制工作。强化水资源规费征收，征收水资源费企业14家，征收金额555.2万元。

【水利工程质量安全监管】 2014年，瓯海区水利局累计受监项目40余个，其中新受监水利项目15个，开展在建工程质量监督活动、施工图技术交底、设计图纸会审、工程完工验收等80多次，把好工程质量关。

【“三单一网”建设】 2014年，瓯海区水利局按照“法无禁止即可为，法无授权不可为”的原则，全面开展部门“权力清单”和“责任清单”梳理，实行简政放权，绘制权力运行图，建立事中事后监管制度，并向社会公开，接受民众监督。

农业高新产业发展

【加工区企业服务管理】 2014年，温州市农业高新技术示范区瓯海区管理委员会（以下简称瓯海区农高园管委会）继续加大对出租入园企业的管理，所有非农产品加工企业不得入园，掌握园区内农产品加工企业的基本信息，主要包括企业基本情况、生产销售情况、经济指标情况等几方面内容，并及时掌握企业闲置厂房的面积等信息。响应市、区两级政府开展网络经济工作，向园区内食品企业宣传温州市区网络经济企业房租补助资金申请相关政策，以帮助符合条件的园内企业获得补助。

【加工区食品安全检查】 2014年，瓯海区农高园管委会成立食品安全工作网格化服务活动领导小组，建立农产品加工区食品安全工作“网格化”管理服务制度，与园区内所有食品加工企业签订《2014年度食品安全生产责任书》，明确食品安全工作的工作目标和责任分工、主要任务和措施，严格实行责任追究制，全年没有发生IV级以上重大食品安全事故。组织人员对园区内食品加工企业进行安全生产检查，做到一月一查，逢节大检查。

【工程建设】 2014年，瓯海区农高园管委会推进各项工程建设。加工区排污管网在规定时间内完成建设任务。一期道路工程通过验收并投入使用。城岙2362线和路灯工程完成工程验收。

西排工程。（徐黎华/摄）

工　业

综　述

2014年，面对复杂严峻的外部环境、宏观经济下行的巨大压力和转型升级的内在要求，以“工业强区”建设为统领，重点在调结构、破瓶颈、强创新、促上规、优服务等方面抓攻坚、求突破、鼓信心，工业经济指标总体呈现稳步回升、逆势上扬的良好态势。全年实现规上工业总产值445.9亿元，增长8.7%；实现出口交货值121.43亿元，同比增长7.07%，规上工业增加值103.69亿元，增长7.7%；“小升规”达116家；累计完成工业性投资达48.77亿元，同比增长66%（其中完成技改投资39.92亿元，占工业投资81.85%）；累计工业用电量23.19亿千瓦时，同比增长2.57%。

企业管理

【推进小微园建设】　2014年，瓯海区经济和信息化局（以下简称瓯海区经信局）完善各项小微企业创业园建设的政策措施，加大小微企业创业园建设力度，以破解中小微企业发展空间制约。全区规划布局区级以上小微园9个（其中市级示范3个），截至2014年底，已开工建设7个，累计供地面积514.99亩，建设项目23个，建成面积达32.7万平方米，3个市级示范小微园实现全部开工建设。仅2014年度小微园开工项目13个，供地面积171.35亩，开工面积286.67亩，竣工面积14.3万平方米，完成工业性投资2.32亿元，其中医药物流总部经济园列入省重点411项目。

【鼓励挖潜节地】　2014年，瓯海区经信局发挥挖潜节地项目的牵头作用，宣传挖潜节地政策，鼓励企业申报，协调项目审批流程和手续办理，加强对挖潜节地企业的指导服务，提高办事效率，推进项目开工。全区2014年受理挖潜节地项目申请企业41家（2012年以后累计受理170家），目前改扩建项目已开工建设49家，开工建筑面积20.02万平方米，建成15万平方米。预计可新增建筑面积37.43万平方米。

【引导“机器换人”和企业技改】　2014年，瓯海区经信局坚持创新驱动、科技强工，大规模推进“机器换人”。全面落实资金扶持政策，对符合条件的22个“机器换人”项目实地验收，兑现技术改造专项财政资金662万元。推荐温州聚星电接触科技有限公司等6家企业申报市级“机器换人”财政专项资金项目，获市级财政专项资金250万元。建立“机器换人”项目绿色报审通道，简化项目审批流程，缩短服务时效。申报省、市级“机器换人”示范项目，2014年“机器换人”技改项目备案39项，超额完成计划目标，计划总投资为2.2亿元。2014年“机器换人”和技改工作荣获省工业有效投资和“机器换人”技术改造三等奖。

【推进节能降耗】　2014年，瓯海区经信局严格节能监督，强化企业节能的主体性和自觉性。深入开展节能审查和评估工作，19个技改备案项目通过用能审查，依法对16家工业企业和2家非公单位进行能源监察。针对企业自身情况和节能潜力，提出整改意见25条，开具2份整改通知书。淘汰关停4家造纸企业和丽岙制革基地内6家制革企业，腾出用能空间约0.725万吨标煤，并对全区77家企业强制进行清洁生产审核。

【做好精细化管理】 2014年，瓯海区经信局出台《瓯海区提高工业企业产值规范申报水平指导意见》，督促有关单位建立企业"亩产效益"分类管理数据库，严格规范工业厂房租赁管理，创新运用行业、产业"地产比"、"电产比"、"电税比"等助推精细化管理。各镇街（开发区）根据各地实际将租赁工业企业综合单位产值、税收和能耗等数据进行评估，对划入限期整改和淘汰关停类的出租企业开展分类整治，全年98家企业进行限期整改，57家企业被淘汰关停，分类处置率11.4%。

强化工业厂房租赁管理，按照"堵疏结合、集中登记、规范管理"原则，多形式、多渠道广泛宣传政策措施，发动镇街、开发区进行全面调查摸底，逐一登记造册，掌握第一手资料。截至12月，全区排查登记1365家工业租赁厂房，登记备案1323家，登记备案率96.9%，纳入全区税收征管1324家，税收征管率97.0%，实现年初制定的完成排查率100%、备案率和税收征管率95%以上的目标。

【推进企业两化深度融合】 2014年，瓯海区经信局通过调研基本掌握全区"百佳"企业的"两化"融合现状和企业信息化的需求并组织申报区级信息化项目财政补助。全年2家企业入选市信息化示范（试点）企业，5家企业通过区信息化示范项目财政补助条件审核。进一步完善全区"两化"深度融合企业、项目及企业信息化人才等三个基础示范数据库建设。入库信息化示范企业29家、人才58人。

鞋革行业

【概况】 瓯海鞋革业是传统产业，经20多年来的努力已成为瓯海支柱产业，产业链完整，有制鞋、制革、鞋机、鞋材、鞋楦等大小企业近千家，生产各种男鞋、女鞋、童鞋、劳保鞋、胶鞋、旅游鞋、注塑鞋、休闲鞋、拖鞋及牛皮革、移膜革、人造革等系列产品，销售全国各地和美国，欧洲、南美、日本、中东等100多个国家和地区。2014年据统计，全区鞋革行业规模以上企业逐月在增长，全区工业总产值140亿元，同比增长0.84%，规模以上企业152家，总产值达116.84亿元，同比增长11.94%，出口交货值53.18亿元，同比增长12%。

服装行业

【概况】 2014年，瓯海区有服装企业551家，其中规上企业72家，比2013年增加7家，占全区规上企业的13.73%，其中亿元以上企业10家；2014年规上服装企业产值135.7亿元，同比增长9.4%，占全区规上工业总产值的30.4%，名列全区第一，占全市规上服装企业产值的40%以上；全区服装外贸出口交货值18.7亿元，税收入库11.54亿元，是瓯海经济的主要来源。20多家服装企业参加117届广交会，是历年参展企业最多的一次。12月，服装行业协会与"好订单网"谈成合作协议，企业可试行免费在"好订单网"上建立服装生产与贸易平台，网上接单、找工厂，拓展企业承接订单的渠道。9月，20多位企业家赴韩国参观面料展，考察韩国时尚街区和服装市场，开阔眼界，学习韩国时尚元素，推进全区服装业向时尚产业发展。10月，森马、风笛、珍瑾、奥奔妮等4家服装企业参加"温州时尚消费博览展（占参展服装企业半壁江山），将服装与时尚融为一体，推进温州"时尚之都"建设。2014年已是服装行业慈善助学第四个年头，豹子头、飘蕾、千禾、一可、迪亚、佳艾等企业结对11位贫困大学生，每年每人捐资5000元，直至大学毕业，助学圆大学梦。瓯海服装企业参与"五水共治"活动，森马集团捐资1000万元，协会与泽雅屿山村结对"五水共治"，豹子头、丑鸭、范西尼、千惠、精都、欧隆、佳艾等服饰公司，共捐赠13.5万元，启动屿山村"饮用水改建工程"。

眼镜行业

【概况】 瓯海眼镜制造业是瓯海

区的四大传统支柱产业之一。现有眼镜及其相关配套生产企业500多家，主要生产眼镜架、眼镜配件、眼镜镜片等。眼镜品种有太阳镜、老花镜和光学架，眼镜产品以中、低档为主逐步向中、高档发展。花色品种多，款色新颖，大部分产品销往国际市场，成为世界四大眼镜生产和出口基地之一（意大利贝鲁诺市、日本鲭江市、韩国大邱市、中国温州市）。近年来，随着国际反倾销的加剧以及国际市场的疲软影响，企业家们将眼光逐步转向国内市场，眼镜内销的比重呈逐年增长的态势，出口的比重从建会初的90%左右逐步下降到70%以上。

2014年，全区广大眼镜企业经受国际市场疲软、国内宏观经济不宽松和民间金融风波的影响，但生产运行依然保持平稳发展且有回暖趋势。据统计，眼镜行业规模以上产值17.36亿元，同比增长11.9%，比上年增幅提高2个百分点；出口交货值11.9亿元，同比增长9.7%；初步统计全行业总产值达52亿元。规模以上企业31家，比上年增加6家。自营出口2.89亿美元，同比增长6.64%。产值超亿元的企业3家：浙江泰恒光学有限公司（现为泰德公司）、温州市瓯海眼镜有限公司、浙江亨达光学有限公司。

【市场拓展】 2014年，第十二届中国（温州）国际眼镜业展览会在温州国际会展中心举行。瓯海参展企业57家，拥有展位161个，占展馆总展位数的1/4多。展会期间，参展企业特向海外客商展示注塑、模具、打磨、抛光、质检等生产流程，部分客商还和厂家进行深入交流，达成初步意向。

【人才培训】 2014年6月，瓯海区眼镜行业协会与省眼镜产品质量检验中心联合特邀国家眼镜产品质量监督中心专家举办眼镜产品质量管理、检测人员培训班。为使眼镜企业的技术人员同样享受其它行业的职业技能考核鉴定的待遇，协会组织眼镜专业技术人员，历时3个多月制订眼镜行业职业技能考核标准，已经省、市职业技能鉴定中心批准实施。

【社会服务】 2014年7月，瓯海区眼镜协会响应区政府“五水共治”号召，开展“五水共治”活动，据不完全统计，全行业共向政府“五水共治”捐款88.2万元。10月，区工商联开展“会企联村，合力治水”活动，协会和丽岙街道姜宅村结对，捐资8万元，共同做好治水工作。

汽摩配行业

【概况】 2014年，瓯海区汽摩配行业工业总产值稳中有升，规上企业产值17.4亿元，产值增长率13.94%。全区汽摩配企业主要集中在在瓯海经济开发区和新桥、瞿溪、丽岙、仙岩等镇级工业基地内，块状经济特色显著，产业集聚度高，已形成与汽摩配产业群相配套的8个环节（研发、设计、试验、生产、加工、检测、展示、销售）的协作生产体系，是瓯海区经济的一大支柱产业之一。

在瓯海汽摩配件中，制动总成、发动机、汽车天窗、汽车控燃油喷射系统、电喷系统、球笼式等速万向节、变速器、滤清器、汽车电子产品、灯具系统、各种车镜等部件产品都已形成一定规模，与一汽大众、捷达、奥迪、红旗、二汽玉柴、东风、五菱、长安、五十铃等众多主机配套，并具备生产摩托车、沙滩车等整车生产力。产品远销法国、意大利、德国、美国、俄罗斯、日本、韩国、越南、东南亚等106个国家。

在技术改造创新方面，万超电器有限公司、浙江朝泰机车配件有限公司、温州庆瓯科技股份有限公司、浙江斯丹尼汽配制造有限公司等企业开展“机器换人”，铺就产业转型升级新路子，成效显著。2014年，全区汽摩配行业中获浙江省科技型企业2家，获瓯海区专利示范企业2家，获高新专利项目12项，冠盛集团获2014年度瓯海区科技进步一等奖，万超荣获温州市2014年度科技创新百强企业，超达荣获2014年温州名牌产品企业。

在市场拓展方面，企业参加广交会、上海法兰克福展、成都国际汽车零配件及售后服务展览会、深圳全国汽车配件交易会等各地不同展览会。

【人才培训】 2014年9月19日，瓯海区在浙江万超电器有限公司举行题为“企业发展和商业模式创新”的专题论坛讲座，参加23人。为探索汽摩配产业拓展边贸市场发展新路子，11月组织企业15人赴广西凭祥边贸市场考察。组织青年企业家到正泰参观学习和迎国庆登山等活动。

【社会服务】 由冠盛集团、浙江昊驰公司、万超公司等带头响应区委区政府“五水共治”活动，至2014年5月底初步统计共有22家参与“五水共治”，捐资142万多元。协会开展“会企联村、合力治水”结对共建活动，由区工商联牵头对接丽岙街道下章村、泽雅镇师科垟村、茶山街道河头村；帮助解决村民饮用水建设工程，让村民用上放心、卫生的健康水。

包装印刷工业

【概况】 2014年，瓯海区有包装印刷工业企业273家，其中包装装潢印刷品经营企业227家，其他印刷品经营企业42家，出版物印刷企业2家，制版装订经营企业2家。全区印刷行业从业人员0.72万人，资产总额25.22亿元，年工业总产值24.30亿元，利润总额1.09亿元，外商企业投资总额0.07亿美元，年印刷总产值超过5000万元的企业有9家。大东集团获得国家新闻出版广电总局颁发的“国家印刷示范企业”，宏印、东经、大东等企业获“2014年度温州市文明单位”称号。

商贸业·服务业

商贸业管理

【概况】 2014年，瓯海区商务经济总体平稳增长。全区实现限上社零73.3亿元，增速19.9%；外贸进出口总值23.27亿美元，增速4.37%；新建外资企业3家，实际利用外资1708万美元；网络经济产业培育工作列入省级电子商务示范区创建单位；培育2个中国淘宝村；与温州邮政签署战略合作框架协议；顺丰嘿客温州总部落户；运营的阿里巴巴温州产业带在全国产业带中综合排名第六.瓯海区评为粮食安全责任制工作先进县(市、区)。

【外贸出口】 2014年，瓯海区商务局宣传各级外贸扶持政策，指导企业申报商务部、省级、市级各类奖励补贴项目，审核上报2013年商务部、省、市补助资金850多万人民币，惠及外贸企业143家。抓好国家外贸转型升级专业型示范基地（浙江温州瓯海区眼镜基地）和省鞋类出口基地培育发展，发挥瓯海国家级大学科技城和高教园区的人才、技术优势，为企业提供各类研发中心、实验室等孵化器61个，推动基地企业技术创新和产业升级；组织企业通过展会的形式开拓扩大北美洲、拉丁美洲、东盟市场份额，共计组织100多家企业参加各类展会50多次。在全区范围内开展“外贸稳定计划”活动；携手海关、检验检疫、国税、地税、外汇管理局等部门联合开展调研和政策专题宣讲活动；加强对全区外经贸运行监测，每月对83个监测点数据进行调研分析，并撰写调研报告，通过《瓯海国际商务》等载体发出预警服务，提升急应能力。

【选商引资】 2014年，瓯海区商务局组织客商参加省、市组织的各类招商推介会，通过以会招商、以商招商引进一批境外优强项目入驻；制定招商引资方案，联合相关部门，加强项目库建设，设立无污染、资源消耗小、有发展后劲的项目吸引外资。6个招商项目入围市级外商投资合作项目库；完成对全区137家外商投资企业开展的联合年报工作；加强重点项目的跟踪服务。完成温州和平国际医院的落地和温州乐园2期项目的注册，推进七宝山旅游项目、温州圣嘉宝食品有限公司、意大利脑磁体项目、泽雅龙城山庄、仙岩侨领总部企业、丽岙侨联活动中心、新桥卧龙山庄等7个项目。

【商业贸易管理】 2014年，瓯海区商务局举办金秋购物节、时尚消费周活动、温州互联网交易会、红星美凯龙时尚家居专场活动等8场活动，累计销售额超3.5亿；研究瓯海月光经济发展方向，计划在茶山大学城、南湖城市综合体、中心商务区等地打造瓯海的月光消费网点。加快梧田老街建设。帮助在建市场协调解决相关手续，加快重点项目推进，红星美凯龙慈湖市场于6月开业，大象城、瞿溪真皮大世界等项目开工，大西洋购物中心与银泰商业集团正式签订合作协议，国际葡萄酒交易中心、温州鞋革鞋料市场、眼镜配件市场有序推进。做好商贸市场安全生产督导工作，组织开展《新安全法》的宣传工作和安全生产培训工作。加快集中连片项目推进，组织菜篮子娄桥市场、土里土气电子商务平台、精至物流等项目列入中央农产品流通集中连片建设试点项目。

【网络经济】 2014年，瓯海区局优化网络经济领导小组，设立区网络经济局和区网络经济促进中心；出台《瓯海区电子商务发展规划（2015-2020）》。共建阿里巴巴温州产业带，入驻商家已达11524户，在全国产业带中综合排名第六，在“9·4大促活动”期间，成交额突破3.1亿元。鼓励传统企业开展电子商务，在天猫平台上入驻商家已达430家，其中旗舰店329家，位列温州市第一。将电子商务进万村工程列入区重点工作，组织电子商务进万村专题培训三期，培训324人，授牌网点266个，验收网点120个；全年分层次分行业培训3.1万人次。部门联动，招才引智，引进专业电商团队近百个。与省内多家高校和专业机构建立战略合作关系；举办温州首届“创星杯”电商实战特训夏令营、青年电商精英千人计划、“黑马大赛”等活动，助推青年创业创新；举办1688百亿采购中国行温州站，当日达成意向采购订单5个亿；举办首届温州互联网商品线下交易会；支持农民专业合作社联合会与顺丰共推生鲜食品项目，开辟“种养—物流—电商—市场终端”模式。打造占地1000亩的融合农业、电商、旅游等功能的“心农场”网络经济产业园。

【行政审批】 2014年，瓯海区商务局完成权利清单清理工作，明确工作职责和事项，规范权力运行。进一步简化审批流程，提高办事效率，办理外商投资企业设立（变更）36件，并颁发批准证书；办理企业生产能力证明22家；及时准确地办理各类加工贸易业务批准证、变更、内销等75件，完成企业核销；办理酒类流通备案登记企业10家；对外贸易经营者备案登记9家。协查直销企业服务网点1家。

农贸市场管理

【市场概况】 2014年，瓯海区商品交易市场49个（其中网上市场4个），成交总额183.58亿元，同比增长18%。其中：消费品市场39个，成交额96.80亿元，比2013年增长8.2%；生产资料市场6个，成交额47.78亿元，同比增长29%。

【“创卫”国家级、省级暗访和考核工作】 2014年1月，瓯海区市场监督管理局根据《温州市关于开展“联创百日攻坚大会战”的实施意见》文件精神，制定《瓯海区市场监督管理局开展农贸市场、小菜场创卫整治大会战行动方案》，分三个层次分别对“创卫”参与人员开展“创卫”工作培训。并通过落实网格化责任分解、机关人员驻场“5＋2”帮扶、联系领导驻场督导等举措，对辖区内的15个农贸市场和39个列入创卫整治的小菜场进行攻坚帮扶。瓯海区的农贸市场和小菜场顺利通过省级暗访。

【农贸市场、小菜场长效化管理机制推出】 2014年，瓯海区市场管理局在对梧田蟠凤两个小菜场开展长效化管理试点的基础上，制定《瓯海区农贸市场专项管理资金收支规定》、《瓯海区农贸市场经营户经营行为管理办法》，推出《瓯海区农贸市场（小菜场）长效监管机制试点单位实施方案》，6月率先在娄桥农贸市场及梧田林村小菜场实施开展，并以“创卫”整治工作为契机，向全区推广实施。娄桥农贸市场及埭头、滩头等小菜场每个月的创卫考核分数，在全市列入考核的60个农贸市场、100个小菜场中，均排在最前列。

【农贸市场改造提升】 2014年，瓯海区市场监管局根据市府办《关于开展2014年省级放心农贸市场 创建活动的通知》精神，将娄桥农贸市场和将军农贸市场列为2014年放心市场创建单位，并将蟠凤夕阳红等8个农贸市场列为继续改造提升对象，制定放心市场创建和农贸市场改造提升实施方案。娄桥农贸市场投入创建经费45万元，对熟食摊位二次更衣房、豆制品防蝇防尘、导购标识等设施进行重点提升，推出《娄桥农贸市场经营户不良行为管理方法》、《不合格商品和违法违规行为信息公开制度》等管理制度；

表9　2014年成交额超亿元市场

市场名称	市场类型	年成交额（万元）	经营户数（个）
温州市瓯海建筑陶瓷市场	生产资料市场	18000	23
温州市瓯海石材市场	生产资料市场	10200	189
温州新南站商城	消费品市场	27300	386
温州市瓯海景山花木市场	消费品市场	12350	247
瓯海货运市场	服务市场	380000	107
浙南粮食批发市场	消费品市场	64837	55
温州菜篮子农副产品批发市场	消费品市场	600000	1000
温州家具市场	消费品市场	74355	163
温州装饰材料市场	生产资料市场	56321	160
温州汽车城	生产资料市场	390000	100
温州市瓯海瞿溪农贸市场	消费品市场	15996	402
温州浙江皮革市场	消费品市场	72842	289
温州市瓯海潘桥小商品市场	消费品市场	20600	137

将军农贸市场投入创建经费95万元，对市场摊位、营业房及市场设施进行改造，特别是购物环境、食品安全、价格计量、管服务、诚信经营等五个方面。

【商贸市场提升发展工作】 2014年，瓯海区列为重点市场提升项目建设的4个商贸市场均已完成提升工作，其中红星美凯龙建成营业，信泰皮革市场进入试营业阶段，站南商贸城进入招商工作，现代商贸城工程建设完工。

供销行业

【概况】 2014年，瓯海区供销系统实现总经营收入27314.6万元，同比增长21.07%，商品销售总额26225.3万元，同比增长18.39%；汇总利润1171万元，同比增长21.6%；所有者权益总额5130万元，同比增长37.7%。

【废品收购站的专项整治】 2014年，瓯海区供销合作社联合社（以下简称瓯海区供销联社）开展废品收购站的专项整治工作。制订《关于建立瓯海区废品收购长效管理机制的通知》、《温州市瓯海区废品收购站（“减员增效”）专项整治工作实施方案》、《废品收购站专项整治考核评分细则》及《废品收购站专项集中整治考核评分表》等文件，督促、指导镇街开展废品收购站专项整治工作。截止11月底，排查废品收购站点672家，其中有证236家，已规范提升163家，累计取缔无证站点394家。参与梧田街道蟠凤村环境集中整治综合管理试点工作，打击取缔无证废品收购站点，取缔无证收购点35家。成立再生资源回收利用协会。3月6日，区再生资源回收利用协会第一届第一次会员大会召开，首批会员单位135家。根据区政府常务会议纪要第9号文件精神，由区供销社负责瓯海区的再生资源回收的备案、监管工作。

【基层组织体系建设】 2014年，瓯海区供销联社加快推进基层组织体系建设。一是发展提升农民专业合作社，全年发展温州市岚峰生态农业专业合作社、温州市泽兴 生态农副产品专业合作社、温州市瓯海区仙丽蔬菜瓜果专业合作社、温州基田生态农业专业合作社共4家。截止11月底，创办、领办、吸纳农民专业合作社25家。其中由该社领办的温州市瓯海区丰盛瓯柑专业合作社、温州市跨越畜禽专业合作社、温州五凤农副产品专业合作社等3家获全国示范性专业合作社；省级示范社2家；市级示范性5家。二是牵头指导资金互助会筹建工作。根据《加快推进“三位一体”农村合作体系建设的实施意见》（瓯委办发［2014］69号）文件要求，审核筹建6家，其中5家获得开业准许，另有3家农民专业合作社经审查同意其设立信用部。上年创办的侨乡花卉专业合作社资金互助会，全年吸纳互助金余额3811万元；发放互助金累计数422笔，发放互助金余额3885万元，累计总额15863万元。三是创办综合服务社。创办温州市瓯海区丽岙茶堂综合服务社、温州市瓯海区梧田东垟综合服务社等2家综合服务社，全年累计创办综合服务社19家。被服务人口17万余人，服务社经营面积8960余平方米，服务项目包括农药、化肥、日用品、日用超市、五金、副食品、农家乐、服装、房屋中介、通讯商等。四是组建经营综合服务体。制定《瓯海区供销社经营服务综合体建设三年规划和实施方案》，组建温州市瓯海区丽岙供销社综合服务体和温州市瓯海区五凤农副产品综合服务体。四是基层社的组建改造工作。梧田供销社下属慈湖供销社和三垟供销合作社，自1983年供销合作社体制改革以后，一直保持独立核算企业法人地位。经调研，提议梧田社、三垟社、慈湖社分别召开职工代表会议，将三个社进行兼并重组，成立梧田中心供销合作社。

【农合联建设】 2014年，瓯海区供销联社推进农合联建设。一是进一步完善全区农合联二级组织体系。全区镇街（涉农镇街）农合联10家，全区二级农合联组织体系基本形成，实现全覆盖；二是加强对镇街农合联的指导，不断完善农信部、供销部、农技部、畜牧站、农监站（三部两站）建设，探索农合联内部组织运行机制，加强职能发挥作用；三是做好市级“三位一体”农合联试点工作。根据温供〔2014〕9号文件要求，在总结前期“三位一体”工作经验的基础上，选择丽岙街道、泽雅镇农合联作为“三位一体”深化创建单位。

粮食行业

【落实新增地方储备粮规模】 2014年，瓯海区粮食局根据省人民政府关于2014年秋季落实瓯海区新增地方储备粮3500吨的要求，深入调研，全区实际拟定可操作的具体方案，在区政府同意粮食局意见后，最后确定瓯海区新增地方储备粮3000吨（小麦）由山东省荷泽市中储粮有限公司代储，500吨由瓯海区自行储备。这是瓯海区首次通过外储的方式完成地方储备规模。

【粮食收储】 2014年，瓯海区粮食局开展仓储建设年活动，推行“低温、低氧、低剂”三低科学保粮技术，储粮“一符四无”鉴定达标。投入100余万元对仓库进行改造，并添置环流薰蒸、保温空调、除杂、烘干等设备，确保入库储粮质量和新增储备粮的要求。按照“公开、公平、透明”的原则，对3977吨地方储备粮、2万公斤储备油、890吨成品粮实行网上公开拍卖。并适时组织实施轮换工作。

市场监管

【概况】 2014年，瓯海区市场监管局构建“全员责任网、立体监督网、互通互联网”三网联动机制，实行“白+黑”、“5＋2”驻场分片指导和管理，推行精细化长效管理机制，农贸市场面貌焕然一新，全区餐饮单位持证率提升至98%，顺利通过创卫省考、国考和创文国考。作为省411重大项目、市重点工程，专人负责、强力推进，完成医药物流总部经济园项目相关手续处理，D区块于12月24日正式进场施工。

【机构改革】 2014年4月4日，根据上级的工作部署，瓯海区在原工商分局和食药监局的基础上，整合划入区质监局的食品生产监管职能，成立瓯海区市场监管局。

【助力“温商回归”工程】 2014年，瓯海市场监管局整合资源设立“温商回归”投资创业指导站，建立“企业登记疑难会商”机制，开辟VIP绿色通道提供一站式服务，优质服务引导63家“温商”反哺地方经济发展。

【“个转企”行动】 2014年，瓯海区出台提质扩面暨长效机制建设实施意见及行业指导目录，推行“三位一体”VIP全程贵宾免费服务，开展“个转企”双月攻坚行动，完成“个转企”1841家，其中个转股3家，转公司率85.77%，累计转公司率位列三区两市之首。

【深化行政审批制度改革】 2014年，瓯海区市场监管局落实注册资本认缴制及先照后证和放宽企业住所（经营场所）登记条件等一系列改革举措，启动对现有审批事项的流程再造，工商、食药办证窗口实现“二合一”、“一站式”服务。全年新增市场主体13245家，同比增幅33.64%。

【商标品牌】 2014年，瓯海区市场监管局新增注册商标1665件、省著名商标7件、市知名商标6件、区名牌商标13件，著名商标年度增量创历史新高。

【企业信用建设】 2014年，瓯海区13家企业分别获得（延续）工商总局“守合同重信用”、省工商企业信用AAA级、AA级“守合同重信用”单位称号；指导27家企业参评“信用管理示范企业”，并上报12家企业申报“市信用管理示范企业”；落实28家企业品牌信用奖励资金101万元。

【支持企业转型发展】 2014年，瓯海区跟踪服务瓯海农村合作银行转股改制，全程服务温州创新混凝土股份有限公司等4家企业转型升级为股份有限公司；办理股权出质、动产抵押等非货币财产出资登记30家，助企融资26.96亿元。

【食药安全保障】 2014年，瓯海区食药监局强化基层食品安全网格建设，全区建成网格738个，健全隐患排查、协调处理、督查考核等运行机制，先进做法在全省食品安全基层责任网络建设现场推进会上予以交流推广。131家企业提交自查报告178份并落实相应整改措施，注销3家企业到期未换证的证书3张，建立生产企业食品安全溯源体系实现全流程管控。创新菜篮子市场“四网一制”食品安全监管体系，创建7家食品流通电子监管示范单位。

【餐饮行业规范化建设】 2014年，瓯海区市场监管局完成1条餐饮服务食品安全省级示范街和3家省级示范单位创建，建成20家学校食堂和5家餐饮单位“阳光厨房”，全区学校食堂A、B等级达163家，占全区总数的60.6%。

【食品安全监管】 2014年，瓯海区市场监管局公布17家违法违规食品生产经营单位并加强后续监管。借力食安办平台组织镇街、职能部门开展食品安全百日严打专项行动、食品非法添加和滥用食品添加剂专项整治等各类专项行动，整治各类违法违规行为4953起，取缔无证无照单位3472家，刑事立案28起，刑拘53人，逮捕31人。

【药械保化稽查】 2014年，瓯海区立案查处各类药品案件17件、医疗器械案件3件、保健食品违法案件3件，移交公安部门5件，66家药店通过新版GSP认证，上报药品不良反应421例。

【健全消费维权网络】 2014年，瓯海区将12315与12331投诉举报热线合并运行，开辟消费纠纷快速处理绿色通道23条，建成温州家具市场城市商圈消费维权自律模型，打造温州科技职业学院学生特色维权义工队，构建社会化消费维权体系。全年受理投诉举报2619件，为消费者挽回经济损失231.88万元，办理消费纠纷“诉转案”30件。

【监管执法】 2014年，瓯海区市场监管局重点打击侵犯知识产权、传销、侵犯消费者权益等违法行为，立案查处各类经济违法违章案件249件，罚没款453.88万元，大要案94件，移送司法机关案件13件24人。将区查无工作纳入“减员增效”和“安全生产”两项重点工程的考核体系，推行挂牌督办制，形成纵横联动的工作局面。全年处置无照6866户，其中疏导登记4268户，取缔关闭2598户，生产领域无照处置率达到90.25%；对镇街挂牌督办8次，督办49户，处置率100%。对2034家企业、法定代表人进行信用审核，一票否决16家次失信企业法定代表人，初步实现“一处违法，处处受限”。结合《企业信息公示暂行条例》和《企业经营异常名录管理暂行办法》实施，开展企业经营异常名录及严重违法企业“两名单联动监管”创新工作。全面贯彻实施《企业信息公示暂行条例》，启动2013年度企业年报工作。截至目前，全区2880户企业公示年报信息，3717户个体

表10　2014年瓯海区注册商标情况

序号	商标标识（图片）	注册人/所有人	商标类别与核定使用商品/服务	注册号	级别	发文时间及发文号
1		温州市瓯海区鞋革行业协会	第25类/鞋	12476713	集体商标	2014年8月第12476713号国家商标局注册证
2	LY PONT	温州市立邦塑粉有限公司	第2类/涂料；粉末涂料	1576181	省著名商标	2014年12月31日浙工商标[2014]52号
3	CHANGLONG	温州朝隆纺织机械有限公司	第7类/维尼龙抽丝设备；合成纤维设备；织机（机器）	4472309	省著名商标	2014年12月31日浙工商标[2014]52号
4	PAITER	浙江百特电器有限公司	第8类/剃须刀；个人有理发推子（电动和非电动）；烫发用铁夹	1673994	省著名商标	2014年12月31日浙工商标[2014]52号
5	新机	温州新机电器有限公司	第9类/配电箱（电）；电开关；传感器	3162375	省著名商标	2014年12月31日浙工商标[2014]52号
6	DARDO	大东集团有限公司	第16类/纸；印刷纸；纸板盒或纸盒	7144439	省著名商标	2014年12月31日浙工商标[2014]52号
7		温州市瓯海南堡海棉厂	第17类/半成品海绵；橡胶或塑料制（填充或衬垫用）包装材料；合成树脂（半成品）	3752487	省著名商标	2014年12月31日浙工商标[2014]52号
8	巴拉巴拉 balabala	浙江森马服饰股份有限公司	第25类/服装；鞋；帽；袜	6268403	省著名商标	2014年12月31日浙工商标[2014]52号
9	兄弟 brother	浙江兄弟包装机械有限公司	第7类/包装机；泵（机器、发动机或马达部件）；玻璃工业用机器设备（包括日用玻璃机械）	1717881	市知名商标	2015-1-30 温政办[2015]8号
10	庆瓯	温州庆瓯科技股份有限公司	第9类/电子回旋加速器；整流器；电源材料（电线电缆）	3662587	市知名商标	2015-1-30 温政办[2015]8号
11		浙江兆翔车业股份有限公司	第12类/摩托车后视镜；车辆喇叭；陆地车辆传动马达	1645842	市知名商标	2015-1-30 温政办[2015]8号
12	张和堂 ZHANG HE TANG	温州张和堂医药连锁有限公司	第35类/替他人采购（替其他企业购买商标或服务）	7213459	市知名商标	2015-1-30 温政办[2015]8号
13		温州市机动车交易市场有限公司	第36类/不动产出租；不动产代理；不动产管理；	4345236	市知名商标	2015-1-30 温政办[2015]8号
14	强盾 QD	温州强盾保安服务有限公司	第45类/夜间护卫；护卫队；安全及防盗警报系统的监控	5075600	市知名商标	2015-1-30 温政办[2015]8号
15		温州海鸥汽车锁系统股份有限公司	第6类/金属锁	3999794	区名牌商标	温瓯政办发[2015]18号
16		温州市大荣纺织仪器有限公司	第9类/量具、测量仪器、电测量仪器	5322172	区名牌商标	温瓯政办发[2015]18号

续表

序号	商标标识（图片）	注册人/所有人	商标类别与核定使用商品/服务	注册号	级别	发文时间及发文号
17	天tianqiu球	温州天球电器有限公司	第12类/汽车用电动玻璃升降器	1601992	区名牌商标	温瓯政办发[2015]18号
18	SOYO	温州市泽瑞机车部件有限公司	第12类/车轮减震器	3287682	区名牌商标	温瓯政办发[2015]18号
19	欧波丽	温州市瓯海南堡海棉厂	第17类/半成品海绵、橡胶或塑料（填充或衬垫用）包装材料、合成树脂（半成品）	9239438	区名牌商标	温瓯政办发[2015]18号
20	Haveden	温州市豪维顿服饰有限公司	第25类/服装	6609383	区名牌商标	温瓯政办发[2015]18号
21		浙江卡布依服饰有限公司	第25类/服装、鞋、帽子	5744390	区名牌商标	温瓯政办发[2015]18号
22	TENGHE 腾和	温州腾和鞋业有限公司	第25类/鞋、靴、凉鞋、防滑鞋底	6687606	区名牌商标	温瓯政办发[2015]18号
23	FOCUS	浙江焦点烟具有限公司	第34类/吸烟用打火机、香烟盒、丁烷气（吸烟用）	6730100	区名牌商标	温瓯政办发[2015]18号
24	HUAMEI	温州华美环境工程有限公司	第42类/工程、城市规划、工程绘图	8498571	区名牌商标	温瓯政办发[2015]18号
25		浙江元本检测技术有限公司	第42类/质量检测、材料测试、建筑学咨询	6440365	区名牌商标	温瓯政办发[2015]18号
26	XIDIN	温州迅达电子科技有限公司	第9类/焊接用头盔、防护面罩、护目镜	7414568	区名牌商标	温瓯政办发[2015]18号
27	KEQIANG	温州科强机械有限公司	第7类/包装机	6448149	区名牌商标	温瓯政办发[2015]18号

工商户提交书面年度报告。

【群众路线教育实践活动】 2014年，瓯海区市场监管局查摆“四风”问题，制定个性化整改措施38条。推行360°廉政监督体系。通过事前引导、事中指导、事后回访，布控行政执法全过程，获得区党风廉政建设样板工程第一名佳绩。深化作风效能建设。建立正风肃纪动态预警机制，发布预警15期；建立“刚性”监督检查机制，发布督查通报8期，发现问题16起，点名道姓通报23人，效能记分33人次。强化先进典型示范引领。开展“点赞先锋微故事”征集宣讲活动，叶冬善同志事迹获全区先锋微故事提名奖。建立长效教育培训工作机制。

民营经济

综　述

2014年，瓯海区新设立登记内资企业3230户（含个转企），与上年同期相比增加130.55%，注册资本（金）28.58亿元，与上年同期相比增加98.15%；新设立农民专业合作社37户，与上年同期增加37.04%，出资4867万元，与上年同期相比增加82.28%；新设立个体工商户9839户，与上年同期相比增加17.20%，资金6.19亿元，与上年同期相比减少11.82%。

累计内资企业15627户，比上年同期增长29.84%；注册资本（金）395.62亿元，比上年同期增长7.8%；农民专业合作社226户，与上年同期相比增长20.21%，出资2.68亿元，与上年同期相比增长21.82%，累计个体工商户49212户，资金22.19亿元，分别比上年同期增长24.98%、38.06%。

个体劳动者协会

【概况】 瓯海区个体劳动者协会成立于1982年。协会属自收自支的事业编制单位，是由全区个体工商户自愿结成的、联合性的、地方性的具有法人资格的非营利的社团组织，协会接受主管部门瓯海区市场监督局的业务指导和社团登记管理机关瓯海区民政局的监督管理。协会内设办公室等八个部门及设有6个基层分会，1个政协委员工作室，并下设鞋革、眼镜等专业委员会。截至2014年底，全区个体会员27299家。

【非公党建工作】 2014年，瓯海区个体劳动者协会开展瓯海区个体工商户党员先锋指数考评星级认定工作，夯实非公党建工作基础。区个民协开展个体工商户党员星级评定活动，确定五星党员4名，四星党员7名，三星党员19名。根据浙工商党委〔2014〕27号文件要求，推荐梧田个民协分会党支部为党建工作示范点。7月11日，瓯海区梧田个民协分会党支部被省工商局党委、省个体劳动者协会、省市场协会授予“全省工商系统非公党建工作示范点”荣誉称号。

【慰问活动】 2014年，瓯海区个体劳动者协会开展新春慰问帮扶活动。1月7日，仙岩个民协分会组织理事一行十余人，在工商所副所长孙应门的带领下，分别向辖区河口塘村以及仙岩工商所“双百结对”村下林村的10位困难户开展慰问帮扶活动，向他们赠送粮油及慰问金5000元。6月17日，梧田个民协党支部全体委员在朱碎林书记的带领下，前往慰问在瑶溪山庄疗养的支部党员郑立新（温州阿外楼度假酒店有限公司工程师）。

民营企业协会

【概况】 瓯海区民营企业协会成立于1993年，原为瓯海区私营企业协会，于2003年11月7日变更名称，是由全区民营企业自愿结成的、联合性的、地方性的具有法人资格的非营利的社团组织。协会接受主管部门瓯海区市场监督局的业务指导和社团登记管理机关瓯海区民政局的监督管理。协会内设办公室、维权服务部、组宣部，党支部，共青团，妇委会、政协委员工作室，设有基层分会

表 11　　2013年和2014年内资企业部分行业比较

行业	2013年期末实有(户)	2014年同期(户)	同比增长(%)	2013年开业(户)	2014年同期(户)	同比增长(%)
合计	12037	15627	29.82	1401	3230	130.55
农林牧渔业	259	311	20.08	33	52	57.58
制造业	6497	7832	20.55	423	1335	215.60
批发和零售业	2637	3715	40.88	497	1078	116.90
住宿和餐饮业	152	207	36.18	25	55	120.00
租赁和商务服务业	784	1059	35.08	142	275	93.66
居民服务和其他服务业	204	272	33.33	30	68	126.67
文体娱乐	46	65	41.30	11	19	72.73

6个，并下设鞋革专业委员会、眼镜专业委员会、服装专业委员会、包装印刷专业委员会、家具专业委员会、汽摩配专业委员会。至2014年止，全区民营企业会员4950家。

【服务企业发展】 2014年，瓯海区个民协会组织各分会、骨干企业参加《2014年转型创新新思维》交流论坛暨《转变商业模式 赢利企业未来》系列活动。协会承办2014年浙商财富快车温州瓯海站——《中小企业风险管理与内部控制》专题讲座。瓯海区重点、骨干企业总裁、高管人员，"个转企"会员VIP服务对象，区民营企业协会理事及各专业委员会成员，区各行业协会（商会）秘书长及部分特邀嘉宾共200余人应邀参加该次讲座。讲座邀请全国著名资本运营专家，对外经济贸易大学中国资本运营研究中心主任，清华大学、北京大学、中国人民大学特聘教授冯鹏程教授作主题演讲。

【开展诚信活动】 2014年，瓯海区个民协会开展2014年度浙江省"诚信民营企业"、"诚信工商户"活动。通过下发争创诚信活动通知，将申报材料进行整理初审，初审合格后把符合争创条件的名单在协会民营经济网进行公示，接受社会监督。在网上进行公众投票。最后于10月30日前推荐3家民营企业和1家个体工商户报至省争创诚信活动评委会评审。

【开展服务活动】 2014年，瓯海个民协会自上年推出"个转企"会员单位实施"VIP"服务制后，继续深化服务意识，落实"个转企"服务工作。各分会就"个转企"召开动员大会，围绕"个转企"提质扩面暨长效机制建设这条主线，注重多方发力，建立"个转企""同频、共振、捆绑"推进模式，"个转企"工作呈现总量持续攀升、质量稳步提高的良好态势。至目前，全区个转企1468家，注册资本36678.55万元，涉及前置许可企业184家，二次转型公司206家。

旅　游

综　述

2014年，瓯海区风景旅游管理局（以下简称瓯海区旅游局）坚持政府主导，出台《关于大力发展时尚休闲旅游业的意见》，确定旅游业为“一号”服务业及重点扶持的支柱产业。落实每年不少于1000万元旅游专项资金，启动“时尚休闲旅游建设三年行动计划”，谋划确定66个三年推进项目，并实行镇街旅游专项考绩，引导社会各届参与旅游发展，全年接待游客508.79万人次，创旅游总收入47.44亿元，分别增长13%和19.76%。

旅游景区管理和建设

【概况】 2014年，瓯海区旅游局完成《泽雅风景名胜区纸山景区详细规划》送审稿，启动编制《浙江省泽雅风景名胜区西山景区详细规划》、《瓯海区会昌河旅游发展规划》及《泽雅风景区创4A旅游景区行动计划及台账编制规划》等。

旅游项目有效推进。仙岩大酒店、崎云度假村进场施工；云天楼洲际大酒店、万象城、亿象商业广场等一批涉旅项目顺利推进；将军岩旅游项目完成政策处理；西岸龙溪漂流完成漂流道整理及桥梁建设；泽雅户外拓展休闲项目已对外试营业。

旅游基础配套设施逐步完善。泽雅崎云景区、潘桥岷岗景区、瞿溪石岩屋景区和郭溪曹平农家乐旅游交通指引工程建设完成；修复七瀑涧景区售检票亭，规范化建设四连碓景点指示标识系统；改造修复林岸至黄山古道、南山古道、潘桥仙门、郭溪曹平游步道等景区道路。旅游景区环境百日攻坚行动取得初步成效。

旅游行业管理

【概况】 2014年，瓯海区旅游局加快产业融合发展。重点抓民宿经济培育，出台《瓯海区民宿管理办法》政策，同时启动“十大最美民宿”评选。培育好农家乐特色经济，开展曹平、林岙等省级农家乐特色村，龙井、屿山等5个房车自驾车营地驿站创建提升。建成大峡谷户外拓展游、龙溪漂流游等项目，壮大丽岙马术基地。突出旅游与农业结合，建成森马瓯柑文化园、丽岙花卉休闲园、茶山杨梅观光园等项目。

组织开展节前安全检查、全区星级农家乐和旅游景区专项整治工作、旅游行业“打非治违”专项整治活动及“安全生产月”活动等，全年组织专项检查25次，被检查企业33家，整改安全隐患15处。

旅游市场开拓

【概况】 2014年，瓯海区旅游局举办瞿溪“二月初一”会市、泽雅周岙挑灯节、尝新节等节庆，开展“大象杯”2014世界旅游小姐浙江赛区总决赛、“捷安特”杯中国·瓯海自行车赛，以及瓯海漂流美食节等系列活动，有效提升瓯海旅游整体形象。完善瓯海旅游网、瓯海微信，拍摄制作瓯海智慧旅游景区实景漫游系统，并在旅游网与智能手机上线浏览，将瓯海山水、人文资源从实体搬

表 12　　2014 年瓯海区旅游业基本情况

		计量单位		合计			
				外国人	香港同胞	澳门同胞	台湾同胞
入境旅游主要指标	接待入境旅游者人数	人次	113753	57883	19447	14531	21892
	接待入境旅游者人天数	人天	199892	114500	31569	22407	31416
	旅游（外汇）收入	万美元	4308.61	2504.69	651.96	486.32	665.64
国内旅游主要指标	国内旅游者（万人次）	同比（%）		国内旅游收入（万元）		同比（%）	
	497.41	12.07		447669		18.66	
合计	旅游者（万人次）	同比（%）		旅游收入（万元）		同比（%）	
	508.79	13%		474350.93		19.76%	

到网络上，将旅游资讯接上互联网，通过网络体验、在线点击，提高瓯海旅游知名度。同台州、丽水等地旅游企业合作，开展万人游瓯海系列活动，引进台州、丽水“千人团”到瓯海区。

名胜古迹

【概况】 瓯海山清水秀，风光旖旎，风景区面积占国土面积的41%，属旅游资源大区。有1处国家级文物保护单位（四连碓），2个省级风景区（仙岩、泽雅），2个市级风景区（茶山、岷岗），3个“AAA”级主题公园（五美景园、温州乐园、泽雅风景名胜区），还有白云山农业观光园及规划中的汇昌河水上公园、温州南戏城、三垟湿地旅游区等。

泽雅四连碓。

（区风景旅游局供稿）

【泽雅四连碓造纸作坊群】 泽雅四连碓造纸作坊群于2001年6月被命名为全国重点文物保护单位，位于温州市瓯海区泽雅镇境内，距温州市区35千米，经104、330国道及瓯海大道转渔泽公路可到达。

四连碓是泽雅屏纸的产地之一，自明代起专产“南屏纸”，四连碓造纸作坊是泽雅先民为了反复利用水力资源，拦坝引水，根据地势顺流分级连建四座水碓，掩映于茂林修竹之间，与南斗飞瀑、南斗潭、绵羊石浑然一体，被有关专家誉为中国古代四大发明之一造纸术的活化石。“四连碓”为木石结构，梁架穿斗式，碓坊分引水渠、水轮、碓房、石臼四部分。它是泽雅水碓的一个典型，是全国少见的一个奇特的人文景观。泽雅屏纸生产工艺流程为做料→腌制→煮料→捣刷→捞纸→压纸→分纸→晒纸→拆纸→印记→打捆→包装。

四连碓造纸作坊群蕴蓄着地方民俗、风土人情、独特的生活气息和古老原始的土法造纸方式，并同自然、山水风光相结合，具有很高的历史、文化、科学研究和旅游价值。

【仙岩风景名胜区】 仙岩风景名胜区位于温州市瓯海区仙岩镇，距温州市区17千米，景区面积30.45平方千米。仙岩风景区地处大罗山山脉西侧，素有“五潭二井之秀，九狮一象之奇”。景区历史悠久，古迹繁多，早在南朝时，已是著名的旅游胜地。中国山水诗人谢灵运游览仙岩后，写下脍炙人口的《舟向仙岩寻三皇

梅雨潭。（区风景旅游局供稿）

井仙迹》的诗篇。唐代著名道士杜光庭称仙岩为“天下第二十六洞天福地”，南宋理学家朱熹为仙岩亲书“溪山第一”和“开天气象”，大加赞赏；现代著名散文家朱自清的一篇经典力作—《绿》，更使仙岩名扬天下。

【泽雅风景名胜区】 泽雅风景名胜区位于温州市瓯海区西部，距温州市区35千米，景区面积119.16平方千米。景区以群瀑、碧潭、幽峡为特色，融淳朴的山村风情为一体，分为七瀑涧、金坑峡、高山角、泽雅湖、西山、纸山、崎云、五凤八大景区200多处景点。奇特的山水融淳朴的山村风情，构成一幅宁静而独特的山水画卷。

【茶山风景名胜区】 茶山风景名胜区位于温州市瓯海区东南部的大罗山脉，与仙岩风景名胜区一脉相承，史称“天下第二十六福地”。景区内奇峰怪石，形象逼真；洞穴飞瀑，幽深奥秘，千姿百态，诚为雕塑艺术的天然画廊。风景区内雄伟肃穆的古刹梵宇，香烟缭绕，古木参天，犹如超凡仙境。这里盛产杨梅等，果林漫坡遍野，四季花果飘香。茶山风景名胜区是融文化旅游、观光、朝圣、休闲为一体的多功能旅游胜地。

【岷岗风景名胜区】

岷岗风景名胜区位于温州市瓯海区潘桥镇境内，距温州市区13千米，景区面积20.22平方千米。由岷前、岷中、岷后、古洞岩等4个景区及霞碧殿、玉清观等2个景点组成，是以观光、度假、休闲、旅游、健身为一体的市级风景区。岷岗山连绵起伏，悬崖叠嶂，危峰高耸，蔚然壮观，溪涧纵横，深潭幽谷，自然古朴。旖旎秀丽的山水风光，令人留恋忘返。

【石岩屋风景区】 石岩屋风景区是瓯海区区级风景名胜区，地处温州市瓯海区瞿溪镇境内，距离温州市区13千米；石岩屋景区山峦起伏，绿障叠翠，溪水迂回，泉淙清冽，素有“山水之乡”。有著名的瞿溪分水城、琦君故居、农历二月初一集市等旅游资源。景区内有深厚的历史积淀，良好的生态环境，有以古街、古寺、古宅、古树为特色的自然景观与人文景观。

【温州乐园】 温州乐园是由上海太阳鸟游乐有限公司与美国好运贸易有限公司合资建设，是温州市政府计划实施的十大公园之一，是温州目前唯一定位为主题公园的大型公园。

温州乐园将异国建筑风格和景观风情融入山水环抱的大自然中，运用独特的设计理念，将公园的主题情绪场景化、情节化。徜徉乐园中，您将感受到异域风情和温馨浪漫，犹如置身于粗犷、豪放而略带怀旧的美国西部地区；色彩明亮、活泼的卡通广场是儿童梦想的乐园。

【白云山农业观光园】 白云山农业观光园空气清新，环境幽静，一年四季草木葱郁、鸟语花香，虽近温州市区，却无车马之喧，是人们享受大自然的天然大氧吧。漫步白云山农业观光园，可采摘山中之珍野，垂钓池中之鱼虾，亲自动手烧烤烹制，品尝山珍野味，吸食健身美容之物，充分享受田园生活带来的无穷乐趣。

石岩屋。（区风景旅游局供稿）

财政·税务·金融

财 政

【概况】 2014年，瓯海区实现生产总值412.98亿元，比上年增长8.6%。其中，第一产业增加值5.91亿元，增长2.9%；按可比价格计算第二产业增加值236.98亿元，增长8.2%；第三产业增加值170.09亿元，增长9.3%。人均生产总值96571元。国民经济三次产业结构由上年的1.4:58.4:40.2调整为1.4:57.4:41.2。城市常住居民人均可支配收入42058元，农村常住居民人均可支配收入23708元，分别增长9.2%和10.2%。全年实现财政总收入47.03亿元，增长11.7%，其中一般公共预算收入24.24亿元，占财政总收入的51.5%，增长15.4%；一般公共预算支出26.85亿元，增长11.8%。全年财政运行状况良好，财政收支平衡。

【组织财政收入】 2014年，瓯海区财政局税收收入23.13亿元，占一般公共预算收入的95.4%。加强对重点税源、重点企业的跟踪分析。发挥镇街税管办协税护税职能，个体户税务登记率达95.0%。开发“税收保障信息平台”系统软件，实现国税、地税、工商等22个单位信息全覆盖，依托该平台增收税收3000万元。将个人住宅出租房税收委托代征范围扩大到全区的个人商业出租房和住宅群租房，实现个人房屋出租税收委托代征收入220万元。理顺区和镇街财政分配关系，建立共同发展的收入增长和财力分配机制，结算落实镇街2013年度增收分成财力1.25亿元。落实非税收入征缴管理机制，全年征缴非税收入3.57亿元，增长5.0%。

【助力经济发展】 2014年，瓯海区财政局拓宽融资渠道，探索债券、BT等融资方式，构建多元融资格局。筛选确定牛山片区和潘桥街道城中村改造安置房工程作为债券募投项目，申请发行22亿元的企业债券，并按期上报至省及国家发改委。保障项目建设。安排政府投资项目10大类160项，总计划投入59.38亿元。争取上级支持，申报市级“城市主干道”补助资金2.43亿元，中央和省级“城市棚户区改造专项资金”4497万元。发挥财政杠杆作用，落实涉企优惠政策，拨付企业专项资金1.21亿元，安排涉企奖励1000万元。

【保障民生支出】 2014年，瓯海区民生支出19.90亿元，占一般公共预算支出的74.1%。加强“三农”基础地位，搭建支农融资平台，加大治水支出，安排治水专项资金1亿元。全年教育累计支出8.13亿元，同比提高19.6%。强化义务教育经费保障，小学、初中生均公用经费分别提高到690元、890元，落实中等职业教育免学费政策，保障基建修缮项目资金。保障医疗、卫生、社保等民生项目支出，落实资金3.59亿元，同比提高20.5%。新农合财政补助资金人均达610元，高出全国标准355元。累计垫付5个镇街19个村的二、三产返回安置用地土地出让金1.99亿元。

【深化财政改革】 2014年，瓯海区财政局探索财政预算绩效管理新模式，将绩效评价结果与预算安排无缝对接，强化绩效评价结果反馈和应用。完成全市首次试编权责发生制政府综合财务报告工作。将区本级113家预算单位纳入国库集中支付，预算改革资金量20.15亿元，实现镇街财政国库集中支付制度改革全覆盖。全区预算单位激活公务卡3750张，公务刷卡消费895万元。选择10家单位开展试点公开部门预算和“三公”经费预算，启用厉行节约监管平台，全区241个行政事业单位均纳入监管范围。严控和压缩“三公”经费支出，全年全区一般公共预算“三公”经费预算为1937万元，同比压缩30.0%，全年执行支出1906万元，同比下降30.2%。在娄桥街道试点建设公共财政服务平台，构建高效便民快捷的“一站式、一条龙、一卡通”式镇街财政公共服务新格局。

【加强财政监管】 2014年，瓯海区财政局健全地方融资平台风险防范和政府性债务风险预警机制，提取偿债准备金2.84亿元。开展整治“小金库”和专项资金检查，加强对征地拆迁安置等重大项目和民生政策实施效益的检查。强化基建项目全过程监管，完成42个项目的工程预算评审，修正不合理金额5968万元；审核工程结算项目497个，净核减资金2141万元。完善政府采购管理制度。全区政府采购预算总价21.56亿元，实际支付19.08亿元，节约率11.5%。开展行政权力清单工作，编制完成区财政局行政权力清单目录和权力运行流程图，并按要求对外进行公开。

【国资监管】 2014年，瓯海区财政局完成区属有关国有企业增资工作，增加注册资本2.88亿元，注销4家无融资能力的投融资类平台公司。开展领导干部在企业兼职（任职）清理规范工作。健全激励机制，出台铁路开发有限公司2014年度经营业绩考核办法。制定出台区属国有企业产权管理试行办法和区属国有企业财务监督管理试行办法，全面规范区属国有企业产权和财务活动，填补全区区属国有企业财务监督管理制度空白。推进“两证”办理，补办房产、土地证件375宗，组织公开拍卖2次，成功交易9宗房产，成交金额948万元。

2014年，瓯海区财政局举办“财税情”活动之一——烘焙。

（区财政局供稿）

【推进队伍建设】 2014年，瓯海区财政局将党的群众路线教育活动与财政国资工作紧密结合，梳理整改项目7个，完成7个，办结率100%。开展专题教育和“正风肃纪”活动。开展群团活动。开展“学党章、学党史、学先辈”活动，弘扬焦裕禄精神；加强“财惠民生　政兴瓯海”服务品牌建设，开展“财税情·三心行动”、青年读书会等活动，先后获得省市区9个集体荣誉称号。

地方税务

【任务完成情况】 2014年，温州市地方税务局瓯海税务分局（简称瓯海地税分局）组织收入30.76亿元，同比增长14.06%，增收3.79亿元。其中：税收收入（不含耕契）入库14.8亿元，同比增长3.28%，增收4697万元；耕契两税入库1.66亿元；非税收入14.29亿元，同比增长13.12%，增收1.66亿元。

【支持转型升级】 2014年，瓯海地税分局推进个转企、小升规工作落实，通过代理中介为全区所有个转企纳税人提供保姆式服务，包括免费办理登记、代理记账、代理申报等各类涉税业务。开展个转企政策宣传辅导与后续管理工作，全年累计个转企税务登记率为75.8%。

【个人出租房委托代征】 2014年，瓯海地税分局推进个人出租房委托代征的征税范围和征管区域的双扩围，委托代征的征税范围向既包括个人住房出租又涵盖个人非住房出租转变；征管区域向全区11个街道推进。

【信息管税】 2014年，瓯海地税分局充分利用现代信息技术手段，以涉税信息的采集、分析、利用为主线，开发“税收保障信息平台”系统软件；推进全区纳税人与地税部门实时沟通的共性平台的顺利上线。

【税源管理】 2014年，瓯海地税分局深化税收分析，加强日常税源后续管理质量，抓好重点税源监控；推进个体工商户企业建账建证；深入开展纳税评估，分行业建立纳税评估模型；进一步加强企业欠税清缴力度。

【落实税收优惠政策】 2014年，瓯海地税分局建立优惠政策预案制度，通过后台主动筛选拟符合减免税（费）条件的企业名单，有针对性地向企业推送优惠政策，最大范围扩大政策惠及面，全年减免各项税费1.42亿元。落实好差别化的城镇土地使用税减免政策、高新技术企业优惠政策、小型微利企业所得税等优惠政策，推动企业发展。

4月28日，瓯海区地税局举办纳税人学校专题课。 （区地税分局供稿）

【持续跟进支持温商回归】 2014年，瓯海地税分局开展温商创业创新“服务推进年”活动，简化审批备案手续，进一步提速增效；为温商创业创新提供优质的涉税服务；继续做好引进项目的跟踪联系、协调服务和政策落实工作，推进“两创”和温商回归专项行动的深入开展，支持温商回归企业做强做大。

【纳税服务】 2014年，瓯海地税分局创新推行四大“分类套餐”服务。即分类厅面服务，分类短信服务，分类培训服务，分类互动服务。全年发送各类纳税服务信息86026条，举办纳税人培训课程10期，累计培训1500人次。推广“同城通办”、房产交易一体化等便民服务。6月在区审批中心专设房产交易一体化窗口，6至12月受理4412户次，入库税费21978.28万元，并多次被纳税人授予锦旗。

【税收宣传】 2014年，瓯海地税分局精心打造“春风话税瓯歌颂·非常满意地税行”主题税宣活动，陆续开展法治倡议、局长上税课、走进地税职业体验、进村入企送政策、编制办税实用手册等一系列活动，营造尊税护税氛围。

【地税队伍建设】 2014年，瓯海地税分局持续开展摄影、篮球、羽毛球、乒乓球、台球等文体兴趣小组活动；组织干部职工参加市局和区文化节各项活动，并获得市文化节系列活动总分第二名的成绩；组织志愿者服务队广泛开展扶贫济困、爱心助学、社区公益、环境保护等志愿服务活动。配置专职监察干部，完善党风廉政建设责任制考核办法。开展“读案思廉”、参观看守所、“正风肃纪提升月”等廉政文化宣传教育活动。践行党的群众路线教育实践活动，健全完善议事规则、档案管理、综合治理等各项规章制度，做好“三公”经费和办公用房清理工作；明确《作风效能建设的十项规定》扣分明细，量化作风效能建设指标。分局办税服务厅荣获省级青年文明号、五星级办税大厅和区十大效能示范岗等称号，分局综合业务一科和管理五科获得区“万人评议满意单位”荣誉称号。

国家税务

【发挥税收职能作用】 2014年，瓯海区国税局科学合理安排税收计划，依法组织收入。全年组织国税税收收入28.65亿元，同比增收1.53亿元，增长5.63%，完成市局调整后的计划任务28.65亿元的100%。全面落实结构性减税政策，引导企业做好转型升级。2014年度，全区落实企业享受研发费用加计扣除额3982万元，办理高新技术企业减免所得税558万元，减免小微企业所得税1252万元，办理固定资产进项税额申报抵扣7096万元，严格执行月销售额3万元以下小微企业免征增值税政策，为近3.28万户月销售额不超过3万元的小微企业、个体户免征增值税9049万元。

【完善税收征管体系】 2014年，瓯海区4536户“营改增”纳税人入库增值税4078万元，同比增长22.77%。开辟“个转企”、“小升规”绿色通道，落实相关优惠政策，建立专门的工作小组，建立健全倒逼工作机制，全年完成“个转企”1815户，完成年度计划181.5%，完成“小升规”115户，完成年度计划112.7%。完善“3+1”个体征管模式，充分调动各部门力量，建立全方位协税护税网络。全年累计匹配电表号8400户，查漏补税508万元，开展网络发票查验工作，查验发票企业2160户，查验发票9.44万份，涉及发票金额12.87亿元，查验户数位居全市第二，并发现1户企业存在开具网络发票大头小尾问题，移送稽查。

【推进依法行政工作】 2014年，瓯海区国税局开展ISO执法内审检查，进一步强化内审员（兼职法制员）制度。全年发生执法考核信息17万条，其中显示过错信息54条，经无过错申辩调整52条，实际执法过错2条，实际准确率99.99%。组织开展ISO质量体系内审自查、执法检查各1次和疑点数据核查3次。进一步优化涉税审批项目，对已取消和下放的行政审批事项，加强后续管理，对清单以外的项目，及时开展自查自纠。建立区局规范进户执法工作领导小组，制订具体的实施办法，探索开展柔性执法。

【提升纳税服务质量】 2014年，瓯海区国税局在全市率先推出“普通发票网上申购、邮政配送”业务，全年为1165家企业配送发票3.46万份。推行办税服务厅首问责任制、预约办税制、延时服务制、午间值班制和涉税资料补正承诺制等，优化办税流程，最大限度便利纳税人。开发推广瓯海国税微信公众平台和“企税通”手机软件，为纳税人提供在线咨询、税务资讯推送、发票查询、欠税查询等便民服务功能，通过建立“税企QQ群”、举办税收政策辅导会等多种形式，宣传税收政策，挂牌成立纳税人学堂，构筑税务机关与纳税人沟通交流平台。落实《全国县级纳税服务规范》。对涉税资料开展排查清理，清理各类表格23种，修订完善窗口业务操作手册，整合、优化金税变更发行、企业注销、发票申购等多项业务办理流程，健全免填单服务，拓宽免填单范围。

【行政管理】 2014年，瓯海区国税局修订、出台行政管理类文件制度21项，并编印《温州市瓯海区国家税务局制度汇编》。落实

表13　2014年度瓯海国税分税种收入情况　单位：万元

	总收入	增值税	消费税	企业所得税	个人所得税
累计实绩	286549	247425	211	37013	0
累计增收	15285	9406	-842	6722	-1
同比增长	5.63%	3.95%	-28.50%	22.19%	-82.08%

绩效管理考评机制，建立健全绩效评价和激励约束机制。局机关档案室，通过省二级档案室的验收，并被命名为“市级规范化数字档案室”。该年度在全市国税系统绩效考核中排名第四，在市区排名第一，新闻信息考核在全市排名第五，在市区排名第一。

【国税干部队伍建设】 2014年，瓯海区国税局执行党组中心组学习制度，每月召开党组中心组学习扩大会议，党组书记作中心发言、中层干部作重点发言。继续推进文明单位、青年文明号、巾帼文明岗、群众满意基层站所等文明创建活动，办税服务大厅作为瓯海区唯一一个“全国巾帼文明岗”候选单位通过省妇联审核评比，并向全国妇联推荐。深入开展正风肃纪专项行动，梳理近3年有关信访举报件，逐件调查核实，并定期对全体中层以上干部投资参股记录进行工商核对。

金融工作

【概况】 2014年，瓯海区金融工作围绕建立与经济体制相适应的金融体制，民间金融规范化和阳光化，着力推进金融组织体系、资本市场体系、金融服务体系、地方监管体系“四大体系”建设，优化信贷结构，加大信贷投放力度，银行、证券和保险机构运行良好，小额贷款公司、民间资本管理公司和农村资金互助会等新型金融组织稳健发展，金融支持实体经济作用得到有效发挥。截至12月底，该区银行本外币存款余额838.48亿元，同比增26.11%；贷款余额631.09亿元，同比增长30.42%；小微企业贷款余额124.58亿元，同比增长94.35%。该区新增金融融资量115.76亿元，完成量为全年目标任务的210%；证券交易额37.54亿元，同比上升238.22%；小额贷款公司贷款余额5.43亿元；民间资本管理公司对外投资24笔，总投资额5172.40万元；农村资金互助会2014年累计发放互助金245笔，金额8381万元。

5月12日，瓯海区国税局正式于瓯海邮政公司签订邮递协议，标志着“普通发票网上申购、邮政配送”业务正式开通。
（区国税局供稿）

【金融百日攻坚】 2014年，瓯海区围绕温州市金融办及瓯海区金融改革各项要点任务和项目进展，组织开展瓯海金融十大项目百日攻坚。百日活动中，确认重点保护类企业184家，受理重点帮扶企业39家，涉及银行信贷资金54.72亿元；成功帮助帮扶企业获取银行信贷支持14家，融资8.91亿元；召开协调会53次，出具相关协调会议纪要9份，发出工作函30份，临时启封联系单5份，22家企业通过帮扶取得成效。全年处置不良资产11.17亿元，资产打包核销的速度和份额明显强于2013年。全区不良贷款余额21.98亿元，不良贷款率3.48%，基本解决瓯海区“两链”问题。

【区处非办实体化办公】 2014年3月19日，瓯海区建立瓯海区处置非法吸收公众存款案件工作领导小组，抽调区公安、法院等部门16名工作人员集中办公。区处非办重点处理刘加顺、芙蓉山庄老人公寓非法吸收公众存款一案，全面开展“典房户”人数、“典房合同”内容、账目审计等工作，确定“典房户”77户，并在5月21日的《温州日报》上刊登“典房户”公告让各方核实和相互监督，帮助典房户挽回损失，想方设法将芙蓉山庄老人公寓（二期）建成。

【风险企业帮扶化解处置】 2014年7月11日，根据温州市政府加强风险企业应急处置的工作部署，从区金融办、区经信局、区法院、区政法委等8个部门抽调13名业务骨干充实到区风险企业帮扶和银行不良贷款化解处置工作领导小组办公室，全力处置风险企业，实行集中办公：一是创新工作机制制度。将区经信局和区金融办的化解处置工作进行梳理整合，重新制订工作处置流程，对处置案件的受理、交办、调查、处置、督查等环节明确规定，并采用“一企一档”的方式，为所有帮扶企业建立帮扶档案。结合市处置办的工作要求和瓯海区金融案件的特点，建立案件领衔负责制，并将瓯海区13个镇街划分为4个片区，建立风险防控分片负责制，将企业帮扶和风险预警责任落实到人。二是构建监控网络。通过开展以镇（街）、开发区为主导的风险企业摸排和重点保护企业督查工作，加大对基层工作人员帮扶政策的业务指导，构建由区处置办牵头，各镇（街）、开发区为工作落脚点，各职能部门提供业务支持的金融风险动态监控和分析网络。三是加大重点帮扶企业处置力度。瓯海区确定温州中城建设集团有限公司、浙江泰恒光学有限公司为市级重点帮扶企业，由区人大副主任麻贤生和区政协副主席姜化钧分别挂钩联系，成立专门工作组负责处置方案的制定和监督落实。另外从全区风险企业中选取5家作为区级重点风险帮扶企业，由区处置办落实专人负责。

【第三方征信机构建设】 2014年，入驻瓯海金融综合服务区的中新力合征信服务股份有限公司温州企业征信服务平台成功上线运行，并累计采集温州市3万余家企业基础信用信息，供社会公众免费搜索、查询；12月8日，中新力合征信服务公司获得企业征信业务资格备案后，与瓯海区内两家小额贷款公司达成战略合作意向，加快市场开拓。该企业受鸿泰小贷公司委托，对申请贷款某一客户进行信用情况调查，于12月29日出具温州市首份第三方信用报告。

2月17日，省委副书记王辉忠（左一）率工作组赴丽岙花卉农村资金互助会专题调研“三位一体”农村合作经济工作。（区金融办供稿）

【金融机构建设和业务创新】 2014年，瓯海区推进金融组织工作，吸引新金融机构落户瓯海，新增金融机构9家。瓯海区首家票据服务公司—温州市振瓯中小企业票据服务公司顺利获批筹建；推动小额贷款公司开展小贷债优先股试点工作，鼓励小额贷款公司开展业务创新，恒隆小额贷款公司拟申请发行优先股5000万股；引导民间资本管理公司参与重点项目建设，除项目投资、股权投资外，瓯海信通通过与专业机构合作成立基金，吸收3.8亿元资金支持温州市安置房建设。

【“三位一体”农村合作体系建设】 2014年，瓯海区金融办、区农办（农合联）、区扶贫办密切配合，走访4个镇街，对6家专业合作社进行调研，并严格把控风险关，最终筛选出其中5家允许其组建农村资金互助会；探索农村资金互助会发展路径，主动为丽岙侨乡花卉专业合作社资金互助会牵头联系农办、农合联，完善其风控管理制度，帮助其向上级申请筹资总额突破5000万元，拟扩资1亿元。

【企业股份制改造与上市】 2014年，瓯海区将企业股改上市工作纳入区对镇街、区属部门的考绩项目，区金融、市场监管、税务等部门均落实专项工作联系人，解决企业股改上市中遇到的困难

10月22日，副省长朱从玖一行到瓯海农商银行调研农村金融服务工作。　（区金融办供稿）

问题，为改制企业提供绿色通道，加速办事流程和优惠政策的落实。截至12月底，全区新增股份有限公司22家，完成率146.7%。瓯海区紧盯IPO、新三板、浙交所意愿上市挂牌企业，联合区相关职能部门与中介服务机构，全方位、快速、便捷解决企业在上市挂牌中遇到的实际问题。向中国证监会提交IPO申请1家（浙江伟明环保股份有限公司），在浙江股权交易中心成长板挂牌1家（浙江爱居装饰股份有限公司），在全国中小企业股份转让系统（新三板）挂牌1家（温州雅格胶板股份有限公司），在浙江股权交易中心创新板挂牌5家；在浙江股权交易中心及市金融办登记备案企业定向债券（温州市旭升鞋业有限公司）1笔，发行面额1500万元。

【银行金融考评和业务创新】 2014年，瓯海区制定出台银行考核奖励办法，对入驻瓯海1年以上的银行业金融机构从银行信贷规模、项目贷款、企业贷款、工作衔接和创新项目五方面进行考核，对考评结果排名前5位的授予"支持地方经济发展先进单位"荣誉称号，给予专项奖励资金；该年，瓯海区制定出台农房抵押贷款试点实施意见，强化信贷支农，为开展农房抵押贷款提供政策支持，全年受理农房抵押贷款业务15笔，金额总计400余万元；开展出口信用险和贷款保证保险试点，着力帮助出口企业规避出口收汇风险和银行贷款风险；推动农村小额人身保险工作，建立区金融办、保险机构、各镇街三方联动机制，跟踪保险工作落实；创新产品，提供多元化金融服务，如农商银行的三年贷、五年贷，农业银行的新农宝、便利贷，稠州银行的抵会贷等。

【金融招商引资】 2014年，瓯海区创优发展环境，努力构建瓯海金融综合服务区为金融集聚地，加大财税扶持、土地租赁、人才引进、公共服务等优惠政策支持，成功引进注册资本金9500万。截至年底，全区引进金融企业25家，累计注册资本金达3.8亿元；11月9日下午，森马集团上海公司董事长邱光和和副区长金衍光分别代表华盖基金和区人民政府成功签约，瓯海首支国家级政府引导基金——华盖医药健康产业创业投资（温州）合伙企业（有限合伙）正式落户瓯海金融综合服务区。

【地方金融监管】 2014年，瓯海区规范开展地方金融组织现场检查，全面检查小额贷款公司、民间资本管理公司等重点监测对象，完成现场检查19家，超额完成市金融办考核重点监测对象达100%、一般检测对象20%以上的工作要求；开展地方金融组织非现场监管，做好全区各类地方金融组织机构相关数据信息录入非现场监管系统工作并纳入常态化管理更新；定期向市金融办上报小额贷款公司、民间资本管理公司、农村资金互助会数据报表，定期开展数据分析，及时发现苗头性、倾向性问题，对企业提出整改建议；安排专人规范做好"温州指数"监测点的数据采集工作，全年上报数据413条，完成上报数据规定条数；对温州淘代民间

6月24日，浙江爱居装饰股份有限公司成功挂牌浙江股权交易中心成长板，成为瓯海区首家在浙江股权交易中心成长板挂牌、2014年温州市第二家挂牌企业。
（区金融办供稿）

融资信息服务有限公司开展现场检查，督促企业整改后符合p2p企业应具备的法人资格、经营范围以及以电子商务名义开展标准化合约交易行为，加强对企业业务备案和风险管理，落实现场检查整改意见。及时牵头协调有关部门处置企业因项目方借款拖欠造成的提现问题和投资者群体事件，维护社会稳定。

【贯彻实施《温州市民间融资管理条例》】 2014年，瓯海区通过短信宣传、“四进”活动、以案说法、广场宣传活动、座谈会等多层次、多形式宣传《温州市民间融资管理条例》，参与金融执法培训，完成金融组织机构备案3家，启动民间借贷备案登记工作，落实专人开展备案服务中心运作，动员全社会力量参与对地方金融监管。3月1日到12月31日，全区民间借贷备案10.35亿元，完成全年备案登记基本任务的172.5%，备案工作名列全市前茅。

【金融干部队伍建设】 2014年，瓯海区金融办出台实施金改考核细则，办好金改“十件实事”，深入基层做好“四个课题”调研。明确镇（街）金改工作由工业副镇长（主任）分管，具体工作由镇（街）经济发展办负责落实。农行瓯海支行和瓯海农商银行选派143名业务骨干到全区13个镇街、126个村级组织挂职担任乡镇长助理和村长（主任）助理，以“流动服务团队”的方式为农户提供金融上门服务，着力解决联系服务群众“最后一公里”问题。截止12月底，全区金融机构推出的“五进”（进企业、进社区、进机关、进学校、进家庭）活动312场。

建行瓯海支行

【概况】 2014年，中国建设银行温州瓯海支行（以下简称建行瓯海支行）与温州职业技术学院签署战略合作协议，共同开展包含校园一卡通建设等一系列合作；成功营销浙江安防职业技术学院开立基本账户、非税收入户等一系列账户，开展全面合作；成功营销瓯海区城市管理与行政执法局、市场监督管理局开立非税账户；项目储备基础扎实，开立瓯海医药总部经济园、温州大象城商贸中心有限公司等省411重点项目账户2个；与鹿城区经济合作促进会签署全面合作协议，为其会员单位（会员）提供意向性融资三亿元额度。

10月22日，建行瓯海支行与温州大学瓯江学院合作举办“建行之夜”温州大学瓯江学院2014年迎新晚会。（黄宗泉/摄）

【案件防控】 2014年，建行瓯海支行堵截电信诈骗15起，84万余元；开展积分奖励15人次，发放奖金8400余元，居温州分行首位；其中营业部夏星芬为瓯海区金融系统第一个受到现金奖励的员工。支行连续五年被浙江省公安厅评为安全保卫示范单位。

【渠道建设】 2014年，建行瓯海支行新设京都支行（分理处），全年搬迁网点1个，基本完成全辖12个网点的翻新维修工作，实现网点升格1个；支行本部大楼基本实现翻新、装修，完成对支行理财中心的标准化改造，优化网点布局，有效提升企业形象。

农行瓯海支行

【概况】 中国农业银行股份有限公司温州瓯海支行（以下简称农行瓯海支行）成立于1982年，下设7个管理部门、14个营业网点，33家自助银行，198台自助设备，在编员工275人。截止2014年末，本外币各项存款余额123.06亿元，存款总量四行份额45.45%；全行各项贷款余额61.24亿元，总量四行第一；实现中间业务收入1.06亿元，居四行第一。成立以后，该行曾获得总行模范职工之家、总行个人金融业务十佳先进支行、总行运营基础管理先进单位、总行级“三化三达标”先进单位、全国农行文明单位、全省农行2014年度先进单位、浙江省精神文明单位、浙江省治安安全单位、温州市劳动模范集体、温州分行2014年度先进单位等荣誉称号。

【推进基础管理】 2014年，农行瓯海支行全面启动转型工作，先后对三溪支行等7个网点进行改、扩建、装修转型，新增离行式网点2个，总量33个。强化中层干部、关键岗位等各序列干部员工履职考核，通过公开竞聘，建立10人的股级后备干部库和10人的关键岗位人才库。实施“两坛一训”计划，全年举办专家讲坛6期，员工论坛4期，4个批次的员工素质培训。通过省级文明单位复评工作。持续9年实施全员家访，制定员工关怀计划，落实“五大实事工程”。

【精耕三农业务】 2014年，农行瓯海支行组建包括13位挂职干部在内的近50人的三农服务团队，投身“三改一拆”、“三转一市”、“走村入户”、“抗台”等重点工作，帮助做好农村金融知识普及，协助“五水共治”、新型城镇化、农村中小企业、农民展业创业等融资渠道对接。发放瞿溪河头村二产返回地固定资产贷款，多个联建房项目、农改房项目贷款已获批，新营销村级账户和专业合作社账户19个，组织惠农知识讲座、惠农医疗下乡等活动近30余场。铺设潘桥、三垟、泽雅、任桥、南白象、沈岙6家服务点，分批派驻农金员，从农村聘请驻村信息员，实现所有乡镇街道“物理网点+服务点”模式的全覆盖。在全国农行创新首发集六大功能为一体的特色金融产品“新农宝卡”，全年累计发放5444张。

3月20日，农行瓯海支行走进郭溪街道塘下村开展惠农理财服务。 （王淑娜/摄）

【支持地方经济】 2014年，农行瓯海支行根据区域产业经济特点和重点，加大与主流行业、产业、客户对接，全年新增贷款1.4亿元。对产品有市场、经营较稳定、管理素质高、发展前景好，但出现暂时性资金困难的中小企业，在确保信贷资金安全的前提下，不压贷、不抽资。对资金链紧张的企业，该行在信贷审批流程上创新推出“预审批”制度，为即将到期还款的客户，提前办理信贷审批，缓解客户资金周转压力。发放全市首笔省重点“五水共治”项目——桃源水库工程项目贷款，贷款总额达1亿元；参与万象城、国际华府、大象城等多家房开项目按揭贷款和收款业务；对接皮具大世界、瓯海医药物流中心、传化公路物流等重点招商引资项目；落实上线瞿溪、梧田、景山三个街道财政所的代理国库集中支付业务。全年授信客户达229户，其中，纳税百强有35户与我行合作。全年新增用信企业25户，除传统鞋业、服装、牛皮、贸易企业外，新用信企业中还有农业龙头企业、高科技企业、村级集体客户。

瓯海农商银行

【概况】 瓯海农商银行前身为瓯海区农村信用合作社和瓯海农村合作银行，最早成立于1954年，于2005年6月19日改制为合作银行，2014年7月14日改制为农商银行。现下辖1家营业部、20家支行和26家分理处，乡镇金融网点和服务覆盖面100%，在编员工739人。截止2014年末，各项存款余额255.48亿元，各项贷款余额176.66亿元，其中涉农贷款余额109.80亿元，比年初增加18.14亿元；小微企业贷款余额58.41亿元，比年初增加12.61亿元。贷款户数2.88万户，比年初增加2186户。全年上缴税收3.09亿元。

【挂牌农商行营业】 瓯海农商银

行于2013年初正式开展股份制改革工作。该行严格按照银监会及省委省政府关于深化农村金融体制改革要求，稳步推进改革各项工作。于2013年12月26日获得省银监局同意筹建批复，2014年3月27日获得同意开业批复。2014年7月14日，瓯海农商银行完成工商登记工作，申领营业执照，正式挂牌农商行营业。

【“一队五员”服务团队】 2014年，瓯海农商银行致力于构筑覆盖面更广的金融服务网络，发挥“人员网”优势，打造“一队五员”(一队指的是营销团队，五员指的是金融服务员、协储员、助农终端管理员、社保员、计生员，服务团队)开展更加具有针对性，更接地气的金融服务工作。继续深化金融服务员挂职行动，出台金融服务员管理办法和考核细则，强调工作职责，严肃工作制度和纪律，考核内容包括德、能、勤、绩、廉等方面。要求每人每周驻村工作不少于两天，每月走访农户20户以上，及时对接新农村建设各项工作，为辖区农户脱贫致富献计献策。继续深入开展“走村入户、转变作风、增量扩面”主题活动。

【普惠金融工程】 2014年，瓯海农商银行践行普惠金融工程，主动对接瓯海区农房改造、失土农民城镇养老保险、农户创业致富等重点民生工作，有效推广“三年贷五年循环贷”、“实业宝”“安居贷”、“农房贷”、“养老贷”、“自助贷”，丰富信贷产品。随着村村通工程的持续推进，全年新增ATM机26台，总数270台，已布放村村通助农POS机101台，基本实现金融服务网络全覆盖。该行成功推出非税MISPOS业务系统，完成乡镇国库集中支付。

【文化力工程】 2014年，瓯海农商银行在顺利完成股份制改革的基础上，对全行网点形象进行整体的更新统一。制作“反洗钱”微电影、“助农自助服务终端”、“银医通”等宣传视频，塑造农商行文化品牌形象。组织全行员工共同撰写《家在合行》一书，举办“我与农信共成长”活动。将6月19日，即该行改制为合作银

表14　2014年瓯海农商银行网点一览

网点名称	联系电话	地址
瓯海农商银行营业部	88108788	浙江温州市鹿城区车站大道福森大厦一楼
瓯海农商银行景山支行	88503921	浙江省温州市瓯海区景山街道雪山路225号
瓯海农商银行将军支行	88343311	浙江省温州市瓯海区景山街道将军桥兴海路41-43号
瓯海农商银行新桥支行	85335688	浙江省温州市瓯海区新桥街道金蟾大道90号
瓯海农商银行梧田支行	86716556	浙江省温州市瓯海区梧田街道温瑞大道1362号
瓯海农商银行三垟支行	86779088	浙江省温州市瓯海区三垟街道黄屿路105号
瓯海农商银行茶山支行	86682352	浙江省温州市瓯海区茶山街道梅泉路151号
瓯海农商银行白象支行	86716556	浙江省温州市瓯海区南白象街道新象路3号
瓯海农商银行丽岙支行	88329689	浙江省温州市瓯海区丽岙街道丽岙南路69号
瓯海农商银行白门支行	85383488	浙江省温州市瓯海区丽岙街道泊岙村昌盛路74号
瓯海农商银行仙岩支行	86280666	浙江省温州市瓯海区仙岩街道繁荣中路99-121号(单号)
瓯海农商银行梓岙支行	85335688	浙江省温州市瓯海区仙岩街道温霞西路37号
瓯海农商银行瞿溪支行	86262728	浙江省温州市瓯海区瞿溪街道三溪路200号
瓯海农商银行塘下支行	86112211	浙江省温州市瓯海区郭溪街道塘下繁盛路236号
瓯海农商银行潘桥支行	86179977	浙江省温州市瓯海区潘桥街道荣宁街67号

续表

网点名称	联系电话	地址
瓯海农商银行娄桥支行	86280666	浙江省温州市瓯海区娄桥街道育智路35号
瓯海农商银行泽雅支行	86319222	浙江省温州市瓯海区泽雅镇泽雅大道469号
瓯海农商银行城区支行	88329675	浙江省温州市鹿城区划龙桥路163号
瓯海农商银行中心区支行	86299278	浙江省温州市瓯海区娄桥街道娄西街55号
瓯海农商银行开发区支行	86198778	浙江省温州市瓯海区104国道慈湖路段108号
瓯海农商银行区府支行	85307721	浙江省温州市瓯海区新区府便民中心大楼一楼
瓯海农商银行景山支行银来分理处	88559772	浙江省温州市瓯海区景山街道西山南路177号
瓯海农商银行区府支行繁荣分理处	86291288	浙江省温州市瓯海区新区府便民中心大楼五楼
瓯海农商银行新桥支行山前分理处	86118191	浙江省温州市瓯海区新桥街道国鼎路114号
瓯海农商银行新桥支行高翔分理处	88411799	浙江省温州市瓯海区新桥街道高翔村高翔路578号
瓯海农商银行梧田支行银丰分理处	86786882	浙江省温州市瓯海区梧田街道龙霞路312号
瓯海农商银行梧田支行塘西分理处	88121376	浙江省温州市瓯海区梧田街道月乐西街呈祥家园18-27号
瓯海农商银行三垟支行园底分理处	86775195	浙江省温州市瓯海区三垟街道三垟大道1063、1065号
瓯海农商银行茶山支行高教园区分理处	86689352	浙江省温州市瓯海区茶山街道朝阳新街9号
瓯海农商银行白象支行横港头分理处	86083199	浙江省温州市瓯海区南白象街道横港头村安置小区2幢105-109号
瓯海农商银行丽岙支行丽岙分理处	85380444	浙江省温州市瓯海区丽岙街道茶堂花苑A幢136号-138号
瓯海农商银行白门支行曹建分理处	85378599	浙江省温州市瓯海区丽岙街道国道南路25号
瓯海农商银行仙岩支行穗丰分理处	85325699	浙江省温州市瓯海区仙岩街道穗丰村朝阳大街111号
瓯海农商银行仙岩支行河口塘分理处	85319198	浙江省温州市瓯海区仙岩街道繁荣中路66号
瓯海农商银行梓岙支行沈岙分理处	85335988	浙江省温州市瓯海区仙岩街道沈岙村龙华路66、68、70、72、74、76号
瓯海农商银行瞿溪支行工业区分理处	86260122	浙江省温州市瓯海区瞿溪街道会龙路89号
瓯海农商银行塘下支行燎原分理处	86116199	浙江省温州市瓯海区郭溪街道任桥街270－274号
瓯海农商银行塘下支行浦东分理处	86132728	浙江省温州市瓯海区温巨东路景迪嘉园11幢101-106室
瓯海农商银行塘下支行郭溪分理处	86126030	浙江省温州市瓯海区郭溪街道温瞿西路937号
瓯海农商银行潘桥支行火车站分理处	86159008	浙江省温州市瓯海区潘桥街道横塘街38号
瓯海农商银行潘桥支行横屿头分理处	86118191	浙江省温州市瓯海区潘桥街道横屿头村横邮路129、131、133、135号
瓯海农商银行娄桥支行东风分理处	86291288	浙江省温州市瓯海区娄桥街道东风工业区鸿翔路21号
瓯海农商银行城区支行环城分理处	88386855	浙江省温州市鹿城区小南路159号
瓯海农商银行城区支行民航路分理处	88316799	浙江省温州市鹿城区桥儿头蔷薇11幢102-104室
瓯海农商银行开发区支行开发区分理处	86192801	浙江省温州市瓯海区梧田街道梧慈路1号蟠凤大楼一层
瓯海农商银行开发区支行南堡分理处	86732678	浙江省温州市瓯海区梧田街道南堡村双堡新村56幢1层
瓯海农商银行开发区支行南村分理处	86722558	浙江省温州市瓯海区梧田街道南村教导路1号

7月14日，瓯海农商银行完成工商登记工作，正式挂牌营业，历时一年的瓯海农村合作银行股份制改革工作全面完成。（区农商行供稿）

行的日子定位“员工孝敬日”，将7月14日农商行成立的日子定位“社会公益日”，与“员工日”一同组成具有瓯海农商行文化特色的“三大日”。

稠州银行瓯海支行

【概况】 2014年，稠州银行瓯海支行向分行争取小微信贷权限下放，简化小微贷款流程，提高放款效率及业务竞争力，支持瓯海区域内的中小微企业贷款，提高小微企业及个体工商户的贷款比例；继续加大对支行驻地的周边专业市场及个体工商户的信贷投放。截止12月底，支行存款3.88亿元，比年初增加1.78亿元，贷款余额6.04亿元，比年初增加4.53亿元，获得分行颁布的新授信有效客户营销优胜单位，和温州市单位内部保卫工作先进集体等荣誉。

【金融创新产品】 2014年，稠州银行瓯海支行推出“惠金卡”及“益农卡”等产品，其产品针对小微或个人，通过走访企业、摆摊等活动方式营销推广该类产品，基本为1-2个月一次的频率，支持小微企业。

【简化小微贷款业务标准流程】 2014年，稠州银行瓯海支行顺应市场的发展，支持中小微企业和实体经济，理顺和优化业务流程，推动小微业务规范发展，对小微贷款流程有关问题进行梳理和完善，在风险可控的情况下，简化放贷流程，合理安排贷款审批时间，缩短小额贷款放贷时间。通过各方沟通，该行50万元额度的信贷业务权限由分行下放至支行。支行内部进行相应业务部门的重组与调整，内部通过入职集中培训和日常“传帮带”等方式，帮助指导客户经理提升综合业务能力。

台州银行温州城南小微企业专营支行

【概况】 台州银行温州城南小微企业专营支行成立2013年1月9日，设有前台、业务拓展部、小额信贷拓展部等3个部门，至2014年末支行有员工24人。

【推广小本贷款项目】 2014年6月，台州银行温州城南小微企业专营支行专门设立小额信贷拓展部，加大对当地的小微企业信贷支持力度，通过上门营销、拜访等方式进行产品的推广，改变以往等待客户上门申请办理的方式，让客户体验到我行“简单、方便、快捷”的优质金融服务。“小本贷款”项目免抵押，手续简单，额度在2000-100万元。截止到12月末，支行“小本贷款”客户共计有贷款余额客户350户，贷款金额8207万元，户均23.45万元。

【兴农卡产品推广】 2014年10月开始，台州银行温州城南小微企业专营支行推广“村聚易贷兴农卡”兴农卡产品。该卡除具备普通借记卡功能外，还具备授信功能。让村民足不出户就可以享受团购的贷款服务，额度最高可达30万，一次办理6年有效，借款人可通过本行营业机构柜台、网上银行、自助终端在授信额度内循环使用、自助归还的授信功能卡。

广发银行瓯海支行

【概况】 截至2014年12月31日，广发银行瓯海支行各项存款余额为107864万元，其中对公存款余额86207万元，储蓄存款余额21657万元。本外币贷款余额为9.13亿元，银行承兑汇票2.06亿元（剔除保证金），处置不良资产6966万元，其中债权转让5735万元、核销798万元、诉讼清收433

万元。不良贷款由年初的9222万元下降到3517万元，目前不良贷款率3.85%。

【服务企业】 2014年，广发银行瓯海支行针对已办理短期流动资金贷款、且有持续融资需求的优质小微企业客户推出的融资服务，需由小微企业在流动资金贷款到期前主动申请，经审查审批后，并同意向其发放新的流动资金贷款，用于清偿原流动资金贷款。对因担保链、资金链等原因出现暂时经营困难的授信企业，采用重组贷款方式，借新还旧，无需企业动用政府资金或过桥资金还贷。部份自救意愿强或准备重组的企业，同意企业半年，甚至一年结息一次。

【小微企业批量专案】 2014年，广发银行瓯海支行新推出小微企业授信批量专案2个：瓯海区科技型企业财政贴息贷款及小微企业电子商务网络贷，截止12月，网络贷已落地，贴息贷处于推广完善阶段。

华夏银行瓯海支行

【概况】 1999年12月26日，华夏银行瓯海支行成立，地址坐落在瓯海区荣新路40号。截止2014年12月31日，支行行员23名，其中正式员工20名，派遣制员工3名。华夏银行温州瓯海支行主要办理人民币存款、贷款、结算业务；外汇存款、外汇贷款、外汇兑换业务；办理票据业务；代理发行、兑付政府债券；经中国人民银行批准的其他业务。2014年末，各项存款余额35.32亿元，各项贷款余额9.38亿元。

金华银行温州分行

【概况】 2014年，金华银行温州分行资产规模稳步增长，分行资产总额达到5.02亿元，经营效益基本接近预期；存款规模持续增长，分行各项存款余额为41204万元，储蓄存款超额完成全年目标；贷款实现有效投放，投向小微企业贷款占比高达97%，分行各项贷款余额为33336万元；零售产品综合指标基本实现年度目标，其中5项指标超额完成全年目标。

【首笔简易贷业务办理】 2014年9月22日，金华银行温州分行办理一笔100万元的简易贷业务。该产品以调查表、简易财报代替调查报告、财务报表，主要针对有字号（商号）的个体工商户、家庭农场、各专业市场商户、电商经营户等财务制度不健全的微小企业，满足其在我行融资敞口总额在200万元（含）以下的需求。

宁波银行瓯海支行

【概况】 2012年11月，宁波银行瓯海支行成立，位于温州市瓯海区过境路1525号，内设办公室、公司银行部、零售公司部、个人银行部、运营部五大部门。截至2014年末，全辖员工30人（含派遣员工）。各项存款余额7.46亿元，较年初增加1.97亿元，其中对公存款5.51亿元，储蓄存款1.95亿元；各项贷款余额8.20亿元，较年初增加3.58亿元，其中对公贷款余额3.36亿元，个人贷款余额4.84亿元；不良贷款余额50万元。

工行瓯海支行

【概况】 2014年，中国工商银行股份有限公司温州瓯海支行（以下简称工行瓯海支行）辖区网点9个，自助银行24家（投入使用21家）。全年实现拨备前利润17061万元，净利润3212万元。年末各

5月6日，金华银行温州分行正式开业。

（金华银行温州分行供稿）

项存款余额432163元，各项贷款余额38.3899万元。专业排名在全市工行系统排名较好的有个人金融业务第1名，监察第1名，保卫第1名，人力资源第2名，办公室第4名，国际业务第5名，内控合规第5名，运行管理第5名。全年合计处置不良贷款金额54895万元。

【工行文化建设】 2014年，工行瓯海支行启动悦读会和悦助会。悦读会组织悦读会课堂、好书推荐、好书分享活动。悦助会组织古双村助学活动，帮助儿童20名；开展衣旧暖心活动，送出53份爱心大礼包和若干衣服。组织员工参加羽毛球比赛、游泳比赛等文体活动。辖内共建设职工小家9个，各网点职工小家均配备职工食堂、活动室、休息室、读书角，共配备乒乓桌（4张）、按摩椅（2台）、跑步机（4台）、飞速单车（2辆）、咖啡机（3台）、书架、麻将桌、图书等活动器具。1月表彰“领军团队”1个和“领军人物”4名、“明星人物”37人次。

交行瓯海支行

【概况】 交通银行股份有限公司温州瓯海支行（以下简称交行瓯海支行）是1997年成立的温州瓯海区第一家国有股份制商业银行。主要经营人民币存款、贷款、结算业务、外币储蓄存款、外币结售汇业务、外币兑换，内设办公室、公司信贷科、个人金融科、业务综合科等科室。至2014年末，支行实现人民币存款余额23.2949亿元，比年初减少0.1697亿元，其中公司存款11.3554亿元，个人储蓄存款11.9395亿元。各项贷款余额20.624亿元，比年初增加1.8540亿元，其中企业贷款16.2351亿元，个人贷款4.3889亿元。

【年度经营亮点】 2014年，交行瓯海支行以服务好小微企业为市场和业务定位，重点发展余额在1000万以下，经营稳定或具有较好成长性的优质小企业和个体工商户。在个人业务上突出核心抓重点，突出市场抓源头，突出优势抓服务。连续四年获得温州分行个人绩效考核第一名。

中行瓯海支行

【概况】 中国银行瓯海区支行（以下简称中行瓯海支行）成立于1993年，座落于温州市雪山路205号瓯海大厦1-3层。服务机构分别为丽岙支行、茶堂支行、仙岩支行、高教园区支行、梧田支行、新桥支行、将军桥支行、吴桥支行、水心支行，在职员工178人。2014年荣获中国银行温州市分行经营管理第三名，2014年瓯海区支持地方经济发展先进单位。截止2014年末，中国银行瓯海区支行本外币存款83.64亿元，较上年增长11余亿元，本外币贷款46.72亿元，比上年增长6.22亿元。

【中行支持地方经济】 2014年，中行瓯海支行持续加大对瓯海区域信贷投放力度，各项人民币融资总额新增20亿元，居国有四大银行首位。结合温州农村集聚改造、新型城镇化建设，支持民生工程建设，全年批准人民币贷款30多亿元。帮扶企业走出困境，全年通过信用恢复、展期、平移等债务重组方式化解贷款逾期风险2000余万元，依托政府资金盘活贷款5657万元。与瓯海区科技局和保险公司合作，向高新技术企业提供科技型保证保险贷款，支持实体经济转型升级，发放科技贷款1350万元。率先联手法院创新推出司法拍卖按揭贷款特色产品“拍卖通”，对企业竞拍法院公开拍卖的工业厂房、商业用房、写字楼、商铺、自用住房等提供资金支持，加快推动当地不良资产处置进度，全年发放“拍卖通”2笔、贷款1983万元。

邮储银行瓯海支行

【概况】 自2008年4月邮政储蓄银行温州市分行挂牌成立，原邮政局新桥储蓄所更名为邮政储蓄银行新桥支行，并于2008年12月18日开立邮政储蓄银行葡萄棚支行。2014年3月5日，中国邮政储蓄银行股份有限公司温州市分行瓯海支行（以下简称邮储银行瓯海支行）成立，原葡萄棚支行改名为瓯海支行营业中心。支行办公室位于温州市鹿城区葡萄棚宽带路27-29号二楼，设有行长（副行长）办公室、综合办、综合信贷业务办公室，将新桥、葡萄棚两个网点归并到瓯海支行旗下，本行正式工21人，劳务工9人。截至2014年12月31日，本外币存款余额约3.64亿元；本币各项贷款余额约4.05亿元。

浦发银行瓯海支行

【概况】 上海浦东发展银行温州瓯海支行（以下简称浦发银行瓯海支行）成立于2000年1月18日，截至2014年底，上海浦东发展银行温州瓯海支行各项存款余额12.83亿元，贷款余额31.67亿元，存贷比达到257.83%。截止2014年底，瓯海支行的表外业务中计有银票34986万元，保函12154万元，信用证2124万元。总行自营资金直投7亿元，租赁融资4亿元，短融主承销7亿元。截止2014年底，瓯海支行金融融资量余额54.6亿元。金融融资量余额比年初增加12亿元。

【与地方银行的合作】 2014年9月，通过浦发银行瓯海支行牵线搭桥，瓯海农商行与浦发银行总行、温州分行签署三方委托资产管理协议。首单业务于10月15日落地，委托管理资金1043万，资金性质为该行发行理财产品募集的理财资金，委托期限188天，资金投向为银行间债券市场国债、政策性金融债或主体评级AA级（含）以上的信用债券。截止年底完成3笔业务近5000万。

【浦发融资支持】 2014年，浦发银行瓯海支行结合自身实际经营状况，全面提高金融服务能力，从金融资源优化配置、内部运行机制和管理方式创新等方面强化对政府重点项目的支持力度，与温州市区域内国资融资平台公司、政府投资项目已有多方面多维度的业务合作。1、浦发银行作为主承销商，为温州市交通投资集团有限公司注册15亿元的短期融资券，并完成首发7亿元。2、浦发银行与保险管理公司合作实施险资基础设施债权投资计划，利用险资债权投资计划向温州市重点建设项目注入建设资金。3、与浦银租赁公司开展业务合作，寻找合适资产作为融资租赁的标的。该年完成温州交通投资集团有限公司4亿元国有资产售后回租赁项目资金投放。4、不断加大政府重点投资项目的固定资产贷款投放力度，参与龙丽温瑞文段48亿银团贷款业务，并成为银团三家银行的主办行。

温州银行瓯海支行

【概况】 温州银行股份有限公司瓯海支行（以下简称温州银行瓯海支行）成立于1998年，是温州银行瓯海片区管辖行，下设5部1室，辖属营业网点7家，社区支行2家，网点分布景山、梧田、新桥、郭溪、瞿溪、仙岩等街道。截止2014年末，本外币各项存贷款余额49.7亿元，实现帐面利润近6千万元。2014年度该行、及下辖的瞿溪支行再度荣获温州银行先进单位等集体荣誉称号。9月19日，温州银行瓯海仙岩小微企业专营支行正式成立。12月11日，温州银行瓯海盛大花园社区支行。12月17日，温州银行瓯海邮

表15　2014年温州银行瓯海支行网点一览

序号	机构网点名称	地址
1	瓯海支行	鹿城区杏花路202号
2	景山支行	瓯海区将军桥振瓯路1-5号
3	新桥支行	瓯海区六虹桥路1217号
4	梧田支行	瓯海区梧田龙霞路90-92号
5	郭溪支行	瓯海区郭溪填塘下新街繁盛路219号
6	瞿溪支行	瓯海区瞿溪镇延川路139号
7	仙岩小微专营支行	瓯海区仙岩镇繁荣中路126-140号
8	瓯海邮电路社区支行	瓯海区潘桥街道邮电路44-46号
9	瓯海盛大花园社区支行	梧田街道盛大花园8幢110室

电路支行2家社区银行相继开业。

【创新产品】 2014年，温州银行瓯海支行先后推出农房抵押贷款、金鹿普惠贷、金鹿小额保证贷款、理财产品质押贷款等一系列支持小微金融的新产品。针对小微企业对融资要求的“小、快、灵”特点，推进小额速贷审批及放款流程的优化工作，实现小额“金鹿普贷”辖属支行调查、审批、出账不出机构的快速流程。

【社区银行】 2014年，瓯海区指导温州银行瓯海支行完成10家社区银行的选址，并协调做好区公安、消防等行政审批工作。温州银行梧田盛大花园社区支行和温州银行潘桥邮电路社区支行顺利开业。

【温州银行瓯海大楼开工】 2014年12月14日上午，在瓯海中心区南单元B32地块，温州银行举行温州银行瓯海大楼开工典礼。温州银行瓯海大楼位于瓯海中心区南单元B32地块，大楼用地面积6885平方米，总建筑面积36497平方米，项目总投资叁亿叁仟贰佰柒拾柒万元。

兴业银行瓯海支行

【概况】 截至2014年末，兴业银行瓯海支行本外币各项存款余额11.22亿元；本外币各项贷款余额5.79亿元；综合理财资产余额19.15亿元；不良贷款余额1757万元，不良率为3.0%。实现经济利润407万元，中间业务收入达到785万元。

【企业文化建设】 2014年，兴业银行瓯海支行强化文优服务深层化，将文优服务转化为全行员工内在的自动自发行为，全面践行“服务为善”，落实总行《柜面营销服务6S法》，从服务理念、知识技能、执行过程三个层面构筑“知行合一”的文优服务体系。加强员工技能练兵和技术测评，制定切实可行的训练计划和考核机制，不断提升服务效率。

浙商银行瓯海支行

【概况】 2009年8月21日，经温州银监分局批准浙商银行温州瓯海支行开业，9月9日对外试营业，11月3日正式开业。该支行原定位为小企业专营支行，后转型为小企业特色支行。选址瓯海区新桥街道六虹桥路1229号，营业面积1500平方米。截至2014年末，支行各项存款余额18.06亿元；各项贷款余额13.50亿元。

【特色服务】 2014年4月，浙商银行瓯海支行推出票据池业务。为解决小微企业还贷难、倒贷问题、降低其融资成本，浙商银行温州瓯海支行开发五大类还款方式创新类产品，包括期限年审法、期限拉长法、无缝对接法、分期付款法和额度循环法，推出“积分贷”、“随易贷”、“到期转”、“连续贷”、“三年贷”等产品。

人保瓯海支公司

【概况】 中国人民财产保险股份有限公司温州市瓯海支公司（以下简称人保瓯海支公司）下辖营业部1个，营销服务部4个，内设业务部门5个，三农服务站1个，代理机构出单点12个，保险服务网络辐射全区，在编员工56人。2014年，实现保费13621万元。

【创新保险服务】 2014年，人保瓯海支公司继续抓好车险业务各方针举措的落实。与瓯海区科技局制定《关于开展瓯海区专利保险工作的通知》（温瓯科〔2014〕10号），面向全区对口企业进行“专利执行保险”宣导会，引导科技技术型企业所有“发明专利”投保“专利执行险”，并签订“温州瑞阳光伏材料有限公司”的“EVA胶膜切割装置”发明专利。联系区发改局以健全农业风险防范体系为目标，促成《关于进一步完善政策性农业农房保险工作的意见》的出台，提早并超额完成政策性农房保险工作，完成水稻承保33060亩。

【人保内部管控】 2014年，人保瓯海支公司完善各项管理制度，出台单证管理、业务承保、防灾防损、出单速度、业务质量管控、

表16　2014年人保财险瓯海支公司网点一览

序号	机构网点名称	地址
1	瓯海支公司	温州市将军桥瓯海大厦11-12F
2	梧田营业部	温州市梧田街道瓯海大道160号
3	仙岩街道营销服务部	温州市仙岩街道河口塘繁荣中路180号
4	新桥街道营销服务部	温州市瓯海区六虹桥路1205号
5	瞿溪镇营销服务部	温州市瓯海区瞿溪镇信达街186号
6	汽车城营销服务部	温州市梧田街道温州汽车城C05号商务办公室

数据质量管控等规范性制度。组织全体员签订《员工职业行为规范承诺书》、《拒绝非法集资承诺书》规范全员职业行为，同时开展反洗钱反垄断工作，组织开展“金融知识普及月”反洗钱宣传活动和反垄断工作风险排查。

【技能培训】 2014年，人保瓯海支公司加强员工教育培训工作力度，建立教育培训长效机制。在“2014年全市系统出单技能大赛”活动中取得团体三等奖；在“温州市分公司第二届财务技能竞赛”荣获团体一等奖。对照《标准化服务手册》和“神秘人服务测评”要求，组织开展内部检查测评和培训工作，固化窗口标准化服务培训成果。建立大堂经理值班制度。开展“人保在行动”公益慰问活动，为瓯海利宝特殊学校送上书籍和祝福。

中国人寿瓯海支公司

【概况】 截至2014年底，中国人寿瓯海支公司有员工34人，在册保险代理人300余人。该年实现保费收入2.92亿元，赔款和给付金额0.36亿元。中国人寿瓯海支公司是隶属于中国人寿保险股份有限的一家县级支公司，下辖营销服务部3个，公司设有综合管理部、客户服务中心、个险销售部、团体业务部、银行保险部5个部门负责公司的日常运作。公司向个人及团体提供人寿、意外和健康保险产品，涵盖生存、养老、疾病、医疗、身故、残疾等多种保障范围，可全面满足客户在人身保险领域的保险保障和投资理财需求。

【银保合作】 2014年，中国人寿瓯海支公司银行保险部与工、农、中、建四大银行及中信、广发等股份银行保持合作，满足银行客户对金融的多元化需求，特别是保障养老补充和意外、健康方面的需求。获得中国人寿浙江省公司颁发的“黑马奖”、温州分公司“千万期交奖”等荣誉称号。

【政保合作】 2014年，中国人寿瓯海支公司继续承担市区未成年医疗保险的收费录入工作、大病补充医疗保险、村干部综合保险、计划生育险、龙舟险等工作。全年为瓯海1.29万外来务工人员办理新居民意外保险，为近80多家企业、5家银行机构提供总额近3亿多元的借贷人身意外风险保障。公司推出的女性安康保险覆盖6个乡镇，受保17300余人。

【上门服务】 2014年，中国人寿瓯海支公司推出满期给付上门服务业务，针对部分住在仙岩、南白象、瞿溪等离公司比较远且不方便委托他人到公司代办业务的客户，公司将抽调专业客服人员上门为客户办理相关手续。

经济行政管理与监督

质量技术监督管理

【质量与品牌建设】 2014年，瓯海区质量技术监督局（以下简称瓯海区质监局）制订《温州市创建全国质量强市示范城市瓯海区实施方案》。以区政府质量奖评审为载体，推广应用先进质量管理方法。发挥政府质量奖的引领作用，推广实施卓越绩效管理模式。优化品牌培育方向，以成长性好、创新能力强，发展潜力大的科技型企业和生产性服务业企业为重点，制定“一企一策”，开展“菜单式”培育服务。全年2家企业获得区政府质量奖，新增（含复评）省名牌产品3个，市名牌6个，瓯海名牌13个。

【产品质量安全监管】 2014年，瓯海区质监局开展蓝剑保节日、蓝剑护农、蓝剑保安全等系列专项执法行动。组织开展电子商务产品质量专项执法行动，检查电子商务产品生产企业25家，抽检7批次。全年受理举报投诉107件，均予以办理回复。强化质量监督抽查及后处理工作，做到整改、复查按时到位率100%。全年市级定期监督抽查全区产品165批次，合格154批次，批次合格率93.3%。开展对全区食品相关产品、电热水器、电线电缆生产企业的摸底建档工作。组织召开劳动防护用品、水嘴、眼镜、皮革、锁具等行业质量分析和标准宣贯培训会。

【特种设备安全监察】 2014年，瓯海区质监局检查特种设备使用单位1200余家，检查特种设备2200余台，发出特种设备安全指令书435份，整改隐患设备1096台。推动茶山街道把特种设备纳入网格化管理。通过近两年的简易升降机专项整治，整治简易升降机1400余台，其中强制拆除设备153台，登记注册659台，规范整改600余台。针对泽雅硫化罐封头弹开事故，开展压力容器和锅炉安全生产大排查大整治行动。对数据库内180家压力容器使用单位的1300余台设备进行核查。开展压力管道和涉氨制冷企业专项整治行动。开展电梯维保单位分类分级监督评价行动。在温州大学组织开展电梯应急救援演练。在《温州日报》刊登公告注销特种设备208台。

【食品安全监管】 2014年，瓯海区质监局先后组织开展节假日食品安全大检查、重点产品生产企业风险排查、饮用水专项整治、新一轮地产食品533安全保障等专项行动，继续开展“无证无照”食品生产加工小作坊整治和规范工作。全年出动985人次，巡查生产单位465家次，发现并实施整改一般隐患问题18项次，立案查处5起，取缔违法违规的小作坊28家。

【标准化战略】 2014年，瓯海区质监局承担并完成《地理标志产品·瓯柑》、《地理标志产品·丁岙杨梅》2个国家标准的复审工作。指导、帮助企业为主制修订国家标准1个、行业标准2个。服务业标准化工作进一步推进，两项市级服务业标准化试点项目通过审查立项。完成企业标准备案65个。配合市标准化院举办企业标准化管理人员、服装行业应对技术性贸易壁垒等培训。

【民生计量工作】 2014年，瓯海区3家企业通过能源计量审查。继续开展农贸市场计量器具“四统一”工作，在南白象、娄桥和瞿溪农贸市场统一配备电子计价秤550余台，制定计量器具“四统一”管理制度，并增设计量曝光台，有效杜绝经营户利用电子秤进行作弊的行为。

【法制质监建设】 2014年，瓯海区质监局梳理行政权力，推行权力清单制度。经过“三报三审三回”，保留行政职权319项，并通过瓯海政府网站，全面公开权力清单。开展责任清单编制工作，清理出工作职责9大类49项，建立事中事后监管制度11项，编制工作流程图20多份。加强法律知识培训，提高执法人员素质。强化文明执法，严格依法行政，全年全局立案105件，罚没款136万余元，无发生行政复议、行政诉讼案件。

【优化行政审批服务】 2014年，瓯海质监行政审批窗口开展审批事项“六统一”清理规范工作，落实全省网上政务大厅建设工作，开展窗口行政权力事项信息梳理。在窗口设立行政审批首席官，落实客商“VIP”贵宾审批服务，开展网上预审等服务，通过优化流程、压缩办理时限等多项举措推动“马上就办”，提高服务效率。推出免费为特种设备作业人员邮寄证书的服务举措。对森马等5家重点企业单位开展上门注册登记特种设备，全程代办服务。

【省眼镜检测中心建设】 2014年，瓯海区新增材料耐高温及耐低温试验项目，满足眼镜企业对眼镜检测的需求；为开展对焦度计、验光机、验光镜片箱等计量器具的强制检定，购置柱镜标准器、客观式模拟眼、柱镜标准镜片、标准镜片等计量标准器。该年省眼镜中心检测各类眼镜产品406批次，同比增加10%。参与瓯海区的“中国眼镜生产基地”称号的复评工作。参与“5·20”国际计量日、9月科技服务周、进社区服务等活动。

【基层站所规范化建设】 2014年，瓯海区新桥质监所被评为“省级先进基层质监站所”，梧田质监所被评为“市级先进基层质监站所”，瞿溪质监所被评为“瓯海区委创建法制基层站所示范单位”。

【属地管理改革工作】 2014年，根据省、市级政府关于质监部门属地管理的改革方案，温州市质量技术监督局瓯海分局取消垂直管理体制，更名为温州市瓯海区质量技术监督局。区政府于4月4日举行挂牌仪式，于9月5日下发新的三定方案，内设办公室（挂行政审批科牌子）、质量与标准计量科、产品质量监督稽查科、特种设备安全监察科，下属区质量技术监督稽查大队（对外增挂区特种设备安全监察大队牌子）、区质量技术监督检测所，及梧田质监所（对外增挂仙丽质监所牌子）、新桥质监所、瞿溪质监所。9月18日，该局生产加工环节食品安全监管职责划转至区市场监管局。

统计工作

【统计基层基础建设】 2014年，瓯海区统计局按照全市“六项推进行动”工作的要求，制定2014年全区统计基层基础建设工作实施意见和全年工作计划，明确全年创建单位62家和复评单位144家；对全区14个街道（镇、开发区）进行1-3季度主要经济指标完成情况和统计基层基础建设专项督查，12月对全区14个镇（街道、开发区）和企业的统计基层基础建设验收工作，创建合格率达90%以上，复评巩固率100%；启动“一三五”培训工程，完成企业统计人员业务培训1100人次，镇街、部门统计人员业务培训350人次，村居经济普查指导员、普查员、村居两户调查员、月度劳动力调查员等对象业务培训530人次；抓好统计继续教育工作，465名统计从业人员通过统计继续教育网络平台，免费接受继续教育，完成业务知识更新；57人通过统计从业资格认定，并取得从业资格证书，318人报名参加统计从业资格考试，123人考试合格；配合工商、经信等部门做好“个转企”、“下转上”相关工作，“个转企”入库1388家，新增一套表单位68家；做好名录库单位全面核查，完成全区17603个法人及产业活动单位信息的核查，核查率达97.30%；开展经常性统计稽查和统计专项执法检查，组织统计稽查单位达83个，发现统计违法案件25起，均予以立案查处；坚持统计巡查机制，对纳入统计规范化创建的5个部门统计工作进行巡查，提高部门统计能力；开展部门职权清理推行权力清单工作，清理权力19项；举办七期统计"六五"普法培训班，受教育1550人；组织近1000人参加纪念《统计法》颁布30周年暨《全国经济普查条例》知识竞赛。

【第三次全国经济普查】 2014年，瓯海区统计局采取区镇街分级培训方式，对300多名镇街及开发区经普办业务骨干和700多名村居普查指导员进行普查登记业务培训；完成辖区内单位和个体经营户登记对象60624个；及时总结此次普查工作中的先进经验，撰写《浅谈如何做好经普"两员"选调和业务培训工作》、《浅谈个体经营户普查的思考与探索》等经普业务交流文章9篇。

【重点专项统计】 2014年，瓯海区统计局进一步加强重点领域专项统计。在投资统计方面，建立健全固定资产投资通报机制，联合发改局每月按期对镇街、部门固定资产投资完成和排位情况、政府投资项目计划执行情况进行通报；开展投资统计专项巡查，主要针对11个镇街的工业以及本年新开工项目的台帐和现场进行实地检查，共抽查48个项目；在工业统计方面，建立健全工业经济运行联席会议制度，通报交流工业经济运行情况，发挥统计分析预警职能；指导各镇街参考运用电产比、电税比、亩产比等科学统计方法，坚决抵制瞒报漏报行为，做好"应统尽统"；在服务业统计方面，加快文化、体育、金融、房地产、物流等重点行业统计制度建设，开展专项调查分析，撰写详细评估报告；在社会民生领域统计方面，开展群众安全感调查、5人口变动、低收入农户奔小康、科技进步监测、粮食生产、"十二五"妇女儿童规划、社会经济发展和环境统计等调查和监测。

【服务群众统计】 2014年，瓯海区统计局组织协调开展群众安全感、职工带薪年休假落实情况及对旅游活动影响、生态满意度、法制政府建设工作社会满意度等民生民意调查；推行办证登记"多证联办"机制，提高办事效率，新增统计单位登记1519家；规范认证工作流程，优化服务，据实为企业申报名牌、评优评先、资质升级等提供统计数据证明132份，同比增长32%；通过瓯海区统计信息网和统计微博向社会公众展示统计产品，并提供统计信息咨询服务。

【统计信息服务】 2014年，瓯海区统计局围绕"五一〇"产业培育升级工程、产业转型升级等重点工作，及时主动做好经济运行分析，完成统计分析43篇、统计信息152篇；按时发布统计信息卡、统计年鉴、统计年报、专题调研分析、常规的专业统计评价报告，定期发布社会经济监测报告、国民经济社会发展公报，为"两会"代表、区委、区政府和社会公众提供瓯海区社会经济发展的各类数据和科学分析；按月制定《瓯海区主要经济指标全市排位情况表》、《各镇街主要经济指标完成情况表》。

审计工作

【概况】 2014年，瓯海区审计局完成审计项目14项，其中审计调查1项。查出违规金额147万元，管理不规范金额21366万元。审计促进整改落实有关问题资金3242万元，审计促进拨付资金到位45万元；完成工程结算项目239个，净核减7394.98万元；完成工程进度款审计201项，核减24696.4万元。移送审计处理事项3件，其中移送纪检监察机关处理1件；提交审计审计信息和综合性报告11篇，被批示和采用信息报告11篇；向社会公告审计结果8个；提出审计建议37条，被采纳37条。

【审计任务】 2014年，瓯海区审计局完成区委、区政府交办的审计任务8项（不包括工程决算审计239项和跟踪审计设计变更201项），其中部门领导经济责任审计的5项，乡镇领导经济责任审计2项，被社会关心的热点部门或单位的财务收支、专项资金审计1项。完成上级审计机关下达的审计任务6项。其中审计署项目2项，省审计厅项目4项。

【内部审计】 2014年，瓯海区共有内部审计机构10个，共有内审人员49人。共审计项目129个，提出审计建议被采纳297条，增加经济效益287万元。

安全生产监督管理

【概况】 2014年，瓯海区发生各类事故143起（不包括火灾事故），死亡50人，各项安全生产指标均控制在市政府下达的范围内，安全生产总体形势保持稳定。

【安全生产“两化一网”建设】 2014年，瓯海区全力构建网格监管责任网，安全生产实行单列考核，区安委办牵头落实季考和年考，实行排名通报、奖优罚劣。推进区领导和挂钩部门督查、安委办组织明查暗访、安监局联合消防与新居民局开展飞行检查、镇街交叉检查等督查方式。全年区四套班子领导开展专项督查5批次、带队督查175人次，部门挂钩督查4次，明查暗访48批次，区安委办组织飞行检查242批次，跨镇街交叉检查1次。约谈网格干部169人，问责29人；全面优化三维立体网格，完善由镇街、监管部门和挂钩联系部门组成的三维立体网格。出台大、中、小网格安全生产岗位职责说明书和网格化管理考评奖惩指导意见；全面应用隐患排查治理工作系统功能和四色管理信息平台，录入生产经营单位20378家，平台使用率、数据准确率分别达100%、90%。利用企业隐患自查自报系统，倒逼不重视安全生产的企业转型升级，全区14503家通过系统每季度开展隐患自查自报。

【安全生产隐患专项治理】 2014年，瓯海区在全市十大领域安全整治的基础上，结合瓯海实际，组织开展以道路交通、居住房屋出租和人员密集场所等十五大领域为重点的专项整治，发现隐患396743条，完成整治388507条，综合整治率97.92%；狠抓城中村安全综合整治，推进45个城中村内拆违、安全生产、无证无照、环境污染、食品安全以及非法供电电等隐患排查整治。整治期间，各村各领域综合整治率均达到90%以上的整治要求，4个市级示范村全面通过市城中村整治办的考核与验收，城中村考核成绩名列全市第一；深入推进“打非治违”专项行动。重点抓好“三场所两企业”专项治理，检查企业1370家次，责令停产停业整顿74家，关停取缔61家。开展“六打六治”打非治违专项行动，出动执法人员3221人次，检查企事业单位和场所1288家次，开展联合执法113次，查处一大批非法违法生产经营建设行为。从11月26日开始，在全区范围内部署开展安全生产大排查大督查活动，累计检查单位44378家，查处非法违法行为7808条，查处重大非法违法行为165条，停产整顿单位350家，关闭取缔单位251家，追究行政责任116人，追究刑事责任8人；12月29日至30日，部署开展由各镇街（开发区）分管领导带队的安全生产交叉检查，出动260余人对14个重点村（片）进行排查，检查企业2374家，发现隐患1943条。对发现的隐患能当场整改的立即整改，当场未整改的全部开具整改指令书限期整改。

【安全生产宣教培训】 2014年，瓯海区安监局结合全国第十三个“安全生产月”、区第二个“安全日”、“六五”普法等活动，开展安全咨询活动50余次，发放资料83万余份；在《今日瓯海》开辟安全生产特刊，通报大排查大整治成果，宣传安全生产知识经验做法，曝光违法生产企业；推出《致员工的信》、《致企业负责人的信》以及员工培训dvd光盘一套，要求网格员发放至网格内所有生产经营单位，并现场组织企业员工学习；通过联合办班、分级培训等举措，推进安全生产全员培训，针对事故易发、多发行业，区、镇街、社区、企业联动开展事故逃生应急演练。培训从业人员21万多人，生产经营单位负责人和安管员8011人，开展企业应急预案及逃生演练1万余场。聘请专家对全区所有危化、涉尘企业负责人、安管员进行培训；结合城中村安全综合整治、"十五大"重点领域整治等专项行动，对道路交通、生产经营单位、居住房屋出租和人员密集场所等重点领域开展密集的宣传活动，累计发放各类宣传资料40万份。

【安全生产基层基础提升】 2014年，瓯海区启动"无安转有安"创建活动。全区实现"无安转有安"企业2064家，其中创成规范化、标准化企业398家，兑现达标企业奖励资金299万；324家企业纳入诚信管理；创新应用隐患排查治理"社会化"服务机制。在2014年城中村安全综合整治过程中，推出"政府购买服务"系列举措，组建全省首个县(区)级安全生产专家库，形成"政府出资、专家排查、企业自主、安监督改"的新型安全隐患检查模式，并分别在景山街道将军工业区、茶山街道山根工业区开展试点；在日常审批的收件及现场审查工作方面，完成各类许可件173件，核发烟花爆竹(零售)经营许可证55个，发放证书6000余本，开展现场审查150余次，实现期内办结率、提前办结率、群众满意率100%，审批流程提速至64.77%。推出"足不出户、证书到家"贴心服务活动，送去证书192份。

【安全生产监督执法】 2014年，瓯海区安监局强化行政执法力度，通过开展"飞行检查"、"交叉检查"，严厉打击各类安全生产违法行为。截至12月底，出动执法人员210045人次，查处事故隐患16785条，其中重大事故隐患830条，均已全部完成整改。全年立案查处267起，罚款金额219万元，全年实现零复议零诉讼零投拆，行政处罚案件数全省第一；12月，瓯海区综合执法平台正式投入试用。推广应用说理性执法文书，依法规范执法权委托和执法强制措施，12家安监中队通过市级基层安监机构执法规范化创建验收；加强举报网建设，进一步拓宽打非治违渠道，修订《温州市瓯海区安全生产举报奖励办法》，落实有奖举报制度。全年受理举报266件，发放举报奖励10余万元。

社会生活

人力资源和社会保障

【就业再就业工作】 2014年，瓯海区人力资源和社会保障局（以下简称瓯海区人力社保局）城镇登记失业率控制在1.6%以内；城镇新增就业12675人；下岗失业人员再就业1321人；就业困难人员再就业516人；失业保险参保净增4335人；办理失业保险金业务697件，支出失业救济金532.3万元，医疗补助金167.04万元。为86名城镇困难人员、120名农村困难人员发放生活补助金，补助22.5万元，帮助143名生活困难的就业困难人员申报“4050”社会保险补贴、水库非农原迁移民社会保险补贴，补贴25.74万元；累计开发公益性岗位109个，安置109名就业困难人员实现再就业，发放公益性岗位补贴65.4万元；为222家中小微企业发放稳定就业失业保险补贴269.9万元，减轻企业负担。全年举办大型现场招聘会19场，登记求职务工者3657名，其中2580人达成就业意向。

【人才服务工作】 2014年，瓯海区建立高校就业见习基地20家，研究生实习基地5家，征集机械、工程材料等方面的研究生实习、科研项目10个，实际对接落实研究生9名，结对成功人数在居全市首位。组织企业参加省内外各类人才招聘活动及高校招聘专场洽谈会2次，提供瓯海区企业岗位1342余个，现场达成招聘意向870人。继续实施“瓯越英才计划”，10月底发布申报公告，启动遴选工作，20人进入评审。做好“千人计划”、市“海外工程师”资助和引进国（境）外智力项目申报工作。申报国家“千人计划”7名，其中进入答辩环节4人；申报省“千人计划”10人；申报市“580”计划10人，其中入围答辩9人，入选4人；申报市“海外工程师”资助7人，其中6人获得资助共计95万元；申报引进国（境）外智力项目5个，其中入选市级重点引智项目3个；做好博士后研究人员招收工作，为全区企业招收博士后研究人员2人，资助企业博士后科研工作站建站及博士后科研人员共49万元。继续推进紧缺急需人才培养引进工作，引进培养高层次和紧缺急需企事业人才136名，其中培养106名，引进企业紧缺急需人才30名；做好城市建设类事业单位引进专业技术人员公开招聘工作，共为全区3家事业单位引进3名中级以上职称专业技术人员和1名紧缺专业人员。

【职业技能培训工作】 2014年，瓯海区人力社保局深入开展区职业技能人员培养工作，及时组织各类技能提升培训鉴定工作，培训初中级技能人才5361人，完成职业技能鉴定4571人，完成高技能人才培训并获得证书804人。开展职称评审。开展服装产业“十百千”人才聚集计划，全年共引进和培养服装产业高层次人才21名，新增高技能人才持证数102名，开展服装行业技能人才培训1392人次。

【行政审批工作】 2014年，瓯海区人力社保局以党的群众路线教育实践活动为契机，开展“微笑服务·满意群众”活动。3月，在区直机关率先推出“午间无休”办公制，全年无午休办公期间接待的办事群众3900余人。按照

"即办制"与AB岗工作制度的要求，优化工作流程，压缩审批时限。区社会保险管理中心获区十大"效能示范岗"荣誉称号。

【职称评定工作】 2014年，瓯海区人力社保局严格审核，确保职称评审公正公平。全年初定初审各类专业技术人员职称评审1201人，其中高级136人，中级547人，初级518人。

【干部队伍建设工作】 2014年，瓯海区人力社保局坚持公开、公平、公正、竞争、择优的原则，做好各类人事考试工作。为12家单位公开招录公务员28名，为区人民法院、区人民检察院等单位公开选调公务员5名；为瓯海区43家事业单位面向社会公开招聘（选调）73名工作人员，参加考试1230人，最终录取69人；指导协助区教育局、卫生局做好2014年度教育、卫生系统公开招聘工作人员工作，招录新教师118名，19名基层医疗卫生机构医务工作人员；协助区委组织部完成招聘大学生村官2名。完成4名营职以下军队转业干部安置任务，并配合区民政局完成8名2013年冬季退伍士官安置任务，对全区47名企业军转干部和政转企干部进行慰问，发放生活困难慰问金31.995万元。对全区2201名行政、参公人员和事业区管干部纳入网上课堂进行学分制管理，上报参加市局组织的初任培训人员46名、离岗培训人员1名。推出瓯海区人事考试录用平台，考生通过瓯海区人事考试录用平台完成网上报名、网上缴费、网上打印准考证、查询成绩等业务。

【绩效考核工作】 2014年，瓯海区人力社保局严格按照"客观、公正"的原则对瓯海区各机关事业人员确定考核等次。全区89个单位参加年度考核3502人，其中确定优秀等次630人，称职（合格）等次2685人，基本合格等次8人，不定等次176人，对91名记三等功及646名记嘉奖的人员进行申报。

【事业单位管理工作】 2014年，瓯海区人力社保局为全区13家事业单位475人进行岗位设置和岗位调整设置并全部签订聘用合同。完成22家单位参公审批，完成新录用公务员（参照公务员法管理单位工作人员）登记108人。

【工资福利管理工作】 2014年，瓯海区人力社保局精减退职人员及机关事业单位工作人员死亡遗属生活补助进一步提高，给全区187名机关事业单位工作人员死亡后遗属增加生活困难补助费，月增加14585元，人均78元，给全区40名精减退职人员增加生活困难补助费，月增加5805元，人均145元；为卫生、教育系统97家单位4642人进行正常薪级工资晋升，涉及工资196267元，人均增加42元；为68家行政机关正常晋级313人，人均增加20元，正常晋档1929人，人均增加23元。

【劳动监察工作】 2014年，瓯海区劳动维权点（网格点）受理处置各类劳资纠纷1756件，涉及8787人，涉及金额8486.45万元，其中处置因劳资纠纷引起的群体性事件101起，处置因欠薪逃逸引发的群体性事件10起，移送公安查处的欠薪逃逸案件20起。加大劳动监察力度，检查用人单位11446家，立案查处违法用工案件6起，罚款12.52万元。实施小微企业劳动合同签订专项行动，协助指导企业依法签订劳动合同10491家。加强企业诚信建设，全年完成劳动保障书面审查10785份，同比增长9.4%。

【劳动普法工作】 2014年，瓯海区人力社保局开展"双爱"行动，通过在金州工业园等地举办大型政策咨询宣传活动13场，分发宣传资料3000份。开展局官方微博并开设普法宣传专栏，借助"96309"维权热线、局网站和企业QQ群等载体定期向用人单位宣传劳动法律法规，定期和用人单位探讨法律法规。

【劳动工伤和仲裁工作】 2014年，瓯海区人力社保局受理工伤案件1239件，不受理案件48件，全部都在法定期限被结案。工伤认定行政复议案件5件，行政诉讼5件，无一败诉，司法建议和行政复议意见反馈率、败诉率、纠错率均为0；受理劳动仲裁案件621件，处理结案596件，其中调解137件，裁决253件，撤诉54件，其他方式结案152件。

【社会保障概况】 2014年，瓯海区参加企业职工养老保险185197人，城乡居民养老保险参保115546人，两项合计新增30006人，完成市局下达目标任务的285.77%；参加医疗保险440847人，净增12933人，完成目标任务的171.30%，其中城镇职工医疗保险参保96077人，城乡居民医疗保险参保344770人。参加工伤保险237565人，净增8152人，完成目标任务的100.64%；参加生育保险80645人，净增2842人，完成目标任务的101.50%；累计发放“市民卡”33.16万张，完成目标任务的100.48%。

【养老保险】 2014年3月，瓯海区人力社保局调整全区被征地农民社会保障待遇，基本生活保障金享受标准从一档340元/月、二档300元/月、三档260元/月，调整为一档500元/月、二档440元/月、三档340元/月；被征地农民生活补助金享受标准从75元/月调整为110元/月，受益23211人。温政令[2014]143号实施以后，通过、政策宣传、业务培训、增设窗口等方式最大限度保障被征地农民权益，截止12月底，全区因选择参加城镇职工养老保险受益的被征地农民14902人。社区社会化服务管理站达32个，新增13个，共计17170退休人员纳入社区社会服务化管理，资格认证率99%以上。

【医疗保险】 2014年，瓯海区人力社保局联合公安、卫生等五部门开展医疗保险反欺诈“亮剑”专项行动，重点检查全区52家医保定点单位，并排查近年来的高额医疗费用，约谈参保对象13人、医务人员16人，查处违规药店3家、违规医疗机构2家，扣减及追回医保违规金额84.24万元。加强医师管理，制定基本医疗保险医师服务资格管理办法，医保医师的医疗服务将实行积分考核管理办法，医保医师有违规行为的将予以扣分，并按扣分结果作出中止、解除或注销医保服务资格等处理。

【工伤生育保险】 2014年，瓯海区人力社保局创新支付方式，推出分项支付方式，即工伤医疗费支付给企业，伤残待遇或工亡待遇，直接支付给工伤职工本人、法定监护人或法定继承人（另有协议或其他调解、仲裁、判决情况的除外），充分保障参保职工的个人权益。全年支付工伤待遇1353笔，支付基金2241.96万元，支付生育待遇1740笔，支付基金1456.17万元。

【城乡居民医疗保险方面】 2014年，瓯海区人力社保局推出城乡居民大病医疗保险制度，部分大病保险补助比例达到50%，实现大病保险“一站式”实时刷卡结算。全年大病保险补助累计支出228.06万元。

民族宗教事务

【少数民族服务】 2014年，瓯海区民族宗教事务局（以下简称瓯海区民宗局）做好少数民族服务工作。4月在瞿溪街道屿儿山公园开展广场宣传活动，分发民族宣传资料约300多份，现场接受有关少数民族计划生育，中、高考加分等相关政策的咨询约150人次。开展民族“三进”工作，2个镇街进学校、2个镇街进企业、9个镇街进社区开展民族工作。办理民族成份变更5件，办理中高考学生少数民族身份证明31件。协调解决4名在瓯海的青海籍回族和新疆籍维吾尔族务工人员子女入学难的问题，慰问仙岩街道穗丰村、丽岙街道泊岙村少数民族困难户和华阳小学的困难学生15人共7500元，落实与平阳县青街畲族乡王神洞畲族村和泰顺县筱村镇北坑村结对帮扶资金共计15万元。

【宗教工作】 2014年，瓯海区民宗局开展“同心同行·共建和谐”活动。开展排忧解难工作，29个试点场所中梳理出问题117个，解决问题111个。加快推进权证办理试点工作，制定出台《瓯海区完善宗教活动场所权证试点工作方案》和联席会议制度，3个试点场所的权证办理工作进入到办理程序。开展党报党刊赠阅，对依法登记的268个宗教活动场所专门赠送《温州日报》，其中30个重点场所赠订《人民日报》、《浙江日报》和《中国宗教》杂志。开展马克思主义宗教观宣讲活动，区委理论中心组扩大会议先后2次专题学习马克思主义宗教观，抽调市民讲师团和微型党课讲师团的优秀成员组建80余人的马克思主义宗教观宣讲团，到全区85个社区宣讲党的宗教方针政策和法规，受众达5000多人。全区宗教场所开展安全生产大排查、大整治专项活动，排查整改126处宗教活动场所存在的安全生产隐患。9月召开文明敬香·建设生态寺观推进会，整治寺庙宫观内燃大蜡烛的现象，开展“和谐场所”评星创建，创建达标和谐寺观教堂宗教活动场所30处，上报11处场所参与星级场所的评选活动。同励引导宗教团体致力慈善事业，开展各类慈善活动，区宗教界共为五水共治捐资178万。

【民间信仰管理】 2014年，瓯海区民宗局指导各镇街民宗办规范化建设，督促各镇街落实人员经费。组织区政协民族宗教组的政协委员到民宗办进行调研。按照“四个一批”管理的要求，结合依法处置涉宗违法建筑的实际，指导各镇街对民间信仰活动场所进行“四个一批”调整，为2015年的编号登记管理打下的基础。

民　政

【低保救助】 2014年，瓯海区有农村低保对象3235户5587人，城镇低保对象285户461人，全年累计发放低保金2959.6万元。提高低保标准，低保人均补差城镇和农村居民分别达到532.65元和370.43元，从2014年12月1日起，全区城镇和农村低保标准分别从原来的每人640元/月和450元/月调整为705元/月和515元/月。

【医疗救助】 2014年，瓯海区民政局按人均13元的标准落实医疗救助资金520万元。全面实施“一站式”救助平台服务，降低医疗救助门槛，非民政救助对象实行低起点救助。全年支出救助金657万元，累计救助3936人次。开展困难群众白内障复明手术，为全区15位困难老人实施免费复明手术。

【临时救助】 2014年，瓯海区民政局出台《关于建立瓯海区新居民临时救助制度(试行)的通知》，全年为461户家庭实行一次性救助，共支出资金124.3万元。探索开展“救急难”工作，出台《温州市瓯海区“救急难”试点工作实施方案》，建立“急难情况发生地先行垫付救助金”的救助方式。

【救助平台创新】 2014年，瓯海区民政局成立社会救助窗口，将最低生活保障等社会救助申请项目统一纳入社会救助申请窗口，初步建立低收入家庭综合信息平台；规范化建设爱心驿站，创新爱心驿站的运行模式，在瞿溪街道建成全省第一家“造血型”爱心驿站。

【防灾减灾】 2014年，瓯海区民政局重新修制《瓯海区自然灾害应急救助预案》，完成区级救灾物资储备库改造工程，围绕“城镇化与减灾”主题，开展防灾减灾宣传活动。加大避灾安置场所建设力度，在原先73个的基础上新增28个避灾安置场所，覆盖率达到38.4%。

【孤残儿童救助】 2014年12月1日起，瓯海区民政局调整孤儿基本生活费发放标准，福利机构养育和社会散居的孤儿基本生活费分别从原来的每人1496元/月和897元/月提高到1570元/月和942元/月。完善困境儿童和困境家庭儿童保障体制，出台《适度普惠型儿童福利体系的实施意见》。

【精减退职职工和支宁人员补助】 2014年1月1日起，由瓯海区民政部门管理的享受原工资40%救济的精减退职职工的生活困难补助标准由每人1105元/月调整为1215元/月；享受定期生活困难补助的精减退职职工的生活补助标准由每人990元/月调整为1090元/月；支宁返温人员固定生活补助标准从每人150元/月提高到184元/月。

【养老服务】 2014年，瓯海区民政局深化完善社区居家养老服务，建成村级居家养老服务照料中心21家，为老年人提供午餐、午休、康健、娱乐等。构建居家养老服务支持机制，扩大政府购买服务范围，新增公益性岗位20个，助推社区的居家养老。在原有享受养老服务补贴范围的基础上，增加二类补贴对象，使养老困难的老人共1450人可接受居家养老服务，可享受200元/月的购买服务。建立全区老年人信息库，奠定数字化养老基础，为全区60岁以上的困难、独居、失独、低收入农户和低保边缘户老人6000余名实施老年人意外伤害保险。推进养老服务机构建设，全区全年新增床位765张，新增养老机构2家，在建养老机构2家，拟建、改建养老机构3家。做好温州万福医院转型为护理型养老机构，推进标准化发。下拨62万资金用于泽雅镇敬老院改造，创新改革方式，对敬老院进行“公办民营”试点工作。开展省级老年友好型城区建设、老年宜居社区和敬老文明号“三项创建”工作，举办系列敬老月活动，开展“银龄互助”活动，发挥老人协会在居家养老服务中的作用。加强老人协会的财务管理，娄桥街道将村级集体老年事业经费统一管理作为“一镇（街）一品牌”试点，进一步规范农村老年人协会的资金管理。老年电大发展良好，区老年电大分校被评为省优秀老年电大，全年近6000位老人接受教育。

【基层政权和社区建设】 2014年，瓯海民政局开展村（社区）“三多”（机构牌子多、考核评比多、创建达标多）清理工作，印发《全区开展村（社区）“三多”问题整改工作的实施方案》，出台《瓯海区村（社区）“三多”问题清理工作实施细则（试行）》，共摘牌3000多个。制定《瓯海区关于规范村级印章使用和管理工作的意见》，强化村级印章管理。探索三社联动，出台《关于推进“三社联动”、创新基层社会治理的实施意见》。制定《瓯海区村（社区）事务准入制实施办法》，确定村级事务46项，城市社区事务59项，农村社区42项，适合购买服务27项，清单外事务必须实行准入。在娄桥街道新城社区服务中心试点打造示范型街道社区服务中心，进驻一家社工服务机构，盘活娄桥街道社区服务，建立服务体系。2月份，金蟾社会工作服务社等七家社工机构与区社工办签订政府购买合同，由社区社会工作室开展事务代办、诉求代理、法律服务、困难帮扶等政府服务项目，提升社区社会工作整体水平。完成第十届村民委员会换届选举工作，开展新一届村干部培训。

【社会组织和社工人才队伍建设】

2014年，瓯海区共有社会组织和社区社会组织2732家，其中登记的570家，备案的2162家。开展2014年度社会组织等级评估工作，确定3A级社会组织4家。推进社会工作政府购买服务，引导社会组织参与社会服务和基层社会治理。据统计，全区政府购买服务经费和公益创投资助社会组织经费达445.5万元。开展社会工作项目，出台《瓯海区公益创投办法》，包装发布公益项目13个。开展“国际社工节”系列宣传服务活动，培育社工人才队伍，全年新增国家社会工作者职业水平考试人员74人，通过国家考试18人，参加市级评审人员195人。全年新增社工机构8家。

【双拥优抚安置】 2014年，瓯海区民政局健全双拥工作机制，开展拥军优属活动，共投入拥军经费194万元、慰问物资32万元。完成双拥创建迎检。推进军民融合创新发展，组织开展“军徽在养老机构闪光”共建结对专项活动，首批确定由8家驻瓯部队单位与8家养老机构共建结对服务。区图书馆与驻辖区部队建立军民文化共建，为7个基层部队设立图书流动站，全区流动图书进军营基本实现全覆盖。开展依法优抚工作，调整优抚标准，同比2013年每类对象年抚恤优待标准平均提高10%。梳理权力清单，优化理清14项内容，依法予以公开。开展精神关爱工作，创新优抚医疗服务保障模式，全年共为60名住院的优抚对象报销医疗补助25.16万元，为650名重点优抚对象缴纳城乡居民医疗保险15.6万元，为20名六级以上残疾军人缴纳医疗保险53.4万元，为514名重点优抚对象开展免费体检支付17万元。加强革命传统理想信念教育，开展“缅怀先烈不忘军旅生涯，继承遗志永葆军人本色”为主题的祭奠烈士仪式活动，投入70万元完成王金 烈士纪念碑等两处零散烈士纪念设施的修缮改造。加大关爱功臣走访慰问力度，通过“冬送温暖夏送清凉”、“八一优抚对象走访”“烈士纪念日走访”等走访慰问活动，共向1500多名优抚对象发放慰问金89.2万元、慰问品36万元、临时生活困难补助金62万元。做好涉军信访稳定工作，不定期对当前不稳定因素进行全面排查，加强信息研判，全年接待来访答复5批次170余人，回复办理来信3件，劝解涉军群体集会4批次，妥善处理退伍老兵历史遗留问题1起。全区接收2013年冬季退役士兵172人，完成8名转业士官安置和1名无军籍退休职工接收工作，协助有关部门定向招录4名事业编制的退役士兵。制订《瓯海区退役士兵自主创业贷款财政贴息实施办法（试行）》。

【殡葬改革】 2014年，瓯海民政局推进私坟“禁新”工作，加大督查力度，健全巡查机制，建立巡查台账，对市局查处的禁新，按照建造行为予以立即改造或平毁。加强暗访抽查力度，每月对重点街道禁新暗访2次，做好反馈、整治。加强骨灰跟踪管理，完善“禁新”工作机制。推进“四边区域”坟墓生态化改造，全年改造坟墓537座，迁移坟墓226座。推进“四边区域”坟墓迁移工作，做好对牛山公园等重点工程涉及的坟墓迁移及空穴平毁。推进惠民殡葬机制建设，出台《关于开展“基本墓穴”服务的通知（试行）》。落实对困难群体的免费公益墓穴救助服务，累计救助200多人。推进新型节地葬法，完成瓯海区首座公益骨灰楼的建设。推进文明祭祀宣传活动。引导和鼓励群众选择绿色生态葬法，联合市局开展海葬、树葬活动；建立瓯海公墓服务网，提供免费代理祭祀远程服务。在潘桥状元峰生态墓地建立温州市首个“生态树葬示范墓园”，开展全市第二次联合树葬仪式；出台生态葬法奖励、补贴办法，全年参加树葬、海葬的6名逝者，分别给予补助5000、8000元。举办第一期殡葬民俗文化讲坛，提炼瓯海区“十大殡葬惠民政策”和“十大殡改名词”。出台《瓯海区关于开展党员、公职人员带头推动殡葬改革教育实践活动的实施方案》，落实好党员干部带头推进殡葬改革。

【专项社会事务管理】 2014年，瓯海区民政局拓展地名公共服务工作，对泽雅镇平原3个村及部分街道进行命名，对沿路的建筑进行科学规范的门牌编制。全年命名道路60条，建筑物15处，设置街、路、巷牌115块，楼门牌369块。推进平安边界建设，起草“瓯海住宅布局划区”调研报告，制定联检工作计划，建立健全界线管理四项工作制度，开展龙瓯瑞三交点联检工作。成立编纂委员会，申请专项资金46.38万元，初步完成《瓯海区地名志》初稿。做好各项审批工作，完成权力清单梳理工作，保留权力事项62项，总计削减75项。全年新增社会组织84家，办理变更登记33家；社会团体名称预登记32家，成立登记20家；民非名称预登83家，成立登记64家。探索制定社会组织登记新模式，采用“简、预、缓、看”的方式进行社会组织登记，对3家小区业主大会进行法人社团登记试点。婚姻、收养登记工作规范有序。自4月1日起实行周一至周五工作日无午休、周六预约结婚登记服务制度。全年办理结婚登记3365对，离婚登记504对，补发结婚证件562件，补发离婚证件43件，出具无婚姻登记记录证明5701件，提供婚姻登记相关查档1000余件，依法收养登记3例，登记合格率100%。

人口和计划生育

【概况】 2014年，瓯海区在全市人口和计划生育年度工作考核中排名第一。瓯海区人口计生局被温州市人民政府命名为“依法行政示范单位”。至年末，全区户籍总人口429511人，已婚育龄妇女76664人，全区上报出生4068人，计生率87.93%；户籍出生人口性别比106.71；多孩违法生育发生率1.16%；当年社会抚养费征收例数兑现率64.72%，金额兑现率67.43%，往年例数兑现率48.64%，金额兑现率55.56%；全区免费婚前医学检查率94.68%；免费孕前优生检测率93.41%；党员干部违法生育查处率100%。

【计划生育工作责任落实】 2014年，瓯海区委、区政府将人口计生工作纳入全区综合目标管理考核体系和区四套班子重大事项督查范围，进一步修改完善目标考核内容、办法，制定出台《2014年人口和计划生育工作目标管理考核评估意见》等系列文件，把人口计生职能部门列入单独考核，与绩效考核相挂钩，加强目标过程管理。实行区领导挂钩督查，区人口计生领导小组定期不定期开展督查。在坚持年初和年中工作会议制度以及领导小组例会制度的基础上，实行一季一分析制度，建立专项约谈制度，坚持计生排名公示制度。严格实行一票否决制度，全年审核拟评选单位1603个，个人1630名，否决23个集体和2名个人的各类评先评优资格。

【计划生育重点难点工作】 2014年，瓯海区做好性别比综合治理、社会抚养费征收、流动人口管理等计划生育重点难点工作。组织实施《社会抚养费征收对象调查工作实施办法》（试行）和《社会抚养费征收工作程序》等一系列政策制度。通过规范征收程序，摸清低收入违法生育家庭的状况，实施分期缴纳，清理一批历史遗留征收，体现人性管理。该年瓯海区的人均社会抚养费征收金额位列全市第一。巩固提升出生人口性别比治理成效。加强部门协作，加大对重点人群“两非”行为的监测、跟踪和查处力度，加强对医疗机构和医务人员监管教育，重点协调解决市级民营医院的监管不到位问题，开展出生人口性别比重点治理专项行动。全年查处“两非”案件9起，其中查处“两非”刑事案件5人，取消再生育指标6例。将流动人口计生管理纳入年度目标考核之中，坚持月排名计分和季督查考核工作机制。

【计划生育宣传教育】 2014年，瓯海区注重人口计生宣教服务的创新发展，不断拓展网站、微信、微博、电子屏等宣传载体。开展十佳“最美计生人”评选活动。潘桥、丽岙等街道开通微信订阅号，向广大育龄群众发送人口计生政策法规、优生优育、生殖保健、五期教育知识等实用信息。

【计划生育优质服务】 2014年，瓯海区持续巩固“全国计划生育优质服务先进单位”创建成果。开展“七免”服务。全年全区婚前医学检查4393人，孕前优生检测3173例，发放福施福4640盒，为367名育龄妇女免费提供高档宫内节育器，为9959人提供免费生殖健康体检服务。优化二胎审批服务，全年完成网上审批1227件，农转非审批157件，特批65件，共计1449件。落实“单独两孩”政策。全年审批符合条件的对象488例。深化“助你好孕”品牌服务，全年共为260对不孕不育夫妇进行病因分析，其中56对夫妇符合“助你好孕”爱心资助条件；参加“助你好孕”活动的对象中，有19个家庭成功怀孕，已分娩14人（其中1例为双胞胎）。打响“助你安康”品牌服务。安排15592名支持计划生育孕环检工作且年龄在35至49周岁的妇女和符合生育政策的已结扎妇女免费参加国寿女性安康团体疾病保险。开展便民错时服务。区计生指导站率全市之先开展“周六便民服务日”活动，各镇街计生办和服务站开展休息日“预约”办证和“三查”技术服务，解决部分服务对象工作生产与办证办事时间冲突问题。

【计划生育利益导向机制】 2014年，瓯海区政府把落实农村计生家庭奖扶、特扶制度和农村计生家庭养老保险制度列入2014年“十大民生工程”。全区符合条件的奖扶对象1421人，其中新增280人，发放奖扶金176.412万元；特别扶助对象69人，其中新增6人，发放特扶金45.6万元。新增农村计生家庭养老保险对象696人，累计享受5169人，区财政下拨补助金2103.7223万元。实施失独家庭全程关爱救助活动。组织对5户失独家庭、3户失独后重新实现生育的家庭进行慰问，发放慰问金11.4万元。对生育“五关怀”对象和计生特殊家庭进行走访慰问，慰问396人，发放慰问金21.3万元。动员广大企业主、社会各界，开展生育关怀冠名基金的募集工作，新增生育关怀冠名基金750万元。全年全区资助学子11名，资助总额3.1万元。完成计生困难家庭幸福生活促进行动对象资助金的发放。资助家庭217个，发放资助金68.9万元。

【计划生育基层基础工作】 2014年，瓯海区全面落实村（居）分类管理与“三捆绑”制度。强化社区及村级责任，在全区644个计生网格实行网格化管理责任追究制度，不定期开展网格督查和整治行动，推广应用市人口计生网格管理系统。完成全区260多个村（居）计生协换届工作，确保村级协会工作的连续性和稳定性。组织全区计生干部开展综合性的计生业务知识培训，组织镇街、村居100多人参加全省基层干部提升培训，对全区300多名村级计生服务员进行为期2天的系统培训。

老龄工作

【概况】 2014年底，瓯海区60周岁以上老年人74589人，占总人口的17.44%，百岁老人6人。瓯海区民政局开展基层老年人协会建设“乐龄工程”，对条件成熟的社区、村级老人协会给予社会组织登记或备案，赋予协会合法地位，解决财务的管理问题。全年登记8家社区老龄协会组织。区老年电大分校被评为2014年省级优秀老年电大示范点，全区50个社区、村级老年电大教学点，全年近6613多名老人接受教育，发放教材12800本。加强对第一届“敬老文明号”集体的后续管理和长效机制建设。全年动员8家的基层窗口单位和为老服务组织开展“敬老文明号”创建活动。举办全区老年人协会会长培训班，宣传老龄工作方针政策、规章规律。

关心下一代工作

【概况】 2014年，瓯海区有13个镇街、75个社区、135家学校、94家非公企业建立关心下一代工作组织。瓯海区关工委建有瓯海区青少年心理健康关爱中心，1支心理咨询师志愿者队伍，拥有1支讲师团队伍，1个失足青少年关爱团，1支区级“五老护苗”志愿队，各镇街五老护苗志愿队成员700多人，网吧监督员114人。

【主题教育】 2014年，瓯海区关工委组织开展“我们的节日”主题活动。各级关工委利用清明节、中秋节、国庆节等传统节日为契机，组织开展各种形式的宣传教育活动。据统计，清明节全区开展网上祭奠活动47场，参加26688人次；祭奠打扫烈士墓55场次，参加14718人；参观爱国主义教育基地44场次，参加2400人；开展演讲比赛5场次，参加1280人；讲革命故事26场次，参加867人；主题书画展39场次，参加9986人；开展班团会45场次，参加2930人。国庆节期间开展“向国旗敬礼、做一个有道德的人”网上签名寄语活动。中秋节期间开展颂古诗、读佳作活动。践行社会主义核心价值观，举办征文比赛活动，收到征文344篇。全年区关工委讲师团开展宣讲54场，受教育青少年达11020人次，其中，学校47场次，社区7场次。开展“学雷锋、心向党、讲品德、见行动”活动。全区各学校开展学雷锋实践活动514场次、参与青少年26000人次，唱雷锋歌曲5场次、参加青少年5200人次，

表17　2014年瓯海区百岁老人概况

序号	单位	姓名	性别	出生年月日	详细地址
1	潘桥街道	蔡昌妹	女	1909.06.24	潘桥街道岷岗村岷前村岷前路57号
2	仙岩街道	何　氏	女	1909.02	仙岩街道岩一村
3	仙岩街道	苏再珠	女	1911.02	仙岩街道岩一村
4	仙岩街道	张传千	男	1913.12	仙岩街道自力村
5	泽雅镇	麻洪珠	女	1914.06.05	泽雅镇李降垟村
6	郭溪街道	张巧弟	女	1914.04.25	郭溪街道任桥村康宁路22号

学雷锋书画展览6次、参加青少年6210人次，学雷锋黑板报385期，国旗下的讲话12场次，主题班会437场次，慈善一日捐30场次、募集资金188.3万元，进社区、敬老院打扫卫生16次，植树活动14场次。

【关爱帮教基地建立】 2014年，瓯海区关工委在瓯海看守所建立全省关工委系统内首个在看守所建立的失足青少年关爱帮教基地，主要开展权益维护、教育感化等关爱帮教活动。1月8日腊八节，关爱团成员带节目到瓯海区看守所参加第四届主题监区文化节。5月14日，五老人员为失足青少年捐赠书刊及夏令用品，开展“爱在红五月——唤醒沉睡的青春”为主题的联欢活动。7月7日，失足青少年关爱团成员宋玲华作为担保人，成立帮教小组，与失足青少年小李结对，保外改造，担保他到企业帮教基地一公司上班，在为期半年的担保期内，宋玲华与他时常进行沟通与教导、生活上给予照顾与关爱。当事人在这半年内表现良好，司法部门已对其免于刑事处罚。这在我市是首例。

【失足青少年关爱团】 2014年，关爱团是一个公益性工作团队，由20位热心公益事业并具有相关专业知识、各行各业退休的老同志组成，为外来无监护的失足未成年人担任代理家长即合适成年人。全年失足青少年关爱团“合适成年人”指派达30人次。

【开展网吧义务监督检查】 2014年，瓯海区关工委开展五老网吧义务监督检查17批次，参与五老192人次，取缔黑网吧3家，收缴电脑57台。

【新居民子女帮教关爱工作】

2014年5月28日，瓯海区关工委开展“中国梦”——科普知识进校园活动，邀请市关工委讲师团老师、国家级优秀运动员余元芳、施民岳老师到瓯海娄桥民工学校新阳小学开展航模表演活动。主要内容有航模讲座与制作，专业运动员航模表演，同学们放飞自己制作的飞机等。区关工委同时对该校的10位特别贫困的学生进行慰问。在六一期间组织发动基层关工委对316位贫困学生进行慰问，其中对贫困新居民子女慰问有170人。

【留守儿童帮教关爱工作】 2014年3月12日，瓯海区关工委联合区教育局、团区委等单位组织70位民工子女感受幸福瓯海系列活动。在六一节期间发动基层关工委组织“五老”与139位留守儿童结对，开展“大手牵小手”五老关爱活动，采取一对一的帮扶方式。7月15-17日，与教育局、文明办联合举办以“追风、追梦、追爱”为主题的留守儿童夏令营活动，有47名三至六年级的品学兼优的留守儿童参加。活动在温大举行采取封闭式管理，内容有拓展项目、行为艺术、陶泥乐、水火箭、看电影、参观泽雅造纸术的活化石——四连碓等。

【开展青少年特殊群体关爱工作】

2014年8月25日，瓯海区关工委联合市福彩到温州市救助站开展关爱流浪儿童活动。与流浪儿童游戏互动、近距离交流，为救助站的儿童送去学习用品、食品等慰问品。福彩助学活动争取福彩资金75000元，在全区寻访15名贫困大学新生，助其上大学。并为其中特困的一名大学新生牵线搭桥，结对1名社会爱心人士，每年资助爱心款10000元，助其完成大学学业。瓯海老年大学关工委为阳光民办民工子弟小学贫困学生送上价值3000余元的书包，向校图书室捐赠书刊1000余册。全年全区“五老”人员结对未成年人169人次，帮扶205人次，帮扶资金和物质总额32.21万元。

【品牌建设】 2014年5月，瓯海区首个青少年心理健康关爱中心成立，选址在新桥街道三浃社区11组团14幢109室，拥有一支由13名有国家二、三级咨询资质的咨询师队伍，心理咨询顾问为温州市心理卫生协会理事长、温州市人民医院心理科主任医生黄国胜。关爱中心按专业化标准设置，设立咨询室、沙盘治疗室，以“关爱心灵，让爱常驻”为服务宗旨，开展心理讲座、团体辅导、心理咨询等活动，咨询范围包括青少年学习困惑、考试焦虑、青春期心理、不良行为矫正等。全年开展心理宣教活动21次，惠及4760人，一对一心理咨询137人次，电话咨询72人次。5月12日在小银河特殊教育培训学校建立瓯海区关工委心理健康关爱帮教基地，为自闭症患儿及其家长提供心理健康方面的公益服务。至12月，共为自闭症患儿提供沙盘治疗35次，为闭症儿童家长提供公益咨询服务21人次。

【组织建设】 2014年，瓯海区关工委组织建设进一步完善。部分街道、社区关工委及时调整、充实关心下一代工作委员会班子。瓯海区老年大关工委将志愿者队伍作了扩充，现有志愿者135人。梧田街道关工委、景山西山社区关工委、新桥三浃社区关工委、区老年大关工委、华侨中学关工委创建成为市级五好关工委。截至12月，全区11个街道，75个社区，创建成区级五好关工委。全区“五好关工委”114家（其中学校4家，民营企业24家），占基层关工委总数的48.72%。

红十字会

【概况】 2014年，瓯海区红十字会印发《中共瓯海区委、区人民政府关于加快推进红十字事业发展的意见》(瓯委发〔2014〕47号)。截止年底，全区11个镇街和88所学校建立基层红十字会，在非公企业和社区也探索性地建立各1家红十字组织。

【“三救三献”开展】 2014年，瓯海区红十字会应急救护培训工作列入区十大民生实事工程内容，年度培训任务10000名。全年应急救护培训15050名。完成干细胞入库登记102例，占年度任务的222%。实现干细胞实际捐献1例。实现人体器官志愿捐献登记入库3例。组建区山地应急救援队，核心队员20多名，总队员700余名，开展山地救援拉练活动12期。在区行政中心地下室建立红十字救灾备灾仓库，储备相应的救灾物资。及时调拨棉被5万元送到文成、泰顺等受地震灾害影响地方。

【红十字公益项目】 一是康恩贝健康之旅项目。启动“康恩贝健康之旅-老年病防治博爱行动”项目，发放“前列康”药品32万元，受益对象约620人。二是实施助你好孕项目。全年资助家庭16个，资助额23.5万元。三是实施博爱送万家项目。慰问贫困孤寡老人284户、发放慰问金14.3万元，慰问敬老院1家、发放慰问金0.5万元，定向慰问白血病患者2名、发放救助金4万元。四是实施莘莘学子白血病患者救助项目。对贫困白血病患者学生给予医疗资金救助，及时医治、挽救生命和完成学业的目的。定向救助学生患者3名。

【红十字社会化服务】 2014年，瓯海区红十字会开展社会化服务活动。与区委路线教育实践办联合慰问建国前入党的农村老党员、老交通员、老游击队员88名，发放慰问金9.2万元。对接“贝因美婴童食品股份有限公司”温州分公司，接受723箱婴幼儿捐赠奶粉，市值评估69.6万元，按捐赠方意愿发放到各镇街和有关部门的723个相对贫困家庭。4月，到娄桥敬老院座谈养老事业发展问题并发放慰问金0.5万元。5月，组织20余名志愿者到南白象敬老院开展院区大扫除和帮助老人洗理，送上生活用品9160元。利用区财政10万元人道专项资金和13.5万元定向捐赠资金，开辟“博爱救助站”绿色通道，救助急、难、困、病的弱势群体，全年救助各类求助者65人，救助金额23.33万元。按照区委区政府联系、挂钩和结对村居工作的相关要求，慰问泽雅西山村、仙岩沈岙村、丽岙丽南社区、景山西山社区23户贫困家庭，慰问金8.35万元。筹措定向资金20万元，在动车南站、牛山滨水公园、市民广场、半塘园等处设置红十字救护站。

【高校应急救护培训基地创办】 2014年，瓯海区红十字会根据省红会关于培训基地建设的规范要求，与温州大学城市学院签约三年，联合创办民办非企的“温州大学城市学院红十字应急救护培训基地”。全年，培训救护员1357名、普及4643人，发展红十字志愿者198名。于11月30日和

12月3日，和温大城院联合举办以“平安校园”为主题的温州市首届大学生红十字应急救护技能大赛。

残疾人事业

【爱心镇街创建】 2014年，瓯海区潘桥、瞿溪、新桥、郭溪、娄桥、南白象街道等在内的6个镇街荣获“温州市扶残助残爱心街道”称号。至此，瓯海区获此荣誉镇街10个。

【开展政府购买康复服务试点】 2014年，瓯海区探索政府购买残疾人康复服务试点，出台《瓯海区政府购买残疾人康复服务工作的实施方案（试行）》（温瓯政办发〔2014〕171号），科学整合社会资源，让更多残疾人享受均等化、专业化、便利化康复服务。

【开展残疾人庇护产品政府优先采购】 2014年，瓯海区政府出台《瓯海区残疾人庇护产品专产专营和政府优先采购实施方案的通知》（温瓯政办发[2014]18号）文件，瓯海区8家残疾人基地14种产品纳入瓯海区第一批残疾人庇护产品目录，探索残疾人庇护产品政府优先采购模式，促进残疾人增产增收。

【残疾人康复工程】 2014年，瓯海区残联完成康复工程项目261例，其中已实施白内障复明手术100例；助听器适配122例；助视器适配26只；假肢安装13例。全区1024名重度残疾人纳入托（安）养工程。加快实施残疾儿童抢救性康复工作，对30名符合抢救性年龄段残疾儿童进行筛查，接受康复训练。

【生活保障】 2014年，瓯海区残联多措并举保障残疾人最低生活。全区247名特困残疾人享受每人每月150元生活补助，478名重度贫困残疾人享受每人每月200元生活补助。为717名无固定收入残疾人提供每人每月100元生活补助。全区288人享受社会基本养老保险自负部分的30%补助。为22户住房修缮残疾人家庭给予最高额度6000元/户进行报销。全年资助606人次残疾学生和贫困残疾人家庭子女就学。

【扶贫就业】 2014年，瓯海区残疾人按比例就业新增49人。148名就业创业残疾人得到补助，为71名工商业残疾人对象提供扶贫贷款贴息。瓯海区1家残疾人扶贫基地被授予“省级扶贫示范基地”称号，3家基地被授予“市级扶贫示范基地”称号。

【基础管理建设年】 2014年，瓯海区残联开展残疾人基本服务状况和需求专项调查，核查全区持证残疾人6808名，最终入户调查6689人。配齐镇街、社区残疾人专（兼）职委员，落实专项经费。加强志愿者队伍管理，做好志愿者注册与考核工作。

【区第四届残疾人运动会】 2014年6月，瓯海区举办第四届残疾人运动会，全区14支队伍149名运动员参加包括田径、游泳、乒乓球、羽毛球、中国象棋、飞镖等六大项目的角逐，运动会共设团体总分奖、组织奖、道德风尚奖，并对获得单项比赛前六名的运动员给予表彰。

【参加市第八届残疾人运动会】 2014年8月，区残联选拔全区35名残疾人运动员参加温州市第八届残疾人运动会，获得16金、12银、8铜，荣获金牌总数第三，团体总分第五。在浙江省第九届残疾人运动会上，3名瓯海籍运动员代表温州队参加三大项目比赛，取得1枚金牌、2枚银牌、2个第四的好成绩。

【文化艺术】 2014年，瓯海区利宝特殊学校被命名为“市级残疾人文化示范基地”。区残联组织开展“我的梦最美”三进（进学校、

12月16日，残疾人文化艺术走进金州集团。
（区残联供稿）

进社区、进企业）公益演出，将残疾人艺术走进利宝特殊学校、景山街道繁荣社区、金州集团等。在助残节日举办残疾人兴趣培训班、肢残人心理讲座、聋人读报活动、登山活动等。

慈善工作

【概况】 2014年，瓯海区募集善款3432万元，其中“慈善一日捐”活动当天募集善款30多万元。

【慈善救助】 2014年，瓯海慈善救助支出2447万元。“瓯海慈善义诊列车”项目全年12次上山下乡进行义诊，为4700多困难群众送医赠药。开展“第二届慈善嘉年华”活动，其中“慈善年夜饭”和春节慰问等系列助困活动，支出367.9万元。大病救助活动累计向全区重大疾病患者家庭发放救助金393.6万元，启动“慈善护肾——关爱尿毒症患者”大病救助项目，优抚对象患者可得到每人每年5000元的慈善救助；因病致贫的家庭困难患者可得到每人每年3000元的慈善救助。大病救助项目获2014年温州市慈善助学项目奖。“我要圆大学梦”慈善助学活动调整为“结对助学”和“助学贷款”两种形式，全年资助大学生264人，资助234.71万元。“慈善爱心超市”项目进一步完善，重新制作“爱心超市”店标，优化领物流程，向全区5000余名困难群众以及企业困难职工发放爱心领物卡。开展“向山区群众送温暖”活动。

5月28日，区慈善总会、区教育局、区妇联、温州光大银行共同举行“庆六一·慈善关爱书柜”进校园活动。（区慈善总会供稿）

【慈善宣传网络】 2014年，瓯海区慈善总会加强与行业媒体和各类社会新闻媒体的沟通联络，依托《今日瓯海》慈善专版（报纸）、《瓯海慈善》（杂志）、《慈善时讯》（简报）、“瓯海慈善网”、瓯海慈善新浪微博以及微信等传播平台，整合传播资源，关注受众需求，宣传规模不断扩大。3月启动“慈善之夜”文艺活动，由总会联合繁荣艺社、诚意义工队等义工团体共同开展，总共已在6个街道8个社区演出9场。开展“慈善爱心好婆婆”、“慈善孝心好媳妇”评选活动。开展“学雷锋”义工活动，向社区群众提供义诊、理发、修鞋、法律咨询等服务；总会通过“学雷锋道义援助基金”表彰在潘桥街道跳河救人的新温州人吴正安、郭溪派出所跳河救人的民警陈安雷和协警凌晓彬、娄桥街道救助儿童的何高元、蒋伟以及杨光荣，对跳水救人、捐献器官救人、救助摔伤老人、救助脑溢血员工等15人予以表彰鼓励。

【“阳光春暖义工队”成立】 2014年9月初，瓯海区慈善总会“阳光春暖义工队”成立，向社会招募有一定特长的志愿者，设立“特殊群体人性关怀”的慈善公益项目，以社会道德教育、遵纪守法教育、心理辅导、技能培训为主要内容，配合公安机关对在拘、在押等特殊群体进行转化教育，以爱心帮扶使他们今后重新融入社会。

【慈善文化进校园】 2014年，瓯海区慈善总会获邀参加中华慈善总会宣传工作会议，通过对渭南市“慈善文化进校园项目”的考察，联合区教育局启动“慈善文化进校园”试点活动，向全区所有中小学赠送第一批慈善读本3600余册，其中潘桥中学将慈善教育引入课堂。景山小学年初举行迎新慈善嘉年华。联合光大银行温州分行、区教育局、区妇联开展“慈善关爱书柜”活动，向部分民工子弟学校赠送书柜和书籍。

【“爱心亭”建设】 2014年，瓯海区慈善总会将“爱心亭”建设工作列入2014年重点慈善工作之一。全区各社区建立“爱心亭”素食馆3家，“爱心亭”供粥点7个，“爱心亭”伏茶点147个。区慈善总会对素食馆、供粥点、伏茶点提供资金与物资支持，召开专门会议听取“爱心亭”现状以及所遇到的问题，交流探讨“爱心亭”的长效发展机制。

【瓯海区慈善总会二届八次理事会】 于2014年3月21日召开。该会议表彰全区36个慈善工作先进单位和48名慈善工作先进个人，增补副会长1名。

移民安置工作

【概况】 2014年，瓯海区移民工作总扶持人口为7288人，涉及15个水库，其中直补人口6622人，项目扶持人口666人。泽雅水库移民安置方式为定向非农安置，本辖区内安置移民1240人，以独立行政村建制方式安置在梧田街道泽霞居委会。珊溪水库移民1271户4397人，分布在全区12个镇（街道）45个村（社区）。

【移民后期扶持项目】 2014年，瓯海区移民安置办公室（以下简称瓯海区移民办）安排移民大规划结余资金项目14个，总投资721.78万元，落实补助资金159万元，惠及6个街道9个村。安排小规划资金项目5个，总投资26.79万元，补助资金25.51万元，惠及泽雅镇石桥村等3个村。安排库区基金项目1个——温州市瓯海区郭溪街道宋河农贸市场建设项目，总投资400万元，补助资金20万元。安排小库解困项目15个，总投资507.8443万元，落实补助资金127.6万元，惠及5个街道11个村。安排珊溪资金项目13个，总投资662.682万元，落实补助资金107.94万元，惠及4个街道2个村7个移民创业产业基地。安排区级资金项目23个，总投资410.2055万元，落实补助资金100.33万元，惠及7个街道12个村，7个移民创业产业基地。

【移民帮扶】 2014年，瓯海区制订出台《关于进一步推进水库移民创业致富的实施意见》。开展移民创业贷款贴息，全年全区移民创业年贷款支付利息在10000元以上的企业205家，2013年贷款总金额11268万元，共计支出利息689.0487万元。安排省级贷款贴息资金35万元，市级资金10万元，采取以奖代补方式开展贷款贴息补助，贴息补助共计41.83万元。加大移民培训工作力度，多渠道、多层次、多形式组织移民劳动技能培训和职业培训。鼓励移民自主参加就业培训，参训达85人次，发放补助34000元。对移民子女开展教育补助，激励学习热情，全年对全区65名中高考移民子女进行教学补助，落实补助款48600万元。在全区移民中开展“三赛三评”活动，评选出移民致富带头人6名，移民专业合作社2个，移民产业基地3个，移民贴心人4名，移民和谐社区1个，分别给予资金奖励。在区级评选的基础上，推荐参加市级的“三赛三评”活动，2人被评为市级移民致富带头人和市级移民贴心人、有1个合作社被评为市级移民专业合作社、1个基地被评为市级移民产业基地。

【移民信访工作】 2014年，瓯海区移民办推行信访工作规范化、制度化。充实移民村、各安置点信访信息员，做好群众来信来访工作，共办理群众来信5件，其中根据属地管理原则退件2件，不受理1件，接待群众来访6批53人次。化解历史遗留问题，维护移民合法权益。做好红线外房屋土地证办理工作，开展调研宋岙底11间房屋产权问题。化解瞿溪街道雄溪村23间14%返回地产权办理问题，化解四层以下及四层补办产权问题。开展移民互助平台建设，梧田街道泽霞社区和潘桥街道河西村先后成立居民互助会。

新居民服务

【概况】 2014年，瓯海区新居民服务管理局以“控制总量、优化结构、加强管理、提升服务”为总要求，实施“减员增效”工作，管理出租房安全，提升新居民服务能力和水平。截至2014年底，全区登记在册外来人口53.3万人(含儿童，含市内流动)，规范管理出租房16.32万间，缴纳出租房税收200余万元，完成新居民道德素质、实用技能、岗前培训等新居民教育培训15万余人，新居民岗前培训率92%。

【“减员增效”工作】 2014年，瓯海区新居民服务管理局在2013年减员20.3%基础上，以生活居住空间、生产经营空间、产业提升空间、服务保障空间为主攻方向，继续推进减员增效工作。修正因重点工程建设等刚性增加的外来人口2.4万人，截至年底，全区实际较2013年年底减少外来人口10.6万人，降幅17.3%，完成年初制定的减员目标任务。对照市委市政府的考核要求，全区外来人口较2012年底下降31.6%，超额完成市里下达的减员20%的考核目标，减员增效工作名列全市第一位，获得区政府颁发的“总牵头”奖。

【出租房综合整治】 2014年，瓯海区新居民服务管理局按照一体化信息采集和分类管理模式，以“源头管控为中心，抓牢两个责任主体，落实三项措施，夯实四项工作基础”为抓手，推进出租房安全管理工作。鼓励创建绿色放心类高品质出租房，创新推行出租房“旅业式”管理、积极探索出租房“星级化”管理模式，率全市之先开展出租房税收征管工作。截至年底，全区共有居住出租房6.23万户近29万间，共排查出租房20万户次，发放限期整改通知书9.3万份，排查发现隐患出租房38598户，整改隐患31748户，完成规范管理出租房16.32万间，缴纳出租房税收200余万元，居住出租房安全稳步提升。

8月21日，瓯海区召开全区“减员增效”工作推进会。（胡谦/摄）

【新居民管理提效】 2014年，瓯海区新居民服务管理局通过创新实施企业联络员制，在规模企业选聘1名-3名新居民，担任本企业联络员，以外管外，协助做好本单位新居民的信息登记、出租房安全检查，精准掌握流动人口数；开发建立新居民与出租房管理信息系统，针对协管员人房信息采集工作量大，书面采集单录入滞后以及分析评判复杂等情况，向区政府申报建立出租房管理信息系统，与已有的流动人口信息平台对接，开发建设新居民和出租房管理信息平台，在全省率先实现新居民与出租房管理信息现场采集、上报和查询分析，做到“人房共管”；建立健全“以卡管人”各项工作机制和管理监督制度，逐步形成“e居卡”+“流管通”+“e居站”三位一体“闭环式”的流动人口基础信息化管理机制。狠抓制卡发卡和“e居站”建设工作，全区发卡率达到市局要求；将以卡管人与警灯工程相结合，不断加大刷卡力度，提高有效刷卡率。截至11月24日，全区在册需制卡流动人口536917，已制卡533400人，制卡率为99.34%，见面率98.85%，及时领卡率97.2%，有效刷卡率为86.58%，其中流管通单独有效刷卡率为37.9%，e居站单独有效刷卡率为11.58%。第四季度全区考核，流动人口的登记率是94%，注销率96%，人户一致率89%，出租房信息采集率100%，2014年全市物联网治安管控“以卡管人”冲刺战一类地区第一名,“以卡管人”年度考核一类地区第一名。

【新居民优质服务】 2014年,瓯海区新居民服务管理局巩固和拓展“积分制”管理,开展积分入学活动,共有33名新居民子女通过积分制申请评定入读辖区指定公办优质学校;联合瓯海区风景旅游管理局共同出台高积分新居民享受瓯海区景区门票优惠文件;开展新居民志愿者活动,共组织新居民志愿者参加创卫、“五水共治”等志愿活动20余次,参加人数达到500余人次;开展“冬送温暖、夏送清凉”、爱心奶粉捐赠、“六一”慰问、组织新居民子女参观科技馆等关怀新居民活动;举办2014年新瓯海人篮球友谊赛和新居民与出租房管理主题文艺巡回演出5场,丰富新居民业余生活;加强新居民培训教育,全区共完成新居民道德素质、实用技能、岗前培训等新居民教育培训15万余人,新居民岗前培训率达92%;重视维权,引导开展“新居民幸福工委”等自我管理工作,完善“以外调外”调解室14个,以外调外调解员参与调解各类矛盾纠纷案件164起,调解化解147起。

7月18日,组织新居民子女参观科技馆。
(邱鹏/摄)

教　育

综　述

2014年，瓯海区有幼儿园162所，小学46所，初中19所，普高7所，职高2所，特殊教育学校1所，电大（社区学院）1所，直属单位3家；并拥有教育集团9家，小学教育发展联盟12个，幼儿园互动发展联盟10个。适龄儿童少年入学率、巩固率、毕业率均达100%。全区在职公办教师4478人，在职民办学校（幼儿园）教职工4487人；小学和初中专任教师100%具备教师资格证，高一层以上学历比例分别为94.2%和94.1%。

全区现有国家、省、市级重点和示范学校31所，省等级幼儿园118所，省义务教育标准化学校48所，市现代化学校10所，市素质教育示范校9所，市义务教育办学水平等级学校55所，市学前教育先进镇街1个，达标镇街5个。区教师发展中心为首批国家级示范性县级教师培训机构；瓯海职业中专集团学校为国家重点职业学校，并在2014年通过国家中职改革示范学校省级评估验收。瓯海现为全国青少年阳光体育运动先进区、全国农科教结合“百千万工程”示范县（区）、省教育强区、省农村教育综合改革实验区、第二批课程改革实验区、省“万校标准化建设工程”试点区、省级社区教育实验区和省中小学生课外文体活动工程示范区。2014年，全区顺利创成全国义务教育发展基本均衡区；区教育局被评为浙江省教育科学和谐发展业绩综合考核优秀单位，并在全省教育工作会议上受到表彰。

学前教育

【概况】 2014年，瓯海区有幼儿园162所，其中公办11所，民办幼儿园151所；省一级幼儿园5所，省二级幼儿园19所，省三级幼儿园94所；在园幼儿33249人，学前三年幼儿入园率97.6%，等级幼儿园在园幼儿覆盖率85.56%。

【扩大优质资源】 2014年，瓯海区加大等级幼儿园和市学前教育先进（达标）乡镇的创建力度，创建省等级幼儿园16所，其中省二级幼儿园2所、省三级幼儿园14所；潘桥等3个街道创成市学前教育达标镇街。深入实施《瓯海区幼儿园互动发展联盟工作方案》，推进公民办幼儿园帮扶结对工作。

【规范办园行为】 2014年，瓯海区开展系列检查和专题活动，科学安排幼儿一日活动，进一步规范幼儿园办学行为。制订《瓯海区学前教育宣传月工作方案》，相继举办“童梦家园”幼儿创意绘画比赛、区幼儿讲故事比赛、区幼儿园环境创设评比等活动。

义务教育

【概况】 2014年，全区公办小学45所，民办小学1所；公办初中16所，民办初中3所；拥有省义务教育标准化学校49所。义务教育阶段在校生65371人，小学入学率、在校生巩固率、毕业率均100%，初中入学率、巩固率100%，初中毕业生升入高中阶段比例97.33%。该年，瓯海区继续推进全国义务教育发展基本均衡区创建。先后在4月和12月顺利通过

表 18

2014 学年瓯海区幼儿教育情况

学校名称	班级数	在园(班)人数	教职工数		占地面积（平方米）	校舍面积（平方米）
			合计	其中：专任教师		
总计	1150	33249	3595	1825	240557	241621
公办叠加合计	95	3286	362	218	28995	23227
瓯海区潘桥第一幼儿园	7	227	27	15	3994	2781
瓯海区新桥中心幼儿园	9	353	24	18	2790	2744
瓯海区梧田中心幼儿园	9	332	22	18	2068	1815
瓯海区仙岩第二幼儿园	3	104	8	7	1193	448
瓯海区仙岩中心幼儿园	10	294	41	23	3960	2769
瓯海区丽岙中心幼儿园	7	233	31	18	900	870
瓯海区瞿溪第一幼儿园	9	315	37	21	1639	1304
瓯海区瞿溪第二幼儿园	6	230	28	14	950	1183
瓯海区郭溪中心幼儿园	10	346	43	24	5250	2769
瓯海区南瓯幼儿园	16	533	62	37	4991	4716
山水名都幼儿园	9	319	39	23	1260	1828
民办叠加合计	1055	29963	3233	1607	211562	218394

表 19

2014 学年瓯海区小学教育情况

学校名称	班级数	在校生数	教职工数		占地面积（平方米）	校舍建筑面积（平方米）
			合计	其中：专任教师		
总计	1206	48913	2594	2358	641701	280260
公办学校合计	916	35811	1935	1848	615785	264761
景山街道	26	1145	65	57	11782	8060
新桥街道	90	3669	206	193	64159	31079
梧田街道	149	6320	308	303	84752	43213
三垟街道	44	1498	93	87	24303	10120
茶山街道	42	1678	89	84	18003	7693
南白象街道	49	1784	100	97	46589	21791
仙岩街道	109	3913	219	211	73609	32539
丽岙街道	46	1474	97	91	38873	10032
娄桥街道	64	2518	144	129	65915	15148
瞿溪街道	82	3447	171	168	41408	20535
郭溪街道	97	4171	201	191	66294	25837
潘桥街道	90	3163	182	179	47752	20849
泽雅街道	28	1031	60	58	32346	17605
民办学校合计	290	13102	659	510	25916	15499

表20　　2014学年瓯海区初中教育情况

学校名称	班级数	在校生数	教职工数		占地面积（平方米）	校舍建筑面积（平方米）
			合计	其中：专任教师		
总计	447	16458	1534	1329	560838	237689
公办学校叠加合计	368	12804	1249	1129	503520	208443
瓯海区实验中学	30	1052	116	101	45268	24214
瓯海区新桥中学	24	791	91	85	32560	12191
瓯海区梧田第一中学	36	1279	117	107	55560	30568
瓯海区梧田第二中学	30	1026	94	87	37533	12407
瓯海区三垟中学	18	487	60	55	17266	8494
瓯海区茶山中学	16	467	54	48	19393	7161
瓯海区南白象中学	17	495	57	50	18909	4713
瓯海区仙岩第一中学	18	562	59	54	46820	9618
瓯海区仙岩第二中学	15	492	49	44	24060	5854
瓯海区任岩松中学	16	427	55	50	33465	25633
瓯海区娄桥中学	26	812	91	79	28403	11572
瓯海区瞿溪华侨中学	30	1255	100	87	20705	8750
瓯海区郭溪塘下中学	30	1310	97	92	37202	10545
瓯海区郭溪中学	15	594	50	48	14077	4462
瓯海区潘桥中学	34	1344	105	100	42284	21958
瓯海区泽雅中学	13	411	54	42	30015	10303
民办学校叠加合计	79	3654	285	200	57315	29246

全国义务教育发展基本均衡区省级评估和国家级评估。开展义务教育标准化学校创建，全区49所学校通过省标准化学校评估，通过率75.38%。加强等级学校创建力度，对21所申报市等级学校实地开展指导，义务教育学校办学水平创市一级1所，市二级9所，市三级11所，进一步扩大优质教育资源。

【集团化办学和教育发展联盟】　2014年，瓯海区教育局加强联盟教研组研修，以“研训联动”推进“管理互通”和“质量共进”，出台《关于推进小学教育发展联盟工作的要求》，引领各教育发展联盟科学开展有关工作。各联盟成立学科教研组，进行全程参与式联盟教研组活动调研。

【弱势群体就学】　2014年，瓯海区60所公办学校接纳具备政策条件新居民子女就学；安排50个优质公办学校招生名额用于新居民子女“积分入学”。重视留守儿童关爱工作，通过结对帮扶、夏令营、节假日送温暖等多项活动，将留守儿童关爱工作落到实处。新增南白象第一小学、仙岩华侨小学等两所随班就读试点学校。

普通高中教育

【概况】　2014年，瓯海区参加高考学生2977人，2555人被录取，录取率85.8%；第一批（重点批）录取290人，重点录取率9.7%；第二批（本科批）录取1436人，本科录取率48.2%，名列全市前茅。全区现有普通高中7所（其

表21

2014学年瓯海区普通高中教育情况

学校名称	班级数	毕业生数	招生数	在校生数					预计毕业生数	班均学生数
				合计	其中：女	一年级	二年级	三年级		
总计	185	2875	2618	7518	3624	2618	2445	2455	2455	40.64
浙江省瓯海中学	36	527	474	1422	780	474	465	483	483	39.50
瓯海区第一高级中学	38	682	560	1511	837	560	551	400	400	39.76
瓯海区第二高级中学	24	338	324	926	498	324	308	294	294	38.58
瓯海区三溪中学	24	353	322	1005	501	322	308	375	375	41.88
温州育英国际实验学校	26	456	314	1036	379	314	353	369	369	39.85
温州市第六十一中学	13	235	265	543	210	265	115	163	163	41.77
温州市啸秋中学	24	284	359	1075	419	359	345	371	371	44.79

表22

2014学年瓯海区职业教育情况

学校名称	班级数	毕业生数	招生数	在校生数					预计毕业生数	班均学生数
				合计	其中：女	一年级	二年级	三年级		
总计	106	1633	3741	1640	1234	1016	1491	1491	35.29	40.64
瓯海职业中专集团学校	97	1378	3494	1446	1234	1016	1244	1244	36.02	39.50
温州市女子职业学校	9	255	247	194	0	0	247	247	27.44	39.76

中民办3所)，在校学生7518人(其中民办学校2654人)，教职工891人(其中民办学校277人)。全年瓯海区安排普高课改专项经费100万元，以满足普高课改功能室建设、校园文化建设和课程开发需要。11月，瓯海中学创成浙江省一级普通高中特色示范学校。

【拓展课程建设资源】 2014年，瓯海区教育局课改新方案和浙江省新高考方案公布后，进一步加强学校课程建设、选修课开设和学科教学建设工作。推进校本课程开发，全年全区高中教师开出选修课452门，普高获区级以上精品课程累计101门(省级11门、市级47门、区级43门)。开展普职融通工作，瓯海职业中专集团学校为温州中学、瓯海中学、瓯海一高、二高、三溪中学5所学校的3560名学生开出职业技能类选修课15门，有效促进职业教育资源共享。

【招生制度改革】 2014年，瓯海区教育局推进高中招生制度改革，继续实施市外新居民子女就地报考升学和普高定向招生制度，民办普高规模招生实行全市统筹。普通高中继续实行自主招生和特长生招生。严格执行普通高中招生计划和公办普高择校“三限”政策。省一、二级重点中学招生计划的55%作为定向生直接分配给初中学校，促进校际之间均衡发展。2014年，全区初中毕业生5164人，普通高中招生2619人，中职学校招生1234人，五年制学前教育大专班招生44人，初升高(升入普高2902、升入职高2124)比例达97.33%，普职比达55:45。

职业教育

【概况】 2014年，瓯海区有职业高中2所，在校学生3741人(其中民办学校247人)，教职工321人(其中民办学校3人)。瓯海职专集团学校中职单招单考录取率82.01%，位列全市第二；人力资源专业应届毕业生厉欣怡、吴诗诗考取本科，成为该年度全市唯一两位通过单招单考升入本科的学生。全区职业学校学生技能证书通过率99.52%以上。瓯海职业中专集团学校师生参加各级技能大赛成果丰硕。教师参加各类技能比赛，获得全国奖项2人，省等奖项14人，市级奖项22人。学生参加技能比赛，4人获全国奖项、24人获省级奖项、33人获市级奖项。

【国家中职示范校建设】 2014年，瓯海职业中专集团学校按照国家中等职业教育改革发展示范学校建设要求，重点建设汽车、物流、服装等重点专业和创业教育、评价模式等特色项目，着力改革与创新人才培养模式、课程体系、师资队伍、校企合作和工学结合的运行机制。8月，瓯海职业中专集团学校通过国家中职改革发展示范校省级验收。瓯海职业中专集团学校获得省中职实训基地（网络贸易）、省中职特色专业（中餐烹饪、瓯菜）、省中职德育基地等荣誉。学校被列入温州市"促进有效学习"课堂变革项目第一批试点学校，且入选浙江省首批中职课程改革试点学校。

社区（成人）教育

【概况】 2014年，瓯海区开展社区教育活动，不断完善社区教育制度，全面提高居民综合素质，被评为省级社区教育示范区。

【社区教育网络】 2014年，瓯海区教育局新建仙岩梓南、梓北，梧田塘东等社区分校13所。全区社区学院1所，社区学校13所，社区分校81所，形成区、镇街、社区三级社区教育网络，完成全区社区分校全覆盖。创成省标准化成人学校3所，创市示范学校1所、市一级社区学校各1所、市二级社区学校分校4所，区合格社区分校8所，新建社区分校13所，达到社区分校全覆盖。创市星级老年学习苑9个。

【社区教育队伍建设】 2014年，瓯海区教育局聘任5位指导员，加强对镇街社区学校的联系和指导。组织部分社区学校校长和社区教育专干分别赴杭州外语学院和杭州树人大学参加扫盲教育、家政服务管理培训学习。举办社区教育通讯员培训班，开展2014年社区教育论文评比。

【培训活动开展】 2014年，瓯海区教育局开办培训班260多个，活动社团405个，社区教育培训8.5万人次；成人双证制教育培训招生906人，各类农民技术培训8600人。

【"四点钟学校"】 2014年，瓯海区教育局为解决广大家长后顾之忧，根据区政府的要求，举办"四点钟学校"，在原有40所"四点钟学校"的基础上进一步规范和推进，现有52所学校举办"四点钟学校"，在校生23961人，基本解决小学生下午课后无人接送的困难。

【建设乡村学校少年宫】 2014年，瓯海区教育局新增潘桥陈庄小学学校少年宫，下达日常经费64万元。通过加强学校少年宫社会辅导员队伍建设、开展课题研究、互学互比、年终考核答辩会等形式提升内涵。

【扫盲工作】 2014年，瓯海区教育局下达扫盲经费200万元，通过培训、考试脱盲8621人，技能取证，残疾、外迁、死亡等自然脱盲2809人，合计脱盲11430人。

民办教育

【概况】 2014年，瓯海区有民办幼儿园151所、中小学8所（普高3所、职高1所、初中3所、小学1所）、特殊教育学校1所。其中省、市重点（示范）学校3所，省一级民办普通高中2所，市"魅力民校"3所，市民办教育综合改革试点窗口学校5所，省等级幼儿园111所。全区民办中小学在校生19657人，占全区在校生总数的25.65%；民办幼儿园在园幼儿29963人，占全区幼儿总数的90.1%。2014年，全区落实温州市民办教育综合改革的"1+14文件"，扩大改革试点范围，遴选40所办学条件好、师资队伍强、教育质量高的民办学校进入第二批试点行列，在分类登记、财政支持、税收优惠、土地政策、队伍建设、法人治理、结对帮扶等方面鼓励扶持民办学校向规范化、规模化、品牌化发展。成立民办教育协会，民办教育机构参与率达87.2%，建立民办教育综合改革试点联席会议制度，定期召开会议，协调解决试点工作推进中的具体问题；区财政每年安排500万元作为民办教育专项奖补资金，主要用于全区民办学校升等创优、年检优秀的奖励，区本级民办学校教师培训培养的补助以及民办学校教师人事代理、贷款贴息补助等。

【推进项目落实】 2014年，瓯海区教育局第二批40所试点学校完成登记，教师人事代理和参保工作进展顺利；开展年检评优工作，评出市级优秀单位6所、区级优秀单位28所，对12所民办学校发放限期整改通知书，停办2所；落实教师支教政策，加大教师培训力度，选派25位公办教师到试点学校支教，委托温州大学成教学院，对未取得幼儿教师资格的教师进行专项培训，全年培训1049人；做好优质学校（幼儿园）与民办学校（幼儿园）结对帮扶工作，促进公、民办学校共同发展。

办学条件

【概况】 2014年，瓯海财政教育支出81283万元，比2013年提高12.23%，有效保障各级各类学校的正常运转。全年下达各类专项经费2.31亿元，用于学校基本修缮、免除教科书和空白作业本费以及教育信息化建设等。

【校网调整】 2014年，瓯海区教育局编制完成《温州市瓯海区教育设施布局研究（2013-2030）》，对全区的学前教育、义务教育、高中教育进行全面设计和规划。加快校网调整力度，将叶宅、茶堂小学迁入任岩松中学，办成九年一贯制学校，丽岙第一小学和丽岙第三小学撤并搬迁到现丽岙侨中校址，更名为丽岙华侨小学，丽岙街道校网布局调整基本完成。

【学校基本建设】 2014年9月、10月，瓯海区教育局投资4.58亿元的瓯海外国语学校工程及投资7047万元的仙岩穗丰小学迁扩建工程陆续开工建设。温州森马学校、南湖地段D-1-05地块学校、新桥小学教育集团高翔校区等6个重大前期类项目进展顺利。全年完成基建修缮项目63项，总投资2580万元。

【教育装备】 2014年，瓯海区教育局投入1688万元专项经费用于中小学计算机房、多媒体设备和教育信息化建设。学校多媒体班套比达1:1，师机比达1:1，生机比达5:1，全区98%的中小学校接入教育城域网，96%以上的中小学建有校园网站，无线校园网建设率75%以上；共有5所学校获市示范数字化校园称号，4所学校获市数字化校园称号。

师资队伍

【师德师风建设】 2014年，瓯海区教育局建立每学期一次师德师风检查制度，不断完善师德建设制度。广泛开展教师职业道德教育系列活动，以“正师风，塑师德，铸师魂”专项活动为载体，在党员教师中广泛开展“育人先锋”、“党员之星”、“最美教师”、“师德楷模”、“终身班主任奖”等评选活动，充分发挥师德先进人物的激励、示范作用。评选并推荐第八届新闻奖教金优秀校长奖4名、优秀农村教师奖2名，第七届终身班主任奖9名，师德楷模奖7名。

【教师队伍管理】 2014年，瓯海区教育局不断加强师资队伍建设，继续实行教师考录资格准入制度，实行公开考录、摇号择岗制度，从源头均衡师资配置，全年119名新教师到岗。全年123名教师校长进行交流，其中骨干教师11名。继续引进紧缺学科专业教师和优秀人才，继续完善绩效工资制度，妥善完成寄宿制高中绩效工资上浮及正常工资晋升、职工编制教师养老保险金补缴工作。继续做好全区中小学结构性核编，全区各校岗位设置工作完成。不断加强在编不在岗人员清理和临时聘用人员管理工作。

【教师培养力度】 2014年，瓯海区教育局深入实施名师名校长共享工程和名优教师培养行动。实施教师专业发展培训，足额落实教师专业发展培训经费。加强学前教育和职业教育师资队伍建设，深入实施幼儿教师素质提升工程，幼儿教师持证率不断提高，比2013年提高15.88个百分点；加大中职学校“双师型”教师培养力度，建立中职教师下行业企业实践锻炼培养制度。全年安排35名区第四轮名师名校长名班主任培养对象挂职学习；25个名师名校长工作室开展活动。做好特级教师和市“三坛”推荐评选、最美教师等各类评优评先工作，全区教师获省特级教师称号2人，获得市三坛荣誉55人；获得全国级先进2人，省级先进7人，市级先进45人；2人被确定为省名师名校长培养对象。

学生工作

【德育工作】 2014年，瓯海区教育局开展“做一个有道德的人”主题教育活动，全区中小学利用多种德育载体，开展“中国梦”、“节约”、“洒扫应对”、“日行一善”、“节日小报”、“文明小博客”等六项长期性的主题教育活动。开展“弘扬和培育民族精神月”活动，推进未成年人思想道德建设各项工作。

【实践体验教育】 2014年，瓯海区教育局坚持举办体育节、艺术节、科技节、读书节、社团文化节等活动，加强中小学开展文体“2+1”工程，保障学生每天体育锻炼一小时，有效开展中小学生体质健康标准专项检查。推进实践体验活动，指导学校开展社团活动，举办区“一鸣杯”第九届校园社团文化节。开展军训活动，锻炼学生意志，指导学生参加环保实践活动，学校环境教育普及率达到百分之百。举办各类夏令营活动，组织学生参加市优秀学生、吃苦磨炼、“七巧科技”等夏令营活动。

【优化学校育人环境】 2014年，瓯海区教育局开展绿色学校创建。新桥中学、丽岙第二小学被评为省级绿色学校，三垟啸秋小学、潘桥仙门幼儿园被评为市级绿色学校，命名区艺术实验小学等14所学校(幼儿园)为区级绿色学校。新桥中心幼儿园、梧田第一中学被评为省级示范家长学校，区实验小学教育集团南瓯校区等14所家长学校被评为区示范家长学校。不断加强中小学心理健康教育，大幅提升区中小学教师C证普及率和加强学校心理健康辅导室建设，新桥中学心理辅导站等7个辅导站被评为区级示范心理健康辅导站。三溪中学、潘桥陈庄小学、梧田三小被评为市级艺术特色学校，全区18所学校19项体艺特色项目通过区级评估。

【平安校园建设】 2014年，瓯海区教育局坚持“安全第一，预防为主，综合治理”的方针，以深化“平安校园”建设为载体，以落实责任完善机制为保障，以加强安全教育为基础，以强化隐患排查整治为重点，全面加强学校安全工作。编印“瓯海区学校安全管理工作检查手册、督查手册”和“瓯海区校园安全隐患排查简明指导手册（试行）”。全年新创浙江省健康促进学校铜牌单位7所，银牌单位2家。创建学校食堂食品安全监督量化分级A级单位4家，B级单位129家。进一步规范学生春（秋）游等集体外出活动审批（备案）制度，落实安全职责，制订安全应急预案，加强学生集体外出活动管理。全年全区学校无责任安全事故发生，“平安校园”建设率100%。

教育信息化

【概况】 2014年，教育信息化工作以数字化校园建设为抓手，进一步加大经费投入，投入1688万元专项经费用于中小学计算机房、多媒体设备和教育信息化建设。现学校多媒体班套比达1:1，师机比达1:1，生机比达5:1；全区101所学校与区教育信息中心实现千兆裸光纤对接，建网率达100%，无线网校园建设率达98%，学校建站率达98%。有5所学校获市示范数字化校园称号，4所学校获市数字化校园称号。

【信息化基础设施建设】 2014

年，瓯海区教育局改造完成教育网络中心机房建设，加快对校园基础网络和民办学校校园网的改造工作。加大对学校网络基础设施建设力度，添置高性能网络设备，建成12个智慧教室并投入使用。开展第四批60所学校与区教育信息中心的1000M对接，完成区教育无线网络的部署任务，全区教育系统无线网总用户数突破6000人。

【信息素养提升工程】 2014年，瓯海区教育局通过开放协作、理论学习、实地考察、专家讲座、定期研讨等多种途径和方式，不断加强学校信息化领导力建设。加强教师教育技术能力培训，完成1700人的培训任务。全面推进信息化应用研究，以研究促发展。在2014年，全区有18项课题获得市级以上立项，19篇论文获得市级奖励，27件作品获得温州市中小学生电脑制作大奖。

教育教学研究

【概况】 2014年，瓯海区教科研成果丰硕，省市级论文、案例获奖140多篇；市级课题研究成果评比获奖38项，获奖率83%；有17项校本课程获市级荣誉，有5项课程被列为浙江省第四批普通高中推荐选修课程。

教育督导工作

【概况】 2014年，瓯海区教育局充分发挥教育督导作用，促进全区教育优质均衡发展。根据《浙江省人民政府教育督导室　浙江省教育厅关于对县级政府开展义务教育均衡发展督导评估的补充通知》(教督[2012]1号)，全力以赴做好全国义务教育发展基本均衡区创建迎评工作，4月通过省级评估，12月通过国家级评估认定。

【督学责任区制度完善】 2014年，瓯海区教育局落实责任督学挂牌工作，在中小学试行挂牌督导制度，每月开展1次督查；落实教育发展年度督导公报制度，加快教育督导信息化建设，定期刊出教育督导通讯，《真抓实干改革创新促进瓯海教育优质均衡发展》、《积极实施发展性评价　促进学校内涵发展》在省教育督导网刊发。

【学校升等创优工作】 2014年，瓯海区教育局做好省普通高中特色示范学校、中职教育改革发展示范校、市义务教育办学水平等级学校、市学前教育达标街道、省一、二级幼儿园的创建指导和省三级幼儿园的督导评估工作。瓯海职专集团通过国家中职教育改革发展示范学校省级评估，瓯海中学通过省普通高中特色示范学校评估，创建省等级幼儿园17所，市学前教育达标街道3所，市义务教育办学水平学校21所。

科　技

综　述

2014年，瓯海区被省知识产权局确定为全省首批、温州市唯一的专利保险试点区。并凭借温州市国家大学科技园的资源优势，建成全省首批、全市首家县级科技大市场。温州市大学科技园被市科技局评为优秀科技企业孵化器。在企业自主创新平台建设方面，实现我区省级企业研究院"零突破"。

科技工作

【科技政策体系完善】 2014年，瓯海区全面落实《关于全面实施创新驱动发展战略加快建设创新型城区的实施意见》及《关于加快推进科技进步 促进实体经济发展的若干扶持措施》文件精神，形成并完善"1+1+X"区域科技创新政策体系。制定出台《温州市瓯海区科技计划项目验收暂行管理办法》等6件政策性文件，建立完善鼓励创新的良好环境。

【科技金融工作推进】 2014年，瓯海科技金融中心成立，为企业提供科技企业信用（担保）贷款、专利权质押贷款、科技英才贷款、科技金融风险池、专利保险等一站式融资服务。设立瓯海区科技金融专项资金，出台《瓯海区科技金融专项资金暂行管理办法》（温瓯科〔2014〕38号）等一系列政策文件。设立科技融资风险池基金，风险池基金从科技金融专项基金中提取，规模计划为500万元。2014年初始规模为200万元；2015年规模达到350万元；2016年底达到500万元。截至目前，已有5家银行、3家担保公司及2家资产评估机构入驻中心。共向银行推荐贷款企业53家，放贷12笔，实现贷款总额2460万元。

【知识产权战略实施】 2014年，瓯海区科技局完善专利保护体系。出台《温州市瓯海区专利申请费用补助管理暂行办法》。全年专利申请4466件（其中发明592件），专利申请同比增长24.89%，同比增幅居三区两市第一位；专利授权3465件（其中发明159件），专利授权同比增长39.44%，同比增幅居全市第一位。全年新增市级专利示范企业共4家，国家知识产权贯标企业1家（盛博），并被推荐认定为国家优势企业。截至12月，全区共有专利示范企业市级32家，省级8家，国家级1家。该年瓯海区成为全省首批、温州市唯一的专利保险试点区。设立专利保险补助专项资金，并出台《温州市瓯海区专利保险补助管理办法》。截至12月，区内发明专利投保数为148件，专利保险投保金额达117.6万元，发放企业专利保险补助5.52万元。10月，温州市国家大

9月23日，瓯海区科技大市场正式开市。

（区科技局供稿）

学科技园成为温州市首批中小企业知识产权托管试点园区。

【温州市国家大学科技园建设】

2014年，瓯海区科技局完善温州市大学科技园孵化器建设，出台《温州市国家大学科技园孵化器建设发展专项资金实施细则（试行）》。完善园区公共服务体系，加强园区管理，拓宽宣传渠道，集聚创新人才，加速科技成果转化，吸引更多优质企业入驻园区。截至2014年12月底，科技园共有在孵企业61家，其中孵化器入孵企业48家，温州大学分园入孵企业13家，其中2014年新入孵企业20家。充分发挥高校优势，加快成果转化，入驻企业在孵科技成果转化项目253项，其中源于高校项目198项，占78.3%，拥有国家授权专利115项，其中发明专利22项。

【高新技术产业培育】 2014年，瓯海区科技局新认定火炬计划重点高新技术企业1家，新认定高新技术企业11家，累计共有高新技术企业54家。新培育各级科技型企业共96家，其中省级36家，市级35家，区级25家。现有科技型企业省级149家、市级122家、区级65家。新培育省创新示范企业1家，省创新试点企业1家，温州市科技创新百强企业7家。首次培育省级企业研究院1家，新增企业研发中心19家，其中省级2家、市级8家、区级9家。累计共有各级企业研究开发中心195家，其中省级32家，市级47家，区级116家。全年共有58项各级科技计划项目立项，其中国家级1项，省级19项，市级2项，区级37项。

10月28日，瓯海区召开科技金融工作推进会暨瓯海科技金融中心挂牌仪式。（区科技局供稿）

【科技成果转化】 2014年，瓯海区建成省级第一批、市级首家科技大市场。瓯海科技大市场开市仪式当天，将10项科技成果以竞价（拍卖）的方式进行产业化对接，总成交价为2867.5万元。截至2014年底，已有25家中介机构通过大市场于企业签订合同共计200多份，实现服务收入104万元。研究出台《中国浙江网上技术市场·瓯海区分市场奖励办法（试行）》。该年网上技术市场瓯海区分市场累计发布技术难题60项，提供研发经费5600万元，签约项目53项，合同金额30492.4万元，发布技术成果和专利项目150项。近20家各类中介服务机构在全区开展科技业务。全年新增重点科技中介服务机构省级1家，市级2家。

【科技惠民工作】 2014年，瓯海区科技局加大科技惠农力度，全年实施各类农业、社会发展项目23项，其中省级2项，市级3项，区级18项。落实科技特派员制度，建成一个以浙江省农科院亚作所专家为首的11人省级特派员团队。拥有3名市级科技特派员，长期服务丽岙、泽雅等地农业发展事业。继续实施泽雅镇科技富民强镇专项，签订科技富民强镇正式合同，调整科技富民专项实施方案，协同各镇街、有关部门开展防震减灾宣传活动，普及防震减灾科普知识和基本常识。

【科技创新人才培育】 2014年，瓯海区科技局落实2014年重点人才工作考核指标，建立健全科技系统人才信息库，联系一批优秀科技系统人才，截至12月，已收集全区范围内高级科技人员78位。了解企业人才需求，配合组织部实施“千人计划”、“580海外精英”等人才工作。鼓励申报科学技术奖，推荐申报市级科学技术奖3项，获省科学技术奖三等奖1项。推荐温州市维日康生物科技有限公司的王贤俊申报2014国家创新人才推进计划（科技创新创业人才）。

区科学技术协会

【概况】 2014年，瓯海区科协荣获浙江省科协工作先进集体、温州市科协系统考核先进单位。全年开展各类宣讲690场。

【服务瓯海创新发展】 2014年，瓯海区科协开展“五水共治”活动：联合区经济开发区管委会，发出“携手共建五水共治，共建美丽家园”的倡议书；向全区科技工作者征集“五水共治”软课题；组织科技科协界政协委员，参加政协“百名委员同行助推五水共治”活动，分工到人，包干负责全区24条黑河的治理。推进院士工作站“架桥”服务工作，新建院士工作站1家，浙江神良种业成功牵手中国工程院方智远院士，全区3家院士工作站通过市级考核。首次启动重点学术活动项目申报。全年征集到软课题9个，撰写建言献策文章6篇。全年不定期刊出《科技工作者建议》3期。实施“青少年科技后备人才培养计划”，评选表彰第28届区青少年创新大赛，评出等级奖994件，组织青少年参加全国、省、市青少年科技创新大赛、市科技节活动，选送市参评188项，获奖156项，推荐选送省上参赛作品10项，获奖8项。组织举办以“体验·创新·成长”为主题的第29届区青少年科技创新大赛和2014年区科普工作者科技创新大赛活动，该届大赛收到参赛作品1275项（篇）（其中成人参赛作品192项）。

【打造无门槛市民大学】 2014年，瓯海区科协放宽办学对象限制，开办电子商务、农技、汽修、摄影、魅力女人等培训班，全年培训农函大一年制学员1580人次，短期培训16000多人次。新授予农民技术职称82人，发放技术资料2万份，推广种植、养殖优良品种18个，主推技术6项。区两办联合发文《关于进一步加强和创新区农函大工作的若干意见》（瓯委办发〔2014〕137号）。区科协提出的“电商人才”一号培训计划，被列入区政府“惠民生、亮进度、比力度”专项行动项目。全年举办电子商务培训班6个，培训学员260人。推荐3名瓯海科协科普讲师团成员，录制三期节目，在温州电视台《瓯越科学讲堂》栏目播放。

【推进科学素质建设】 2014年，瓯海区科协开展科技咨询服务、科普活动进校园、科普活动进社区、科技专家下乡等大型主题科普活动，集中开展保障安全健康、“五水共治”保护生态环境、防震减灾等科普宣传活动，组织科技下乡16次，科普进校园活动22次，举办科技咨询14次，科普讲座45场次，讲座培训48场，科普图片巡展37次，发放科普资料4万多份（册），受益10万多人次。联合区监管大队和看守所，开展科普进监区活动15次，实施大众传媒科技传播能力建设工程，与市科协合作，办好每周一期的温州电视台“瓯越科学讲坛”栏目。根据市民需求，推荐瓯海科普协科普讲师团的3位老师在电视台录制“玩转淘宝之淘宝网购物”“茶文化与科学饮食”等三期节目；在全市1863辆公交车移动电视平台上定期宣传科技、科普工作。印发科普宣传资料2万余册，其中新编印《传染病预防》、《药品安全》等4种图书，重印《食品与日常生活安全知识汇编》；制作科普展板500余块，科普挂图200套。创建省级“科普惠农兴村计划”1个（丽岙花卉协会）、省级科普示范社区1个（梧田街道新明瓯社区）、市级科普示范镇1个（泽雅镇），市科普示范社区3个（景山街道西山社区、郭溪街道塘下社区、瞿溪街道瞿溪社区），市农村科普示范基地1个（泽雅镇锡和农村专业合作社），市科普教育基地3个（吹台山科普森林公园、温州科技职业学院园林观赏植物科普教育基地、温州医科大学人体科学馆）。

区科协举办“科普大篷车”和防震减灾知识校园行活动。（区科协供稿）

镜心书画艺术院、春秋艺社、梅雨潭文学社等社科基地全年开展活动156次。

社科联

【社科普及周】 2014年，瓯海区社会科学界联合会（以下简称瓯海区社科联）组织由区流行音乐协会、新明瓯越剧团、温州曲艺协会、繁荣艺社等文艺社团组成的市民艺术团开展以普及社会科学知识，建设两美瓯海为主题的宣传演出60多场，受众达2万人之多。在文化礼堂的书屋、图书馆设立社科普及知识专柜，赠送各类社科书籍读本，供群众阅读浏览。组织发动全区社科工作者，开展“社科专家下基层”活动，

【未成年人读书节】 2014年，瓯海区社科联联合区教育局、区图书馆举办第十届瓯海区未成年人读书节活动，开展“我爱我家”家庭读书竞赛、残障儿童阅读服务活动、“十佳书香少年”评选、“阅读的力量”图片展巡展、科学小论文征集评比、“七彩夏日”——暑期学生专场活动和经典名著品、读、演等系列活动。

【社科普及示范基地】 2014年，瓯海区社科联做好泽雅传统造纸生态博物馆提升工作，对位于唐宅村的传统造纸专题展示馆和位于水碓坑村的民俗文化专题展示馆的开放和解说员进行规范和培训。2014年该基地荣获市级社科普及示范基地称号。加大对区级社科普及示范基地的培育力度，新增瓯海图书馆、琦君纪念馆、瓯海开发区企业社区文化礼堂3家社科普及示范基地。

【社科课题】 2014年，瓯海区社科联重点课题《移动互联网时代重塑地方政府公信力：网络舆情的视角》在《温州学刊》2014年第5期中刊登。组织参加全市社科论文评比，其中《城市社区社会组织发展研究——以瓯海区为例》、《围绕“两美”目标发展时尚产业加快建设生态宜居民富区强的幸福瓯海—关于瓯海区时尚产业发展的探索和思考》二篇文章获奖。

【社团管理】 2014年，瓯海区社科联把好社团成立入门关、社团年检初审关，并对各类社团的思想建设、政治建设、业务建设进行指导和管理。新成立温州市瓯海区周行己学术研究会。

文 化

文化行政工作

【文化基础设施】 2014年，瓯海区改扩建乡镇综合文化站3个（仙岩、丽岙、景山），整合提升乡镇综合文化站4个（梧田、泽雅、南白象、郭溪）；建成仙岩图书分馆、景山24小时自助图书分馆；8900平方米的瓯海区图书馆新馆实现免费对外开放；新建标准化社区文化服务中心25个，达到社区文化服务中心全覆盖；创建市级文化示范社区2个；新建区级百姓大舞台1个，镇街百姓大舞台13个。

【群众文化活动】 2014年，瓯海区文化广电新闻出版局（以下简称瓯海区文广新局）送戏下乡418场，与金华婺城区、温州永嘉县、文成县、温州经济开发区等兄弟县（市、区）开展文化走亲活动，开展"文化进万家"系列活动，举办琦君、塘河、杨梅等为主题的文化节，举办周岙挑灯、瞿溪"二月初一"会市、七巧、端午划龙舟、参龙等节庆活动共计24项。承办文化部公共文化司主办的群星奖巡回演出、"台湾周"两岸戏曲艺术学术研讨会、先锋微故事报告会、中建七局"建设者之歌"慰问演出等多个大型文艺活动。新成立瓯海参龙文化研究会、彩石镶嵌研究会、区新明瓯越剧艺社、区新桥越剧艺社、区中老年艺术团等5个民间文化社团，瓯海登记在册的民间文化社团达30个。选送节目参加第二届温州市市民文化节系列活动（视觉艺术展瓯海专场、"像有心声"周笑中个人摄影展、新温州人歌手大赛、市排舞大赛、市城市社区舞蹈比赛），并荣获视觉艺术展优秀组织奖；参与市级以上各项比赛活动，全年获得市级以上奖项45个，其中省级铜奖7个、银奖7个、金奖10个，全年全区总共获奖作品102个。

"文化进万家"首场演出。　（区文广新局供稿）

【文化市场管理】 2014年，瓯海区文化市场行政执法大队重点开展"扫黄打非"、"无证无照文化经营场所整治"等专项行动，做好创建全国文明城市迎检期间、重大节庆及敏感时段的文化（文物）市场监管执法。全年出动执法人员1599人次，检查经营单位1917家次，取缔无证电子游戏室16家，查处无证KTV 3家，没收线路板34块，没收音像制品605盘，一般程序行政处罚案件立案查处35起。瓯海区文化市场行政执法大队获得省文物局授予的2014年文物监察工作先进单位称号。

【非物质文化遗产】 2014年，瓯海区泽雅屏纸制作技艺入选第四批国家级非物质遗产名录；彩泥塑、砖雕、龙舟竞渡传说等25个项目入选市级非遗名录；12个非遗项目入选区第六批非遗名录。汪庆国、吴旭亮等20位各类非遗项目传承人及瞿溪村委会（传承团体）入选温州市第三批非遗传承人。参龙培训基地、砖雕生产性保护基地、灯彩传承基地等6个入选温州市第三批非遗基地；彩石镶嵌传承基地、泽雅屏纸生产基地等8个入选瓯海区第一批非遗基地。端午前夕，开展首届参龙比赛并评出十个优秀参龙师。6月，中国国际广播电台的中外记者到茶山泉川艺社，采访百鸟灯、撞歌、竹丝灯、木偶戏传承人。7月，央视第七套农广天地栏目组采访彩石镶嵌传承人谢炳华，摄制完成的纪录片于2015年1月30日在央视七套播出。在丽岙叶宅、泽雅天长村等地每月2次开展鼓词专场进社区活动。10-11月在景山、娄桥、瞿溪等多个街道，提供木偶、鼓词等演出给社区百姓"点单"。11月，瓯海特色非遗项目彩石镶嵌、石雕、彩泥塑等7项非遗项目近百件工艺作品参加温州时尚文化创意产业博览会展出。

瓯海区图书馆

【概况】 2014年7月1日，瓯海区图书馆搬迁至瓯海区行政中心3号楼，正式开馆。新馆总建筑面积8900平方米，有在岗人员26名，馆藏文献27万余册，阅览坐席637个。新馆设有音乐图书馆、经典品读区、3D放映厅、瓯海区民间历史文献资源库等四大特色馆，以及综合借阅区、少儿借阅区、绘本馆、报刊阅览室、电子阅览室、视障阅览室、自习室、多功能报告厅、休闲书吧等。一层设有书目检索机、读报机、自助办证机、自助借还书机、24小时自助还书机等现代化、人性化服务设备。电子阅览室配备58台电脑，是全国文化信息资源共享工程瓯海区支中心。2014年，该馆获得浙江省"文明单位"、温州市文化系统先进集体、温州市公共文化服务创意鼓励奖、党内二级嘉奖等荣誉。

区图书馆新貌　　（区文广新局供稿）

【业务建设】 2014年，瓯海区图书馆藏量购置费200万元，年新购置图书6.7万册，报刊705种。截至年底，馆总藏量27万余册（件），其中，纸质文献26.5万册（件），视听文献4903件。建成四级数字资源网络服务平台，移动图书馆APP及微信公众号服务平台，镜像存储10T 3D影视资源，触摸屏报刊阅读机可获取2T在线报纸期刊资源。自建数据库《泽雅古法造纸数据库》，在建数据库《温瑞塘河文化数据库》和《瓯海区民间历史文献资源库》。

【读者服务】 2014年，瓯海区图书馆全年365天免费开放，每周开放63小时，为市民提供文献借阅、信息查询、文化展览、报告讲座、公益培训、文化休闲等文化服务。自7月1日新馆正式开馆到12月底，接待读者34.4万人次，借还图书24余万册次，办理读者证1.2万余个。举办"闹元宵 猜灯谜"、"未成年人读书节"、"七彩夏日"暑期阅读活动、经典"品·读·演"、"瓯越讲坛"、3D电影播放、文化展览等各类活动和公益培训242场，参与53万余人次，其中"书香少年"评比参与网络投票464936人次。

【业务研究】 2014年，瓯海区图书馆完成研究课题《构建瓯海"大书屋"——农家书屋作用发挥的思考》，《经典三维立体读书法》获得2014年温州市公共文化服务创意鼓励奖。

【分馆建设】 2014年，瓯海区图书馆以"资源共享、协调发展"为目标，建立图书馆总分馆制，完善公共图书馆服务网络体系，建成图书馆分馆6个。"24小时市民大书房——景山分馆"是24小时无人值守免费开放的社区分馆，馆内藏书11000册，分成人区和少儿区，配备自助办证机和自助借还机，实行24小时刷卡进门，自助借、还书的自助借阅服务，开馆1个月，自助办证191个，借还图书5113册次，阅览6000余人次。保留基层图书流通点39个，文化资源共享工程基层服务点33个。

瓯海区文化馆

【文艺精品创作】 2014年，瓯海区文化馆创作的文艺精品获省级金奖5个，银奖4个，铜奖1个，市级金奖6个，银奖8个，铜奖4个。“瓯之韵”合唱团获“我和我的祖国”——2014年温州市群众合唱大赛金奖和全省的合唱比赛金奖；小品《等》获浙江省第二十五届戏剧小品邀请赛创作金奖、表演银奖和最佳女演员奖；男声组唱《中国再出发》获浙江省第十三届音乐新作演唱演奏大赛表演金奖；舞蹈《味香忆儿时》参加浙江省群星奖舞蹈大赛获创作表演银奖；鼓词《五水共治唱新篇》获浙江省文化礼堂汇演金奖。

【文化活动】 2014年，瓯海区文化馆承办和参与文艺活动100多场。承办“最美瓯海人”首届感动瓯海十大人物颁奖典礼，瓯海区“先锋微故事”报告会，第四届塘河文化节、琦君文化节文艺晚会等。协办2014全国“群星奖”获奖作品巡演瓯海行。开展与龙湾、苍南、遂昌等地的文化走亲活动。承办2014年温州市独双三舞蹈大赛（瓯海赛区）选拔赛，温州市首届器乐大赛瓯海选拔赛，温州市第二届市民艺术节 视觉季——瓯海区视觉艺术作品展，瓯海区书画家进校园活动，瓯海区美术书法作品展等。围绕党的群众路线教育实践活动承办“清廉瓯海”、“普法你我他”、“社区是我家”等“文化进万家”主题巡演，组织镜心书画院、泉川艺社、瞿溪艺社广大书画创作者以廉政、普法等为主题进行创作，开展群众路线美术书法作品展。

【文化队伍建设】 2014年，瓯海区文化馆举办公益文艺培训班6期，包括“中华韵”形体培训、浙江省2014年排舞培训，少儿舞蹈、素描和葫芦丝等。选派业务干部下乡辅导，辅导的丽岙街道杨宅文化礼堂的文艺节目《五水共治唱新篇》参加2014年浙江省文化礼堂文艺汇演获金奖。暑假期间，在瓯海经济开发区建立素质训练营基地，专门针对新居民子女开展活动，开设舞蹈、美术等班级。集结全区声乐、舞蹈、曲艺、器乐等文艺爱好者组成瓯海区市民艺术团和文化志愿者协会，开展文艺采风、艺术培训、作品编排等活动，并参与全区公益文艺演出和各类比赛。

瓯海区博物馆

【下十二宫修缮工程】 水碓坑下十二宫位于瓯海区泽雅镇水碓坑村，建于清朝，坐西朝东，建筑面积330平方米，2006年被确定为瓯海区第三批文物保护单位。修缮工程于2013年12月底开工，遵循“不改变文物现状”和“尽可能减少干预”的原则，对建筑的屋面、梁架、墙体等进行全面修缮，于2014年3月10日竣工，3月26日通过竣工验收。

【全国第一次可移动文物普查工作】 2014年，瓯海区博物馆完成白云道观、圣寿禅寺、普明寺、寂照庵、实际寺等6家系统外国有单位的文物认定及信息采集和平台登录工作，共计文物63件（套），完成率100%。系统内可移动文物普查申报藏品1795件，登录藏品1072件，其中票据722件，竹木雕39件，玉石器、宝石2件，钱币1件，铁器、其他金属器1件，陶瓷器248件，武器1件，家具8件，铜器4件，雕塑、造像45件，漆器1件，完成藏品登录报送进度59.6%。截至12月底，瓯海区可移动文物普查系统内与系统外文物收藏单位申报藏品1858件，已登录信息平台1135件，完成藏品登录报送进度61.08%。

【文物征集工作】 2014年，瓯海区博物馆结合地域文化特色，向社会征集民族、民间、民俗等方面文物，征集各类文物104件（组），其中包括瓯窑瓷器、温州锡器、银器、刺绣、婚俗等文物，晚清、民国著名书画家马公寓、曾衍东、王震等的书画作品。

【文物安全工作】 2014年8月和

12月，瓯海区博物馆分别下达《关于开展全区文物安全大检查的通知》和《关于做好砖木结构文物保护单位、展示馆、纪念馆安全自查自改的通知》，根据文件要求进行督查和复查工作。将日常的文物保护单位安全工作纳入安全生产网格化管理。

【文物修缮工作】 2014年，瓯海区博物馆以补助经费的形式，完成对方岙宫、潘氏宗祠、李山寨、维修四连碓造纸作坊水碓构件、下良村造纸水碓水渠、景得寺环境的修缮和整治。

【温瑞塘河文化展示馆改造、提升工程】 温瑞塘河文化展示馆改造、提升工程项目于2014年9月28日招标。通过向区体育局、塘河办、环保局、治水办、塘河文化促进会等单位、个人征集相关资料，区博物馆与设计单位前后8次修改，完成展馆陈列大纲，并于12月竣工。展示馆占地面积280平方米，建筑面积560平方米，由一楼和二楼共六大块展示内容组成，分为塘河踪迹、塘河物产、塘河情韵、塘河胜迹、塘河水运、塘河治理等，搭配以互动展台、多媒体展示。

新闻工作

【概况】 2014年，瓯海区新闻中心被各级媒体采用的稿件6050篇（条），比上年增长18%。其中人民日报、新华社、光明日报、中国组织人事报、中国国土资源报、中国环境报、中国商报、中国高新技术产业导报、中国旅游报、21世纪经济报道、中华工商时报、检察日报、科技日报、人民公安报、中央电视台等国家级媒体21篇（条），省级媒体217篇，其中浙江日报131篇、省级其他媒体55篇，温州日报451篇，温州晚报、都市报、商报共433篇，温州之声105条，温视“新闻联播”81条，温视都市新闻1045条，温视科技、公共、瓯江频道81条，中央网媒273条，浙江在线730条，温州网637条，其他网媒1976条。

【新闻出版】 2014年4月起，瓯海区新闻中心在每周一至周五早、晚编写《省市“要闻”早播报》、《省市“聚焦”晚播报》信息，提供“瓯海头条”、“浙江要闻”、“温州要闻”、“瓯海新闻”及每晚“今日聚焦”、“新政聚焦”报道信息，截至年底，累计分别编发快讯180期。编送《瓯海新闻专报》，关注上级媒体报道或曝光的瓯海正反典型，为领导决策提供参考。2014年10月，编写《时尚产业发展大家谈》和《领导干部谈工作十法》小册子，收集有关打造时尚产业的32篇文章和区领导、镇街“一把手”体会文章13篇等文章。出版发行《正能量·最美瓯海人》，精选65名各行各业的先进人物事迹。

【市民监督团和瓯摄会】 2014年，瓯海区市民监督团开展各类监督活动55次，重点监督该区五类“最脏”、五类“最美”和“五水共治”、“创卫、创文”等60个方面，其中95%以上问题得到及时解决。瓯摄会组织会员开展聚焦美丽乡村、古村落、美丽塘河、大罗山、龙舟大赛、两岸同游、瓯柑文化节、寻找塘河源等活动，全年组织各类采风活动12次，收集活动照片4000多（幅）张，其中有400多（幅）张照片被有关媒体采用。瓯摄会利用公众微信平台，定期发送摄影专版。

【新闻慈善微基金】 2014年6月6日，瓯海区新闻中心在区慈善总会设立慈善微基金，专门用于助学、助困等慈善公益事业。开展为郭溪街道梅园村白血病患者周乐鹏进行募捐活动，中心33名干部职工个人捐赠爱心款共计1.23万元。与区慈善总会、红十字会联动，通过温州日报等媒体联动，发动社会各界为白血病少年募捐，募集善款超100万元。引导丽岙、潘桥两街道发动社会力量为另两位白血病学生共筹资160余万元。

【文明建设】 2014年，瓯海新闻网推出“瓯海好人榜”栏目，报道和收集瓯海在各行业涌现出来的先进人物和身边的感人事迹，为传播正能量、弘扬社会正气营造舆论氛围。该频道推荐上中国文明网地方联盟。中心还在办公区楼层设置遵守礼仪文明板画。

深入开展市级文明单位创建活动，3月通过市级文明单位验收，被市委、市政府授予"市级文明单位"。

【所获荣誉】 2014年，瓯海区新闻中心被评为年度"浙江日报先进报道组"、"温州日报优秀报道组"和温州广电传媒集团电视主题报道优胜协作广播三等奖、广播报道二等奖，瓯海新闻网获"温州市首批文明网站"、"浙江在线创新支站"、"温州新闻网优秀支站奖"称号，瓯海市民监督团连续第二次获"温州市市民监督团十佳分团"称号，并被第三次推荐为"温州市市民监督团十佳分团"。市民监督报道团队获区委一级"党内嘉奖"，团支部被推荐为全省先进团支部，项震江被授予区十大"勤廉标兵"称号，周吉敏被评为第八批市宣传文化系统"四个一批"人才和"瓯海区十大杰出青年"、温州日报优秀报道个人，项震江被评为区十大"勤廉标兵"并推选为市"勤廉标兵"候选人，周迎嫦创作表演小品《等》参加浙江省第二十五届戏剧小品邀请赛荣获最佳女演员奖、参演微电影《路缘》女主角，许文星代表区"瓯之韵"合唱团参加全省群众合唱大赛获金奖、主角之一参演温州本土原创历史话剧《谢灵运》，许文星、陈婵娟分别获温州日报报道组积极工作者，黄松光分别被评为浙江日报先进报道工作者、温州日报优秀报道个人、区政协新闻报道特别贡献奖。

【精品创作】 2014年，瓯海区新闻中心共有7件作品获得2013年度浙江省县市区域报好新闻奖，其中《"美丽司机"连抛11站送男生急救》获消息类一等奖，《赵永镐创新成就奖昨诞生》获消息类二等奖，《他们在烈火中永生》获通讯类二等奖，《组工，构建一个好大的家》、《民资管理公司首偿对外投资"找对路"分别获消息类三等奖，《瓯海靠什么来发展》获评论类三等奖，《聚焦美丽乡村》获摄影作品类三等奖。《别再让母亲河哭泣》专题网页获浙江省新闻奖三等奖、浙江网络新闻奖一等奖，《温州 瓯海网上道德讲堂》获浙江网络新闻奖三等奖。《美丽瓯海随手拍》、《别再让母亲河哭泣》两个专题分获温州市新闻奖网络类作品二、三等奖。

卫　生

综　述

瓯海区是浙江省首批省级社区卫生服务先进区，也是浙江省新型农村合作医疗工作先进区。2014年，全区有医疗卫生机构396家：区疾病预防控制中心1家，区妇幼保健所1家，区卫生监督所1家，区级综合性医院3家，社区卫生服务中心10家，社区卫生服务站41个，个体诊所206家，村卫生室105个，民营医院7家，其它社会医疗机构21家（门诊部、医务室、临床检验中心、医学检验所和区计划生育宣传技术指导站等）。全区实有床位869张，每千人拥有医疗床位2.04张。全区各类医疗机构共有卫生技术人员2361人，其中执业医师940人，执业助理医师288人，注册护士757人，每千人拥有执业（助理）医师2.88人，每千人拥有注册护士1.78人。全区13家公立医疗单位工作人员1199人，其中在职在编801人。

2014年，瓯海区公立医疗机构总门急诊219.63万人次，出院7645人次，总收入33869.21万元，总支出32803.38万元，总体保持收支平衡。

卫生融资投资引资

【社会力量办医】 2014年，瓯海区加大招商引资力度。和平国际医院总投资5.8亿，属于引进台资项目，累计完成投资8162万；位于郭溪黄坑山周边的温州康复城项目，区政府与北京太阳城集团签订项目投资意向书，投资额约为12亿元，合计198.4亩；实施万福医院的医养结合项目。全区7家民办医院均为营利性民营机构，工商行政部门按照企业注册登记管理，区委文件明确人事代理机构和事业单位社保政策、专项奖补资金，区人才市场管理办公室落实人事代理工作，落实土地及建设规费和相关免税政策，和平国际医院获得土地及建设规费减免规费约166万元。加强对国鼎医院、博大医院和仁济医院等新引进的社会医疗机构的帮扶和监管。

【项目建设】 2014年，瓯海区的投资任务为52029万元。截至12月底，完成该年累计投资46523万元，占年度计划的89.42%。区

9月25日，瓯海区开展健康进万家“和谐我生活，健康瓯海人”主题宣传活动。（区卫生局供稿）

级项目：区三医新病房大楼工程主体结构结顶，完成投资额2188万元；集体宿舍工程完成消防验收，启动二次装修招投标，完成投资额440万；完成丽岙街道卫生院迁建工程门窗安装和一至六楼墙体粉刷，完成投资额1570万元。市级项目：市人民医院娄桥新院建设工程，完成投资额12000万；温州市第六人民医院一期工程，完成投资额7950万元；附一医迁建工程的零星工程施工，完成投资额6135万元；开工建设市第七人民医院一期工程，完成投资额4181万元；开工建设市中医院新院二期，总投资1.76亿元，12月份完成投资额815万元；市社会养老中心工程完成土地挂牌出让，出让金额为13818万元。

【融资工作】 2014年，瓯海区区卫投公司还贷11800万元，截至年底，在贷1.65亿元。

基本公共卫生服务

【概况】 2014年，瓯海区继续加大基本公共卫生服务项目专项经费投入，人均基本公共卫生服务经费达到35元以上。进一步优化基本公共卫生服务绩效分配，逐步推进基本公共卫生服务均等化，基本公共卫生服务项目各项指标基本达到省标要求。

【健康管理】 2014年，瓯海区开展大型健康宣传活动24次，印发宣传资料32种76.2万余份，健康素养讲师团巡回讲座593场（次），播放宣传电影740部（场）。开展健康阵地的建设，设立并维护宣传栏740个，设立"健身步道"和健康专栏。申报健康促进学校金牌2所、2所银牌健康促进学校、7所铜牌健康促进学校、2所市级健康促进医院通过考核命名。建立户籍人口电子健康档案343139份，建档率80.59%，60岁以上老人健康管理45555人，健康管理率65%。高血压患者发现并管理数46373人，发现率10.89%，规范管理36102人，规范管理率77.85%，随访血压达标18752人，血压控制率40.44%。糖尿病患者发现并管理数12459人，发现率2.93%，规范管理9015人，规范管理率72.36%，随访血糖达标4524人，血糖控制率36.31%。重性精神疾病患者2167人，管理率50.90%，规范管理1149人，规范管理率53.02%，病情稳定患者1772人，稳定率81.77%，治疗的患者1288人，治疗率77.17%。全年提供免费检测艾滋病230712人次。全区登记管理结核病人544人，其中涂阳病人184例，系统管理率96.26%。社区居民满意度91.81%。妇幼保健保持较高水平。0-3岁儿童系统管理率96.55%；孕产妇系统管理率97.51%，产后访视率97.78%。突发公共卫事件依法处置。传染病和突发公共卫生事件报告率100%，报告及时率100%。

【医疗服务质量】 2014年，瓯海区医疗质量管理工作得到进一步加强，总体医疗安全形势平稳。加强业务知识培训，举办《依法执业与医疗安全》等全区性培训8次，培训900余人次。全年发生医患纠纷8起，解决5起，同比下降42.8%；妥善处理各种投诉52起。全年无发生医疗责任事故。推进医疗责任险投保工作，全年全区医疗机构共投保91万元。

【社区卫生服务】 2014年，瓯海区继续完善城乡社区卫生服务体系，构成以3家区级医院为龙头，10家社区卫生服务中心为枢纽，41家社区卫生服务站为网底，101个巡回医疗点为补充的三级卫生服务体系。郭溪街道社区卫生服务中心被评为全国群众满意社区卫生服务中心，创成省级示范社区卫生服务中心2家、二级乙等水平社区卫生服务中心3家。截至年底，完成省下达的基层卫技人员素质提升任务，培训77人，组织参加继续医学教育1130人次，派出进修41人，完成区级科研项目立项5项。

疾病预防控制与妇幼保健

【概况】 2014年，瓯海区疾病预防控制工作进一步落实。区疾控中心完成新大楼实验室、疫苗冷库搬迁工作。开展艾滋病、结核病、霍乱等重点传染病防控工作。做好埃博拉、登革热等重大疫情应对工作。全年瓯海区法定报告传染病甲、乙、丙类病例报告6622例，发病率660.58/10万。全年全区未发生突发公共卫事件；报告聚集性疫情1起，依法规范处置；参与处置食物中毒事件5起，均查明原因。

【结核病防控】 2014年，瓯海区登记管理结核病人544人，系统管理率96.26%，涂阳病人184例，新涂阳157例；报告肺结核疑似病例993例（重报206例），转诊到位256例，转诊到位率33.68%，需追踪病人503例，追踪到位453例，追踪到位率90.01%，总体到位率93.41%。全年筛查938例涂阳密切接触者，涂阴患者6名，涂阳密切接触者筛查率100%；全年发生学校结核疫情6起，对399名学生进行PPD筛查，281人拍片筛查，筛查出涂阴患者2名；全区新涂阳患者治愈率85.61%，登记结核病人系统管理率达96.26%；全区肺结核耐多药患者11人，各社区卫生服务中心按要求合理设置注射点；作为2014年浙江结核病防治知识知晓率调查点，完成600人的项目工作任务。

【艾滋病防控】 2014年，瓯海区新报告HIV/AIDS共82例（AIDS 27例），死亡3例。艾滋病历年累计报告，HIV/AIDS共230例，其中AIDS病人77例，累计死亡14例（按专报网病例报告定时统计）；为全区现存活并纳入本地管理的208例HIV/AIDS感染者和病人提供免费的CD4、肝功能、血常规检测，检测率98.07%（204/208），2014新增抗病毒治疗病例73例，抗病毒治疗比例达96.34%（158/164），其中MSM感染者和病人治疗覆盖率100%（65/65），累计为187名感染者和病人提供免费抗病毒治疗药品。为所有在治病人提供病毒载量检测，2014年病毒载量检测率100%（87/87），新发感染检测率95.89%（210/219）；全年提供艾滋病免费自愿咨询检测1101例，开展各类人群艾滋病抗体检测230712人，检出抗体阳性152例；完成艾滋病重点人群高危行为干预工作；全区范围内18个快速检测点正常开展检测工作，检测65328人次；有国家级监测哨点2个，监测1200人（其中流动人群400人，青年学生800人）。

【传染病监测】 2014年，瓯海区开展肠道传染病监测。肠道门诊监测3455人，检出阳性1例，为0139型；重点人群（从业人员体检）检索18155份，检测结果全部阴性；开展外环境与水体监测，全年采样并检验水样180份，检出阳性3株，为小川型，对市售水产品采样并检测120份；伤寒、副伤寒监测送检256份，未检出阳性；手足口病病人送检实验室检查共61例，其中EV71病毒8例，CoxA16病毒12例，其他肠道病毒20例，阴性21例。开展人感染高致病性禽流感监测。高危人群监测采样35份，全为阴性；环境标本采样45份，全为阴性。H7N9禽流感疫情防控期间，对温州市禽蛋批发市场进行监测2次，采集样品30份，检出阳性8份，阳性率26.67%。开展疟疾“三热”病人血检工作，监测1143人，附一医检出阳性血片3张。开展狂犬病暴露人群监测，全区狂犬病暴露报告3480人，被狗咬伤抓伤等暴露者2515人，占总暴露人数的72.27%。开展人间布鲁氏菌病监测工作，采集血样183份，进行虎红凝集试验和试管凝集试验，未检出阳性。

【麻风病性病防控】 2014年，瓯海区麻风病转诊48例，未发现现症麻风病例，随访愈后病人4例；全区有性病病例报告的医疗机构14所，报告性病5种1483例（报告地区统计），网络直报及时率100%，诊断符合率均100%，全区发现性病5种651例（现住地区统计）。

【卫生应急】 2014年，瓯海区修订H7N9卫生应急预案，预案及技术方案共57个。开展卫生应急培训。组织开展人感染H7N9禽流感疫情应急演练。加强应急物资储备。不断探索完善卫生应急物资储备机制，适当储备必需的卫生应急物资，实行台账管理。开展突发公共卫生事件风险评估6期、疾病预防控制舆情监测28期。

【免疫预防】 2014年，瓯海区接种各类疫苗474969针次，其中国家免疫规划疫苗359258针次，常规单苗免疫接种率继续保持在95%以上；接种二类疫苗115711针次。麻疹疫苗查漏补种3072针次，脊灰疫苗强化免疫47266剂次；麻疹疫情应急接种疫苗1093针次，初三学生麻风疫苗加强免疫5611针次。五星级规范化预防接种门诊创成7家，三星级规范化预防接种门诊4家，星级门诊创建率84.62%。在全市率先启用冷链实时监测和疫苗管理系统。

【慢性病报告及死因监测】 2014年，瓯海区审核慢性病及死亡报卡12883张。其中糖尿病7033张、恶性肿瘤1766张、脑卒中1434张、冠心病292张、死亡报卡2358张。糖尿病新发病例3059例，累计发病率722.24/10万；恶性肿瘤新发病例905例，恶性肿瘤累计发病率213.67/10万；脑卒中新发病例936例，脑卒中累计发病率220.99/10万；冠心病急性事件179例，全年因冠心病死亡157例。完成社区医生工作平台慢性病报卡与浙江省监测信息管理系统对接工作，13家社区卫生服务中心均已完成对接并实行慢性病强制报告工作。

【社区慢性病综合防治】 2014年，瓯海区高血压、糖尿病患病人群及高危人群管理逐步加强，医务人员进行定期随访、指导用药和宣传健康生活方式逐步规范。全区户籍人口423541人，发现并建档高血压患者46462人，管理率55.94%；规范管理36118人，规范管理率78.02%；血压控制29920人，血压控制率64.63%。糖尿病患者建档12958人，管理率61.18%，规范管理10025人，规范管理率78.54%；血糖控制7658人，血糖控制率59.99%。

【重性精神疾病患者管理】 2014年，瓯海区重性精神疾病患者复核诊断及体检工作全面铺开，邀请温州市第七人民医院专科医生到社区卫生服务中心复诊诊断、危险性评估307人次，全区重性精神疾病患者体检693人次。全年发现并录入浙江省精神疾病信息系统管理重性精神疾病患者2161人，患者检出率5.103‰；规律治疗1288人，间断治疗255人，治疗率71.40%。录入省信息系统随访人数2070人，管理率95.79%；录入随访人次数9914次。

【适龄儿童窝沟封闭项目】 2014年，瓯海区67所小学全部参加适龄儿童窝沟封闭项目工作，2013学年（2013.9–2014.7）接受窝沟封闭6357人，免费窝沟封闭牙数22120颗，学生覆盖率82.35%，封闭率96.92%，复查完好率93.76%。2014学年（2014.9–2015.7）已经接受窝沟封闭学生3692人，免费窝沟封闭牙数12873颗，学生覆盖率86.05%，封闭率95.33%，复查完好率94.97%。

【居民碘盐监测和学生碘缺乏病病情监测】 2014年，瓯海区随机抽取泽雅、瞿溪、仙岩、娄桥、梧田五个街镇300户居民进行食用盐检测，碘盐覆盖率95.67%（287/300），碘盐合格率91.99%（264/287），居民户合格碘盐食用率88.00%（264/300），608名学生中，甲状腺I度肿大27人，肿大率4.44%；在215份尿液中，尿碘最低值33ug/L，最高值＞600ug/L，尿碘中位数205ug/L。

【妇幼保健】 2014年，瓯海区户籍产妇2933人，活产2968人，住院分娩率100%，高危产妇管理率和高危产妇住院分娩率均100%，连续12年实现本地孕产妇零死亡。该年全区开展产前筛查8233人，筛查率119.39%，发现高风险孕妇428例，高风险发生率5.20%。经产前诊断确诊：21–三体4例，18三体3例，NTD1例。继续落实好“二免”政策，进一步完善婚检体检软件系统，在各镇街举办“两免”巡回讲座，并与民政部门在地域空间上形成“一站式”婚检服务模式，促进“二免”工作的开展。全年完成婚前医学检查和孕前优生检查6197人次，其中婚检4452人次，婚检率91.35%。该年全区业务活产5971人，新生儿疾病筛查5980例，筛查率100.15%。新生儿听力筛查6942例（包括附一医，业务活产数6939人），筛查率100.04%。全年全区筛查宫颈癌人数9460例，筛查完成率115.36%，乳腺癌筛查3194例，筛查完成率138.86%。发现宫颈癌癌前病变21例，乳腺癌1例。累计完成农村孕产妇住院分娩补助2099人，完成率139.93%。叶酸服用1820人，完成率121.33%。

卫生监督执法

【概况】 2014年，瓯海区卫生局下放11大项卫生行政审批事项审批权至各卫生监督办证窗口，实行首席审批官制度，行政审批事项从受理到发证的所有流程全部在窗口高效运转。全年受理卫生审批件3137件，办结3091件，退281件，办结件100%提前办结，按时办结率100%。强化“四小”行业的卫生监管，全年出动卫生执法人员8609人次，检查8313家次，立案处罚20家，到位罚没款56700元。加大打击非法行医力度，出动1247人次，取缔112家次，立案处罚77宗，移送公安部门7宗，到位罚没款293384.54元。联合区教育局，出动711人次，检查学校388家次，确保校园卫生安全。开展游泳场所夏季保健康专项行动。对辖区内18家游泳场所开展量化评分工作，量化率100%。开展游泳场所夏季保健康专项行动，对辖区内18家游泳场所开展量化评分工作，量化率100%。开展消毒产品卫生监督监测工作。出动114人次，检查21家次，立案处罚4家，到位罚没款18000元。监督抽检273批次，合格271批次，合格率99.3%。对餐饮具的监督监测频次坚持一季一监督监测+重大节假日监督监测，并及时将监测信息公布在所网站。加大对餐饮具集中消毒单位的监管力度，做到每月至少检查1次、每2月至少抽检一次，及时公布监测结果，健全长效监管机制，确保群众饮食安全。

爱国卫生和创卫工作

【国家卫生城市创建】 2014年，瓯海区深入开展创建国家卫生城市工作，先后通过创卫省级考核验收、国家暗访、省级复查、国家技术评估等。完成拆违124万平方米，完成“三旧”改造815万平方米；取缔流动摊贩7718个，马路市场22个；拆除户外广告及非户外广告设施7202个，面积5.91万平方米，清理覆盖小广告7.66万平方米，清理横幅3390条；取缔无证洗车点18家，处理夜间流动洗车点投诉4起；完成重点道路空中管线整治216条；整治规范废品收购站点163家，取缔无证经营394家；完成破损道路的改造和维修2.8万平方米。城市基础设施方面：截污纳管建设完成21个片区、13.2平方公里，完成投资1.02亿元；改造提升公厕148座，垃圾坞1152座，改造提升垃圾中转站22座，新增果壳箱2232个，新增密封闭式垃圾收集车745辆。集贸市场整治方面：改造提升12个农贸市场并达到创星标准，整治改造小菜场34个。绿化建设方面：完成市政府下达的城市绿地建设任务147.2公顷、立体绿化3.5公顷、绿道建设22公里、新建美丽浙南水乡滨水公园12座。

【城中村环境综合整治】 2014年2月，瓯海区在梧田街道蟠凤村开展环境集中整治综合管理试点工作，成立试点工作领导小组，抽调街道精干力量联合12个区属部门组成攻坚组。该年9月，以蟠凤村整治工作为经验，在全区范围内选取18个城中村开展环境综合整治工作。截至2014年12月30日，18个城中村清理陈年垃圾949处，拆除违章建筑58324平方米，改造垃圾坞、公厕233座，改造店招店牌2643个，清理、捆扎空中管线78247米，完成小广告粉刷84804平方米，小餐饮整治684家，五小行业整治410家，废品收购站点整治132家，安全生产整治1723家，农贸市场改造提升12家，完成河道整治19条，施划停车泊位1281个，出租房管理和旅业式出租房提升4886家。

【爱国卫生】 2014年，瓯海区将基层卫生创建工作纳入创卫工作责任制，创建省级卫生街道1个、省级卫生村2个。开展以“人人参与创卫，远离病媒侵害，打造健康瓯海”为主题的第27个爱国卫生月活动，开展宣传活动65次，健康教育讲座56场，刊出健康专栏30期，制作宣传展板167块，印发宣传资料37300份，在媒体发布信息59条，悬挂宣传标语、横幅166条，治理脏乱道路

表23　瓯海区13家公立医疗机构一览

序号	机构名称	详细地址	所有制类型
1	瓯海区人民医院	景山街道将军桥盛新路82号	公立
2	瓯海区第二人民医院	新桥街道金蟾大道119号	公立
3	瓯海区第三人民医院	梧田街道梧田大道450号	公立
4	瞿溪街道社区卫生服务中心	瞿溪街道兴学街71号	公立
5	茶山街道社区卫生服务中心	茶山街道花园路3号	公立
6	丽岙街道社区卫生服务中心	丽岙街道健康巷15号	公立
7	泽雅镇社区卫生服务中心	泽雅镇天长村天长大道	公立
8	娄桥街道社区卫生服务中心	娄桥街道娄桥村	公立
9	潘桥街道社区卫生服务中心	潘桥街道华亭村健康路14号	公立
10	郭溪街道社区卫生服务中心	郭溪街道景德路203号	公立
11	南白象街道社区卫生服务中心	南白象街道鹅湖村	公立
12	仙岩街道社区卫生服务中心	仙岩街道府前西路42号	公立
13	三垟街道社区卫生服务中心	三垟街道三垟大道1088号	公立

683610平方米，清除垃圾8920吨，清除乱张贴71104张，消灭病媒生物孳生地14784处，投入灭鼠毒饵12.1吨。加强病媒生物防制工作，先后开展春季灭鼠、夏季灭蚊蝇和灭蟑、秋季灭鼠和灭蟑活动。推动农村改水改厕工作，完成15个村的安全饮用水工程，完成投资2470.67万元，农村安全饮用水人口覆盖率100%，卫生厕所普及率99.69%，无害化卫生厕所普及率99.46%。开展健康教育和健康促进活动，各镇街常规更新宣传栏740个，开展活动768次，受益7万余人次，制作发放各种宣传资料29种72万份，折页模板2种（消除麻风危害和救灾防病知识），下发省疾控海报7600份，市疾控宣传资料6000份，健康小工具3300份；开展全民健身生活方式行动，在潘桥芙蓉岭和新桥十八弯建设“健身步道”，在新桥社区建设健康专栏。创建省级健康促进医院1家、市级健康促进医院2家，金牌、银牌和铜牌健康促进学校各2所；进一步加强公共场所控烟工作，卫生系统全面禁烟，下发禁烟标识7500个，5月28日和29日在温大和区府开展无烟日宣传活动。

体　育

综　述

2014年，瓯海区获得省级运动休闲基地称号。利用民资，在拆后低效土地上建成拆装式游泳池2个、健身广场1个，建成塘河游泳点2个。打造全省首个全民健身公共服务平台，成立全省首家体育社团服务中心；举办瓯海区首届全民运动嘉年华，瓯海区首届社团运动会，2014年中国瓯海“捷安特杯”自行车赛等大型赛事。

群众体育

【概况】 2014年，瓯海区开展群众体育活动100多场，大型活动10余场，贯穿全年的大型主题活动3个，以及专项体育活动和相关培训。开展省第二届体育节，68万余人参加区级、镇街、社团、社区等各级各类全民健身赛事活动400余项，获得一等奖3个、二等奖1个；组织瓯海区首届全民运动嘉年华，包含10个大项的比赛，活动的承办权全面交给各镇街、体育社团。组织瓯海区首届社团大联动，由体育社团承办或者协办各类活动60余次。新成立户外运动协会。成立瓯海区社团服务中心，全省首家以授权方式向体育社会社团下放业务指导管理权限。开展体育指导员培训260余名。对全区2300名中小学生开展免费体育技能培训。推进省级体育现代化区试点工作，制定《温州市瓯海区开展省级体育现代化区试点工作领导小组》，下发《瓯海区开展浙江省体育现代化区试点工作的实施意见》。创建完成省级社区体育俱乐部3个、星级职工俱乐部2个、省级体育示范幼儿园1所、省级老年人体育俱乐部2个，泽雅镇、南白象街道完成省级体育强镇验收工作，三垟、茶山街道完成省级体育特色乡镇创建，瞿溪街道开展省级体育现代化镇试点工作，区实验小学被命名为国家级青少年体育俱乐部。

竞技体育

【概况】 2014，瓯海区组织70名运动员参加浙江省第十五届运动会，参加体操、艺术体操、蹦床、射击、皮划艇、赛艇、摔跤、游泳、篮球、排球和足球等11个大项的比赛，获奖75人次。与教育局联合举办中小学生（幼儿）体育节，3400多人参加8个大项的比赛。举办2014中国 瓯海“捷安特杯”自行车赛，共有60支队伍291位来自全国专业或业余运动员参赛。承办浙江省特色学校篮球赛，来自全省的30多支队伍，400多名运动员参加比赛。举办温州市青少年排球比赛、足球比赛，参赛500多人，举办温州市中学生篮球联赛，参赛678人。

新建成娄桥中学的笼式足球场，新增瓯海二高的排球和游泳训练基地，新射击教练员一名，游泳教练员一名，下发《瓯海区训练基地（点）管理办法》和《瓯海区参加浙江省第十五届运动会奖励办法》。

体育产业

【概况】 2014年，瓯海区体育中心与温州市瓯海区恒翔体艺培训有限公司合作，以市场化创新模式运营有限的体育场馆。区体育局受理各经营业主的许可、备案申请22家，许可17家，备案4家，不予许可1家，其中有10家进行游泳培训班备案登记，自9月底闭馆，全区没有发生重大安全事故，没有造成人员伤亡。该年审批龙舟数407支（包括茶山街道和三垟街道），其中开划294支，停划113支，连续在5月29日-6月2日五天的时间内，民间划龙舟活动总体状况良好，完成民间划龙舟管理工作。与区委宣传部、文化局、体育局、文联、瞿溪街道共同主办的参龙表演，7支龙舟队和来自民间的16位参龙师参加表演。

体育基础设施

【概况】 2014年，瓯海区建设完成省级小康体育村60个、门球场改造1个、400米塑胶跑道、新国标健身苑点8个、省级体育休闲公园1个、登山健身步道4条。深入实施全民健身工程“拆后利用”建设项目，完成新桥众达游泳池、娄桥游泳中心、潘桥健身广场、网球中心4个项目的建设工作。以BOT形式吸引民间资本150万元，建成两个塘河游泳点及配套设施。“全民健身公共服务平台”通过验收。截至年底，全区25所学校的体育设施对外开放，其中该年新增学校10所。

城乡规划与建设·国土资源

城市化建设

【城中村、旧住宅区改造】 2014年，瓯海区城市化建设办公室开展地下空间利用试点，在西山路启动建设道路下穿工程，结合西山路两侧城市更新建设的西山路道路下穿工程长1500米。全区城中村改造签约1433户，拆除1245户，新开工建设4057户；累计完成城中村改造（含城中村综合整治）26376户，建筑面积398.43万平方米；累计完成旧住宅区改造10259户，建筑面积172.53万平方米。

【美丽乡村建设】 2014年，瓯海区城市化建设办公室编制《瓯海区美丽乡村建设（2013-2017）五年规划》。完成泽雅镇唐宅村的历史文化村落建设，续建泽雅镇水碓坑村、黄坑村和瞿溪街道桥下村共历史文化村落3个，启动泽雅镇上潘村、吴坑村的历史文化村落保护利用工作；完成金锁桥、李山寨、慈湖八福砖塔等15处“百村千处”点项建设；完成“探千年古道　游琦君故里精品线”、“梧田老街至仙岩穗丰精品线”、“瞿溪老街改造：任桥河整治工程”3条美丽乡村精品线建设；完成泽雅镇垟坑村、瞿溪街道曹平村等10个精品村建设。

【农村生活污水治理】 2014年，瓯海区城市化建设办公室制定《瓯海区农村生活污水治理三年工作方案（2014—2016）》。全年完成54个村的农村生活污水治理项目施工图，37个村的农村生活污水治理项目已进场施工建设，其中36个村完工待验收，投入资金约10103.5万元。

【进城口综合整治】 2014年，瓯海区城市化建设办公室承担高速南、动车南两个市级进城口整治项目，整治内容包括市政道路、沿线建筑、景观绿化、附属设施、照明亮化等改造提升，全年总投资1.6亿元。高速南进城口整治工程完成辅道整修、人行道改建、绿化彩化提升等工作，主车道沥青铺设愈90%；动车南进城口整治工程市政道路完成工程量90%，绿化彩化工作基本完成，建筑立面整治完成，动车广场景观照明改造工程有序实施。

【土地整理】 2014年，瓯海区城市化建设办公室完成潘桥街道桐岭村岭背等6个土地开发项目政策处理、实地测量、联合踏勘、方案评审等工作，总面积811.1亩。完成标准农田建设项目等级评定，增加标准农田储备面积，确保粮食生产安全，郭溪街道前垟村、河头村等3个地块通过实地复核验收，建成标准农田409亩。落实土地开发项目耕地质量整改工作，制定出台加强垦造耕地质量提升和后续管护工作的相关办法。做好耕保审计、拆旧区复垦和建新区撤销调整等工作。

建筑业

【建筑业发展】 2014年，瓯海区出台新的建筑业发展优惠政策——《关于扶持瓯海建筑业健康发展的若干意见》，瓯海区建筑业总体规模基本保持平稳。全年全区72家建筑施工企业签订建筑业合同额达398.9亿元，完成建筑业施工总产值181亿元，其中外省施工产值54.4亿元，房屋建筑面积达2920.9万平方米，创利税达6.4亿元。全区23家建筑业企业申报和增项申报资质，其中新增企业15家，增项申报8家，晋升2家，建筑业企业资质和实力得到不断提升。全年一级建造师注册、变更72人，一级临时建造师延续注册初审25人，二级建造师注册、变更332人；三类人员申报考核416人、变更142人、延期考核1633人。

【工程质量安全】 2014年，瓯海区住房和城乡建设局（以下简称瓯海区住建局）组织开展安全生产大检查活动4次，安全生产专项整治行动4次，建筑工地环境卫生专项整治2次，发放整改通知单307份，发现隐患3102处，整改3102处。全年通过区级标化阶段性验收40个项目，通过市级标化阶段性验19个项目。深入开展建设工程质量治理两年行动，预防治理工程实体质量常见问题，遏制建筑施工违法发包、转包、分包及挂靠等行为，推行工程建设五方主体项目负责人质量终身承诺、施工项目经理记分、竣工工程永久性标牌等制度，鼓励企业创优夺杯，争创精品工程，提升建设工程质量水平。全年全区建筑企业创“瓯江杯”3项，“建设杯”1项。全年组织专项质量大检查5次，发出整改通知书95份，停工通知书19份，对34家企业进行通报批评，对12家企业记不良记录。全年全区在建工程质量、安全生产情况总体平稳，未发生建筑施工领域安全生产亡人事故或因质量问题引起的重大事故。

【建筑市场管理】 2014年，瓯海区住建局进一步优化招标投标制度，推行招标投标工程银行保函制度，建立工程项目履约保函额度浮动机制，减轻企业资金压力。加强招投标各环节的监督，规范招投标市场行为，全年全区完成招投标监督管理备案项目185项，建筑面积290.05万平方米，工程造价93.82亿元；工程施工下浮率10.39%，其中完成公开招标项目140项，邀请招标项目39项，直接发包项目6项。依法查处招投标活动中的违法违规行为，处理招标投诉8起，查处串标1起，查处专家违反评标纪律1起。继续实施建筑工人工资卡制度和职工工资支付保障金制度，维护工人的合法权益。全年接待农民工工资投诉48起，涉及391人，涉及金额1084万元。

2014年瓯海区“树标杆、学标杆”现场观摩会。
（区住建局供稿）

【危房鉴定工作】 2014年，瓯海区住建局重点牵头组织开展老楼危楼安全大排查专项行动，发挥“网格化管理”的作用，开展网格化深入排查，逐户逐幢排查登记，实行“一房一表”，分类建档，并同步建立老楼危楼安全管理基础数据库。分批次对镇街前期排查出的重大安全隐患房屋进行安全应急鉴定工作，截至12月底，完成13个镇街共计1327.5间有产权证房屋的现场勘查，建筑面积9.88万平方米，其中最终确定D级危房648户，C级危房180户。

房产管理

【房地产市场监管】 2014年，瓯海区住建局对市场供求、结构、价格等房地产市场运行状况实行动态监测分析，及时发现市场中的新情况，新问题，并提出有效的应对措施。针对房闹现象，多次召集房开负责人专题座谈会，引导房开公司主动关注和掌握购房户的最新动态，谨慎处理销售合同和广告，明确房屋交付条件、交房期限等各种细节，避免其他楼盘“房闹”现象再度升级，下半年“房闹”现象逐步趋于平稳。全年发放预售许可24个，共计16767套，建筑面积102.84万平方米；销售房产7876套，建筑面积52.52万平方米，合同金额达91.45亿元。

【城乡住房保障体系】 2014年，

瓯海区新增公共租赁住房保障对象2070户，其中廉租住房保障16户。截至年底，全区在保廉租住房保障家庭202户，保障人口491人，其中实物配租36户，保障人口78人。全年发放廉租住房租赁补贴97.48万元，累计发放补贴641.89万元，受惠690人。推进安置提速工程，全年新开工项目7个，合计开工71.50万平方米；建成项目3个，面积达23.71万平方米；交钥匙项目5个，共计交钥匙2150套，住宅安置面积约24.8万平方米，完成固定资产投资（含市级项目）27.45亿元，全面超额完成各项拆迁安置房建设指标任务，瓯海区获得全市住房保障先进集体。

【产权产籍管理】 2014年，瓯海区住建局严格实行产权登记承诺制度，并首次对商品房初始登记及二手商品房转让登记实行“三证联办”服务，一次性将商品房交易登记涉及的房屋所有权证、契证、国有土地使用证办理完成，总用时从房屋登记管理办法规定的30个工作日缩减至即办和3个工作日，压缩办理时限。全年受理各类房屋登记32107件，发证27960个，其中房屋产权证12901个、他项权证15059个，建筑面积1154.19万平方米，累计受理登记并办结“三证联办”848宗。

【物业管理】 2014年，瓯海区住建局进一步规范物业管理服务水平，对全区物业企业进行全面的行业服务质量跟踪指导和检查，逐步深化“区、镇街、社区”多部门“三位一体”管理机制，共同推动物业服务部门走上健康发展的轨道。截至年底，全区共有23家注册的物业管理企业，外来企业19家，现有交付使用小区80余个，其中有物业管理备案登记70多个小区，管理面积累计212.53万平方米。深入开展创建“平安物业”，强化对高层楼宇和旧住宅楼安全生产专项整治，全区13个镇街共排查高楼224幢、旧住宅162278户，其中重大隐患76114户，整改1097户，一般隐患759户，整改572户。

市政公用事业

【市政交通道路】 2014年，瓯海区计划建设市政交通道路27个项目，其中城市快速路、主干道10条，年度计划投资8.07亿元，其余市政道路17个项目，年度计划投资5.42亿元。截至12月底，福州路二期、中央大道、景德东路、瞿任路、国鼎路南段建成通车，瓯海大道西延段、广化南路、新双南线、南湖路改建等工程推进，龙霞路南延段、104国道拓宽等项目开工建设，累计完成投资8.76亿元，其他市政道路项目15个，全年累计完成投资7.47亿元。

【交通治堵工作】 2014年，瓯海区新建改建道路8.1公里，新开工总长达9.6公里，打通断头路2条、开工3条，完成高翔路改建工程（拓宽二期）和景山公园东入口两处交通拥堵点的整治工作，完成地下空间项目开发72.35万平方米，建成专用停车泊位5383个，河庄小区，区府东小区，勤奋小区等3个旧小区的停车位完成改造，自行车专用道完成建设22.37公里，公共自行车新增1000辆。瓯海交通治堵各项指标总体完成情况连续三年位列全市第一，获得全市交通治堵先进集体。

【环卫基础设施建设】 2014年，瓯海区将治水工程和治堵工程相结合，利用新建改建道路来铺设地下管网，加快推进一、二级管网和截污纳管建设工作，截至12月底，共随市政道路建设地下一、二级污水管网9.29公里；建成雨水管网11.36公里，完成率113.6%；完成提标改造管网10.1公里，完成率126.1%；完成雨污分流改造8.17公里，完成率136.2%；建成供水管道14.2公里，完成率118%；完成供水管网改造14.8公里，完成率147.6%；开工建设33个片区的截污纳管工程，新建截污纳管68.8公里。完成8处积水点整治工作，完成率114.29%，瓯海区五水共治各项指标均超额完成年度任务，总体完成情况居全市首位。按照“三个100%”的要求，开展垃圾和污水收集处理设施建设大会战，完成南片污水处理厂主厂房主体框架建设，完成瞿溪垃圾中转站主体建设；开工建设仙岩东片垃圾中转站，丽岙垃圾中转站进入土地报批阶段；完成新建改建公厕5座。

规划审批与监察

【规划编制】 2014年，瓯海区规划分局推进国家大学科技园、小微企业园、高等院校周边区域、美丽乡村等规划修编、控规调整。完成控规修改15项，完成小微园控规编制3项，完成小范围控规编制1项，完成110KV电力线临时调整2条，完成《凤凰山公园宗教旅游区规划研究》，启动《泽雅庙益村村庄整治规划》。做好城乡规划控规修改权上收后的工作。根据《温州市人民政府关于进一步规范控制性详细规划修改工作的意见》(温政发[2013]91号)，市政府收回原下放给区政府的城乡规划修改权。

【规划审批】 2014年，瓯海区规划分局严格推行权力清单制度工作，保留规划许可职权10项，非行政许可审批1项，行政征收1项，其他行政权力1项。通过换位思考、优化工作流程、实施“两个限时”服务、推行三同步制度，审批效率得到显著提高。全年受理事项380件，提前办结率100%，平均办理天数1.29天，平均提前天数3.34天，实际提速率72%。为助力社会投资项目顺利落实，开展现场踏勘、现场办公67次，理顺浙江恒丰泰减速机制造有限公司、瞿溪皮具大世界、医药总部物流、仙岩陶瓷品改造提升、温州育英国际实验学校等一批重点项目的审批流程，为其顺利落实提供规划服务。全年办理各类抄告单和会议纪要48件，两次获得“红旗窗口”称号。

【规划监管】 2014年，瓯海区规划分局有序开展在建建设工程的批后日常监督工作，全年在建建设工程374件，函告城市管理与行政执法局违法建筑案件29件，回复城市管理与行政执法局技术性审查意见445件。参加区审管办组织的联合验收和按照审管办文件要求组织单项验收，全年办理竣工核实确认书76件，其中公建项目65件，计地上面积769276.85平方米，地下室110168.03平方米，另一层架空4535.13平方米；私建项目11件，计地上面积5646.62平方米。发放规划意见书13份，计总建筑面积86175.76平方米。

【规划信访处理】 2014年，瓯海区规划分局处理群众来人来信案件43件及办理市局、区长信箱、区府办等单位交办案件56件，参加行政诉讼2场、行政复议1件，做到在规定的时间内予以反馈和办理，回复率100%。举行听证会2场，并对各方提交的建议，在后续行政工作中予以充分考虑。

住房公积金管理

【住房公积金归集】 2014年，瓯海区新增住房公积金缴存单位213家，新增缴存职工1040人，年末全区实际缴存单位1019家，在缴职工18456人，在缴职工同比增加1316人。全年归集住房公积金35708.72万元，增长8.25%，归集余额125569.92万元，同比增长11%。温州市住房公积金管理中心瓯海管理部与区财政局和区人社局沟通对接，为机关事业单位人员工资差额调整一次性补缴住房公积金300多万元。

【住房公积金贷款】 2014年，瓯海区发放住房公积金贷款801户，贷款金额51167.30万元，同比分别增长40.03%和23.2%；发放贷款金额占归集总额的143.29%，贷款余额144431.12万元，同比增长40.30%，存贷比达115.02%，贷款逾期率为零。

【住房公积金提取】 2014年，温州市住房公积金管理中心瓯海管理部严格执行住房公积金提取的相关政策规定，做到从严把关、杜绝骗提。全年21444人次提取住房公积金23273.77万元，占当年归集额的65.18%。

【住房保障作用发挥】 2014年，温州市住房公积金管理中心瓯海管理部通过住房公积金贷款和提取业务，为职工购建住房或偿还住房消费贷款提供资金支持达21414人次。住房公积金资金的有效运作所产生的收益在不断增加，全年产生增值收益可为瓯海区提供廉租住房资金1424万元。

【便民举措相继落地】 2014年，温州市住房公积金管理中心瓯海管理部在全市公积金系统率先全面推行"午间连续办、周六照常办、周日预约办"的"三连办"服务工作。该年，温州市住房公积金管理中心瓯海管理部获瓯海区十大"效能示范岗"、2014年度瓯海区"考绩先进单位"等荣誉称号，通过市级"文明服务示范点"复评。

国土资源管理

【概况】 2014年，温州市国土资源局瓯海分局（以下简称瓯海国土分局）完成建设项目用地报批26个，涉及面积950.5亩，保证中央绿轴、任桥河拓宽等重点工程、重大民生项目和3个小微园建设用地需求。上报规划局部修改项目24个，规划执行力60%以上。完成转而未供清理7189亩，完成率156.3%，供而未用清理3100亩，完成率100%；工业用地供地503亩，完成率125%；盘活存量建设用地1509.2亩，完成率201%。完成高标准基本农田建设2591.8亩，完成率103.7%，完成垦造耕地项目验收入库9个，新增耕地面积985.6亩，完成率197%。

【低效用地再开发】 2014年，瓯海国土分局完成低效用地再开发方案审批项目100个，涉及低效用地面积5729亩。完成4个批次的低效土地征收报批工作，征收集体土地521.7135.1亩，已获省政府批准448.3575亩。充分利用城镇低效用地再开发政策红利，盘活存量建设用地1209亩。着力推进中央绿轴、中心区、牛山片区等重点区域重点项目的再开发改造利用。鼓励企业挖潜扩容，38家企业已完成审批并开工建设，涉及低效用地509亩。

【生态资源保护】 2014年，瓯海国土分局加大执法监察力度，建立裁执分离工作机制，出台《非诉行政执行案件裁执分离实施意见》。率先在全市制订执法监察网格化制度，实行"一二三"巡查制度。落实违法用地巡查月报、专报制度。落实共管机制，建立生态环境综合执法领导小组，抽调8个部门人员组成联合执法办公室，联合打击非法偷采、偷倒、偷运、偷排等违法行为。启动农村山区地质灾害调查评价工作，按照实施方案全面落实各阶段工作；完成泽雅镇鹤岙村徐国生屋后滑坡、仙岩街道凤池村双智轿车维修厂后山岩质崩塌2处治理工程。通过对瓯海区各粮食功能区中部分区块进行认定，高标准基本农田建设面积将达到2591.8亩，完成率103.7%，完成垦造耕地项目验收入库9个，新增耕地面积985.6亩，完成率197%。

【遗留问题化解】 2014年，瓯海国土分局启动农村宅基地确权登记发证工作。开展试点调查1210户、1935宗；探索、落实试点先行，试行"一次性集中踏勘，两部门资料共享，三方面协同办理"的确权新模式，逐步建立"农户申请、村级审查、乡镇审批、县管转用"的农民建房审批新模式，办结宅基地初始登记1035宗，全区农村宅基地累计发证9.88万宗，发证率98.1%；并组织区国土、规划、城建、房管等部门人员赴平阳县对"一户多宅"的清理处置工作进行学习，在此基础上进一步修改完善操作细则初稿；增加农民建房计划指标，全年落实无房户、危房户土地供应40%以上。解决辽东村二三产指标、卧龙南苑地下室、瞿溪村三产安置房等历史遗留问题。

【矿政管理】 2014年，瓯海国土分局做好地灾防治工作。重新划定124处地质灾害隐患点受威胁范围，落实地灾汛前排查、应急演练、应急调查、地灾防御等各项措施。完成地质灾害点工程治理10处。完成地质灾害避让搬迁45户220人，完成率72.6%。规范矿业管理，坚持把矿产资源保护和合理开发利用贯穿于矿政管理的各个环节，制定《关于进一步规范瓯海区矿业开发秩序的实施意见》。加快全区生态文明建设，完成12处"四边三化"矿山生态环境治理点验收，另1处完成治理88%。

【国土效能服务】 2014年，瓯海

国土分局进一步简化和规范审批工作，分局所有审批事项进驻窗口，部分授权窗口首席审批官直接审核审批。落实“三证联办”，推行无休日办公制度。开展全区农村干部国土资源法律法规知识培训，就城镇低效用地再开发政策、新征地政策开展研究等。汇编印发国土政策100问，普及国土基础知识；推进阳光国土建设，在区政府门户网站公开政务信息238次。按期办结各类信访111件，按时答复各级问政交流平台交办件232件。

城市管理与行政执法

【创卫攻坚】 2014年，瓯海区城市管理与行政执法局（以下简称瓯海区城管与执法局）制定《创建国家卫生城市专项整治活动实施方案》、《城管与执法系统创建国家卫生城市专项整治集中攻坚行动实施方案》以及《瓯海区城市精细化管理实施方案》。制订并投入经费3000万元，通过提升保洁质量，改造环卫设施，完善生活垃圾收运处置体系，实施城中村综合整治试点等措施，全面推进环卫攻坚。完成公厕提升184座，统一制作公厕指示牌69个；完成垃圾坞提升393座；更新或更换垃圾桶6000只、垃圾收集车2000辆；维修破损路面1万多平方米，修复人行道3500平方米。

【创园攻坚】 2014年，瓯海区城管与执法局完成城区绿地建设166公顷、城区绿道建设23.8公里、新建滨水公园12座；完成彩化改造项目32个；管养区管绿地共计58.6公顷；完成高速南进城口和动车南进城口绿化改造提升工程，并确保牛山滨水公园顺利开园。温瑞大道道路绿化改造提升工程获全市进城口考绩第一名，瓯海大道西段快速路景观绿化工程获浙江省“优秀园林工程”奖银奖。

【“三改一拆”】 2014年，瓯海区城管与执法局完成旧住宅区改造、城中村改造、旧厂区改造815万平方米，拆除违建124万平方米，创成无违建道路257条、无违建河道528条、无违建行政村（社区）14个，无违建街道1个。拆违工作综合考评居全市第一。

【市政设施维护】 2014年，瓯海区城管与执法局建立健全日常巡查和快速反应处置机制，全面加强市政公用、园林绿化和环卫设施养护管理，着力实施市政设施提质工程，完成西山东路、翠微大道、温瞿公路等主要道路大修；完成313座市政桥梁普查，完成环屿公铁立交桥、三维桥等桥梁的加固维修。完成40多条主次干道的路灯节能改造。数字城管处置率99.79%。

【行业监管】 2014年，瓯海区城管与执法局开展瓶装燃气行业打非治违行动，查扣燃气钢瓶2036个，关闭取缔非法燃气经营点107处，行政拘留4人，移送追究刑事责任1人；深化餐饮业厨余垃圾收运管理，签订废弃油脂运输协议340多家。加强供水质量和安全监管，完成节水器具改造1800套。

【依法行政】 2014年，瓯海区城管与执法局办理行政处罚案件5195件，处罚733万元，并完成195项处罚权和8项行政强制权清单的梳理审定。做好议提案办理，注重解决落实，自觉接受人大政协监督。开展依法行政示范单位创建，荣获“温州市依法行政示范单位”称号。

瓯海中心区建设

【固定资产投资】 2014年，瓯海中心区管委会完成固定资产投资156.41亿元，占年度计划的120.3%，占全区总投资的52%，同比增长18.49%。管委会连续三年累计完成投资将近400亿元，占全区固定资产投资的半壁江山。中心区建设办全年完成固定资产投资74.26亿元，占年度计划的148.1%（其中政府性投资11.26亿元，占年度计划的132.45%；社会性投资62.99亿元，占年度计划的151.25%）。

【配套建设】 2014年，瓯海中心区管委会推进12条（段）道路建设，完成投资2.79亿元，占年度计划的111.66%。新开工建设水杉路、纬十路、娄东大街南段污水工程、银杏路、园区路北段等5条道路；完成东二条路、东三路、园区路南段、东三路下穿铁路段、水杉路、纬十路、娄东大街南段污水工程等项目建设；加快推进东四路、经九路等续建道路建设。推进幼儿园及中小学教育项目建设，完成华鸿中央城幼儿园主体建设，完成农改房幼儿园主体2层建设；实现瓯海外国语学校的开工建设；推进森马学校、瓯海教师进修学校的前期工作。完成秀屿山公园一期景观绿化建设，推进中心区行政绿轴设计招标等前期工作。完成区公共卫生中心的二次装修及竣工验收，实现市人民医院娄桥新院的主体结顶。实现图书馆、党员服务中心的开放投用，档案馆、社保大厅、体质监测中心的进场施工。完成公安、检察院业务用房竣工投用，实现1101工程及规划展示馆的主体结顶。完成3条道路12个公交站点的建设及1个公交始发站的选址工作。

【拆迁安置房建设】 2014年，瓯海中心区管委会完成投资5.62亿元，占年度计划的131.7%。农改房一、二期实现主体结顶，农改房三期前期快速推进；拆迁安置商务楼地下室结构基本完成；农房改造D-25地块完成桩基施工；平天镬、秀屿山公园周转房建成投用；协助新桥街道推进国鼎路北段拓宽保障性安居工程建设。平天镬、秀屿山公园拆迁安置房、新桥街道I-31、D-27、C-08地块、娄桥商务综合楼，及娄桥、新桥街道相关村三产安置房设计等项目前期工作有序推进。

【招商引资】 2014年，瓯海中心区管委会出让中心单元D-02b地块，完成多宗地块的出让前期工作。全年完成招商引资30.36亿元，占全区完成招商总量的53.13%，全区排名第一。

【产业发展】 2014年，瓯海中心区管委会竣工验收中梁亿象广场，铺开云天楼洲际广场、瓯海农商银行、商务一期、市总商会大厦、站南商贸城、君庭大酒店、大象城国际商贸中心、港龙商业广场等项目建设，施工温州银行进场，大西洋购物中心与银泰签订合作协议，原马加斯地块出让前期工作顺利开展。发挥甬台温温福铁路枢纽等区位优势，潘桥国际物流基地建设进展顺利。华鸿中央城、中央公园、国际华府、中梁公馆1号、公园天下、大诚金廷、德信泊林公馆、爱琴海岸、大发凯旋门等房地产项目完成主体建设，多个项目完成外墙装修，全年完成房地产投资57.25亿元，占全区房地产投资总量的56.4%。小微企业园建设步伐加快。安下轻工产业园异地安置拆迁11家企业，4家进场施工，3家企业签订安置用地出让合同，4家企业办理供地手续。

【环境整治】 2014年，瓯海中心区管委会全面实施“五水共治”，全年完成投资0.68亿元，占年度计划的114.3%。加快推进河道整治，半塘河及沉木桥河整治I标、II标已竣工验收，III标加快施工中，附属工程基本完工；加快建设河道景观，完成半塘河及沉木桥河西岸的绿化种植，加快推进河道东岸的景观施工，完成圩屿路和瓯海大道间滨河景观的环形贯通；加快推进河道整治规划编制和前期设计，完成圩屿人工河等水利河道调整的审批工作，初步形成“水清、岸绿、景美”的城市环境。以“建设工地扬尘治理”为重点推进环境治理。

【要素保障】 2014年，瓯海中心区管委会完成183亩的土地政策处理，完成245亩的农转用报批手续办理、90亩的土地流转项目批复办理及172亩的土地批复办理等工作，确保瓯海外国语学校等项目建设的顺利推进。协助娄桥街道推进平天镬、秀屿山公园房屋征收拆迁扫尾，全年签订两大公园正式房屋征收协议747户，提前安置699户858套。完成横屿、站前单元的控规报批、2个项目的控规分图则审批，及3个出让地块、3个公建项目的控规修改、5个项目的建设方案设计工作；推进20个前期项目、10个开工项目、17个在建项目的前期工作，为各项目建设提供保障。

环境保护

综　述

2014年，温州市瓯海区环境监测结果表明，城市环境空气质量（AQI）优良率83.5%，市区大气污染物二氧化硫，浓度年均值符合二级标准，二氧化氮、可吸入颗粒物（PM10）、细颗粒物（PM2.5）浓度年均值超过二级标准。全区地表水市控以上6个监测断面中，水质达到I-Ⅲ类水的监测断面为1个，占16.7%；满足水环境功能目标要求的断面1个，占16.7%，泽雅水库水源地水质达标率100%，总体水质优于上年。全区环境噪声污染有所改善。

环境建设与管理

【生态区建设】 2014年，瓯海区调整生态区建设和创模工作领导小组成员和各镇街、区属各单位生态区建设工作分管领导、联络员、信息员，编制《2014年度各镇（街道）生态区建设和创建国家环保模范城市工作目标责任书》和《2014年度区各有关部门生态区建设和创建国家环保模范城市工作目标责任书》，分解落实生态建设和创模工作目标和任务。督促、协调、指导各镇街开展生态创建，泽雅镇获得国家级生态镇荣誉称号；景山、仙岩和丽岙街道完成国家级生态镇创建资料申报；三垟、茶山、娄桥和郭溪街道完成省级生态街道创建，并通过验收；潘桥街道完成市级生态街道创建，并通过市生态办现场核查；另有25个村申报市级生态村创建，并通过验收。12月23日，通过省级生态区技术核查组核查。

【环境污染整治】 2014年，瓯海区以解决突出环境问题为着力点，开展环境污染整治工作。一是多措助力“五水共治”。组织开展地表水、镇街交接断面、重点污染源、污水处理厂水质等监测，全年全区6个水环境质量监测点位氨氮、高锰酸盐指数、总磷平均浓度分别为2.63mg/L、3.15mg/L和0.282mg/L，比上年同期分贝下降18.5%、11.4%和27.8%。组织开展全区涉水企业管网纳管情况大排查，要求所有涉水企业统一绘制雨污管网图，并上墙，排查企业1347家，对未纳管，或存在雨污分流不清、雨水和污水混排情况的企业，责令严肃整改。组织开展“变色河”专项整治，对辖区内涉河、涉水企业开展排查，设立有奖举报制度，先后开展“绿箭I号”、梧田印刷、印花行业污染排查打击、瞿溪牛奶河专项大排查等涉河污染源检查专项行动。二是继续深化大气污染防治。制定《瓯海区大气重污染应急预案（试行）》、《温州市瓯海区大气污染防治行动实施方案（2014—2017年）》、《温州市瓯海区2014年大气污染防治计划》，以及《瓯海区大气污染防治行动计划工作推进机制》，完善大气污染防治工作制度。联合区经信、住建、城管执法、质监等部门开展为期1个半月的大气污染防治专项检查工作，检查在建工程38个（建筑面积206.74万平方米，发放整改通知书38份），检查餐饮店329家（纠正小餐饮店安装油烟设施21家），检查锅炉85台（立案5家），检查企业挥发性有机物综合治理情况132家。开展化工、塑料、涂装、印刷、服装干洗、制鞋等行业调查，调查企业736家，并开展家具行业VOCs排放现状调查，排查相关企业169家，确定VOCs排放家具企业58家。开展工业VOCs治理，完成3家化工企业工业VOCs治理，开展15家制鞋企业VOCs整治，开展9家服装干洗店整治（更换新干洗机1家，承诺不再使用干洗机8家）。加快高污染燃料禁燃区建设，禁燃区内59台锅炉中，淘汰49台，10台正在逐步淘汰中。通过整治，全区空气环境质量有所好转，空气环境质量优良率为83.5%，同比上升21.3%，三级以上天数中，超标主要污染物为细颗粒物（PM2.5）、二氧化氮，其平均浓度同比分别下降20.0%、13.1%。牵头开展“四边三化”工作，制定《瓯海区2014年“四边三化”工作考核办法》。开展截污纳管工程建设、绿化养护、清洁水源、黑臭河垃圾河整治等工作，以及“五最脏”、“五最美”评选活动。全区全年累计拆除违法建筑物95.92万平方米，拆除违法无序广告设施6.20万平方米，清理垃圾、废弃物10.74万吨，绿化建设8.01万平方米，清洗建筑立面和城市家具12.66万平方米。在市级“四边三化”考核累积排名三区两市第三，三区第一。深入推进泽雅水库饮用水源保护整治提升工作，完成畜禽养殖污染96%的整治任务，拆除养殖场（户）78拆除家，计2500平方米；启动生活垃圾收集处置工作，成立运营公司，并购置3辆垃圾直运车和300多套垃圾容器；推进生活污水治理，启动2个新建村、17个扩面改造村生活污水整治提升工作，其中3个村完成整治任务；启动5座公厕的方案设计及施工图设计；完成生态林建设计划任务，建设水涵林785.7亩；完成养殖业整治工作，取缔养殖网箱17个，并通过华东环境督查组验收；完成种植业退出计划方案，并开展政策处理和农户谈判；摸清泽雅库区河道现状和水土流失现象，并开展项目收集和勘察工作，龙坑溪、安乐溪、石桥溪等生态修复工程已开工建设；开展水土保持工程，泽雅水库上游水土保持一期工程已开工；摸清泽雅库区沿线19.876公里的道路及山体边坡稳定状况，并开展前期项目收集和勘察工作，主体工程已进场施工；完成泽雅水库水质自动在线监测站建设，并投入使用；逐步出台转产转业扶持政策，对畜禽养殖户按照拆除栏舍面积每平方给予80元的补助；对饮用水源一、二级保护区内的居民，在现有农房改造集聚、下山移民工作中给予优先考虑，并在现有政策的基础上，再给予生态补助；编制《泽雅沿溪休闲产业发展概念性规划》，确定泽雅镇周岙片为农村环境连片整治示范点，对源口等七个村开展连片环境整治，并制定《瓯海区周岙片农村环境连片综合整治实施方案》，编制效果图，完成部分腌塘和棚屋拆后复垦和生态修复。开展以梧田蟠凤村废塑料专项整治、霞王村霞王工业区下垟路段专项整治以及娄桥玕南村环境整治为主要内容的重点片区环境污染综合整治，制定废塑料专项整治及霞王工业区下洋路段专项整治方案，并将废塑料整治工作作为区路线教育实践活动惠民项目，攻坚推进。全年开展多次联合执法，对20家废塑料加工户进行查封，对26家进行拆除违章，拆违面积达2100平方米，对剩余66家进行整治提升；联合相关部门联合开展玕南村小型加工场环境污染和安全生产联合排查整治行动。

【环保建设项目管理】 2014年，瓯海区进一步强化监督管理职能，推进总量控制制度创新。一是规范排污许可证管理。全面实施排污许可证制度，并规范简化流程，取消无依据盖章事项，提高工作效率。截止12月，发放新版排污许可证1050个，其中A类510个。二是继续推进排污权有偿使用与交易试点工作。继续实施新增污染物有偿使用与交易制度，共对91个项目进行核定，涉及新增COD 20.796吨、氨氮4.358吨、二氧化硫14.78吨、氮氧化物14.47吨，已有27家单位通过交易获得排污权，交易金额达79.1220万元。三是继续推进刷卡排污系统建设。编制全区刷卡排污总量控制系统建设工作方案，共完成15家企业刷卡排污系统建设，市控以上企业刷卡排污建设率达到57.9%。四是谋划开展排污权租赁试点工作。按照省市要求，在全区重点行业开展排污权租赁试点工作，2014年，全区参与租赁企业14家，完成租赁交易7笔，租赁金额7.72万余元。五是实施主要污染物总量控制激励制度。出台《瓯海区主要污染物总量控制激励制度实施方案》，对全区印染、电镀行业开展吨排污权税收“三三制”排序工作，并在媒体上公布，接受社会监督，促进企业采用新技术、新工艺来提高环保水平。六是继续开展清洁生产审核与企业信用等级评价工作。对329家单位开展企业环境行为信用等级评价工作，评定绿色企业3家，蓝色企业35家，黄色企业283家，红色企业6家，黑色企业2家，进一步强化企业自我管理。对上年度57家实施清洁生产的未验收企业进行验收审核，并制定2014年清洁生产工作计划，对全区“双超”“双有”企业开展强制性清洁生产，实施清洁生产企业77家。

【排污申报和收费】 2014年，瓯海区全面开展初始排污权申报工作，全年完成350家单位有偿使用，有偿使用率达94.34%，有偿使用金额达552.724万元，工作进度在全市领先。严格按照法定程序征收排污费，实现“阳光收费”，全年征收排污费的单位985家，并全部输入排污申报与收费管理系统，依法征收排污费1214万元。

【环境监管和执法】 2014年，瓯海区继续强化执法监管力度，严厉打击环境违法行为。一是强化执法手段。成立局环境执法重案组，调整监察执法小分队人员；组织开展周末和夜间机动执法专项检查，邀请人大代表、行风监督员、村居干部、新闻媒体参与见证，并将机动巡查工作和机动专项检查工作常态化；制定夜间巡查计划，实行全员应急值班；完善并运行移动执法平台，实现更便捷高效公正的执法态势；加强与其他部门的联合执法，完善行政执法与刑事司法的紧密衔接，以及公安、环保联合办案的沟通、协调等工作机制，截止12月，已与公安开展联合打击32次；深化公众参与执法，以发放便民联系卡、设立有奖举报等方式，调动社会各界力量的参与，形成环保部门、人民群众合力打击非法排污企业的态势。二是强化高压执法态势。严格执行“两高”关于环境污染罪的司法解释，加大执法力度，对环境违法行为予以有力的一击。截止目前，组织出动执法人员12696人次，开展节假日和夜间突击检查125次，检查5276家企业，环境风险源排查175家，责令整改企业613家，立案查处337家，决定书金额812万，已缴纳入库747万，取缔非法窝点146家，关闭企业350家，移送公安刑事拘留57人，直接取保候审51人，起诉69人，判决46人。先后组织开展学校周边环境安全大排查、全省环境安全大排查、变色河专项整治、瓯海绿箭系列、中高考绿色护考等14个专项行动，有效打击各类违法排污行动。三是强化固体废弃物污染防治和辐射安全监管。摸清全区固体废物产生的种类、数量及处理去向，重点对电镀园区进行调查；推进疑似污染场地排查，建立污染场地档案，定期对闲置空地进行检查，防止挖、填等对环境造成二次污染。完善危废转移报批、产生登记台账的管理，严格把关处置去向；推进危废产生单位“双达标”创建提速工作，优先完成重点危废单位创建工作；强化危险废物安全处置监管，联合相关部门对废机油非法收集进行打击取缔。指导并督促全区37家核技术利用单位取得辐射安全许可证；完成23家辐射企业监督性监测。

【环保议案、提案和信访】 2014年，瓯海区收到有关环境保护的人大建议3条，政协提案7件，均已办结。全年受理环境信访投诉1523件，其中省厅转办8件，市级12369热线（含局长信箱、微博、网络问政）399件，市（区）长热线310件，来电767件，来信12件，其他部门（无证无照办、城中村整治办）转办27件。每件举报都能做到及时处理及时反馈，处理结案率100%。

【环保宣传教育】 2014年，瓯海区拓宽宣传载体，深入推进环保宣传教育工作。编印《瓯海环境》13期；在《今日瓯海》开设生态创模宣传专栏，共有56篇报道生态环保工作；《浙江日报》、温州市四大媒体等共28篇信息正面报道瓯海生态环保工作；在瓯海门户网站《中国瓯海》发布环境保护工作宣传信息153条，在瓯海环保局门户网站发布信息256条，并开通新浪微博生态瓯海，发布信息131条。以“世界环境日”、“浙江生态日”以及“两创”工作为契机，开展省级生态区创建文艺宣传巡回演出24场、环保宣讲27场、街头广场宣传近20场，以及泽雅古道生态行、瓯海讲坛生态文明讲座等活动。开展群众性环保自治组织建设，在景山繁荣社区和娄桥古岸头村成功试点的基础上，出台《瓯海区社区（村居）群众性环保自治组织建设工作实施方案》，并在全区成立第一批39个社区村居群众性环保自治组织建设，探索公众参与环境保护综合模式。

【绿色学校、社区创建】 2014年，瓯海区继续开展绿色学校、绿色家庭创建活动。全年有11所学校创成区级绿色学校，2所学校创成省级绿色学校；20户家庭创成区级绿色家庭，3户家庭创成省级绿色家庭。

【环境信息化建设】 2014年，瓯海区为加强企业动态监管，继续开展污染源自动监控系统建设，全区在线监控项目29个，全部安装自动监控设备，并通过验收，根据《2011年度浙江省污染源自动监控系统运行管理考核细则》（浙环函〔2011〕138号）和《2011年度温州市污染源自动监控系统运行管理考核细则》（温环发〔2011〕54号）文件精神，开展实施新的运维考核办法，进一步加强对监控站点的监督管理，确保系统稳定、有效运行。

水环境

【概况】 2014年，温州市瓯海区水环境水质总体优于上年。全区地表水市控以上6个监测断面中，符合III类水功能要求的为郭溪站位；符合V类水功能要求的为潘桥站位；其余仙门、新桥、梧田、南白象站位均为劣V类水。温瑞塘河水质为重度污染，主要污染指标为氨氮、总磷、溶解氧。城市、城镇内河水质溶解氧含量普偏低，生活型有机污染特征明显，主要是受生活污水、垃圾的污染，部分河道也受到工业、农业废水的污染。水域污染的分布是以城市或城镇为主体向外扩散，河网上游和水库的水质较好，流经城市中下游河段，水质较差，部分河段污染严重。

【饮用水源监测】 2014年，瓯海区按《地表水环境质量标准》（GB3838—2002）评价，泽雅水库饮用水源地水质符合功能要求，达标率100%。

【平原河网水质】 2014年，瓯海区地表水市控以上6个监测断面中，郭溪站位为III类水；潘桥站位为V类水；仙门、新桥、梧田、南白象站位为劣V类水，满足水环境功能要求断面1个，占16.7%。与上年相比，郭溪、仙门、新桥、梧田、南白象水质不变，潘桥从IV类水变为V类水。平原河网水体氨氮平均浓度为2.64mg/L，比上年下降18.5%；高锰酸盐指数平均浓度为3.15mg/L，比上年下降11.4%；总磷平均浓度0.282mg/L，比上年下降27.9%。

大气环境

【概况】 2014年，瓯海区环境空气二氧化硫年均值浓度为0.019mg/m^3，达到二级标准；二氧化氮年均值浓度为0.053mg/m^3，超过二级标准；可吸入颗粒物年均值浓度为0.076mg/m^3，超过二级标准；细颗粒物年均值浓度为0.048mg/m^3，超过二级标准。

【城市空气质量】 2014年，瓯海区按《环境空气质量标准》（GB3095—2012）进行评价，2全区环境空气质量级别（AQI）为一～五级，其中一级（优）有42天，占总天数的12.1%；二级（良）有247天，占总天数的71.4%；三级（轻度污染）有50天，占总天数的14.5%；四级有5天，占总天数的1.4%；五级有2天，占总天数的0.6%。全区环境空气质量（AQI）优良率为83.5%，主要污染物是细颗粒物（PM2.5）、可吸入颗粒物（PM10）、二氧化氮和臭氧。

声环境

【概况】 2014年，瓯海区声环境质量总体比上年有所改善，全区区域环境噪声平均值为54.6分贝，比2013年下降0.2分贝；城市道路交通噪声平均值为68.0分贝，比2013年下降0.1分贝。全区区域环境噪声主要声源为生活噪声和交通噪声。

塘河治理

【概况】 2014年，是瓯海区全面推进“五水共治”、建设“美丽塘河宜居水乡”的关键之年。瓯海区塘河管委会累计完成年度固定资产投资6.9858亿元。该年度瓯海区“五水共治”工作被省委、省政府授予优秀县（市、区）“大禹鼎”，河道保洁长效管理工作被省水利厅评为三等奖，全市温瑞塘河综合整治工作综合排名第一。

【塘河整治专项治理】 2014年，瓯海区塘河管委会加强河道日常管理，完善河道长效管理机制，以落实“河长制”为重点，在区四套班子领导担任全区30条河道河长的基础上，会同区治水办督促镇街落实“两长两员”（河长挂帅、警长保驾、技术员指导和监督员监督），对全区177条河道实行“一对一”结对管理、监督，形成自上而下的区级、镇街、村社三级“河长”体系，巩固整治成果；实施网格化管理，以街道为单位建立河道保洁网格化管理制度。强化河道保洁周巡查月考核、涉河违法行为抄告等制度，组织开展联合执法巡查行动、五最河道评选活动，每周巡查河道两次以上，每月对保洁工作考核排名。

【塘河整治工程建设】 2014年，瓯海区塘河管委会推进截污纳管建设，全区计划实施截污纳管项目33个，其中新建项目23个、续建项目10个，完成年度固定资产投资5.892亿元，占年度固定资产投资计划3.12亿元的188.8%。23个新建项目中已基本完工项目8个，完成80%及以上的项目7个，完成40%以上80%以下的项目5个，完成25%的项目1个；10个续建项目已全部进入扫尾阶段；做好最后一米纳管工作，潘桥村、穗丰村等试点村全面完成建设。推进“两河”整治工作，完成48条黑臭河39.587公里的整治任务并通过合格验收，整治长度完成率146.8%，截流排污口193个，清淤26.47万立方米，拆除河岸违法建筑3.55万平方米；完成7条垃圾河共6.543公里整治。推进沿河景观建设，2014年重点推进主塘河沿线景观带建设，建成沿河滨水绿地15公顷、沿河绿道13公里，占全年计划任务的100%、108%。其中，荷塘月色公园部分开园，谢灵运公园纪念馆基本建成，温瑞塘河（瓯海大道—南白象）沿河景观一期工程完成年度计划的81.7%，慢行系统新建桥梁工程中4号桥已完工，梧田老街改造基础配套设施建设与招商引资同步进行并已有企业入驻装修。

【历史遗留问题解决】 2014年，瓯海区塘河管委会推进西山西路西段改建工程余留工作，完成六虹锦园、卧云南苑二期安置房“二证”办理到户手续328套，办证完成率85%；完成营业房安置方案审批及营业房安置门面的分割工作。推进汇昌河水上公园一期工程余留工作，完成西堡锦园安置房“二证”办理到户手续480套，办证完成率80%；完成山水居（山前村）三产安置房的产权证办理前期工作，现正在办理产权证；加快推进8家外迁企业安置工作，努力解决三个安置点结算问题，其中卧云南苑一期、卧云西苑已形成初步结算报告。

【塘河整治宣传】 2014年，瓯海区塘河管委会以“生态塘河、尽心尽责”为主题，联合区委宣传部、区文广新局，开展水之韵文化进万家广场文化活动、拍摄“五水共治”微电影、集中设点宣传、塘河整治图片展、塘河摄影大赛、评选最美护河卫士、塘河源头立碑等活动，宣传塘河整治工作，开展塘河条例、办法进机关、进学校、进企业、进社区、进村镇（街道）活动；成立瓯海区温瑞塘河环境与文化促进会，并借助促进会这个平台，成立塘河读书会，发行第一本《塘河》杂志，举行塘河文化高峰论坛。

森林公园建设

【概况】 2014年，瓯海区森林公园建设办公室（以下简称瓯海区森建办）推进森林公园项目建设与管理，启动凤凰山公园面积300公顷的园林化改造建设，启动头陀景区建设；吹台山森林公园东耕景区入口广场建设工程全面完工，东耕景区入口广场衔接段工程完成道路修整等建设，初步完成《温州吹台山森林公园总体规划（2011—2025）》的修编；完成石岩屋森林公园分水城驿站建设；建设、改造提升森林绿道37公里。

【瓯海区森林公园建设规划方案编制情况】 2014年，瓯海区森建办进一步完善、优化《温州吹台山森林公园总体规划（2011-2025）》；进一步完善、优化《瞿溪街道森林绿道总体规划方案》；五磊山森林公园连接动车南的动车南进城口-宁波路防护林带建设工程设计方案初步完成。完成头陀宗教文化园景点的概念性意向方案设计。

【公园建设成果】 2014年，瓯海区森建办启动凤凰山公园面积300公顷的园林化改造建设。启动头陀景区建设，下川景点完成1公里的园路建设工程，完成废弃矿坑的复绿治理面积0.41平方公里；完成头陀宗教文化园景点的概念性意向方案设计。吹台山森林公园东耕景区入口广场建设工程完工；东耕景区入口广场衔接段工程完成道路修整，新建一座观景亭，建设完成科普教育基地等。五磊山森林公园连接动车南站的动车南进城口-宁波路防护林带建设工程设计方案初步完成。进一步完善、优化《瞿溪街道森林绿道总体规划方案》；建设完成分水城公园服务驿站；开展瞿湖到宝月寺通景森林绿道的调查研究工作。

【森林绿道建设】 2014年，瓯海区森建办继续开展建设、提升森林绿道37公里，其中茶山森林公园建设21公里；西雁荡森林公园建设16公里。兴建亭台、廊、公厕等基础设施11座，建设完成入口广场1个，石凳、椅等休闲设施120多座位。

基础设施建设

综　述

截至2014年年底，瓯海区公路里程达718.505公里，公路密度为每百平方公里为117.023公里，其中高速公路22.005公里、国道12.748公里、县道203.413公里、乡道85.442公里，村道404.797公里，三级及以上公路139.526公里，行政村通路率达100%；全区公路安保设施基本实现全覆盖，公路标志标线逐步齐全，交通绿道工程推进。瓯海路政大队查处超限车辆171辆，卸载货物4726.01吨，卸载率达100%，收取罚款60.82万元（历年之最），结案率100%，没有发生行政复议和行政诉讼案件，维护路产路权。辖区的公路形成以甬台温、金丽温高速和104国道为大动脉，以温瑞大道、双南线、娄东大街、宁波路、福州路为纵线和以温瞿公路、六虹桥路、上河乡路、瓯海大道为横线的“五纵四横”西部城市道路框架，以县乡公路和通村公路为网络的干支衔接、布局合理、联接城乡的公路交通网，为瓯海区的经济社会发展提供重要的支撑。

公　路

【高铁温州站至丽岙连接线公路工程（吹台山隧道及接线公路工程）】 该工程为省重点项目，2014年计划完成投资1.5亿元，实际完成投资1.9207亿元，超额完成工程建设任务。截至12月底，吹台山隧道主体工程已完工，一、四标段接线工程已进场施工，二期工程已完成工可编制等前期工作。

【农村联网公路建设】 2014年，瓯海区交通运输局完成苏田至犁头垟、潘宅至北坦、大川至黄降坑、潘庄至黄山等20.6公里的联网公路。启动莲花山上山公路改建工程二期建设，该工程完成投资230万元，4.1公里水泥混凝土路面完工，安保工程完成招投标工作。

【危桥整治】 2014年，瓯海区交通运输局（简称瓯海交运局）开展危桥改建修复整治行动，完成河头桥、凤池桥、外叶桥、小石垟桥等4座危桥改建和驾校桥、仙庄桥、新丰高架桥、花成寺桥、永瑞桥等5座民间危桥修复。

【潘桥物流园投资建设】 潘桥国际物流基地完成投资10095万元，一期I-02地块的185亩基本建成并投入使用。区交通运输局转移下达交通部及省补物流补助资金3915万元。为提升物流园的档次和竞争力，区交通运输局与杭州萧山传化物流产业集团有限公司洽谈，计划引入总投资约20亿元的公路港项目。

【交通重点工程】 2014年，瓯海区交运局全力配合有关单位做好高速绕城西南线、金丽温高速娄桥互通、新双南线、天长岭隧道复线和瓯海交通中心等省市重点工程的政策处理及工程建设等相关工作。前四项工程分别完成投资66704万元、3650万元（已基本完工）、6691万元和1013万元。瓯海交通中心因与轨道交通S1线位冲突，由市交运集团重新进行总平设计调整，未能进场施工。

【农村公路大中修】 2014年，瓯海区交运局完成温源线、石林环线、瓯海大道、陈北线、龙西线等县乡道共21.993公里的农村公路大中修工程。

【公路站房建设】 2014年，瓯海区交运局继续推进泽雅和南白象公路站房建设，其中南白象公路养护通过验收并投入使用，泽雅公路养护站（二中队）站房完工正处于工程结算验收阶段。

【公路日常养护】 2014年，瓯海区交运局提前完成10.129公里的104国道预防性养护工程，通过省级交通部门观摩考核。娄桥互通、温州南进城口等节点的绿化、美化工程建设有序推进，高速公路边防护林绿化工程完成工程量的20%以上，完成投资450余万元，建成14公顷多的绿化面积。

【“三防”工作】 2014年，“麦德姆”台风和“8·19”强降雨给瓯海区县乡道和通村公路造成严重破坏，据不完全统计，台风和强降雨共冲毁路基8100立方米、路面1130平方米，引起驳坎塌方6处1375余立方米、山体滑坡5处970立方米、挡墙坍塌1800立方米，造成直接经济损失约314余万元。灾后，在充分引导各村自救的基础上，区交通运输局争取到区财政资金300万元并及时下达补助资金（省财政40万元还未下达），迅速启动6处较大塌方抢修工作，截至12月底县乡道水毁工程已接近尾声。村道水毁工程补助资金已下拨，工程建设分别由各镇街稳步推进。

交通管理

【安全生产宣传】 2014年，瓯海区交运局先后召开安全生产工作专题会议6次，部署全区交通安全工作。签订责任书，定期开展安全生产例会和安全生产检查。邀请专家举办培训班2次、印制发放安全资料2200份、悬挂横幅11条、出动宣传车7次，营造安全生产氛围。

【道路安全隐患点整治】 2014年，瓯海区交运局开展安全生产检查20余次，确保不发生安全生产重特大事故。开展“三改一拆”、非公路标志标牌整治行动。拆除违章建筑228平方米，清理堆积物512立方米，拆除非公标牌141块，整治马路市场44个。及时修复水毁塌方，并启动泽雅水库库区公路整治工程。

【公共交通网络建设】 2014年，瓯海区新增丽岙上坦、瞿溪瞿岙等4个行政村通上公交，达到233个，客运班车通达率92.83%；新增96路等5条公交线路；优化8路、15路、505路等12条公交线路；城乡客运一体化率达94.28%，超市局下达年度计划8个百分点。

【路政管理】 2014年，瓯海区成立“严执法 优服务”专项整治活动活动领导小组，进一步规范交通执法行为。开展职权清理，削减职权206项（降幅67.54%）。瓯海路政大队参加市级联合治超1次，自行组织开展“治超”行动62次，出动路政执法人员400余人次，查处超限车辆171辆，卸载货物4726.01吨，卸载率达100%，收取罚款60.82万元（历年之最），结案率100%，没有发生行政复议和行政诉讼案件。

铁　路

【拆迁安置民生工程】 2014年，陈庄、站前、梅屿三个安置地总面积299.65亩，总建筑面积486221.9平方米，总投资14.41亿元，年度计划投资2亿元。站前F06b地块6月竣工验收并交付使用，交钥匙709套；陈庄二期地块8月竣工验收并交付使用，交钥匙187套；陈庄一期、陈庄二期、梅屿一期8月从剩余房源中提前安置92户共111套。站前公共服务中心完成全部工程建设，并于11月联合竣工验收并移交瓯海铁路开发有限公司。梅屿二期、陈庄三期等安置房处于建设中。

【已完成的道路工程】 1、福州路二期（104国道改建工程）：年度计划投资3300万元，完成投资6606万元，完成计划200%。并于6月28日全线通车。2、中央大道工程：总投资15369万元，年度计划投资1500万元，截止2014年12月底，完成投资额2139万元，占年度计划143%，通过竣工验收，并全线贯通。3、景德路、浦北路、浦二路工程：年度完成投资1225万元，建成通车。4、上汇路一期工程：工程投资4175.57万元。完成竣工验收。5、蕉下工业园配套道路（横屿路、横南路）：总投资15000万元，年度投资1500万元，完成投资3042万元，完成计划202%。全线贯通。截至12月份，主体道路工程全部完工。

【正在开工的工程】 1、宁波路二期工程：总投资17652万元，年度计划投资1700万元，已完成投资额4827万元，占年度计划276%。道路主体、桥梁主体基本完成。2、天长岭隧道：总投资59439万元，年度计划投资1000万元，已完成投资额1065万元，占年度计划107%。完成招投标工作，施工单位已进场施工。3、瓯海大道西延：总投资75198万元，年度投资9000万元，完成投资额11187万元，占年度计划124%。完成郭溪、瞿溪两个街道6个村大部分征及房屋征收工作。完成工程量建设4287万元。4、福州路三期104国道（桐岭至仙降段）：一级公路，长2.23公里，宽32米。总投资2.4亿元，年度投资3000万，已完成投资额1813万元。完成交地15亩，拆迁300平方米，迁移坟墓47穴。5、中心路（瓯海大道-温瞿路）：总投资4000万元，年度计划1200万元，累计完成投资额110万。于11月25日完成招投标并进场施工，完成征地20亩。

【省市重点工程】 1、金丽温扩能改造工程：年度计划投资2亿元，完成工程投资额约4.5亿元，占年度计划225%。完成补征用地、“三改”用地以及夹心地的政策处理；完成高压线路迁改用地的土地流转手续的审批和政策处理工作，完成房屋征收扫尾、企业征收、违章房屋拆除。全线隧道、桥梁、路基等工程完成工程量达90%以上。2、温州绕城高速公路西南线工程瓯海段：完成投资66704万元。完成交地1176亩，房屋征收12073平方米，拆迁9370平方米；迁移坟墓1747穴。3、市域铁路S1线一期工程瓯海段：完成投资4.0272亿元，完成的土地报批补件、完成国有土地收回125亩、完成房屋拆迁签订协议书144户，拆除面积4.2万平方米，三改项目稳步推进。4、宁波路北段：完成投资额约350万元。完成红线内绝大部分房屋征收的旧房拆除，完成夹心地和梅屿小山的政策处理，并完成山体开挖；完成2个隧道口的整改工作。

瓯海电力

【概况】 2014年，瓯海区实现全社会用电量369792.0173万千瓦时，同比上升2.96%；售电量338164.5595万千瓦时，同比上升1.82%；供电量355372.0479万千瓦时，同比下降2.49%；工业用电量231904.1553万千瓦时，同比上升2.57%。城市供电可靠性99.9835%，同比提高0.7个百分点；农村电压合格率99.9254%，同比提高0.2个百分点；综合电压合格率99.998%。全年受理高压业扩报装申请371户，申请容量205429千伏安，完成送电工程累计411户，容量182493千伏安。目前累计用电190111户。

【电网建设】 2014年，瓯海供电分局项目前期方面，提前完成110千伏泊岙输变电工程项目可研前期；完成110千伏马桥输变电工程核准工作并取得核准批复；110千伏叶蕉输变电工程及220千伏城西输变电工程整体改造工程已具备核准条件。为满足万象城2015年正式营业的迫切要求，110千伏南湖输变电工程已完成可研前期与核准前期工作；110千伏蟠凤输变电工程也已完成核准。在建工程方面，220千伏丽岙输变电工程变电所主体已竣工，电气安装及调试已完成；历经多年的110千伏上田-霞坊线路工程于2014年7月投运，分流上级电源220千伏慈湖输变电工程的负荷，缓解慈湖主变超载的问题。

【趸售电站体制改革】 2014年6月11日，瓯海区政府与温州供电公司签订瓯海区趸售电站代管协议。趸售电站监管中心针对各趸售电站电网薄弱区域，实施相应的迎峰度夏解负方案，下半年用电矛盾基本得以缓解。开展趸售电站安全生产摸底检查，指导进行针对性的安全培训，完善规范各趸售电站10千伏配网线路单线图的制作与更新，统一规范各趸售电站10千伏配网线路杆号牌等设备命名牌的编写和粘贴，改变趸售电站10千伏配网线路无杆号牌、命名牌的混乱局面，发放电杆防撞警示贴纸2700份。

【优质服务】 2014年，瓯海区供电分局努力践行“你用电我用心”服务理念，详细制度各类保电方案，加大线路的巡视力度，完成“瞿溪百年会市”、中高考、红星美凯龙全球家居生活广场开业、中国·温州网络经济高峰论坛、第四届琦君文化节暨“同游塘河·共建家园”等活动的保供电任务。开展迎峰度夏有序用电工作，深入了解瓯海区用电峰谷、趸售电站运行情况，保障居民民生用电及规范企业用电秩序。为站南商贸城、温州大象城、港龙商业广场、云天楼洲际广场、潘桥国际汽车城大西洋购物中心等工程配套电力工程提供跟踪服务。与区审批中心对接供电窗口入驻审批中心有关事项，为更多的客户提供电力技术咨询、电力工程报装审批以及全过程协调等服务。

【基础设施建设】 2014年，瓯海区供电分局完成新桥前花工业区（国鼎路周边）、南湖路道路及市政配套工程项目一期工程、绕城高速西南线等线路迁移工作，部分完成瓯海大道西延工程、慈湖小微园、慈湖科技等线路迁移。与瓯海区签订2014年有效投资暨重点项目建设责任书，支持小微园建设等工程。

电　信

【概况】 截至2014年底，中国电信温州瓯海分局（以下简称瓯海电信分局）拥有固话用户11万余户，移动用户22万余户，宽带用户12万余户。荣获浙江省第二届全民体育节暨瓯海区第二届羽毛球公开赛获团体第二名。

【通信基础设施建设】 2014年，瓯海电信分局完成66个市公司要求的重点网格提速建设任务，如梧田黄屿，新桥5、6组团，娄桥玕屿等网格。网络利用率从年初的31%提升到35%。组织塘下、仙丽、茶白和潘桥等支局的装维人员对退铜区域的铜缆用户进行改光平移，全年退铜680万，缩容传统语音交换端口5万线。

中国移动瓯海分公司

【概况】 2014年，中国移动瓯海分公司完成出账收入9.3亿元，其中流量收入达2.74亿元，增长42.4%，用户数累计净增3.6万户，净增份额85.16%。完善22家营业厅场所布局。取得省级以上荣誉5个，市级以上荣誉23个。

【移动4G业务发展】 2014年，移动4G（TD-LTE）技术正式进入商用，中国移动瓯海分公司率先实现4G网络全覆盖，为4G业务的发展提供基础保障。在4G业务发展上，全年发展3G\4G上网用户33.5万户，4G资费用户提升明显。

【政企信息化发展】 2014年，中国移动瓯海分公司参与建设瓯海新居民服务管理局开展流动人口采集系统的合作。流管通平台系统覆盖区级各部门、街道和社区，该系统具备入房检查、入企检查、设卡检查、联网通信等功能。实现流动人口“E居卡”移动执法设备的现场刷卡验证、信息更正等功能。还与区纪委合作纪委公众平台，通过微信平台搭建“清廉瓯海”公众平台，开通投诉受理、评论互动及便民服务等多项功能。开发智能党建（民情E通）平台构建、安监通项目、区府OA应用等大型项目。

【移动网络建设】 2014年，中国移动瓯海分公司围绕4G建设核心任务，争抢区域4G网络覆盖制高点，率先完成乡镇4G网络全覆盖，全年新增4G TD-LTE基站824个，4G整体覆盖92.4%，覆盖范围涵盖泽雅、仙岩、丽岙等偏远山区在内的13个镇街。开展“高铁4G专网建设行动”，在区域内高铁线路增加4G基站建设18个。全年新增GSM基站25个，新增延伸覆盖系统22个；完成12个机房的入网、新建管道308孔公里、新建主辅配层光缆312皮长公里、主辅配光交42个。通过成立专项攻坚小组，采用底层分布、MDAS、NANOCELL等创新建站方式，有效解决网络问题，着力打造移动精品网络。

中国联通瓯海分公司

【概况】 2014年，中国联通瓯海分公司实现业务收入8000万元，完成率在各县(市、区)排名第二。截至2014年年底，公司有移动用户12.5万户（其中3G用户数4.5万户），宽带用户2万户，固定电话用户1.5万户，自有营业厅8家，授权代理商100余家。被评为2014年度优秀集体、2014年度温州联通优秀营销中心、瓯海梧田营业厅获得“省级青年文明号”的称誉。瓯海仙岩营业厅获市“十佳营业厅”、年度市”沃”之星、省级联通“销服之星”、在市公司举行的“传输网络优化及隐患整治”竞赛、“星级中心专业技能大赛”等均获得各种荣誉。

【联通4G业务】 2014年，中国联通瓯海分公司加强对4G（4G是第四代移动通信及其技术的简称，联通4G的制式是TD-LTE/FDD-LTE，网络下行速率最高可达150Mbps，堪称4G“速度之王”）业务的管理。要求所有4G发展渠道必须做到3个达标，即店堂内有明显的4G广告宣传；工作人员能熟练掌握4G基本业务知识，讲出4G业务的主要特点；店内有4G业务演示手机，能演示4G相关业务。瓯海所有4G发展渠道均已达标，业务发展渠道渗透率80%以上。

【联通通信建设】 2014年，中国联通瓯海分公司完成客户工程2个项目、宽带一期10个项目；开通23个低配小区，确定1个OLT机房，完成65个3G站点的开通及部分小区室分建设38幢以及4G信号增补125个；完成25个基站天线整改、语音扩容7568线、宽带端口扩容7568线、ONU设备语音端口为8878口、数据端口为12726口。开展一日装机等试点工作，解决区域弱覆盖和投诉热点问题。

区重点工程建设

【概况】 2014年，瓯海区重点建设项目建设进展情况较好，省、市、区重点建设项目建设均提前超额完成年度计划任务，并提前完成年度投资计划。一是省重点建设项目：首先是加快推进项目建设，2014年全区在建省重点建设项目12项，总投资151.40亿元，年度计划10.73亿元，全年完成投资16.98亿元，占年度计划的158.3%，提前3个月完成计划目标任务。其次是紧抓申报新增项目。温州瓯海天长岭隧道复线及接线改建工程与温州大象城国际商贸中心等2个项目成功申报省重点建设项目。二是市重点建设项目：全年全区安排市级重点建设项目17项，总投资204.15亿元，年度计划投资16.92亿元，实际完成投资28.74亿元，占年度计划的169.8%，11月在全市位列第一。三是区重点建设项目：全年全区安排重点建设项目40项（其中续建项目27项，年度计划投资34.1亿元，新开工项目13项，年度计划投资9.22亿元），计划总投资557.24亿元，年度计划投资43.32亿元。完成投资64.34亿元，占年度计划投资的148.5%。29项完成年度投资计划100%以上。

【调研工作】 2014年，瓯海区重点办协助区人大做好重点建设项目及拆迁安置房建设的调研工作，根据区第八届人大常委会的审议意见，起草《关于落实区人大常委会关于重点建设项目进展情况及安置房报告的审议意见的落实情况的汇报》提交区政府。深入调研瓯海道路交通情况，充分准备课题素材，确定课题大纲，撰写《瓯海交通道路网桥头跳车情况的调研及整治建议》和《加快推进重大项目重点工程着力提升瓯海城市化水平》课题。

表 24　2014 年瓯海区的市重点建设实施项目计划形象进度

序号	项目名称	项目业主	2014年计划					
			总投资	开工累计	年计划	本年累计	完成率(%)	形象进度部位
1	瓯海区桃源水库工程	瓯海区水利局	16745	7905	4000	4875	121.88	北向道路贯通，库区封闭施工。
2	温瑞主塘河梧白段生态整治工程	瓯海区塘河保护管理办公室	20000	2998	3000	2998	99.93	景观绿化施工。
3	瓯海区任桥河整治工程	瓯海区任桥河建设指挥部	54616	54281	23244	24492	105.37	1.河道：土方开挖，混凝土浇筑，钢筋制安，泥浆外运。2.安置房：部分主体施工，部分结顶。
4	温州市牛山生态河道工程	瓯海区牛山片整治办公室	59061	20604	2000	3700	185.00	河道一标段、二标西段已竣工验收，二标东段基本完成；三标段基本完成，仅剩教堂便道处未施工。
5	104国道西过境瓯海段	瓯海区铁路配套建设办公室	191000	9654	6000	8419	140.32	1.104国道温州西过境永嘉张堡至瓯海桐岭段改建工程：福州路二期已全幅通车；福州路三期潦岭隧道到瓯海大道段施工图设计完成，土地报批。2.104国道温州西过境瓯海桐岭至瑞安仙降段改建工程：高架桥桩基施工和路基清表，完成三通一平、项目部建设、预制场选址及临时设施建设。
6	104国道（瓯海段）拓宽工程	瓯海区广化路和双南线建设办	58000	5832	4000	5832	145.8	完成水泥搅拌桩2217根；完成1号桥至瓯海大道西侧雨水污水管道施工；4号桥贝雷桥位置整平及钢管桩施工等。
7	104国道至瓯海大道连接线（新双南线）工程	瓯海区广化路和双南线建设办	65000	30305	10000	14521	145.21	一期工程2#隧道，左洞649米，右洞进洞713米；二、三期二标施工图设计。拆迁征地报批。红线内坟墓迁移处理。二期管线迁移对接。
8	高铁温州站至丽岙连接线公路工程（吹台山隧道）	瓯海区交通运输局	132013	63839	15000	25677	171.18	1.道路：隧道贯通，目前正进行二次衬砌施工；连接线工程第一合同段已进场施工。2.安置房：丽岙安置房桩基施工，潘桥安置房处于招投标阶段。
9	温州新火车站配套道路（二期）工程	瓯海区铁路配套建设办公室	65155	69205	5000	13647	272.94	宁波路桥梁北侧级配碎石铺设全部完成；桥梁西半幅2#墩盖梁、0#承台、台身全部完成。中央大道主体施工。福州路二期全幅通车。

续表

序号	项目名称	项目业主	总投资	开工累计	2014年计划 年计划	本年累计	完成率(%)	形象进度部位
10	南湖路改建工程	梧白功能区	43700	31950	15000	15550	103.67	南湖大桥施工，道路沥青施工。
11	瓯海大道西延工程（福州路至瞿溪环岛）	铁路配套建设办公室	75918	12288	8000	11187	139.84	1.道路工程填筑矿渣，软基处理搅拌桩22000米。2.完成污水管道500米，给水管道600米。3.完成桥梁钻孔桩30条、桥板28片。
12	温州市广化南路（瓯海段）道路建设工程	瓯海区广化路和双南线建设办	329975	24442	15000	16125	107.50	一期隧道施工，开累总进洞1752米；二期工程即隧道南洞口至六虹桥段施工图已经到位，准备施工招投标工作；低效土地利用认定，拆迁征地报批。
13	温州潘桥国际物流基地项目	瓯海区招商局	150000	31695	5000	4963	99.26	I-02地块2号楼和4号楼已投入使用，1号、3号、5号楼主体已完工；市政道路工程贸二、贸西路已投入使用；I-03、I-04地块主体施工。
14	瓯海区站南商贸城	瓯海区招商局	167300	168800	10000	45500	455.00	主体已结顶，安装工程施工。
15	巨溪国际真皮大世界	瞿溪街道办事处	90000	26966	15000	26966	179.77	桩基施工。
16	温州大象城	瓯海区招商局	203000	55000	25000	55000	220.00	南侧主楼三楼施工；北侧为底板施工。
17	温州医药物流总部经济园	瓯海区药监局潘桥街道	65000	7900	4000	7900	197.50	桩基施工。

表25　　2014年瓯海区重点建设项目进展情况

序号	项目名称	建设性质	总投资额（万元）	全年完成投资（万元）	实际完成投资占年度计划%	实际完成主要部位形象进度
1	温州肯恩大学配套安置一期工程	续建	10000	36478	364.8	主体施工，部分楼层结顶。
2	铁路温州南站站前区公共服务中心	续建	1000	3156	315.6	基本完工。
3	温州新火车站配套道路二期	续建	5000	13572	271.4	宁波路桥梁北侧级配碎石铺设全部完成；桥梁西半幅2#墩盖梁、0#承台、台身全部完成。中央大道主体施工。福州路二期全幅通车。

续表1

序号	项目名称	建设性质	总投资额（万元）	全年完成投资（万元）	实际完成投资占年度计划%	实际完成主要部位形象进度
4	新城商务区工程	续建	12000	31492	262.4	主体施工。
5	南湖城市综合体	续建	30000	65256	217.5	万象城住宅主体基本结顶，购物中心主体结顶；D-5-04建成完工，竣工验收；D-3-03主体竣工；D-3-06a全部结顶。
6	中心区农改房一期工程	续建	8000	17214	215.2	9#楼、12#楼、13#楼、14#楼结顶做砌体；10#楼、11#楼结顶砌体施工完毕；15#楼（幼儿园）二层施工，准备中间验收。
7	站前商贸区（一期）	续建	50000	104600	209.2	F-18b站南商贸城基本完工；F-17b大象城南侧主楼三楼施工，北侧为底板施工；F-06a港龙商业广场桩基施工基本完成，土方开挖，展示厅对外开放；F-17a移动、F-04a瓯贸国际项目已摘牌。
8	南湖城市综合体拆迁安置工程	续建	10000	19060	190.6	一期：主体结顶，外墙施工；二期：桩基施工。
9	温州市牛山生态河道工程	续建	2000	3728	186.4	一标段、二标西段已竣工验收，二标东段基本完成；三标段基本完成，仅剩教堂便道处未施工。
10	潘桥陈庄等六村标准厂房（温州潘桥汽车城）	续建	10000	17603	176.0	基本完成厂房建设。
11	牛山片整治工程	续建	40000	68185	170.5	秀屿路二期停工；牛山南路路面施工、附属设施施工，牛山西路路面施工；双南线一期已完成99%，附属新开河、牛山景观绿化、牛山东入口广场基本完工；C35-C38和C40-2地块联合办公楼完工；C10A、C38、C40桩基施工；C35结构浇筑完成；C58地块完成楼基础爆破；牛山消防站综合楼完成承台钢筋、模板工程，业务楼和附属楼基础开挖。
12	中心区农改房二期工程	续建	14000	23649	168.9	1#、2#、6#楼结顶砌体施工完毕；3#、4#、5#、7#楼结顶做砌体；8#楼结顶，准备中间验收。
13	任桥河拓宽整治安置工程	续建	10000	16786	167.9	部分主体施工，部分结顶。
14	瓯海移动TD网络助力城市信息化建设项目	新建	12000	19085	159.0	基本建成。

续表2

序号	项目名称	建设性质	总投资额（万元）	全年完成投资（万元）	实际完成投资占年度计划%	实际完成主要部位形象进度
4	新城商务区工程	续建	12000	31492	262.4	主体施工。
15	瓯海外国语学校	新建	3000	4735	157.8	外墙完成陶土板干挂30%，裙楼钢构屋面完成，二装招标完成。
16	巨溪国际真皮大世界	新建	15000	22466	149.8	桩基施工。
17	104国道（瓯海段）拓宽工程	新建	4000	5833	145.8	完成水泥搅拌桩2217根；完成1号桥至瓯海大道西侧雨水污水管道施工；4号桥贝雷桥及便道施工。
18	104国道至瓯海大道连接线（新双南线）工程	续建	10000	14521	145.2	一期工程2#隧道左洞进洞649米，右洞进洞713米；二、三期二标施工图设计。拆迁征地报批，红线内坟墓迁移处理，二期管线迁移对接。
19	高铁温州站至丽岙连接线丽岙安置房工程	新建	7000	10004	142.9	桩基施工。
20	温州市瓯海区任桥河拓宽整治工程	续建	7000	9706	138.7	河道主体土方开挖，混凝土浇筑，钢筋施工，泥浆外运；任桥、凰桥、燎原大桥主体施工；景观绿化部分完工。
21	瓯海区桃源水库工程	续建	5000	6885	137.7	北向道路贯通，库区封闭施工。
22	中心区拆迁安置商务楼工程	新建	12000	16149	134.6	地下室底板施工。
23	甬台温铁路安置房工程	续建	20000	25605	128.0	站前安置房交付使用；陈庄三期地下室施工；梅屿A-16a地块主体结顶，砌体完成；梅屿A-14、A-11a地块楼内外墙粉刷。
24	高铁温州站至丽岙连接线公路工程	续建	15000	19207	128.0	隧道进行隧道二次衬砌施工；连接线工程第一合同段已进场施工。
25	温州瓯海大道西延工程（福州路至瞿溪环岛）	续建	9000	11187	124.3	道路工程填筑矿渣13000平米，完成软基处理搅拌桩22000米；完成桥梁钻孔桩30条、桥板28片，污水管道500米、给水管道600米。
26	温州广化南路（瓯海段）道路建设工程	新建	15000	16126	107.5	一期隧道施工，开累总进洞1752米；二期工程即隧道南洞口至六虹桥段施工图到位，准备施工招投标工作；拆迁征地报批。
27	输变电工程	新建	10700	11500	107.5	丽岙：变电站主体完工，电气安装中，线路政策处理中；南湖、潘凤：变电站主体土建施工。

续表3

序号	项目名称	建设性质	总投资额（万元）	全年完成投资（万元）	实际完成投资占年度计划%	实际完成主要部位形象进度
28	温瑞塘河（三溪片）河道综合治理工程	新建	3500	3760	107.4	长泱河、仙门河、阳桐河、站东河等河道施工。
29	瓯海天长岭隧道复线及接线改建工程	新建	1000	1065	106.5	进场施工。
30	中心区道路网工程	续建	25000	26501	106.0	东三路、园区路完成竣工验收，东二条路完成预验收，经九路、东四路、东三路下穿段、中心单元区间道路等道路施工。
31	瞿溪点经济适用房工程	续建	3000	3100	103.3	C2-2、B17主体已结顶，室内外二次结构装修中。
32	南湖城市综合体道路网工程	续建	5000	5150	103.0	道路网一期完成，安装桥梁栏杆；二期部分道路、桥梁开工；凤南路征地。
33	瓯海1101工程及规划展示馆	续建	4000	4046	101.2	外墙完成陶土板干挂30%，完成裙楼钢构屋面、二装招标。
34	潘桥国际物流基地	续建	5000	5003	100.1	I-02地块2号楼和4号楼已投入使用，1号、3号、5号楼主体已完工；市政道路工程货二、货西路已投入使用。
35	仙岩景区入口道路拓宽和综合整治拆迁安置房工程	续建	8000	8000	100.0	道路路基施工；安置房桩基施工，北侧路面施工。
36	温瑞主塘河梧白段生态整治工程	新建	3000	2451	81.7	进场施工。
37	南湖路改建及安置房工程	续建	20000	15550	77.8	道路：南湖大桥施工，道路沥青施工；安置房：施工合同签订，施工前准备。
38	郭溪高新技术产业园	新建	2000	1522	76.1	小微园配套道路（新兴路南段、会昌路、富强路）的地质勘探工作已完成；新兴路南段已完成半幅道路的征地，立项文件已批复，设计院正在设计施工图；二期审批资料整理上报。
39	福州路三期（104国道温州西过境改建工程）	续建	3000	1813	60.4	临时道路修建，临时供电设施和驻地建设，预制场选址；进行高架桥桩基施工和路基清表。
40	高铁温州站至丽岙连接线潘桥安置房工程	新建	4000	0	0.0	处于设计院招投标阶段。

镇·街道·经济开发区

景山街道

【概况】 景山街道位于温州市区“西大门”，104国道贯穿其中，秀丽的景山坐落其旁，毗邻美丽的汇昌河，街道布局呈现“依山而建、沿溪而居”的独特结构，景色优美，交通便利。它组建于1992年，曾是瓯海区的政治、文化中心，辖区面积2.96平方公里，下辖将军、净水两个行政村，繁荣、景山、西山、净水等四个居委会，常住人口2.9万。2014年，街道摘得省级卫生街道、全区首个“无违建街道”两块牌子。全年社会总产值（不包括房地产业）1339028万元，其中工业总产值达到10934万元，完成任务数的109.3%，同比增长44.41%；全年完成社会固定资产投资额31208万元，完成任务数107.24%；贸易业销售额226604万元，其中零售额68584万元，服务业营业收入16268万元；地税收入16338.73万元，国税收入3322.83万元。居民人均收入42058元，农民人均收入23708元。

【城市建设】 2014年，景山街道把“三改一拆”工作作为当前工作重心，推进城市建设进程。西山路片区和净水城中村改造总占地面积282.2亩，涉及拆迁民房1508户、企业42家，总建筑面积24.7万平方米。截至12月，签订临时协议1429户，拆除旧房建筑面积11.6万平方米。D39地块将于11月底全部结顶，D17地块完成地质勘探，正处于施工图设计阶段，于12月初开始施工招标。二期周转房（建筑面积11604平方米，216套）计划12月交付使用；三期周转房（建筑面积20420平方米，422套）计划于12月进场施工。根据“一房一表”分类建档对辖区危房开展排查，根据第一批鉴定结果，景山及西山社区共20处房屋鉴定为D级危房，4处房屋鉴定为C级危房。启动景山组团旧住宅区改造提升项目，惠及景山组团约160户住户。启动景山北侧花鸟市场-将军工业区和农副产品批发市场地块低效土地再开发利用工作，截至12月，该片区城市设计和规划修改方案正在编制。启动“无违建街道”创建工作，全面排查，分类处置，对新违建实行“零容忍”，创成瓯海区第一个“无违建街道”。

表26　2014年景山街道建制村（居）情况

村(居)名	书记	主任	户数	人口数	党员数
将军村	陈公业	徐文聪	360	780	57
净水村	李健众	董安定	358	1008	42
繁荣居	陈苏媚	贾建联	4544	13614	83
景山居	鲁建文	陈　洁	3876	7578	54
西山居	董国英	陈建雅	2165	6526	72
净水居	江　如	周淑琦	2332	5225	96

【环境治理】 2014年，景山街道将将军农贸市场打造成省级放心农贸市场及市精品农贸市场。更换辖区垃圾坞、果壳箱等，改造提升辖区公厕9座，其中2座公厕达到5星级标准，对辖区60个点

进行道路破损维修、路面补植。西山南路、雪山路等13条主次干道的空中管线整治到位。全年联合基层站所出动执法人员4000余人次，疏导无证无照营业场所25户，开具违停处罚决定书413张，共计处罚金额51350元，取缔黑加工作坊2家，取缔占道经营700余处（次），取缔流动摊贩950余人（次），取缔夜间占道扰民烧烤30余处，取缔马路市场2处，规范整治2处，并在辖区范围内落实“门前三包”责任制。街道将辖区内的河道保洁经过招投标的方式承包给保洁公司予以治理。把原先属于“垃圾河”的净水河和护国寺河纳入城中村改造。西山河属于市级河道，水质及观感情况良好。乌岩河属于黑臭河，经过1年的生态修复与水质净化黑臭完全消除。

【安全生产】 2014年，景山街道深化“网格化管理，组团式服务”工作，做好社会不稳定因素的排查化解工作，专网接收信访案件21起，调解社会矛盾53件，开展“无毒社区”、“无邪教社区”创建工作。实施政府购买安全生产服务，创新检查机制。纳入安全生产四色平台57家，其中绿色类10家、蓝色类40家、黄色类7家，全年检查工厂企业（包括“三小”场所）57家，出动执法人员约200人次。将军大酒店、美亚特眼镜厂通过安全生产标准化创建，西山水厂创成安全文化建设示范企业。全年整治出租房隐患500余家，断电70余家，景山组团的旅业式出租房试点工作成效显著，并被新居民局作为亮点工作在全市予以推广。减员增效工作在上年取得全区排名第一的基础上稳步推进。将军、净水两村历史遗留问题得到化解。全年，街道实现四零发和五减少，即全街道无重大治安案件、无较大影响安全事故、无群体性事件和无去省集体访案件；刑事发案减少、治安案件减少、群体性赴区访事件减少、家庭、邻里矛盾纠纷减少、破坏经济发展环境事件减少。

净水城中村改造 （林依浩/摄）

【社会事业】 2014年，景山街道联合相关职能部门开展校园及周边环境整治6次，规范及取缔非法办学点2家，全年在“六一”、艺术节期间，开展幼儿园、小学慰问，发放慰问金23000元。发挥社区“特色教育”的作用，开展各类主题宣传教育活动做好文化阵地的建设。完成繁荣社区文化礼堂和联众广场百姓舞台建设，新设立瓯海图书馆景山分馆，依托各类文化阵地开展各项文体活动。突出卫生亮点工作，在全区“五最美”评选活动中，繁荣东小区和西景佳园评为“最美小区”，兴海路、振瓯路、西山东路评为“最美道路”，兴海路与振瓯路路口评为“最美街景立面”，会昌河（景山段）评为“最美河道”。提升社会保障力度，全年解决劳资纠纷46件，涉及金额91万余元。为76名环卫工人参加社会养老保险，梳理辖区的低保家庭，加强对优抚对象、困难家庭的帮扶力度。

【基层党建】 2014年，景山街道以教育实践活动为契机，广泛征求意见建议、深入查摆自身问题、进一步解决“四风”突出问题。全年，街道班子与个人整改措施全部整改到位，街道22项和所属党组织12项“马上改”项目也整改到位，做到问题整改零遗留。通过“三级督连”追责制度、正风肃纪专项行动等举措，推进街道中心工作开展，做到全年任务零拖延。以“红色细胞”为载体，通过领导班子“四联系”制度，开展“走村不漏户、户户见干部”活动，走访联系群众12772户，建立59个村居“四和院”，关怀活动慰问困难党员50余人，有1026名在职党员进社区，开展志愿服务1100余人次，做到党群关系零距离。出台《景山街道社区专职工作者工资福利待遇调整意见》，提高村干部和社区干部报酬，全年投入村居组织运转经费184万多元，保障村居组织平稳运转。修订《景山街道制度汇编》，清理村社“三多”问题，规范街道各项规章制度和社区办事职能。

新桥街道

【概况】 2014年，新桥街道有户籍人口约1.9万人，外来人口约4.4万人，以服装、眼镜、鞋类、锁业为主要产业，有大小企业1161家，规上企业71家，上市企业1家，纳入安全生产管理的工矿生产类企业554家，居住出租房4490户，其中10人以上群租房514户，30人以上群租房85户。全年考绩13个街道排名第一，先后获得省级生态街道、省级森林城镇、省级档案工作示范乡镇、市“五水共治”建设美丽浙南水乡工作优秀乡镇、市创卫工作先进单位、市征兵工作先进单位、市消防工作先进集体、市扶残助残爱心街道、市人民调解工作先进单位、市殡改工作先进单位等多项荣誉。

【经济发展】 2014年，新桥街道全面深化驻企服务员制度，引导和支持企业转型升级，推动实体经济健康发展。全年财政税收7.91亿元，同比增长4.44%。完成工业总产值118.23亿元，同比增长10.19%，超额完成固定资产投资56.07亿元，超额完成招商引资7.25亿元。引导企业加大科技投入力度，全年新增省科技型企业1家，申报专利项目65项，列入省、市、区科技项目7项，为企业争取科技创新经费150万元。深入实施“四换三名”工程，全年完成工业区旧厂房改造10.29万平方米，完成全年任务411.6%，列入区“挖潜节地”项目3家。强化工业厂房租赁管理，实现登记备案率、税收征管率100%。加速推进“三转一市”，完成规下转规上6家、限下转限上8家、个转企118家，实现无照转有照246家。加大对零地承租企业扶植力度，帮助企业申请厂房租金补助55万元。金融、电子商务等新兴产业逐渐成为经济发展新亮点，全年实体企业发展电商14家，入驻温州产业带90家，启动瓯海“电子商务进万村工程”，开设线下网点30家。

【重点项目】 2014年，新桥街道实施“四策合一”政策，推进拆建合一，旧房拆除、临转正及前期手续办理等工作。推进安置房建设，国鼎路拆迁安置房地下基础工程完成80%以上；高翔村三产返回安置房竣工并投入使用；新桥村三产返回安置房工程主体结构完工；山前村二产返回地建设完成桩基工程；三洪村、西湖村、新桥村上河乡路三产安置房前期手续办理完毕；明确5个村二产置换三产方案。国鼎路、高翔路拓宽二期工程、前花工业区道路整治提升一期工程等项目全部完工通车，三横三纵的交通道路网基本形成。推进牛山新桥片政策处理，确保拆迁安置房、滨水公园、环山景观带等无阻碍施工。加大土地清理和低效用地开发力度，完成“转而未供”土地清理568.77亩，完成率126.39%；低效用地再开发964.88亩，完成率160.81%。

【环境整治】 2014年，新桥街道做好“五水共治”工作，推进长洪河、垟中河综合整治，完成会昌河、西岙河清淤疏浚和东岙河驳坎护岸等工程，涉河沿河拆违1.36万平方米。全年拆除违章5.9

9月11日，民政部副司长王素英到金蟾社区调研居家养老工作。

（新桥街道供稿）

表 27　　2014 年新桥街道建制村（居）情况

村(居)名	书记	主任	户数	人口数	党员数
新桥村	潘光武	徐晓华	350	2410	54
西湖村	吴国豹	倪　芹	379	1672	61
三浃村	陈智远	黄显顺	373	1607	59
山前村	陈胜国	朱光明	366	1442	56
高翔村	毛和飞	李　新	685	2972	79
新桥社区居委会	许信月		682	2996	62
三浃社区居委会前花片	夏柏彩		3535	21221	56
山前社区居委会白泉片	叶建平		1376	3828	100
金蟾社区居委会	金丽丹	陈小欧	4802	16924	76

万平方米，一批涉及宗教和民族信仰场所的违建得到依法处置。三浃、山前城中村综合整治取得初步成效，7、11组团旧住宅区改造提升工程顺利推进。全力打好“六城联创”攻坚战。“两无三化”排名全市第十一，“四边三化”排名全区第四。提升更换垃圾坞、果壳箱1983处，辖区小菜场基本取缔，三浃、新桥农贸市场完成改造提升。全年完成“智慧城管”处置7250件，处置率100%；修复破损道路155处、约7050平方米；全年完成城区绿化、立体绿化、铁路沿线绿化等共3.7万平方米。强势开展国鼎路及周边环境综合整治工作，取缔已有10多年历史的国鼎路流动摊贩聚集点，基本实现道路畅通、市场有序、社会稳定的总目标。

【社会事业】 2014年，新桥街道落实网格排查制度和隐患三级督改制度，深入实施安全生产“四色”和出租房“四类”分类管理，开展十五大领域整治、“百日清剿”等专项行动，全年没有发生重大事故。“减员增效”任务超额完成，全年共减少9431人。严厉打击欠薪逃逸行为，全年受理、调处多类劳资纠纷113起，调处成功率达100%，“平安三率”水平进一步提升。全年举办各类文化活动98次，各社区开展道德讲坛22场，新增社会组织4支，其中动漫《快乐梦多多》获省“五个一”工程奖。持续做好“双拥”、慈善救助活动，全年发放优待金、慰问金等85.3万元。健全完善社会保障体系，持续开展“爱心超市”、“春泥计划”、“居家养老”等10余项特色便民服务。金蟾社区“居家养老”服务，成为全区便民服务品牌。山前社区完成五星级幸福社区创建，新桥、金蟾、三浃社区完成四星级幸福社区创建，金蟾社区被评为全国民主法治示范社区。

【自身建设】 2014年，新桥街道招投标平台中心完成招投标25次，无违纪违规情况发生。完善村经济合作社规范化建设，开展村务公开和村级换届离任审计，全年无乱收费、超标准收费等现象发生。全年公开“三务”信息486条，按时办结市长热线、区长热线投诉受理243件。贯彻落实中央“八项规定”，三公经费同比下降45.7%。开展“正风肃纪”专项行动48次，辞退3人，通报批评2人，口头效能告诫2人，扣发考勤奖18人。立案查处党员违纪案件6宗，受处理7人，开除党籍3人，党内警告1人。建成完善村民中心、文化礼堂，实现社区文化服务中心全覆盖。完成社区“三多”事项清理整改工作。推进小微企业党建有效覆盖。

娄桥街道

【概况】 娄桥街道地处瓯海新城中心位置，是瓯海区新行政中心所在地，东连梧田街道，南邻丽岙街道，西接潘桥街道，北靠新桥街道、郭溪街道。辖区总面积23.18平方公里，下辖15个行政村，户籍人口3.04万，外来人口约6万，大小工商企业2500多家。街道文化底蕴浓厚，自然风光优美，人文景观丰富，历史悠久，景色怡人。

【经济转型升级】 2014年，娄桥街道完成规上工业总产值173311万元，同比增长12.1%。第一产业增加值5527万元，同比增长

8.6%。限上固定资产投资583417万元，总量位居全区第一；工业性投资55773万元，完成年度计划107.26%。限上消费品零售总额48566万元，同比增长93.0%。限上批零住餐四大行业销售额77583万元，同比增长51.8%。限上营利性服务业企业增加值8453万元，同比增长11.0%；限上营利性服务业企业营业收入17314万元，同比增长25.7%；全年娄桥地方区域收入（含森马）5.5122亿元（其中国税3.8686亿元、地税1.6436亿元），比2013年增长34.05%。培育"小上规"企业1家，入库"个转企"单位265家，完成企业股改6家，收取土地收益金87.8万元，完成创新控股集团旗下的混凝土公司的包装入库。安下小微创业园项目稳步推进，建成面积8.5万平方米。中心区商业配套、商务区一期、强强国际葡萄酒交易集散中心、市总商会大厦、现代农贸城、云天楼洲际大酒店、温州商业银行总部大楼等项目无障碍平稳施工。引进创新砂浆、东耕生态公墓等6个大项目，实际招商到位资金6.3亿元。

【重点工程建设】 2014年，娄桥街道完成市域铁路S1线娄桥段98户农户的拆迁工作；完成平天镬、秀屿山公园738户正式协议签订，提前安置660户875套；完成园区路、外国语学校等重点工程的土地政策处理；推进村级三产安置房建设，岩头、东风等村三产安置房开工，推经娄桥、上汇、古岸头等村三产前期手续办理，完成13个村的二产土地回收工作。全年累计建成安置房套数2771套，涉及面积36.07万平方米。

表28　2014年娄桥街道建制村（居）情况

村(居)名	书记	主任	户数	人口数	党员数
东耕村	何　众	张建海	618	2552	68
娄桥村	马林虎	徐挺罗	911	3855	132
东风村	张小东	张秀宗	414	1661	74
前园村	黄建策	章建武	371	1598	55
岩头村	徐中虎	陈忠武	387	1636	58
安下村	叶德忠	徐　信	400	1496	44
河庄村	周其锋	吴胜云	490	1496	56
社叶村	陈芳建	陈建欧	373	1502	43
上汇村	张育聪	陈锡权	633	2412	53
圩东村	陈成立	潘利建	424	1878	56
圩南村	彭文武	徐　达	517	2083	82
圩西村	卢　然	胡海欧	522	2019	64
古岸头村	张建胜	张卡乇	487	1945	77
下斜村	陈和忠	郑小中	287	1022	29
吕家降村	吕伍姆	吕奇义	224	709	36
娄桥居委会			1072	2074	5

【生态环境整治】 2014年，娄桥街道拆除违章建筑13.9万平方米，完成上汇村中央大道房屋立面整治工程，新增绿化面积约15万平方米，创成省级生态街道和省级森林城镇；完成前汤河、河庄河等5条河道疏浚和4个村的截污纳管工程，消灭辖区垃圾河；圩南村、圩东村环境综合整治通过验收，安下、河庄等7个小菜场项目启动建设，完成上汇、古岸头、圩南、安下、东耕5个村小菜场的建设；完成环境基础设施建设任务，建立保洁长效机制，生活垃圾集中收集覆盖率100%，环境脏乱差现象好转。

【社会事业】 2014年，娄桥街道完成计划生育各项指标，完善社会救助体系，发放民政、慈善、残联救助补助金400多万元，新建娄桥、上汇2个村级居家养老服务照料中心和新城社区爱心驿站。新建白云山白云寺烈士纪念碑，创成"温州市级扶残助残爱心街道"，获评"温州市殡葬改革工作先进单位"。新建圩东、岩头2个文化礼堂和娄桥街道社区服务中心，建成国家级拆装式游泳池示范点，指导各类社区社会组织250余家，娄桥街道邻坊中心

1月25日，中国共产党娄桥街道第一届代表会议第一次会议召开。（娄桥街道供稿）

指导站获评“温州市优秀邻坊中心指导站”。完成社区调整工作，秀屿社区通过“国家综合减灾示范社区”复审，新城社区获“浙江省综合减灾示范社区”称号。

【平安建设】 2014年，娄桥街道加大安全隐患的排查整治力度，全年整治生产经营单位1623家，消除隐患3861起；整治出租房2862家，排查隐患3299处，整改率95%。创新建立通天房整治标准、企业安全指引、员工内部监督举报等一系列制度，消防安全生产形势平稳，全年无较大事故发生。接待并解决举报投诉案件240件，涉及金额750万元。结合教育实践活动，全年帮助村里化解难题181个，上报区级的7个历史遗留问题全部化解。

【基层党建】 2014年，娄桥街道推进党的群众路线教育实践活动，183个“四风”问题和民生问题得到整改。建成村民活动中心2个，深化两新党组织“品牌”打造；整治达标软弱涣散村2个；开展党员宗教场所大整治、党员信仰大排查，拆除宗教场所14家；强化正风肃纪大行动，纪工委出动检查34次110人次；对村级老人协会资金资产实行规范化管理的项目工作在全区公开的“一镇街一品牌”年终测评中夺得品牌工程头筹。

潘桥街道

【概况】 潘桥街道位于温州市中心西南部，距离市中心8.7公里，境域面积57.44平方公里，常住人口42128万人，辖区外来人口43886人，经城乡社区调整，现有潘北、潘东、横仙河等三个社区，辖仙门、横塘、林桥头等24个行政村。2014年，潘桥街道实现规上工业企业总产值9.87亿，同比增长11.6%。实现国税收入9340.51万元、地税收入7905万元，同比分别增长16.02%、下降2.47%。完成固定资产投资39.84亿元，完成全年任务数122.9%，其中工业性投资完成6.56亿元。该年，潘桥街道先后获得市扶残助残爱心街道、全市维稳工作先进集体、浙江省老年体育特色项目之乡等荣誉称号。

【经济建设】 2014年，潘桥街道工业建设项目绿鹿食品公司冷库工程结顶，铁路拆迁企业安置厂房开工建设，医药物流总部经济园挂牌出让，完成工业企业“小升规”8家，服务业“限下转限上”11家。做好招商引资工作，完成招商引资19亿元，为全年任务数的135.7%。“四换三名”有序推进，站前区电商立市格局初步形成，陈庄村获中国淘宝村称号。

【重点项目】 2014年，潘桥街道站前亮点区块加快形成，商贸圈站南商贸城基本完工，大象城主楼施工，港龙商业广场桩基施工基本完成，展示厅对外开放；君廷大酒店正在试桩。物流基地I-02地块185亩建成，部分投用。绕城高速西南线工程涉及潘桥的四标段、五标段全面进场施工。市域铁路S1线国有已征土地进场施工，并启动桐岭站400亩征地分户和测量工作。宁波路二期、福州路二期顺利实现通车。104国道西过境项目完成房屋拆迁临时协议，桐岭段开工建设。市七

9月24日，省委督查组到潘桥街道督查“五水共治”和“三改一拆”工作。（叶帆豪/摄）

表29　　2014年潘桥街道建制村（居）情况

村(居)名	书记	主任	户数	人口数	党员数
泉塘	伍苏叶	陈晓舟	470	1950	39
东边	伍立业	伍少慧	392	1693	27
焦下	朱启洪	伍春长	448	1870	37
陈庄	江顺宽	林柏和	1050	4469	99
横屿头	董定国	董　凡	239	1071	40
下岙	陈玉龙	张汉东	167	709	39
屏山	黄进达	黄建海	401	1662	48
方岙	何积宵	卢　义	376	1629	49
桐岭	吴加孟	丁建海	446	1838	46
陈岙	郑东海	林建敏	608	2523	57
田平	杨加总	白云村	196	825	22
学士前	沈炎贵	洪康弟	104	456	34
丁岙	林葛碧	诸幼维	610	2489	63
岷前	马必正	李　和	316	1194	32
岷中	戴文杰	吴国其	247	924	39
岷后	胡建国	高友义	255	983	28
金堡	林定和	倪耀慈	318	1265	22
林桥头	郑立中	张海龙	689	2912	77
潘桥	周恩泽	仇崇光	634	2576	66
华亭	邵如豪	陈汉清	273	1195	39
马桥	左和东	胡建勇	670	2672	63
仙门	林法仁	张建仁	387	1678	53
横塘	陈国旭	徐新苗	389	1634	72
河西	郑金和	仇　建	458	1911	76

医新院区进场施工。

【城乡建设】 2014年，潘桥街道推进“五水共治”工作，截污纳管工程各标段进度均在93%以上，桐岭村、丁岙村和学士前村的农村生活污水处理工程立项审批。制定2014-2016年“两河”治理三年行动计划，2014年上报整治黑臭河6条、垃圾河2条，投入资金356.38万元完成黑臭河整治长度4.6公里、垃圾河整治长度1.085公里，清淤2.95万立方，清理垃圾104吨，河道水质逐步好转，黑臭现象有所缓解，基本完成2014年整治任务和目标。发动全员治水，潘桥村成为全区全员治水典型。开展“三改一拆”工作，重点推进政策性拆违、沿河沿路沿山拆违，累计拆除违建15万平方米，开展建绿等拆后利用2.26万平方米。持续做好“两无四边三化”工作，投入800万元用于环境保洁；成立街道环卫管理所，接收陈庄、华亭、马桥、横屿头等4个村的环境卫生管理；推进横屿头村城中村环境综合整治工作并通过区级验收。

【社会事业】 2014年，潘桥街道改建华亭至丁岙村间道路，开通社区巴士。不断健全社会保障体系建设，落实临时救助和大病救助346人，发放救助金60余万元，完成市级扶残助残爱心街道创建，建成村级避灾点5个，新建村级居家养老服务照料中心5家。推进文化体育工作，新建焦下、陈庄村文化礼堂，滨水公园篮球场通过省中心村健身广场验收，举办各类文化活动129场。2014年中学中考成绩喜人，各项评价指标均高于全区平均水平。有21名教师分别获得市、区“三坛”称号以及区新苗称号。拆除新建翻新坟墓23座，生态化改造4座，自行绿化85座。全力支持红十字事业发展，开展造血干细胞入库登记工作，动员完成4例造血干细胞登记入库；动员为辖区白血病患者白直广爱心募捐65800元；发动辖区311人参与无偿献血100150毫升。完成春耕备耕、粮食生产工作任务，完成华亭、学

6月28日，福州路二期道路工程建成通车。
（叶帆豪/摄）

士前等12个村的粮食功能区建设和马桥、岷前等5个村的区水稻产业提升项目；投资190万元完成陈岙病险水库除险加固工程主体建设。

【平安建设】 2014年，潘桥街道开展“治安乱点集中整治”专项行动，累计取缔无证黑网吧5家，规范非法办学点17家，关闭非法行医点5家。完成潘东社区、林桥头村、仙门村、马桥村、横屿头村等5个平安建设示范点和移民区封闭式小区建设工作。进一步落实消防安全管理，开展消防安全专项整治行动，先后对马桥物流园、仙门皮革市场等专业市场进行联合整治。做好出租房市级挂牌验收工作，完成十人以上群租房整改620余户，整改率超过94%。狠抓城中村安全综合整治，累计对马桥、横屿头、河西、林桥头等四个城中村开展联合执法25次，整治隐患出租房136户、隐患经营单位69家、非法供用电60家、食品安全36家、环境污染40家，疏导整治无证无照210家，拆除违法建筑19240平方。加强劳动执法检查及劳资纠纷调解工作，解决劳资纠纷、工伤案例261件，涉及金额747.7万元。认真落实网格责任，6月份率全区之先制定并实施安全生产、消防安全、食品安全网格化考核评比办法。

【基层党建】 2014年，潘桥街道开展党的群众路线教育实践活动。组织学习25次。组织召开座谈会47次，征得意见建议252条。9月上旬前，全街道63个基层党支部全部完成专题组织生活会的召开，1269名党员参与党性体检和民主评议工作。上报并全部完成整改“马上改”项目16项，各基层党组织完成“马上改”项目75项。加强基层队伍建设，组织年初培训、“春季调训”、群众路线教育专题培训等活动。规范党员队伍教育管理，组织开展党性教育，严把党员入口关，吸收党员25名，处置违法违纪党员9名，其中开除党籍4名，警告或严重警告5名，因程序问题取消预备党员资格10名。深入实施红色细胞工程，837名党员参与红色细胞结对，联系农户9832户，发放党员群众联系卡、心愿卡1万多份。推进党组织五星争创工作，继续坚持“113工程”问题梳理，梳理三类问题72个，解决53个。探索“两新组织”党建工作，顶诺食品、嘉玛士服饰、镜心书画艺术院等3个党支部列入区级两新党建示范创建。以正风肃纪专项行动为抓手，纠正不良风气，开展明察暗访62次，发现问题7起，处理人员3人，下发通报1个，机关作风不断改进。

梧田街道

【经济发展】 2014年，梧田街道加快推进“三转一市”、“无转有”，建立现代企业制度，规范企业经营，不断强化经济支撑。深入实施招商引资“一号工程”，引导瓯商回归。加快推进慈湖科技创业园建设，抓好北村疏导点招商入园工作，加速汇昌河安置地块、慈湖科技创业园标准厂房、南村疏导点建设，加快促进小微企业在科技园区落地生根。

【城市建设】 2014年，梧田街道按照市“3+1”亮点区块建设任务要求，加快城市中央绿轴及周边地块开发、市域铁路S1线、温州生态园三垟湿地公园等市级项目政策处理工作，推进新双南线、104国道拓宽工程、南湖路、龙霞路南段延伸工程、中心片区道路网、牛山公园等区级项目建设，加速推进梧田老街有机更新、主塘河沿线旧村改建工程及拆迁安置房等项目，抓好村级二三产返回用地、市政管网、截污纳管等项目建设。加大土地开发的出让力度，为城市建设提供必要的资金保障。加大学校、医院、市

表 30　　2014年梧田街道建制村（居）情况

村(居)名	书记	主任	户数	人口数	党员数
南村村	胡方剑	郑权国	716	3148	81
北村村	詹忠棋	詹振弟	672	3005	91
南堡村	林胜和	冯　杰	707	2925	97
蟠凤村	陈少雄	叶克龙	891	3775	93
霞王村	熊德敏	蔡建隆	293	1253	30
大堡底村	王国光	郑云普	675	2698	61
老殿后村	刘玉燕	胡建华	467	1897	44
梧田街村	林爱光	刘瑞新	1061	4170	110
林村村	吴建敏	洪卫春	505	2006	60
月落垟村	缪秀敏	梁洪琴	458	1805	63
塘西村	黄和平	郑崇华	948	4113	87
塘东村	何光忠	张小波	581	2251	59
辽东村	黄俊义	黄祝华	554	2017	61
泽霞社区	林锡迈	林荣新	539	1915	69
朝霞工业社区	—	林金华	—	—	32

政设施等基础设施建设，进一步完善城市功能，提升城区的承载能力。

【平安建设】　2014年，梧田街道完善平安监测、督考、宣传等机制，深化系统创安和基层创安活动。加强防控网络建设，开展治安乱点整治，提高突发事件应急处置能力。深入实施历史遗留问题化解三年工作计划，推进历史遗留问题和信访积案化解工作。深入开展“同心同行　共建和谐”活动，依法加强宗教事务及宗教场所管理。深入开展城中村安全隐患整治，加大出租房排查整治力度，不断深化火灾等安全事故防控综合治理体系。

9月11日，梧田街道禁毒办联合综治、司法等部门开展禁毒普法大型宣传活动。

（梧田街道供稿）

【党的建设】　2014年，梧田街道建立健全党组织书记抓党建清单制，进一步落实一级抓一级，层层抓落实的党建工作责任制。深入实施“红色细胞工程”，推进青春党建工作，着力开展两新组织“覆盖检修”行动，全面开展创意组织生活。深化“五星争创”活动，加大后进党组织整顿力度，加快形成一批先进党组织示范群。狠抓村级组织带头人建设，加大村居书记后备人选培养力度，为2016年村级组织换届做好准备。做好社区干部培育工作。深入实施不合格党员120管理处置办法，严把党员入口，畅通不合格党员出口，保持党员队伍的生机和活力。

南白象街道

【工业经济】　2014年，南白象街道完成规上工业产值6.77亿元，完成率104.22%，累计增速13.24%；招商引资完成6.89亿，完成率91.97%；完成工业性投资3.92亿元，其中工业性技改2.78亿元，占工业性投资的71%；限上社会消费品零售总额2.90亿元，同比减少2903万，下降9.1%，批零住餐四大行业销售额7.80亿元，同比增加1530，增长2%。

【招商引资】　2014年，南白象街道开工建设温州和平整形医院，推进华润万象城建设进度，累计到位资金分别为0.81亿元、8.17亿元。签约南湖国际新城配套学校、旧村改造、综合体等3个项目，达成投资协议57亿元。

【重点建设项目】　2014年，南白象街道落成开诊市六医，有序推进市社会福利中心、南片污水处理厂、自来水调度管理中心等省市重点工程，启动附一医配套工程、市社会养老中心前期工作，华润万象城、中梁国宾均已初具模型。

表 31　　2014 年南白象街道建制村（居）情况

村(居)名	书记	主任	户数	人口数	党员数
白象村	熊丰雷	/	805	3303	66
鹅湖村	陈利众	陈和敏	568	2208	55
金竹村	蔡祖海	张大雪	480	1911	58
霞坊村	陈仲闲	叶建克	822	3136	63
上蔡村	林金祥	陈海标	653	2678	64
横港头村	程建静	胡进达	391	1618	49
南湖村	叶　科	陈国栋	645	2732	75
白象社区	周冶鑫	周冶鑫	491	743	12
南湖社区	筹建中	—	—	—	—

【安全生产】 2014年，南白象街道落实“周三检查日”、“一周一小查，一月一大查”等制度，集中开展宣传、演练、培训，落实企业自查自改、责任组督促整改、安委办联合执法等三级整治措施。组织开展十五大重点领域安全生产、清剿火患战役、合用场所等专项整治，完成区级、镇级挂牌单位整治。加大网格隐患排查整治力度，建立班子成员每月督查、人大或纪工委不定期督查、主要领导随时抽查的督查机制，问责网格人员3人，约谈12人。每月开展安全生产网格化管理考评。推进横港头村、上蔡村等4个城中村安全综合整治，通过市、区验收。加大经费投入，创新出租房整治方式，全面铺开出租房屋税收，助推隐患整改。加大食品药品安全监管力度。全年街道未发生重大安全生产责任事故。

【创卫工作】 2014年，南白象街道健全完善创卫长效管理机制，实施环卫设施、公厕、农贸市场改造提升，实现垃圾清扫、清运处理全履盖，无害化处理率达100%。开展马路市场、“五小”行业、废品收购点、小广告等集中整治，坚决取缔无证无照。增设附一医新院周边流动摊贩临时疏导点，实施人行道违停处罚，改善人居环境。成功创建市级卫生强街道。

【城市管理】 2014年，南白象街道做好文明城市创建工作，深化非法小广告、占道经营治理。狠抓青山白化整治，加强植树造林，成功创建省级森林城镇。完成辖区内老楼危楼排查，加大执法力度，拆除违法建筑面积81988平方米。依法做好“三改一拆”涉宗处置及销号工作，依法分别拆除宗教活动场所、民间信仰场所违法建筑1处、8处，改用民间信仰场所2处，合计面积1080平方米，移除“三超”宗教标志物3个。推进城市精细化管理水平，发挥数字城管作用。

【五水共治】 2014年，南白象街道落实三级“河长制”，抓好1.3平方公里水域面积的日常河道保洁。推进截污纳管工程，完成3条黑臭河挂牌整治，完成横河、上蔡河、桥头河等主要河道的清淤疏浚、河岸驳坎、岸上绿化工程。占地56亩的荷塘月色公园完成建设。主塘河（瓯海大道-南白象）沿河景观工程、谢灵运公园、附一医沿河地块、南湖地块均已进场施工。突出抓好绿化建设和养护，加大对主次干道缺株、死株的排查，完工鹅湖甬台温边、附一医周边、凤凰山公园金温高速边等小游园、附属绿地、立体化绿地建设。

【综治工作】 2014年，南白象街道实行综治网格化管理，深化“平安南白象”建设，抓好对“法轮功”、“全能神”等邪教清理清查。加强综治平台建设和管理，强化外来人口专职协管员队伍管理，不断完善治安防控体系建设。开展社会治安乱点集中整治，加大矛盾纠纷排查调处，妥善处置群体性事件6起。开展社区矫正，拓宽帮教渠道。加强无毒社区、无毒校园创建。加大信访问题化解力度，消除各类不稳定因素。

【民生事业】 2014年，南白象街道加强政策宣传解释，开展医疗救助、社会救助、劳动合同书面审查、城乡居民基本医疗保险，鼓励失土农民参加职工养老保险。开展文体活动，推进校园周边、文化市场等整治，开展省级体育强镇创建，创建白象、永庆、金竹等3个市级社区文化活动中心。开展幸福社区创建，创成白象、上蔡等两个一星级社区。强化计划生育利益导向，大力开展“单独两孩”、“打击两非”等计生工作，提升计划生育依法行政工作水平。做好妇女、儿童、老龄、民政、残联、慈善、红十字等工作。

【劳动保障监察】 2014年，南白象街道受理劳资纠纷案件160起，结案160起，涉及农民工893人，帮助农民工挽回工资10131255元（其中群体突发性案件9起，横港头自来水公司工地、巨典鞋业、汇强快递、金玉眼镜厂、万象城二期工程、上蔡新一医工地，中厦建设、上海智才劳务公司、乐天建筑装饰公司。涉及劳动者628人，挽回涉及金额8102648元）。伤残纠纷案件20起，涉及农民工20人，帮助挽回伤残补助金、工伤医疗补助金、伤残就业补助金397559元，劳资与伤残纠纷共180件。

【红色细胞工程】 2014年，南白象街道打造239个党建“四和院”，全面推行“民情E通”信息管理系统，开展志愿服务，全力推进安置提速、创卫攻坚、河道治污等工作。深入开展“五星争创”活动，26个党支部608名党员全部参加党员先锋指数考评。开展服务型党组织创建，梳理解决“113工程”问题，扩大党组织的影响力，提升党建渗透力。配齐配强党支部班子，初步完成南湖村软弱涣散党支部整顿。

郭溪街道

【概况】 郭溪街道位于温州城区西南5.8公里处，总面积42.59平方公里，下辖社区2个、行政村18个，常住人口3.9万人，暂住人口6.6万余人，辖区企业3000余家，出租房7800余间。2011年撤销镇建制，在原行政区域内设立街道办事处。郭溪既是温州市粮食、蔬菜、副食品生产的主产区，又是瓯海区轻工业的重要基地。近年来，先后获得温州市经济综合实力三十强镇、温州市一星级文明镇、浙江省绿色小城镇、浙江省教育强镇、浙江省文明城镇、浙江省体育强镇、温州市卫生强镇、温州市药品监管示范街道、温州市流动人口基本公共服务均等化示范街道、温州市学前教育达标街道、温州市扶残爱心街道、温州市禁毒工作先进单位等荣誉称号。

【经济建设】 2014年，郭溪街道

表32 2014年郭溪街道建制村（居）情况

村(居)名	书记	主任	户数	人口数	党员数
曹平村	贾忠生	贾胜浩	397	1432	38
岭头村	贾成贤	贾建忠	241	850	28
郭西村	周成潮	陈晓锋	854	2921	79
郭南村	李光洪	何海碧	587	2021	61
郭溪村	邱艳曼	金晓南	440	1479	67
河头村	项景春	项晓和	500	1661	62
宋岙底村	姜东方	姜益凡	525	1719	51
前垟村	黄国瑞	陈晓听	442	1572	59
三合村	洪国权	徐建信	488	1700	57
梅园村	陈向芳	凌汉克	506	1903	58
塘下村	凌俐华	徐小朋	1011	4000	118
浦北村	徐贤义	蔡胜勇	641	2392	79
任桥村	任华奇	林晓锋	741	2622	105
凰桥村	赵海和	陈志义	685	2675	83
曹埭村	杨胜武	曹立平	692	2648	61
梅屿村	董献宗	黄向阳	678	2441	90
浦西村	金 锵	金胜亮	417	1511	65
浦东村	吴林华	胡剑春	280	911	46

注重经济发展提质增效，全年实现工业总产值72.87亿元、同比增长6.2%，其中规上工业总产值达24.49亿元；实现限上固定资产投资24.03亿元；完成工业投资5.7亿元；实现财政税收5.01亿元，其中地税收入2.33亿元，国税收入2.68亿元。推进小微园建设，做好郭溪小微园一期45亩的政策处理、填方和2个地块出让工作并于12月26日顺利开工建设。完成郭溪包装小微园政策处理与填方和土地出让。推进“三转一市”，完成一次转148家、二次转180家、小升规17家、限下转限上3家、有限转股份完成1家、企业上市1家。加强工业厂房租赁管理，加大“零地”工业承租企业扶持力度，努力促进工业性投资持续增长。稳妥推进招商引资，成功落地6个项目、到位资金2.4亿元，和北京太阳城集团就养老养生康复城项目达成初步投资意愿，和嘉凯城积极洽谈城市客厅项目。发展电子商务，金州电商园被评为“浙江省电子商务十大产业基地”。提速推进项目建设，七一前实现景德东路全线通车，十一前完成繁盛路南段路面修复工程，11月完成瓯海大道西延段交地工作和沿线部分厂房征收工作，绕城高速西南线工程沿线施工交地完成95%，金温扩能改造完成工程量85%；做好安防学院土地政策处理和房屋征收，助推安防学院一期教学楼顺利结顶，完成西填项目土地的农转用报批手续，初步完成曹平村农户土地丈量和岭头土地丈量、房屋征收工作。全速推进二三产建设，完成梅屿村等4个村54亩二产地块的招商工作，完成塘下、三合等村102亩的二产地块的培方工作，其中梅屿村已结顶、塘下村签协议将进场施工；郭溪村三产进展顺利、梅屿村三产调整设计后复工建设、浦东村三产完成设计方案调整。

2月13日下午，郭溪街道举行首届“十大金名片”颁奖仪式。

（郭溪街道供稿）

【综合环境】 2014年，郭溪街道全面推进环境整治提升，投入资金近1000万元新建垃圾屋169座、改造提升94座，购置垃圾收集车114辆，改造公厕30座，增换密封式垃圾桶4000余只，其中曹埭村自筹100余万元购置垃圾压缩设备，切实提升垃圾收集处置能力。投入300多万元，统一更新温瞿路、繁景两路等主干道沿线店招店牌3000余个。7月开始，开展集镇中心流动摊贩、夜市整治行动，加强市容管控。推进“五水共治”，挂牌整治14条黑臭河，逐条制订方案，拆除沿河违法建筑4.5万余平方米、清淤6.8万余立方，浦东河、浦西河、梅屿河、粮站后河等10条河道通过验收，其中梅屿河、浦西河、船舫头河、江垟溪河采取活水引进方式，治理成效显著。重点县水利工程（宋岙底灌区改造工程）、温瑞塘河郭溪片治理工程、底岙村农村生活污水治理工程和里屿垟农田水利两区建设完成年度投资计划，任桥河拓宽整治工程加快推进，郭溪污水主干网项目和梅园片、上屿下屿工业区、郭西片、郭南片截污纳管工程进展顺利，“五水共治”工作获得全区第二位。联动推进“三改一拆”，全年拆违22.6万平方米。深化殡葬改革工作，开展青山白化整治行动4次，拆除新建翻新私坟29座。

【社会事业】 2014年，郭溪街道推进保障房工程建设，西向排洪工程拆迁安置工程顺利结顶。完成任桥河整治安置工程（P-20A）投资量1.11亿元。完成塘下村保障性安居工程手续办理、招投标、融资等工作。完成Q11地块回购结算和续建工程招投标，并加快Q14地块的回购结算扫尾工作。优化推进计生服务，通过强化“强基创优工程”实施办法、“三捆绑”制度和动态排名考核等工作制度，全年计生符合率91.73%、再生育全过程管理对象管理到位率100%。完成郭溪社区、西景社区2个文化活动中心的建设，郭溪社区文化活动中心荣获“温州市文化示范新社区”称号，实现郭溪街道首个百姓微舞台落户宋岙底村的建设。开展文化市场巡查工作，对无证照文化经营场所进行一季度一排摸一发函，以发函抄告工商部门的形式，杜绝无证照文化经营场所的存在。加强文化礼堂建设，顺利完成郭溪、凰桥文化礼堂建设并开展活动，在塘下、宋岙底两个“文化礼堂”开展各类宣传文化活动32次，并分别举行第二届文化节暨“党群心连心”文艺汇演和第二届体育文化节暨党群心连心活动。推进卫生领域工作，联合市监、质监、卫生等部门站所开展整治53次，检查菜场、餐饮单位、学校和企业食堂食品及生产加工小作坊424家，责令整改335家，取缔食品加工作坊55家，私屠滥宰点4处，拆除涉食品安全违章建筑2处。深化教育整治工作，开展联合执法行动6起，取缔非法办学点9家，整治周边环境隐患数17处。落实残联慈善工作，社区、村居100%成立残疾人协会，并获得“市级爱心街道”称号。

【平安建设】 2014年，郭溪街道健全安全生产和消防安全管理体制，按照“一查、二汇、三曝、四改”工作机制，组织区挂钩联系部门同志和街道班子领导对小网格安全生产和出租房消防安全履职情况进行一月一督查，先后开展9次大型督查行动，检查企业3092家、出租房7810户，查处隐患4231处并对履职不到的19个网格在一楼曝光台予以曝光，督促其加快落实整改；结合产业特点和场所结构，制定出台企业安全生产、出租房消防安全整治重点和“三条底线、10条标准”的整治要求，进一步完善网格监管机制，全面实行底线刚性问责，2014年前三季度安全生产考核均获全区三等奖；注重网格干部、出租房协会等各方力量整合，每周常态化开展联合执法，规范管理出租房17748间，注销流动人口48194人，减员增效年度考核获全区三等奖，出租房税收征收102万元，列全区第一位。强势推进城中村安全综合整治，以任桥、郭南、郭溪、浦东、浦西等五个重点村整治为突破口，共整治无证无照企业209家、拆除违法建筑约2.1万平方米、整改隐患出租房733家、查封安全隐患企业371家、整治非法用电企业57家、查处环境污染企业125家、查处占道经营单位59家，成功通过市、区考核验收。全面打响“清剿火患”战役，针对任桥、郭溪、梅屿三大工业区和塘下、曹埭、浦北等村隐患集中区域，开展联合执法46次，整改企业257家。深化开展消防安全百日攻坚行动，抓好浦东、浦西两村摘牌整治工作，整治提升企业200余家。创新基层治理机制，推广塘下社区基层创安试点经验，整合社会组织、网格干部、红色细胞等资源，打造多元化基层治理体系，全年及时处置劳资纠纷案件276起，疏导化解社会矛盾。

【基层党建】 2014年，郭溪街道以“基层组织建设年”和“干部作风提升年”为抓手，坚持以党的群众路线教育实践活动为主线，着力夯实基层党建基础。建立村党支部书记每季度党建工作述职汇报制，重点围绕“最满意的工作”和“最不满意工作”分阶段汇报“红色细胞工程”和“五星争创”等重点党建工作，对述职内容进行民主测评，每次评出两个后进党支部并落实整改。创

2月9日上午，景德东路通车暨景德东路延续段开工典礼举行。（郭溪街道供稿）

办两大教育基地的图片展，组织各级党员干部参观学习，并供全区2000多名党员进行体验式教育。组织办好五条线上专题发言，五个专项评比活动和五个层面座谈会，完成专题民主生活会和组织生活会，其中18个村级党组织、2个非公企业党组织专题民主生活会全程摄影跟拍，实行党员身份证签到和现场到会通报制度。深入开展干部走亲连心和党员联系群众活动，征求梳理群众反馈的问题，建立项目整改库问题262个，实行马上办机制，其中已经整改到位203个。

瞿溪街道

【概况】 2014年，瞿溪街道实现工业总产值44.83亿元，同比增长6.47%，规上企业生产产值21.33亿元，同比增长4.35%。完成固定资产投资9.15亿元，同比增长39.97%，其中工业性投资完成2.68亿元，同比增长47.1%，完成年度任务116.54%，批零住餐四大行业限上销售额累计完成8.6亿元，同比增19.6%，限上社会消费品零售额0.52亿元，同比增16.8%，完成税收3.72亿元，同比增长2.57%。

【经济发展】 2014年，瞿溪街道实现个转企76家，小升规4家。技改完成1.95亿元，占工业性投资的72.76%，展邦电子技改项目被列为市级重点项目。巨溪国际真皮大世界作为瓯海区唯一项目列入2014年省重大产业项目名单，完成11个旧厂区改造项目完成改造6.74万平方米，河头村二产厂房综合楼、万超电器公司、摩托车配件厂挖潜接地项目顺利结顶，瞿溪村、溪头街村产业疏导点进场施工，选址瞿溪村33亩拆后土地建设小微企业园。总投资3.2亿元的温商回归项目雄溪金字塔生态农业观光园一期工程顺利进场施工，引入台湾士林夜市丰富“二月初一”传统集市内涵，新增土地流转面积330.745亩，两个垦造耕地项目对外发包开展农业观光园建设，中央小型农田水利重点县项目进展顺利，林业、农机工作与畜牧工作稳步推进。

【城乡建设】 2014年，瞿溪街道引进省外商业内资3.86亿元，巨溪国际真皮大世界进入桩基施工，瞿溪雄岙归国华侨侨眷老人公寓建至主体3层。安置工程全面提速。C6-2农房改造安置工程、瞿溪村三产二期、桥下村三产（宾馆）工程全部结顶，延川路和信达街改建安置房工程进场施工。瞿任路改建工程竣工通车，垃圾

表33 2014年瞿溪街道建制村（居）情况

村(居)名	书记	主任	户数	人口数	党员数
河头村	金凌云	潘龙海	684	2164	63
瞿溪村	黄锦海	黄锦海	662	2505	46
埭头村	杨建初	季祥法	316	1277	75
桥下村	吴显夏	吴晓贞	174	492	33
溪头街村	陈国华	周晓冬	408	1410	28
林桥村	何　珍	倪松权	248	1016	43
瞿岙村	叶长生	陈林光	181	746	23
蛟垟村	方　旭	祝国敏	155	626	29
雄溪村	潘金远	陈洋欧	691	2823	21
雄岙村	潘建林	程晓海	279	1155	29
雄河村	郭克鹏	陈圣跑	176	716	9
肇山村	陈道聪	裘木波	195	756	36
大岙村	陈祝胜	陈建远	269	1028	28
大同村	陈东涨	陈宗泽	364	1418	38
北垟村	郑锡煜	廖忠义	175	670	25
泉东川村	陈长寿	陈长春	324	1255	27
原会昌社区居委会	朱锦育	王秋香	1117	2354	63
原瞿溪居委会	黄爱道	朱海丽	816	1791	43
原桥下居委会	曹忠明	潘兰英	900	1920	35

中转站建设工程主体结顶，完成三溪路道路路面整治工程。完成瓯海大道西延、绕城高速西南线及桃源水库征地工作，500亩的征地总量创历年新高，完成垃圾中转站溪头街村集体土地及雄岙村集体土地10.656亩土地流转项目。完成低效用地开发再利用259.41亩、转而未供清理316.14亩，供而未用土地清理30亩，均超额完成年初下达任务。

【环境面貌】 2014年，瞿溪街道五水共治工程建设累计完成投资1.1亿元。省重点水利工程桃源水库累计完成投资6188万元，进入坝基爆破施工，基本贯通水库北向道路。南片工业区截污纳管工程完工，辖区截污纳管实现全覆盖。完成瞿溪河清淤、横河清淤及河岸驳坎，完成藤桥河生态修复。开展瞿溪河休闲漫带建设，泉东川村桃源溪被确定为温瑞塘河源头，塘河源船放岭健身步道正式开通。启动大川片五个村及雄岙、蛟垟村农村生活污水处理，大同村、肇山村、大岙村进场施工。关停及整改沿河污染企业共计13家，取缔非法排污窝点12个，移送公安机关刑拘2人。拆除违章建筑4.18万平方米，超额完成全年拆违任务。开展大川片5个村无违建村创建，会昌社区改造提升工程顺利开展。强化重点区块环境综合整治。8月份成立攻坚团队强势开展中岙浃环境整治，用1个月时间完成康宁小区环境脏乱差现象整治。完成会龙路、会昌路等4条主干道的架空管线整治工作，全面取缔三溪路等四条马路市场，完成瞿溪村、埭头村、桥下村等5个村的小菜场整治，其中埭头小菜场成为全区小菜场整治典范。推进无污（缺）损、洁化、绿化、序化工作，通过错时上下班、定点管理机制，取缔流动摊贩450余个。不断完善环卫基础设施配备，以建成区为重点，投放垃圾桶500余只，不锈钢收集箱20余个，拆除垃圾坞54个，全年环卫经费投入达700万元以上。数字城管案件处理完成率达99.95%。

【平安建设】 2014年，瞿溪街道首推出租房管理“三册合一”机制，率全区之先成立街道级居住出租房房东协会，以河头村为试点开展出租房屋税收代征工作，10月开出全区首张租赁合同登记备案证明。强化基础信息采集智能化，完成93家群租房门禁系统安装，e居卡实现全覆盖。以全市首批消防委托执法试点单位为契机，出租房隐患整改率达到92.15%，累计完成规范化出租房10914间。完成5个城中村安全生产综合整治和十五大领域专项整治，整治生产经营单位107家，12家区级及镇街级挂牌单位全部完成整治并摘牌，案件办理17个，展邦电子创成市级安全生产文化示范企业。强化大巡防体制建设，新增高清全球眼监控30个，实现视频监控全覆盖，完成5个重大事项社会稳定风险评估工作。集中开展校园周边环境安全综合整治，狠抓食品安全工作，加大四小行业和无证无照小餐饮的整治力度，五小行业持证率达到100%，取缔无证教学点、黑网吧、违规出版物贩卖点等各类场所15家。减员增效持续推进，外来人口下降12.6%。

5月14日，滩头菜场原违章拆除中。　（瞿溪街道供稿）

【社会事业】 2014年，瞿溪街道深化全国文明城市创建，幸福社区、大川社区创成瓯海区图书馆社区分馆，瞿溪艺社创成区级文化示范基地，建成桥下村和瞿岙村两个文化礼堂和村民中心，创成幸福社区后屿山休闲广场，建成雄河村、蛟垟村、泉东川村居家养老服务中心。10月份开出省内首家“造血型”爱心驿站——欧斯华瞿溪街道爱心驿站。深化殡葬改革，制订详细严格的街道殡葬管理网格化方案，建立殡葬管理监察中队，完成整改15例。

11月21日，瞿溪街道举行塘河源揭碑仪式。

（瞿溪街道供稿）

计生工作进入全区一类街道，当年社会抚养费已征17例，征收金额118.65万；往年社会抚养费已征10例，征收金额37.12万，雄溪社区卫计服务站创建市卫计合作服务示范点。全面开展老楼、危楼安全排查专项工作。率全区之先成立首个侨联政协委员工作室，连续两年荣获温州市征兵工作先进单位称号，完成街道16个村妇代会换届选举工作。

【党的建设】 2014年，瞿溪街道解决群众问题142个，新建制度14项，基本完成村（社区）三多问题清理工作。推进红色细胞与五星争创两大平台建设，418名村居党员联系3961户群众，建立"四和院"272个，实现党员联系群众全覆盖。"红七月志愿服务月"活动期间，66名机关党员共开展志愿服务282人次，认领微心愿198个。完成支部星级评定19个和党员星级评定670人，处置不合格党员8人，签订党员不信教承诺书942份。创成市级企业党建示范品牌-万超《现代企业，红色传承》，启动炬达区级示范党建品牌建设，两新党组织100%开展标准化建设，完成雄河村、泉东川村"软弱涣散党组织"整顿，完成桥下村和瞿岙村个村民中心建设。开展专项行动效能纪律检查31次，发现问题45个，教育批评或提醒15人，点名道姓通报批评18人，处理5人（其中辞退1人）。加强信访案件查办力度，全年共受理信访投诉14件，办结14件，调查处理党员违法违纪案件7起，街道党工委立案4起，区纪委立案3起。

三垟街道

【概况】 三垟街道地处温州市区南部，东邻温州市经济技术开发区、龙湾区，南连茶山街道，西接梧田街道和南白象街道，北靠鹿城区南汇街道。全街道总面积13.14平方公里，户籍人口22284人，流动人口21974人。2014年11月，根据瓯海区人民政府《关于城乡社区布局调整的通知》（温瓯政发［2014］56号）文件精神，撤销宪一、宪二、黄屿、上垟等社区管理委员会，设立三垟街道南仙社区居民委员会、瓯垟社区管理委员会，其中瓯垟社区因湿地公园建设暂缓。

【经济建设】 2014年，三垟街道实现财政税收收入7731万元，实现工业总产值8.79亿元。加大对农业生产扶持力度，发展以瓯柑、菱角、杨梅为主的效益农业，实现瓯柑产量9135吨，杨梅产量204吨，菱角产量905吨。利用五福源、福滋垟公园观光、休闲等效应，发展旅游休闲产业，扶持发展网络经济、楼宇经济，带动第三产业发展。

【重点工程建设】 2014年，三垟街道推进吕家岸、张严冯等村的拆迁工作。截至年底，张严冯村总户数为189户，签订临时协议165户，签订率为87.3%，腾空116户，腾空率为61.4%；吕家岸村共486户，签订临时协议480户，签订率达98.8%，已腾空479户，腾空率达98.5%。做好城市中央绿轴、S1线、中兴大道、一期环线等重点工程征地及政策处理工作，完成土地政策处理415亩（园底村123亩、池底村107亩、上垟村国宾馆185亩），交地123亩（园底村123亩）。

【环境建设】 2014年，三垟街道推进两无四边三化工作，加强市容市貌有序管理。实行全街道"一把扫帚"运行机制，新增果壳箱300余只，安装分类式垃圾坞150余组，更换加盖垃圾桶2000余只、密封保洁三轮车140辆、垃圾收集车30辆，启动垃圾中转站提升和车辆更新工作；完成辖区内5座农贸市场改造提升工作，提

表34　　2014年三垟街道建制村（居）情况

村(居)名	书记	主任	户数	人口数	党员数
黄屿村	黄晓义	王秀义	1399	5486	121
上垟村	陈建忠	胡云虎	667	2682	69
吕家岸村	张瑞光	叶小云	408	1801	52
沙河村	陈晓宇	张显斌	429	1749	52
丹东村	黄广清	黄建达	439	2258	31
张严冯村	金松林	金飞朋	285	941	25
园底村	胡理夫	高洪敏	611	2030	40
垟河村	周林志	张永福	458	1562	30
应潭村	陈建国	陈克琼	417	1516	31
池底村	陈士国	何忠接	350	1339	46
樟岙村	叶永增	叶　政	246	920	27

升公厕23座；完成绿化建设4处1722平方米，拆除各类违章共计55892平方米；完成瑶池路、黄屿路修复及人行道提升工程，增设公共自行车7个点共280个桩位；完成省级生态街道、3个市级生态村及2个园林式小区的申报工作；严格落实五水共治“河长制”和“警长制”，投入资金约150万元，清理河道垃圾3800多立方米。做好外环河、沙河浃、沙河西浃等3条黑臭河的清淤工程，组织发放治水倡议书1万余份，环保宣传袋2万余个，推进美丽水乡建设。

【社会事业】 2014年，三垟街道开展全民健身活动，举办街道首届全民运动会；多次开展校园周边安全专项整治行动，取缔非法办学机构6家、无证照经营“黑网吧”7处；推进社会保障，有序开展2015年农村合作医疗筹资工作，关注民生，全年发放各类补助、慰问金、救助金等共220万元；解决社区卫生服务站社保刷卡问题，新建上垟社区卫生服务站，完善医疗卫生服务布局；完成王金晦革命烈士纪念碑翻新工程，提升黄屿社区文化礼堂，通过开展各类知识讲座、温州传统鼓词表演、市民艺术团进文化礼堂等活动，丰富辖区广大居民精神生活。制定街道人口和计划生育工作考绩法，开展计划生育攻坚月活动，细化网格管理，进一步强化计划生育工作。

【平安建设】 2014年，三垟街道突出平安创建工作，建立“平安志愿者”服务宣传队，定期组织进社区（村居）、进企业、进校园开展平安创建“一对一”宣传活动，通过分发宣传资料18000余份、入户宣传、电话彩铃等方式，切实提升平安“三率”。推进“科技创安”，在辖区主要公共场所和重点要害部位安装电子视频监控系统新增40余处，强化治安防控网络建设，健全综治网格化管理，构建“人人参与、群防群治”的治安联防机制，调处各类民间纠纷17件，解决劳资纠纷案件14宗，涉及金额315925元。建立健全社会不稳定因素排查调处机制，及时化解信访案件，2014年未发生进京到省到市上访事件。开展企业、出租房安全隐患“大排查、大整治”活动，建立健全安全监管长效机制，制定举报牌悬挂、出台举报制度等便于群众监督，实行“周检查、月评比、年考核”机制，并采取定期网格抽查与随机暗访的形式，确保安全整治工作常抓不懈。

【基层党建】 2014年，三垟街道创新学习载体，创立“南仙讲坛”学习品牌；开展大走访、座谈会、开门征求意见会等活动，街道干部共走访联系群众4365户；推行红色细胞工程，街道党员走访联系群众4787户、建立440个村居“四和院”；落实“马上改”工作机制，街道收集意见建议229条。开展“送党课下村”、“金秋送学”等活动，开展基层党组织星级评定及农村党员先锋指数考评工作，完成71名村两委后备干部推荐工作。抓好宗教场所“三改一拆”工作，全部实现网格化管理，共拆除违建宗教及民间信仰场所7处。开展明察暗访10余次，出台《三垟街道机关内部管理制度》，强化机关作风建设。

茶山街道

【概况】 茶山街道位于瓯海区南部，东邻龙湾区永昌街道，南枕大罗山支脉与仙岩镇、丽岙镇毗邻、西接南白象，北连三垟湿地及龙湾区状元街道，距市政府驻地12.5公里。总面积30.64平方公里，总人口10.37万，其中户籍人口3.24万，外来人口6.51万。辖茶山、睦州垟、舜岙、霞岙、山根、河头、后村、洪殿、新民、京山、罗胜、罗丰、罗山、银山14个建制村和梅泉、博园社区居委会（博园社区于2014年组织设置改革中通过“转并联”成立的新社区，撤销茶一、茶二、罗北、睦霞、山根社区居委会）。办事处驻地茶山村。茶山街道东、北、南三面为约19平方公里的丘陵地带。大罗山支脉盘亘其间，海拔88至684米。山内峰峦起伏，溪谷错综，植被茂盛，泉水清冽，以产花卉、水果闻名，俗称“花果之乡”。西部为平原，约11平方公里，境内有丁岙河、舜岙河、茶山河、卧龙河、山根河流经。现所辖地在明、清时属永嘉县德政乡十二、十三都。解放初期为罗山乡，属温州市。1958年，改为梧田人民公社茶山管理区，并划归温州市管辖。1961年改称茶山人民公社。1981年12月，瓯海建县，划归瓯海管辖。1983年政社分社后，复称茶山乡。1987年6月9日，经浙江省民政厅批准，改为茶山镇。2004年1月1日，经省、市两级人民政府批准，瓯海行政区划进行调整，撤销镇建制，改为茶山街道。2011年9月，茶山街道部分职能委托温州生态园管理。2012年底，根据温州市人民政府办公室《关于进一步完善街道委托市级功能区管理的若干意见》（温委办发〔2012〕49号）文件精神，茶山街道逐步按生态园“区街一体化”设置进行机制机制改革，并按《温州生态园管委会机构改革方案》于2013年4月底基本完成相应调整。根据《关于调整温州生态园管理体制的意见》（温委办发〔2014〕68）文件精神，温州生态园不再实行“区街一体”的管理体制，瓯海区与生态园管委会解除三垟街道、茶山街道的委托关系，成建制回归瓯海区管理，于2014年6月基本完成相应调整。

【经济发展】 2014年，茶山街道实现生产总值32.4亿元，其中农业总产值1.1亿元，工业总产值3.8亿元，第三产业27.5亿元。完成年度完成固定资产投资11亿元。近年来，茶山街道第二产业逐渐萎缩，特色效益农业和以旅游、观光、休闲、度假为主的第三产业发展迅速，所占比重越来越大。街道现有食品加工、花岗岩开采、制鞋、印刷包装、五金加工、机械制造等230家中小企业，规模以上的仅有5家。茶山有2.95万亩山地种植培育杨梅、柑橘、茶叶、桂花、苗木、花卉等。

【城镇建设】 2014年，茶山街道加快茶山中心区建设，完成霞新路改建工程燃气管道下埋，2个安置房建设进入竣工验收阶段，文化综合服务大楼进入桩基施工阶段，C12a地块招商引资项目（欧尚春天）已顺利进场，各村三产项目全部启动，其中睦州垟村三产已结顶进入附属施工；舜岙等5个村三产部分楼宇已结顶；霞岙村等5个村已基本实现“±0”，茶山村三产工程已进入桩基施工阶段。推进城乡统筹发展，山根村农房签订临时协议198户，安置房项目完成桩基2000余根，完成工程量约8000万元。新民村（山下坦片）农房改造项目新房建设全面启动。加大招商引资力度，引进大宾馆酒店项目1个，有2个引进项目已达成初步意向，纳入近期招商引资计划项目8个。

【综合环境】 2014年，茶山街道全面推开综合环境治理，结合“五水共治”完成辖区总体截污纳管工程设计与投标工，完成睦霞、山根片截污纳管工程，完成茶山片塘河整治及山根河和雀力河2条黑臭河清淤工作，开展梅泉社区、后村、河头、徐岙等村居（自然村）的自来水工程。坚持“违必拆，六先拆”，对新建违建即查即拆，处理违建110件，拆除违建3.7万平方米。创成示范街2条。开展梅泉大街专项整治，全面疏导和管控流动摊贩。

表35　2014年茶山街道建制村（居）情况

村(居)名	书记	主任	户数	人口数	外来人口	党员数
茶山村	徐秀林	贾海东	1485	5827	2930	121
舜岙村	袁建云	管力行	994	4029	775	89
睦州垟村	褚崇象	林正平	745	3298	1777	58
罗胜村	章华州	李崇成	717	2910	4	61
霞岙村	黄珍发	谢文伟	552	2349	505	28
罗丰村	李建华	木寿美	357	1552	5	30
洪殿村	项光东	王成松	361	1450	458	25
山根村	陈建文	姜　进	348	1549	291	30
河头村	王炳权	王权龙	286	1228	451	38
后村村	林朝山	吴益勇	232	958	300	22
罗山村	管佳夫	管兔弟	340	1387	3	25
新民村	胡光良	陈中明	186	735	2	22
京山村	周吾姆	白建光	252	970	27	24
银山村	黄长华	黄光耀	122	507	0	15
大学城	—	—	—	—	56221	
梅泉社区	徐永珍	徐永珍	1104	3624	1393	13

【民生事业】　2014年，茶山街道引导群众参与新型农村合作医疗，全街道参保2015年度新农合保险16725人，达到总人数的91%，参保金额562万元；全力推进全民养老保险、失土农民保险及城乡居民养老保险和医疗保险报销工作，落实低保、重度残疾人生活补助、劳动保障等。开展集中性服务攻坚活动，完成四项节育措施、社会抚养费征收各项指标任务；落实特殊家庭扶持力度，开展独生子女家庭养老保险工作；加强流动人口异地服务力度，成立首个异地驻点流动人口计生协会。推进社区服务中心建设，提高社区办事大厅服务能力，响应四级联动审批制度，承接下放审批事项，全年各社区为民办理事项230件。

【平安建设】　2014年，茶山街道推行综治网格化管理，落实片组责任制。调处矛盾纠纷，推行“以奖代补”调解工作奖励机制，建立健全信访制度，落实领导干部信访包案责任制。组织开展企业主和管理员的安全生产培训，部署十五大重点领域安全生产等多个专项整治；推进城中村安全综合整治，山根村基本达到“无违法建筑、无非法生产经营、无重大安全隐患”的三无目标，成为市级示范点。全面化解街道各村多年历史遗留问题，截至12月，19个历史遗留问题“一事一报”至区遗留办，二产落实问题被列入区级层面进行化解，定销户、教育等问题正加快化解。高教园区周边遗留5件已基本得到解决。

【基层党建】　2014年，茶山街道狠抓干部队伍建设，推行机关科室例会制度和科室规范化建设，完成中层干部竞岗，创新制定村居书记、主任参加机关学习会制度、重点工作书记约谈制度及季度党建工作汇报制度，积极落实书记带头抓党建工作，严格推行村干部“双述双评”制度。开展“五星争创”活动，截止12月，街道总共有党员749名，其中三星以上党员531名，村居15个其中三星以上村居14个，已初步达到区委“五星争创”星级评定的要求。组织开展党的群众路线教育实践活动，结合“红色细胞工程”开展“走村不漏户、户户见干部”，走访农户5235户，基本实现全覆盖，排查各类问题167个，解决134个。推行“我为茶山发展献一计”金点子征集活动，征集金点子5个，其中梅泉社区提出的梅泉大街流动摊贩分类疏导“金点子”被街道采纳。开展“读案思廉”专题教育。全年开除不合格党员1人，留党查看1人，严重警告1人。

丽岙街道

【概况】　瓯海区丽岙街道地处温州市区南端，东邻仙岩街道，北接南白象街道、茶山街道，西面与瑞安市桐浦、潘岱、瓯海区潘桥交界，新旧104国道贯穿南北，甬台温高速公路穿境而过、距离温州机场35公里、火车站10公里，辖区面积33.3平方公里。丽岙交通十分便利，人居环境优美，地理位置得天独厚，是全国著名侨乡，"浙江省生态镇"、"浙江省体育强镇"、"浙江省教育强镇"、"浙江省旅游强镇"、"浙江省森林城镇"，有"浙南花乡"之美誉。

丽岙街道原隶属瑞安市，2001年，经区域调整划归温州市瓯海区，2011年3月撤销镇建制，设立丽岙街道办事处，下辖21个行政村，2个社区（丽岙、白门）。截至12月，街道有常住人口2.3万人，外来流动人员1.5万人，海外侨胞超过3.27万人（归侨侨眷1.2万人），分布在欧美27多个国家，是全国著名侨乡。丽岙三面环山，五条主要溪流自西向东汇入温瑞塘河，风景秀美，生态环境良好。北片工业企业集中，花卉市场规模成型，中片人口较为稠密，商贸服务发达，南片村落小而分散，田园特色明显，三片相对独立，由104国道结成一体。

【现代农业】 丽岙是浙南花乡，花卉种植面积3000多亩、花场50多家，花卉苗木是丽岙的特色产业、拳头产品。2014年，街道抓好1000亩精品蔬菜基地建设，促进无公害蔬菜等产业精细化、集约化、规范化发展。该年，花卉、蔬菜产值比上年同比增长均超过10个百分点。

【高新技术产业】 2014年，丽岙街道实现工业总产值22.09亿元，规模以上企业完成产值13.9亿元。该年，丽岙街道通过政策引导，抓好"四转一市"、"四换三名"工作，鼓励个体转企业、规模下转规模上，规模上企业进行股份制改造，抓好制革工业基地、石材市场的整治改造，加快转产转型。全年工业经济稳中有进，完成"个转企"35家，规下转规上、限下转限上及企业的股份制改造工作都取得新进展，全年完成工业性投资1.51亿元，完成率排名居全区第一。

丽岙街道下章安置房。 （丽岙街道供稿）

【第三产业】 2014年，各类商业服务网点遍布丽岙街道，辖区内各银行储蓄余额80.3亿元。丽岙街道把重点放在培育现代服务业上来，引导发展咖啡一条街，20多家咖啡吧先后开业，形成"要喝咖啡到丽岙"的品牌。谋划包装欧洲小镇、泊岙商业综合体等服务业项目，以实体经济回归、温商回归为契机，加大招商引资力度，印制并广泛推介《丽岙招商引资十大项目》，城市农业休闲观光园已开工建设，丽岙华侨侨眷老人公寓、浙南花城一期和欧洲小镇等项目已落实勾地意向人。

【城镇建设】 2014年，丽岙街道在建工程30多项，全年完成投资将近12亿元，创下历年投资额之最。文教功能区建设步伐加快，温州肯恩大学一期二标段工程结顶，肯恩大学拆迁安置房主体工程基本结顶，新双南线安置房进入征地政策处理。保障房建设按进度推进，完成投资5.5亿元，丽南社区农房改造一期工程主体工程已结顶，白门社区保障性安居工程一期完成桩基施工。进一步完善基础配套设施，吹台山隧道接线公路第四标段已开工建设，新双南线丽塘岭隧道即将贯通，

表 36　2014 年丽岙街道建制村（居）情况

村(居)名	书记	主任	户数	人口数	党员数
下川村	吴炳良	厉永华	508	1974	41
王宅村	黄品芳	王学伍	262	1026	27
丽塘村	张光海	林金和	350	1409	33
泊岙村	林长胜	丁海锋	236	920	24
姜宅村	姜育如	李昌松	569	1975	54
下章村	林炳跃	林昌其	553	2041	46
曹建村	郑祥杰	郑祥俊	314	1138	41
叶宅村	黄高焕	吴士东	573	1734	32
杨宅村	姜育州	陈建设	674	2341	31
任宅村	任金德	任秀焕	370	1239	25
茶堂村	林开通	任银弟	513	1535	41
下呈村	金成忠	杜光明	938	3173	58
河头村	林者勇	詹丰海	316	1057	27
后中村	桑祥荣	张春和	330	1051	25
上垟村	张常敏	张朝富	253	891	28
梓上村	金永勇	金献国	166	598	20
上胜村	董祥友	何小青	131	471	25
后东村	吴顺元	董德云	75	237	9
路溪村	任正洪	陈良丰	183	656	15
梓河村	杨仕忠	姚光进	146	464	14
林山村	章金星	王增陆	170	624	27

下沈线（王宅-泊岙段）改造提升已完成施工图。220KV丽岙输变电主体工程建成，进出塔基工程的政策处理成功突破、顺利完成。卫生院迁建工程按时结顶。丽岙片污水干管建设工程、丽岙二级污水管网（一期）工程和北片、中片、南片、白门四个片区的截污纳管工程按进度推进。

【侨务工作】 丽岙华侨历史悠久，足迹遍布法、意、荷等27多个国家和地区。为更好服务于归侨侨眷，各村均已成立侨联村级分会，丽岙侨联设立医疗保健、旅游咨询等七大服务部，共有十项服务功能，丽岙侨联曾6次获得全国先进基层侨联殊荣。2009年底成立全国首个基层海外青年联合会，2012年选举产生第二届海外青年联合主席团，继续传承发扬海外联合会“团结青年、交流合作、共同发展”的宗旨，2013年12月，海外青年联合会召开二次二届全体委员会。2010年，“华侨之家”展示厅建成，一楼展示厅内有上百幅历史图片和资料、文物复制品、老华侨在海外用过的老式相机、老式皮箱等物品展示及陈列文字说明，2013年被评委市级市级爱国主义教育基地，接待上百批次海内外嘉宾和国家、省、市级领导的莅临参观。2014年，丽岙街道被评为浙江省最美侨乡，街道侨联被评为浙江省示范性基层侨联、市级侨爱慈善先进集体，现届侨联主席黄品松被浙江省评为最美侨务人。

仙岩街道

【概况】 仙岩街道位于大罗山西麓，距市中心18千米，是瓯海区的南大门，地跨温瑞塘河两岸，温瑞大道、新老104国道南北穿城而过，仙竹公路东西贯通全街，形成“一横两纵”的城市交通格局。近年来先后被评为浙江省教育、旅游、体育、卫生街道、生态街道。全街道总面积37平方千米，其中山地面积2000公顷，塘河水域面积150公顷，下辖24个行政村，2011年通过转并联建成10个社区，目前总人口4.35万人，11624户，约1.6万人侨居美、意、法、德、荷等25个国家和地区，是瓯海区三大侨乡之一，也是国家级3A风景名胜区——仙岩风景区所在地，外来流动人口4.3万余人。街道内有中小学、幼儿园12所。仙岩有“两大特色”，“四大支柱产业”，即浙南著名侨乡和旅游街道为特色；锁业、服装、

7月4日上午，由区侨联主办、仙岩街道侨联承办的第五届瓯海区侨界留守儿童快乐营仙岩分营在仙岩一小正式开营。（仙岩街道供稿）

鞋业、汽摩配件为四大支柱产业。

2014年，仙岩街道完成全社会固定资产投资21亿元，超额完成全年任务，其中工业性投资7.5亿元，占工业投资总任务（6.7亿元）的112%。工业企业完成产值57.5亿元，同比增长13.01%。出口额1.12亿美元，同比增长17.26%。实际招商到位资金3.41亿元，完成率居全区第二。税收收入达到2.26亿元，其中国税收入1.81亿元，同比增长23%；地税收入4539万元，同比增长31.87%。

街道加快推进产业平台建设，总投资达5亿多元的华美达广场酒店项目顺利开工，目前正在进行地下室施工。紧跟时代发展风向标，全力加快小微企业创业园的建设和老工业区的改造提升工作。全年谋划仙岩陶瓷洁具产业园、沈岙汽摩配创业园、星光瓯商回归创业园等三个总占地1500多亩的小微创业园项目。其中仙岩陶瓷洁具产业园完成前期的土地出让工作；沈岙汽摩配创业园的土地指标得到落实，相关征地材料已上报上级政府审批。完成仙南工业小区改造提升工程。推进重点市政道路建设，景区入口道路实现全幅通车；启动莘一路东段建设工程，完善工业区的市政道路网。完善基础设施，以打造美丽水乡为目标，新投入1.2亿元开工建设覆盖东片11个村的截污纳管工程，完成投资9363万元，完成总工程量的90%左右。网络经济加快发展，沈岙村入选中国“淘宝村”。开展大招商活动，仙岩华侨城、渔潭健康养老养生产业园、总部经济园等三个招商引资项目与投资方签订投资意向合同，总投资预计将达12亿元。

【环境整治】 2014年，仙岩街道实施生态化战略，以“五水共治”为重点，努力把仙岩打造成为生态文明的典范。全年累计投入350多万元，完成罗垟河、沈岙河儿泱以及横坑溪的整治工作。以穗丰怀古周边区域为重点进行景观打造，通过河岸绿化、立面改造等措施，对主塘河穗丰段两岸景观实施大规模改造提升。由社会资金投资建设的穗丰美食一条街建设完工，并投入使用。全年拆除违法建筑14万多平方米，其中沿河违建28038平方米。重视环境卫生整治工作，创新运用微信平台开展监督曝光并取得良好成效，多次在市“两无三化”考核中名列前茅。12月1日，全市“五水共治”现场会在仙岩穗丰村召开。

【安全生产】 2014年，仙岩街道开展安全生产和居住出租房整治工作，结合安全生产“打非治违”，安全生产四色管理等机制，排查各类企业，全年查处存在安全隐患企业681家，完成整改617家。以群租房和老旧危房为重点，全年排查出各类存在重大隐患的居住出租房1057户，顺利整改926

4月21日上午，中国共产党仙岩街道第一届代表会议第一次会议在庄严的《国歌》声中召开。（仙岩街道供稿）

表37　2014年仙岩街道建制村（居）情况

村(居)名	书记	主任	户数	人口数	党员数
穗丰村	刘文进	徐晓波	974	3956	104
下林村	蔡小岳	黄云宇	725	2879	65
新丰村	吴先苏	夏碎相	184	720	51
河口塘村	曾金洪	李学进	525	1585	56
仙南村	吴良松	黄忠伍	684	2612	70
仙北村	李　杰	李　勇	614	2641	59
岩一村	杜光强	杜建德	677	2857	64
岩二村	陈国通	朱哨武	714	2976	70
自力村	计建木	张鸿文	297	1174	24
渔潭村	朱光兴	李志权	327	1396	29
社帆村	翁积银	翁积乐	325	1350	28
罗垟村	张灵通	何子安	164	699	22
派岩村	谢庆钿	谢炳陈	150	684	19
沈岙村	陈光林	朱献忠	928	3863	99
竹溪村	林长春	黄传林	477	1886	55
星光村	孙金荣	蔡志勇	639	2400	66
凤池村	柯宗积	蔡松弟	271	1141	39
横坑村	陈永清	陈莲忠	146	615	22
花台村	邵飞洪	曹晓秋	234	986	25
大岭村	章步如	蔡国胜	119	533	16
李山村	李云植	李定超	115	493	23
秀垟村	李成众	陈云海	213	860	21
盘垟村	木道德	木先恩	184	788	14
跃进村	木智远		180	715	17
工陶	蔡振林		425	1176	36
集体户			21	314	39
非农户			1280	2255	

户。开展居住出租房整治试点工作，先后投入40多万元，顺利完成居住出租房整治试点单位——新丰村全村的出租房整治工作。坚持实施街道主要领导带头督查安全生产制度，主要领导每月都下网格企业一次，督查安全生产工作落实情况。创新推出维稳信息研判分析联席会议制度，从源头排查各类不稳定因素，防止矛盾激化。深入排查、核对各类危旧房，新鉴定D级危房53户。以开展“减员增效”工作为抓手，着力减少辖区内各类低素质外来人口，顺利完成减员15%的目标。做好刑释解教人员管理、禁毒、打击邪教等各类社会治理工作，维护社会的和谐稳定。

【民生事业】 2014年，仙岩街道重视各项民生实事工作，完成城乡低保对象、困难群众核查工作，累计发放低保金153万多元。开展医疗救助工作，对困难家庭实施社会大病医疗救助，救助55户34万余元。育龄妇女孕环检率96.7%，累计征收社会抚养费314多万元。不断丰富活跃群众的业余文化生活，建成4个文化礼堂和2个村民中心，投资100多万元新建街道文化中心，该中心的图书馆与温州市图书馆联网。开展食品药品安全专项整治行动，全面排查各类食品生产和销售场所。着力提升辖区基础教育工作水平，顺利启动穗丰小学迁扩建工程。开展征兵和拥军拥属工作，累积发放各类拥军拥属资金100多万元。

【基层党建】 2014年，仙岩街道开展“有困难，找干部”、“走村不漏户、户户见干部”等活动，干部入户走访率100%，排查各类难题142项，成功化解127项。组织开展“挖掘身边典型、体验老乡镇作风”活动，推出陈志莲的先进典型并登上温州日报的头版头条。街道干部刘文广作为温州市优秀军转干部的代表，参加全省军转干部座谈会，并荣获温州市模范公务员荣誉称号。坚持开展“正风肃纪”专项检查活动，重点做好一清三查，严厉查处各类慵懒散漫行为，先后开展专项检查31次，处理工作人员15名。严厉查处各类村干部和普通党员的违纪案件，全年查结区纪委下转信访举报件13件，处理党员4人。建立保护和澄清机制，及时消除信访负面影响，主动保护关爱那些敢抓敢管、敢作敢为、敢闯敢试的干部。加强党员队伍建设，通过继续实施“亮绩争锋”党员发展“公推选优”的活动，提升党员发展质量；依托“红色细胞工程”和“五星争创”，完善党员评价标准等方式切实把好党员入口关，畅通党员出口关，确保党员队伍的生机和活力。

泽雅镇

【概况】 泽雅镇地处瓯海西部山区、瓯江支流戍浦江上游，距市区17.8公里，离瓯海中心区及温州火车南站10公里，是浙江省旅游强镇和浙江省生态镇。全镇总面积150.93平方公里，下辖9个社区，81个行政村。泽雅镇旅游资源丰富，自然景观秀丽，文化底蕴深厚，名胜古迹荟萃，素有温州“西雁荡”美誉，与“北雁荡”遥相呼应，是温州著名风景区之一，有国家级生态镇、治水美镇浙江样本、浙江省体育强镇、全市美丽乡村创建工作先进乡镇、市级文明风景旅游区等称号。

【旅游建设】 2014年，泽雅镇围绕旅游主导产业，以项目建设为抓手，强化项目助推产业发展支撑力，完成招商引资1.63亿元。启动国家4A级旅游景区创建，打造七瀑涧、金坑峡、泽雅湖、纸山四大景区亮点区块。建设完成崎云景区交通指引工程和四连碓景点指示标示系统。修复七瀑涧观瀑茶楼、莲花餐厅、景观亭等一批景区设施。建设自驾车旅游营地驿站4个，智慧旅游体验点2个，改造提升泽雅古道3条。加快观光旅游、休闲旅游、文化旅游融合发展。创成市级农家乐特色村3个，市级农家乐精品项目2个，三星级农家乐经营户3家，创建星级客栈3家，新增民宿床位180张。承接“千人团”2个，举办周岙挑灯节、尝新节、漂流美食节等节庆活动。全年接待游客132万人次，同比增长20%，旅游综合收入5.28亿元，同比增长13.5%。产业要素加快汇聚。完成琦云度假村主体工程结顶，唐宅纸山精品民宿进场施工，启动水碓坑和黄坑两个省级历史文化名村古民居修复和环境整治。完成龙溪漂流河道和桥梁建设，泽雅户外项目拓展建成对外试营业，森马万客丰等一批特色旅游购物场所加快建设。

11月30日上午，2014中国 瓯海“捷安特杯”自行车赛在瓯海区举行。
（泽雅镇供稿）

【经济建设】 2014年，泽雅镇实现规上工业总产值7.47亿元，同比增长5.85%。推动传统农业向效益农业、休闲农业、特色农业转型，新增耕地490亩、农村土地流转2000亩、新型农业经营主体21家，新泰源、龙城农庄、五福山等一批生态农场扩面提质，五凤 高山蔬菜打响品牌，实现农业总产值1.55亿元。坚持环境、基础设施一起抓。推进小流域治理及灌区改造工程，完成美丽浙南水乡重点项目投资2.19亿元。结合农村一事一议项目，完成苏田至犁头垟、潘庄至黄山、大川至桂川农村联网公路建设。加快推进三产安置房建设，建成泽雅公交临时站场。完成农电网改造，加快天长岭复线工程施工，完成限上固定资产投资6.3亿元。以规划为龙头，编制完成纸山景区详细规划和泽雅沿溪产业概念性规划。启动修编镇总体规划，编制西山景区详细规划、创4A旅游景区行动计划。落实将军岩乡村游用地指标42亩，金瑞、盛丰园设施农用地指标获批，完成低效土地再开发整治46亩。推进“四换三名”、“三转一市”、“腾笼换鸟”，完成个转企15家，小升规6家，淘汰落后产能1家，崎云泉酒厂完成改制。培育实体电商企业2家、商务进万村网店5个。

【综合环境】 2014年，泽雅镇开展泽雅水库水质提升和水源地保护工作，拆除库区畜牧栏舍2.4万平方米。抓好农村污水治理，制定农村生活污水治理三年计划，启动44个村的农村生活污水治理工程，建设农村污水管网1.9万米，泽雅污水处理厂建成并投入试运行。加快垃圾处理设施建设，购置压缩式垃圾清运车3辆，农村环境卫生设施覆盖率和保洁队伍覆盖率均达100%。创建无违建河道206条，完成垃圾河整治2条，荣获浙江省治水美镇50强。联动推进“四边两无三化”、“三改一拆”、“无违建乡镇”创建活动，全年拆违2.08万平方米。开展青山白化治理，强制拆除翻建、新建私坟17座。有序推进旅游特色村开发、景中村整治和历史文化村落保护利用工作，建成一批美丽乡村示范点、精品村，打造美丽乡村精品环线2条，创成国家级生态镇。

【社会事业】 2014年，泽雅镇新建农村文化礼堂3座，全区文化礼堂现场会在泽雅召开。完成源口百姓大舞台首秀，实现社区文化中心建设全覆盖。造纸技艺列

表38　2014年泽雅镇建制村（居）情况

村(居)名	书记	主任	户数	人口数	党员数
大坪头村	麻冠军	麻连毅	408	1328	54
麻芝川村	麻光荣	麻少伦	479	1601	52
外坳村	高德琪	周荣光	484	1830	59
林岸村	林炯燎	林芬旺	92	334	30
吴坑村	吴进良	吴益柱	122	438	28
岩角山村	黄忠贵	林恩纯	322	1126	31
中村村	周伯申	周兴存	110	375	17
下陈村	胡海松	胡仁锋	150	547	23
上陈村	胡春波	胡国寅	278	995	45
水碓坑村	潘垟柳	潘建锋	279	721	39
横垟村	陈小林	潘荣忠	154	487	25
唐宅村	潘宝良	潘永康	64	210	15
西岸村	周洪光	周国青	87	302	16
大石垟村	林建通	林国华	181	625	21
屿山村	叶长颖	叶锡和	374	1061	40
庙后村	潘长春	潘秀权	333	1156	27
师科垟村	胡建平	马小南	80	288	13
胡坦村	吴寿星	程建忠	88	304	16
黄降坑村	白金棋	苏忠海	128	418	22
支坑村	林建平	林建平	185	707	14
古双村	林爱锋	林学良	139	472	24
基田村	林锡永	林锡永	315	1161	17
布袋垟村	林素霞	麻建品	211	829	29
戈恬村	金小中	金秀聪	357	1316	39
下庵村	林建丰	季海萍	235	876	29
黄庄村	赵周立	赵旭华	264	933	22
桐桥头村	周成浦	吴益东	155	571	13
石良村	周宝香	裴　云	93	326	17
天长村	徐建飞	徐伯聪	173	648	18
苏田村	周华飞	周爱光	330	1281	41
坑源村	黄乐鲜	黄权周	248	907	16
上村村	周松敏	周良兴	204	749	20
西山村	周成飞	周　良	162	651	19

入国家非物质文化遗产名录，泽雅镇评为省级民间文化艺术之乡。泽雅中学、泽雅一小、周岙小学通过省级标准化学校验收，泽雅成人学校通过省级示范学校验收。举办“捷安特杯”自行车大赛，开创瓯海区全国性体育品牌赛事先河，泽雅漂流被评为省级休闲旅游优秀项目，创成省级体育强镇。完善社会保障体系。创建居家养老服务照料中心8个，城乡居民医疗保险参保率达98%，基本实现低保人员应保尽保、五保人员集中供养。扶贫力度持续加大，争取资金1875万元，农村发展环境持续改善。建设巡回医疗点62个，社区卫生服务机构覆盖率达100%，形成20分钟医疗服务圈。建成泽雅公交临时站场，进驻公交线路7条，开通景区巴士2辆，建成公共自行车网点6个。完成社区调整，实现结构优化、服务提质。征兵质量进一步提高，国防动员和后备力量建设、双拥工作不断加强。

【平安建设】 2014年，泽雅镇深化领导干部信访包案工作机制，一批信访积案和历史遗留问题得到化解。扎实推进“警灯工程”，妥善处置各类突发公共事件，社会治安持续稳定。深入实施十大重点领域、城中村、居住出租房、“八打八治”等专项整治行动，查处非法违法行为223条，城中村安全综合整治七大领域隐患整治率达100%，244家生产单位全部实行四色分类管理，红色类取缔

续表1

村(居)名	书记	主任	户数	人口数	党员数
上潘村	潘荣光	潘秀良	124	516	12
隔岸村	周明松	周益新	181	647	19
岙底村	周炳飞	周　焕	83	298	8
吴岙村	吴国权	吴建锋	77	255	14
山后村	潘恩锡	黄中奎	559	1710	60
石坑村	杨洪辉	杨聪仁	83	289	19
外叶村	裘钦洪	裘荣华	205	647	38
小石垟村	梅晓中	梅正光	140	519	31
外水良村	潘长国	潘建云	127	470	21
下村村	周胜恩	周旺生	202	772	19
郑坑村	周廷福	周国权	172	597	27
言章村	潘永友	潘良柱	80	290	14
门槛山村	麻良钏	余长贵	273	1015	31
垟田村	陈林生	陈长寿	196	652	32
鹤岙村	黄建勇	黄秀海	264	841	33
桂川村	周金波	周南清	84	298	21
库门坳村	陈锡高	周南清	365	1220	34
黄山村	潘松国	潘泽琛	158	560	24
安乐溪村	张荣波	张克勤	362	1285	39
龙头村	季学滔	季永生	330	1174	29
陈岙村	陈权良	陈秀勇	128	451	23
包岙村	赵林法	徐旭东	187	677	18
黄岭头村	潘碎曼	潘国华	337	1347	33
石榜山村	叶建荣	胡存光	277	1083	24
潘庄村	周成华	阮良寿	155	608	29
岩门村	金恩光	金灵锋	219	772	31
源口村	林锡国	林云生	133	498	23
下良村	潘云恩	潘日珍	266	964	25
潘宅村	潘金存	项建兴	135	532	17
林岙村	林坤山	林松寿	101	375	21
仙宅山村	林国荣	林坚豹	227	831	25
大川村	吴崇光	吴崇光	84	294	16
东山村	周焕荣	周良权	306	1229	35
下连坑村	潘克琴	潘建国	113	448	20

续表2

村(居)名	书记	主任	户数	人口数	党员数
黄坑村	吴朝建	吴　克	126	459	37
垟坑村	陈长胜	陈建松	198	645	32
双界田村	潘锡松	庄爱丰	112	375	27
李降垟村	林国权	林建郭	182	600	35
小源村	卢鹏飞	卢林聪	91	299	23
李山村	王南坤	陈国忠	134	461	28
石桥村	潘松财	潘孟忠	227	770	25
郑家山村	陈胜义	潘道玉	255	874	36
岭雪村	刘荣贵	林周池	109	341	20
庙益村	潘渊碧	潘小霜	177	593	18
林垟村	季秀武	潘金龙	108	361	16
犁头垟村	胡永波	杨权伍	147	517	23
岙外村	林国花	林爱群	185	593	35
五凤垟村	林和平	林国光	255	874	36
源口居委会		徐朝进	1144	1600	
林岙居委会		林碎福	505	689	

率达100%。巩固计生成果，严格实行“三捆绑”制度，完成社会抚养费征收189例，兑现金额454万元。依法依规扎实推进宗教事务管理，新居民、禁毒、司法等工作再上新台阶。

【基层党建】 2014年，泽雅镇推进农村产权、林权制度改革，规范化建设股份经济合作社，加快金融改革落地，帮扶企业完成民间金融借贷2851万元，拓宽金融融资服务渠道。完善便民服务中心建设，提升“一站式”服务水平，自助审批事项达30项，办理即办、代办事项4710件，促进便民审批和便民服务提速提效。拓宽监督渠道，自觉接受人大和社会各方面的监督，办理人大代表建议36件。落实党风廉政责任制，严控“三公”经费支出，增强干部廉洁从政意识，坚决制止各种铺张浪费行为。

瓯海经济开发区

【概况】 瓯海经济开发区创建于1992年10月，1994年8月经浙江省人民政府批准为省级经济开发区，管辖梧田工业园、娄桥（高翔）工业园、仙岩工业园、三溪工业园、梧白工业园等五个园区，总面积18.37平方公里。截至2014年，瓯海经济开发区有各类生产经营性单位近2000家，其中生产性企业1033家，规上企业达到289家，主要集中在鞋革、服装、眼镜、锁具、烟具、汽摩配等产业。

【经济发展】 2014年，瓯海经济开发区实现工业总产值258.65亿元，其中规上企业254家，实现工业产值217.35亿元，同比增长8.08%，规上企业销售产值190.15亿元，同比增长3.73%，出口交货值85.89亿元，同比增长3.83%。完成社会固定资产投资14.34亿元，其中工业性投资12.3亿元，政府性投资2.04亿元。在经济稳中向好的同时，科技创新和品牌创建也有成绩，全年上报省市级技术创新项目10个，通过科技型企业22家，新增省级高新技术企业9家，新增及复评省著名商标7个、省名牌3个。

【基础设施建设】 2014年，瓯海经济开发区推进市政道路和配套设施建设。完成横屿路延伸段、娄桥工业园区间路延伸段、蛟凤路等道路建设并通过竣工验收；梧白南片污水顶管工程通过竣工验收；完成呈祥路、大榕路、蛟凤路西半幅交通标线工程；沈竹路、横七路、纵三路、沈一路西段、仙岩凤四路、凤竹路、纵二路按计划施工；对部分破损道路进行修复，完成娄桥、三溪、梧白工业区道路及人行道修复2000平方米。完成仙岩消防站、仙岩消防站河岸驳坎、仙岩工业园河岸星光段驳坎、梧田蟠凤横河内塘河驳坎、凤胜河内塘河河岸驳坎工

7月22日，浙江省委常委宣传部长葛慧君一行莅临大学科技园考察。

（瓯海经济开发区管委会供稿）

程建设；梧白片区截污纳管工作完成1.878平方公里；完成梧田安心公寓1-4幢消防验收备案及店面招牌装饰工程。

【大学科技园建设】 2014年，大学科技园完成区改建区块主要道路改造，立面改造和人才公寓装修工作基本完成。截至12月，引进企业200余家，引入电子商务和文化创意领域专业团队人才60余人，并创成“省电子商务十大产业基地”、“浙江省电子商务百强”、“温州市重点文化产业园”。通过与大专院校、专业培训机构、电商企业和行业协会的合作的方式，将电子商务园打造成为高校实践基地，为园区高新技术企业提供专业人才支撑。

【企业服务管理】 2014年，瓯海经济开发区管委会在进行全面排摸的基础上，探索建立企业管理数据库，及时掌握企业发展实情，有针对性地采取服务管理措施。全年完成“个转企”69家，其中“个转公司”59家；完成“股改”5家；“规下转规上”达标52家，申报入库52家。以卫生城市创建、五水共治和文明城市创建等工作为重点，推进四边三化与市容管理，园区环境整体提升。进一步拓展推行网格安全生产责任制，落实消防安全“户籍化”管理制度，全年排查出安全隐患497处，立案处罚33家，罚没款10.1万元，全部整改到位。推行企业安全生产动态化管理机制，做好“四色管理”信息分类和平台建设，高效开展日常检查工作，探索建立“平安夜校”安全培训制度，全年培训企业1182家，企业负责人和安管员1141人、员工122650余人。开展企业安全生产标准化创建工作，共有135家企业通过评审。坚持“预防为主”的矛盾纠纷化解机制，全年受理并成功调解矛盾纠纷案件31起，涉及金额383万，其中非正常死亡13件，涉及金额298万元。受理劳动纠纷案件442件，涉及人员3813人，金额1449.4万元。

【党建工作】 2014年，瓯海经济开发区深入开展党的群众路线教育实践活动，以集中解决“四风”方面突出问题为主要任务，狠抓作风建设。抓好各项问题的整改，坚持边查边改，落实好班子31项问题和 8个马上改项目的整改。以企业社区建设为重点，推进非公党建工作。全年组织开展免费招聘会、温州话教学班、新温州人子女暑期学堂、青春联谊会、电子商务培训班、非公文化月等一系列惠民服务活动38次。推出错时上班服务制度，每周定时定点为企业员工提供全天候服务。率先打造“微信曝光台”、“乡音调解室”、“平安夜校”等特色服务平台，通过引导社区企业“自治”、社会组织“共治”、信息网络“智治”，探索创新社会治理模式。

4月1日，副省长黄旭明一行莅临大学科技园启动区考察低效土地再开发基本情况。

（瓯海经济开发区管委会供稿）

名录·目录·索引

全国、省、市、区四级人大代表名单

全国人大代表

邱光和

省人大代表

王贤俊　邱素萍　金志正　彭立华

市人大代表

丁小林(回族)　王贤俊　方美芬(女)
孔海龙　厉秀珍　龙海燕(女)　卢意如(女)
朱永豹　任玉明　苏尔苗　李建江
余康杰　余德明　张纯一　陈永聪
陈国龙　陈国华　陈珍文　陈胜利
陈笑华(女)　林郁聪　金红宣　周文珍(女)
周家儒　郑　超　郑国华　项岳华
胡胜克　徐云旭(女)　徐建飞　翁锦武
诸爱珍(女)　彭立华　蒋孟有　程加利(女)
窦巩防　蔡胜春　管洪光　潘小林

区人大代表

景山

丁建勇　王珏玮　方香妹(女)　朱伶俐(女)
杨海温　李健众　李爱茹(女)　吴国华
何春苗(女)　沈忠钰　张纯一　陈苏媚(女)
陈建飞(女)　季爱平(女)　金仁宁　周锦伦
姜　珍(女)　姜忠义　黄林新　梅秀成
曹丽燕(女)　詹珍洁(女)

新桥

李秀红(女)　吴雪梅(女)　邱光和　陈加俊
金丽丹(女)　周霞光　项进康　胡正华
钟德达　倪芹姆　徐晓华　涂雅丹(女)
黄国荣　彭立华　鲍胜克

娄桥

叶德忠　伍春云(女)　李海燕(女)　吴宏儒
汪一新　张向雄　张成臣　张育聪
张彩林(女)　陈和忠　陈雪影(女)　陈聪和
林照光　郑万顺　黄　凡　黄献胜
麻贤生

潘桥

仇崇光　江顺宽　李中方　李美珍(女)
吴加孟　吴加强　何夏荷(女)　张翩翩(女)
陈玉昆　陈青云　林西西(女)　周向勇
郑金和　郑淑聪(女)　胡希芒　赵卫华
徐海严　黄进达　黄志祥　黄爱珍(女)
董定国　谢作曼

梧田

王友杰 王素贞（女） 叶剑勇 冯　杰
朱爱雪（女） 刘岳松 刘润平（女） 刘瑞新
许显敏 杨平武 何飞云 何金奎
沈海录（女） 陈金孟 陈朝明 林　策
林洁敏（女） 林建敏 林锡迈 郑崇华
胡方剑 胡建华 南宪伟 徐云旭（女）
翁瑞育 郭春键 唐天日 黄建明
黄建春 黄祝华 梁晓军 管晓武
戴其明

南白象

马光亮 厉秀珍 叶瑞福 杨　剑
应乾国 张秀凤（女） 陈利众 郑祥政
高月萍（女） 谢成敏 蔡祖海

郭溪

叶向敏 叶胜康 吴胜春 何小英（女）
邱海军 陈友楷 陈志义 陈玲玲（女）
沈显武 林成福 林恩成 周成潮
郑晓霞（女） 姜东方 贾春媚（女） 倪明连
黄向阳 蔡建聪 戴国松

瞿溪

叶　慧（女） 朱云义 朱海丽（女） 何　珍（女）
何晓敏 陈国华 陈和光 陈宗泽
林金祥 林钦法 金凌云 项岳华
钟沛康 贾永光 倪海清 潘文虎

丽岙

丁小林 马士云 叶汉新 杜中会
陈国华 林益正 郑进达 洪万青
姜育如 桑祥荣 黄　波（女） 章学春
葛　琪

仙岩

丁安光 丁明华（女） 王宗强 王晓康（女）
王益平 叶光勇 杜光强 杜丽琴（女）
李　杰 吴良松 张碧武 陈正树
陈光林 陈芙微（女） 陈国强 陈春萍（女）
金守信 周金平 黄卫东 黄传林
曾金洪 蔡小岳

泽雅

卢　广 任益珍（女） 刘日彪 吴寿星
陈小林 陈权良 陈春旺 陈海燕（女）
陈继林 林永华 林永福 林宝新
林建炜 林松海 林显斌 林锡永
金小中 金永坤 周少萍（女） 周林波
周爱松 胡海松 徐建飞 徐建媚（女）
黄　慧（女） 黄忠杰 麻光荣 潘志坚
潘秀权 潘金龙 潘胜蓉（女） 潘晓东（女）

茶山

王志梅（女） 王炳权 王道地 李建华
李　渊 李崇成 张益品 林　俐（女）
姜丽萍（女） 贾海东 徐建林 黄金杰
黄建矛 黄家骞 谢瑞亭 管洪光

三垟

王国华 王彩萍（女） 刘应军 何忠接
张瑞光 陈建忠 陈晓宇 陈爱敏
郑　超 项丽萍（女） 胡丽珍（女） 胡理夫

驻瓯部队

陈平华

市、区两级政协委员名单

温州市政协委员（29人）

吴宏儒　叶　军　黄胜芬　吴国华
何春野　章作铭　叶国美　刘旭海
水寿松　阮春道　黄晓东　金平亮
刘小标　何金奎　项光明　沈岩明
胡佩秋　厉汉华　黄建厅　黄　凡
叶小莲　释悟智　释延慧　余作喜
秦秀莲　杨伟忠　林金伦　季爱平
林国光

瓯海区八届四次会议委员名单：（268人）

1、中共界：（26人）

吴宏儒　留红光　黄松柳（女）　胡林兴
姜化钧　陈锦荣　董定珍　陈晓霞（女）
仰耀虹　陈智刚　麻菊叶（女）　林伯伟
谢微东　金仕策　薛永川　叶冠栋
叶衍国　金朝辉　陈建敏　张崇德
张理敏　杨选泽　徐建潮　姜玉琴（女）
王仁隆　李崇滔

2、工会界：（10人）

王小莉（女）　诸葛术献　陈志华　南　云（女）
邵丽娟（女）　王川海　胡　平　吴建奇
夏霜霜（女）　虞夏婵（女）

3、共青团（青联）界：（10人）

董　舒　叶春春　王晓明　金文来
陈彬彬（女）　林　辉　贾　梁　金艳艳（女）
李金锋　胡跃伟（女）

4、妇联界：（10人）

林艳艳（女）　王崎群（女）　朱爱萍（女）　计素娥（女）
许舒曼（女）　王　莉（女）　陈珍琦（女）　黄　蕾（女）
鲁丽华（女）　潘小霜（女）

5、农业界：（18人）

林建勇　林和平　王秀义　陈建文
黄敏祖　潘　风　江海龙　廖丽君（女）
陈　彪　项洁欧（女）　潘武斌　林观火
汪秀成　朱立群　张定龙　潘景芳
黄建东　林勇军

6、工商（经济）界：（47人）

李　芍（女）　林荣华　周家儒　蒋孟有
詹显光　温月微（女）　余荣岳　黄建奇
郑永强　李建江　木增权　郑嗣武
金建新　洪大光　章作铭　吴俊敏
厉汉华　李新华　吴笑海　张文华
蔡玲洁（女）　陈立东　黄银林　金长华
丁中孝　唐志文　陈国迈　金中芳
郑新策　郑清海　盛金喜　林杰华
裘日亮　孙俊敏　祝国东　戴聪长
陈峰麟　吴爱苗（女）　周成金　马雪燕（女）
江海明　郁文杰　任　军　李金枢
黄湘勋　叶伯通　陈　祥

7、教育（体育）界：（21人）

沈岩明　金志正　潘伯俊　吴炳进
曾海棠（女）　杨爱绿（女）　戴光英（女）　陈　淑（女）
潘春波　徐炳兴　叶小文　叶荣华
周慧静（女）　姜志远　陈彤彤（女）　庄女玲（女）
潘雪梅（女）　夏栩栩　朱小波　张金成
林　春（女）

8、科技（科协）界：（22人）

金　坚　陈　诚　蒋　敏（女）　孙　强
朱建芬（女）　林玲云（女）　张　静（女）　诸加送
王贤俊　孙大庆　潘国普　朱　奎
戴　刚　朱春来（女）　周志勇　张国盛
苏文栋　项楚强　方　良　陈成忠
张小武　朱艳俊（女）

9、医药卫生界：（12人）

姜春兰（女）　金励前　林锦平　唐哲津
黄秀敏　朱敬忠　林郁聪　易清平
谢　爱（女）　张炳章　陈　宣　凌华燕（女）

10、侨联界：（26人）

翁蔡恩　郑将乐（女）　丁爱玲（女）　叶正茂
林昌政　左焕军　秦秀莲（女）　叶国美（女）
徐建胜　林来金　林国林　潘岳进
吴飞杰　陈小洲　林长荣　任秀焕
蔡玉弟　陈宗虎　倪步锦　黄建国
夏光耀　徐春妹（女）　吴春梅（女）　胡鹏飞
叶丽平（女）　潘若丽（女）

11、台联界：（9人）

任月建　方海友　郑建敏　郑珊珊（女）
胡寿清　罗进定　周吉敏（女）　周博一
何纪光

12、民族宗教界：（13人）

邱崇桂　林正权　黄益胜　卢阿光
叶小莲（女）　龚碎林　谢荣竖　金定标
刘战和　丁建常　丁国光　林文杰
释能显

13、新闻文艺界：（9人）

黄松光　谢乐燕（女）　林长春　黄冠军
史从忠　朱　盛　徐彩琴（女）　黄周松
王大普

14、无党派人士界：（11人）

叶建平　叶爱英（女）　陈伟良　池建东
涂良国　贾晓静　李　敏　陈永锋
胡剑锋　陈国光　何　芳（女）

15、特邀人士界：（24人）

徐海曼（女）　董国华　王小平（女）　黄智阗
翁定波　张崇华　祝照宇　潘永明
林丽珍（女）　陈　杰　郑伟雄　夏志兴
金祥斌　周卢琴（女）　张笃昆　叶国蒙
陆朝焕　陈海伦　吴昌明　陈　敏
徐　隆　李　乐　周文辉　李　晓（女）

议案、提案目录

瓯海区第八届人民代表大会第三次会议代表议案建议目录

编号	案由	领衔人	代表小组	类别
1	关于加快完善工程拆迁安置房建设的议案	黄志祥	潘桥代表小组	城建环保
2	关于加快我区旅游产业发展的议案（转建议）	潘秀权	泽雅代表小组	城建环保
3	关于加大扶持力度　加快泽雅山区传统农业向现代都市农业转变的议案（转建议）	林显斌	泽雅代表小组	农业与农村
4	关于高效推进“三改一拆”行动，提升城镇化水平的议案（转建议）	张碧武	仙岩代表小组	城建环保
5	关于加强信息系统数据资源整合和共享的议案（转建议）	张碧武	仙岩代表小组	财政经济
6	关于挖潜节地集约利用全面推进仙岩街道村级工业小区改造提升的议案（转建议）	吴良松	仙岩代表小组	财政经济
7	关于加强瓯海大道西段快速路保护的建议	汪一新	娄桥代表小组	政治法制
8	关于理顺瓯海中心区新建道路归口市政单位管理的建议	汪一新	娄桥代表小组	城建环保
9	关于加强协调尽快开通娄桥街道市菜篮子周边公交线路的建议	张彩林	娄桥代表小组	城建环保
10	关于加快新城站前片区上汇农贸市场规划建设的建议	张育聪	娄桥代表小组	城建环保
11	关于加快娄桥街道排污管网规划建设的建议	郑万顺	娄桥代表小组	城建环保
12	关于加强建筑工地管理切实减轻扬尘污染环境的建议	郑万顺	娄桥代表小组	城建环保
13	关于加强社区议事和监督委员会建设的建议	伍春云	娄桥代表小组	政治法制
14	关于增建六虹桥路下斜村出口的建议	陈和忠	娄桥代表小组	城建环保
15	关于尽快解决我区危房改建暂停后续难题的建议	陈雪影	娄桥代表小组	城建环保
16	关于要求协调解决瓯海大道吕家降村段公交站牌设置不合理问题的建议	张向雄	娄桥代表小组	城建环保
17	关于加快娄桥街道公立幼儿园建设的建议	李海燕	娄桥代表小组	科教文卫
18	关于给予娄桥村学员路及驾校桥改造建设资金支持的建议	叶德忠	娄桥代表小组	城建环保
19	关于帮助理顺瓯海大道保洁管理体制的建议	黄献胜	娄桥代表小组	城建环保
20	关于对西山西路二手车市场搬迁的建议	黄国荣	新桥代表小组	城建环保
21	关于启动金蟾大道西首至翠微大道延伸工程的建议	倪芹姆	新桥代表小组	城建环保
22	关于要求对西湖村长泱河进行清淤和截污纳管的建议	倪芹姆	新桥代表小组	城建环保
23	关于加强新桥老住宅区配套设施维修建设的建议	金丽丹	新桥代表小组	城建环保
24	关于加强动物医疗废弃物（动物尸体）处置管理的建议	李秀红	新桥代表小组	农业与农村
25	关于建立校园安全事故处理专业调解委员会的建议	涂雅丹	新桥代表小组	科教文卫
26	关于要求分流金蟾大道公交车的建议	吴雪梅	新桥代表小组	城建环保
27	关于向企业提供“人才房”实现“以房留才”的建议	李秀红	新桥代表小组	其它
28	关于要求迁建茶山社区卫生服务中心的建议	卢寿光	茶山代表小组	科教文卫

续表1

编号	案由	领衔人	代表小组	类别
29	关于要求新桥街道山前村标准厂房二期进行货币安置的建议	陈加俊	新桥代表小组	城建环保
30	关于建议出台滨水公园绿地征收标准的建议	胡正华	新桥代表小组	城建环保
31	关于加快启动金蟾大道东首至西山南路延伸工程的建议	徐晓华	新桥代表小组	城建环保
32	关于要求鼓励和支持村集体创办老年公寓的建议	徐晓华	新桥代表小组	政治法制
33	关于进一步解决优秀人才子女上学问题的建议	钟德达	新桥代表小组	科教文卫
34	关于要求加快新桥街道西堡锦园产权证办理的建议	徐晓华	新桥代表小组	城建环保
35	关于要求治理永康巷溪沟污染的建议	金丽丹	新桥代表小组	城建环保
36	关于加快牛山片区高翔村拆迁安置房及企业拆迁商业安置建设的建议	鲍胜克	新桥代表小组	城建环保
37	关于要求对国鼎路（中段）进行拓宽的建议	吴雪梅	新桥代表小组	城建环保
38	关于要求建立金蟾大道交通微循环的建议	吴雪梅	新桥代表小组	政治法制
39	关于要求拆除金蟾大道隔离带的建议	吴雪梅	新桥代表小组	城建环保
40	关于加强和改进农村社区建设的建议	郑万顺	娄桥代表小组	政治法制
41	关于抓紧落实娄桥街道卫生院拆迁安置规划和建设的建议	李海燕	娄桥代表小组	科教文卫
42	关于在景屿路与中汇路口设置交通信号灯的建议	陈聪和	娄桥代表小组	政治法制
43	关于要求将农村公厕统一纳入市政管理的建议	陈和忠	娄桥代表小组	城建环保
44	关于进一步加强建筑泥浆、废土处置监管力度的建议	黄献胜	娄桥代表小组	城建环保
45	关于早日落实娄桥村整村拆迁安置房用地规划的建议	黄献胜	娄桥代表小组	城建环保
46	关于出台以奖代补政策，鼓励和引导民间力量参与森林公园和健身游步道建设的建议	谢作曼	潘桥代表小组	农业与农村
47	关于加快潘桥货站单元学校建设，促进教育均衡发展的建议	吴加孟	潘桥代表小组	科教文卫
48	关于推进潘桥旧工业区改造的建议	吴加强	潘桥代表小组	财政经济
49	关于进一步完善城郊结合部公交线路，加快农村公共交通建设的建议	何夏荷	潘桥代表小组	城建环保
50	关于建设潘桥市级示范蔬菜生产基地的建议	陈青云	潘桥代表小组	农业与农村
51	关于加强学校周边环境综合治理的建议	张翩翩	潘桥代表小组	政治法制
52	关于在基层街道（镇）实行公车改革，加快推进我区公车改革的建议	林西西	潘桥代表小组	其它
53	关于对新居民妇女儿童实行公共卫生均等化服务的建议	季爱平	景山代表小组	科教文卫
54	关于加强食品安全监管的建议	朱伶俐	景山代表小组	科教文卫
55	关于建立社区教育联络员制度的建议	何春苗	景山代表小组	科教文卫
56	关于建立未成年人保护组织的建议	陈建飞	景山代表小组	其它
57	关于落实刑事诉讼中证人作证费用补助的建议	陈建飞	景山代表小组	政治法制
58	关于增设净水社区体育健身广场公厕的建议	李健众	景山代表小组	城建环保
59	关于推广西山路严管经验的建议	周锦伦	景山代表小组	政治法制
60	关于要求治理城区报废“僵尸车”的建议	周锦伦	景山代表小组	政治法制

续表2

编号	案由	领衔人	代表小组	类别
61	关于要求加宽西山东路景昌组团与中央花苑交界处门前桥的建议	詹珍洁	景山代表小组	城建环保
62	关于要求解决景山街道教师“同工不同酬”待遇的建议	李爱茹	景山代表小组	科教文卫
63	关于要求政府买单为全区保洁员办理社会保险的建议	杨海温	景山代表小组	城建环保
64	关于流动摊贩占道经营治理及小区临时广告处理的建议	方香妹	景山代表小组	城建环保
65	关于要求加强茶山卧龙溪的河道治理的建议	贯海东	茶山代表小组	农业与农村
66	关于要求兴海路东小区门口增设公交站点的建议	陈苏媚	景山代表小组	城建环保
67	关于要求架通慈凤西路西侧桥梁解决交通困境的建议	黄金杰	茶山代表小组	城建环保
68	关于简化将军大酒店房产证办理补办手续的建议	沈忠珏	景山代表小组	城建环保
69	关于加大对社区卫生服务中心经费投入的建议	詹珍洁	景山代表小组	科教文卫
70	关于将村卫生室纳入社保体系建设的建议	詹珍洁	景山代表小组	科教文卫
71	关于尽快修建防洪堤坝的建议	卢　广	泽雅代表小组	农业与农村
72	关于加快天长岭隧道复线建设速度的建议	徐建飞	泽雅代表小组	城建环保
73	关于泽雅机械造纸整治拆后利用政策支持的建议	徐建飞	泽雅代表小组	城建环保
74	关于尽快修整泽雅陈岙社区至小源公路的建议	胡海松	泽雅代表小组	城建环保
75	关于完善社区卫生环境管理的建议	潘金龙	泽雅代表小组	城建环保
76	关于要求拓宽改建瓯湖线林岙至下庵段公路的建议	潘秀权	泽雅代表小组	城建环保
77	关于要求将泽雅建成区及主干道范围内路灯纳入区市政部门统一设施建设与管理的建议	金小中	泽雅代表小组	城建环保
78	关于完善泽雅镇公共交通建设的建议	林松海	泽雅代表小组	城建环保
79	关于增加投入加强对刑释人员安置帮教专项工作，切实维护社会稳定的建议	刘日彪	泽雅代表小组	政治法制
80	关于温源公路巨溪——吴岙段路面拓宽的建议	林永华	泽雅代表小组	城建环保
81	关于加快美丽乡村建设扶持力度的建议	潘金龙	泽雅代表小组	城建环保
82	关于要求尽快出台瓯海区涉林农业设施项目用地审批办法解决设施农用地审批问题的建议	林锡永	泽雅代表小组	农业与农村
83	关于解决泽雅山区群众看病难问题的建议	陈权良	泽雅代表小组	科教文卫
84	关于要求将泽雅大道纳入区市政部门统一维护管理的建议	麻光荣	泽雅代表小组	城建环保
85	关于在泽雅中心区域增设公共自行车服务网点的建议	任益珍	泽雅代表小组	城建环保
86	关于尽快兴建梅溪公路的建议	卢　广	泽雅代表小组	城建环保
87	关于兴建周岙社区农田水利设施的建议	卢　广	泽雅代表小组	农业与农村
88	关于加强泽雅交通管理的建议	金小中	泽雅代表小组	城建环保
89	关于修建垟坑至胡坦村联网公路防护设施的建议	吴寿星	泽雅代表小组	城建环保
90	关于对泽雅梅溪、龙溪开展表层淤泥清理的建议	徐建飞	泽雅代表小组	农业与农村

续表 3

编号	案由	领衔人	代表小组	类别
91	关于提高泽雅村干部工资福利的建议	吴寿星	泽雅代表小组	其它
92	关于加快瞿溪小学信达校区（原瞿溪一小）综合楼建设的建议	叶　慧	瞿溪代表小组	科教文卫
93	关于要求对农村道路路灯进行统一维护管理的建议	何晓敏	瞿溪代表小组	城建环保
94	关于要求加大居家养老照料中心建设支持力度的建议	朱海丽	瞿溪代表小组	政治法制
95	关于要求加快瞿溪森林绿道建设的建议	何　珍	瞿溪代表小组	农业与农村
96	关于要求加快推进西部交通网建设的建议	朱云义	瞿溪代表小组	城建环保
97	关于要求加强对老工业小区改造提升的政策扶持的建议	贾永光	瞿溪代表小组	财政经济
98	关于要求加强截污纳管工程支管建设的建议	陈国华	瞿溪代表小组	城建环保
99	关于要求落实珊溪水库移民安置用地三产返回建房安置指标的建议	倪海清	瞿溪代表小组	农业与农村
100	关于要求落实专业绿化养护人员及专项经费的建议	陈和光	瞿溪代表小组	城建环保
101	关于要求提升瞿溪集镇中心防洪排涝能力的建议	金凌云	瞿溪代表小组	农业与农村
102	关于要求增加瞿溪街道环卫设施经费的建议	陈和光	瞿溪代表小组	城建环保
103	关于要求加快瞿溪旅游资源整合开发的建议	朱云义	瞿溪代表小组	城建环保
104	关于要求办理河头村农户建房土地使用权证的建议	金凌云	瞿溪代表小组	农业与农村
105	关于要求加强超载超限车辆综合整治力度的建议	陈国华	瞿溪代表小组	城建环保
106	关于对温瞿公路路面进行修复的建议	陈玲玲	郭溪代表小组	城建环保
107	关于进一步做好污水管网建设的建议	戴国松	郭溪代表小组	城建环保
108	关于尽快办理移民安置房产权证的建议	姜东方	郭溪代表小组	城建环保
109	关于要求对繁盛路景德路进行进一步改造提升的建议	吴胜春	郭溪代表小组	城建环保
110	关于落实郭西村综合办公楼建设用地指标的建议	周成潮	郭溪代表小组	农业与农村
111	关于加快郭溪中学建设的建议	贾春媚	郭溪代表小组	科教文卫
112	关于在郭溪梅屿村工业区设置公共自行车服务点的建议	黄向阳	郭溪代表小组	城建环保
113	关于创新“温州模式”，扶持品牌企业的建议	许显敏	梧田代表小组	财政经济
114	关于在慈湖科技创业园内建设“瓯海现代服装企业园”的建议	叶剑勇	梧田代表小组	财政经济
115	关于建立三 、茶山公共自行车交通系统的建议	陈建忠	三垟代表小组	城建环保
116	关于多渠道加快人才公寓建设的建议	徐云旭	梧田代表小组	其它
117	关于温州大学科技园政策共建共享的建议	徐云旭	梧田代表小组	财政经济
118	关于加强村级老年人协会规范化管理的建议	林建敏	梧田代表小组	政治法制
119	关于加强对“广场舞”引导和管理的建议	林建敏	梧田代表小组	科教文卫
120	关于加强对主道路及其支路乱停车问题治理的建议	梁晓军	梧田代表小组	政治法制
121	关于加强城市“小广告”治理工作的建议	林锡迈	梧田代表小组	城建环保
122	关于要求继续加快办理寮东村综合大楼建设供地手续并落实二、三产指标入台帐的建议	黄祝华	梧田代表小组	城建环保
123	关于要求落实解决道路建设非法占用土地问题的建议	黄祝华	梧田代表小组	城建环保

续表4

编号	案由	领衔人	代表小组	类别
124	关于要求把茶山街道中小学纳入温大附属学校教育管理的建议	黄家骞	茶山代表小组	科教文卫
125	关于要求落实解决梧田街道寮东村征地农民基本养老保险指标的建议	黄祝华	梧田代表小组	农业与农村
126	关于要求加大农村社区综合活动场所建设力度的建议	黄建明	梧田代表小组	政治法制
127	关于继续加大主塘河梧田段治理力度的建议	朱爱雪	梧田代表小组	农业与农村
128	关于要求尽快出台我区寄宿制高中教师绩效工资总量上浮政策的建议	朱爱雪	梧田代表小组	科教文卫
129	关于加强对非法开采矿山和运营废土监管打击力度的建议	胡方剑	梧田代表小组	农业与农村
130	关于非农户和农户一同享有独生子女父母社会养老保险优惠政策的建议	翁瑞育	梧田代表小组	科教文卫
131	关于加快安置房建设手续、产权办理和加强工程建设监管的建议	刘瑞新	梧田代表小组	城建环保
132	关于加快站南月落垟桥建设的建议	戴其明	梧田代表小组	城建环保
133	关于提高村干部工资待遇的建议	黄建明	梧田代表小组	其它
134	关于要求尽快解决泽霞“十八亩”历史遗留问题的建议	林锡迈	梧田代表小组	农业与农村
135	关于加大对电话诈骗案件打击力度的建议	林洁敏	梧田代表小组	政治法制
136	关于南湖国际新城总体建设的建议	杨　剑	南白象代表小组	城建环保
137	关于要求追加南白象街道鹅湖村历史遗留三产返回指标的建议	陈利众	南白象代表小组	城建环保
138	关于立项建设南白象街道附一医桥头河拆迁安置房南侧道路的建议	应乾国	南白象代表小组	城建环保
139	关于解决新温州人子女就学问题的建议	应乾国	南白象代表小组	科教文卫
140	关于调整温州医科大学附属第一医院新院附属一路公交线路的建议	应乾国	南白象代表小组	城建环保
141	关于明确104国道南白象段拓宽工程道路走向的建议	应乾国	南白象代表小组	城建环保
142	关于要求将南白象街道原鹅湖、白象工业小区商住用地规划修改为工业用地规划的建议	应乾国	南白象代表小组	城建环保
143	关于加快把生态园南仙B地块内的配套幼儿园创建成公立幼儿园的建议	王彩萍	三垟代表小组	科教文卫
144	关于加强工地标准化建设以及废土外运规范化管理的建议	高月萍	南白象代表小组	城建环保
145	关于改善环境卫生，打造宜居城区的建议	张秀凤	南白象代表小组	城建环保
146	关于建设龙霞路南白象段解决南白象一小师生出入问题的建议	张秀凤	南白象代表小组	城建环保
147	关于落实历史遗留问题，解决南白象教师联建房的产权问题建议	张秀凤	南白象代表小组	城建环保
148	关于要求落实南白象街道金竹村历史遗留二三产返回指标	蔡祖海	南白象代表小组	城建环保
149	关于要求明确鹅湖时尚产业园建设主体的建议	陈利众	南白象代表小组	城建环保
150	关于拆后土地利用的建议	姜育如	丽岙代表小组	城建环保
151	关于对丽岙街道下沈线改扩建提升的建议	丁小林	丽岙代表小组	城建环保
152	关于丽岙街道公共交通建设情况的建议	杜中会	丽岙代表小组	城建环保
153	关于加强对精神病人管控工作的建议	林秀燕	丽岙代表小组	科教文卫
154	关于对农房改造进行深化的建议	郑进达	丽岙代表小组	城建环保
155	关于加快落实仙岩街道拆迁安置房建设资金的建议	李　杰	仙岩代表小组	城建环保

续表5

编号	案由	领衔人	代表小组	类别
156	关于要求增设公共自行车网点的建议	曾金洪	仙岩代表小组	城建环保
157	关于要求尽快启动岩二、穗丰等村养老中心项目的建议	陈国强	仙岩代表小组	政治法制
158	关于中小企业国际市场开拓资金申报合理化的建议	杜丽琴	仙岩代表小组	财政经济
159	关于要求小微企业创业园降低入园标准的建议	杜光强	仙岩代表小组	财政经济
160	关于保护旅游景区特色古建筑的建议	黄卫东	仙岩代表小组	城建环保
161	关于仙岩工业园区增加建造商业文化活动中心的建议	王宗强	仙岩代表小组	城建环保
162	关于要求抬高104国道沈岙段前溪泄洪排涝桥梁与涵洞的建议	陈光林	仙岩代表小组	城建环保
163	关于加快启动仙岩街道沈竹路、凤四路、莘一路、仙东路等道路建设的建议	丁安光	仙岩代表小组	城建环保
164	关于进一步完善依法行政，简化社会抚养费征收程序的建议	陈芙微	仙岩代表小组	科教文卫
165	关于仙岩旅游资源开发东西片均衡发展的建议	陈春萍	仙岩代表小组	城建环保
166	关于迫切推进大下林综合体建设的建议	蔡小岳	仙岩代表小组	城建环保
167	关于重建温瑞塘河沿线危桥的建议	叶光勇	仙岩代表小组	城建环保
168	关于仙岩工业园社区建设垃圾中转站的建议	黄传林	仙岩代表小组	城建环保
169	关于加快仙岩街道第二幼儿园改建工程建设的建议	丁明华	仙岩代表小组	科教文卫
170	关于仙岩一中围墙拆建和校园局部改建的建议	丁明华	仙岩代表小组	科教文卫
171	关于进一步完善仙岩工业园公共基础设施的建议	王宗强	仙岩代表小组	城建环保
172	关于要求对有关企业的土地、房产手续解冻的建议（转信访件）	陈光林	仙岩代表小组	城建环保
173	关于尽快建设大罗山茶山景区大型停车场的建议	李崇成	茶山代表小组	城建环保
174	关于解决大学城征地二产历史遗留问题的建议	王炳权	茶山代表小组	城建环保
175	关于建造茶山街道五美景园至罗丰村公路的建议	李建华	茶山代表小组	城建环保
176	关于打造大罗山枫树岭—觉海寺—李王尖山健身游步道的建议	管洪光	茶山代表小组	科教文卫
177	关于要求加快环山路建设步伐的建议	黄金杰	茶山代表小组	城建环保
178	关于修建罗丰村景区石阶路灯和古村落电力设施的建议	李建华	茶山代表小组	财政经济
179	关于泽雅垟田仰天河水库列入政府建设项目的建议	陈海燕	泽雅代表小组	农业与农村
180	关于要求落实1998年前被征地农民享受养老保险指标的建议（转信访件）	陈加俊	新桥代表小组	农业与农村
181	关于要求将将军村土征劳力安置指标置换成二三产指标给村集体的建议（转信访件）	沈忠珏	景山代表小组	农业与农村
182	关于尽快解决茶山村与温州市忠义集团租赁纠纷的建议（转信访件）	贾海东	茶山代表小组	财政经济
183	关于解决原瓯海区农村电影放映人员养老保险的建议（转信访件）	翁瑞育	梧田代表小组	科教文卫
184	关于要求落实解决黄金花等15位教师基本养老保险待遇问题的建议（转信访件）	黄祝华	梧田代表小组	科教文卫

区政协八届三次会议提案目录名单

案号	案由	类别	提案人
1	关于建设瓯海美丽水乡的建议	城市建设	民进瓯海总支
2	关于要多管齐下，切实发展实体经济的建议	经济建设	周家儒
3	建设美丽瓯海，美化城市环境	城市建设	蒋孟有
4	关于加强我区农贸市场食品安全监管的提案	社会保障	胡跃伟
5	推进新型城镇化建设，社区巴士势在必行	城市建设	潘伯俊
6	关于支持电商、加快电商产业园发展的提案	经济建设	郑嗣武
7	关于完善鼓励我区民企技术创新配套机制的建议	经济建设	张定龙
8	建设美丽浙南水乡、打造绿道骑行出游	城市建设	徐建胜
9	关于改善小微企业生存环境 拓宽小微园入园条件的建议	经济建设	蒋孟有
10	关于拆迁中重视保护小微企业的发展的提案	经济建设	罗进定
11	关于整治温瑞塘河环境污染源的建议	城市建设	民进瓯海总支
12	关于完善和发展电子商务的建议	经济建设	胡剑锋
13	关于要求加大对民营医院管理力度的建议	科教文卫体	林郁聪
14	关于尽快建设贯通茶山环山南路加快大罗山旅游景区道路交通的建议	城市建设	张定龙
15	关于泽雅纸山申报国家级文化生态保护区的提案	城市建设	黄周松
16	关于引导发展泽雅山居旅游产业的建议	城市建设	黄周松
17	关于建立道路修补专业维护队伍的建议	城市建设	吴建奇
18	村换届选举后当选人摆酒请客之风要不得	民主法制	林来金
19	关于加强对肇事惹祸精神病人管控的建议	社会保障	丁爱玲
20	完善医疗单位绩效工资方案、提高医务人员工作积极性	科教文卫体	陈　宣
21	关于南湖国际新城总体建设的建议	城市建设	陈永锋
22	关于要求区政府加快“美丽乡村”建设步伐，尽快出台农村房屋修缮改建相关政策的提案	城市建设	周成金
23	尽快落实宗教政策，归还宝严寺原有山地	政协统战	史从忠、王大普
24	关于做强少体校，提高瓯海竞技体育水平的建议	科教文卫体	教育（体育）界
25	关于解决市区文联所属协会办公场所及活动场所的建议	科教文卫体	史从忠、王大普、叶小文、周吉敏
26	应狠刹奢侈，扰民的殡葬攀比之风	民主法制	陈宗虎
27	关于在电商环境大变革的形势下对我区经济发展的建议	经济建设	李　敏
28	五水共治要关注源头	城市建设	潘伯俊
29	关于加快推进养老养生项目的建议	社会保障	丽岙政协联络组
30	关于延伸娄桥工业园南北主干道路的提案	城市建设	王贤俊
31	场地紧张，无法满足茶山人民的需求	科教文卫体	陈建文

续表1

案号	案由	类别	提案人
32	关于将瓯海职业中专集团学校金盾校区迁至六十一中学的建议	科教文卫体	庄女玲
33	关于继续建好茶山卧龙河截污纳管工程的报告	城市建设	陈建文
34	关于要求在老旧工业区改造提升时将部分厂房改建成职工安心公寓或利用旧村拆违后闲置土地改建职工安心公寓的建议	社会保障	吴昌明
35	关于防范、打击建设工程投标串、围标行为的提案	民主法制	王川海
36	关于进一步优化外来人口结构的建议	城市建设	徐建潮
37	关于“厉行节约 反对铺张浪费”的建议	民主法制	谢　爱
38	关于建设美丽乡村，开发古道旅游的建议	城市建设	潘伯俊
39	关于加大仙岩街道河口塘村十字路口非法营运车辆乱占道、乱停放等整治力度的建议	城市建设	徐建潮
40	关于加强我区出租房安全管理的建议	城市建设	诸加送
41	关于我区建筑施工企业存在的问题及应对建议	经济建设	叶冠栋
42	关于加快对三家区级医院进行功能定位的建议	科教文卫体	陈　宣
43	加强城市地下管线管理成立“管线办”的建议	城市建设	黄松光
44	关于进一步加快推进我区旧村改造步伐的建议	城市建设	盛金喜
45	关于借助微信平台推广瓯海旅游的建议	城市建设	民进瓯海总支
46	关于加快在政府主导下重建有效的企业信用机制与查询系统的	民主法制	温月微
47	关于利用幼儿园资源开拓早期教育新模式的建议	科教文卫体	徐炳兴
48	如何完善创卫长效机制的提案	城市建设	瓯海民进
49	流动摊贩长效管理的建议	城市建设	朱建芬
50	关于提升城市垃圾处理能力的建议	城市建设	王崎群
51	关于加大力度，切实扶持小微企业发展的建议	经济建设	周家儒
52	关于加强预防青少年违法犯罪工作的提案	民主法制	共青团(青联界)
53	关于完善建筑行业劳资纠纷的建议	民主法制	王仁隆
54	关于加强外来人员聚居地环境卫生管理的建议	城市建设	叶伯通
55	关于进一步加强农村基层组织建设的建议	民主法制	贾　梁
56	关于呼吁认领市民树的建议	城市建设	民进瓯海总支
57	关于发挥教育辐射作用，推广创卫宣传的提案	科教文卫体	陈彤彤
58	加强古迹文物保护完善温州和平解放谈判旧址——景德寺消防设施的提案	城市建设	王　莉
59	关于加强我区精细化保洁的建议	城市建设	民盟瓯海区支部
60	深入挖掘瓯柑文化 提升瓯柑文化品牌效应	科教文卫体	周吉敏、南　云
61	关于有效化解担保链、稳定实体经济发展的建议	民主法制	农工党瓯海支部
62	关于加快全区无线网络体系建设提升区域竞争力的建议	城市建设	计素娥
63	关于对温瞿公路进行改造提升的建议	城市建设	陈　敏

续表2

案号	案由	类别	提案人
64	关于要求在丽岙街道尽快启动设立公共自行车站点的	城市建设	姜玉琴
65	关于要求加快推进西部交通网建设的提案	城市建设	谢荣树
66	关于加强民间桥梁管理和保护的建议	城市建设	侨联界
67	关于要求对农村道路路灯进行统一维护管理的提案	城市建设	胡寿清
68	关于要求加快瞿溪森林绿道建设的提案	城市建设	林国林
69	关于要求加强截污纳管工程支管建设的提案	城市建设	孙大庆
70	向户外作业的环卫工人免费发放PM2.5口罩的建议	社会保障	叶荣华
71	关于要求增加瞿溪街道环卫设施经费的提案	城市建设	周博一
72	关于做好我区文化专题馆的保护利用的提案	科教文卫体	周吉敏、黄冠军
73	关于要求配强“三资”管理服务中心力量的提案	民主法制	李　乐
74	关于加强我区新社区社会组织规范化建设的建议	民主法制	民革瓯海总支
75	建筑业	经济建设	方　良
76	关于提高学生体质健康问题的建议	科教文卫体	朱小波
77	关于要求在梧田街道站南路道路二边设置泊车位以解决“停车难民生问题”的提案	城市建设	孙　强
78	关于加快我区电子商务发展的建议	经济建设	民革瓯海总支部
79	关于加快推进养老养生项目的建议	社会保障	林昌政
80	响应“五水共治”号召，建立塘河发展基金	城市建设	徐建胜
81	关于要求提升瞿溪集镇中心防洪排涝能力的提案	城市建设	刘战和
82	关于加强劳动防护，减少工伤伤害的建议	社会保障	张炳章
83	瓯海社区教育发展	科教文卫体	林　春
84	关于解决三垟无纺布企业搬迁用地的提案	经济建设	高胜杰
85	关于加快大罗山景区基础设施建设的建议	城市建设	金励前
86	关于开展学校业余体育训练，提高学生体质的建议	科教文卫体	夏栩栩
87	关于加强民营企业人才队伍建设的建议	社会保障	周志勇
88	加大科技创新，加快转型升级	经济建设	九三学社瓯海区基层委员会
89	关于瓯海区园林绿化养护管理问题与建议	城市建设	周慧静
90	关于缓解医患矛盾，共促社会和谐的几点建议	科教文卫体	金励前
91	瓯海区泽雅镇美丽乡村建设建议	城市建设	九三学社瓯海区基层委员会
92	关于加强我区企业经营者培训的提案（转变思维、升级管理、创新发展——为振兴实体经济，助推企业发展的建议）	经济建设	胡　平
93	关于要求定期开展农村安全饮用水工程供水水质卫生监测的建议	城市建设	陈　彪
94	关于扩大瓯海职业中专集团学校招生范围的建议	科教文卫体	庄女玲
95	“五项建议”助推“牛山”工程建设项目	城市建设	九三学社瓯海区基层委员会
96	关注我区小微型企业未来的发展	经济建设	胡鹏飞

续表 3

案号	案由	类别	提案人
97	关于要求定期开展农村安全饮用水工程供水水质卫生监测工作的建议	城市建设	九三学社瓯海区基层委员会
98	关于建立镇街（社区）广播网点，强化基层宣传阵地作用的提案	科教文卫体	叶冠栋
99	《如何丰富社区妇女精神文化生活》的建议	科教文卫体	潘小霜
100	关于对西山西路二手市场搬迁的建议	城市建设	政协新桥联络组
101	关于提高特困归侨生活补助的建议	社会保障	潘岳进
102	努力打造泽雅生态休闲旅游区的提案	城市建设	周成金
103	关于成立瓯海区合唱团的建议	科教文卫体	许舒曼
104	加强引导 强化措施 重振特色农产品产业雄风	经济建设	九山学社瓯海区基层委员会
105	关于加强企业管理，切实搞好安全生产的建议	经济建设	瓯海民建
106	大胆学习“德国模式“，重振瓯海实体经济	经济建设	蒋孟有
107	关于推进“学城联动”发展大学城经济的建议	经济建设	潘永明
108	关于在仙丽侨乡文化区设置公共自行车点的建议	城市建设	董国华
109	关于要脚踏实地，积极建设生态型城市的建议	城市建设	周家儒
110	关于筹建鞋类批发市场的建议	城市建设	九三学社瓯海区基层委员会
111	关于加大仙岩街道河口塘村十字路口黑车整治力度的建议	城市建设	蔡玉弟
112	关于政协委员树立“知行合一、履职为民”价值观的提案	民主法制	王晓明
113	要求在仙门农业高新园区设立公共自行车点的建议	城市建设	陈峰麟
114	建议政府重视破解温州融资连环套防止金融危机不断升级	经济建设	郑永强
115	关于强力推进瓯海建筑业再赶超发展的建议	经济建设	林杰华
116	关于我区“破冰经济 振兴实体”方面的建议	经济建设	方海友
117	关于加大财政扶持力度推进农村清洁能源利用的建议	城市建设	林建勇
118	关于加大瓯海区高新技术企业扶持力度的调研思考	经济建设	郑珊珊
119	鼓励企业做大做强主业的建议	经济建设	金建新
120	关于将潘桥老街打造成古街水乡风貌的建议	城市建设	致公党瓯海支部
121	关于建立“塘河母亲”雕塑公园的建议	城市建设	徐建胜
122	关于创卫的小小建议	城市建设	林玲云
123	关于加快发展瓯海新城优质教育的几点建议	科教文卫体	黄秀敏
124	关于加快吹台山森林公园建设的提案	城市建设	潘武斌
125	关于加大养老服务体系建设资金投入的建议	社会保障	林丽珍
126	关于增强为人民服务意识提高办事效率的建议	民主法制	詹显光
127	关于做好经济开发区大学科技园基础设施建设的建议	城市建设	詹显光
128	关于加强住宅小区消防安全管理提案	社会保障	张国盛
129	关注青少年体质健康，让学生在“阳光”下成长	科教文卫体	潘雪梅
130	关于在全区农村安装广播喇叭的建议	城市建设	贾　梁
131	打造浙南花卉文博园，建设美丽水乡最美风景线	城市建设	周吉敏

表格索引